KB127548

2023
뉴포커스
시사일반상식

사 _ 9

CHAPTER 1 정치 Politics

민주정치와 국가 _ 38 | 02 정당정치와 선거 _ 48 | 03 국내외 정치 _ 56
UN과 국제기구 _ 69

CHAPTER 2 헌법 · 법률 Constitution & Law

01 법 일반 _ 76 | 02 국가생활과 법 _ 82 | 03 개인생활과 법 _ 94

CHAPTER 3 경제 Economics

01 경제일반 이론과 법칙 _ 102 | 02 가격, 수요와 공급 _ 110 | 03 자본 · 생산 · 소비 _ 115
04 화폐 · 금융 _ 122 | 05 주식 · 채권 _ 138 | 06 경제성장과 국민소득 _ 143
07 경기변동 _ 147 | 08 기업 _ 152 | 09 정부와 재정 _ 158 | 10 경영 · 관리 _ 164
11 회계 _ 169 | 12 무역과 국제수지 _ 172 | 13 국제경제 _ 183

CHAPTER 4 환경오염 · 공해 · 산업 Environmental, Pollution & Industry

01 환경오염 · 공해 _ 194 | 02 산업일반 · 공업 _ 211 | 03 농업 _ 218
04 임업 · 축산업 · 수산업 _ 222

CHAPTER 5 컴퓨터 · IT · 인터넷 Computer, IT · INTERNET

01 컴퓨터 _ 226 | 02 IT · 인터넷 _ 236 | 03 4차 산업혁명과 가상화폐 _ 243

CHAPTER 6 매스컴 · 광고 Journalism & Advertisement

01 저널리즘 _ 252 | 02 방송 · 통신 _ 256 | 03 신문 · 잡지 _ 264 | 04 광고 _ 268

CHAPTER 7 사회 · 문화 · 노동 Social, Culture & Labor

01 사회일반 · 복지 _ 272 | 02 교육 · 문화 _ 282 | 03 노동 · 실업문제 _ 288

CHAPTER 8 국사 Korean History

01 고대 · 삼국 · 통일신라시대 _ 296 | 02 고려시대 _ 304
03 조선시대 _ 312 | 04 근대 · 현대 _ 326

NEW FOCUS
COMMONSENSE

2023
뉴 포커스
시사일반상식

시사정보연구원 편

시사패스
SISAPASS.COM

2023
뉴포커스 시사일반상식

2쇄 인쇄   2022년 3월 2일
2쇄 발행   2022년 3월 8일

편자   시사정보연구원
발행인   권윤삼
발행처   도서출판 산수야

등록번호   제2002-000278호
주소   서울시 마포구 월드컵로 165-4
우편번호   03962
전화   02-332-9655
팩스   02-335-0674

ISBN 978-89-8097-552-5   13030

www.sansuyabooks.com
sansuyabooks@gmail.com
도서출판 산수야는 독자 여러분의 의견에 항상 귀 기울입니다.

Current Issues & General Information

책을 펴내며

현대사회는 정보통신 혁명과 더불어 급속히 변화 ○○
영 여건의 어려움 속에서 각 기업체들은 변화에 능동적○
발하기 위해 고심하고 있다. 이제는 자신의 전공영역에 대한
과 밀접한 정치·경제·사회·문화 등의 분야, 인터넷·정보통
괄하는 총체적인 지식이 필수적이다.

'일반상식'은 지금껏 총체적이고 일반적인 지식을 의미해 왔다. 하지만 이
의미로만 가볍게 이해하고 다루어서는 안 된다. 기업도 변화에 적응하며 예전
른 형태로 사람들을 채용하는 추세이기 때문이다. 일반적인 전공시험이나 서류전형
통한 일괄적인 모집이 아니라 필요한 시기에 필요한 인재를 적절하게 채용해 기업 주
변 변화에 대처하고 있다. 각 업체에서 요구하고 있는 자질을 갖추기 위해서는 일반상
식을 전 영역에 걸쳐 체계적으로 정리해 확실하게 이해해야 한다.

사회적 요구에 발맞춰 시사정보연구원도 취업을 준비하고 있는 이들에게 실질적이고
종합적인 도움을 주기 위해 각 분야별로 깊은 관심을 기울인 『뉴포커스 시사일반상식』
을 개정하였다. 이번 개정판은 4차산업혁명시대에 발맞춰 관련 내용을 정리하고 메타
버스와 인공지능을 포함한 최신 ICT 정보를 담았다.

『뉴포커스 시사일반상식』은 언론사·공사·공단·기업체의 입사와 승진대비를 위한
수험서이자, 일반인들도 쉽게 상식을 습득할 수 있도록 구성한 책이다. 이 책을 통해
핵심 시사상식을 꼼꼼하게 얻어가길 바란다. 시사정보연구원과 시사패스도 변화하는
시대에 발맞춰 최고 수준의 상식 수험서를 발간해 독자들의 지적 교양을 제고하는 데
꾸준히 일조할 것을 약속한다.

시사정보연구원

CHAPTER 세계사 World History

01 고대사회 _ 336 | 02 중세사회 _ 344 | 03 근대사회 _ 348 | 04 현대사회 _ 356

CHAPTER 10 국문학 Korean Literature

01 고대문학 _ 362 | 02 고려문학 _ 366 | 03 조선시대문학 _ 369 | 04 근·현대문학 _ 376

CHAPTER 11 세계문학 World Literature

01 문학일반 _ 394 | 02 문예사조의 전개 _ 398 | 03 문학작품 _ 405

CHAPTER 12 우주·군사 Space & Military

01 우주활동 _ 414 | 02 군사 _ 422

CHAPTER 13 자연과학 High-Tech & Science

01 물리 _ 434 | 02 화학 _ 439 | 03 생물 _ 444 | 04 기타 _ 451

CHAPTER 14 지리·지구과학 Geography & Geoscience

01 지구 _ 456 | 02 대기 _ 462 | 03 기후·자연환경 _ 466

CHAPTER 15 국민윤리·철학·종교 Ethics, Philosophy & Religion

01 국민윤리 _ 472 | 02 사상·철학 _ 478 | 03 공산사회의 특징 _ 486 | 04 종교 _ 488

CHAPTER 16 음악·미술·기타 예능 Arts & Entertainment

01 음악 _ 494 | 02 미술 _ 506 | 03 기타 예능 _ 520

CHAPTER 17 스포츠 Sports

01 올림픽 _ 528 | 02 주요 대회 _ 530 | 03 구기종목 _ 532 | 04 투기종목 _ 541
05 육상 _ 545 | 06 기타 종목 _ 547 | 07 일반 용어 _ 551

CHAPTER 18 한자 Chinese Characters

01 한자숙어 _ 554 | 02 시험에 잘 나오는 한자어 _ 565
03 반대·상대의 뜻을 가진 한자 _ 571 | 04 둘 이상의 음을 내는 한자 _ 573
05 모양이 비슷한 한자 _ 574 | 06 잘못 읽기 쉬운 한자 _ 575

찾아보기 _ 578

상식시험 준비

출제경향

상식시험의 전반적인 출제경향을 분석한다. 어떤 분야가 중요하게 다뤄지고 있으며, 어떤 문제가 나오는지 살펴본다.

해당 기업의 특성 분석

상식시험 문제들을 분석해 보면 일반적으로 해당 기업의 사업 분야 또는 그 기업 특성과 연관되어 출제되는 경우가 많다. 지원회사의 사업 분야나 성격에 따라 관련되는 내용을 체계적으로 정리한다.

일간신문 · 시사주간지 정독

시시각각 벌어지는 사건이나 용어들을 체크하기 위해서는 한 가지 일간지를 계속 읽고, 가능하다면 시사주간지도 정독하여 국내외 주요사건이나 인물 · 용어들을 요약 · 정리해서 자기 지식으로 만든다. 우리나라와 관계 있는 국제정치 · 경제기사는 출제빈도가 높으므로 특히 유의한다. 언론사 · 기업체의 주관식문제 등에서 논술형 출제가 있으므로 신문사설을 정독해 두는 것도 시사경향 파악과 함께 답안 작성에 큰 도움이 될 것이다.

자료의 정리와 활용

수집된 자료들을 그때그때 나름대로 정리 · 활용해 보는 습관을 들인다. 최근 부각되었던 문제, 출제빈도가 높은 문제들에 대해서는 실제로 답안을 작성하는 연습을 해 본다. 막연히 알고 있는 정도로는 실제 시험에서 낭패를 당할 수 있다.

업체별 출제경향

언론사

최근의 정치 · 경제 · 사회 · 문화 및 뉴스의 초점이 되고 있는 인물 등 시사성이 강한 문제들이 많이 나온다. 특히 새로운 경제용어, 주요사건, 시사인물, 정책, 첨단기술 등에 관해 잘 정리해 둔다.

일반기업체

경제와 정치 · 사회 · 문화 · 역사 · 문학 등 모든 분야에서 골고루 출제된다. 그 중에서도 경제부문이 좀 더 비중 있게 다뤄진다. 특히 국제경제와 관련된 용어는 숙지해 두어야 하며, 최근에는 한자 관련 지식을 묻는 출제 비중이 높아졌다.

공사 · 공단

경제와 정치(법률) 분야의 기초이론에 대한 문제가 많이 출제된다. 그리고 고등학교 윤리 · 사회 교과과정을 잘 살펴 기초이론 주창자 · 대표저서 · 업적 등을 묻는 질문에 대비한다. 그 외에 각 공사의 담당업무와 관련된 과학상식, 컴퓨터상식의 비중이 해마다 높아지고 있다.

Current Issues & General Information

2023
최근시사

- 유엔 141개국, 러 우크라 침공 규탄 결의안 채택…北 '반대', 中 '불참'

- FIFA, 2022 월드컵에서 러시아 퇴출…IOC, 푸틴 훈장 철회

- '오징어 게임' 미국 배우조합상(SAG)…3관왕 차지

- 2022 베이징 동계올림픽 폐막…2026 동계올림픽 밀라노·코르티나 개최

- 제72회 베를린국제영화제…홍상수 '소설가의 영화' 은곰상 심사위원대상 수상

- 엘리자베스 여왕, 英왕실 최초 '재위 70년' 군주

- 일본, 사도광산 유네스코 세계유산 추천서 제출…'조선인 강제노동' 제외

- 정당가입 연령 만18세→만16세로…정당법 개정안 국회통과

- 떡 만들기, 국가무형문화재 지정

- 중국 유인우주선 '선저우 13호' 발사 성공…독자 우주정거장 톈궁 건설

- 美 텍사스주 낙태금지법, 연방법원이 제동…일시적 효력정지

- '부양의무자' 60년 만에 폐지…가족 소득 있어도 생계급여

- 진주 '정촌면 백악기 공룡·익룡발자국 화석산지' 천연기념물 지정

- 독일 총선 사민당 승리…16년 만 정권교체

- 한국 '글로벌 혁신지수' 132개국 중 세계 5위…아시아 1위

- 2021년 노벨상 수상자

• 유엔 141개국, 러 우크라 침공 규탄 결의안 채택…北 '반대', 中 '불참'

2022년 3월 2일 유엔은 우크라이나 사태에 관한 긴급특별총회를 열어 러시아의 우크라이나 침공을 규탄하고 즉각 철군을 요구하는 내용의 결의안을 찬성 141표, 반대 5표, 기권 35표로 채택했다고 밝혔다. 긴급특별총회 소집 근거인 '평화를 위한 단결'(Uniting for Peace) 결의는 한국전쟁 때 소련(현 러시아)의 거부권 행사로 채택된 바 있으며 한국전쟁 이후 11번째로 열렸다. 안보리 결의안과 달리 법적 구속력은 없지만 러시아가 압박받을 수 있다.

TIP 우크라이나 젤렌스키 대통령, 유럽연합(EU) 가입 공식 요청
2022년 2월 28일 볼로디미르 젤렌스키 우크라이나 대통령은 러시아 침공(2월 24일) 이후 처음으로 양국 회담이 진행된 날 유럽연합 가입을 공식 요청했다. 불가리아, 체코, 에스토니아, 라트비아, 리투아니아, 폴란드, 슬로바키아, 슬로베니아 등 유럽 8개 EU 회원국은 성명을 내고 우크라이나에 즉시 EU 후보국 지위를 부여하고 관련 논의를 시작할 것을 촉구했다.

• FIFA, 2022 월드컵에서 러시아 퇴출…IOC, 푸틴 훈장 철회

2022년 3월 1일 국제축구연맹(FIFA)은 우크라이나를 침공한 러시아를 올해 카타르 월드컵에서 퇴출시켜 3월 24일 예정된 카타르 월드컵 유럽 지역 예선 폴란드와의 플레이오프에 출전할 수 없게 됐다. 전날 내린 징계가 경기 출전 자체를 막지 않는 데 대한 반발로 하루 만에 더 강력한 제재를 내린 것이다. 국제올림픽위원회(IOC)도 종목별 국제연맹에 러시아와 벨라루스의 국제대회 초청, 참가 불허를 권고하고 푸틴에게 준 올림픽 훈장도 철회한다고 밝혔다. 세계태권도연맹도 2013년 한국 방문 당시 푸틴에게 수여했던 명예 단증을 철회했다.

• '오징어 게임' 미국 배우조합상(SAG)…3관왕 차지

2022년 2월 27일 미국 샌타모니카 바커행어 이벤트홀에서 열린 제28회 SAG 시상식에서 '오징어 게임'은 이정재와 정호연이 각각 TV 시리즈 부문 남우주연상과 여우주연상을 차지하고, 최고의 액션 호흡을 보여준 팀에게 수여하는 스턴트 앙상블상을 수상해 3관왕을 차지했다. 한국 드라마가 SAG 수상 후보에 오르고 수상한 것은 '오징어 게임'이 처음이며 비영어권 드라마 최초로 SAG 시상식을 휩쓸어 새역사를 썼다.

TIP SAG는 미국작가조합상(WAG), 미국감독조합상(DGA), 전미영화제작자조합상(PGA)과 함께 미국 4대 영화 조합상으로 꼽힌다. 배우 회원들이 동료 배우의 연기력을 인정하는 상이라는 점에서 의미가 깊다.

• 2022 베이징 동계올림픽 폐막…2026 동계올림픽 밀라노 · 코르티나 개최

2022년 2월 20일 제24회 베이징 동계올림픽이 17일간 열전을 마치고 폐막했다. 이번 대회는 91개국, 2천 900여 명의 선수들이 출전해 7개 종목 109개의 금메달을 놓고 열전을 펼쳤다. 한국은 금메달 2개, 은메달 5개, 동메달 2개로 종합 14위, 노르웨이는 금메달 16개 등 37개의 메달로 종합 1위를 차지했다. 중국은 금메달 9개, 은메달 4개, 동메달 2개 등 15개의 메달로 종합 3위에 올랐다. 남자 바이애슬론의 요하네스 뵈는 20년 만에 동계올림픽 4관왕에 등극했다. 베이징 동계올림픽은 코로나 팬데믹 속에서 치러진 두 번째 올림픽으로 폐쇄 루프 운영 등 방역에서 합격점을 받았으나 미국 등 일부 국가의 외교적 보이콧, 쇼트트랙 편파 판정 논란, 러시아 피겨 선수 발리예바의 도핑 파문 등은 오점으로 남았다.

Q 2021년 노벨문학상 수상자는?

TIP 2026년 동계올림픽은 이탈리아 밀라노·코르티나에서 '서로 다르지만 함께'(Duality, Together)의 주제로 개최된다.

• 제72회 베를린국제영화제…홍상수 '소설가의 영화' 은곰상 심사위원대상 수상

2022년 2월 20일 폐막한 제72회 베를린영화제에서 홍상수 감독은 신작 '소설가의 영화'로 은곰상 심사위원대상을 수상하며 3년 연속 수상 기록을 세웠다. 홍상수 감독은 2020년 '도망친 여자'로 제70회 베를린국제영화제 은곰상 감독상을, 2021년에는 '인트로덕션'으로 제71회 베를린국제영화제 은곰상 각본상을 차지했다. 김민희는 '밤의 해변에서 혼자'로 은곰상 여우주연상을 받아 홍상수 감독 작품은 총 4번의 수상 기록을 세웠다. 베를린영화제 경쟁부문에 초청된 홍상수 감독의 6번째 작품인 '소설가의 영화'는 소설가가 잠적한 후배, 영화감독 부부 등을 만나는 이야기를 담고 있다.

• 엘리자베스 여왕, 英왕실 최초 '재위 70년' 군주

2022년 2월 6일 엘리자베스 2세 영국 여왕(95세)이 영국 왕실 사상 처음으로 즉위 70주년(플래티넘 주빌리, 플래티넘 희년)을 맞았다. 플래티넘 주빌리를 맞이한 엘리자베스 여왕은 25세에 왕위에 올라 사회·정치적 변화 속에서도 지위를 유지하며 현대 영국을 대표하는 상징적 인물이 됐다. 재위 기간이 70년 이상인 군주는 루이 14세 프랑스 국왕(재위 1643~1715년), 푸미폰 아둔야뎃 태국 국왕(재위 1946~2016년), 요한 2세 리히텐슈타인 대공(재위 1858~1929년) 등 3명뿐이다. 여왕의 플래티넘 주빌리 기념행사는 6월 2일부터 나흘간 열린다고 밝혔다.

TIP '플래티넘 주빌리'는 한 나라의 군주가 재위 70주년을 맞이했을 때를 일컫는 말이다.

• 일본, 사도광산 유네스코 세계유산 추천서 제출…'조선인 강제노동' 제외

2022년 2월 1일 일본 정부가 조선인 강제 노역 현장인 사도(佐渡) 광산을 유네스코 세계문화유산으로 등재시키기 위한 추천서를 유네스코 세계유산센터에 제출했다. 일본 정부가 유네스코에 제출한 사도 광산 추천서의 대상 기간은 16세기에서 19세기 중반에 걸친 (사도 광산의) 생산 기술이나 생산 체제 등인 것으로 알려졌다. 일본 에도 시대 금광으로 유명했던 사도 광산은 태평양전쟁(1941~1945년) 기간 철, 아연 등 전쟁 물자를 확보하는 광산으로 활용됐으며 2,000명 이상의 조선인이 이곳에 강제 동원돼 일한 것으로 추정된다.

• 정당가입 연령 만18세→만16세로…정당법 개정안 국회통과

2022년 1월 11일 국회는 본회의를 열어 정당에 가입할 수 있는 연령을 현행 만18세에서 만16세로 낮추는 정당법 개정안을 의결했다. 국회를 통과한 '정당법 개정안'은 최근 '공직선거법'의 개정(2021.12.31.)으로 만18세 청소년도 국회의원·지방자치단체장·지방의회의원 선거에 출마할 수 있게 되었으나 해당 선거에 출마하고자 하는 청소년이 정당추천후보자로 출마하려면 '정당법' 상 정당가입 연령을 하향해야 할 필요성이 제기됐다. 정당법 개정안은 현행법상 만18세인 정당가입 연령을 만16세로 하향하고, 18세 미만인 사람이 정당 입당 신청을 할 때는 법정대리인의 동의서를 함께 제출하도록 했다.

A 압둘라자크 구르나

> **TIP** 개정법은 공포 후 즉시 시행하도록 부칙을 정하여 만18세 청소년이 정당추천후보자로서 2022년 3월과 6월에 각각 실시될 국회의원 재보궐선거와 전국동시지방선거에 바로 출마할 수 있도록 했다.

• 중대재해처벌법 시행…노동부 · 산업계 '초긴장'

2022년 1월 27일 근로자가 사망하는 등 중대재해가 발생하면 경영책임자에게 책임을 물을 수 있도록 한 중대재해처벌법이 본격적으로 시행됐다. 근로자 5인 이상 모든 사업장에 적용되는 중대재해처벌법은 중대산업재해(산업재해 사망이나 복수의 중상, 직업성 질병이 발생한 사안)와 중대시민재해(특정 원료나 제조물 등 설계 · 제조 · 설치 · 관리 결함으로 생긴 사고)로 나뉜다. 중대재해처벌법은 노동자가 숨지는 등의 중대재해가 발생하면 사고를 막기 위한 의무를 다하지 않은 사업주, 경영책임자 등을 처벌하는 것이 골자다.

> **TIP** 중대재해처벌법은 산업체, 일반 사무직 등 업종에 관계없이 상시 근로자가 5인 이상인 모든 사업장에 적용되지만 현장의 혼란을 줄이고자 상시 근로자가 50인 미만인 사업장이나 공사 금액 50억원 미만의 공사 현장은 2년의 유예기간을 두고 2024년 1월 27일부터 적용된다.

• 한국 첫 우주발사체 누리호 발사 미완의 성공…2030년 달 탐사 목표

2021년 10월 21일 한국이 최초 독자 기술로 제작한 우주발사체 '누리호(KSLV-2)'가 전남 고흥군 봉래면 나로우주센터에서 성공적으로 발사됐지만 위성 모사체를 목표 고도에 올려놓는 임무에는 성공하지 못했다. 누리호는 이륙 후 1단 분리, 페어링 분리, 2단 분리가 이뤄졌지만 3단에 장착된 7톤급 액체 엔진이 목표된 521초 동안 연소되지 못하고 475초에 조기 종료됐다. 따라서 위성 모사체는 700㎞ 목표 고도에 도달했지만 초속 7.5㎞ 속도에는 미달, 목표 궤도에 안착하지 못했다. 누리호는 2022년에 2차 발사가 예정되어 있으며, 4번의 발사체 발사 계획을 통해 한국은 2030년까지 830㎏급 달 탐사선을 달 전이궤도에 투입하는 우주발사체를 개발할 계획이다. 외신들은 "한국은 첫 국산 우주발사체 누리호가 비행 순서를 완료했지만 탑재체를 궤도에 올리지는 못했다. 하지만 감시위성과 같은 국가안보 위성을 궤도에 올리는 첫발을 뗐다"고 전했다.

> **TIP** 누리호: 1.5t의 인공위성을 600~800㎞인 지구 저궤도(LEO)로 실어나르는 우주발사체다.
> 페어링: 궤도에 투입될 인공위성을 외부로부터 보호하기 위한 '위성 덮개'를 페어링이라 한다.

• 떡 만들기, 국가무형문화재 지정

2021년 11월 1일 문화재청은 '떡 만들기'를 신규 국가무형문화재로 지정한다고 밝혔다. 지정대상은 떡을 만들고, 나누어 먹는 전통적 생활관습까지를 포괄한 것이다. 떡은 마을신앙 의례, 가정신앙 의례, 각종 굿 의례에 사용되는 대표적인 제물이며 오늘날에도 개업떡 · 이사떡 등을 나누는 문화가 유지 · 전승되고 있다. '떡 만들기'는 이미 지정된 '김치 담그기' '장 담그기' 등과 같이 특정 보유자나 보유단체는 인정하지 않았다.

> **TIP** '제주큰굿', 전통 어촌 공동체 문화 '갯벌어로' 국가무형문화재 지정 예고
> 2021년 10월 문화재청은 제주도에서 전승되는 무속의례 중 규모가 가장 큰 '제주큰굿'과 전통어로방식인 '갯벌어로'를 신규 국가무형문화재로 지정 예고했다. '제주큰굿'은 제주지역에서 오랫동안 전승되어 온 굿으로, 음악 · 춤 · 놀이 등이 한데 어우러지고 지역민의 살아온 내력이 온전히 담긴 종합적 형태의 무속의례이고 '갯벌어로'로 맨손 혹은 손 도구를 활용해 갯벌에서 패류 · 연체류 등을 채취하는 어로 기술이다.

Q 2021년 10월 일본 100대 총리로 선출된 이는?

'한국의 갯벌' 유네스코 세계유산 등재…우리나라 15번째

2021년 7월 26일 유네스코 세계유산위원회(WHC)는 서천, 고창, 신안, 보성·순천 4개 갯벌로 구성된 '한국의 갯벌(Getbol, Korean Tidal Flats)'을 유네스코 세계유산으로 등재했다. 이는 우리나라 15번째 세계유산이며 제주 화산섬과 용암동굴 이어 자연유산으로는 두 번째다. 유네스코 세계유산은 '문화유산'과 '자연유산', 두 유산의 성격을 모두 지닌 '복합유산'으로 구분되며, '한국의 갯벌'은 '자연유산'에 등재됐다. 이번 등재는 2007년 '제주 화산섬과 용암동굴'에 이어 14년 만에 우리나라에서 두 번째로 등재되는 세계자연유산이다.

우리나라가 보유한 세계유산 15

문화유산 13건 ▲석굴암·불국사 ▲해인사 장경판전 ▲종묘 ▲창덕궁 ▲화성 ▲경주역사유적지구 ▲고창·화순·강화 고인돌 유적 ▲조선왕릉 ▲한국의 역사마을:하회와 양동 ▲남한산성 ▲백제역사유적지구 ▲산사, 한국의 산지승원 ▲한국의 서원

자연유산 2건 ▲제주 화산섬과 용암동굴 ▲한국의 갯벌

'막걸리 빚기' 국가무형문화재 지정

2021년 6월 15일 문화재청은 '막걸리 빚기'를 신규 국가무형문화재로 지정했다. 지정 대상은 막걸리를 빚는 작업은 물론이고, 다양한 생업과 의례, 경조사 활동 등에서 나누는 전통 생활관습까지 포괄하고 있다. 막걸리 빚기는 한반도 전역에서 온 국민이 전승·향유하고 있는 문화라는 점에서 이미 지정된 '김치 담그기', '장 담그기' 등과 같이 특정 보유자나 보유단체는 인정하지 않았다. '막걸리 빚기'는 2019년 '숨은 무형유산 찾기'와 '국민신문고 국민제안'을 통해 국민이 직접 국가무형문화재를 제안하여 지정되는 첫 번째 사례다.

• 중국 유인우주선 '선저우 13호' 발사 성공…독자 우주정거장 톈궁 건설

2021년 10월 17일 중국유인우주국(CMSA)은 "선저우(神舟) 13호가 우주정거장 핵심 모듈 '톈허(天和)'와 도킹에 성공해 3명의 우주비행사가 6개월간 톈허에 머물며 우주정거장 건설과 우주비행사의 장기 체류 등에 필요한 핵심 기술들을 검증하는 임무 수행에 들어갔다"고 밝혔다. 선저우 13호는 중국이 독자 우주정거장 '톈궁(天宮)'을 건설하기 위해 쏘아올린 두 번째 유인우주선이다. 우주인이 6개월간의 임무를 마치면 중국에서 최장 기간 우주 체류 기록이 된다. 톈궁은 중국이 우주정거장 건설을 완료하고 노후화된 ISS가 2024년 운영을 종료하면 지구 궤도에 있는 유일한 우주정거장이 된다.

> **TIP** 중국은 선저우 13호를 발사하기 이틀 전인 14일 첫 태양 탐사 위성 '시허(羲和)호'를 쏘아 올렸다. '시허호'는 세계 최초로 H-알파 주파수대 이미지 분광기를 장착하고 고도 517km의 태양동조궤도를 운행하며 태양 폭발의 물리적 메커니즘 연구 등에 필요한 데이터를 제공한다. 5월 15일에는 중국 최초의 화성 무인탐사선 '톈원(天問) 1호'가 화성 착륙에 성공했다. 이로써 화성에 탐사선을 착륙시킨 나라는 미국과 옛 소련에 이어 중국이 포함됐다.

• 美 텍사스주 낙태금지법, 연방법원이 제동…일시적 효력정지

2021년 10월 6일 로이터·AFP통신은 "미 연방 지방법원의 로버트 피트먼 판사가 추가 소송이 있을 때까지 텍사스주 낙태금지법의 효력을 일시정지하는 판결을 내렸다"고 밝혔다. 이번 판결은 텍사스주 낙태금지법이 9월 1일 시행에 들어가자 미국 법무부가 소송을 낸 데 따른 것이다. 공화당 주도로 제정된 텍사스주 낙태금지법은 의학적 응급상황을 제외하고는 성폭행이나 근친상간 등 어떤 상황에서도 임신 6주 이후 낙태를 불허한다. 이는 임신 24주까지 낙태를 허용한 1973년 미국 연방대법원의 '로 대 웨이드' 판결에 위배되는 것이다.

> **TIP** 로 대 웨이드 사건: 로 대 웨이드 사건(Roe v. Wade, 410 U.S. 113, 1973년)은 헌법에 기초한 사생활의 권리가 낙태의 권리를 포함하는지에 관한 미국 대법원의 가장 중요한 판례이다. 미국 연방 대법원은 여

Ⓐ 기시다 후미오(岸田文雄)

성은 임신 후 6개월까지 임신중절을 선택할 헌법상의 권리를 가진다고 판결하였다. 이로 인해 낙태를 금지하거나 제한하는 미국의 모든 주와 연방의 법률들이 폐지되었다. 이는 미국 대법원이 내린 판결 중 역사상 가장 논쟁이 되었고 정치적으로 의미가 있는 판례 중 하나가 되었다.

• '부양의무자' 60년 만에 폐지…가족 소득 있어도 생계급여

2021년 9월 30일 보건복지부는 60년간 이어져 온 생계급여의 부양의무자 기준을 10월부터 폐지한다고 밝혔다. 이로써 근로 능력이 없어 생계 활동이 어려운데도 따로 사는 자녀나 부모가 소득이 있다는 이유로 생계급여 대상에서 제외됐던 저소득 취약계층이 생계급여를 받을 수 있게 됐다. 수급가구 재산의 소득 환산금액과 소득만을 합산해 기준 중위소득 30% 이하면 생계급여를 받을 수 있는데 올해 기준 중위소득 30%는 1인 가구 54만 8349원, 4인 가구 146만 2887원이다. 다만, 부양의무자 기준 폐지에도 부모 또는 자녀 가구가 연 기준 1억 원을 초과하는 고소득이거나, 9억 원을 초과하는 재산을 소유하고 있는 경우는 생계급여 대상에서 제외된다.

TIP 생계급여의 부양의무자 기준은 1961년 생활보호법이 제정된 이후 기초생활보장제도의 수급자 선정 기준으로 사용되어 왔다. 부양의무자 기준은 수급자는 ① 부양의무자가 없거나, 부양의무자가 있어도 ② 부양 능력이 없거나, ③ 부양을 받을 수 없는 자여야 한다고 규정한다. 부양의무자의 범위에는 수급권자 1촌의 직계혈족 및 그 배우자가 포함된다. 며느리나 사위까지 부양의무자로 본다. 가족이 있는 경우에는 부양의무자가 수급자를 부양하고도 중위소득을 유지할 수 있는 수준 이하여야 생계급여를 줬다.

• 진주 '정촌면 백악기 공룡 · 익룡발자국 화석산지' 천연기념물 지정

2021년 9월 29일 문화재청은 경남 진주시에 있는 '정촌면 백악기 공룡 · 익룡발자국 화석산지'(Tracksite of Cretaceous Dinosaurs and Pterosaurs in Jeongchon, Jinju)를 국가지정문화재 천연기념물로 지정 고시했다. '진주 정촌면 백악기 공룡 · 익룡발자국 화석산지'는 중생대 백악기 공룡과 익룡을 비롯한 당시 고생물 약 1만여 개의 다양한 발자국 화석이 대거 발견된 곳으로 단일 화석산지로는 높은 밀집도와 다양성을 보인다. 이곳에서 발견된 이족 보행하는 7000여 개의 공룡 발자국은 육식 공룡의 집단 보행렬로 세계적으로도 매우 희귀한 사례다. 국내의 많은 공룡 발자국 화석산지에서도 육식공룡 발자국은 드물게 발견되며 이곳의 육식공룡 발자국은 2cm 남짓한 아주 작은 크기의 발자국에서부터 50cm가량 되는 대형 육식공룡 발자국까지 다양하게 나타난다.

TIP 진주 정촌면 화석산지는 발자국의 밀집도나 다양성, 학술적 가치 측면에서 여타 다른 나라의 많은 공룡 발자국 화석산지에 비해 양적, 질적 측면에서 독보적인 사례로 천연기념물로서 손색이 없다. 또한, 1억 년 전 한반도에 살았던 동물들의 행동 양식과 서식 환경, 고생태 등을 이해할 수 있는 귀중한 정보를 담고 있어 의미가 더욱 크다.

• 독일 총선 사민당 승리…16년 만 정권교체

2021년 9월 26일 메르켈 총리가 퇴진하는 가운데 실시된 독일 총선에서 올라프 숄츠가 이끄는 사회민주당(사민당 · SPD)이 16년 만의 정권교체를 이뤄냈다. 숄츠는 앙겔라 메르켈 독일 총리가 소속된 기독민주당(CDU) · 기독사회당(CSU) 연합과 접전을 벌인 가운데 승리했는데 메르켈 총리와 함께 부총리 겸 재정부 장관으로 대연정을 이끌면서 안정적인 후보라는 점을 부각시켜 성공했다.

Q 2022년 1월 1일부터 적용되는 최저임금은?

TIP 메르켈 독일 총리 '해임 증명서' 수여…16년 임기 마무리

2021년 10월 26일 앙겔라 메르켈 독일 총리가 프랑크–발터 슈타인마이어 대통령으로부터 해임 증명서(dismissal certificate)를 받았다. 16년 임기를 마무리하는 메르켈은 후임자가 취임하는 12월 초까지 정부를 이끈다.

• 한국 '글로벌 혁신지수' 132개국 중 세계 5위…아시아 1위

2021년 9월 20일 산업통상자원부와 특허청은 UN 산하 기구인 세계지식재산기구(WIPO, World Intellectual Property Organization)가 발표한 글로벌 혁신지수(Global Innovation Index)에서 대한민국이 역대 최고인 5위를 차지했다고 발표했다. 아시아에서는 1위다. 132개국을 대상으로 진행된 이번 평가에서는 스위스, 스웨덴, 미국, 영국이 지난해에 이어 올해도 1위부터 4위를, 아시아에서는 한국에 이어 싱가포르가 8위, 중국과 일본이 각각 12위, 13위를 차지했다. 우리나라가 좋은 평가를 받은 이유는 어려운 대내외 여건 속에서도 미래에 대한 투자

국가	2021년 순위	2020년 순위	2019년 순위
스위스	1	1	1
스웨덴	2	2	2
미국	3	3	3
영국	4	4	5
한국	**5**	**10**	**11**
네덜란드	6	5	4
핀란드	6	5	4
싱가포르	8	8	8
덴마크	9	6	7
독일	10	9	9
프랑스	11	12	16
중국	12	14	14
일본	13	16	15

를 지속하고, 이러한 투자가 무형자산의 창출과 확산으로 활발히 이어졌기 때문으로 풀이됐다. 우리나라는 투입부문 5개(제도, 인적자본·연구, 인프라, 시장 고도화, 기업 고도화) 산출부문 2개(지식·기술 산출, 창의적 산출) 등 총 7개의 평가 분야 가운데 미래에 대한 투자를 평가하는 인적자본·연구 분야에서 3년 연속 세계 1위를 지켰다.

TIP 글로벌 혁신지수: 세계지식재산기구(WIPO), 유럽경영대학원(INSEAD) 등이 전 세계 WIPO 회원국을 대상으로 미래 경제발전 등의 주요 원동력이 되는 혁신역량을 측정, 각국에 공공정책 또는 경영전략 수립 등에 필요한 정보를 제공하기 위해 2007년부터 시작됐다.

• 문재인 대통령 제76차 유엔총회 기조연설…종전선언 제안

2021년 9월 21일(현지시간) 문재인 대통령은 미국 뉴욕 유엔총회장에서 열린 '제76차 유엔총회' 기조연설을 통해 한반도 평화에 대한 의지를 밝히고 이에 대한 국제 사회의 지지를 요청, 지난해 유엔총회에 이어 올해도 '종전선언'을 제안했다. 문 대통령은 "남북미 3자 또는 남북미중 4자가 모여 한반도에서의 전쟁이 종료되었음을 함께 선언하길 제안한다. 한국전쟁 당사국들이 모여 '종전선언'을 이뤄낼 때, 비핵화의 불가역적 진전과 함께 완전한 평화가 시작될 수 있다고 믿는다"고 강조했다.

TIP 문 대통령은 9월 20일 'SDG 모먼트(지속가능발전목표 고위급회의)' 행사 참석을 시작으로 미국 방문 일정을 소화했는데 'SDG 모먼트' 행사는 국제사회의 지속가능발전목표 달성을 위한 유엔의 연례행사로 문 대통령은 개회식에 초청된 유일한 국가 정상이다. 이 행사에는 방탄소년단(BTS)이 참석해 연설과 함께 퍼포먼스도 선보였다.

A 9천160원

• 중국, CPTPP 가입 신청서 공식 제출

2021년 9월 16일 중국이 포괄적·점진적 환태평양경제동반자협정(CPTPP) 가입을 신청했다고 로이터통신이 보도했으며 중국 상무부는 성명을 내고 뉴질랜드 무역장관에게 CPTPP 가입 신청서를 제출했다고 발표했다. CPTPP는 2015년 미국과 일본 주도로 타결됐던 환태평양경제동반자협정(TPP)에서 미국이 트럼프 대통령 취임 뒤인 2017년 1월 탈퇴함에 따라 나머지 11개 회원국이 기존 협정 내용을 수정해 만든 것으로서 2018년 12월 발효됐다. CPTPP 회원국은 일본·캐나다·멕시코·페루·칠레·뉴질랜드·호주·싱가포르·브루나이·말레이시아·베트남 등 11개국이다.

> **TIP** CPTPP: 포괄적·점진적 환태평양경제동반자협정은 아시아·태평양 11개 국가가 2018년 3월 칠레에서 결성한 다자간 무역협상이다. 환태평양경제동반자협정(TPP)에서 미국이 탈퇴한 뒤 일본 호주 캐나다 등 남은 회원국이 CPTPP를 결성했다. 세계 GDP의 약 30%, 무역총액의 약 40%를 차지하는 인구 6억명 규모의 경제권이다.

• 미국, 영국, 호주 '오커스(AUKUS)' 동맹 출범…중국견제

2021년 9월 15일 조 바이든 미국 대통령은 백악관에서 보리스 존슨 영국 총리, 스콧 모리슨 호주 총리와 화상 회견을 갖고 미국이 인도태평양 지역 안보 증진을 목적으로 영국, 호주와 함께 외교안보 3자 협의체인 '오커스(AUKUS)'를 출범시켰다. 미국과 영국은 앞으로 18개월간 호주의 핵잠수함 개발을 공동 지원한다. 미국이 핵잠수함 기술을 다른 나라에 이전하는 것은 1958년 영국 이후 63년 만이다. 로이터통신에 따르면 모리슨 총리는 이날 오커스 체제 아래 8척의 핵잠수함을 만들겠다는 계획을 밝혔다. 미국과 영국, 중국 등이 발표한 군사력 정보에 따르면 중국이 보유한 핵잠수함은 6~9대다. 아프가니스탄 철군 후 중국 견제에 집중하고 있는 미국이 60년 넘게 원칙으로 삼아 온 핵 비확산 체제에 예외까지 둬가며 대중국 공동 전선 확대에 나선 것이다.

◇ **영국-호주 동참 이유:** 미국의 대중 견제에 영국과 호주가 동참한 것은 긴급한 필요가 있기 때문이다. 호주는 최근 중국과 대립각을 세우며 맞서고 있는 상황에서 미국 같은 뒷배를 확보하면 보다 효과적으로 중국에 대항할 수 있다. 영국도 EU 탈퇴 이후 아시아-태평양 지역에 더 많은 관여를 희망한다.

◇ **프랑스 반발에도 중국 견제가 우선:** 미국은 영국, 호주와 함께 3국 안보 파트너십을 체결하고, 호주에 핵잠수함 개발을 지원하기로 했다고 발표했다. 이는 프랑스의 엄청난 반발을 사고 있다. 호주는 지난 2016년 20년 이상 된 잠수함을 대체하기 위해 프랑스 군수업체와 400억 달러(약 46조원) 규모의 잠수한 건조사업을 체결했지만 이날 미국과 영국이 호주에 핵잠수함 개발 지원 계획을 밝힘에 따라 호주와 프랑스간 계약은 무산됐다.

◇ **오커스의 핵심은 호주 핵잠수함 개발:** 오커스의 핵심은 미국과 영국의 호주 핵잠수함 개발 지원이다. 핵잠수함은 막대한 방어능력을 보유하고 있어 실제 중국에 위협이 될 수 있다. 현재 세계에서 핵잠수함을 보유하고 있는 국가는 6개국이다.

◇ **중국 즉각 반발:** 중국 외교부는 미국이 영국, 호주와 함께 3국 안보 파트너십을 체결하고

Q 제15회 AFA 아시아영화 엑설런스 어워즈 수상한 한국 배우는?

호주에 핵잠수함 개발을 지원하기로 한 것과 관련해 "지역 평화와 안정을 심각하게 훼손하고 군비경쟁을 심화해 국제 핵 확산금지조약(NPT)을 손상한다"고 비판했다.

> **TIP** 오커스는 호주(Australia)와 영국(UK), 미국(US)의 두문자를 딴 신조어다.

• 韓 독자 개발한 SLBM 잠수함 수중 발사 성공…세계 7번째

2021년 9월 15일 우리나라가 자체 개발한 잠수함발사탄도미사일(SLBM)의 잠수함 발사시험이 국내 최초로 성공했다. 잠수함에서 SLBM 수중 발사에 성공한 건 미국과 러시아, 중국, 영국, 프랑스, 인도에 이어 세계 7번째다. 충남 태안 소재 국방과학연구소(ADD) 안흥종합시험장에서 3000톤급 해군 잠수함인 '도산 안창호함'에 탑재된 SLBM을 수중에서 발사, 목표지점에 명중시키는 데 성공했다. 이번 SLBM은 '현무Ⅳ-4'로 사거리는 500㎞로 추정되고 있어 북한 전역을 사정권에 두고 있다.

> **TIP** **韓 최초 3000t급 잠수함 첫 SLBM 장착한 도산안창호함…전세계 8번째 개발**
> 2021년 8월 13일 우리나라 기술로 독자 설계 · 건조된 해군의 역대 첫 3000t급 잠수함인 도산안창호함(KSS-Ⅲ)의 인도 · 인수 · 취역식이 경남 거제 대우조선해양 옥포조선소에서 개최됐다. 도산안창호함은 잠수함 발사 탄도미사일(SLBM)을 장착할 수 있는 국내 첫 잠수함으로 향후 1년간 전력화 훈련을 통해 작전수행능력 평가를 거친 후 내년 8월께 실전 배치된다. 3000t급 이상 잠수함을 독자적으로 개발한 국가는 미국과 영국, 프랑스, 일본, 인도, 러시아, 중국 등 7개국이다. 우리나라는 8번째 개발국이 됐다.

• 북한 탄도미사일 2발 발사…유엔 안보리 결의 위반

2021년 9월 15일 우리나라가 자체 개발한 잠수함발사탄도미사일(SLBM)의 잠수함 발사시험이 최초로 성공한 날 북한은 낮 12시 34분과 39분쯤 평안남도 양덕에서 동해 쪽으로 단거리 탄도미사일 2발을 쏘며 군사도발을 감행했다. 북한의 탄도미사일 발사는 유엔 안보리 결의를 위반한 것으로 미국 등 국제사회의 비난이 예상된다. 중국 왕이 국무위원 겸 외교부장이 방한해 문재인 대통령과 만나는 날을 겨냥해 무력시위를 벌인 것으로 풀이되고 있다.

• 스페이스X, 세계 첫 민간인만 태운 우주관광선 여행 후 귀환 성공

2021년 9월 15일 일론 머스크 테슬라 최고경영자(CEO)가 세운 우주개발 기업 스페이스X가 역사상 최초 민간인 4명만 태운 관광용 우주선 '크루드래곤' 발사해 사흘간의 여행을 마치고 플로리다주 인근 대서양에 착수에 성공해 민간 우주비행 시대를 본격적으로 열었다. 이로써 스페이스X는 버진 갤럭틱, 블루 오리진에 이어 민간 우주 관광에 합류한 세 번째 기업이 됐다. 버진 갤럭틱, 블루 오리진의 우주 관광이 몇 분 동안 중력이 거의 없는 '극미 중력' 상태를 체험하는 저궤도 비행이었다면 이번 비행은 국제우주정거장(ISS)보다 높은 우주 공간을 무대로 하는 민간 우주비행 시대를 본격적으로 열었다는 평가다. 앞선 7월 20일 '블루 오리진'의 '뉴 셰퍼트' 로켓은 지구와 우주의 경계인 고도 100㎞ '카르만 라인'을 돌파해 4분간 무중력에 가까운 '극미중력(microgravity)'을 경험했다.

> **TIP** **카르만 라인(Karman line):** 물리학자 시어도어 폰 카르만의 이름을 따서 중력의 영향을 벗어난 우주의

 이병헌

시작을 카르만 라인이라고 한다. 지구 대기권과 우주의 경계선을 의미하며 고도 100km를 기준으로 한다. 카르만이 지구와 우주를 나누는 기준은 양력으로 양력의 영향력을 벗어나 단지 관성만으로 비행이 가능하다면 우주의 시작이라는 게 카르만의 견해다.

뉴 셰퍼드: 아마존닷컴 창업자인 제프 베이조스가 2000년 민간 우주 관광 시대를 열겠다며 세운 우주탐사 기업 블루오리진이 개발한 우주 로켓이다. 뉴 셰퍼드는 미국 최초의 우주 비행사 앨런 셰퍼드에서 따왔다. 앨런 셰퍼드는 1971년 아폴로 14호를 타고 달에 착륙해 6번 아이언으로 골프공을 쳐 세계 최초로 지구 밖에서 골프 샷을 한 사람으로 유명하다.

• 로톡 '형량예측' 중단…'리걸테크 혁신' 발목

2021년 9월 15일 로톡을 운영하는 로앤컴퍼니는 로톡 '형량예측' 서비스를 9월 30일 종료한다고 밝혔다. 이로써 현장에서 시민과 변호사들로부터 호평을 받아 온 인공지능(AI)·빅데이터 법률 서비스가 정식 출시조차 하지 못하게 돼 플랫폼 기반의 리걸테크 스타트업 날개가 꺾였다. 변협의 압박을 받은 변호사들이 '로톡'을 대거 탈퇴하거나 휴면계정으로 전환한 것이 직격탄으로 작용했다. 로톡 형량예측은 로톡이 합법적으로 수집한 1심 형사 판결문 약 47만 건으로 통계 데이터를 만들고, 이를 기초로 형량에 대한 통계 정보를 보여주는 서비스다. 이용자가 범죄유형별로 주어진 몇 가지 질문에 답을 하면 '로톡 AI'가 이용자의 관심사인 범죄에 대한 형량 통계 정보를 제시한다.

TIP **로톡(Law Talk):** 국내 최대 규모의 변호사와 의뢰인이 만나는 온라인 법률 서비스 플랫폼을 로톡이라 한다. 로스쿨 도입에 따른 변호사 증가, 해외 대형 로펌의 국내 시장 진출 가속화, 소송 전자화와 판결 내용 공개 등 대한민국 법률시장이 빠르게 변화하고 있는 가운데 만들어졌다. 2014년 로앤컴퍼니가 첫 선을 보인 후 빠른 성장세를 보였으나 변협의 압박으로 변호사들이 대거 탈퇴하거나 휴면계정으로 전환함에 따라 로톡 형량예측 서비스는 9월 30일로 종료하게 되었다.

• 솔베르그 노르웨이 총리, 총선 패배 시인…8년만에 보수정권 붕괴

2021년 9월 13일 치러진 노르웨이 총선에서 에르나 솔베르그 노르웨이 총리가 요나스 가르 스퇴레 노동당 대표에게 전화를 걸어 승리 축하 후 패배를 시인하면서 8년간 계속돼 온 보수 성향 정권이 막을 내렸다. 이로써 기후변화와 석유·가스 탐사 산업의 미래가 최대 쟁점이었던 노르웨이 총선에서 중도좌파 연합이 승리했다. 스퇴레 노동당 대표는 풍력과 같은 새로운 친환경 산업, 천연가스를 사용하여 대체에너지를 만드는 '푸른 수소 계획', 이산화탄소를 해저에 매장하는 탄소 포집·저장 등에 대한 지원 계획을 내놓으며 승리의 기틀을 닦았다. 노동당의 승리로 1959년 이후 최초로 북유럽 4개국에서 모두 중도좌파 정당이 집권했다.

• 과테말라·인도·남아공…유네스코 세종대왕 문해상 수상

2021년 9월 9일 제32회 유네스코 세종대왕 문해상 시상식이 프랑스 파리 유네스코 본부에서 비대면·화상 방식으로 열렸다. 과테말라 농촌 문해 교육, 인도 수어 중심 장애인 교육, 남아프리카공화국 토착 언어 아동문학 교육 등 세 곳이 유네스코 세종대왕 문해상을 수상했다. 유네스코는 1965년에 9월 8일을 '세계 문해의 날(International Literacy Day)'로 정하고, 매년 이날을 기념해 국제사회의 문맹 퇴치에 기여한 개인과 단체를 대상으로 시상식을 개최하고

Q 미국이 인도태평양 지역 안보 증진을 목적으로 영국, 호주와 함께 만든 외교안보 협의체는?

있다. 문체부는 누구나 말과 글을 쉽게 익히고 이용할 수 있도록 한 세종대왕의 한글 창제 정신을 기리고 전 세계 문맹 퇴치 노력에 동참하고자 1989년 제정된 '유네스코 세종대왕 문해상'을 지원해오고 있다.

> **TIP** '무한한 지평선 익실(Ixil)'은 과테말라 차훌(Chajul) 지역에서 성평등을 확산하고 교육 활동을 펼치고 있는 비정부기구다. 2004년 설립되었으며 코로나19로 학교 교육을 받지 못하는 농촌 지역 청소년들에게 원격으로 상호작용형 문해 교육 프로그램을 제공해 올해 수상단체로 선정됐다.
> '국립개방교육원'은 개방과 원격학습을 제공하는 인도 교육부 산하 독립기관이다. 2016년부터 청각장애인과 난청 학습자들에게 중·고등학교 7개 과목에 대한 수어 학습 영상 콘텐츠와 수어 사전을 제공하고 있다.
> '푸쿠 아동문학재단'은 2009년 설립되어 모든 어린이, 특히 물질적으로 빈곤하고 소외된 지역에 사는 어린이들이 남아프리카 토착 언어로 이루어진 콘텐츠에 접근할 수 있도록 독서와 도서 개발을 장려하는 비정부단체다.

• mRNA 개발진, 모든 코로나 변이에 통하는 '슈퍼 백신' 개발 중

2021년 9월 9일 AFP통신은 기존 신종 코로나바이러스 감염증(코로나19)뿐 아니라 변이 바이러스까지 퇴치하는 '슈퍼 백신'이 개발 중이라고 보도했다. 이 보도에 따르면 화이자·모더나 백신 기술인 메신저리보핵산(mRNA) 공동 개발자인 드류 바이스만(62) 미국 펜실베이니아대 면역학 교수와 카탈린 카리코(66) 박사는 모든 종류의 코로나19에 대항하는 신백신 개발을 위해 몰두하고 있는 것으로 알려졌다. 바이스만·카리코 연구팀은 2021년 봄 신백신 개발 프로젝트를 시작해 현재까지 발표한 논문 2편에서 모두 유의미한 결과를 도출했다고 밝혔다. 특히 이들이 개발한 신(新)백신 중 하나는 사스와 인수공통 바이러스를 예방하는 것으로 알려졌다. 신백신 원리는 코로나19를 감싼 쇠뿔 모양의 돌기인 스파이크 단백질만큼 빠르게 변이하지 않는 코로나바이러스 일부분, 즉 '보존 지역'(conserved regions)에 면역 체계를 형성하는 것을 골자로 한다.

> **TIP** 드류 바이스만과 카탈린 카리코는 코로나19 백신 개발에 기여한 공로를 인정받아 '2022 생명과학 돌파구상'(2022 Breakthrough Prize in Life Sciences)을 수상해 상금 300만달러(약 35억)를 받았다. 미 실리콘밸리가 후원하는 이 상은 매년 과학계 주요 업적을 기리기 위해 2013년 처음 만들어졌다. 현존하는 과학 관련 시상식 가운데 가장 많은 상금을 수여하는 것으로도 유명하다.

• IMF 때 찍은 채권 다 갚았다…국가보증채무 10분의 1 수준

2021년 9월 3일 기획재정부가 국회에 제출한 '2021~2025년 국가보증채무관리계획'에 따르면 올해 국가보증채무는 국내총생산(GDP)의 0.6%인 11조3,000억 원이다. 1997년 외환위기 당시 금융 구조조정을 위한 공적자금 조성에 나서면서 2001년 106조8,000억 원(GDP의 15.5%)까지 늘었던 국가보증채무가 10분의 1수준으로 줄어든 것이다. 국가보증채무는 공적자금 조성을 위해 예금보험공사가 발행한 '예보채상환기금채권', 학자금대출 재원 마련을 위해 한국장학재단이 발행한 '한국장학재단채권' 등이 해당된다. 확정되지 않은 채무로 국가채무에는 포함되지 않으나, 채무자가 갚지 못하면 국가가 대신 갚아야 해 관리가 필요하다. 이에 따라 정부는 매년 5년 단위의 중장기 국가보증채무관리계획을 국회에 보고하고 있다.

A 오커스(AUKUS)

• NASA 로버, 화성 암석 코어시료 채취 첫 성공…2031년 지구로

2021년 9월 2일 미국항공우주국(NASA)은 "9월 1일 수신한 데이터를 분석한 결과 로버(이동형 탐사 로봇) 퍼서비어런스(Perseverance)가 암석에 구멍을 뚫고 손가락 크기의 암석 시료를 채취했다"고 밝혔다. 채집관(튜브)에 암석 시료가 담겨 있는 증거 사진도 확인됐다. 나사가 공개한 사진에는 시추 작업 후 용기 안에 화성의 암석 시료가 들어 있는 것을 볼 수 있다. 퍼서비어런스는 이번에 2m 길이의 로봇팔 끝에 달린 드릴로 암석에 구멍을 뚫어 시료를 채취했다. 2021년 2월 화성에 도착한 퍼서비어런스는 40억년 전 호수였던 곳으로 추정되는 예제로 충돌구에서 암석 시추 작업을 하고 있으며 화성의 흙과 돌 시료를 채취해 20g씩 원통 용기에 담는다. 로버는 암석 시료를 담은 용기 일부는 동체 안에 넣고 일부는 땅에 숨겨둔다. 미국과 유럽은 다음 화성 탐사선으로 이 원통들을 회수해 2031년 지구로 가져오기로 했다.

• '파이브아이즈' 한국 포함 검토…美하원 상임위 통과

2021년 9월 2일 미국 하원 군사위원회가 한국의 '파이브아이즈' 포함 검토 내용이 포함된 국방수권법(NDAA)안을 통과시켰다. '첩보 혈맹'으로도 일컬어지는 '파이브 아이즈'는 미국, 영국, 캐나다, 호주, 뉴질랜드 등 5개국이 1956년 결성한 정보 동맹으로 각국 첩보기관이 기밀정보를 공유하고 있다. 법안은 국가정보국(DNI) 국장이 이들 국가를 정보 동맹에 포함시킬 경우 이점과 한계 등에 대한 평가 보고서를 2022년 5월 20일까지 의회에 제출하도록 했다. 군사위 산하 정보특수작전소위가 제출한 관련 내용은 중국과 러시아 견제를 목적으로 하고 있다. 참여 검토 수준에 법 제정까지 절차가 많지만 한국은 미국과 중국 중 하나를 선택해야 하는 기로에 놓일 수 있다.

> **TIP** **파이브아이즈:** 상호 첩보 동맹을 맺고 있는 영국, 미국, 캐나다, 오스트레일리아, 뉴질랜드 5개국을 이르는 말이다. 이들 국가는 모두 영국, 미국 법률인 영미법을 따르기 때문에 법률상 공조가 용이하며, 신호 정보에 관한 상호 협조 조약인 UKUSA 협정 조인국이다.

• 세계 최초 앱마켓 규제…'구글갑질방지법' 국회 통과

2021년 8월 31일 전 세계에서 처음으로 글로벌 플랫폼 기업의 수수료 정책에 제동을 거는 '구글갑질방지법'이 국회 본회의를 통과했다. 이 법안은 구글·애플 같은 앱마켓 사업자가 모바일 콘텐츠 제공 사업자에게 자체 개발한 결제 방식(인앱 결제)을 강제하지 못하게 하는 내용을 담고 있다. 법의 일부 내용은 공포 이후 6개월간 유예되지만 앱마켓의 특정 결제수단 강요 금지 조항은 법이 공포된 날부터 즉시 시행된다. 구글은 지난해 게임 앱에만 적용하던 인앱 결제를 웹툰 등 콘텐츠 앱 전반으로 확대해 결제 대금의 30%를 수수료로 물리겠다고 밝힌 바 있다. 구글 인앱결제 강제 방지법이 전 세계 최초로 한국에서 제정되면서 앱마켓에 대한 반독점 규제가 전 세계적 확산 신호탄이 될 것이란 전망이다. 주요 외신들은 이 법안이 국회를 통과하자 "애플과 구글의 주요 수익원인 앱스토어 사업에 중대한 변화를 일으킬 선례가 됐다"고 전했다.

> **TIP** **인앱(In-app) 결제:** 구글·애플이 자체 개발한 내부 결제 시스템으로만 유료 앱과 콘텐츠 결제를 하는 방식.

Q 국내 최대 규모의 변호사와 의뢰인이 만나는 온라인 법률 서비스 플랫폼은 무엇인가?

• IMF, 아프간에 금융지원 중단…'달러 부족' 국민 경제적 고립

2021년 8월 18일 국제통화기금(IMF)이 이슬람 무장단체 탈레반이 장악한 아프가니스탄에 대한 어떠한 금융지원도 없을 것이라고 밝혔다. 또한 8월 23일 예정된 신규 특별인출권(SDR) 배분도 아프간에는 해당되지 않는다고 강조했다. 미국이 자국 내 아프간 정부 자산을 동결한 데 이어 IMF도 지원 불가 방침을 밝혀 아프간의 경제적 고립이 극심해질 전망이다. IMF는 8월 2일 코로나19 대응용으로 6500억 달러 규모의 신규 SDR 발행안을 최종 승인했다. SDR는 회원국의 출자 비율에 따라 배분되며 이에 따라 아프간도 0.07%에 해당하는 4억 5500만 달러 규모의 SDR를 배분받을 예정이었다.

TIP SDR는 IMF가 창출하는 국제통화다. SDR를 배분받은 국가는 위기 시 SDR를 달러, 유로, 엔 등으로 교환해 자금을 확보할 수 있다.

• 한국 과학자, 양자역학 최대 난제 양자 '상보성 원리' 실험 검증 성공

2021년 8월 19일 기초과학연구원(IBS)은 조민행 분자 분광학 및 동력학 연구단과 윤태현 연구위원 연구팀이 100년 동안 양자역학의 최대 난제로 꼽혀 온 양자 상보성 원리를 실험적으로 검증하는 데 성공했다고 밝혔다. 양자 물체의 파동-입자 정량적 상보성에 대한 새로운 모델을 제안하고, 자체 개발한 장비를 통해 이를 실험에서 입증한 것이다. 연구 결과는 국제학술지 사이언스 어드밴시스(Science Advances, IF 14.136) 온라인판에 실렸다. 상보성 원리와 파동-입자 이중성을 엄밀히 검증하려면 양자입자를 만들어내는 장치, 양자입자 위치 또는 경로의 탐지 장치, 중첩 상태의 양자입자가 만들어내는 간섭현상의 측정 장치 등이 갖춰져야 한다. 지금까지 여러 복합시스템이 이론적으로 제안되고, 실험도 일부 진행됐지만, 양자 물체의 상보성과 입자-파동 이중성을 완벽하게 검증할 수 있는 장치는 없었다. 연구진은 새로운 실험 시스템인 '얽힌 비선형 광자쌍 광원(ENBS)'을 자체 개발했다.

TIP **상보성 원리:** 물리학에서 원자 차원에서 일어나는 현상을 완전히 이해하기 위해서는 파동과 입자 특성을 모두 기술해야 한다는 원리로 이 책의 시사용어에서 살펴볼 수 있다.

• 홍범도 장군, 78년 만에 귀환…대한민국 최고 훈장 추서

2021년 8월 15일 1907년 의병대를 조직해 일본군과 맞섰고, 1919년 대한독립군을 창설해 국내 진공작전을 펼치다 1920년 일본군 정규부대에 맞서 봉오동 전투와 청산리 대첩을 승리로 이끈 홍범도 장군의 유해가 고국으로 돌아왔다. 유해와 함께 이날 방한한 카자흐스탄의 토카예프 대통령은 1943년 순국한 홍범도 장군의 사망진단서 원본과 말년에 수위장으로 근무했던 고려극장 사임서 복사본을 우리 정부에 전달했다. 정부는 당초 봉오동 전투 전승 100주년인 지난해 홍범도 장군의 유해 봉환을 계획했으나, 신종 코로나바이러스 감염증(코로나19) 사태 등으로 연기되다 이번 토카예프 대통령의 방한을 계기로 성사됐다. 문재인 대통령은 8월 17일 청와대에서 독립운동가인 홍범도 장군에게 건국훈장 중 최고등급인 대한민국장을 수여했다.

TIP **건국훈장:** 건국훈장은 대한민국 건국에 공로가 뚜렷하거나 국가 기초를 공고히 하는 데에 이바지한 공적이 뚜렷한 사람에게 수여하며, 대한민국장은 5등급(대한민국장-대통령장-독립장-애국장-애족장) 중 1등급에 해당하는 최고의 건국훈장이다.

A 로톡(Law Talk)

• 아프간 조력자 안전이송 '미라클 작전' 성공적 수행

2021년 8월 27일 국방부는 총 66명으로 구성된 특수임무단을 긴급 편성하고 아프간 조력자 안전이송을 위해 추진한 '미라클(기적) 작전'을 성공적으로 수행했다고 밝혔다. 73가구 377명의 아프간 조력자들이 우리나라 군용기로 인천공항에 안전히 도착시키는 작전을 위해 국방부는 23일 새벽 다목적 공중급유수송기(KC-330) 1대와 군 수송기(C-130J) 2대를 현지로 투입했고, 현지 우발 상황에 대비한 특수병력과 공정통제사(CCT) 요원을 포함시켰다. 아프가니스탄 조력자는 우리나라가 아프가니스탄 재건에 참여했던 시기에 주아프가니스탄 대한민국 대사관과 바그람 병원, 직업훈련원 등에서 수년간 협력해 왔던 사람들과 가족들을 말한다.

> **TIP** **공정통제사(CCT: Combat Control Team):** 공군의 최정예 특수부대로 전시에 적지에 가장 먼저 침투해 아군에게 정확한 위치 정보를 전달하고 병력과 물자를 투하할 곳의 안전을 확보하는 임무를 맡는다. 공정통제사가 전달한 좌표로 수송기가 날아오면 지상에서 주변을 경계하다 무전으로 '그린라이트'를 외치는데 이들의 '그린라이트'가 있어야만 수송기는 램프를 열고 공중에서 공수부대원이나 물자를 투하하거나 지상에 착륙한다.

• 탈레반, 대통령궁 점령 후 종전 선언…미군 본격 철수

2021년 8월 15일 아프가니스탄 반군 탈레반이 수도 카불의 대통령궁을 점령한 뒤 "이제 전쟁은 끝났다"며 종전을 선언했다. 로이터는 아슈라프 가니 대통령이 아프가니스탄을 떠난 후 탈레반이 카불에 진입해 대통령궁을 접수했다고 보도했다. 자비훌라 무자히드 탈레반 대변인은 카불 현지 경찰들이 도시를 떠났다는 소식이 나온 직후 약탈을 막을 목적으로 카불 진입을 명령했다고 설명했다. 탈레반이 대통령궁을 장악하자 미국을 비롯한 여러 나라들은 현지 인력 철수에 착수했다. 8월 31일 완전 철군을 앞둔 미국은 이날부터 카불 주재 대사관에서 인력을 이동시키기 시작했다. 조 바이든 미국 대통령은 이날 병력 5000명의 카불 추가 파견을 승인해 인력의 무사 철수를 돕도록 했다. 이로써 미국의 최장기 전쟁, 20년의 아프간전 종료와 철군을 발표한 지 넉 달 만에 카불 시내 미국 대사관의 성조기가 내려졌다.

• 2022년 최저임금 9천160원 확정…1월 1일부터 모든 사업장 적용

2021년 8월 5일 고용노동부는 2022년도 최저임금을 9천160원으로 확정했다는 내용의 고시를 관보에 게재했다. 이에 따라 2022년도 최저임금으로 결정된 9천160원은 2022년 1월 1일부터 적용된다. 고시에는 월 노동시간 209시간을 적용한 내년도 최저임금 월 환산액 191만4천440원도 병기됐다. 업종과 상관없이 모든 사업장에 동일하게 적용한다는 점도 명기됐다.

> **TIP** 현행 최저임금법은 최저임금위가 의결한 최저임금안을 노동부에 제출하면 노동부가 8월 5일까지 확정해 고시하도록 규정하고 있다. 노사 단체는 노동부 고시를 앞두고 최저임금안에 이의를 제기할 수 있고 노동부는 노사 단체의 의견에 이유가 있다고 판단되면 최저임금위에 재심의를 요청할 수 있다. 국내에 최저임금제도를 도입한 1988년 이후 최저임금안을 재심의한 적은 한 번도 없었다.

• 한국 '개도국'서 '선진국'으로…유엔무역개발회의, 56년 만에 지위 변경

2021년 7월 2일 유엔무역개발회의(UNCTAD)에 따르면 스위스 제네바 본부에서 열린 '제68

Q 유네스코가 1965년 지정한 '세계 문해의 날(International Literacy Day)'은?

차 무역개발이사회'에서 한국이 UNCTAD에 가입한 지 56년 만에 개발도상국 그룹에서 선진국 그룹으로 지위를 변경했다고 밝혔다. UNCTAD가 1964년 설립된 이후 개도국에서 선진국 그룹으로 지위가 변경된 것은 이번이 처음이다. UNCTAD는 선진국과 개도국간 정치 · 경제 격차를 완화하기 위해 설립된 유엔 산하 기구로 총 194개 회원국으로 구성됐다. 회원국들은 공식적으로 그룹A(아시아 · 아프리카 등 개도국), 그룹B(선진국), 그룹C(중남미 국가), 그룹 D(러시아 및 동구권 국가) 등 4개 그룹으로 분류된다.

> **TIP** 한국은 그룹A로 분류됐지만, 이번에 그룹B로 지위가 변경됐다. 그룹B엔 미국, 영국, 일본, 독일 등 31개 국이 속해있으며, 한국의 지위 변경에 따라 총 32개국으로 늘었다. B그룹은 의결권이 없는 관찰자(옵저버)로만 활동한다.

• 2021 G7 정상회의 폐막…'완전한 한반도 비핵화 · 중국 견제' 공동성명

2021년 6월 13일 영국 콘월에서 열린 '2021 G7 정상회의'가 중국 신장과 홍콩 문제, 대만과의 갈등을 거론하며 중국을 정면으로 비판, 한반도의 평화와 안정에 관한 내용을 포함하는 공동성명을 발표하고 폐막했다. G7 정상회의 공동성명에서 중국을 겨냥한 것은 이번이 처음이다.

TIP

G7 정상회의 공동성명 주요내용	
북한관련	한반도의 완전한 비핵화
	북한의 대량살상무기(WMD) 및 탄도미사일 프로그램 검증 가능 되돌릴 수 없는 폐기
중국견제	중국 신장 인권 존중과 홍콩 자치권 존중 촉구
	대만 해협 평화와 안정 유지 중요성 강조
	저 · 중소득 국가가 요구하는 40조 달러 인프라 비용 일부 지원(B3W)
기후위기 및 코로나19	2050년까지 탄소중립 달성 노력
	2025년까지 저소득국 매년 1000억 달러 기후변화기금 제공
	2023년까지 백신 10억 회분 저소득국 기부

• 한미 미사일 지침(사거리 800㎞) 해제…미사일 주권회복

2021년 5월 21일 문재인 대통령과 조 바이든 미국 대통령이 한 · 미 정상회담을 갖고 우리 군의 미사일, 무인항공기(UAV · 드론), 우주발사체(군사위성 로켓) 개발을 제약해온 '한 · 미 미사일 지침' 폐지(종료)에 합의했다. 한 · 미가 1979년 합의한 후 2001 · 2012 · 2017 · 2020년 4차례 개정을 통해 미사일 사거리(800km로 제한)와 탄두 중량을 늘려 북한을 사정권에 두는 권한을 확보했고, 이번

회담에서 42년 만에 미사일 지침 폐지에 합의함으로써 우리는 중장거리 탄도미사일과 군사위성 발사용 로켓 개발, 탑재 중량 무제한의 무인항공기 개발이 가능해졌다.

> **TIP** 미사일지침 폐지는 북핵 대응과 印 · 太전략에 도움이 된다. 이동식 발사체로 위성을 쏠 수 있어 우주과학기술과 자주적 안보 역량을 강화하게 됐다. 한국은 세계 최초의 로켓인 '주화'와 '신기전'을 만들었다.

A 9월 8일

문화·스포츠 ● Culture & Sports

• 제102회 전국체전 폐회, 수영 5관왕 황선우 MVP 선정

2021년 10월 14일 제102회 전국체전이 경상북도 구미시민운동장에서 폐회식을 가졌다. 코로나19 확산 방지를 위해 19세 이하부로 부분 개최된 이번 전국체육대회는 17개 시·도의 총 41개 종목(정식 40, 시범 1) 1만 430명의 선수단(선수 7461명, 임원 2969명)이 참가한 가운데 선수단의 안전을 최우선 목표로 하여 개최됐다. 한국신 2개, 한국J신 3개, 대회신 55개 등 총 60개의 기록을 달성하였으며 5관왕 1명, 4관왕 4명, 3관왕 22명, 2관왕 59명을 배출했다. 이번 대회의 최우수선수(MVP)는 5관왕을 달성한 수영 황선우가 한국체육기자연맹 소속 기자단 투표에 의해 선정되었다.

> **TIP** 2020 도쿄하계올림픽대회 남자 자유형 100m에서 아시아신기록 및 세계주니어신기록을 작성한 황선우는 이번 대회에서 계영800m, 자유형50m(대회신), 개인혼영200m(한국신), 계영400m, 혼계영400m에서 금메달을 차지하며 생애 첫 5관왕에 올랐다.

• 독일, 가장 먼저 카타르 월드컵 본선행 확정…18회 연속 진출

2021년 10월 12일 독일이 2022 카타르 월드컵 본선에 가장 먼저 진출했다. 독일은 북마케도니아와 유럽예선 J조 8차전에서 승리함으로써 2경기를 남겨놓은 가운데 7승 1패 승점 21점으로 각 조 1위에게만 주어지는 본선행 티켓을 거머쥐었다. 이로써 독일은 국제축구연맹 FIFA 가맹국 중 개최국인 카타르를 제외하고 가장 먼저 월드컵 본선행을 확정했다. 유럽 강호로 군림해온 독일은 통산 20번째 월드컵 본선행에 성공했고 1954년 스위스 대회 이후 18회 연속 월드컵 본선에 진출하는 기록을 썼다.

> **TIP** 덴마크는 '8전 전승'으로 월드컵 진출을 확정지은 두 번째 국가가 됐다. 유럽 지역 예선 F조(스코틀랜드, 페로 제도, 이스라엘, 몰도바, 오스트리아, 덴마크)에 속한 덴마크는 오스트리아와의 경기에서 1-0으로 승리하며 8경기 전승, 승점 24점으로 남은 경기 결과에 상관없이 월드컵 진출이 확정됐다.

• 2020 도쿄패럴림픽 폐막…9회 연속 정상에 오른 한국 보치아(Boccia)

2021년 9월 5일 2020 도쿄 패럴림픽(장애인올림픽)이 도쿄 신주쿠 국립경기장(올림픽 스타디움)에서 열리는 폐회식을 끝으로 막을 내렸다. 코로나19 영향으로 1년 연기돼 치러진 패럴림픽은 무관중으로 진행, 난민팀을 포함해 163개국 4400여 명의 선수들이 투혼을 펼쳤다. 탈레반의 정권 장악으로 출전이 불발될 뻔한 아프가니스탄 대표팀도 극적으로 대회에 나오면서 참가국은 162개국에서 163개국으로 늘었다. 이번 대회 14개 종목에 159명(선수 86명·임원 73명)의 선수단을 파견한 한국은 금메달 2개(탁구, 보치아), 은메달 10개, 동메달 12개로 종합순위 41위를 기록했고 보치아는 9회 연속 정상에 올랐다. 폐회식에서 패럴림픽기는 2024년

Q 한국이 전 세계에서 처음으로 글로벌 플랫폼 기업의 수수료 정책에 제동을 건 법안은?

대회를 개최하는 프랑스의 파리 시장에게 전달됐다.

> **TIP** **패럴림픽 9회 연속 정상에 오른 한국 보치아(Boccia)**
> 보치아(boccia)는 중증 장애인을 위한 스포츠로 표적구에 상대방보다 가장 가까운 공의 점수를 합해 승패를 겨루는 경기다. 손으로 투구하기 어려운 사지마비 뇌성마비 장애인이 출전하는 BC3 등급에서는 선수들이 홈통 등의 도구를 사용하며, 경기 파트너의 도움을 받는다. 한국 보치아는 1988년 서울 패럴림픽부터 이번 도쿄 패럴림픽까지 9회 연속 금메달을 획득했다.

• 2020 도쿄올림픽 폐막…2024 하계올림픽 파리 개최

2021년 8월 8일 도쿄 신주쿠 국립경기장에서 개최된 2020 도쿄올림픽 폐막식은 205개 나라 국가올림픽위원회(NOC) 선수단과 난민대표팀 등 이번 대회에 출전한 206개 팀이 모두 참가해 인류 화합의 대제전을 마무리했다. 신종 코로나바이러스 감염증(코로나19) 시대에 1년 연기 후 열린 2020 도쿄하계올림픽에서 한국 선수단은 금메달 6개, 은메달 4개, 동메달 10개 등 총 메달 20개로 메달 순위 16위를 차지했다. 한국은 양궁에서 4개, 펜싱과 체조에서 금메달 1개씩을 획득했으며, 근대5종에서 최초로 메달을 획득한 전웅태(동메달)는 폐막식 기수로 입장했다. 또한 황선우(수영), 김제덕(양궁), 여서정·류성현(이상 체조), 신유빈(탁구), 서채현(스포츠클라이밍) 등 10대 스타들이 세계를 상대로 선전한 대회였다. 1964년 이후 57년 만에 도쿄에서 두 번째로 열린 하계올림픽에서 미국은 금메달 39개를 따내 중국을 1개 차이로 따돌리고 2012 런던 대회 이래 3회 연속 종합 순위 1위를 달성했다. 33번째 하계올림픽은 2024년 7월 26일부터 8월 11일까지 프랑스 파리에서 개최된다.

> **TIP** 2024년 올림픽 개최지: 프랑스 파리
> 2028년 올림픽 개최지: 미국 로스앤젤레스

• 아르헨티나 코파컵 우승…메시 2004년 대회부터 준우승만 4차례

2021년 7월 개최된 2021 코파 아메리카 결승전에서 메시가 이끄는 아르헨티나는 브라질과 맞붙어 전반 21분에 터진 앙헬 디 마리아의 선제 결승골로 우승컵을 품에 안았다. 메시는 대표팀에서 17년간 153경기 79골, 2경기당 한 골씩 넣은 셈이지만 번번이 우승 문턱을 넘지 못했다. 28년 만에 우승을 하는 데 결정적인 역할을 한 선수는 메시였다. 메시는 이번 대회에서 4골 5도움을 터뜨려 경기 최우수선수, 득점왕, 도움왕을 차지했다.

> **TIP** 메시는 현존 세계 최고를 넘어 역대 가장 뛰어난 축구 선수 중 한 명이라는 평가를 받는다. 발롱도르 6차례 수상, 스페인 프리메라리가 우승 10회, 챔피언스리그 우승 4회 등 20개 이상의 주요 대회 트로피를 손에 거머쥐었다. 하지만 메시는 아르헨티나를 위해 뛰었을 때 우승한 경험은 2008 베이징 올림픽이 전부다. 2014 브라질 월드컵부터 2015 코파 아메리카, 2016 코파 아메리카까지 아르헨티나가 3연속 결승에 올랐을 때도 메시는 우승으로 이끌지 못했다.

• 우즈베키스탄, 2022년 AFC U-23 아시안컵 개최…중앙아시아 최초

2021년 3월 20일 AFC는 2022년 AFC U-23 아시안컵 개최국으로 우즈베키스탄이 결정됐다고 발표했다. 우즈베키스탄이 2022년 아시아축구연맹(AFC) 23세 이하(U-23) 아시안컵 개최

A 구글갑질방지법

지로 선정됨으로써 중앙아시아서 대회가 열리는 것은 이번이 처음이다. 이 대회는 2014년 22세 이하(U-22) 챔피언십으로 시작해 2016년부터 U-23 챔피언십으로 열렸다. 이후 2022년부터 'AFC U-23 아시안컵'이란 명칭으로 진행된다. 2년마다 열리며, 올림픽이 열리는 해에는 올림픽 아시아지역 예선도 겸한다.

> **TIP** 2020년 태국서 열린 대회에서는 김학범 감독이 이끄는 U-23 한국 대표팀이 우승, 도쿄올림픽 본선 진출에 성공했다.

• 제26회 부산국제영화제 폐막… '팬데믹 속 정상 개최'

2021년 10월 15일 2년 만에 대면 행사로 돌아온 제26회 부산국제영화제(BIFF)가 폐막 레드카펫 행사에 이어 뉴 커런츠상 등 각 부문 시상과 폐막작 '매염방'(감독 렁록만) 상영을 끝으로 열흘간 여정을 마감했다. 예년 수준으로 정상 개막된 영화제는 개막작인 임상수 감독의 '행복의 나라로'를 비롯해 70개국 영화 223편을 6개 극장 29개관에서 상영했다. 아시아 신인 감독의 작품에 주는 뉴 커런츠상은 중국 왕얼저우 감독의 '안녕, 내 고향', 김세인 감독의 '같은 속옷을 입는 두 여자'에 돌아갔다. '같은 속옷을 입는 두 여자'는 뉴 커런츠상뿐 아니라 올해의 배우상(임지호), KB뉴커런츠 관객상, 아시아영화진흥기구(넷팩)상, 왓챠상을 수상해 5관왕에 오르며 이번 영화제 최대 화제작 중 하나로 떠올랐다. 올해의 남자 배우상은 '그 겨울, 나는'의 권다함에게 돌아갔다.

> **TIP** 렁록만 감독의 전기 영화 '매염방'은 1980~1990년대 홍콩의 전설적인 가수이자 배우 매염방이 생계를 위해 무대에 서야 했던 어린 시절부터 가수로 성공하고 영화계에서 입지를 굳히고 죽음에 이르는 과정을 순차적으로 담았다.

• 제73회 에미상 시상식… '메어 오브 이스트타운' 4관왕

2021년 9월 19일 미국 로스앤젤레스에서 열린 제73회 프라임타임 에미상 시상식에서 JTBC스튜디오의 미국 제작사 웝(wiip)의 '메어 오브 이스트타운'은 TV리미티드 시리즈 부문 여우주연상(케이트 윈슬렛)을 비롯해 남우조연상(에반 피터스), 여우조연상(줄리안 니콜슨), 프로덕션 디자인상 등 총 4개의 트로피를 거머쥐었다. '메어 오브 이스트타운'은 펜실베니아의 작은 마을을 배경으로 살인사건에 얽힌 비밀을 파헤치는 범죄 수사물이다. 넷플릭스 드라마 '더 크라운'은 영국 엘리자베스 2세 여왕을 주인공으로 1980년대 영국 왕실의 이야기를 그려낸 작품으로 최우수 드라마 시리즈 부문을 수상했고, 넷플릭스가 제작한 여성 체스 천재 이야기를 다룬 드라마 '퀸스 갬빗'도 최우수 미니시리즈 최우수 작품으로 선정됐다.

• 제78회 베니스 국제영화제…칸 이어 女감독 최고상 수상

2021년 9월 11일 이탈리아 베니스 리도섬에서 진행된 제78회 베니스국제영화제 폐막 및 시상식에서 황금사자상은 프랑스 여성 감독 오드리 디완이 연출한 '레벤느망'에게 돌아갔다. 봉준호 감독이 이끄는 심사위원단의 만장일치로 수상의 영광을 안게 된 '레벤느망'은 1963년 프랑스의 한 여대생이 의도치 않은 임신을 한 뒤 낙태를 결심하기까지 겪는 갈등을 그린 작품

Q 15번째로 유네스코 세계유산 등재된 우리나라 유산은?

이다. 심사위원대상은 파울로 소렌티노 감독의 신작 '신의 손', 감독상은 제인 캠피온 감독의 신작 '더 파워 오브 더 도그'에게 돌아갔다. 스페인의 거장 감독인 페드로 알모도바르가 연출한 '페러렐 마더스'의 페넬로페 크루즈가 여우주연상을 '온 더 잡: 더 미씽 8'(에릭 마티 감독)의 필리핀 배우 존 아실라가 남우주연상을 수상했다.

> **TIP** 베니스국제영화제에서 여성 감독이 황금사자상을 받은 건 6번째다. 올해 열린 국제영화제 및 영화상에서 여성 감독이 수상한 상은 7월 폐막한 제74회 칸국제영화제에서 줄리아 뒤쿠르노가 연출한 '티탄'이 1993년 '피아노'(제인 캠피온 감독)에 이어 28년만에 황금종려상을 수상했다. 4월 열린 제93회 아카데미 시상식에서는 지난해 베니스영화제 황금사자상 수상작인 중국계 미국인 여성 감독 클로이 자오의 '노매드랜드'가 작품상과 감독상을 차지했다. 이는 '하트로커'의 캐서린 비글로우 감독(2010년, 제82회 아카데미) 이후 감독상을 수상한 두 번째 여성 감독이자 첫 아시아 여성이라는 기록을 세웠다.

• 제74회 칸영화제, '티탄' 황금종려상 수상…송강호·이병헌 폐막식 참가

2021년 7월 17일 진행된 제74회 칸영화제에서 프랑스 영화 '티탄'(감독 줄리아 뒤쿠르노)이 황금종려상을 수상했다. 여성 감독이 황금종려상을 수상한 것은 1993년 제인 캠피온 감독의 '피아노' 이후 28년 만이다. 심사위원대상은 아쉬가르 파르하디 감독의 '어 히어로'와 주호 쿠오스마넨 감독의 '컴파트먼트 넘버 6'가 공동 수상했으며, 심사위원상은 '메모리아'(아핏차퐁 위라세타쿤 감독), '아헤드의 무릎'(감독 나다브 라피드)이 수상했다. 감독상은 '아네트'의 레오 카락스 감독이 수상했고, 배우 이병헌과 송강호는 칸영화제 시상자와 심사위원으로 활동했다.

> **TIP** 제74회 칸국제영화제 수상
> ▲ 황금종려상: 티탄(감독 줄리아 뒤쿠르노)
> ▲ 심사위원대상: 어 히어로(감독 아쉬가르 파르하디), 컴파트먼트 넘버 6(감독 주호 쿠오스마넨)
> ▲ 감독상: 레오 카락스(아네트)
> ▲ 심사위원상: 메모리아(아핏차퐁 위라세타쿤 감독), 아헤드의 무릎(감독 나다브 라피드)
> ▲ 남우주연상: 케일럽 랜드리 존스(니트람)
> ▲ 여우주연상: 르나트 라인제브(더 워스트 퍼슨 인 더 월드)
> ▲ 각본상: 드라이브 마이 카(하마구치 류스케)
> ▲ 명예황금종려상: 마르코 벨로치오

• 제93회 아카데미 시상식…한국 배우 최초 윤여정 여우조연상 수상, 작품상 '노매드랜드'

2021년 4월 25일 미국 유니온 스테이션 로스앤젤레스와 할리우드 돌비극장에서 열린 제93회 아카데미 시상식에서 윤여정은 '미나리'로 한국 배우 최초로 연기상을 수상했고, 클로이 자오 감독의 '노매드랜드'가 감독상, 여우주연상, 작품상을 수상했다. '노매드랜드'는 제77회 베니스영화제 황금사자상, 제78회 골든글로브 작품상 및 감독상 등 주요 영화제의 상을 휩쓸었다. 아카데미 시상식은 TV CHOSUN이 독점 생중계했다.

> **TIP** 중국계 미국인 클로이 자오 감독은 미국 아카데미를 비롯해 골든 글로브, 크리틱스 초이스, 영국 아카데미 시상식 및 미국 감독조합상 등 모든 감독상에 이름을 올린 유일한 인물이다. 그는 아시아계 여성 감독으로 최초 골든 글로브 작품상, 감독상을 차지했고 오스카에서 여성 감독으로는 두 번째, 아시아 여성으로서 최초의 발자취를 남겼다.

A 한국의 갯벌

Current Issues & General Information

최근시사

2021년 노벨상 수상자 · · · · Nobel Prize

노벨 평화상 마리아 레사 · 드미트리 안드레예비치 무라토프

2021년 노벨 평화상은 필리핀의 마리아 레사와 러시아의 드미트리 안드레예비치 무라토프가 차지했다. 노벨위원회는 "이들은 민주주의와 항구적인 평화의 전제 조건인 표현의 자유를 수호하기 위해 노력했다"고 선정 이유를 밝혔다. 필리핀 저널리스트인 레사는 2012년 탐사저널리즘 매체 '래플러'를 설립해 로드리고 두테르테 정권의 '마약과의 전쟁'과 사회관계망서비스(SNS)에서 퍼지는 '가짜 뉴스'에 집중해 왔다. 무라토프는 1993년 러시아 독립 매체 '노바야 가제타'를 창립해 1995년부터 24년 동안 편집장으로 일했다.

> **TIP** 10년 전 예멘 저널리스트이자 활동가 타우왁쿨 카르만이 노벨 평화상을 공동수상한 적이 있지만, 노벨위원회가 저널리즘의 중요성을 강조하며 언론인들에만 평화상을 수여한 건 1935년 이후 처음이다. 당시 독일 언론인 카를 폰 오시에츠키는 독일이 1차 세계대전 뒤 비밀리에 재무장하고 있다는 사실을 폭로한 공로로 노벨 평화상을 받았다.

노벨 문학상 압둘라자크 구르나

2021년 노벨 문학상은 탄자니아 난민 출신 소설가인 압둘라자크 구르나가 차지했다. 한림원은 "식민지의 영향과 문화와 대륙 사이 격차에 있는 난민의 운명을 단호하고도 연민 담긴 시선으로 깊게 파고들었다"고 선정 이유를 밝혔다. 1948년 탄자니아에서 태어난 구르나는 1960년대 말 난민 자격으로 영국에 건너가 은퇴 전까지 켄트대에서 영어 · 포스트콜로니얼 문학 교수를 지내면서 10편의 장편소설과 다수의 단편소설을 펴냈다. 대표작으로 '파라다이스(Paradise, 1994)'가 있다.

> **TIP** 난민으로서 겪은 혼란이 압둘라자크 구르나의 작품 전체를 관통하는 주제이며 1990년 전후 동아프리카에서의 탐구 활동을 토대로 1994년 출간한 네 번째 소설 '파라다이스'(Paradise)는 작가로서 비약적으로 발전하는 계기가 됐다.

노벨 경제학상 데이비드 카드 · 조슈아 앵그리스트 · 휘도 임번스

2021년 노벨 경제학상은 데이비드 카드 UC버클리 교수, 조수아 앵그리스트 MIT 교수, 휘도 임번스 스탠포드대 교수가 공동수상자로 선정됐다. 위원회는 "수상자들은 노동시장에 대한 새로운 통찰력을 제공하고 자연실험에서 원인과 결과에 대해 어떤 결론을 도출할 수 있는지 보여주었으며, 그 접근법은 다른 분야로 확산되었고 경험적 연구에 혁명을 가져왔다"고 선정 이유를 밝혔다.

> **TIP** 카드는 자연실험을 이용해 최저임금, 이민, 교육의 노동시장 영향을 분석, 새로운 분석과 추가적인 통찰력을 이끌어냄으로써 최저임금을 인상한다고 반드시 일자리가 줄어드는 것은 아니라는 것을 보여주었다. 앵그리스트와 임번스의 방법론적인 기여는 자연실험이 지식의 풍부한 원천이라는 것을 보여주었고 인과관계의 분석능력을 향상하여 우리 사회에 큰 도움을 주었다.

Q 전 세계에서 가장 먼저 '위드 코로나'를 선언한 국가는?

노벨 생리의학상 데이비드 줄리어스 · 아뎀 파타푸티언

2021년 노벨 생리의학상은 데이비드 줄리어스(캘리포니아대 생리학과 교수)와 아뎀 파타푸티언(스크립스연구소 신경과학과 교수)이 차지했다. 위원회는 "수상자들은 온도와 압력을 인지할 수 있는 신경 자극이 어떻게 시작되는지에 관한 중요한 연결고리를 발견했다. 이는 자연의 비밀 중 하나를 밝힌 것으로 인간의 생존과 관련한 중요하고 심오한 발견"이라고 선정 이유를 밝혔다.

TIP 줄리어스는 1997년 고추의 매운 성분인 캡사이신을 이용해 피부 신경 말단에 존재하는 열에 반응하는 감각 수용체를 발견했고, 파타푸티언은 압력에 민감한 세포를 사용해 피부와 내부 장기에서 기계적 자극에 반응하는 새로운 종류의 촉각 수용체를 발견했다.

노벨 화학상 벤자민 리스트 · 데이비드 맥밀런

2021년 노벨 화학상은 분자를 합성할 때 쓰는 유기촉매를 개발해 다양한 의약품 개발이 가능하도록 이끈 공로를 인정받은 베냐민 리스트 막스플랑크연구소 교수와 데이비드 맥밀런 프린스턴대 화학과 교수가 선정됐다. 위원회는 "이들이 금속과 효소 외에 세 번째 형태의 촉매인 비대칭유기 촉매를 독창적으로 개발하여 제약산업에 혁신을 이루었다"고 선정 이유를 밝혔다.

TIP 코로나19 사태가 2년째 이어지면서 코로나19 백신 중 하나인 mRNA 기술을 개발한 이들의 수상 가능성도 높게 점쳐졌지만 노벨상 수상 업적들은 대부분 20년 이상 인정받은 경우가 많아 mRNA 백신 연구 역시 효과와 안전성에 대해 입증 기간이 필요하다는 견해가 많았다.

노벨 물리학상 마나베 슈쿠로 · 클라우스 하셀만 · 조르조 파리시

2021년 노벨 물리학상은 기후위기와 지구가열화(지구온난화)를 예측하는 수학적 기법을 연구한 과학자 3인에게 돌아갔다. 노벨위원회는 "지구 기후의 물리적 모델링, 가변성 계량화로 지구온난화를 예측한 마나베 슈쿠로와 클라우스 하셀만, 원자로부터 물리 시스템의 무질서와 변동의 상호작용을 발견한 조르조 파리시 교수를 공동 선정했다"고 밝혔다.

TIP 마나베 교수는 대기 중 이산화탄소 증가가 어떻게 지구 표면 온도상승을 초래하는지 증명해 냈고 하셀만은 대기 온도상승이 인간이 배출한 이산화탄소 때문이라는 것을 증명하는 모델을 개발했으며, 무질서한 날씨에도 불구하고 기후모델이 신뢰성 있는 이유를 설명하는 데 기여했다.

2020년 노벨상 수상자	노벨 평화상	유엔 세계식량계획(WFP)
	노벨 문학상	루이즈 글릭
	노벨 물리학상	로저 펜로즈 · 라인하르트 겐젤 · 안드레아 게즈
	노벨 경제학상	폴 밀그롬 · 로버트 윌슨
	노벨 생리의학상	하비 알터 · 찰스 라이스 · 마이클 호튼
	노벨 화학상	에마뉘엘 샤르팡티에 · 제니퍼 다우드나

A 영국

시사인물   Person

• 아예샤 A. 말리크

여성 차별 문화가 지배적인 것으로 알려진 파키스탄에서 첫여성 대법관이 탄생했다. 2022년 1월 첫여성 대법관으로 취임한 아예샤 A. 말리크는 미국 하버드대 로스쿨을 졸업하고 변호사로 근무하다가 2012년부터 라호르 고등법원의 판사로 일했다. 이달 초 파키스탄사법위원회(JCP)가 말리크 판사의 10년 임기의 대법관 임명을 승인하자 보수적인 변호사와 일부 법관 등 법조계 상당수는 강력하게 반발했다.

> **TIP** 파키스탄은 세계경제포럼(WEF)이 성별 격차를 지수화한 성 격차 지수(GGI · Gender Gap Index)에서 지난해 156개 나라 가운데 153위를 차지할 정도로 성차별이 심각한 나라로 꼽힌다. 해마다 1천명에 가까운 여성이 '명예살인'에 의해 목숨을 잃는 것으로 추산된다.

• 베르벨 바스

신임 독일 20대 연방 하원의장으로 선출된 사회민주당(SPD) 원내부대표다. 하원의장직은 독일 내 서열 2위 직위다. 바스 의장은 2009년부터 연방하원의 일원이며 2019년부터 사민당 원내부대표를 지냈다. 바스 의장은 안네마리 렝거(1972~1976년)와 리타 쥐스무트(1988~1998년) 전 의장에 이어 역대 세 번째 여성 하원의장이 됐다.

> **TIP** 20대 하원은 19대보다 27명 증가해 총 736석으로 구성됐다. 중국에 이어 세계에서 두 번째로 큰 규모다. 19대 연방하원에서 의장을 맡았던 볼프강 쇼이블레 독일 기독민주당(CDU) 의원은 평의원으로 돌아갔다.

• 올라프 숄츠

2021년 9월 26일에 실시된 2021년 독일 총선에서 승리한 독일 사회민주당(SPD; 이하 사민당)의 당대표다. 올라프 숄츠가 이끄는 중도좌파 성향의 사민당이 초접전 끝에 16년 만에 정권 교체에 성공했다. 올라프 숄츠는 2018년 3월 14일부터 앙겔라 메르켈 내각의 부총리 및 재무장관을 역임했다. 2011년 3월 7일부터 2018년 3월 13일까지 함부르크의 제1시장직을 지냈으며, 동년 2월 13일부터 4월 22일까지 사민당 대표직을 대행했다. 2002년부터 2004년까지 게르하르트 슈뢰더 총리 및 당대표 치하에서 당 총서기직을 지냈고 2007년부터 2009년까지 제1차 메르켈 내각의 노동사회부 장관을 지냈다.

• 크리스탈리나 게오르기에바

불가리아 출신으로 2019년 9월 IMF 수장에 오른 게오르기에바 총재는 세계은행 최고경영자 재임 시절에 중국에 유리한 방향으로 2018년도 기업환경평가 보고서를 조작하도록 압력을 행사했다는 의혹을 받아 왔다. IMF 이사회는 2021년 10월 11일 성명을 내고 총재 신임을 공

Q 지속적인 경고로 충분히 예상할 수 있음에도 쉽게 간과하는 위험 요인을 일컫는 용어는?

식적으로 발표해 위기를 모면했다.

• 요나스 가르 스퇴레

2021년 9월 노르웨이 총선에서 당선된 신임총리로 1981년부터 1985년까지 파리 정치 대학에서 정치학을 전공한 후 그로 할렘 브룬틀란 총리의 고문 및 총리실장을 지냈다. 1998년부터 2000년까지 세계보건기구의 전무직을, 2003년부터 2005년까지 노르웨이 적십자의 사무총장직을 역임했다. 2005년부터 2012년까지 외무장관을 지냈으며, 2012년부터 2013년까지 건강관리부 장관을 지냈다. 2009년부터 현재까지 국회의원직을 지내고 있으며, 노동당의 대표이자 야권대표이기도 했다.

• 하이바툴라 아쿤드자다

2021년 9월 3일 새 정부를 구성한 탈레반은 최고의 지도자인 하이바툴라 아쿤드자다를 새 아프가니스탄 정부 수장으로 발표했다. 아쿤드자다는 최고 지도자로서 정치와 종교, 군사 분야의 중요 결정을 내리게 된다. 아쿤드자다는 2016년 드론 공격으로 사망한 아흐타르 만수르의 뒤를 이어일 탈레반 지도자가 되었다. 코로나19가 유행 중인 2020년 5월 29일 '포린 폴리시'는 익명의 탈레반 관계자를 인용해 아쿤드자다가 코로나19에 감염되었으며 사망했을 가능성도 있다는 보도를 했지만, 6월 2일 탈레반의 대변인 자비훌라 무자히드가 트위터를 통해 반박하기도 했다.

• 아이만 알 자와히리

오사마 빈라덴이 2011년 5월 1일 사망하면서 알카에다의 1인자가 되었다. 1951년 이집트 명문가에서 태어난 자와히리는 외과의사 출신으로 빈라덴과 함께 1988년 아프가니스탄에서 알카에다를 결성했다. 알카에다는 아랍어로 '기지(基地)'라는 뜻이다. 알 자와히리는 알카에다의 각종 테러 공격을 기획해 온 최고전략가로 빈라덴과 함께 1998년 케냐와 탄자니아 주재 미국 대사관 테러 공격을 주도했고 2001년 9·11 테러를 실질적으로 기획하고 주도한 것으로 알려졌다. 알 자와히리는 2016년 8월 이슬람 율법학자 출신인 하이바툴라 아쿤드자다가 탈레반의 최고지도자가 되자 충성을 서약했다.

• 홍범도

1907년 의병대를 조직해 일본군과 맞섰고, 1919년 대한독립군을 창설해 국내 진공작전을 펼치다 1920년 일본군 정규부대에 맞서 봉오동 전투와 청산리 대첩을 승리로 이끈 홍범도 장군은 스탈린의 한인 강제이주정책으로 카자흐스탄으로 이주한 뒤 광복을 2년 앞둔 1943년 10월 25일 향년 75세로 별세했다. 2021년 8월 15일 홍범도 장군의 유해는 78년 만에 고국으로 귀환했고, 8월 17일 대한민국 최고 훈장에 추서됐다. 방한한 카자흐스탄의 토카예프 대통령은 1943년 순국한 홍범도 장군의 사망진단서 원본과 말년에 수위장으로 근무했던 고려극장 사임서 복사본을 전달했다. 정부는 당초 봉오동 전투 전승 100주년인 지난해 홍범도 장군의 유

A 회색 코뿔소

해 봉환을 계획했으나, 신종 코로나바이러스 감염증(코로나19) 사태 등으로 연기되다 이번 토카예프 대통령의 방한을 계기로 성사됐다.

> **TIP** 홍범도 장군은 1962년 항일무장투쟁의 공적과 건국의 공로를 인정받아 건국훈장 대통령장을 받은 바 있으며 이번에 받은 대한민국장은 이보다 한 단계 높은 1등급(대한민국장-대통령장-독립장-애국장-애족장)이다.

• 김대건

한국 최초의 사제 김대건 신부(1821~1846)가 한국 천주교 역사상 최초로 2021년 유네스코 세계기념인물로 선정됐다. 세계적으로 종교인으로서는 '마더 테레샤'에 이은 두 번째 인물로 선정되었다. 김대건 신부는 순교로 인해 만 25세라는 젊은 나이의 삶을 살았음에도 조선의 계급사회와 콜레라라는 전염병 속에서 평등사상과 박애주의를 실천하고 조선전도를 제작해 서구에 조선을 알리는 데에 큰 기여를 했다는 평가를 받는다. 1984년 방한한 교황 요한 바오로 2세에 의해 시성된 103인의 한국 순교성인 중 한 사람이다. 2021년은 김대건 신부 탄생 200주년이 되는 해다.

> **TIP** 유네스코는 2004년부터 추구하는 이념과 가치가 일치하는 세계의 역사적 사건과 인물, 명사의 기념일을 유네스코 연관 기념행사로 선정해 중요성을 부여하고 있다. 주로 어떤 인물의 탄생 몇 주년 또는 어떤 사건 발생 몇 주년을 기념하는 방식으로, 국내에서는 2012년 다산 정약용 탄생 250주년과 2013년 허준의 동의보감 발간 400주년이 유네스코 기념의 해로 선정됐다.

• 에브라힘 라이시

2021년 제13대 이란 대통령으로 8월 3일에 취임했다. 본명은 '에브라힘 라이솔사다티'나 '에브라힘 라이시'로 알려져 있는 반미 성향의 강경 극우파다. 1960년 12월 14일 출생한 이란 정치가로 이슬람교도 성직자와 대법원장을 역임했다. 2017년 대선에 이슬람혁명군인민전선 후보로 출마했으나, 38.3%의 득표율로 하산 로하니 대통령에 밀려 낙선하고 2021년 대선에 다시 출마해 이란 대통령에 당선됐다. 이란의 대통령은 실권이 없는데 실권을 쥐고 있는 자는 최고지도자 알리 하메네이이다. 하메네이가 80을 넘긴 고령이라는 점 등으로 보아 라이시는 사실상 하메네이의 후계자로 내정되었다는 시각이 우세하다. 미국의 제재 대상에 포함된 국영기관 세타드(Setad)의 수장 모하마드 모크베르를 신임 부통령에 임명했다.

• 아슈라프 가니

아프가니스탄의 대통령으로 2014년 대선에서 압둘라 압둘라를 누르고 당선되었으며 2019년 대선에서도 압둘라 압둘라를 누르고 재선에 성공했다. 2021년 8월 15일 탈레반이 아프가니스탄의 수도인 카불로 진입하자 탈레반에게 붙잡혀서 처형 당할거라는 인식에 타지키스탄으로 망명을 선택했다. 탈레반은 나지불라와는 달리 가니를 그냥 보내주었다. 아슈라프 가니는 아프간을 떠났지만 전직 대통령 하미드 카르자이는 탈레반에 합류했다. 가니의 탈출 당시 엄청난 양의 현금을 갖고 있었고 헬기에 다 싣지 못해 일부는 활주로에 남겼다고 전한다. 가니 대통령은 우즈베키스탄 수도 타슈켄트 도착 직후 "학살을 막기 위해 떠난 것"이라고 성명을 발표했다.

> **Q** 외국인 혐오증인 제노포비아 일종으로 중국이나 중국인 혹은 중국 문화에 대한 반감을 뜻하는 말은?

시사용어   Terminology

- **테크래시**(techlash)

테크래시는 기술을 뜻하는 테크놀로지(Technology)와 사회 변화에 대한 대중의 반발을 뜻하는 백래시(Backlash)의 합성어로, 빅테크 기업의 거대 권력에 대한 반발, 이로 인한 견제 현상을 뜻한다. 즉, 구글이나 아마존, 페이스북 등 거대 IT 기업들의 과도한 영향력에 대한 대중의 우려와 적대감을 나타낼 때 쓰는 신조어다. 미국 실리콘밸리에 고액 연봉을 받는 IT 기업 임원들이 몰리면서 부동산 가격이 폭등하고 기존 주민들은 집값을 감당할 수 없게 돼 시민들이 시위대를 결성해 항의한 일이 대표적인데 세계적으로 '테크래시'가 거세지고 있다. 우리나라도 카카오, 네이버 등 국내 플랫폼 기업의 골목상권 침해와 문어발 확장으로 테크래시가 곳곳에서 확산하고 있다.

- **회색 코뿔소**

회색 코뿔소는 지속적인 경고로 충분히 예상할 수 있음에도 쉽게 간과하는 위험 요인을 말한다. 코뿔소는 멀리서도 눈에 잘 띄며 진동만으로도 움직임을 느낄 수 있지만 두려움 때문에 피하지 못하거나 대처 방법을 몰라 일부러 무시하는 것을 비유한 말이다. 전혀 예상치 못한 상황이 발생하여 엄청난 충격을 주는 블랙 스완(Black Swan)과 대조되는 개념이다. 회색 코뿔소는 세계정책연구소 소장인 미셸 부커가 2013년 다보스포럼에서 처음 발표한 개념이다. 회색 코뿔소로 간주되는 대표적인 사례는 2007년 미국에서 발생한 '서브프라임 모기지 사태'이다.

- **RE100**

RE100은 기업이 2050년까지 사용 전력량의 100%를 태양광이나 풍력 등 재생에너지로 조달하겠다고 자발적으로 선언하는 국제 캠페인이다. 2014년 9월 국제연합(UN) 기후정상회의에서 기후그룹과 탄소정보공개프로젝트의 제안으로 도입되었다. 애플, 구글 등은 이미 RE100을 달성했으며 사회적 흐름에 따라 RE100 실천은 필수 사항이 되고 있다. 2022년 2월 1일 기준 전 세계의 참여 회원사는 349개 기업이며 그중 골드 회원사는 67개 기업이다. 한국에서는 12개 업체가 참여하고 있으며, 그중 고려아연·SK하이닉스·SK텔레콤은 골드 회원이고, 아모레퍼시픽·KB금융그룹·한국수자원공사·미래에셋·SK아이이테크놀로지·SK매터리얼즈·SK실트론·SKC는 일반회원이다.

- **퍼서비어런스**(Perseverance)

화성 탐사차로 2020년 7월 30일 발사하여 2021년 2월 18일 화성에 착륙했다. 화성의 생명체

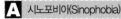 시노포비아(Sinophobia)

거주 여부, 화성의 고대 환경 조사, 화성 지표의 역사 등을 밝히는 것이 이 탐사선의 목표다. 더불어 미래의 인류가 화성을 유인 탐사할 때 위험한 것이 없는지 탐색하고, 대기의 조성을 알려주어 미래의 기지를 건설하는 데 도움을 주는 것이다. 또 인간이 어떤 조건으로 착륙해야 되는지 등을 탐색한다. 인사이트가 마스 큐브 원과 화성에 함께 갔던 것과 비슷하게 인제뉴어티와 함께 발사되었다.

> **TIP** 마스 2020(Mars 2020)은 퍼서비어런스와 인제뉴어티 드론 헬리콥터를 포함한 NASA의 화성 지표면 로봇 탐사 계획의 명칭이다. 최초로 화성의 바람소리를 녹음했다.

• 국방수권법(NDAA)

미국의 국가안보를 이유로 외국기업의 미국 투자에 대한 규제를 강화하거나 다른 나라에 대해 정치적 군사적 제재를 가하도록 허용하는 미국법이다. 이란 핵무기 개발제재, 이란 석유수출제재, 해외자산 동결 등의 조치가 이 법에 근거하고 있으며 제재조치에 우방국을 동시에 참여하도록 강제성을 부여하는 것도 이 법에 근거한다. 2021년 국방수권법에는 미 국가안보에 필요한 7410억달러 규모 국방예산안이 포함됐고, 한국, 독일, 아프간 등 해외에 파병한 미군을 외교정책 변경에 따라 철수시켜 재배정하거나 미본토로 귀환시키는 것을 제한하고 있다.

• 전국고교야구선수권대회(고시엔)

전국고교야구선수권대회는 아사히 신문사와 일본 고등학교 야구 연맹의 주최로 매년 8월 약 2주 간의 일정으로 효고현 니시노미야시의 한신 고시엔 구장에서 열리는 일본의 고교 야구 대회를 말한다. 5년에 한 번은 기념 대회로 실시되며, '여름의 (고교 야구)대회'(夏の(高校野球) 大会), '여름의 고시엔'(夏の甲子園), '고교 야구'(高校野球), '고시엔'(甲子園) 등으로 불린다. 2021년 8월에 개최된 103회 전국고교야구선수권대회에서 한국계 외국인 사립학교인 교토국제고가 첫 출전해 4강에 올랐다. 첫 경기 중간과 승리할 때 해당 학교 교가가 방송되는 전통에 따라 교토국제고의 한국어 교가가 4번 울렸고 NHK를 통해 중계됐다.

> **TIP** 교토국제고는 재일교포와 한국유학생이 다녔던 교토한국학원이 전신으로 민족학교의 전통이 흐르고 있다. 2003년 여름 교토부 대회에서 8강에 올랐고, 당시 주장이 이례적으로 한국어와 일본어로 선수 선서를 한 것이 언론의 큰 주목을 받았다. 교가 첫머리가 "동해를 건너 야마토(일본 땅을 의미)는…"으로 시작한다.

• 시노포비아(Sinophobia)

시노포비아란 중국을 뜻하는 라틴어 'Sino'와 공포증을 말하는 'phobia'의 합성어로 중국이나 중국인 혹은 중국 문화에 대한 반감을 뜻하는 말이다. 외국인 혐오증인 제노포비아(xenophobia)의 일종이다. 19C 아편전쟁 당시 영국이 청나라에 대해 '미개한 국가'라는 혐오 정서를 부추기며 서구권에 시노포비아가 퍼졌다. 경제 발전으로 국력이 강해진 중국에 대한 경계심이 혐오로 증폭되고 있다. 우리나라에서도 국내 발생 중국인 범죄와 중국발 미세먼지, 신종 코로나 바이러스 확산까지 맞물려 혐오와 배제 정서가 깊어지고 있다.

> **TIP** 제노포비아(xenophobia): 제노포비아란 외국이나 이민족 집단을 병적으로 싫어하고 미워하는 생각, 즉

Q 1988년 서울 패럴림픽부터 도쿄 패럴림픽까지 9회 연속 금메달을 획득한 종목은?

외래인 공포증 혹은 외국이나 외국인 혐오를 뜻하는 말이다. 낯선 것, 혹인 이방인이라는 의미의 제노(xeno)와 공포증을 말하는 포비아(phobia)가 합성된 말로서 다른 문화권에서 온 이방인을 무조건 혐오하고 싫어하는 현상을 일컫는다.

메이포비아(mayphobia): 5월을 뜻하는 'may' 와 공포증을 말하는 'phobia' 의 합성어로 5월에는 결혼식도 많고, 어린이날, 어버이날, 스승의 날, 부부의 날, 성년의 날 등 챙겨야 하는 기념이 많은 데서 생겨난 말이다.

• 아바야

얼굴을 뺀 목부터 발끝까지 가리는 검은색의 긴 통옷으로 사우디아라비아에서 여성이 외출할 때 반드시 착용하는 것이 의무로 규정되어 있는 민족의상이다. 사막 지대의 강한 직사광선으로부터 피부를 보호하는 역할을 하며 여성의 몸매를 최대한 숨길 수 있는 것이 특징이다. 최근 탈레반이 점령한 아프간에서 사립대학에 다니는 여대생들에게 '아바야' 를 입고 '니캅' 을 착용하고 명령했다.

> **TIP** **부르카:** 무슬림 여성들이 착용하는 베일 중에서 가장 큰 것으로, 온몸을 두르게 된다. 히잡은 머리 부분만 가리지만, 부르카는 머리, 목, 얼굴 몸 전체를 휘감는다. 시야 확보가 필요한 눈 부위는 망사로 되어 있어 외부인이 부르카를 입은 여성의 인상착의를 파악하기가 어렵다.
> **차도르:** 주로 시아파 지역 및 페르시아 문화 구역의 일부 국가들에서 실외로 외출할 때 착용하는 옷, 클로크이다. 온몸에 두를 수 있을 만큼 외투가 큰 직물이다. 머리부터 천을 둘러 얼굴 전체를 가리지만 손으로 열 수 있는 구멍이나 단추는 존재하지 않는다. 무슬림 여성들이 외출할 때 사용한다.
> **니캅:** 눈을 제외하고 얼굴 전체를 가리는 베일이다. 특히 한발리파의 전통을 따르는 무슬림 여성들이 공공장소나 성인 남성들 앞에서 착용한다.

• CWA 대거상(CWA Dagger Awards)

영국 추리 작가 협회(The Crime Writers' s Association; CWA)에서 수여하는 CWA 대거상은 추리 소설의 거장 에드거 앨런 포의 이름을 따서 만든 미국의 에드거 상(Edgar Awards)과 더불어 추리 문학계에서는 세계 최고의 권위를 지닌 문학상이다. 2021년 윤고은 작가의 『밤의 여행자들』은 CWA 대거상 외국어 부문을 수상했다.

• 타임오프제(Time-off)

노조의 필수 활동에 한해 노조 전임자에게 임금을 지급하면서 근로시간을 면제해 주는 제도로 '유급근로시간면제제도' 라고도 한다. 무노동 무임금 원칙에 따라 노조 전임자에게 임금을 지급하지 않는 것이 원칙이지만, 노사공통의 이해가 걸린 활동과 관련된 시간은 근무시간으로 인정해 이에 대해 임금을 지급한다. 근무시간으로 인정하는 노조 활동은, 노조원들을 위해 활동하는 일부 업무, 즉 근로자 고충처리, 산업안전보건에 관한 활동, 단체교섭 준비 및 체결에 관한 활동 등이다. 최근 재계와 노동계는 타임오프제를 놓고 갈등이 고조됐다.

• 상보성 원리(complementarity principle, 相補性原理)

물리학에서 원자 차원에서 일어나는 현상을 완전히 이해하기 위해서는 파동과 입자 특성을 모두 기술해야 한다는 원리로 1928년 덴마크의 물리학자 닐스 보어가 코펜하겐의 연구소에

A 보치아

서 불확정성 원리를 해명하기 위하여 도입하였다. 빛이나 전자는 실험 조건에 따라 파동처럼 행동하기도 하고 입자처럼 행동하기도 한다. 상보성 원리는 원자나 원자보다 작은 규모에서 일어나는 현상이 큰 규모의 입자나 파동(가령 당구공이나 물결파)에서 일어나는 현상과는 다르다는 것을 의미한다. 상보성과 파동 입자 이중성은 양자역학이 가진 독특한 특성이다.

TIP **닐스 보어:** 덴마크의 현대 물리학자로 원자구조와 핵분열 이론을 규명하고 1900년 독일의 막스 플랑크가 제안한 양자개념을 채용함으로써 양자이론의 기초를 닦았다. 한 계의 에너지는 일정한 불연속적인 값들로 제한되어 있다는 양자론을 원자구조와 분자구조에 최초로 적용했다. 아인슈타인과 양자역학에 대해 논쟁했으며 원자 무기의 평화적 사용을 강대국에 주장했다. 거의 반세기 동안 양자물리학을 이끌어온 인물로서 주요한 공헌을 했으며, 1922년 노벨 물리학상을 받았다.

• 어스2(Earth 2)

어스2(Earth 2)는 가상의 지구를 실제 부동산처럼 사고파는 가상부동산 거래 게임이다. 3차원 가상세계인 메타버스의 열풍과 함께 새로운 가상 자산 투자처로 주목받고 있지만 현금화가 복잡하고 투자 실체가 불명확해 위험성 또한 제기되고 있다. 어스2는 2020년 11월 호주 개발자인 셰인 아이작이 실제 지구(어스1)를 본뜬 가상의 디지털세계를 표방하며 선보였다. 처음엔 몰입형 증강현실(AR) 등 특별한 경험을 원하는 게임 개발자 및 유저들의 이용이 많았지만 2021년 초 세계적인 가상자산 투자 열기가 옮겨붙으며 일반인 투자자들의 참여가 늘었다. 매핑한 가상현실의 땅을 타일(10㎡ 넓이의 땅) 단위로 판매하고 있다. 창업자는 셰인 아이작(Shane Isaac)이다.

• 메타버스(metaverse)

메타버스는 초월의 의미를 지닌 '메타(meta)'와 우주를 뜻하는 '유니버스(universe)'의 합성어로 3차원 가상세계를 의미한다. 1992년 닐 스티븐슨(Neal Stephenson)의 소설 《스노 크래시》에서 유래한 메타버스는 가상세계와 현실세계가 모두 공존할 수 있는 생활형·게임형 가상 세계라는 의미로 폭넓게 사용되고 있다. 세컨드라이프라는 게임에서 메타버스가 구현된 적은 있지만 기술적인 문제로 활성화되지 못했으나 최근 증강현실(AR)과 가상현실(VR) 등의 기술이 발전하면서 현실과 가상의 경계가 모호해질 만큼 구체적으로 실현되고 있다.

TIP **마인크래프트(Minecraft):** 마르쿠스 페르손이 개발하고 마이크로소프트 스튜디오가 배급하는 인터넷 가상 게임이다. 초등학교 수업 교재로 활용될 만큼 아이들에게 선풍적인 인기를 얻고 있는 마인크래프트는 게임 참여자의 아바타 캐릭터가 블록을 활용해 건물이나 물건을 만들고 다른 캐릭터와 교류하며 가상 세계인 메타버스를 만들어간다.
세컨드라이프(Second Life): 2003년에 린든 랩이 개발한 인터넷 가상 게임이다. 세컨드 라이프의 목표는 닐 스티븐슨의 소설 《스노 크래시》에서 묘사하는 가상세계 메타버스를 만드는 것이었다. 정보통신 인프라와 관련 기술 부족으로 활성화되지 못하였지만 사람들에게 온라인 가상 공간의 가능성을 보여주었다.
제페토(ZEPETO): 네이버 자회사에서 출시한 3D 캐릭터 게임 앱이다. 앱 가입자가 사진을 올려 자동으로 가상의 캐릭터인 제페토를 만들고 자신만의 아바타로 분장할 수 있다. 아바타는 가상이 공간에서 다른 아바타들과 교류하며 다양한 활동을 할 수 있다.
이프랜드(ifland): 메타버스가 가진 초현실적인 이미지를 직관적이고 감성적으로 표현한 SKT의 새로운 메타버스 브랜드로 '누구든 되고 싶고, 하고 싶고, 만나고 싶고, 가고 싶은 수많은 가능성(if)들이 현실이 되는 공간(land)'이라는 의미를 담고 있다.

Current Issues & General Information

CHAPTER 1
Politics
- 정치 -

01 민주정치와 국가
02 정당정치와 선거
03 국내외 정치
04 UN과 국제기구

Current Issues & General Information

• **민주정치**(democracy)

민주주의에 의거한 정치 형태로, 국가의 주권이 국민에게 있고, 국민의 의사에 의하여 운용되는 정치를 말한다. 기본적 인권 · 자유권 · 평등권 또는 다수결 원리 · 법치주의 등이 그 주된 속성이다. 국민이 직접 정치에 참여하는 직접민주제와 국민의 대표에 의해 통치되는 간접민주제가 있으나, 모두 의회제와 권력분립 등을 수반하는 국민의 정치참여를 뜻한다. 군주정치 · 독재정치 · 전제정치는 민주정치와 상대되는 정치형태이다.

➊ 민주정치의 3대 원리 : 국민자치 · 입헌주의 · 권력분립

미국 남북전쟁 중 링컨 대통령이 게티즈버그에서 행한 연설 중 '국민의, 국민에 의한, 국민을 위한 정치'란 말은 오늘날 민주 정치의 근본이념이 된다.

• **직접민주정치**(direct democracy)

국민이 직접적인 방법으로 정치에 참여하는 제도를 말하는데, 이에는 국민투표 · 국민발안 · 국민소환 등의 형태가 있다.

예문 직접 민주정치의 세 가지 형태를 묻는 문제가 출제됨

• **직접민주정치의 형태**

국민투표 (referendum)	헌법개정안이나 법률안을 국민의 투표에 부쳐 최종적으로 결정하는 제도로 국민표결이라고도 한다. 현대의 대부분의 국가가 채택하고 있으며 우리나라에서도 채택하고 있다.
국민발안 (initiative)	국민이 스스로 헌법개정안이나 법률안을 제출할 수 있는 제도로 국민창안이라고도 한다.
국민소환 (recall)	선거직 공무원을 그 임기가 끝나기 전에 국민의 뜻에 의해 파면시킬 수 있는 제도로 국민파면이라고도 한다. 미국의 몇 개 주와 스위스 · 일본 등에서 채택하고 있다.

➊ 혼합민주정치 : 현대 민주국가에서 간접민주정치를 채택하면서도 이를 보완하기 위하여 직접민주정치의 방법을 도입하는 것을 말한다. 우리나라에서도 간접민주정치를 채택하면서 직접민주정치의 방법인 국민투표제를 도입하여 실시하고 있다.

• **간접민주정치**(indirect democracy)

국민의 의사가 국민의 대표자를 통하여 간접으로 정치에 반영되는 제도로서, 대통령제와 의원내각제 두 가지 형태가 있다. 현대 대부분의 민주주의 국가가 이 제도를 채택하고 있는데, 대표 민주정치라고도 한다.

➊ 국민의 의사가 정확히 반영되기 어려운 점이 있고, 국민의 무관심을 초래하는 경우가 있다.

Q 지구의 온난화를 규제 · 방지하기 위한 국제협약은?

- **3권분립**(separation of the three powers)

  국가의 통치권을 입법·행정·사법의 셋으로 나누어 분리하고, 독립기관인 국회·정부·법원에 맡김으로써 상호 견제와 균형을 통해 권력의 남용을 막고 국민의 자유와 권리를 보장하려는 정치조직의 원리이다. 17세기 말 영국의 로크(J. Locke)에 의하여 입법권과 집행권의 2권분립론이 주창되어 그것이 18세기 초 프랑스 몽테스키외(Montesquieu)의 「법의 정신」에서 3권분립주의로 완성되었다. 이들의 사상은 유럽의 여러 나라에 많은 영향을 주었으며, 이 제도는 더욱 발전하여 오늘날 대부분의 국가가 이를 채택하고 있다.

  ● 3권분립제도를 최초로 헌법에 채택한 나라는 미국(1787년의 연방헌법)이며, 우리나라도 제헌헌법부터 이 이론을 채택하였다.

  예문 3권분립을 실시하는 목적, 주창자, 완성자, 「법의 정신」의 저자를 알아보는 문제가 출제됨

- **대의정치**(representative government)

  국민 가운데서 대의원을 선출, 의회에 나가게 하여 정무에 참여하게 하는 간접민주정치를 말한다.

  ● 의회정치라는 말과 거의 같으나, 영국식 의회정치의 개념보다는 약간 넓은 뜻을 지닌다.

- **정당정치**(party government)

  정당을 기초로 한 정당내각에 의하여 시행되는 정치를 말한다. 오늘날의 민주정치는 대체로 의회에 의하여 움직이며, 또 그 의회는 정당을 중심으로 움직이는데, 복수의 정당을 전제로 하는 것이 보통이다. 정당정치에 대립되는 개념은 관료정치이고, 군부정치이다.

  ● 정당정치는 의원내각제를 채택하고 있는 영국에서 가장 먼저 확립되었다.

- **독재정치**(dictatorial government)

  의회정치를 부정하고 단독의 지배자에게 권력이 집중되어 지배가 행해지는 정치를 말한다. 고대 로마의 체제 및 독일의 나치즘, 이탈리아의 파시즘 등이 그 전형이며, 과거의 구소련과 그 위성국이 행한 것처럼 특정계급을 대표하여 정치하는 경우도 이에 해당된다.

- **대통령제**(presidential system)

  행정에 관하여는 대통령에게 실권을 부여하고, 대통령으로 하여금 가능한 한 국회로부터 독립하여 그 기능을 발휘할 수 있도록 함으로써 그를 명실상부한 행정수반으로 하려는 정부의 형태를 말한다. 대통령의 임기 동안 정국이 안정되어 국가 정책의 계속성이 보장되는 장점이 있으나, 정치적 책임에 민감하지 못하고, 정부와 국회가 대립되었

A 기후변화협약

을 때에는 이를 해결하기가 어려운 단점이 있다. 18세기에 미국에서 시작되어 오늘날 널리 채택되고 있는 이 제도는 몽테스키외의 3권분립 이론에 그 바탕을 둔다.

○ 이는 행정부와 입법부를 엄격히 분립시켜 상호간에 대등한 관계를 유지하는 이른바 견제와 균형의 원리에 충실한 정부의 형태이다. 미국은 대표적인 대통령제의 국가이며, 우리나라도 이에 속한다.

• 의원내각제(parliamential system)

행정권을 담당하는 내각이 의회의 신임에 따라 조직되고 존속되는 정부조직의 한 형태이다. 내각이 의회에 대하여 책임을 지므로 책임정치를 구현할 수 있는 장점이 있는 반면, 양당 정치가 확립되지 못하고 군소 정당이 난립되어 있는 나라에서는 정국의 안정이 어려울 뿐 아니라 정부가 의회에 끌려 다닐 우려가 있다. 이 제도는 특히 영국에서 발달하였는데, 내각책임제라고도 한다.

○ 우리나라는 제2공화국 헌법에서 이를 채택한 바 있다.

예문 대통령제와 의원내각제의 각각의 장점과 단점이 무엇인가를 묻는 물음이 출제됨

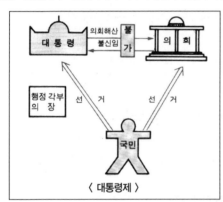

〈 대통령제 〉

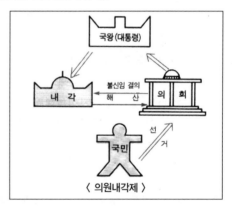

〈 의원내각제 〉

• 국가(國家 ; state)

일정한 영토를 가지며 거기에 거주하는 다수인으로 구성되어 하나의 통치조직을 갖는 지역적 단체를 말한다.

○ 국가 구성의 3요소 : 국민 · 영토 · 주권

예문 국가 구성의 3요소는 자주 출제되니 반드시 외워둘 것

• 국체(國體)와 정체(政體)

국체는 그 나라의 주권이 누구에게 있는가, 즉 공화국인가 군주국인가에 의해 구분되는 것을 말하며, 정체는 그 나라의 주권 행사 방식이 입헌적인가 전제적인가에 의해 구분되는 것을 말한다.

○ 우리나라는 헌법 제1조 제1항에 국체는 '공화', 정체는 '민주'임을 밝히고 있다.

Q 국경을 초월한 범세계적인 기업을 일컫는 말은?

• 국가형태 및 사명의 변천

국가형태	시 대	기 능	사 명
절대국가	17~18세기	절대적 – 경찰국가	국가의 부강
입헌국가	18~19세기	소극적 – 야경국가	질서 유지
민주국가	현대	적극적 – 복지국가	질서 유지 및 국민의 복지 증진

• 경찰국가(Polizeistaat 독)
국가의 일방적 권력, 특히 경찰력에 의해 국민의 일상생활을 감시·통제하는 국가를 말한다. 원래는 17~18세기 절대주의 시대의 유럽에서 부국강병을 위하여 취해진 강력한 경찰적 지배를 가리켰으나 오늘날에는 광범위한 의미로 사용된다.

● 법치국가에 상대된다.

예문 17~18세기의 절대주의 국가는? 등으로 출제됨

• 야경국가(Nachtwächterstaat 독)
자유주의가 성행하던 18~19세기경, 국민의 재산과 자유에 대해 통치 범위 내에서 소극적으로 사회의 치안만을 유지하려던 국가를 말한다. 그 결과 국가권력은 일종의 필요악이 되었는데, 라살(F. Lassalle)은 이를 야경국가라 하였다.

예문 '값싼 정부(cheap government)'라고도 하는데, '야경국가=값싼 정부'의 표현은 출제가 잘되니 기억해 둘 것

• 복지국가(welfare state)
국민의 생존권을 적극적으로 보장하고, 그 복지의 증진을 도모하는 국가를 말한다. 특히 자본주의 국가에서는 완전고용·최저임금보장·사회보장제도 등이 가장 중요한 시책이다. 복리국가·문화국가·후생국가·사회시설국가라고도 하는데, 이는 야경국가와 반대된다.

● 국가는 경찰국가 → 야경국가 → 복지국가의 순서로 발달되어 왔다.

• 법치국가(constitutional state)
국민의 의사에 의하여 제정된 법을 기초로 국가권력을 행사하는 국가를 말한다. 경찰국가에 대립하는 관념으로, 절대군주가 마음대로 행정을 하던 경찰국가에 대하여, 행정은 미리 정립된 법률에 의해서만 시행되어야 한다는 원칙, 즉 법치주의에 의거하는 국가이다. 권력분립주의가 행하여지며 개인의 자유가 인정되는데, 근대 민주국가의 대부분이 이 법치국가에 속한다.

● 법치주의 : 권력자의 자의를 배척하고, 법률에 준거한 정치를 주장하는 근대 시민국가의 정치원리이다.

A 다국적 기업

- **사회계약설**(theory of social contract)

  사회생활을 자연상태와 사회상태로 구분하여, '국가란 자유롭고 평등한 사람들끼리 서로 계약을 맺어서 만든 것'이라는 국가 발생학설로서, 이 사상의 싹은 고대의 헤브라이나 그리스에서 비롯하였으나, 특히 17~18세기에 홉스(T. Hobbes)·로크(J. Locke)·루소(J. J. Rousseau) 등의 자연법학자들에 의하여 학술적으로 완성되었다. 이는 프랑스 혁명과 미국 독립의 원동력이 되었고, 근대 민주주의 발전에 큰 영향을 주었다.

  ◑ 국가계약설, 민약설이라고도 한다.

  예문 근대 민주정치의 발전에 큰 공헌을 한 사상은? 식으로 출제됨

- **리바이어던**(Leviathan)

  1651년에 간행된 영국의 철학자 홉스의 저서로, 국가를 하나의 거대한 인공적 인간에 비유하여 국가 유기체설을 설명하였다. 리바이어던은 성서 「욥기」에 나오는 지상 최대의 강한 동물이다.

  ◑ 홉스는 이 저서에서 리바이어던의 혼은 주권, 관절은 관리들, 힘은 국민의 부와 재산에 비유하였으며, 보통 인간의 건강한 상태는 국내의 조화가 잘 취해진 상태에, 병은 소란에, 죽음은 내란에 비유하였다.

  예문 리바이어던의 저자를 묻는 문제 출제됨

- **천부인권사상**(天賦人權思想)

  인간은 태어나면서부터 자유스럽고 평등하며, 행복을 추구하는 것은 천부의 권리라는 사상이다. 영국의 홉스, 프랑스의 루소 등 18세기 계몽사상가들이 주장하여 프랑스 혁명, 영국의 명예혁명의 사상적 배경이 되었다.

- **인권선언**(人權宣言)

  봉건적 특권계급에 대한 근대 시민계급의 자유와 평등의 권리를 천명한 것으로서 1789년 프랑스 혁명 당시 라파예트(Lafayette)가 기초한 '인간 및 시민의 권리선언(인권선언)'을 국민회의 결의에 의해 발표한 것이다. 영국의 권리장전, 미국의 독립선언과 더불어 근대 시민정치의 3대 선언으로 알려져 있다. 권리선언이라고도 한다.

  ◑ 라파예트 : 프랑스 혁명의 지도자로, 프랑스 3색기의 창안자이기도 하다.

  예문 근대 시민정치의 3대 선언이 아닌 것은? 식으로 출제됨

- **세계인권선언**(Universal Declaration of Human Rights)

  1948년 12월 10일, 제3차 UN 총회에서 채택된 인권에 관한 세계선언이다. 법적 구속력은 없고 하나의 이상을 제시한 것으로, 전문과 본문 30조로 이루어졌다. 시민적·정치적 기본권 외에 사회보장을 받을 권리, 노동권 및 교육을 받을 권리 등 경제적·사회

Q 18-19세기 초 산업혁명이 일어난 나라는?

적 권리를 규정하고 있다.

○ 이는 제2차 세계대전 당시의 인권유린에 대한 반성의 산물로 탄생한 것이다.

• 3대 시민혁명

혁명	연대	결과	사상적 배경
명예혁명(영국)	1688	권리장전	자연법 사상
독립전쟁(미국)	1775	독립선언	천부인권설
대혁명(프랑스)	1789	인권선언	사회계약설

예문 3대 시민혁명은 서구사회에서 민주주의가 뿌리내릴 수 있었던 가장 큰 정신적인 배경이었음에 포인트를 맞춘 문제가 출제됨

• 동의(同意)와 승인(承認)

대통령의 권한행사에는 국무회의의 심의 외에 국회의 동의 또는 승인이 필요한 경우가 있다.

국회의 동의	① 대법원장·국무총리·감사원장의 임명 ② 조약의 체결·비준 ③ 선전포고 및 강화 ④ 일반사면 ⑤ 국채 모집 ⑥ 예비비 설치 ⑦ 국군의 해외파견 ⑧ 외국 군대의 국내 주둔
국회의 승인	① 긴급명령 ② 긴급 재정·경제처분 및 명령 ③ 예비비 지출
국회에 통고	계엄선포

○ 동의와 승인의 다른 점 : 동의는 사전에, 승인은 사후에 받는 점이 다르며, 승인을 얻지 못한 시점부터 효력이 상실된다.

예문 대통령의 권한행사에 국회의 동의가 필요한 경우, 승인이 필요한 경우, 통고만으로 가능한 경우를 묻는 문제가 출제됨

• 비준(批准 ; ratification)

전권위원이 서명·조인한 조약에 대하여 헌법상의 조약체결권자인 국가원수가 최종적으로 확인하며 동의하는 행위를 말한다. 조약은 비준에 의하여 내용적으로 확정되며, 조약에 서명 후 비준을 거부할 수도 있지만 비준 후에는 조약을 변경하거나 거부할 수 없다. 현대의 민주헌법을 가진 대부분의 국가에서는 조약체결권자의 조약 비준에는 국회의 동의가 필요하다.

• 일반사면(general pardon)

국가원수의 직권으로 범죄의 종류를 지정하여 형 선고의 효력을 소멸시키거나, 형 선고를 받지 않은 자에 대하여 공소권을 소멸시키는 것을 말한다.

A 영국

43

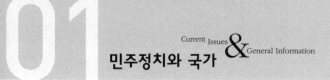

◉ 이를 대사(大赦)라고도 하며, 이에는 국회의 동의가 필요하다.

• 특별사면(special pardon)

국가원수의 특권으로 형의 선고를 받은 특정 범인에 대하여 형을 사면하는 것을 말한다. 형 선고를 받기 전의 범인에 대해서는 특별사면을 할 수 없다. 우리나라 헌법에도 대통령이 법률이 정하는 바에 의하여 사면·감형·복권을 명할 수 있다(79조)는 규정이 있다.

◉ 이를 특사(特赦)라고도 하며, 이에는 국회의 동의가 필요하지 않다.

• 긴급명령권(緊急命令權)

국가원수가 국가의 안위(安危)에 관계되는 중대한 교전상태에 있어서 긴급한 조치가 필요하고, 국회의 집회가 불가능한 때에 한하여 법률의 효력을 가지는 명령(긴급명령)을 발할 수 있는 권리를 말한다.

◉ 우리나라 제6공화국 헌법에서 신설된 조항이며, 이에는 국회의 승인이 필요하다.

• 긴급재정·경제 처분 및 명령권

국가원수가 내우·외환·천재·지변 또는 중대한 재정·경제상의 위기에 있어서 긴급한 조치가 필요하고, 국회의 집회를 기다릴 여유가 없을 때에 한하여 최소한으로 필요한 재정·경제상의 처분을 하거나 이에 관하여 법률의 효력을 가지는 명령을 발할 수 있는 권리를 말한다.

◉ 제6공화국 헌법에서 신설된 조항이며, 이에는 국회의 승인이 필요하다.

• 계엄(martial law)

전시·사변 또는 국가 비상사태를 당하여 군사상으로나 공공의 질서를 유지할 목적으로 일정한 지역을 병력으로써 경계하는 것을 말한다. 계엄이 선포되면 그 지역 내의 행정 및 사법권의 일부 또는 전부를 계엄사령관이 관할하게 된다.

◉ 계엄을 선포한 때에는 대통령은 지체 없이 이를 국회에 통고하여야 한다.

• 법률안거부권(法律案拒否權)

대통령이 의회에서 가결한 법률안에 동의할 것을 거부할 수 있는 권한을 말한다. 대통령은 정부에 이송해 온 법률안에 대하여 이의가 있을 때 이를 공포하지 않고 국회에 회부하여 재의에 부칠 수 있다.

◉ 법률안거부권은 권력분립의 원칙에 입각한 억제와 균형을 실현하는 기능(대통령이 국회를 견제하는 수단)을 맡고 있으며, 정부의 실효성 있는 국회에 대한 투쟁의 수단이 되어 있다.

 예문 대통령이 국회를 견제하는 수단은? 등의 형태로 출제됨

Q 2022년 월드컵 개최국으로 선정된 나라는?

• 우리나라 법률 제정 절차

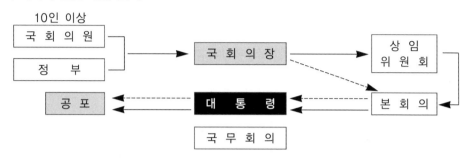

- **국무회의**(council of national affairs)

  정부의 중요한 정책을 심의하는 기관으로, 대통령(의장) · 국무총리(부의장), 15인 이상 30인 이하의 국무위원으로 구성된다. 국무회의는 국정의 기본계획과 정부의 일반정책 · 대외정책을 비롯하여 헌법에 규정된 심의사항을 반드시 심의해야만 대통령이 이를 집행할 수 있다.

  ➡ 헌법에서 심의를 요구하고 있는 사항은 반드시 심의해야 하나 그 의결을 요하는 것은 아니다. 그러나 실제로 국무회의에서 심의 후 의결하는 것이 관례로 되어 있지만, 그 의결은 법적 구속력이 없고 대통령도 이에 구속되지 않는다.

  예문 국무회의는 의결기관이 아니라 심의기관인 점에 포인트를 맞춘 문제가 출제됨

- **부서**(副署 ; countersignature)

  법령이나 대통령의 국무에 관한 문서에 국무총리 또는 관계 국무위원이 부가하여 서명하는 것을 말한다. 이는 관계 국무위원 및 장관의 책임소재를 밝혀 책임 있는 정치 및 행정의 실현을 꾀하고 동시에 국가원수의 독단도 방지할 수 있는 효과가 있다.

  ➡ 우리나라는 국무총리에게 부서의 의무와 권한이 있다.

- **대사**(大使 ; ambassador)

  제1급 외교사절로, 국가를 대표하여 외국에 파견되어 외교 · 조약 · 기타 사무를 맡는다. 특명전권대사의 약칭이다.

  ➡ 대사는 국가의 원수로부터 다른 국가의 원수에게 파견되며, 국가의 원수와 그 권위를 대표한다.

- **공사**(公使 ; minister)

  제2급 외교사절로, 명예와 석차에 있어 대사 다음 가는 계급이지만 직무와 특권은 대사와 같다. 특명전권공사의 약칭이다.

A 카타르

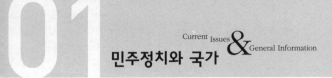
• **영사**(領事 ; consul)

외국에 있으면서 외무부장관과 대사 · 공사의 지시를 받아 무역통상의 이익을 도모하
고 주재국에 있는 자국민의 보호를 담당할 목적으로 외국에 파견되는 공무원을 말한
다. 본국에서 파견되는 파견영사와 그 나라의 거주자 중 선임되는 명예영사(또는 선임
영사)가 있다. 영사에는 총영사 · 영사 · 부영사의 구별이 있다.

예문 영사는 외교사절이 아니다. 이를 확인하는 문제가 출제됨

• **아그레망**(agrement)

특정의 인물을 외교사절로 파견하기 전에 상대국에 그 인물을 받아들일지의 여부를
조회하는 국제적인 관례를 말한다. 접수국은 파견되어 오는 외교사절이 기피인물일
경우 그 접수를 거절할 수 있는데, 이 제도는 정식으로 외교사절이 부임했을 경우 거
절로 인한 분쟁을 미연에 방지하기 위해 생긴 것이다. 아그레망이란 '동의' · '승인' 의
뜻이다.

❍ 외교사절의 파견 절차 : 아그레망→임명→신임장 부여→파견

예문 일반기업체 · 공사 · 금융기관 등 거의 모든 업체에서 출제되는 중요한 용어이니 반드시 외워둘 것

• **페르소나 논 그라타**(persona non grata)

'호감이 가지 않는 인물' 이란 뜻의 라틴어로 외교사절의 접수국에서 기피하는 인물을
말한다. 대사나 그 밖의 외교관을 접수국이 어떤 이유로 받아들일 수 없을 경우 접수국
은 그 외교관에 대해 페르소나 논 그라타라고 파견국에 통고할 수 있는데, 이 통고를
받은 파견국은 그 사람을 소환하거나 임무를 종결시켜야 한다.

❍ 외교사절의 종교나 인종에 의거하여 거부하는 것은 정당한 이유로 인정되지 않는다.

예문 '페르소나 논 그라타=기피인물' 로 외워두자

• **외교특권**(diplomatic privileges)

외교사절이 그 주재국에서 가지는 특권을 말한다. 이와 같은 특권은 국제관습에 따른
것으로, 외교사절의 신체와 명예, 공관 · 외교문서와 통신의 불가침을 내용으로 하는
불가침권과 주재국의 재판권 · 경찰권 · 과세권의 면제를 내용으로 하는 치외법권 등이
있다.

❍ 대사 · 공사 · 특사 등이 외교사절에 해당된다.

• **치외법권**(extraterritoriality)

다른 나라의 영토 안에 있으면서도 그 나라의 통치권의 지배를 받지 않는 국제법상의
권리를 말한다. 일반적으로 외국인은 거주국의 권력작용을 받으나 국제관례나 외교관
에 관한 조약에 의하여 국가원수 · 외교사절은 치외법권을 가지며, 영사관 · 체류중인

Q 싱크 탱크(think tank)란?

군함 및 군인에게도 어느 정도 이것이 인정된다.

◑ 국제사법재판소의 재판관, UN 사무총장, 전문기관 사무국의 수뇌자 등에게도 일정 범위에서 치외법권이 인정
된다.

• **구상서**(口上書 ; verbal note)

외교상 상대국과 행한 토의의 기록, 또는 문제를 제시하기 위해 상대국에 제출하는 외
교문서이다. 자기 나라와 상대국을 모두 3인칭으로 호칭하고, 수신인명도 없으며, 서
명도 하지 않는다.

◑ 개인 대 개인, 기관 대 기관의 형식으로 쓰며, 말미에는 서명 대신 관인을 날인한다.

• **비자**(visa)

외국인의 입국을 허가하는 증명서이다. 즉, 외국에 여행하려는 사람이 현재 자기 나라
또는 체재국에 있는 그 외국의 대사 · 공사 · 영사 등으로부터 여권을 검사 받고 서명을
받는 것이다. 사증 또는 입국사증이라고도 한다.

◑ 최근 국가간 비자면제 협정을 체결하여 단기간 체재에는 비자를 면제하는 나라가 많다.

• **단원제**(unicameral system)

국회를 상·하 양원으로 구분하지 않고 하나만 두는 제도로, 흔히 건국 초나 혁명 후에 국사의 신속한 처리와 국민의 의사를 일원적으로 반영하기 위해 채택한다. 현재 우리나라 등 110여 개국에서 채택하고 있다.

○ 일원화된 국민의 의사를 국정에 신속히 반영시킬 수 있는 장점이 있다.

• **양원제**(bicameral system)

단제제를 채택할 경우 발생하기 쉬운 독재성을 피하기 위하여 국회를 상·하 양원으로 두는 제도이다. 미국·영국·일본·프랑스·인도·캐나다·스위스 등 세계 대다수 민주국가에서 이 제도를 채택하고 있다.

○ 양원제는 의회제도의 모국인 영국에서 귀족원과 평민원의 2원제도에서 출발하였다. 우리나라에서는 제2공화국 때에 채택한 적이 있다.

• **단원제와 양원제의 장단점**

	단원제	양원제
장점	① 신속한 국정처리 및 입법 ② 국고의 절약 ③ 책임의 소재가 명백	① 신중한 심의 및 의결 ② 하원과 정부의 충돌 완화 ③ 다수파 급진세력의 견제
단점	① 경솔부당 입법 ② 정쟁의 격화 ③ 다수당의 횡포 초래	① 국정처리 지연 ② 의회운영비의 과중 ③ 책임회피 및 전가

예문 단원제와 양원제의 장단점을 알아보는 문제가 출제됨

• **교섭단체**(交涉團體 ; collective bargaining)

법안의 제출·질의, 발언의 순서와 인원수 등 의사진행에 관한 중요안건을 협의하기 위해 의원들이 구성하는 국회내의 단체이다. 소속의원 20인 이상의 정당을 단위로 하여 구성함이 원칙이나, 정당 단위가 아니더라도 다른 교섭단체에 속하지 아니한 20인 이상의 의원으로도 교섭단체를 구성할 수 있다.

○ 원내교섭단체라고도 하며, 교섭단체의 대표위원을 원내총무(floor leader)라고 한다.

예문 교섭단체 구성이 가능한 의원 수를 묻는 문제가 출제됨

• **압력 단체**(pressure group ; 이익 단체)

특정이익을 위해 의회나 행정부에 정치적인 압력을 행사하여 그 목적을 달성하려는 조직적 단체로, 노동조합·기업가 단체·교육자 단체·의사 단체·재향군인 단체·변호사 단체 등이 있다.

Q 세계 최초의 우주관광객은?

◐ 행정 · 사법 · 입법부를 제3부, 언론을 제4부, 압력단체를 제5부라고도 한다.

• **로비스트**(lobbyist)

입법에 영향을 끼칠 목적으로 의회 내의 로비나 기타 장소에서 의원에 대한 공작을 벌이는 압력활동의 전문가를 말한다. 달리 말해서 원외 운동가, 의안통과운동원이라 할 수 있다. 국제정치 관계에서 외국에의 원조비 등의 획득에도 나서고 있다. 대부분의 경우 특정 압력단체의 대리인으로서 행동하는 경우가 많다.

◐ 독직의 온상이라고 해서 비판의 표적이 되는 경우가 많다.

• **의결정족수**(議決定足數)

합의체에서 그 의사를 결정하는 데 필요한 구성원의 수를 말한다. 국회는 헌법 또는 국회법에 특별한 규정이 없는 한 재적의원 과반수의 출석과 출석의원 과반수의 찬성으로 의결하며, 가부동수인 때는 부결된 것으로 간주한다.

예문 특별의결정족수에 대한 출제빈도가 높은데, 그 가운데서도 국회의 대통령에 대한 탄핵 소추 의결, 헌법 개정안 의결에 대한 정족수를 묻는 문제가 출제됨

• **특별의결정족수**

재적의원 3분의 2 이상의 찬성	헌법 개정안 의결, 대통령 탄핵 소추 의결, 국회의원 제명 의결
재적의원 과반수의 찬성	개헌안 발의, 대통령 탄핵 소추 발의, 공무원 탄핵 소추 의결, 국무총리 · 국무위원 해임 건의, 계엄 해제 요구
재적의원 과반수 출석과 출석 의원 3분의 2 이상의 찬성	법률안 재의결
재적의원 3분의 1 이상의 찬성	국회 의사 정족수, 국무총리 · 국무위원 해임 건의안 발의, 탄핵 소추안 발의(대통령 제외)
재적의원 4분의 1 이상의 찬성	국정 조사 요구, 임시 국회 소집 요구, 전원 위원회 개최, 휴회 중인 본회의 재개 요구

◐ 의사정족수 : 회의를 여는 데 필요한 의원 수를 말한다.

• **캐스팅 보트**(casting vote)

의회의 표결에서 가부동수일 때 의장이 던지는 결정권 투표, 또는 2대 정당의 세력이 거의 같을 때 그 승패를 결정하는 제3당의 투표를 말한다.

◐ 우리나라에서는 이를 인정하지 않고 가부동수인 때에는 부결된 것으로 간주한다.

🅐 데니스 티토(미국, 2001년)

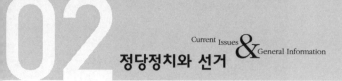

- **필리버스터**(filibuster)

  의사방해 또는 의사진행방해라고도 하는데, 의회에서 소수파 의원들이 다수파의 독주를 막거나 기타 필요에 따라 의사진행을 견제하기 위해 합법적인 수단을 동원해 의사진행을 고의적으로 방해하는 일을 말한다. 질문 또는 의견진술이라는 명목으로 행하는 장시간에 걸친 연설, 각종 동의안과 수정안의 연속적인 제의 및 그 설명을 위한 장시간의 발언 등의 수단을 쓴다.

  ➡ 필리버스터의 폐해를 시정하기 위하여 많은 나라들은 의원들의 발언시간을 제한하는 등 여러 가지 의사진행의 절차를 규제하여 고의로 의사진행을 방해하지 못하도록 한다.

- **새도 캐비닛**(shadow cabinet)

  '그늘의 내각' 또는 '그림자 내각' 이라는 뜻으로, 야당에서 정권을 잡을 경우를 예상하여 조직하는 내각을 말한다. 새도 캐비닛은 국민들에게 언제나 수권태세를 갖추고 있다는 사실을 보여주기 위한 것인데, 본래는 영국 야당의 최고 지도부를 말하는 것이었다.

  ➡ 이너 캐비닛(inner cabinet) : 내각 중의 내각, 곧 내각에서 이를 실질적으로 지도하는 소수의 실력자를 말한다.

- **연립내각**(coalition cabinet)

  일반적으로 의회에 과반수의 의석을 차지하는 정당이 없을 때 정국의 안정 등을 위하여 조직하는 것으로서, 의원내각제하에서 복수정당에 의하여 구성되는 내각을 말한다. 그러나 의석의 다수를 획득한 정당이 군소정당과 타협하기 위해 연립내각을 구성하기도 한다.

- **회기불계속**(會期不繼續)**의 원칙**

  회의 심의에 있어 회기 중에 의결되지 않은 안건은 그 회기만료와 함께 폐기되고 다음 회기에 계속되지 않는다는 원칙이다. 우리 헌법은 '국회에 제출된 법률안 기타 의안은 회기 중에 의결되지 못한 이유로 폐기되지 아니한다(51조)'고 하여 이 원칙을 배제하고 있으나, 예외로 국회의원의 임기가 끝난 때에만 이를 인정하고 있다.

  ➡ 영국이 그 대표적인 예이나 현재 많은 국가에서 이 원칙을 채택하지 않는다.

  예문 현재 우리나라 국회가 채택하고 있지 않은 제도는? 등으로 출제됨

- **일사부재의**(一事不再議)**의 원칙**

  국회에서 회기 중에 부결된 안건은 같은 회기 중에는 다시 제출하지 못한다는 원칙이다.

- **면책특권**(免責特權 ; privilege of speech)

  국회의원이 국회에서 직무상 발표한 의견과 표결에 관하여는 국회 밖에서 책임을 지지

Q 우리나라에서 제작한 국산1호 잠수함은?

아니하는 특권이다. 그러나 국회 밖에서 행한 발언이나 국회 안에서 행한 발언이 국회 안에서 문제가 되는 것은 이에 포함되지 않으므로 국회 내에서는 책임을 지게 된다.

❍ 국회의원이 자유롭게 자기 소신대로 발언하고 또 양심에 따라 표결할 수 있도록 하기 위한 특권이다.

예문 면책특권이 있는 사람을 묻는 문제가 출제됨

• 불체포특권(不逮捕特權)

국회의원은 현행범이 아닌 이상 회기 중 국회의 동의 없이 체포 또는 구금되지 아니하며, 회기 전에 체포 또는 구금된 때에는 현행범이 아닌 한 국회의 요구가 있으면 회기 중 석방되는 특권이다.

❍ 면책특권·불체포특권은 헌법에서 보장한 국회의원의 2대 특권이다.

• 탄핵소추권(彈劾訴追權)

법률이 정하는 바에 의하여 고급 공무원의 위법을 탄핵소추할 수 있는 국회의 권리를 말한다. 사법기관에서는 소추·처벌이 곤란한 대통령을 비롯, 국무총리·국무위원·행정 각 부의 장·헌법재판소 재판관·법관·중앙선거관리위원회 위원·감사위원 기타 법률이 정하는 공무원이 탄핵소추의 대상이다.

예문 탄핵소추권은 국회의 권리이므로 국회의장, 국회의원은 이의 대상이 아님에 포인트를 맞춘 문제가 출제됨

• 국정감사권(國政監査權)

국회가 국민의 대표기관으로서 행정부 및 국정전반에 관해 감사할 수 있는 권한을 말한다. 소관 상임위원회별로 매년 정기국회 다음날부터 20일간 시행하는데, 본회의 의결에 의해 그 시기를 연장할 수 있다. 유신 이후 폐지되었다가 제6공화국 헌법에서 부활, 국정의 감시·비판에 관한 국회의 기능이 강화되었다.

예문 국정감사권과 국정조사권의 개념을 묻는 문제가 출제됨

• 국정조사권(國政調査權)

국회가 입법 또는 기타 헌법상의 권한을 효율적으로 행사하기 위하여 국정이나 특정사항에 관하여 조사할 수 있는 권한을 말한다. 국정조사는 국회 재적의원 4분의 1 이상이 서명한 '국정조사요구서'가 국회에 제출되면 여·야가 협의, 국정조사위원회를 구성하게 된다.

❍ 2000년 개정 국회법에서 기존 3분의 1 이상 요구에서 4분의 1 요구로 개정되었다.

• 청문회(聽聞會 ; hearings)

중요한 안건심사에 필요한 경우, 행정 및 입법기관이 법규의 제정·행정 처분·쟁송의 재결 또는 결정에 앞서 증인·참고인으로부터 증언·진술 청취와 증거 채택을 위하여 여

A 이천함

는 모임을 말한다. 이 제도는 미 의회에서 대표적으로 운영되고 있는 것으로, 우리나라에서는 13대 국회에서 처음 시행되었다. 조사청문회와 입법청문회로 나뉘는데, '88년 최초로 행한 일해 청문회, 광주민주화운동 청문회, 언론통폐합 청문회 등은 조사청문회이다.

• 입법예고제(立法豫告制)

전문기관에 의한 법령의 심의 또는 제정 전에 미리 시안을 공고함으로써 국민에게 입법에 참가할 수 있는 기회를 주어 광범하게 의견을 수렴, 법령 제정에 최선을 기하기 위한 제도이다. 우리나라에서는 '83년부터 이 제도를 시행하고 있다.

➡ 행정예고제 : 행정법규의 제정, 또는 제정된 법규의 시행 전에 이를 공고해 이에 대한 여론을 반영하려는 제도이다.

• 선거의 4원칙

현대의 모든 민주국가가 선거제로서 채택하고있는 보통·평등·직접·비밀의 4대 원칙을 말한다.

선거원칙	내용	대응원칙
보통선거	국민으로서 일정한 연령에 달한 사람에게는 원칙적으로 재산, 교육, 종교, 성별, 사회적 신분에 관계없이 누구에게나 선거권을 주는 제도	제한선거
평등선거	모든 선거권자는 누구에게나 1인 1표의 투표권을 가지며, 그 가치의 차를 두지 않는 제도	차등선거
직접선거	국민이 직접 후보자에게 투표하는 제도	간접선거
비밀선거	선거인이 어떤 후보자에게 투표하였는지를 모르게 하는 제도	공개선거

➡ 여기에 자유선거의 원칙을 덧붙여 선거의 5원칙이라 하기도 한다.

예문 우리나라는 민법과 선거법 개정에 의해 민법상 성인 연령→만19세, 선거권을 갖는 나이→만18세(2019년 12월 공직선거법 개정안 통과), 부모동의 없이 결혼할 수 있는 나이→만19세, 근로기준법상 최저 취업가능 연령→만15세, 형사상 미성년자→만14세, 국민참여재판 배심원 자격→만20세, 국회의원 출마 가능→만25세 등은 자주 출제되니 반드시 외워둘 것.

• 간접선거(indirect election)

후보자의 당선이 일반 유권자에 의하여 선출된 선거인의 투표에 의하여 결정되는 선거로 미국의 정부통령 선거를 예로 들 수 있다.

➡ 직접선거와 상대된다.

• 대선거구제(major constituency)

한 선거구에서 여러 명(보통 5인 이상)의 대표를 선출하는 제도를 말한다. 이 제도는 소선거구제에서 발생할 수 있는 선거간섭·매수 등 문제가 줄어든다. 인물선택의 범

Q 그리스의 유로존 이탈을 의미하는 신조어는?

위가 넓은 장점이 있는 반면 후보자의 인물이나 식견을 판단하기 어려운 단점이 있다.

● 중선거구제 : 대선거구제의 일종으로 선거구가 전국을 단위로 하지 않고 도 크기 정도의 지역을 단위로 하여 2 ~4명을 선출하는 제도이다(제9대부터 제12대 지역구는 1구 2인의 중선거구제 채택).

• 소선거구제(minor constituency)

한 선거구에서 한 사람의 대표를 선출하는 제도를 말한다. 이 제도는 군소정당의 난립을 방지하고 정국의 안정을 도모할 수 있으며, 선거인들의 후보자 선별이 용이하여 그에 따른 후보자 난립을 막을 수 있다. 반면에 지역이 좁기 때문에 선거간섭·매수 등의 부정선거가 행하여질 위험성이 많고, 지방이익에 집착하는 지방인사가 유리해 전 국민을 위하는 후보자 선택이 힘들어진다.

● 2016년 3월 국회의원 의석수를 새로 정하는 「공직선거법」 개정안이 통과되어 국회의원의 수는 300명이 유지되고, 지역구 의원 253명과 비례대표 의원 47명으로 변경되었다.

• 다수대표제(majority representation)

한 선거구에서 최고득점자를 당선자로 결정하는 제도이다. 절차가 단순·명료한 장점이 있으나, 다수파에만 유리하고 소수파의 의견이 반영되지 않는 단점이 있다.

● 소선거구제와 함께 행하여지며 가장 일반적으로 채택되는 방법이다.

• 소수대표제(minority representation)

소수 득표자라 할지라도 정원수의 범위 안에서 득표 순위에 따라 대표자로 선출될 수 있는 제도로 중·대선거구제와 함께 시행된다.

예문 우리나라 국회의원은 소선거구제·다수대표제·비례대표제·지역대표제에 의해 선출한다. 이를 묻는 문제가 출제됨

• 비례대표제(proportional representation)

둘 이상의 정당이 있는 경우, 그들 정당의 득표수에 비례하여 당선자 수를 배정하는 제도이다. 소수파에 유리하고 사표가 방지되어 국민의 의사가 투표결과에 잘 반영된다.

● 우리나라 현행헌법에도 국회의원 선거에서 비례대표제를 규정하고 있으나 의석분배의 불공정성 등이 쟁점이 되고 있다.

• 지역대표제(regional representation)

일정한 지역을 기준으로 선거구를 설정하여 대표자를 선출하는 제도를 말한다.

• 직능대표제(vocational representation)

직업 집단을 중심으로 일정한 수의 의원을 선출하는 제도로 각계의 전문가를 선출한다는 데에 그 특징이 있다. 그러나 이 제도는 직업 집단의 분류, 의원 정수의 할당문제 등

 그렉시트

의 단점이 뒤따른다.

○ 아직까지 우리나라에서는 채택하지 않은 제도이다.

• 게리맨더링(gerrymandering)

특정정당 또는 특정입후보에게만 유리하도록 선거구를 부자연스럽게 확정하는 것이다. 1812년 미국 매사추세츠 주의 주지사 게리(E. Gerry)가 자기 소속정당인 공화당에 유리하도록 선거구를 억지로 확정한 결과 그 모양이 그리스 신화에 나오는 괴물 살라만더(Salamander)와 닮았다는 뜻에서 붙게 된 이름이다.

○ 우리나라는 선거구 법정주의 원칙에 따라 국회의원 선거구를 법률로 정하고 있는데, 이는 게리맨더링을 방지하기 위한 것이다.

• 보궐선거(special election)

대통령이나 국회의원이 임기 중에 사직·사망·실격함으로써 궐석(闕席)이 생길 경우, 자리를 보충하기 위하여 해당 구역에서 실시하는 선거이다. 당선자는 전임자의 잔임기간만 재임하는데, 보결선거라고도 한다.

예문 보궐선거는 임기 중의 사유 발생으로 인하여, 재선거는 임기개시 전의 사유발생으로 인하여 실시하는 점이 다르다. 이 차이점을 알고 있는지를 묻는 문제가 출제됨

• 재선거(re-election)

선거의 무효판결이 있을 때, 당선인이 임기 개시 전에 사망하거나 당선을 사퇴한 때, 선거소송의 결과 당선이 무효로 된 때, 선거 결과와 당선인이 없을 때 등에 실시하는 선거이다. 즉 임기 개시 전의 사유발생으로 인한 선거를 말한다.

• 피선거권(eligibility for election)

선거에 의하여 당선될 수 있는 권리, 또는 당선이 되어 법률상 유효하게 당선을 수락할 수 있는 권리를 말한다. 우리나라에서는 선거일을 기준으로 국회의원은 만25세, 대통령은 만40세에 달하면 법률에 의한 결격사유가 없는 한 누구나 피선거권을 가진다.

예문 대통령과 국회의원에 대한 피선거권을 갖는 나이를 묻는 문제가 출제됨

• 부재자 투표(voting by mail)

부재 또는 기타의 사유로 선거 당일 자신이 투표소에 나갈 수 없는 사람이 미리 우편으로 행하는 투표를 말한다. 우리나라 선거법에서는 군인·해외 여행자·원양어업에 종사하는 선원 등이 부재자 투표 적용대상이다.

○ 우편투표라고도 하며, 제16대 총선때 대학교 내에 최초로 설치되었다.

Q 가상사회에서 자신의 분신을 의미하는 시각적 이미지는?

• **선거소송**(選擧訴訟)

선거의 공정을 보장하기 위하여 일반 유권자가 선거의 효력에 관하여 제기하는 소송이
다. 즉, 이의 있는 선거인이나 입후보자가 관계 선거관리위원회 위원장 또는 당선인을
피고로 하여 제기하는 소송을 말한다.

○ 선거 무효 소송과 당선 무효소송이 있다.

• **선거공영제**(選擧公營制)

선거의 공정을 기하고 선거운동에 따르는 폐해를 방지하기 위하여 국가나 공공단체가
선거비용을 부담하여 관리하는 제도이다. 이 제도는 재산이 없더라도 유능한 인물이면
누구나 국민의 대표자로 선출될 수 있다는 장점이 있다.

○ 우리나라의 대통령선거나 국회의원 선거도 철저한 선거공영제로 시행하도록 헌법 제7장에 규정하고 있다.

A 아바타

• 남북 교차승인(南北交叉承認)

한반도 통일 문제의 잠정적인 해결책으로 제시된 상호 승인을 말한다. 즉, 한국을 중국과 구 소련이, 북한을 미국과 일본이 동시에 승인함으로써 한반도의 긴장완화와 현상유지를 도모하고자 하는 것이다. 1973년 남북대화가 단절된 이후 미국 · 일본의 정계에서 대두된 안이다.

❍ 우리나라가 행하고 있는 일련의 북방정책과 동구개혁의 분위기 속에서 '90년 9월 한국과 구소련간의 국교가 수립되었고, 북한과 일본이 수교단계에 이르렀다(소연방 해체 후에는 독립국가연합의 각 국가별로 우리나라와 국교를 맺었다).

• 3자회담(三者會談)

한반도의 긴장완화와 남북한 문제의 평화적 해결을 위해 북한과 미국의 회담에 한국을 참가시키는 3자회담을 열자는 북한의 제안이다. 이에 대해 우리 정부는 남북간의 직접대화가 중요하다며 거부하였고, 그 후 북한은 3자회담 개최를 계속 주장하면서도 남북대화 재개에 응하는 자세로 전환하였다.

❍ 4자회담(四者會談) : 남북한 문제해결을 위해 남북한 양당사자와 미국 · 중국이 참여하는 회담을 말한다. 전 미 국무장관 키신저가 제안하였으나 중국과 북한의 거부로 유산되었다.

예문 3자회담의 세 국가, 4자회담의 네 국가를 묻는 문제가 자주 출제됨

• 남북적십자회담

남북 이산가족의 실태를 확인하고, 이들의 소식을 알려주며 재회를 알선하는 '가족찾기운동'을 구체적으로 협의하기 위하여 열린 남 · 북한 적십자사간의 회담이다. 대한적십자사의 제안으로 1972년에 1, 2차 회담이 평양 · 서울에서 개최되고, 2002년 9월에 평양에서 4차 회담이 개최됐다.

• 7 · 4 남북공동성명

남북간 긴장완화와 통일문제에 관해 1972년 7월 4일 서울과 평양에서 동시 발표한 성명이다. 미국과 중국간의 국교 정상화를 계기로 종래의 대미 의존적인 안보정책에서 탈피하고자 북한과의 관계 개선을 모색한 결실이다. 모두 7개항으로 된 남북공동성명에는 쌍방이 자주 · 평화통일 · 민족적 대단결의 조국통일 3대 원칙에 대하여 합의를 보았다. 조국통일 3대 원칙은 ① 외세에 의존하거나 외세의 간섭을 받지 않는 자주적 해결, ② 서로 상대방을 반대하는 무력행사에 의거하지 않는 평화적 방법, ③ 사상과 이념 · 제도의 차이를 초월한 민족적 대단결 도모 등이다.

• 7 · 7 선언

'88년 7월 7일, 노태우 대통령이 발표한 '민족자존과 통일번영을 위한 대통령 특별선

Q 자연생태계의 오염과 파괴를 막는 자연휴식년제의 기간은?

언' 이다. 이 선언은 6개항으로 구성되어 있으며, 주요내용은 ① 남북 동포간의 상호교류 및 해외동포들의 남북 자유왕래 개방, ② 이산가족 생사확인 등의 적극 추진, ③ 남북교역 문호개방, ④ 비군사물자에 대한 우방국의 북한교역 용인, ⑤ 남북간 대결외교 종식, ⑥ 북한의 대미·일 관계 개선 협조 등이다.

○ 7·7선언의 핵심은 북한을 종래와 같이 적국으로 대할 것이 아니라 민족공동체의 일환으로 보며 쌍방의 내왕을 자유롭게 한다는 것이다.

• 6·15 남북공동선언

2000년 6월 해방이후 첫 남북정상회담을 평양에서 개최했고, 김대중 대통령과 김정일 국방위원장은 5개항의 '남북공동선언'에 합의했다. 이 선언에 의해 경의선 연결공사 착수, 장기수 송환, 대북식량지원, 남북경협위원회 설치, 남북국방장관회담 등이 이어졌다.

• 햇볕정책

김대중 대통령의 대북유화정책으로 이솝우화의 '바람과 해'에서 착안한 것이다. 대북정책은 대결이 아닌 물자지원 등을 통한 남·북간의 자연스런 교류환경을 조성함으로써 개방을 유도해 나가야 한다는 것이다. 그 일환으로 금강산관광과 남북정상회담 및 이산가족 상봉을 실현시켰다.

• 합영법

북한이 서방의 자본과 기술을 도입하기 위하여 '84년 제정한 합작투자법이다. 주요 내용은 서방 자본주의 국가를 포함한 모든 국가들로부터 자본과 기술을 유치, 북한 내에서 합작회사의 경영활동을 보호·허락하여 일정 소득세를 제외한 합작기업 소득의 본국 과실송금을 인정한다는 것 등이다. 북한이 합영법을 채택하게 된 이유는 '83년 미얀마 양곤 사건 이후 실추된 대외 이미지 회복과 순수 경제개방을 배경으로 한 것이다.

• 고려연방제

북한이 1960년대 이후 내걸고 있는 통일방안으로, 여러 차례의 수정을 거쳐 '80년 노동당 제6차 대회에서 '고려민주연방공화국'이란 명칭으로 확정되었다. 고려연방제는 남북이 서로의 사상·제도를 인정하는 기초 위에 민족통일정부를 세우고, 이를 기초로 남북이 같은 권한과 의무를 지니고 지역자치제를 실시하는 연방공화국을 수립한다는 내용이다.

○ 북한은 연방제 실시의 선결조건으로 한국의 국가보안법과 반공정책 폐지, 대미 평화협정 체결을 통해 주한미군 철수 등을 내세우고 있다.

A 3년

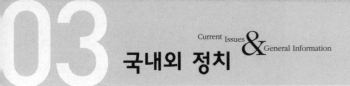

• **전관수역**(exclusive fishing zone)

연안국에 한하여 어업권이 인정되는 독점적 어업수역을 말한다. 1965년에 조인된 한 · 일 어업협정에서는 자국 연안의 기선으로부터 12해리까지의 수역을 배타적 관할권을 행사하는 수역으로 결정하였다.

• **공동규제수역**

어업자원의 지속적 생산성을 확보하기 위한 목적으로 설치된 수역을 말한다. 1965년에 조인된 한 · 일 어업협정에서는 이 수역 안에서의 어선 규모와 출어 척 수 및 톤 수, 연간 총 어획량 등의 기준을 정하였는데, 그 범위는 전관수역의 외측에서 약45해리까지이다.

• **영해**(領海 ; territorial sea)

한 나라의 통치권을 행사할 수 있는 범위의 해역을 말한다. 연안해 · 내해 · 만 · 해협 등으로 이루어지나 좁은 뜻으로는 연안해를 말한다. 영해의 폭은 최저간조 때의 수륙분계선을 기준으로 정하는데 '82년 제3차 해양법 회의에서 12해리로 통일되었다.

예문 '우리나라 영해의 범위는? 12해리'를 알아보는 형태로 출제됨

• **마키아벨리즘**(Machiavellism)

이탈리아의 정치철학자 마키아벨리가 그의 저서 「군주론」에서 전개한 이론으로, 군주는 국가의 유지 · 발전을 위해서는 도덕적 관념이나 종교적 정신에 구애됨 없이 수단과 방법을 가리지 않고 정무를 처리하여야 한다는 국가지상주의 사상이다. 목적을 위하여 수단을 가리지 않는 권모술수란 뜻으로도 사용된다.

➲ 마키아벨리 : 이탈리아 문예 부흥기의 정치사상가 · 역사가. 도덕보다 정치에 우월성을 두어 마키아벨리즘을 제창하여 근대적 정치관을 개척하였다.

• **먼로주의**(Monroe Doctrine)

1823년 미국 제5대 대통령 먼로가 제창한 외교상의 중립정책으로 일종의 고립주의이다. 미 대륙이 유럽 각국의 내정에 간섭하지 않는 대신 유럽도 미 대륙에 간섭하지 못하며 따라서 미 대륙 어디를 막론하고 식민지가 될 수 없음을 그 내용으로 하였다. 그러나 19세기말부터 미국이 세계적 지위로 비약, 세계 정책결정에 적극 참여하게 됨에 따라 이 경향은 줄어들었으며, 제2차 세계대전 뒤에는 거의 폐기되었다.

➲ 고립주의 : 한 국가가 다른 나라와 동맹을 맺지 않고 고립을 지키는 입장으로 미국의 전통적 외교정책인 먼로주의의 원칙이었다.

Q 우리나라에서 시(市)가 되기 위한 인구는?

• 4가지 자유(four freedoms)

인간에게 보장되어야 할 네 가지 기본적인 자유, 즉 ① 언론과 발표의 자유, ② 신앙의 자유, ③ 결핍으로부터의 자유, ④ 공포로부터의 자유를 말한다. 미국의 제32대 루스벨트(F. D. Roosevelt) 대통령이 1941년 의회에 보낸 연두교서에서 한 말인데, 뒤에 UN의 기본사상으로 나타나게 되었다.

➡ 루스벨트 : 뉴딜(New Deal) 정책을 수행하여 대공황을 극복하였으며, 연합국에 경제원조를 제공하는 등 고립주의를 탈피하였다. 2차 대전을 승리로 이끌었고 대서양헌장을 선언하여 UN의 기초를 세웠다.

• 민족자결주의(民族自決主義)

각 민족은 국가의 독립문제를 스스로 결정지을 권리가 있다는 주의이다. 제1차 세계대전 후 미국 대통령 윌슨(W. Wilson)이 제창한 것으로 파리 평화회의에서 채용되어, 핀란드·라트비아·에스토니아·폴란드·체코슬로바키아 등이 독립하였다.

➡ 당시 팽배하던 민족자결사상에 힘입어 우리나라에서는 3·1운동이 일어났다.

• 트루먼 독트린(Truman Doctrine)

1947년 미국 제33대 대통령 트루먼이 선언한 구소련에 대한 외교정책이다. 먼로주의로부터의 일대전환을 가져온 대외정책으로, 구소련 세력을 봉쇄하여 자유주의 여러 나라에 대한 공산주의의 위협과 싸울 것을 명시하였다.

• 뉴 프런티어(new frontier)

미국 제35대 대통령 케네디(J. F. Kennedy)가 대통령선거 출마 때 내세운 내외정책의 캐치프레이즈다. 건국 초의 개척정신으로 모든 문제를 타개해 나가자는 뜻으로 사용한 슬로건이다.

➡ '국가가 나를 위해 무엇을 해주기를 바라기 전에 내가 국가를 위해 무엇을 할 것인가를 생각하라'는 케네디의 말은 유명하다.

• 페이비언 사회주의(Fabian Socialism)

페이비어니즘(Fabianism)이라고도 하는데, 1884년에 창립된 영국의 페이비언 협회가 주장한 점진적 사회주의 사상으로 영국 노동당의 지도 이념이다. 이는 폭력혁명에 의한 사회주의국가를 지양하고 점진적인 의회주의를 통하여 모든 정책을 실현함으로써 자본주의의 결함을 극복하자는 것이다.

➡ 로버트 오웬의 공상적 사회주의, 마르크스의 과학적 사회주의에 비해 이상주의·의회주의·점진주의가 그 특징이다.

예문 페이비어니즘과 영국 노동당과의 관계를 알아보는 문제가 출제됨

A 5만 명 이상

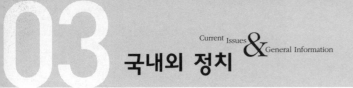

- **드골이즘**(De Gaullism)

  드골이 프랑스 제 5공화국 대통령으로 재임할 당시 주도한 일련의 국제정치노선을 말한다. 드골은 유럽에서의 미국 세력을 배제하고 '유럽인에 의한 대유럽 건설'과 '위대한 프랑스'를 외치며, 유럽 합중국 건설을 목표로 한 EEC의 적극 추진, NATO에서의 탈퇴, 중국·구소련에의 접근 등을 시도했다. 그러나 이러한 그의 시도는 국제사회에서 프랑스의 대외적 지위를 드높이는 데 공을 세웠으나, 만성적인 인플레이션, 부진한 경제성장 등으로 드골은 결국 은퇴하고 말았다.

- **할슈타인 원칙**(Hallstein Doctrine)

  '구소련을 제외하고 서독은 동독을 승인하는 어떤 나라와도 외교관계를 맺지 않는다'는 원칙으로 1956년 당시의 서독 외무차관 할슈타인이 표명하였다. 그러나 1967년 알바니아와, 1968년 유고와 각각 외교관계를 재개하였으며, '90년 동·서독 통일로 이 원칙은 사실상 폐기되었다.

  ❍ 우리나라도 이 원칙을 따랐으나 1971년부터 폐기했다.

- **티토이즘**(Titoism)

  유고슬라비아의 티토 대통령이 택한 독자적인 마르크스주의 실천노선을 말한다. 1948년 유고슬라비아 공산당이 코민포름(Cominform ; 공산당정보국)에서 제명되고 그의 정치노선이 수정주의라는 비난을 받았지만 그는 구소련의 종주권에 대해 민족주의 반기를 들고 유고 체제에 맞는 자주관리노선을 취했다. 엄격하고 경직된 사회주의 체제 변혁을 지양하여 서유럽의 많은 지식인과 일반 여론으로부터 긍정적인 평가를 받았다.

  ❍ 티토는 집단농장의 가맹·탈퇴는 농민의 자유에 맡기며, 공장경영자를 정부가 임명하지 않고 종업원에 의하여 뽑는 등 자국 중심의 민족적 공산주의 노선을 취했다.

- **쇼비니즘**(chauvinism)

  자기 나라의 이익을 위해서는 수단과 방법을 가리지 않는 배타적·광신적 애국주의를 말한다. 이 말은 프랑스의 나폴레옹 1세를 신과 같이 숭배하던 병사 쇼뱅(Chauvin)의 이름에서 비롯되었으며, 보통 대외적으로는 극단적인 강경주의를 취하게 된다.

  예문 '광신적 애국주의 쇼비니즘'의 형태로 외워야 할 문제가 출제됨

- **절대주의**(absolutism)

  마키아벨리·보댕·홉스 등이 주장한 주의로, 군주나 국왕이 무제한의 권력을 가지고 국민을 지배하는 것을 말한다. 중세사회가 붕괴하여 봉건제후의 정치권력이 점차 일원화되는 과정에서 형성된 형태이다.

  ❍ 이를 뒷받침하는 학설로는 왕권신수설이 있다.

Q 판소리에서 대목 사이에 말하듯이 사설을 엮어 가는 것은?

• **군국주의**(militarism)

군사적 가치를 다른 사회적 가치보다 우선시켜 정치 · 경제 · 문화 · 교육 등 일체를 군사 목적에 따르게 하려는 주의나 정책을 말한다. 군인은 직업적으로 군비의 확대와 군인의 우월권을 주장하며 대외적으로 호전주의, 대내적으로는 파시스트화 하는 경향이 있다.

○ 스페인의 프랑코 독재 체제나 독일의 나치 독재, 일본의 군국주의가 그 예이다.

• **전체주의**(totalitarianism)

개인은 전체 속에서 비로소 존재가치를 갖는다는 주장 아래 강대한 국가 권력에 의해 국민 생활을 간섭 통제하는 사상 및 그 체제를 말한다. 개인주의와 자유주의 및 의회 주의와 대립된다.

○ 이 용어가 일반적으로 쓰이기 시작한 것은 1970년대 후반부터인데, 처음에는 이탈리아의 파시즘, 독일의 나치즘, 일본의 군국주의 등을 가리키는 말로 사용되다가 제2차 세계대전 이후의 냉전체제 속에서 공산주의를 지칭하게 되어 반공산주의 슬로건으로 전용되기도 했다.

• **제국주의**(imperialism)

넓은 뜻으로는 무력정복에 의한 영토확장을 목적으로 하는 침략주의를 말하지만, 오늘날에 있어서는 자본주의가 고도화된 단계에서의 침략주의를 말한다. 즉 금융자본이 국내시장을 독점하는데 만족하지 않고 국제시장을 독점하기 위해 후진지역을 침략하고 식민지 쟁탈을 위한 군사행동을 취하는 침략주의를 말한다.

• **세계주의**(cosmopolitanism)

국가 · 민족 · 국경을 초월한 공통적 지반 위에 서서, 온 세계의 인류를 한 덩어리로 하는 세계국가를 구상하여 개개인의 세계적 결합을 이룩하려는 주의이다.

○ 만민주의라고도 한다.

• **신식민지주의**

정치적으로는 독립을 주면서도 경제적인 지배는 유지하려는 제2차 세계대전 후 식민지주의의 새로운 형태를 말한다. 특히 서구 여러 나라의 개발도상국 원조계획을 비판하여 쓰인 말이다.

• **연합국가**(allied nations)

다수국가의 집합에 의해 형성된 연방조직의 국가이다. 이 중 연방국가 자체만이 국제법상의 외교능력을 갖는 단일의 주권국가이며 구성국간의 관계는 국내법으로 규율된다. 미국 · 독일 · 스위스 · 캐나다 · 오스트리아 · 브라질 · 멕시코 · 베네수엘라 · 아르헨티나 · 말레이시아 · 나이지리아 · 아랍에미리트 등이 여기에 속한다. 연방국가라고

Ⓐ 아니리

61

도 한다.

○ 구소련과 유고슬라비아도 이에 속했으나 구소련은 연방체제가 와해되고 '92년 1월 독립국가연합 체제가 되었으며, 유고슬라비아도 동년 1월 유럽공동체(EC)가 연방 내의 크로아티아와 슬로베니아 등 두 공화국을 주권독립국가로 승인함으로써 연방이 해체되었다.

• **영세중립국**(permanently neutral state)

조약에 의해 영구히 타국의 전쟁에 중립을 지킬 의무를 지며, 그 반대급부로 독립의 유지와 영토의 보전을 보장받는 국가를 말한다. 영세중립국은 평시에도 전쟁에 개입될 염려가 있는 일은 금하며 타국과 동맹을 맺거나 타국에 군사기지를 대여하지 못한다. 다만 자위를 위한 군사력은 가진다.

○ 영세중립국은 스위스와 오스트리아였으나 오스트리아가 먼저 UN에 가입, 스위스는 2002년 가입했다.

• **오데르나이세선**(Oder-Neisse Line)

독일과 폴란드간의 국경선으로, 원래 오데르와 나이세 두 강의 동쪽은 독일 영토였으나, 제2차 세계대전 전승국들이 폴란드 영토로 결정하여 그어진 국경선이다. 독일 통일과 함께 옛 영토를 되찾자는 여론이 일어난 바 있으나, 양국간 국경은 그대로 오데르나이세선으로 하기로 조약을 맺었다.

• **베네룩스**(Benelux)

벨기에·네덜란드·룩셈부르크 등 3국을 총칭하는 말이다. 베네룩스라는 명칭이 생겨나게 된 것은 제2차 세계대전 중 런던으로 망명하였던 이들 3국 정부가 1947년 9월 관세동맹조약에 조인하였는데 이것이 '베네룩스 관세동맹'이라고 불리게 되면서부터이다. 이들 3국이 관세동맹을 체결하게 된 근거는 세 나라가 모두 소국이고 군사적·경제적으로 자립이 어려우며 지리적으로도 이웃해 있어 어떤 위기가 닥치면 공동운명에 놓이기 때문이다.

○ 이들 3국이 협력하는 모습은 유럽 각국에 '유럽이 경제적으로 협력할 필요가 있다'는 생각을 갖게 하여 1953년 유럽석탄철강공동체(ECSC), 1958년에는 유럽경제공동체(EEC)가 발족, 유럽 통합의 기틀을 마련하는 데 기여하였다.

• **철의 장막**(Iron Curtain)

구소련을 비롯한 공산권의 폐쇄적이고도 비밀주의적인 대외정책을 영국 수상 처칠(W. Churchill)이 풍자한 말이다. 1945년 3월, 미국 미주리 주 풀턴 대학에서 행한 연설에서 '공산주의의 동부 유럽과 민주주의의 서부 유럽 사이에는 철의 장막이 내려져 있다'고 말한 데서 비롯되었다.

○ 죽의 장막 : 중국의 비밀주의를 풍자한 말로, 대나무가 중국의 명산인 데서 이렇게 불리게 되었다.

Q 폐기물의 해양투기로 인한 오염방지 국제협약은?

- **도미노 이론**(domino theory)

  도미노 게임에서 최초의 말이 넘어지면 그것이 옆의 말을 쓰러뜨리듯이 어떤 지역이 공산화되면 차례로 인접지역에 번져간다는 이론으로, 베트남·라오스의 공산화 등 인도차이나 반도 3국의 적화는 이 이론의 전형이라 할 수 있다. 미국의 월남전 개입을 정당화하는 이론이었으며, 1960년대 미국 군부·정치가들이 주장하였다.

  ○ 역도미노 이론 : 한 나라가 민주화되면 인접국도 민주화될 가능성이 많아진다는 것으로, '89년의 동구 민주화 현상은 대표적인 예이다.

- **패권주의**

  강력한 군사력에 의하여 세력을 확장하려던 미·구소 등 강대국의 외교노선을 중국이 비난하여 사용한 말이다. 1968년 신화사 통신에서 구소련군의 체코슬로바키아 침입을 비난하면서 처음 사용하였다. 중국이 말하는 패권주의는 미국의 한국에 대한 영향권 강화 및 일본에서의 군사기지 강화와, 구소련의 월남전 이후 아시아에서 집단안전보장을 실현시키려고 하는 움직임을 말한다.

  ○ 본래 패권이란 '타국을 정복·쟁취한 지배자로서의 권력' 이란 뜻이다.

- **지역패권주의**

  중국이 구소련 쪽으로 기울어진 베트남을 인도차이나 반도에 '패권을 행사하려는 것'으로 비난한 데서 생긴 용어이다. 중국은 세계를 미·구소 양 대국의 제1세계, EC·캐나다·일본 등 선진공업국의 제2세계, 아시아·아프리카·라틴 아메리카 등 개발도상국을 제3세계라 하여 셋으로 나누고, 스스로 제3세계에 속한다고 하였다.

  ○ 이러한 견해에 대하여 공산 베트남은 3개의 세계론에 반대, 중국이야말로 패권대국이라 비난하며 맞섰다.

- **데탕트**

  국제 간의 긴장완화란 뜻으로, 미·구소 양국의 냉전 상태가 1970년대에 평화공존 정책으로 바뀌면서 점차 세계 전체에 전쟁의 위기가 물러간 것을 말한다.

  예문 '데탕트=긴장완화' 의 뜻을 아는지 묻는 문제로 출제됨

- **수렴이론**(convergence theory)

  대립하는 동·서 양진영 사회를 서서히 동질화시킴으로써 평화를 실현하고자 하는 견해이다. 종래 서방측의 수렴이론은 구소련 경제의 발전에 따라 구소련 사회가 서방측에 접근해 온다는 것이었는데, '84년 미 콜롬비아 대학 연구원 워드 모어하우스는 미·구소 핵전쟁의 악몽을 떨쳐버리기 위해서는 미국 사회를 구소련 사회에 접근시켜 가야 한다는 이론도 내놓은 바 있다.

A 런던협약

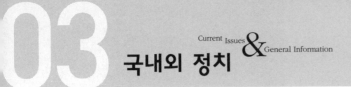

- **다변화외교**(multilateral diploma)

  세계질서가 팽팽히 맞서 왔던 종래의 미·구소 양극체제로부터 다극체제로 구조적인 변화를 보임에 따라 양자택일적인 일변도 외교에서 벗어나 자국의 실리를 위해 모든 국가와 외교적 관계를 유지하려는 것을 말한다. 이러한 시대를 다극화시대 또는 다중심 시대라 한다.

  ➔ 양극체제(兩極體制) : 제2차 세계대전 후 미국을 중심으로 한 자유진영 세력과, 구소련을 중심으로 한 공산진영 세력을 말한다. 양극 체제는 동서체제 또는 얄타 체제라고도 한다.

- **제3세력**(troisié me force 프)

  세계정치에 있어서 미국과 구소련이 중심이 된 동·서 양진영의 어느 쪽에도 속하지 않는 중립주의적 정치세력을 말한다. 이들 제3세력은 비동맹·적극적 중립주의를 슬로건으로 내걸고 있는데, 여기에 속하는 나라로는 인도·인도네시아·미얀마·유고슬라비아·이집트·알제리 등 주로 아시아·아프리카·라틴 아메리카의 여러 국가이다.

  예문 제3세력이 중립주의적 정치세력인 사실과, 여기에 속하는 나라들은 어디인지를 묻는 문제가 출제됨

- **대자보**(大字報)

  중국에서 문화대혁명 때 한창 나붙었던 노동자·농민·홍위병·병사 등의 개인 또는 집단 의견을 발표한 벽신문으로 가두나 공장·학교의 대자보실에 붙여진다.

  ➔ 우리나라에서도 '80년대 들어서 대학가에서 나타나기 시작.

- **문화대혁명**

  1966년부터 1976년에 걸쳐 중국에서 펼쳐진 사회주의 이론투쟁의 성격을 띤 권력투쟁을 말한다. 수정주의·반당·반 사회주의자들에게 철저한 비판을 가하였으며, 모택동·임표의 지휘 하에 홍위병·혁명 소조 등이 주동이 되어 당내 실권자인 유소기 등을 몰아내었다. 그러나 모택동의 죽음과 사인방의 몰락, 등소평의 부활로 문화대혁명은 실패로 돌아갔다.

  ➔ '문혁'으로 줄여서 부르기도 하는데, 처음에는 농촌의 사회주의 교육운동 및 문예정풍운동의 성격을 띠었다.

- **전국인민대표대회**

  중국의 최고국가기관으로 헌법개정, 법률제정, 국무원(정부)총리의 결정, 국가예산·결산 심사 및 승인 등을 행한다. 전인대 밑으로는 성·현·시·구 등 지방 각급 인민대표대회가 있는데 하급 인민대표대회가 한급 위인 인민대표대회 대표를 순차적으로 선출, 최후로 전인대가 구성된다. 대표의 임기는 5년으로 연 1회 회의를 열며 휴회 중에는 상무위원회가 직권을 행사한다.

  ➔ '전인대'로 줄여 부르기도 한다.

  예문 매년 열리는 전인대에서 결정되는 사항들이 시사문제로 자주 출제되니 눈여겨볼 것

Q 국악에서 본 곡의 연주에 앞서 호흡을 고르기 위해 미리 연주하는 짧은 악곡은?

• 흑묘백묘론

'검정 고양이든 흰 고양이든 쥐만 잘 잡으면 좋은 고양이다' 라는 뜻으로, 등소평이 중국의 경제 근대화를 위해 자본주의 경제체제를 도입하면서 내세운 논리이다.

• 쌍백운동(百花齊放, 百家爭鳴)

쌍백이란 누구든지 의견을 자유롭게 피력할 수 있다는 뜻으로 쓰인 중국의 정치구호이다. 이는 1956년 전 중국 당주석 모택동이 예술과 문화촉진을 위해 주창했던 사상해방운동으로, 그때 그때의 정치적 상황에 따라 장려되기도 하고 억압되기도 하였다. 최근 중국에서는 등소평의 개방정책에 따라 다시 쌍백 자유화 물결이 일고 있다.

❍ 백화제방은 갖가지 학문·예술이 함께 성함의 비유이며, 백가쟁명은 많은 학자·문화인 등의 활발한 논쟁을 뜻한다.

• 알바니아 안(Albania 案)

1961년 알바니아가 제안한 것으로, UN에서 대만을 축출하고 중국을 받아들이자는 것이다. 이로 인해 중국은 UN에 가입하였으며, 미국·영국·프랑스·구소련(소연방해체 후 92년부터 러시아가 그 권한을 승계)에 이어 중국도 안전보장이사회 상임이사국이 되었다.

• 홍콩 반환문제

영국 영토로 되어 있는 홍콩의 중국 반환을 둘러싼 문제이다. 홍콩은 99년간 영국의 조차지였으나, '97년 7월 1일 중국에 반환됐다. 전 영국 수상 대처가 중국을 방문, '84년에 영국·중국간의 홍콩 반환협정이 체결되었고, 그 골자는 ① 영국은 '97년 7월 1일 홍콩을 중국에 반환한다. ② 홍콩을 특별행정구로 하고, 홍콩인에 의해 행정부가 구성되며 외교 국방 외에는 자치권을 갖는다. 홍콩차이나라는 명칭으로 다른 나라와 문화·경제협정을 체결할 수 있다. ③ 반환 후 중국은 홍콩에 군대를 파견하지만 내정에 간섭하지 않는다는 것 등이다. 이로써 중국은 일국이체제 국가의 성격을 띠게 됐다.

❍ 홍콩 : 영국과 청국 사이의 아편전쟁 결과 맺어진 난징조약에 의해 1898년부터 99년간 영국에 할양되었다. 인구 가운데 약 98%가 중국인이다.

• 마카오 반환문제

홍콩과 마찬가지로 마카오가 중국에 반환되는 데 따르는 문제를 말한다. 마카오는 1557년 포르투갈인이 거주권을 얻었다가 1887년부터 영유하게 되었는데, 1979년 중국·포르투갈 국교정상화 때 주권이 중국에 있음이 인정되었다. 그 후 '87년에는 마카오가 '99년 12월 20일을 기해 중국에 반환됐다. 반환 후에는 홍콩처럼 50년 간 중국의

A 다스름

특별행정구가 됨.

○ 마카오 : 홍콩에서 약 100km 떨어진 곳에 있으며, 인구 가운데 약 97%가 중국인이다. 중국명은 아오먼이다.

• 3불 정책

1949년 이후부터 대만 정부가 중국의 3통 정책에 대응하여 펼치는 정책으로, 부담판·부접촉·불타협이 그 주요내용이다. 그러나 '85년 5월 중국으로 망명한 중화 항공(CAL) 소속 보잉 747기 송환문제로 37년 만에 회담을 개최한 이래, 대만은 중국과의 관계에서 능동적인 태도를 보이고 있다.

○ 3통정책 : 중국이 대만과 통신·통상·교통(상호왕래) 세 가지를 통하겠다는 정책이다. 이에 대만은 3불 정책을 취했으나, '87년 중국출신 대만거주자들의 중국방문 허용, '88년 우편물왕래의 인정 등으로 3불 정책은 대만정부의 방침으로만 그치고 있다.

• 핑퐁 외교(ping-pong diplomacy)

1971년 일본 나고야에서 열렸던 세계탁구선수권대회에 중국 선수단이 참가하고, 뒤이어 이 대회에 참가했던 미국 탁구선수단과 기자들이 중국을 친선 방문한 것이 계기가 되어 오랫동안 적대적으로 대립해 왔던 미국·중국, 일본·중국의 관계가 개선된 일을 말한다. 이후 미국·중국 관계는 급진적으로 발전, 중국의 UN 가입과 닉슨의 중국 방문이라는 결과를 낳았다.

• 전방위외교(all-directions diplomacy)

이념에 관계없이 모든 나라와 외교관계를 수립하는 외교를 말한다. 우리나라는 성장된 경제력을 바탕으로 이념을 넘어 대 공산권 외교를 실천해 나가고 있으며, 미국·일본 등 기존 우방과의 외교관계를 강화하면서 북방외교를 개척하고 있다. 한편 일본은 일찍부터 정경분리원칙을 내세워 어느 나라와도 통상을 한다는 '전방위외교'를 수행, 구소련과 중국에 대한 비적대외교로 군사적 위협에서 벗어나는 유연한 외교방침을 구사해왔다.

○ 우리나라는 '89년 2월 헝가리와, 같은 해 12월에는 폴란드와, '90년 9월에는 구소련과 공식 수교하였다. 구소련 해체 후에는 독립국가연합 각 국가별로 국교를 맺었다.

예문 북방외교와 관련, 최근 우리나라와 국교가 수립되고 있는 나라를 알아둘 것

• 리크루트 스캔들(Recruit scandle)

1988년 일본 정계의 다케시타 총리를 비롯한 거물급 인사들이 리크루트사로부터 리크루트 코스모스사의 미공개주식을 불법으로 양도받은 사실이 아사히신문에 폭로되어 이에 연루된 각료가 사임하고 끝내 다케시타 총리까지 사임하게 만든 사건이다.

• 워터게이트 사건(Watergate scandle)

1972년 닉슨 대통령의 측근이 닉슨의 재선을 위한 공작의 일환으로, 워싱턴의 워터게

Q 우리나라에서 제작한 국산1호 구축함은?

이트 빌딩에 있는 민주당본부에 침입하여 도청장치를 설치하려다 발각·체포된 미국 역사상 최대의 정치 스캔들이다. 하원 사법위원회에서 대통령의 탄핵결의가 가결됨에 따라서 1974년 8월 닉슨 대통령은 사임할 수밖에 없었으며, 그의 사임으로 사건은 일 단락 되었다.

◯ 임기 도중 대통령이 사임한 것은 이것이 최초였다.

• 미국의 대통령 선거

각 주에서 선출된 선거인단에 의한 간접선거이다. 일반 유권자들이 11월 첫째 월요일 다음날인 화요일 각 주에 할당된 선거인단을 뽑으며, 이 선거인단이 12월 둘째 수요일 다음의 첫 월요일에 공식적인 대통령선거 투표에 들어간다. 그러나 선거인단 선거 때 선거인 후보자들이 특정후보에 대한 찬반 태도를 명시하므로 선거인단에 의한 공식투표를 기다릴 것 없이 각 주 선거인 수를 집계하면 대통령 후보의 당락을 판가름할 수 있다. 대통령 취임식은 이듬해 1월 20일이다.

예문 미국의 대통령선거가 있는 해에는 출제 가능성이 높아지므로 특히 관심을 가지고 볼 것

• 중간선거(off-year election)

미국에서 대통령의 임기 중간에 실시되는 상·하 양원의원선거이다. 대통령선거가 실시된 해의 다음 다음해에 실시되는 선거로, 상원의원의 3분의 1, 하원의원 전원, 일부 주의 주지사, 주의회 의원의 선거 등이 행해지며, 그밖에 많은 주민 투표가 행해진다.

◯ 중간선거는 현 대통령의 과거 2년 간의 정치에 대한 여론의 반응을 보여주며 2년 후에 있게 될 대통령선거의 동향을 예측할 수 있는 중요한 선거이다. 중간선거에서는 여당의 의석 수가 줄어드는 것이 통례이다.

• 레임 덕(lame duck) 현상

3선이 금지되어 있는 미국에서 2기째의 현직대통령이 집권당을 승리로 이끌지 못했을 경우 새 대통령이 취임할 때까지 약 3개월 동안의 국정 정체상태를 기우뚱거리며 걷는 오리에 비유해 이르는 말이다. 우리나라의 경우 '통치력 누수 현상'이라고 표현한다.

• 코커스(caucus)

미국의 공화당과 민주당은 전당대회를 통해 대통령 후보를 지명하는데, 코커스란 전당대회에 내보낼 대의원들을 뽑는 당내 선거 절차를 말한다. 현재 미국에서는 50개 주가운데 23개 주가 이 제도를 시행하고 있는데, 나머지 주는 프라이머리라는 대의원 선출제도를 실시하고 있다.

◯ 프라이머리(primary) : 미국에서 대통령 후보 또는 공직의 후보자를 지명할 때, 당대회로 내보내는 정당의 대표자를 선출하는 예비선거이다. 대부분 6·7월중에 실시된다.

A 광개토대왕함

03 국내외 정치

• 중동 평화조약

31년 간 4차례 중동전의 주전국이었던 이집트와 이스라엘의 오랜 적대관계를 종식하고자 1979년 사다트 이집트 대통령과 베긴 이스라엘 수상에 의해 워싱턴 백악관에서 조인된 조약이다. 이 평화협정에 따라 이스라엘이 시나이 반도를 되돌려주는 대신 이집트는 이스라엘의 생존권을 인정해 주게 되었다.

• 호르무즈 해협(Strait of Hormuz)

페르시아만과 오만만을 잇는 폭 50km의 해협으로, 사우디아라비아·이란·이라크·쿠웨이트 등 만안 산유국으로부터의 석유를 세계로 공급하는 최대의 석유 루트이다. 이 해협을 통과하는 원유의 총량은 하루 890만 배럴이나 되는데, 이 분량은 서방측 1일 소비량의 20%에 상당, 서방측 에너지 공급의 생명선이 되고 있다. 우리나라는 수입 원유의 70% 이상을 만안 산유국에 의존하고 있다.

• 미얀마 연방(Union of Myanmar)

버마의 새로운 국호이다. 이 나라는 오래 전부터 국내에 있는 많은 소수부족 중 하나의 명칭인 '버마'라는 국호를 바꾸려는 움직임이 있었는데, '89년 6월 정부가 전체 부족을 대표하는 그 나라 고유의 이름인 미얀마로 국호를 바꾸었다.

❍ 새로 제정한 법률에 의거해 국호와 함께 수도인 랑군(Langoon)도 양곤(Yangon)으로 변경하였다.

• 종속이론(dependency theory)

1960년대 후반 라틴아메리카의 구체적 현실 속에서 '저발전이란 무엇인가, 그리고 왜 지속되고 있는가?'라는 문제의식에서 출발한 이론으로 서유럽 사회의 발전이론이 남미사회의 분석에 적합하지 않다고 보는 대신, 자체에 적합한 이론적인 틀을 구축하고자 한 것을 말한다. 종속이론 속에는 각기 다른 분석방법을 가진 구조주의와 네오마르크시즘이 혼재되어 있고 연구의 범위와 내용도 차이가 많다. 그러나 전체적으로 공통된 인식은 저발전의 원인을 선진제국에의 종속에서 찾고, 종속으로부터의 탈피를 주장한다는 점이다. 대표적인 학자들로 프랑크(A. G. Frank), 도스 산토스(Dos Santos), 아민(S. Amin) 등이 있다.

❍ 1970년대 후반부터 우리나라에도 알려져 정치학·사회학 등 사회과학 전반의 발전에 커다란 기여를 했다. '85년에는 우리나라에서 세계적인 종속이론가 아민 등 50여 명을 초청, 종속이론 국제학술대회를 가진 후 학계에서는 종속이론논쟁이 벌어진 바 있다.

🄠 지평선 가까이 있는 보름달이 커 보이는 것은?

- **해방신학**(theology of liberation)

  중남미 등 제 3세계를 중심으로 일어난 민중해방신학에 바탕을 둔 카톨릭 신학사조의 하나이다. 교회는 억압받고 차별 받는 자들의 해방을 위해 혁명에 적극 참여해야 한다는 학문으로, 구티에레즈 신부가 그의 저서 '해방신학'에서 체계화하였다. 이에 대해 로마 교황청은 해방신학을 탄핵하고 '85년 유력 활동가인 레오나르도 보프 신부에게 속죄의 침묵을 명하였으나 '86년 태도를 완화, 마르크스주의는 배척하나 억압받는 민중을 위한 무장투쟁은 인정한다고 발표하였다.

  ◐ 이 운동은 이후 사회개혁의 여러 분야, 특히 한국이나 필리핀의 민주화운동에 커다란 영향을 미치고 있다.

- **UN**(United Nations ; 국제연합)

  제2차 세계대전 후 평화와 안전의 유지, 국제 우호관계의 촉진, 경제적·사회적 문화적·인도적 문제에 관한 국제협력을 달성하기 위하여 설립된 국제평화기구이다. 국제연맹의 정신을 계승하고 그것을 더욱 강화한 조직체로서 1945년 10월 24일에 정식으로 성립되었다. 총회·안전보장이사회·경제사회이사회·신탁통치이사회·국제사법재판소·사무국의 6 개 주요기구와 16개의 전문기구가 있다. 본부는 뉴욕에 있다.

  ◐ 우리나라의 UN 가입 : '91년 9월 북한을 비롯해 발트 3국(라트비아, 에스토니아, 리투아니아), 마샬군도, 미크로네시아 등 7개국과 함께 가입했다.

- **UN 가입**

  UN 가입은 안전보장이사회(15개국으로 구성)의 상임이사 75개국을 포함한 9개국의 찬성에 의해 총회에서 결정된다. 그러나 상임이사국(미·영·프·러시아·중국)이 거부권을 가지고 있어 상임이사국 가운데 한 나라라도 반대하면 가입할 수 없다. UN 가입 신청서는 사무총장→안전보장이사회→총회 순으로 심의된다.

- **UN 헌장**(The Charter of the United Nations)

  UN의 목적·근본조직·기능 등을 정한 기본법규로, 전문을 합하여 19장 111조로 되어있다. 원안은 1944년 덤버튼 오크스 회의에서 작성되었고, 1945년 샌프란시스코 회의에서 제2차 세계대전 때의 연합국 51개국의 승인을 얻어 채택되었다.

- **덤버튼 오크스 회의**(Dumbarton Oaks Proposals)

  UN 헌장이 작성된 국제회의이다. 덤버튼 오크스는 워싱턴의 교외에 위치한 저택인데, 이곳에서 제2차 세계대전 중인 1944년 8~10월에 미·영·중·구소련 4개국 대표가 참가하여 헌장 원안을 작성하였다.

  ◐ 새 기구의 명칭을 UN(국제연합)이라 정한 것도 이 회의에서였다.

A 착시

UN과 국제기구
Current Issues & General Information

• **UN 총회**(UN General Assembly)

UN의 최고기관으로 전회원국으로 구성된다. 일국일표의 투표권을 가지고 중요사항은 3분의 2 이상의 찬성으로, 기타사항은 과반수로 결정한다. 단 안전보장이사회와 같이 구속력 있는 결정을 하여 이를 실시하는 권한은 없고, 토의 · 권고를 행할 뿐이다.

❍ 매년 9월부터의 정기총회 외에 필요에 따라 안전보장이사회와 가맹국 과반수의 요청으로 특별총회가 열린다.

• **안전보장이사회**(Security Council)

UN에서 총회와 비견하는 최고기관으로, 미국 · 영국 · 프랑스 · 러시아 · 중국의 5개 상임이사국과 총회에서 선출되는 10개 비상임이사국으로 구성된다. 분쟁의 평화적 해결, 평화에 대한 위협과 파괴 및 침략 행위의 방지 · 진압을 임무로 하며 집단안전보장을 위해서는 경제적 제재뿐 아니라 군사적 제재도 가할 수 있다(소연방의 와해로 '92년부터 구소련의 지위를 러시아가 승계함).

❍ 총회의 결정은 가맹국을 구속하지 않는 데 비해 안전보장이사회의 결의는 구속력이 있다.

예문 상임이사국 5개국을 묻는 문제가 출제됨

• **국제사법재판소**(ICJ ; International Court of Justice)

UN의 주요 사법기관으로, 조약의 해석, 국제의무 위반의 사실 여부, 위반에 의한 배상 등 국제적 법률분쟁의 해결을 도모하는 상설 재판소이다. 안전보장이사회의 추천을 거쳐 총회가 임명하는 임기 9년의 판사 15명으로 조직된다. 네덜란드의 헤이그에 있다.

❍ 국제사법재판소의 판결은 구속력을 가지며, 판결을 이행하지 않은 국가에 대해서는 안전보장이사회가 적당한 조치를 취할 수 있다.

• **UN사무국**(UN Secretariat)

UN의 주요기관의 하나로 UN 각 기관의 운영에 관한 사무를 취급한다. 사무국의 조직은 정치 · 안전보장 · 경제사회 · 신탁통치 및 비자치지역 · 관리 · 법무 · 인사 · 회의 · 홍보 등의 각국(各局)과 유럽 사무국, 그 밖의 직속기관으로 구성된다. UN직원은 UN에 대해서만 책임을 지는 국제공무원으로 어떤 특정국가의 간섭 없이 중립적인 입장에서 행동하여야 한다.

❍ UN사무국의 행정수반인 사무총장은 안전보장이사회의 권고에 의해 총회에서 선출하며, 임기는 관례상 5년이다.

• **유네스코**(UNESCO-United Nations Educational Scientific and Cultural Organization ; 국제연합교육과학문화기구)

국제연합과 제휴하는 전문기구의 하나이며, 교육 · 과학 · 문화에 관한 국제협력을 촉진하여 세계의 평화와 안전에 공헌함을 목적으로 한다. 제2차 대전 중 전후의 교육이나 문화의 부흥을 협의한 연합국 교육장관회의의 사업이 발단이 되어 1945년 이 기관

Q 서해 5도란?

의 헌장이 성립되고 발족하였다. 본부는 프랑스 파리에 있고, 우리나라는 1950년 6월 14일 제5차 유네스코 총회에서 정식회원국으로 가입했다.

❍ 유네스코가 서안지구 헤브론 구시가지를 팔레스타인 세계문화유산으로 등록함에 따라 이스라엘이 유네스코 본부에 공식 탈퇴 서한을 2017년 12월 제출, 2018년 12월 31일 유네스코 정회원 자격을 잃었다. 미국도 같은 날 유네스코를 공식 탈퇴했다.

• **유니세프**(UNICEF ; United Nations Children's Fund)
1946년 설립된 기구로 제2차 세계대전 이후 전쟁으로 피폐한 나라의 아동들을 기아·질병·무지로부터 보호하고 인류복지를 향상시키는 데 목적을 두고 있다. 아동·임산부에 대한 급식, 결핵 예방대책 등 건강위생활동과 교육 등을 행한다. 1953년 유엔아동기금으로 명칭을 변경했으나, 약칭 유니세프는 그대로 두었다.

• **유엔난민고등판무관실**(UNHCR)
세계 난민문제의 항구적 해결을 위하여 설립된 국제연합의 보조기관으로 1951년 IRO가 폐지된 후, 난민의 보호와 구제를 위해 ECOSOC(국제연합경제사회이사회) 아래 설치되었다. 1951년 1월에 발족하고, 7월에 '난민의 지위에 관한 조약'을 채택했다. 원래 한시적인 성격을 가진 기관이었으나, 국제연합총회에서 5년마다 존속을 연장해 왔다.

• **국제민간항공기구**(ICAO ; International Civil Aviation Organization)
민간 항공의 질서와 안전 운행을 확보하기 위한 국제 연합의 한 기관이다. 항공기의 설계나 운항 기술의 장려, 항공로, 공항이나 항공 보안 시설(항공 무선 관계 기기 포함) 발달의 장려 및 국제 항공에서의 비행 안전 증진을 목적으로 하고 있다. 1947년에 발족했으며 본부는 캐나다 몬트리올에 있다.

❍ 2016년 2월, ICAO에서는 리튬이온배터리의 화물 운송 제한을 발표했다.

• **북대서양조약기구**(NATO ; North Atlantic Treaty Organization)
제2차 세계대전 이후 구소련의 팽창에 대처하기 위하여 미국·영국 등 서구 여러 나라가 1949년에 결성한 정치적·군사적 동맹기구이다. 가맹국의 안전보장을 목적으로 하며, 가입국간의 경제협력을 촉진한다. 가맹국은 미국·영국·캐나다·통일독일·이탈리아·프랑스·벨기에·네덜란드·룩셈부르크·노르웨이·덴마크·아이슬란드·포르투갈·그리스·터키·스페인 등 16개국에 1999년 3월 체코·폴란드·헝가리가 가입했다. 프랑스는 미국·영국의 NATO 지배에 반발, 1966년 군사기구에서 탈퇴하였다. 본부는 벨기에의 브뤼셀에 있다.

❍ 2002년 NATO-러시아회의 창설에 합의해 창설 50여년 만에 과거의 주적(主敵) 러시아를 파트너로 받아들여 19+1체제가 됐다.

A 백령도, 대청도, 소청도, 연평도, 우도

UN과 국제기구

- **국제민주연합**(International Democratic Union)

  전 세계의 보수 정당들이 모여 서로의 생각을 공유하고 당면 문제에 대해 공동으로 해결하는 연합체로, 1951년 창설된 좌파 정당기구인 사회주의 인터내셔널에 대항하기 위한 성격을 가지고 있다. 노르웨이의 오슬로에 본부를 두고, 45개 정당으로 이뤄진 정회원 및 준회원을 두고 있으며 옵저버 제도도 두고 있다. 최고결정기구로 2년마다 열리는 당수회의가 있다.

  ◐ 국제민주연합 산하에는 권역별로 아프리카 민주연합 (DUA), 라틴아메리카 민주연합 (UPLA), 아시아태평양 민주연합 (APDU), 카리브해 민주연합 (CDU) 및 유럽 인민당과 유럽 민주연합등 6개 조직이 있으며 부차적으로 국제 청년 민주연합 (IYDU)과 국제 여성 민주연합 (IWDU) 등 2개 조직이 있다.

- **미주기구**(OAS ; Organization of American States)

  아메리카대륙의 평화와 안전강화, 경제, 사회, 문화 등의 협력을 목적으로 하는 아메리카 국가 기구 또는 미주기구(美洲機構)는 워싱턴에 본부를 둔 국제기구로, 1948년 5월 5일에 창설되었다. 현재 아메리카 대륙의 35개국이 가입해 있다.

  ◐ 우리나라는 영구 옵서버 국가로 '81년에 가입하였다.

- **아세안**(ASEAN ; Association of Southeast Asian Nations ; 동남아시아국가연합)

  동남아시아의 경제적 · 사회적 협력 발전을 목적으로 1967년에 결성된 비 군사협력기구이다. 동남아시아연합(ASA)의 발전적 해산에 이어 이를 계승한 것으로, 가맹국은 태국 · 인도네시아 · 말레이시아 · 필리핀 · 싱가포르 · 브루나이 · 베트남 · 라오스 · 미얀마 · 캄보디아 등 10개국이다. 본부는 자카르타에 있다.

- **ASEM**(Asia Europe Meeting ; 아시아 · 유럽정상회의)

  한국, 중국, 일본 동북아 3개국과 동남아시아 ASEAN 회원국, 유럽연합(EU)이 참여하는 아시아와 유럽간 정상회의로 국제정치질서가 미국과 소련의 양극, 냉전 체제에서 다극화된 체제로 변화함에 따라 아시아와 유럽간의 관계 개선의 필요성이 생김에 따라 1994년 고촉통 싱가포르 수상이 아시아와 유럽의 협력관계 강화를 위해 제안, 발족됐다. 아시아와 유럽의 동반자 관계 구축을 위해 정치, 경제 및 사회 · 문화의 3대 협력분야를 중심으로 포괄적 협력을 추구하며 아시아, 유럽 양 지역간 대화와 협력을 강화하기 위한 노력을 계속함을 목적으로 1996년 출범하여 2년마다 정상회의를 개최하고 있다.

- **아프리카 연합**(African Union ; AU)

  아프리카 통일 기구(Organization of African Unity ; OAU)를 승계해 아프리카 국가들의 통일과 결속을 촉진하고, 경제발전을 고무하며, 국제협력을 진작하기 위해 55개 아프리카 국가로 구성된 국제 정부간 기구로 2002년 설립되었다. 본부는 에티오피아

Q 세계환경의 날은?

의 아디스아바바에 있다.

○ 1999년 9월 리비아 시르테에서 열린 아프리카 통일 기구(OAU) 특별 정상 회담 폐막 회의에서 채택된 시르테 선언에 따라 2002년에 설립되었다.

• **아랍 연맹**(Arab League)

아랍 연맹(Arab League) 또는 아랍 국가 연맹(League of Arab States)은 1945년 3월 22일 중동 지역의 평화와 안전을 확보하고 아랍 국가의 주권과 독립을 수호하기 위하여 결성되었으며 본부는 이집트 카이로에 있다. 창립 회원국은 시리아·요르단·이라크·사우디아라비아·레바논·이집트·예멘 등 7개국이며, 2008년 기준으로 팔레스타인을 포함한 22개국이 가입해 있다.

• **국제의원연맹**(IPU ; Inter-Parliamentary Union)

각국 의회 및 의원들 간의 협력과 국제 문제 해결 등을 위한 국제적인 의회 기구로 국제의회연맹이라고도 한다. 국제 평화와 협력을 증진하고 국제 문제에 대한 의회 차원의 관심과 해결 방안을 모색하며 인권을 옹호하고 인권 침해에 공동 대응하는 등의 활동을 한다.

○ 한국은 1964년 제53차 총회 때 회원으로 가입했다.

• **반둥회의**(Bandung Conference)

1955년 아시아·아프리카 29개국 대표가 인도네시아 반둥에서 개최한 아시아·아프리카 두 대륙간국제회의이다. 인도·파키스탄·인도네시아·미얀마·스리랑카 등 콜롬보 5개국이 주축이 되어, 동·서 진영의 평화적 공존, 인종 차별의 반대, 식민지 문제를 중심으로 토의했다.

• **유엔환경계획**

유엔환경계획(UNEP)은 지구환경문제를 전담하는 UN 전문기구로 '오존층 보호를 위한 몬트리올 의정서' '기후변화협약' '생물다양성협약' 등의 국제 환경협약 제정을 주관해 오고 있다. 주요 역할은 지구 환경을 감시하고, 각 국가 정부를 비롯한 국제 사회가 환경의 변화에 따라 적절한 조치를 취할 수 있도록 돕고, 환경 정책에 대한 국제적 합의를 이끌어내는 것이다. 케냐의 나이로비에 사무소가 있다.

• **유엔환경개발회의**(=리우회의)

유엔이 1972년 개최한 인간환경회의(UNCHE) 20주년을 기념하여 1992년 브라질 리우데자네이루에서 185개국 대표단과 114개국 정상 및 정부 수반들이 참석하여 지속 가능한 개발을 위한 지구동반자관계(Global Partnership)를 형성하기 위해 개최된 국가

A 6월 5일

73

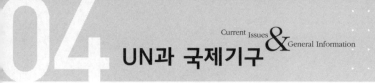

정상급 회의로 지구정상회담, 리우회의라고도 한다.

❍ 리우선언 · 의제 21(Agenda 21) · 기후변화협약 · 생물다양성협약 · 산림원칙 등을 채택하였고, 지구환경회의는 지구헌장 · 세계민간단체협약 등을 채택하였다.

• **인터폴**(Interpol ; 국제형사경찰기구 ; ICPO-International Criminal Police Organization)
국제범죄의 방지 · 진압에 협력하기 위한 국제조직으로 1914년 발족되었다. 국제범죄자나 국경을 넘어 도망친 범죄자의 소재수사, 정보교환 등이 주된 일로서 정치 · 군사 · 종교 · 인종문제 등에 관여하는 것은 엄금한다. 국제법상의 협정이 아니므로 강제수사권이나 체포권은 없다. 비정부간기구로 출범해 1971년 유엔 경제사회이사회로부터 정부간기구로 공인되었으며, 1996년 유엔총회에서 옵서버 자격을 인정받았다. 본부는 리옹에 있고, 우리나라는 1964년 제33차 베네수엘라 총회에서 가입했다. 유엔 회원국 대부분이 가입했다.

• **로마 클럽**(Club of Rome)
1968년 이탈리아 사업가 아우렐리오 페체이의 제창으로 지구의 유한성이라는 문제의식을 가진 유럽의 경영자, 과학자, 교육자 등이 로마에 모여 회의를 가진 데서 붙여진 명칭이다. 천연자원의 고갈, 환경오염 등 인류의 위기 타개를 모색, 경고 · 조언하는 것을 목적으로 하며, 1972년《성장의 한계》라는 보고서를 발표, 제로성장의 실현을 주장하여 주목을 받았다.

예문 '로마 클럽→국제적 인류위기 해결단체' 라는 사실을 알아보는 문제가 출제됨

• **팔레스타인 해방기구**(PLO ; Palestine Liberation Organization)
팔레스타인 난민의 최고집행기관으로, 이스라엘로부터의 팔레스타인 해방을 목표로 하는 아랍 게릴라의 통합체이다. 1964년에 결성되었으며, 아랍 여러 나라에 대표부 또는 사무소를 설치하고 있는데, 1974년에는 UN으로부터 옵서버 자격을 얻어 팔레스타인 민족의 자결권과 독립국가의 주권을 인정받았다. PLO의 최고의사결정기구인 PNC(팔레스타인 민족회의)는 정책수립과 대외정책을 지도한다.

예문 PLO에 관해서는 PLO→팔레스타인 해방기구, 아라파트→노벨평화상 수상(라말라의 무카타 안장), 88년 11월 팔레스타인 민족회의는 알제에서 열린 특별 회의를 통해 팔레스타인 국가의 창설을 선포한 바 있다.

• **팔레스타인 문제**
팔레스타인을 둘러싼 아랍 · 유대 두 민족간의 분쟁을 말한다. 제1차 세계대전 중 영국이 유대인 국가 건국을 약속하는 한편(밸푸어선언), 아랍인에 의한 팔레스타인의 독점을 언명(맥마온 선언)하는 등 모순된 정책을 취했기 때문에 전후에 두 민족의 대립이 격화, 팔레스타인이 분할되어 이스라엘이 건국하자 팔레스타인 전쟁 · 중동전쟁 · 레바논전쟁 등 무력항쟁이 계속되어 왔다.

❍ 팔레스타인 해방운동 : 1948년 이스라엘의 건국으로 팔레스타인에서 추방된 아랍 난민들이 그들의 고향을 다시 찾자는 운동이다.

Current Issues & General Information

CHAPTER 2
Constitution & Law
— 헌법 · 법률 —

01 법일반
02 국가생활과 법
03 개인생활과 법

- **사회규범**(社會規範 ; social norm)

  질서 있는 사회생활을 영위하기 위하여 사람들이 일찍부터 지켜온 여러 가지 준칙, 즉 관습 · 종교 · 도덕 · 법 등을 말한다.

  ○ 규범의 3형태 : 관습 · 도덕 · 법

- **법**(法)**과 도덕**(道德)

  법은 입법자(권력자)에 의하여 인위적으로 제정된 타율적 · 강제적인 규범이며, 도덕은 사람이 자신의 양심에 따라 스스로에게 명하는 윤리적 · 자율적인 규범이다.

  예문 법의 근본이념은 사회질서의 유지, 법의 목적은 정의의 실현, 도덕의 목적은 선의 실현인 점에 포인트를 맞춘 문제가 출제됨

- **법과 도덕의 차이**

법	외면성	강제성	양면성(권리와 의무)	합법성	정의의 실현
도덕	내면성	자유성	편면성(의무)	윤리성	선의 실현

  ○ '악법도 법이다' 라는 말은 법의 강제성을 뜻한다.

- **성문법**(成文法 ; written law)

  문서로 표현되며 일정한 형식 및 절차를 거쳐 공포되는 법으로, 불문법에 대립된다. 성문법에는 여러 가지가 있는데, 헌법, 법률, 명령, 조례, 규칙으로 단계를 이룬다.

  예문 '헌법→법률→명령→조례→규칙' 의 법의 단계는 출제빈도가 높음

- **법의 형식과 종류**

성문법	국내법	공 법	헌법 · 행정법 · 형법 · 민사소송법 · 형사소송법
		사 법	민법 · 상법
		사회법	노동법 · 경제법 · 사회보장법
	국제법조약 · 국제관습 · 국제판례		
불문법	관습법 · 판례법 · 조리		

  ○ 법과 법률 : 법은 법 규범 전체를 총칭하는 반면, 법률은 국회에서 의결되어 대통령이 공포한 것만을 의미한다.

- **불문법**(不文法 ; unwritten law)

  문서의 형식을 갖추어서 제정 · 공포되지는 않았으나 사회의 관례상 인정된 법으로, 관습법 · 판례법 · 조리 등이 있다.

  ○ 판례법주의에 의하는 영국 · 미국 법계에서는 보통법인 불문법이 중요골격을 이룬다.

Q 바늘 24개의 단위는?

- **조례**(條例 ; regulations)
  지방자치단체가 그 자치권에 의하여 법령의 범위 내에서 제정하는 규정을 말한다.
  ◑ 조례와 규칙을 자치법규라고도 한다.

- **규칙**(規則 ; rule)
  지방자치단체의 장이 법령 또는 조례의 범위 내에서 그 권한에 속하는 사항에 관하여 제정하는 법규를 말한다.

- **관습법**(慣習法 ; common law)
  사회생활 중에 계속 반복되는 관행이 국가에 의해 법으로 승인된 것을 말한다. 전형적인 불문법으로, 성문법이 발달하기 전의 법은 대부분이 관습법이었으나, 오늘날의 관습법은 강제성 없이 성문법의 보충적 역할을 하고 있을 뿐이다.
  ◑ 이를 습관법 · 관례법이라고도 한다.

- **판례법**(判例法 ; case law)
  판결의 선례인 판례의 누적에 의해 성립된 성문화되지 않은 법체계를 말한다. 영국과 미국에서는 판례가 가장 중요한 법의 기원이며, 이들 국가를 판례법의 국가라고도 한다.
  ◑ 우리나라는 상급심의 판단은 그 사건에 관해서만 하급심을 구속하므로 판례의 구속력은 제도적으로 보장되어 있지 않다.

- **조리**(條理 ; logic)
  법률 또는 계약의 내용을 결정함에 있어 그 표준이 되며 또한 재판의 기준이 되는 사회생활의 도리를 말한다.

- **공법**(公法 ; public law) · **사법**(私法 ; private law)
  공법은 국가의 조직과 기능 및 공익작용을 규율하는 법이며, 사법은 개인상호간의 생활관계를 규율하는 법을 말한다. 공법에는 헌법 · 형법 · 소송법 · 행정법 · 국제법 등이 있고, 사법에는 민법 · 상법 등이 있다.
  ◑ 육법(六法) : 여섯 가지 기본이 되는 법률로, 형법 · 민법 · 상법 · 형사소송법 · 민사소송법을 가리킨다.
  예문 육법에 속하지 않는 것은? 등으로 출제됨

- **일반법**(一般法 ; general law)
  법의 효력이 특정한 장소나 사람 및 사물에 제한됨이 없이 일반적으로 적용되는 법으로, 민법 · 형법 등이 이에 속한다.

A 쌈

- **특별법**(特別法 ; special law)

  법의 효력이 특정한 장소나 사람 및 사물에만 적용되는 법으로, 민법에 대한 상법, 형법에 대한 군법 등이 이에 속한다. 특별법과 일반법이 서로 충돌할 때에는 특별법이 먼저 적용된다는 특별법 우선의 원칙이 있다.

- **실체법**(實體法 ; substantial law)

  법 주체간의 관계, 즉 권리 및 의무의 성질·내용·발생·변경·소멸 따위를 규정한 법으로, 민법·상법·형법 등이 이에 속한다. 실체법과 절차법은 상호 보충하여 그 실효성을 확보하고 법적 규제를 강력하게 한다.

  ○ 절차법(節次法) : 실체법에 의하여 규정된 권리 및 의무를 실현하기 위한 절차를 규정하는 법으로, 민사소송법·형사소송법·부동산 등기법·호적법 등이 이에 속한다.

  예문 실체법과 절차법의 종류를 묻는 문제가 출제됨

- **강행법**(强行法)

  공익상의 이유로 소정의 사항에 관하여 그 적용 여부를 각 개인의 자유의사에 맡기지 않는 법규를 말한다. 헌법·형법·행정법·소송법 등 공법은 대체로 이에 속하는데, 임의법에 상대되는 개념의 법규이다.

- **형벌불소급**(刑罰不遡及)**의 원칙**

  법령은 원칙적으로 그 효력이 발생한 때로부터 장래의 일에 적용되며, 시일을 거슬러 과거의 일에 적용되지 않는다는 원칙이다. 개인의 신체 자유를 보장하기 위한 것으로, 사후법 적용의 금지라고도 한다.

  ○ 법률은 특별한 규정이 없는 한 공포한 날로부터 20일을 경과함으로써 효력이 발생한다.

  예문 법률은 제정일로부터 효력을 갖는 것이 아니라 공포일로부터 20일 경과 후 효력을 가짐에 유의할 것. 여기에 대한 함정문제가 출제됨

- **신법**(新法) **우선의 원칙**

  동일한 사항에 대하여 새로운 법령이 다시 제정되어 이를 적용할 때 두 법령이 서로 대립할 경우에는 신법이 구법에 우선한다는 원칙이다.

- **죄형법정주의**(罪刑法定主義 ; principle of legality)

  어떤 행위가 범죄가 되며, 또 어떤 형벌을 줄 수 있는가를 법률로써 명문화시켜 개인의 자유와 권리를 권력의 남용으로부터 보장하려는 형법상의 원칙이다. 권력자가 범죄와 형벌을 마음대로 전단하는 죄형전단주의와 대립되는 원칙이다.

  ○ 죄형법정주의의 원칙 : ① 관습법 적용의 배제, ② 형법 조문의 유추해석 금지, ③ 형벌불소급의 원칙, ④ 광범

Q 셋방살이의 북한용어는?

한 부정기형의 금지

• 유권해석(有權解釋)

국가기관에 의한 법의 해석으로, 공적 구속력이 있으므로 공권적 해석이라고도 한다.
유권해석은 다시 법을 해석하는 국가기관에 따라 입법해석 · 행정해석 · 사법해석으로
구분된다.

◐ 법 해석의 방법
　1. 유권해석(有權解釋) : ① 입법해석(立法解釋), ② 행정해석(行政解釋), ③ 사법해석(私法解釋)
　2. 학리해석(學理解釋) : ① 문리해석(文理解釋), ② 논리해석(論理解釋)

• 유추해석(類推解釋)

어떤 사항을 직접 규정한 법규가 없을 경우 이와 가장 유사한 사항을 규정한 법규를
끌어다 거기에 적용하는 해석방법이다. 이 유추해석은 민사법에서는 대폭적으로 인정
되지만, 형법에서는 죄형법정주의의 원칙상 허용되지 않는다.

• 구속적부심사(拘束適否審査 ; review of legality for confinement)

피의자의 구속이 적법한가의 여부를 법원이 심사하는 제도이다. 이는 적법절차에 의
하지 않거나 권한이 없는 자에 의해 불법으로 구속된 사람을 구제하기 위하여 법원에
인신보호영장을 신청하는 제도로 국가 사법권의 전단으로부터 국민의 신체의 자유를
보장하는 데 중요한 역할을 한다.

◐ 1679년 영국의 인신보호법에서 유래되어 각국의 헌법에 채택되었다.

• 주권(主權 ; 통치권)

국민과 국토를 지배하는 국가의 고유한 지배권을 말한다. 즉, 대내적으로는 최고의 지
배권력(주권의 최고성)이며, 대외적으로는 타국으로부터의 독립(주권의 독립성)을 의
미한다.

• 영토고권(領土高權 ; territorial supremacy)

영토에 미치는 국가의 최고권력으로, 영토 안의 모든 사람과 사물에 대한 지배권을 말
하며 대인고권과 상대된다. 영토고권은 영토 · 영해 · 영공을 포함하는 모든 국가 영역
에 걸치는 것이므로 영역고권이라고도 한다.

◐ 실질적 내용에 따라 자주조직권 · 영토고권 · 대인고권으로, 형식적 내용에 따라 입법권 · 사법권 · 행정권으로 나
뉘진다.

예문 영토고권이 미치는 영역(영토 · 영해 · 영공)을 묻는 문제가 출제됨

Ⓐ 동거살이

법일반

Current Issues & General Information

- **대인고권**(對人高權 ; personal sovereignty)

  국민에 대한 국가의 최고 권력으로, 자기 나라 국민이 국내에 있거나 외국에 있나를 불문하고 국가가 그를 지배할 수 있는 법적 근거를 말한다.

- **이원권**(以遠權 ; beyond right)

  국제항로를 운행함에 있어 상대방의 공항을 경유하여 다시 제3국의 공항으로 연결·운항할 수 있는 권리를 말한다. 항공협정에서는 상대국의 어떤 공항에 착륙할 수 있는지 또는 상대국 공항을 경유하여 제3국의 어떤 지점으로 비행할 수 있는지가 결정되는데, 이는 정치·경제상의 국익과 관련되므로 중요한 문제로 대두된다.

  ➥ 국제간의 교류가 활발해진 근래의 추세를 반영하듯 출제빈도가 눈에 띄게 높아진 용어임

- **국적**(國籍)**의 취득**

  국적이란 국민이 되는 자격을 말하는 것으로, 국적의 취득에는 출생에 의한 선천적 취득과 혼인·인지·귀화 등에 의한 후천적 취득이 있다. 출생에 의한 선천적 취득이 가장 보편적인 것으로, 이에는 혈통주의와 출생지주의의 두 가지 원칙이 있다.

  ➥ 우리나라에서는 혈통주의(속인주의)를 원칙으로 하면서 출생지주의(속지주의)를 보충적으로 채택하고 있다.

- **국적의 취득·상실 요인**

국적의 취득요인	선천적 취득	속인주의(혈통주의)
		속지주의(출생지주의)
	후천적 취득	혼인·인지·귀화·기타
국적의 상실요인	① 외국인과 결혼하여 그 배우자의 국적을 얻을 때	
	② 외국인 양자로서 그 국적을 얻을 때	
	③ 기타	

예문 국적의 취득요인(출생·혼인·귀화·인지), 우리나라에서의 국적의 취득원칙(혈통주의)을 묻는 문제가 많이 출제됨

- **인지**(認知 ; acknowledgement)

  혼인 외에 출생한 자녀에 대하여 사실상의 아버지나 어머니가 자기의 자녀인 것을 확인하여 법률상의 친자관계를 발생시키는 행위이다.

  ➥ 인지는 부(父)가 행하는 것이 보통이나, 기아(棄兒) 등의 경우에는 모(母)가 이를 행할 수도 있다.

Q 채소의 북한용어는?

- **속인주의**(屬人主義 ; personal principle)

  출생으로 인한 국적 취득에 관한 하나의 방법으로서, 출생시의 부모의 국적에 따라서 국적을 결정하는 원칙이다. 우리나라 국적 취득도 이를 원칙으로 한다.

- **속지주의**(屬地主義 ; territorial principle)

  출생시 부모의 국적 여하에 구애됨이 없이 출생지에 따라 국적을 결정하는 원칙이다.

➡ 형법상 속지주의는 주권이 미치는 영역의 범죄에는 범인의 국적에 관계없이 자국의 형법을 적용시키는 것이며, 속인주의는 자국민의 범죄라면 국외의 경우에도 자국 형법을 적용시키는 것이다. 우리나라 형법은 속지주의를 취한다.

A 남새

- **성문헌법**(成文憲法)

국가의 기본법인 헌법이 성문화된 형식적 헌법전(憲法典)으로 오늘날 우리나라를 비롯한 대부분의 국가가 이 헌법을 가지고 있다. 18~17세기의 근대적 의미의 헌법으로 최초의 것은 1776년의 미국 버지니아 주 헌법이며, 20세기의 현대적 의미의 헌법으로 최초의 것은 1919년의 독일 바이마르 공화국 헌법이다.

➲ 불문헌법(不文憲法) : 헌법이 성문화된 법전으로 되어 있지 않고 관습이나 판례법 등을 통하여 이루어진 것을 말한다. 영국은 대표적인 불문헌법 국가이다.

   1. 실질적 의미의 헌법 : 국가의 통치조직 · 작용에 관한 것이면 헌법전 형식을 갖추지 않았어도 헌법이라 보는 것이다.
   2. 형식적 의미의 헌법 : 성문화된 헌법전 만을 말한다.

- **흠정헌법**(欽定憲法 ; constitution granted by the king)

군주의 단독의사에 의하여 제정된 헌법으로, 1818년의 프랑스 헌법, 19세기 독일의 여러 군주국의 헌법 등이 이에 속한다.

- **협약헌법**(協約憲法)

군주와 국민 또는 국민의 대표기관인 의회와의 합의에 의하여 제정된 헌법이다. 영국의 마그나 카르타 · 권리장전과 1830년의 프랑스 헌법이 이에 속한다. 협정헌법(協定憲法)이라고도 한다.

예문 '영국에는 헌법이 없다'는 것은 형식적 의미의 헌법이 없다는 뜻임. 이 점을 확인하는 문제가 출제됨

- **민정헌법**(民政憲法)

국민에 의해 선출된 의회에서 또는 국민투표에 의하여 제정된 헌법이다. 우리나라를 비롯, 대부분의 민주국가 헌법이 이에 속한다.

- **경성헌법**(硬性憲法 ; rigid constitution)

개정절차가 보통의 법률보다 까다롭게 규정되어 있는 헌법으로, 반드시 성문헌법으로 되어 있다. 그러나 성문헌법이라고 반드시 경성헌법은 아니다.

예문 우리나라 헌법은 성문헌법 · 경성헌법 · 민정헌법 · 민주헌법에 속함. 이 사실을 알아보는 문제가 출제됨

- **연성헌법**(軟性憲法)

일반 법률과 같은 개정절차로 개헌이 가능한 헌법으로, 그 전형은 영국 헌법이며, 이탈리아 · 뉴질랜드 헌법이 이에 속한다.

- **바이마르 헌법**(Weimar Constitution)

제1차 세계대전 후인 1919년 바이마르에서 열린 국민의회에서 제정된 독일공화국 헌법이다. 통일적 경향이 강한 연방제 국가조직과 사회민주주의에 입각한 기본적 인권의

Q 출입문의 북한용어는?

규정을 특색으로 하여 현대 민주주의 헌법의 전형이 되었다. 1933년 나치의 정권 장악으로 폐기되었으나 다른 나라 헌법제정에 큰 영향을 끼쳤다.

○ 생존권을 기본권에 포함시킨 최초의 헌법이다.

• 헌법의 개정

종래 우리 헌법은 제안권자(대통령과 국회의원)에 따라 개정절차를 달리했다. 그러나 제5공화국 헌법 이후부터는 제안→공고→국회의결→국민투표→공포로 일원화하고 있다.

○ 우리나라 헌법의 구성은 전문과 본문 10장, 130조, 부칙 6조로 구성되어 있다.
우리나라 헌법은 제정된 이래 9차에 걸쳐 개정되었다. '87년 10월에 개정된 제9차 개정헌법은 대통령 직선제, 대통령 5년 단임, 국정감사권의 부활, 헌법재판소의 설치와 권한 강화 등이 큰 특징이다.

예문 헌법개정의 제안권자를 포함한 개정절차, 9차 개헌헌법의 중요사항 등은 출제빈도가 높음

• 헌법의 개정절차

제안		공고	국회의결	국민투표(확정)	공포
대통령	국무회의 심의를 거쳐서 제안	대통령이 20일 이상 공고	공고일로부터 60일 이내에, 재적 2/3 이상의 찬성으로 의결	국회의결 후 30일 이내에 국회의원 선거권자 과반수 이상의 투표와 투표자 과반수 이상의 찬성으로 확정	대통령이 즉시 이를 공포
국회의원	재적의원 과반수의 발의로 제안				

• 위헌법률심사권(違憲法律審査權)

법원이 재판을 할 때 적용해야 할 법률이 헌법에 적합한지의 여부를 심사하는 권한이다. 우리나라 헌법에서는 대통령이 임명한 9인의 재판관으로 구성된 헌법재판소라는 독립된 기관을 설치하여 위헌심사 권한을 부여하고 있다.

• 헌법소원(憲法訴願)

어떠한 법률의 위헌 여부가 개인의 권리와 이해관계가 있을 경우 그 개인의 신청에 의하여 법률의 위헌여부를 심사하게 하는 것을 말한다.

○ 헌법재판소(憲法裁判所) : 법률의 위헌여부와 탄핵 및 정당해산에 관한 심판을 담당하는 국가기관으로, 여기서 심판한 내용은 최종적인 국가의사로서 확정되므로 다른 어떤 기관에 의해 제약되거나 변경될 수 없다.

• 기본권(基本權 ; fundamental human right)

인간이 천부적으로 가지고 있는 권리를 말한다. 우리나라 헌법에서 규정한 기본권은

A 나들문

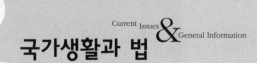
자유권 · 수익권 · 참정권 · 평등권 등 기본적 권리와 납세 · 국방 · 교육 · 근로의 기본적 의무로 나눌 수 있다.

❶ 1. 청구권적 기본권 : 청원권 재판청구권, 국가배상청구권, 손해배상청구권, 형사보상청구권, 구속적부심사청구권

2. 생존권적 기본권 : 교육을 받을 권리, 근로의 권리, 노동 3권, 환경권 · 혼인 · 보건에 관한 국가의 보호를 받을 권리

예문 ① 교육, ② 근로, ③ 재산권 행사, ④ 환경보전은 국민의 권리인 동시에 의무임. 이 사실을 묻는 문제가 출제됨

• 자유권(自由權 ; right to freedom)

법률에 의하지 않고서는 인간의 자연적 자유를 국가권력에 의해서도 침해받지 아니하는 권리를 말한다. 수익권 · 참정권과 더불어 국민의 기본권이기도 한 자유권은 수익권이나 참정권과 같이 적극적인 성격은 갖지 아니한다. 국민이 국가의 간섭을 받지 않는 소극적 공권인 동시에 개별적인 권리가 아니라 모든 사람에게 공동으로 적용되는 포괄적인 공권이다.

• 수익권(受益權)

국민이 자기의 이익을 위하여 국가에 대해 일정한 행위 또는 보호를 요구하거나 공공시설의 이용을 요구할 수 있는 적극적인 권리를 말한다.

• 참정권(參政權 ; voting right)

주권자인 국민이 그 나라의 정치에 직접 또는 간접으로 참여하는 권리를 말한다. 이는 주권재민의 원칙에서 오는 당연한 권리로서, 권리인 동시에 의무이다. 우리 헌법은 모든 국민에게 선거권 · 공무담임권 · 국민표결권 등의 참정권을 보장하고 있다.

• 평등권(平等權)

헌법상 모든 국민은 법 앞에 평등하므로 성별 · 종교 또는 사회적 신분에 의하여 정치 · 경제 · 사회적 생활의 모든 면에서 차별을 받지 않는 권리를 말한다.

• 청원권(請願權 ; right of petition)

국민이 국가나 지방자치단체에 대하여 어떤 희망사항을 청원할 수 있는 권리를 말한다. 청원은 반드시 문서로 하여야 하며, 국가기관은 이를 수리하여 심사할 의무를 가진다. 그러나 반드시 청원의 내용대로 실현시켜 줄 의무는 없다.

❶ 1. 청원할 수 있는 사항 : 피해에 대한 보상이나 구제, 공무원의 비위 시정 또는 공무원에 대한 징계 · 처벌의 요구, 법률 · 명령 · 규칙의 제정 · 개정 · 폐지, 공공제도 또는 시설의 운영, 기타 공공기관의 권한에 속하는 사항.

2. 청원할 수 없는 사항 : 재판에 간섭하는 것, 국가원수를 모독하는 것, 남을 모해할 목적으로 허위사실을 청원하는 것.

예문 청원할 수 있는 사항과 할 수 없는 사항을 알아보는 문제가 출제됨

Q 무에 들어 있는 소화효소제는?

• 손해배상청구권(損害賠償請求權)

공무원의 직무상의 불법행위로 손해를 입은 국민이 국가 또는 공공단체에 그 배상을 청구할 수 있는 권리를 말한다. 그 요건이 되는 것은 공무원의 직무상 행위로서 공무원에게 고의 · 과실이 있을 때이다.

• 형사보상청구권(刑事補償請求權)

형사피의자 또는 형사피고인으로 구금되었던 자가 불기소처분이나 무죄판결을 받았을 때 국가에 대하여 정당한 보상을 청구할 수 있는 권리이다. 보상의 청구는 무죄판결이 확정된 날로부터 1년 이내에 무죄판결을 한 법원에 해야 한다. 8차 개정헌법에서는 형사피의자로 구금되었다가 불기소처분으로 풀려난 경우 보상청구를 할 수 없었으나, 9차 개정헌법은 형사보상청구권의 범위를 확대하여 형사피의자까지도 보상청구를 할 수 있도록 규정하였다.

• 저항권(抵抗權 ; right of resistance)

국가권력의 불법적 행사 내지 그로 인한 국민의 기본권 침해에 대하여 국민이 저항하는 권리이다. 저항권 사상은 17~18세기에 이르러 대두된 자연법사상과 사회계약설을 배경으로 성립했으며, 미국의 독립과 프랑스의 시민혁명에 있어 그 이론적 무기로 이용되었다. 19세기에는 재판제도의 정비 등으로 한때 자취를 감추었다가 20세기의 독재, 특히 파시즘의 지배와 그에 대항하는 저항운동은 저항권을 재생시켰으며, 이후 근대 입헌국가에 이르러 헌법상의 권리로 정착되었다.

➋ 제2차 세계대전 후 독일연방공화국 기본법, 즉 옛 서독 헌법에 규정된 저항권 조항은 그 구체적인 표현이다.

• 불고불리(不告不理)의 원칙

형사소송법상 법원은 검사의 공소제기가 없는 사건에 관하여는 심판할 수 없다는 원칙이다. 비록 동일한 사건의 관계자라도 검사가 지정하는 피고 외에는 재판에 회부되지 않으며, 같은 한 사람의 범죄라 할지라도 기소장에 명시된 이외의 행위는 재판의 대상이 되지 않는다.

➋ 공소제기란 형사소송법상 검사가 특정의 형사사건에 관하여, 법원에 대하여 그 심판을 구하는 의사표시를 말한다. 기소 또는 소추라고 하는 경우도 있다.

• 일사부재리(一事不再理)의 원칙

형사소송에 있어서 유죄 · 무죄의 확정판결이 있은 후에는 같은 사건에 관하여 다시 공소를 제기할 수 없다는 원칙이다.

➋ 민사소송법에서는 이 원칙이 적용되지 않는다.

A 디아스타아제(diastase)

- **행정소송**(行政訴訟 ; administrative litigation)
  행정관청의 위법처분에 의하여 권리를 침해당한 자가 관할 고등법원에 대하여 그 처분의 취소 또는 변경을 요구하는 소송이다. 우리나라에서는 행정소송의 제기에 앞서서 행정심판을 거치도록 하여 행정기관 자체에 의한 구제를 하도록 하는 행정심판전치주의(行政審判前置主義)를 채택하고 있다.
  - ◗ 행정심판전치주의 : 이의신청이나 행정 심판을 제기할 수 있는 경우에는 먼저 그 절차를 취한 후, 그 결정에도 불복인 경우 고등법원에 행정소송을 제기하게 되어 있는 제도이다. 구 행정소송의 소원전치주의 대신 '85년부터 채택하고 있다.

- **불고지죄**(不告知罪)
  국가보안법을 위반한 자를 알고 있으면서도 이를 수사 · 정보기관에 고지하지 않음으로써 성립하는 죄이다.

- **재정신청**(裁定申請)
  불법체포 · 불법감금 · 폭행 · 가혹행위 · 권리행사 방해 등 직무와 관련된 범죄를 저지른 공무원 피의자에 대해 검사가 불기소 결정을 내릴 경우 고소인 · 고발인이 공무원 피의자를 법원이 직접 공판에 회부해 달라고 관할 고등법원에 신청하는 제도이다. 고등법원은 그 재정신청이 이유 있다고 인정되면 피의자를 곧바로 관할 지방법원의 재판에 회부해야 한다. 해당 지방법원은 이때 공소유지를 담당할 변호사를 임명해야 하며, 담당 변호사는 확정판결이 날 때까지 검사로서의 모든 직권을 행사한다.
  - ◗ 현행법상 원칙적으로 기소는 검찰만이 하도록 되어 있는 '기소독점주의'의 예외규정으로, 경찰 · 검찰 등 수사 공무원이 직무와 관련해 저지른 범죄에 대해 검찰이 공정성을 잃은 처리를 할 경우, 이를 견제하기 위한 법적 장치로 마련된 것이다.

- **형사소송**(刑事訴訟)
  형법 법규를 위반한 사람에게 형벌을 과하기 위한 재판절차이다. 유죄의 판결을 요구하는 검사와 방어하는 입장의 피고인이 대립하고, 제3자인 법원이 판단한다.
  - ◗ 형사소송은 사법상 권리의 구체화를 목적으로 하는 민사소송과 대비된다.

- **형사소송의 절차**
  수사→검사 공소제기→공판정 구성→피고인 신문→증거조사→검사의 논고→변론→판결선고→집행

  예문 형사재판에서 원고는 검사임을 아는지 확인하는 문제가 출제됨

- **자구행위**(自救行爲 ; self-help)
  권리침해를 받았을 때 공권의 발동을 기다리지 아니하고 피해자 자신이 직접 그 권리

Q 어린이를 집중 공략하는 신종산업은?

의 보존을 위하여 실력행사를 하는 행위이다. 절도범을 현장에서 추적하여 도난 당한 물품을 탈환하는 행위는 정당방위가 되나, 며칠 후 절도범을 발견하여 다소의 폭행·협박을 가하여 도난 당한 물품을 탈환하는 행위는 자구행위가 된다.

➡ 정당방위(正當防衛) : 현재의 긴급부당한 침해에 대하여 자기 또는 타인의 권리를 방위하기 위하여 부득이하게 행한 가해행위를 말한다.

• 미필적 고의(未必的故意)

결과발생 자체는 불확실하나 만일의 경우 그렇게 되어도 상관없다고 생각하는 경우에 존재하는 고의를 말한다. 운전사가 골목길에서 질주하면 통행인이 치일 우려가 있음을 알면서도, 설혹 사람이 치인다 해도 부득이하다고 생각하는 경우 등이 이에 해당된다.

➡ 이런 경우에는 과실범이 아닌 고의범으로서 처벌을 받는다.

• 심급제도(審級制度)

국민의 자유와 권리보호에 신중을 기하고, 공정하고 정확한 재판을 받게 하기 위하여 소송당사자나 소송관계인이 같은 사건에 대해서 심급을 달리하는 법원에서 두 번, 또는 세 번까지 재판을 받을 수 있게 하는 제도이다. 우리나라도 다른 민주국가와 마찬가지로 3심급제도를 채택하고 있는데, 지방법원이 제1심, 고등법원이 제2심, 대법원이 제3심이 된다.

➡ 1. 3심제도의 예외 : 현재 우리나라의 경우 행정재판은 고등법원을 제1심으로 하는 2심제, 국회의원·대통령의 선거소송은 대법원을 제1심으로 하는 단심제, 계엄하의 군사재판은 특정범죄에 한하여 단심제로 하고 있다.

   2. 민주적 사법제도의 2대 원칙 : 증거재판주의 · 공개재판주의

예문 3심제도를 채택하는 근본이유(→인권보장), 3심제도의 예외를 묻는 문제가 출제됨

• 3심제도

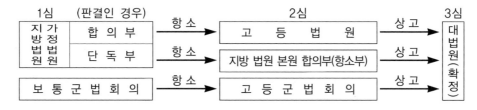

• 상소(上訴)

하급법원의 판결에 불복하여 그 재판의 확정 전에 다시 상급법원에 재판을 청구하는 절차로, 항소·상고·항고의 세 종류가 있다. 상소는 재판의 확정을 방지하는 효력과 사건 자체가 상급법원으로 옮겨지는 이심의 효력을 지닌다.

- **항소**(抗訴)

지방법원이나 그 지원에서 받은 제1심 판결에 대하여 억울하게 생각하는 당사자가, 그 재판확정 전에 고등법원 또는 지방법원 본원 합의부에 다시 재판을 청구하는 것을 말한다.

○ 항소기간 : 항소제기를 할 수 있는 기간으로, 민사소송에서는 판결 송달 후 2주일간, 형사소송에서는 판결 선고 후 7일간이다.

- **상고**(上告)

고등법원이나 지방법원 합의부의 제2심 판결에 대하여 억울하게 생각하는 당사자가 그 재판 확정 전에 대법원에 다시 재판을 청구하는 것을 말한다. 상고도 상소의 한 방법이므로 당사자의 구제를 목적으로 하지만, 하급법원의 법령해석 · 적용의 오류를 시정함으로써 법령의 해석을 통일하는 기능을 다하는 것이 상고심의 중요한 사명으로 꼽힌다.

예문 상소의 세 종류인 항소 · 상고 · 항고는 용어가 서로 비슷하여 혼동하기 쉬우니 유의할 것. 출제가 빈번한 용어임

- **항고**(抗告)

판결 이외에 지방법원의 결정이나 명령에 대하여 불복하는 자가 상급법원에 상소하는 것이다. 불복을 신청할 수 없는 결정이나 명령이라도 헌법해석의 착오, 기타헌법위반이 있음을 이유로 할 때는 대법원에 특별항고를 할 수도 있다.

- **비상상고**(非常上告)

형사소송에서 판결이 확정된 후 그 사건의 심판이 법령에 위반된 것을 발견했을 때 검찰총장이 대법원에 취소 · 변경의 재판을 요구하는 제도이다. 대법원은 비상상고 신청의 이유가 있다고 인정되면 판결 또는 소송절차의 법령위반 부분을 파기하게 된다.

○ 비약상고(飛躍上告) : 민사 또는 형사소송에서 제1심 판결이 법령에 위반, 고등법원에 항소하지 않고 직접 대법원에 상고하는 것을 말한다.

- **기소**(起訴)

검사가 특정한 형사사건에 관하여 법원에 심판을 청구하는 의사표시로, 공소의 제기를 말한다.

○ **1.** 기소독점주의 : 공소제기의 권한을 검사에게만 부여하는 주의로, 우리나라 형사소송법도 이 원칙을 채택하고 있다.

2. 기소편의주의 : 공소제기에 대하여 검사의 재량을 허락하고 불기소를 인정하는 제도이다. 우리나라에서도 이 원칙을 채택하고 있다.

Q 플라톤의 핵심사상은?

- **기소유예**(起訴猶豫)

 범인의 성격·연령·환경·범죄의 경중·정상 및 범죄 후의 정황에 따라 소추를 필요로 하지 않을 때 기소편의에 의하여 검사가 공소제기를 하지 않는 것을 말한다.

- **선고유예**(宣告猶豫)

 범죄자의 정상을 참작하여 판결의 선고를 일정 기간 유예하는 것을 말한다. 1년 이하의 징역이나 금고, 또는 벌금의 형을 선고할 경우 그 선고를 유예할 수 있고, 유예를 받은 날로부터 2년이 경과한 때에는 면소(免訴)된 것으로 간주한다.

- **집행유예**(執行猶豫)

 범죄인에 대한 형의 선고와 동시에 정상을 참작할 만한 사유가 있을 때 일정 기간 동안 형의 집행을 유예하고, 그 유예기간을 아무 사고 없이 경과한 때에는 형의 선고가 효력을 잃는 제도를 말한다. 우리 형법상 집행유예의 요건은 3년 이하의 징역 또는 금고의 형을 선고할 경우이어야 하고, 그 정상에 참작할 만한 사유가 있어야 한다. 집행유예의 기간은 1년 이상 5년 이하의 범위 내에서 법원의 재량으로 정할 수 있다.

 ➲ 단기 자유형의 폐해를 막기 위한 제도로 초범자들에게 많이 적용된다. 그러나 집행유예의 선고를 받은 자가 유예 기간 중 다시 금고 이상의 형을 선고받아 그 판결이 확정된 때에는 집행유예의 선고는 효력을 잃는다.

 예문 집행유예의 요건, 집행유예 기간, 집행유예의 선고가 효력을 잃는 경우 등의 세 가지 사항은 출제가 잘됨

- **가석방**(假釋放)

 징역 또는 금고형의 집행 중에 있는 자가 행장(行狀)이 양호하여 개전의 정이 현저한 때, 유기형에 있어서는 그 형기의 3분의 1, 무기형에 있어서는 10년을 경과한 후 행정처분으로 하는 석방을 말한다.

- **금고**(禁錮)

 자유형의 하나로, 단순히 교도소에 구치될 뿐 징역처럼 정역(定役)에 의무적으로 복무하지 않는 점에서 징역과 구별된다. 주로 사상범이나 과실범에게 선고된다.

- **보석**(保釋)

 일정한 금액의 보증금을 납부시키고, 도주하거나 기타 일정한 사유가 있을 때에는 이를 몰수할 것을 전제로 법원이 구속중인 피고인을 석방하는 제도이다.

 ➲ 보석을 허락할 때에는 주거제한 등의 조건을 붙일 수 있다.

- **공소보류**(公訴保留)

 국가보안법을 위반한 자에 대하여 검사가 범죄자의 나이·성행(性行)·지능과 환경,

A 이데아 사상

89

피해자에 대한 관계, 범행의 동기 · 수단과 결과, 범행 후의 정황을 참작하여 공소제기를 보류하는 일이다.

○ 주로 전향간첩에게 취해지며, 2년이 지나면 공소권이 없어져 신분상 제약도 없어진다.

• 공소시효(公訴時效)
확정판결 전에 시간의 경과에 의하여 형벌권이 소멸하는 제도를 말한다. 예컨대 법정형이 사형에 해당하는 범죄라 할지라도 15년이 경과하면 형벌권이 자동적으로 소멸되는 따위이다.

예문 공소시효의 기간은? 등으로 출제됨

• 고소(告訴)
범죄의 피해자, 기타 피해자의 법정대리인 · 친족 등이 수사기관에 범죄사실을 신고, 범인의 처벌을 요구하는 일을 말한다.

• 고발(告發)
피해자가 아닌 사람이 범죄사실을 수사기관에 신고하여 수사 및 범인의 기소를 요구하는 일이다.

• 과료(科料)
경범죄에 과하는 재산형으로, 500원 이상 5,000원 미만의 금액을 범인에게서 징수하며, 완납하지 못하는 경우에는 하루 이상 30일 미만의 기간을 노역장에 유치하여 작업에 복역시킨다.

○ 형벌의 종류 : 생명형 – 사형, 자유형 – 징역 · 금고 · 구류, 재산형 – 벌금 · 과료 · 몰수, 명예형 – 자격상실 · 자격정지
형벌의 주체는 국가이며, 과료는 형벌의 하나이나 과태료는 형벌이 아니다.

• 확신범(確信犯)
도덕적 · 종교적 · 정치적 의무 등의 확신이 결정적인 동기가 되어 행해진 범죄로서, 사회가 급격히 변동 · 갈등하는 시기에 많이 나타난다. 사상범 · 정치범 · 국사범 등의 범죄는 보통 확신범의 성격을 띠게 된다.

• 간접정범(間接正犯)
책임무능력자 또는 범의(犯意)가 없는 타인을 이용하여 간접적으로 범죄행위를 하게 하는 범인을 말한다. 14세 미만의 연소자를 꾀어 물건을 훔치게 하는 일, 광인을 교사하여 방화하게 하는 일 따위이다.

Q 2년마다 열리는 국제적인 미술전람회는?

○ **공범**(共犯) : 2인 이상이 범죄를 행하는 일로, 공동정범·교사범·방조범이 있다. 이때 공범자는 각각 책임능력 자임을 요한다. ① 공동정범 : 2인 이상이 공동하여 죄를 범하는 일, ② 교사범 : 타인을 교사하여 죄를 범하게 하는 일, ③ 방조범 : 타인의 범죄를 방조하는 일.

예문 책임능력이 없는 자를 범죄에 이용하는 간접정범은 공범이 아닌 것에 유의

• 미수범(未遂犯)
범죄실행에 착수하였지만 그 행위를 끝마치지 못하였거나, 그 결과가 발생하지 않은 범죄를 말한다. 전자를 착수미수, 후자를 실행미수라 한다.

• 경합범(競合犯)
한 사람이 범한 판결 미확정의 여러 죄, 또는 판결이 확정된 죄와 그 판결확정 전에 범한 죄로 경합범에 대한 처벌은 가중된다.

• 누범(累犯)
금고 이상의 형을 받아 그 집행을 종료하거나 면제받은 후 3년 이내에 다시 금고 이상에 해당하는 죄를 범하는 일을 말한다.

• 배임죄(背任罪)
타인의 사무를 처리하는 자가 그 임무에 위배되는 행위로써 재산상의 이익을 취득하거나, 제3자로 하여금 이익을 취득하게 하여 위임자 본인에게 손해를 끼치는 죄이다.

○ 횡령죄의 객체는 타인의 물건인데 비해 배임죄의 객체는 재산상 이익인 점에서 구별된다.

• 친고죄(親告罪)
피해자 및 그 밖의 법률에 정한 자의 고소가 있어야 공소를 제기할 수 있는 범죄로서, 강간죄·간통죄·사자의 명예훼손죄·모욕죄 등이 이에 속한다. 이를 인정하는 이유는 피해자의 고소 없이 기소를 하면 오히려 피해자에게 불이익을 가져올 가능성이 있기 때문이다.

○ 고소나 고발 없이도 수사는 할 수 있다.
예문 친고죄의 개념과 종류는 출제가 빈번하니 기억해둘 것

• 위증(僞證)
법률에 의하여 선서한 증인이 허위의 진술을 하는 것을 말한다. 허위의 감정 또는 통역도 이에 포함된다. 판례에는 비록 진술내용이 객관적 사실에 부합된다고 하더라도 주관적으로 허위임을 알고 진술하면 위증죄가 성립한다.

○ 위증죄는 형법상의 처벌을 받는다.

A 비엔날레

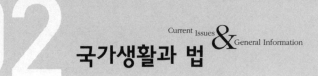

- **혐연권**(嫌煙權)

 비흡연자가 흡연자에 대해 흡연을 삼가달라고 내세울 수 있는 권리를 말한다. 비흡연자가 흡연자와 같은 장소에서 있음으로 해서 입게 되는 간접흡연의 폐해를 바로잡기 위하여 공적 공간에서의 금연이 점차 확대되고 있다.

 예문 언론기관 등에서 주관식 문제로 자주 출제됨

- **초상권**(肖像權)

 본인의 승낙 없이 모습이나 얼굴을 그림으로 그리거나 사진으로 촬영 당하지 아니할 권리, 또는 본인의 그림이나 사진이 함부로 신문·잡지·서적 등에 게재 당하지 아니할 권리를 말한다.

 ➊ 현행범인 경우 제외된다.

- **묵비권**(默秘權)

 형사책임에 관하여 자기에게 불리한 진술을 거부할 수 있는 권리이다. 보통 형사피고인이나 피의자가 수사기관의 조사나 공판에 있어서 각 신문에 대하여 진술을 거부하는 권리를 말한다. 묵비권은 고문에 의한 자백강요를 방지하고 피의자·피고인의 인권을 보호하기 위한 것이다.

 ➊ 강요된 진술은 유죄의 증거가 되지 않는다.

- **알리바이**(alibi)

 현장부재증명(現場不在證明), 즉 피의자나 피고인이 범죄가 발생한 그 시각에 범행 이외의 장소에 있었음을 증명함으로써 자신의 무죄를 입증하는 방법이다.

 예문 자주 출제되는 용어이니 '알리바이=현장부재증명'으로 곧바로 외워두자

- **배심제도**(陪審制度 ; jury system)

 형사사건에 있어서 국민으로부터 선출된 배심원이 심리 또는 기소에 참여하는 제도를 말한다. 재판관의 법률적용에 있어 국민의 건전한 상식적 판단을 반영시키기 위한 것이다.

 ➊ 영미법(英美法)에서 발달된 제도이나 현재는 미국의 일부 주에서 채용될 뿐이다.

 예문 우리나라에서는 채택하지 않는 제도임을 확인하는 문제가 출제됨

- **영장제도**(令狀制度)

 수사기관이 체포·구속·수색 등 인권을 침해하는 강제처분을 할 경우에는 검사의 신청에 의하여 법원 또는 법관이 발부하는 영장을 제시하여야만 하는 제도를 말한다. 그러나 현행범인 경우와 장기 3년 이상의 형에 해당하는 죄를 범한 자가 도피나 증거

Q 구체적인 몸 동작을 통해 하는 조형표현은?

인멸의 우려가 있을 때에는 사후에 영장을 청구할 수 있는데, 이를 사후영장제도라 한다.

• **구인영장**(拘引令狀)
심문을 목적으로 법원이 피고인 또는 증인을 강제로 소환하기 위해 발부하는 영장이다. 구인장은 통상 구속영장에 포함되는데 구속은 구금과 구인으로 나눠진다. 구금은 구치소 등에 인치(引致)시켜 수사하는 것이고, 구인은 구치소가 아닌 지정된 장소에서만 수사하게 되어 있다. 구인장의 효력은 구금할 필요가 없을 때에는 24시간 이내에 피의자를 석방하도록 되어 있다.
❂ 우리나라에서 구인영장이 수사에 사용된 것은 '85년 9월 고려대 앞 시위사건과 관련, 당시 신민당 박찬종·조순형 의원에게 발부된 것이 처음이다.

• **집시법**(集示法)
집회 및 시위에 관한 법률로, 이전의 집시법이 개정되어 '89년 4월부터 시행되고 있다. 독일의 집시법 규정을 원용, 시위현장의 평화군으로서의 '질서유지인제도'를 도입, 집회·시위 주최측이 18세 이상의 질서유지인을 두고 집회·시위 개시 48시간 전에 신고서를 관할 경찰서장에게 제출하면 이를 금지할 수 없다. 또 구법에는 없었던 이의신청→행정소송의 불복절차를 신설, 행정관서가 부당하게 금지통고를 할 수 없도록 하고 있다.
❂ 그러나 헌법 재판소의 결정으로 해산된 정당의 목적을 달성하기 위한 집회·시위와, 집단적인 폭행·협박·방화 등으로 공공의 안녕질서에 직접적 위협을 가할 것이 명백한 집회·시위 등 두 가지는 금지된다.

• **가정법원**(家庭法院 ; Family Court)
가정이나 소년에 관한 사건을 전문적으로 다루는 하급법원이다. 지방법원과 동격으로, 가사심판과 조정, 소년 보호 및 호적에 관한 사무를 관장한다.

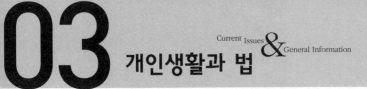

• **의사능력**(意思能力)

자기 행위의 결과를 인식·판단할 수 있는 정신적 능력을 말한다. 대체로 어린이나 심신상실의 정신병자에게는 이 능력이 없는데, 이들의 법률행위나 불법행위는 법률상의 효과를 발생시키지 않는다.

• **무능력자**(無能力者)

행위능력이 없는 자, 곧 단독으로 완전한 법률행위를 할 수 없는 자를 말한다. 민법상 무능력자는 미성년자·금치산자·한정치산자이다. 미성년자·한정치산자는 특정행위만 단독으로 할 수 있으며, 금치산자는 단독으로 할 수 없다.

❍ 무능력자에게는 그 행위를 대리하고 보충하기 위하여 법정대리인(친권자 또는 후견인)을 둔다.

• **미성년자**(未成年者)

성년이 되지 않은 자, 곧 민법상 만19세 미만자를 말한다. 미성년자가 법률행위를 하려면 법정대리인의 동의가 필요하다.

❍ **1.** 근로자 고용금지-15세 미만   **2.** 형사 미성년자-14세 미만   **3.** 민법상 성인-만19세
 4. 선거권을 갖는 나이-만18세   **5.** 부모의 동의 없이 결혼할 수 있는 나이-만19세

예문 각 사항의 해당 나이는 자주 출제되니 외워둘 것

• **금치산자**(禁治産者)

자기 행위를 판단할 능력이 없는 심신상실 상태에 있어 일정한 사람의 청구에 의하여 법원에서 금치산의 선고를 받은 자를 말한다. 금치산자는 선거권·피선거권이 없을 뿐 아니라 민법 기타 법률에 의한 제한을 받으며, 후견인을 두어 재산을 관리하도록 한다.

• **한정치산자**(限定治産者)

자신의 행위 결과를 합리적으로 판단할 힘이 약하거나(심신박약), 재산의 낭비로 자신이나 가족의 생활을 궁핍하게 할 염려가 있는 자로서, 법원으로부터 한정치산의 선고를 받은 자를 말한다. 한정치산자의 행위능력은 미성년자와 동일하다.

❍ 한정치산 선고는 심신상실은 아니지만 행위능력이 불충분한 자에게 법률상 치산을 금지하는 처분이다.

• **법률행위**(法律行爲)

당사자의 의사에 의하여 일정한 사법적 효과를 발생시키는 행위를 말한다. 법률행위는 법률행위의 당사자·내용·의사표시의 3가지 요건을 갖추어야 성립한다.

❍ 법률행위는 자신의 권리와 의무는 자신의 의사에 의하여 취득·상실한다는 근대 사법 원칙의 법률적 수단이다.

• **책임조각사유**(責任阻却事由)

책임능력이 없어 처벌할 수 없거나, 형을 감해야 하는 경우로 일절 처벌하지 않는 경우

Q 오케스트라가 튜닝할 때 맞추는 기준 음은?

와 형을 감하는 두 가지가 있다. 먼저 일절 처벌하지 않는 경우는 형사 미성년자, 즉 만 14세가 되지 아니한 자나 심신장애로 인하여 사물 판별능력 또는 의사 결정능력이 없는 자가 범죄를 저질렀을 때이다. 그리고 형을 감하는 경우는 심신장애로 인하여 사물 판별능력 또는 의사 결정능력이 미약한 자나 농아자(聾啞者)가 범죄행위를 저질렀을 때이다.

• 민사소송(民事訴訟)

사인(私人)의 생활관계에서 일어나는 분쟁을 국가의 재판권에 의하여 법률적 · 강제적으로 해결 · 조정하는 절차를 말한다. 민사소송은 형사소송 및 행정소송과 구별되나, 행정소송은 민사소송의 절차로 처리하는 것을 원칙으로 한다.

⊙ 사권의 실현을 국가의 공소제도에 의하여 해결하도록 하는 이유는 사회질서의 유지에 있다.

• 소액사건심판법(少額事件審判法)

소액의 민사사건을 간단한 절차에 따라서 신속히 처리하기 위하여 제정한 법이다. 소송물의 가액이 2천만 원을 초과하지 않는 사건에 적용하고, 구술에 의한 소(訴)의 제기 · 순회재판 등에 관하여 규정하고 있다.

예문 소액사건심판법이 적용되는 소송물의 가액이 얼마인지 묻는 문제가 출제됨

• 물권(物權)

물건을 직접 지배하여 이익을 얻을 권리이다. 즉, 동산 · 부동산 등의 물건을 일정한 방법으로 이용하여 이익을 얻는 것을 내용으로 하는 권리로 민법에서는 물권법정주의를 규정하고 있다.

⊙ 물권법정주의(物權法定主義) : 물권의 종류와 내용은 민법 기타 법률이 정하는 것 이외에는 자유로이 창설할 수 없게 하는 주의를 말한다. 물권법에서는 계약자유의 원칙이 인정되지 않으며, 당사자가 계약으로 자유로이 물권을 창설할 수 없다.

• 물권의 종류

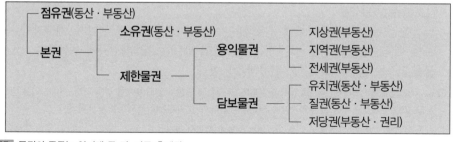

예문 물권의 종류는 암기해 둘 것. 자주 출제됨

Ⓐ A음

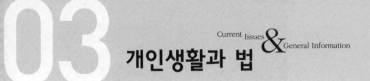

- **점유권**(占有權)

  물건의 점유라는 사실상태에서 발생하는 물권을 말한다. 점유권은 다른 물권과 달리 사회질서의 유지를 위하여 사실상의 상태를 보호하려는 취지에서 인정된 것이며, 소유권 임차권 등의 점유를 정당화시키는 실질적 권리인 본권과는 구별된다.

  ○ **본권**(本權) : 사실상의 관계로서의 점유를 법률상 정당하게 하는 권리로, 소유권·임차권·지상권 등이 있다.

- **소유권**(所有權)

  전면적으로 물건을 지배할 수 있는 권리로, 법률의 범위 내에서 자유로이 사용·수익·처분할 수 있다. 재산권 중 가장 기본적인 것으로, 사유재산제의 중심을 이루는 권리이다.

  ○ **제한물권** : 일정한 목적을 위해 타인의 물건을 제한적으로 지배하는 권리로, 소유권과 대립된다.

- **용익물권**(用益物權)

  일정한 목적 아래 타인의 토지를 사용하고 수익할 수 있는 물권으로 담보물권과 함께 제한물권의 하나이다. 민법상 지상권 지역권·전세권 등이 이에 속한다.

- **전세권**(傳貰權)

  소유자에게 일정한 전세금을 지급한 부동산을 용도에 따라 사용·수익할 수 있는 용익물권으로, 존속기간은 10년을 한도로 한다. 전세권자는 전세금의 반환에 관하여 다른 채권자보다 우선변제를 받을 권리가 있다.

  ○ 민법상 등기를 해야 용익물권으로서의 효력이 생긴다.

  예문 '성립상 등기를 요하는 것은? →전세권'과 같은 형태로 출제가 잘됨

- **지상권**(地上權)

  건물·공작물·수목 등을 소유하기 위하여 다른 사람의 토지를 사용하는 권리로, 토지의 전면적 지배권인 소유권을 제한하는 제한물권 중 용익물권이다.

- **담보물권**(擔保物權)

  일정한 물건을 채권의 담보에 공유하는 것을 목적으로 하는 물권이다. 채권자가 채무자의 재산을 담보로 잡고, 채무의 변제가 없을 때에는 일반채권자에 우선하여 그 담보물을 값으로 환산하여 채무의 변제에 충당한다.

  ○ 1. **유치권**(留置權) : 타인의 동산을 점유한 사람이 그 물건에 관한 채권의 변제를 받을 때까지 갖게 되는 권리이다. 고장난 시계를 수리 한 수리공이 수리비를 받을 때까지 그 시계를 가지고 있을 권리 등.

  2. **질권**(質權) : 채권의 담보인 동산을 채무변제가 있을 때까지 유치할 수 있고, 변제가 없을 때 우선 변제를 받는 권리이다. 질권은 전당포에서 소액의 돈을 차용하는 데 이용된다.

Q 야구에서 핫코너란?

3. 저당권 : 채권의 담보로 내놓은 부동산을 인도 받지 않고, 채무가 변제되지 않을 때 우선적으로 변제를 받는 권리이다.

• 채권(債權)

채권은 특정인(채권자)이 다른 특정인(채무자)에 대하여 일정한 행위(급여)를 청구할 수 있는 권리이며, 채무는 채무자가 채권자에 대하여 급여를 해야 할 의무를 말한다. 채권은 여러 가지 원인에 의하여 발생하나 가장 대표적인 원인은 계약이다. 계약은 그 내용이 되는 구체적인 사항을 제시하고 계약체결을 신청하는 청약과 청약에 대하여 동의를 표시하는 승낙으로 성립한다. 채권소멸의 대표적 원인은 변제이다.

• 근저당(根抵當)

계속적 거래관계에서 발생하는 채권을 담보하기 위하여 담보해야 할 최고한도액을 정하고, 장래 확정되는 채권을 그 한도에서 담보하는 저당권을 말한다.

• 공탁(供託)

법령 규정에 따라 금전·유가증권 또는 다른 물건을 공탁소에 기탁하는 것을 말한다. 이에는 채무소멸을 위한 변제공탁과 채권담보를 위한 담보공탁이 있다.

➡ 공탁의 목적물은 동산·부동산을 가리지 않으며, 목적물 자체의 공탁을 원칙으로 한다.

• 최고(催告)의 항변권

채권자가 본래의 채무자를 두고 직접 보증인에 대하여 채무의 이행을 청구할 경우, 보증인이 '먼저 주채무자에게 채무의 이행을 청구하라'고 하여 그 이행을 거절할 수 있는 권리이다. 보증인이 연대보증인일 때, 주된 채무자가 파산하였거나 행방불명이 된 경우는 이 권리를 주장할 수 없다.

➡ 최고(催告) : 어떤 행위를 할 것을 상대방에게 요구하는 통지로, 의무이행의 최고와 권리행사의 최고로 나눌 수 있다.

• 연대보증(連帶保證)

보증인이 채무자와 연대하여 채무를 부담하는 보증을 말한다. 일반 보증인과 달리 연대보증인은 채권자가 자기에 대하여 최고(催告 ; 독촉하는 것)를 하거나 검색(檢索 ; 조사해서 찾아내는 것)을 하더라도 이에 대한 항변권이 없다. 또 채권자는 본래의 채무자에게 돈을 갚을 자력이 있는 경우라도 직접 연대보증인에 대하여 집행할 수도 있다.

• 연대채무(連帶債務)

몇 사람의 채무자가 같은 내용의 채무에 대하여 각각 독립하여 변제할 의무를 가지며,

Ⓐ 3루

그 중의 한 사람이 그 채무를 이행하면 다른 채무자의 채무도 소멸되는 채무이다.

○ 보증채무(保證債務) : 주채무자가 채무를 이행하지 않을 경우 보증인이 책임지는 인적 담보를 말한다.

• 공증인(公證人)

당사자나 기타 관계인의 위탁에 의해 법률행위 또는 그 밖의 사건에 관한 사실에 대하여 공정증서를 작성하고, 사서증서(私署證書)에 인증을 부여하는 권한을 가진 자로, 실질적 의미의 공무원이다. 법무부장관이 임명하고 법무부장관이 지정한 지방경찰청에 소속되며 그 관할구역을 직무집행구역으로 하여 직무를 행한다.

○ 판사 · 검사 또는 변호사의 자격을 가진 자만이 될 수 있고, 임기는 7년으로 하되 연임할 수 있다.

• 담합(談合)

경매 또는 입찰에 있어 입찰자가 서로 상의하여 특정인에게 경락 또는 낙찰시킬 것을 협정하는 행위를 말한다.

○ 이는 사기죄에 해당된다.

• 재산명시제도(財産明示制度)

민사재판에 지고도 빚을 갚지 않는 채무자에게 법원이 채권자의 신청에 따라 재산목록을 제출하도록 강제하는 제도이다. 법원의 명령을 받은 채무자는 자신의 재산목록을 제출해야 하고, 이에 불응하거나 허위로 신고한 경우에는 3년 이하의 징역 또는 500만 원 이하의 벌금형에 처해진다.

○ 개정 민사소송법에 따라 '90년 9월 1일부터 실시되었다.

• 친족(親族)

혈연과 혼인의 관계로 결합된 사람들을 말하며, 우리 민법은 '배우자 · 혈족 · 인척'을 친족으로 규정한다. 1991년 1월부터 시행된 민법의 친족 범위는 ① 8촌 이내의 혈족(부계, 모계), ② 4촌 이내의 인척(부계, 모계), ③ 배우자로 늘려 시행하고 있다.

• 친족 상속편(가족법) 개정

친족 상속편(가족법)개정은 여성의 지위를 남성과 거의 동등한 수준으로 끌어올려 부부중심의 평등한 가족제도를 만들어 가정의 민주화를 이루는 데 그 주안점을 두고 있다. 호주제도를 대폭 개선하고 남녀평등의 입장에서 친족의 범위를 다시 정하였으며 상속에서의 남녀차별요소를 없앴을 뿐만 아니라 이혼할 때 재산분할청구권을 신설하고 자녀에 대한 친권규정을 개정하여 이혼한 어머니도 친권자가 될 수 있게 하였다.

○ 법률용어로서는 '친족'이라 하지만, 일반적으로는 '친척'이라고 말한다.

Q 우리나라 최초의 순한글 일간지는?

• 남북한 가족법 비교

항목	남한	북한
결혼연령	남 만18세, 여 만18세	남 만18세, 여 만17세
동성동본	금혼제 폐지(단, 근친혼은 불가능)	동성동본 금혼제 불채택
호적, 호주제	폐지(2008년 1월 1일 시행)	폐지
이혼	협의·재판 모두 인정	재판상 이혼만 인정
상속	피상속인 재산일체와 채무 포괄승계	소비재 등 개별재산과 한정승인

Current Issues & General Information

CHAPTER 3
Economics
- 경제 -

01 경제일반 이론과 법칙

02 가격, 수요와 공급

03 자본 · 생산 · 소비

04 화폐 · 금융

05 주식 · 채권

06 경제성장과 국민소득

07 경기변동

08 기업

09 정부와 재정

10 경영 · 관리

11 회계

12 무역과 국제수지

13 국제경제

- **경제**(經濟 ; economy)

  인간이 생활을 유지해 나가는 데 필요한 물자인 재화(財貨 ; goods)나 인간의 활동인 용역(用役 ; service)을 취득하고 이용하는 경제행위가 일정한 질서와 조직 아래 연속적 · 반복적으로 이루어져서 사회현상을 이루고 있는 상태를 말한다. 경제의 궁극적인 목표는 물질생활의 향상에 있는데, 경제를 구성하는 성질에 따라서 생산(production) · 교환(exchange) · 분배(distribution) · 소비(consumption)의 4측면으로 나누어진다.

  ◐ 경제의 어원 : 동양에서는 경세제민(經世濟民) 즉, 세상을 경륜하고 백성을 구제한다는 뜻인데, 사회를 조직적으로 관리하고 국민의 생활을 향상시키는 것이 경제이다.

  예문 경제의 궁극적 목표가 무엇인지 묻는 문제가 출제됨

- **경제원칙**(經濟原則 ; economic principle)

  최소의 비용이나 희생으로 최대의 효과(만족)를 얻으려는 행동원리를 말한다. 이를 경제주의(經濟主義)라고도 하는데, 최대효과원칙 · 최소비용원칙 · 최대잉여원칙의 셋으로 구분된다.

- **희소성**(稀少性)**의 원칙**

  구매력 평가가 환시세를 결정한다는 이론으로 유명한 스웨덴의 카셀(G. Cassel)이 만든 말로, 인간의 욕망은 무한한데 비하여 이를 충족시킬 수 있는 재화는 유한하여 항상 부족한 상태에 있다는 사실을 나타내는 원리를 말한다. 이 희소성의 원칙이 있기 때문에 '경제원칙'이 필요하고 '경제문제'가 발생한다.

  예문 경제문제가 발생하는 원인이 어디 있는가를 묻는 문제가 출제됨

- **경제인**(經濟人 ; Homo economicus)

  순수한 경제원칙에 입각해 행동하는 인간을 상정하고, 이러한 인간을 경제인이라고 한다. 경제인은 합리성 · 영리성 · 계획성을 그 행동원리로 한다. 따라서 경제적 자유주의에 반대하는 마르크스주의를 이념으로 하는 사회체제에서는 이러한 유형은 용납되지 않는다.

  예문 경제인의 행동원리가 무엇인지 묻는 문제가 출제됨

- **경제주체**(經濟主體)

  경제활동을 주관하는 경제행위자를 말한다. 이에는 소비활동의 주체인 가계와 생산활동의 주체인 기업 및 이 두 가지 성격을 갖고 특수한 경제활동을 하는 정부 · 공공단체가 포함된다. 현대의 개방경제 체제에서는 외국과의 거래도 큰 비중을 차지하므로 경제주체에 외국을 포함시킨다.

  ◐ 경제주체 = 경제단위 = 개별경제

Q 영국이 국민투표를 통해 유럽 연합을 탈퇴한 것을 일컫는 용어는?

• 경제활동의 주체

⊙ 경제활동의 4주체 : ① 가계=소비의 주체, ② 기업=생산의 주체, ③ 정부=생산 · 소비의 주체, ④ 외국=무역의 주체

• 경제객체(經濟客體)

경제행위의 대상이 되는 목적물을 말하는데, 이에는 보통 형태가 있는 재화와 형태가 없는 용역이 포함된다. ① 재화(財貨 ; goods) : 인간의 욕망을 충족시켜 줄 수 있는 성능을 효용(效用 ; utility)이라 하는데, 이런 효용을 가진 물자를 말한다. 이를 크게 자유재와 경제재로 나눈다. ② 용역(用役 ; service) : 물질적 재화 이외에 직접 · 간접으로 인간의 욕망을 충족시켜 주는 인간이나 물자의 작용 · 활동을 말하는데, 직접용역인 인적 활동과 간접용역인 물적 활동으로 나누어진다.

⊙ 재화와 용역의 구별은 형태상의 구별일 뿐, 경제적인 기능에서는 차이가 없다.
   1. 직접용역 : 의사의 진료, 교사의 교육, 변호사의 변론 등.
   2. 간접용역 : 운수업 창고업 · 상업 등.

• 재화(財貨 ; goods)의 종류

1. **자유재**(自由財 ; free goods) : 사용 가치는 있으나 그 존재량이 무한하여 아무런 대가나 노력을 지불하지 않고 얻을 수 있는 재화로, 절대적 자유재(햇빛 · 공기)와 상대적 자유재(물)로 나누어진다.

   예문 희소가치가 없어 경제행위의 대상이 되지 않는 자유재의 개념을 알아보는 문제가 널리 출제됨

2. **경제재**(經濟財 ; economic goods) : 그 존재량이 희소하고 유한하기 때문에 일정한 대가를 지불해야만 얻을 수 있는 재화로, 보통 재화라고 하면 모두 이 경제재를 뜻한다. 아래에 열거된 것들도 모두 경제재이다.

3. **대체재**(代替財 ; substitute goods) : 쌀과 빵, 커피와 홍차, 소고기와 돼지고기 등과 같이 한쪽을 소비하면 다른 쪽은 그만큼 적게 소비되어, 어느 정도까지는 서로 대체될 수 있는 재화, 또는 서로 경쟁적인 관계에 있는 재화를 말한다. 즉, 두 재화를 따로 소비할 때의 효용보다 함께 소비할 때의 효용이 적어지는 경우의 재화이다.

   예문 한쪽이 수요가 늘면 다른 한쪽의 수요가 줄어드는 관계는? 커피와 홍차의 관계는? 등으로 문제가 출제됨

Ⓐ 브렉시트, Brexit

4. 보완재(補完財 ; complimentary goods) : 자동차와 휘발유, 펜과 잉크, 커피와 설탕 등과 같이 상호 보완하는 관계에 있으므로 두 재화를 함께 소비할 때의 효용이 큰 재화이다. 따라서 한쪽 재화의 가격이 상승해 수요가 감소되면 다른 한쪽도 수요가 감소된다.

예문 수요가 같이 늘고 같이 줄어드는 재화가 무슨 관계의 재화인지를 묻는 문제로 출제됨

5. 독립재(獨立財 ; independent goods) : 볼펜과 소금, 자동차와 책 등과 같이 따로 소비할 때나 함께 소비할 때나 효용의 차이가 없을 때, 즉 서로 아무런 연관이 없을 때 이 두 재화를 독립재라고 한다.

   1. 단용재(短用財) : 생산용 원자재 · 식량 · 연료들처럼 한 번 쓰면 없어지는 재화로, 단용 소비재와 단용 생산재로 나뉜다.

   2. 내구재(耐久財) : 주택 · 냉장고 · 자동차 등과 같이 비교적 오래 거듭하여 쓸 수 있는 재화로, 내구생산재와 내구소비재로 나눌 수 있다.

6. 기펜재(Giffen's goods ; 열등재) : 버터와 마가린의 관계에서, 열등재(하급재 ; inferior goods)인 마가린은 소비자가 부유해짐에 따라 그 수요가 감소되고 상급재(上級財 ; superior goods)인 버터로 대체되어 버터의 수요가 증가된다. 이처럼 가격이 하락하면 도리어 수요가 감소되는 마가린과 같은 하급재화를 기펜재라 한다.

7. 결합재(結合財 ; combination goods) : 소고기와 소가죽같이 서로 뗄 수 없는 불가분의 관계에 있는 재화를 말한다.

• 상업혁명(商業革命)

15세기말 콜럼버스의 미 대륙 발견과 바스코 다가마의 아프리카 남단을 통한 신항로의 개척에 따라 이루어진 유럽 여러 나라 국민의 상업 활동상의 일대 변혁을 말한다.

   상업혁명을 계기로 하여 유럽 자본주의의 발전이 더욱 촉진되었다.

• 공장제 수공업(manufacture ; 매뉴팩처)

자본을 가진 수공업자(초기의 상업자본가)가 많은 노동자를 일정한 장소에 모아놓고 도구를 이용한 분업에 의하여 생산하는 것을 말한다. 객주제 수공업이 원료를 공급하고 제품을 수집하는 데 많은 시간이 소비될 뿐만 아니라 제품의 규격통일도 어렵기 때문에 이의 결점을 제거하고, 확대된 수요를 충족시키기 위하여 16~17세기에 걸쳐 채택되었다.

   manufacture : manu(손)와 facture(만드는 것)가 결합된 말이다. 매뉴팩처는 근대적 기계공업의 모태가 되었다.

Q 적대적 인수 · 합병(M&A)에 대한 강력한 방어수단으로 기존 주주들에게 시가보다 싼 가격에 지분을 매수할 수 있도록 하는 것은?

• 수공업의 발달

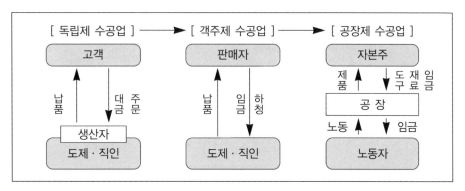

• 중상주의(重商主義 ; mercantilism)

16~18세기 후반 절대왕권시대의 경제정책을 말한다. 한 나라의 부의 척도를 금·은의 다소에 두고 식민지 획득, 해상권 확보, 상공업의 중시, 보호무역 등으로 국가의 부강을 꾀하자는 주의로, 콜베르(J. B. Colbert)·토머스 먼(Thomas Mun)·크롬웰(O. Cromwell) 등이 주장하였다.

❍ 특히 금·은 화폐의 축적을 목적으로 했던 초기의 중상주의를 중금주의(重金主義) 또는 배금주의(拜金主義)라고 한다.

• 국부론(國富論)

경제학의 창설자인 영국의 애덤 스미스(Adam Smith)가 저술한 경제학서다. 원제는 「여러 나라 국민의 부의 성질과 원인에 관한 고찰(An Inquiry into the Nature and Causes of the Wealth of Nations)」인데, 부의 원천은 노동이며, 부의 증진은 노동생산력의 개선으로 이루어지므로 생산의 기초를 기술적 분업에 두어야 한다고 주장하였다. 개별 경제주체인 개인이 자신의 이익을 추구하여 합리적으로 경제행위를 수행할 때, 경제사회는 '보이지 않는 손(invisible hand)'에 인도되어 질서를 낳고 나라의 부를 증대한다는 이론을 전개하였다.

❍ 이 책에 의해 자본주의 사회가 최초로 이론적 바탕(자유방임 원칙)을 갖게 되었으며, 고전파 경제학이 성립되었다. 보이지 않는 손 = 가격 조절기능

예문 국부론에서 스미스가 주장한 분업은? '보이지 않는 손' 주창자는?으로 출제됨

• 중농주의(重農主義 ; physiocracy)

18세기 중엽 케네(F. Quesnay)·미라보(Mirabeau)·튀르고(Turgot) 등 프랑스 고전 경제학자들에 의해 추진된 정책이다. 국부의 원천은 땅이며 농업만이 생산적인 노동이라 생각하고, 농업생산의 촉진 또는 그 자본의 축적에 의해 상공업도 발전하며, 자연질

A 포이즌 필

서에 의거할 때 사회질서도 유지됨을 주장한다. 경제정책은 자유방임주의이고, 대표적인 이론을 제공한 것은 케네의 '경제표(經濟表)'이다.

○ 경제표 : 국민을 생산계급(농민), 소비계급(귀족), 비생산계급(시민)으로 구별하고, 농산물이 이들 사이에 어떻게 순환하는지를 밝혀, 프랑스혁명 직전의 경제적 곤경과 인구문제의 해결을 시도하였다.

• **자본주의**(資本主義 ; capitalism)

사유재산제도를 바탕으로 사적이윤(私的利潤)을 추구하며 경제활동의 자유가 보장되고, 가격에 의해 자원이 배분되는 경제체제를 말한다. 인간사회는 생산력 발전에 따라 원시사회에서 노예제도→봉건제도를 거쳐 자본주의제도로 옮아왔다.

○ **1.** 자본주의의 3대 원칙 : 사유재산제 · 자유경쟁 · 영리추구

2. 자본주의의 개선책 : 주식회사 제도의 발전, 종업원지주제, 주식의 공개 분산, 누진세 제도의 심화, 사회보장 제도의 확충 등

3. 자본주의 경제의 변천 과정 : 상업자본주의→산업자본주의→독점자본주의→수정자본주의

• **자본주의의 장단점**

장점	단점
① 근로 의욕을 고취	① 독과점의 폐단 발생
② 창의와 능력을 최대로 발휘하므로 생산력 증대	② 소득 분배의 불평등으로 노동자와 자본가의 대립이 발생될 수 있음
③ 풍부한 물질생활 영위	③ 지나친 자유경쟁으로 과잉생산에 의한 자원(특히 소비재)의 낭비
④ 신분적 불평등으로부터 해방되어 자유로운 민주생활이 가능	④ 만성적 실업과 불황의 발생

• **독점자본주의**(獨占資本主義)

19세기 말과 20세기 초에 자유경쟁의 결과로 약한 기업은 도태되고, 대자본에 의한 독점이 큰 비중을 차지하게 되면서 대기업간의 경쟁이 더욱 심해진 상태의 자본주의이다. 이때는 여러 산업에 자금을 조달하는 은행, 기타 금융자본의 지위가 강화, 산업계를 지배했다. 이런 이유로 19세기 말 이래의 자본주의를 금융자본주의라고도 한다.

• **수정자본주의**(修正資本主義)

자본주의가 고도로 발달함에 따라 공황과 불완전고용, 노사 대립 등의 폐해가 발생하게 되자 자본주의의 근본원칙인 생산수단의 사유제도와 사회구조는 그대로 두고, 독점 제한 또는 금지, 부당경쟁 금지, 사회보장제도, 공공투자정책 등으로 자본주의의 모순을 완화하려고 하는 일종의 통제경제정책이다. 이 이론의 주창자는 케인스(J. M.

Q 우리나라 최초의 대하역사소설은?

Keynes)이며, 대표적 예로는 1929년 대공황 이후 미국의 뉴딜 정책(New Deal Policy)과 영국 노동당의 산업국유화정책, 1930년대 독일의 국가사회주의 정책 등이 있다.

⊙ 케인스 : 영국의 경제학자. 제1차 세계대전 후 금본위제도로의 복귀를 반대, 관리통화제도를 제창한 그의 「고용 · 이자 및 화폐의 일반이론」은 종래의 경제학을 혁신하는 이론체계를 확립하였다.

• 케인스 혁명(Keynesian revolution)

제1차 세계대전 전의 자유자본주의 사회에서는 '공급은 자신의 수요를 만들어낸다'는 자유방임주의 경제이론이 자리잡고 있었다. 그러나 세계 대공황으로 장기적 · 만성적인 실업이 계속되자 이의 극복책이 요구되었고, 그 결과 탄생된 것이 케인스 혁명이다. 이는 영국의 경제학자 케인스에 의해 이룩된 것인데, 완전고용을 실현 · 유지하기 위해서는 자유방임주의가 아니라, 소비와 투자 즉, 유효수요를 창출하기 위한 정부의 인위적 간섭이 필요하다는 수정자본주의의 이론이다. 케인스는 많은 저서와 논문을 남겼는데, 「일반이론」이라 약칭되는 「고용 · 이자 및 화폐의 일반이론」과 「유효수요의 원리」등과 선진국의 경제상태를 '풍요 속의 빈곤'으로 비유한 말 등이 유명하다.

예문 '풍요 속의 빈곤'은 누가 한 말인가? 「유효수요 원리」는 누가 처음 제창했는가? 등으로 문제가 출제됨

• 혼합경제(混合經濟 ; mixed economy)

기본적으로는 자본주의 경제인 시장경제를 채용하면서도 중요한 경제부문에는 국가의 개입 · 통제가 행하여지는 경제체제를 말한다. 이는 자유방임주의 경제의 장점과 사회주의 계획경제의 장점을 합한 것으로서, 현재 우리나라가 채택하고 있는 경제체제이다. 한편 동유럽에서는 종래의 집권형 계획경제가 막다른 골목에 이르자 거꾸로 계획경제에 자본주의 경제체제를 도입함으로써 돌파구를 찾고 있으나, 헝가리를 제외하고는 이렇다 할 성과를 거두지 못하고 있다. 이중경제(二重經濟)라고도 한다.

⊙ 민간경제 부문과 정부경제 부문이 혼합이 된 자본주의 경제이다.

• 엥겔의 법칙(Engel's law)

독일의 통계학자 엥겔이 발견한 법칙으로, 가난한 가정일수록 전체의 생계비 중에서 음식물비가 차지하는 비율이 높다는 것이다. 즉, 소득이 증가함에 따라 음식물비가 차지하는 비율은 감소하고, 피복비와 주거비 · 광열비의 비율은 대체로 불변이나, 문화비(교육 · 위생 · 교통 · 통신비 등의 잡비)의 비율은 증가한다는 이론을 말한다.

⊙ 엥겔 계수(엥겔 지수) : 총생계비 중 음식물비가 차지하는 비율로, 엥겔 계수는 생활수준이 높을수록 낮고, 생활수준이 낮을수록 높다. 1인당 국민소득과 함께 생활수준을 표시하는 데 주로 쓰인다.

$$엥겔\ 계수 = \frac{음식물비}{총수입액 - 저축액} \times 100$$

A 박경리의 토지

예문 엥겔 계수를 산출하는 문제가 가장 많이 출제되니 위의 공식은 필히 외워야 함

• 엥겔 계수와 생활정도

엥겔계수	생활정도	
25% 이하	고도의 문화생활	상류생활
25~30%	문화생활	상류생활
30~50%	건강생활	중류생활
50~70%	최저생활	하류생활
70% 이상	극빈생활	하류생활

• 슈바베의 법칙(Schwabe's law)
독일의 통계학자 슈바베가 1867년에 발표한 이론으로서, 가정이 부유하면 할수록 주거비는 많아지지만, 총생계비에 대한 주거비의 비율은 적어진다는 이론, 즉 가난한 가정일수록 총생계비에 대한 주거비 비율이 높다는 것이다. 엥겔의 법칙 중 주거비 부분을 수정한 것으로 소비경제·가계 연구에 자주 이용된다.

• 세이의 법칙(Say's law)
자유경쟁 아래에서는 일반적인 생산과잉은 있을 수 없고, 공급은 스스로의 수요를 창조한다는 것을 말한다. 고전학파인 프랑스의 경제학자 세이(J. B. Say)가 주장한 이론으로, '세이의 시장의 법칙' 이라고도 하는데, 고전학파의 시장이론과도 공통된다.

예문 '공급은 스스로 수요를 창조한다' 는 법칙은 누가 주장했는지 알아보는 문제가 출제됨

• 한계생산력설(限界生産力說)
미국의 클라크(J. B. Clark)가 주장한 이론으로 임금은 노동시장의 노동의 수요와 공급에 의하여 결정된다는 학설이다. 즉, 노동의 수요를 결정하는 것은 노동의 한계생산력이며, 이런 한계생산력을 표시한 노동의 수요곡선과 공급곡선의 교차점에서 임금 및 고용량이 결정된다는 것이다.

❑ 오늘날과 같이 실업이 일반화되어 있는 경제사회에서는 적용되지 않는다.

• 빈곤의 악순환(vicious circle of poverty)
1950년대 중반에 후진국 개발이론을 전개한 미국의 경제학자 넉시(R. Nurkse)가 사용한 말이다. 후진국이 발전하지 못하는 까닭은 ① 자본의 공급면에서 '자본부족→저생산력→저소득→저저축→자본부족' 의 악순환이 있고, ② 자본의 수요면에서 '저소

Q 나노미터는 몇 미터인가?

득→저구매력→시장의 협소→저투자 유인→저자본 형성→저소득'의 악순환이 있기 때문이라는 학설이다. 빈곤의 악순환을 탈피하려면 낮은 생산성을 높여야 하며, 동시에 낮은 실질소득 수준을 올려야 한다. 다시 말하면 열심히 일하여 저축을 해야 한다는 이론이다.

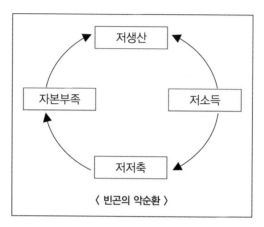

〈 빈곤의 악순환 〉

• 모노컬처 경제(monoculture economy)

한 나라의 경제가 몇 개의 1차 산품 생산에만 집중되어 있는 단작(單作) 경제를 말한다. 식민지 침탈의 유산으로 많은 개발도상국에 전형적으로 나타나는 현상인데 브라질의 커피, 말레이시아의 고무와 주석, 인도네시아의 석유와 고무, 가나의 카카오 등이 대표적이다. 이들 1차 산품은 대체로 수요의 소득탄력성 · 가격탄력성이 적어 선진국의 수요동향에 따라 가격이 대폭 변동하기 때문에 이들에 의존하고 있는 경제는 치명적인 대외 의존성 · 취약성을 드러낼 수밖에 없다.

❍ 1차 산품에 대한 대체품도 등장하고 국가간의 교역조건도 계속 악화되어 온 점에 비추어 개발도상국에 있어서 모노컬처 경제의 탈피는 민족발전의 관건이 되고 있다.

• 자연가격(自然價格)

어떤 상품의 생산비에 정당한 이윤(평균이윤)을 덧붙인 가격으로, 정상가격(正常價格) 이라고도 한다. 이를 스미스(A. Smith)는 자연가격이라 하고, 리카도(Ricardo)는 생산 가격이라 하였다.

○ 농산물의 자연가격은 최저생산비에 의해 결정지어진다.

• 패리티 가격(parity price)

농산물 가격을 결정하는 과정에서, 소요된 생산비로부터 산출해 내지 않고 일정한 때 의 일반물가에 맞추어 산출해 낸 농산물 가격을 말한다. 패리티 가격은 최저 공정가격 의 일종으로 생산자 보호가 그 목적이다.

○ 패리티 지수(parity index) : 물가상승과 연동하여 농산물 가격을 산출하는 방법으로서, 기준연도의 농가 총구 입 가격을 100으로 산정하여 비교연도의 가격등락율을 지수로써 표시한 것이다.

• 독점가격(獨占價格)

상품의 수요와 공급의 자유경쟁이 인위적·사회적 또는 자연적으로 완전히 제한된 상 태인 시장에서 독점에 의하여 성립되는 가격을 말한다. 공급독점이 존재하는 경우, 독 점기업이 가격협정과 공급조절 등에 의하여 가격을 지배하며, 최대이윤이 되도록 정한 가격을 말한다.

• 경쟁가격(競爭價格)

수요자와 공급자가 서로 경쟁함으로써 이루어지는 값, 즉 완전경쟁 시장에서 수요와 공급이 일치하는 점에서 결정되는 가격을 말한다.

• 협상가격차(鋏狀價格差)

공업생산물과 농업생산물간의 가격격차를 그래프화 하면 마치 가위가 벌어진 모양으로 확대되어 간다는 데서 붙여진 말이다. 자본주의 경제 아래서는 이 격 차가 날로 확대되는 경향이 있는데, 산업의 특징상 농업의 발전이 대체로 공업보다 느리기 때문에 공업 자본가는 경제·정치적으로 우세한 그들의 지위를 이용하여 공산품의 가격을 인상하고 농산물의 가격 을 낮은 수준에 묶어둠으로써 이러한 현상이 생긴 다. 다시 말해서 자본이 독점단계로 이행함과 더불 어 등장하는 독점자본은 상품생산과 판매의 대부분

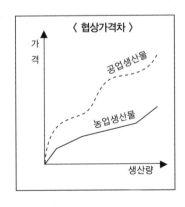

을 지배하여 자신의 공산품을 독점이윤을 얹은 높은 가격으로 판매하는 한편, 농업생

산자들의 고립분산성을 이용해 생산가격 이하로 농산물을 구매함으로써 농·공업간의 격차를 확대시키는 것이다.

예문 일반기업체·은행·공사 등에서 출제됨. 농산물과 공산물의 가격차 = 협상가격차로 외워둘 것

• **완전경쟁**(完全競爭)

동일한 품질의 상품에 대하여 공급자와 구매자의 수가 매우 많아, 누구도 그 상품의 가격을 좌우하지 못하는 상태에 있을 때 이를 완전경쟁이라 한다. 완전경쟁시장이 되기 위한 조건으로는 ① 수요·공급자의 영세·다수, ② 상품의 동질성, ③ 생산요소의 자유로운 이동, ④ 시장가격은 수요·공급의 상호작용에 의해서 결정, ⑤ 수요·공급자의 시장에 대한 완전한 지식 등이다. 일반적으로 농산물과 여러 기업이 참여하는 경공업 제품의 시장이 그 대표적인 예이다.

⟶ 완전경쟁은 근대 경제학에서의 이상적인 경쟁 모델이다.

예문 완전경쟁시장이 되기 위한 조건, 일물일가 법칙이 성립되는 시장을 묻는 문제가 출제됨

• **일물일가의 법칙**(一物一價法則)

완전경쟁이 행해지고 있는 시장에서는 동일 종류의 상품에 대해서는 두 가지 이상의 가격이 성립될 수 없다는 법칙을 말한다. 비교적 많은 매매인이 시장에 참가하여 시장에서 결정되는 가격변동에 적응하면서, 각각 자기의 수급량을 아무런 혼란 없이 자유롭게 조정할 수 있는 경우에 이 법칙이 성립된다.

⟶ 제본스(W. S. Jevons)는 이를 '무차별의 법칙'이라 했다.

• **가격의 자동조절 기능**

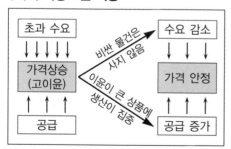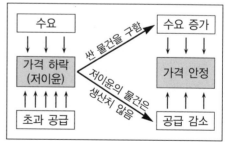

왼쪽의 현상이 진행되면 오른쪽의 상태로 옮아가며, 그것이 진행되면 다시 왼쪽의 상태로 되돌아감

• **보이지 않는 손**(invisible hand)

자본주의 사회에서는 시장에서 결정되는 가격은 외부의 간섭 없이도 수요와 공급을 일치시키며, 그에 따라 공급량과 수요량을 결정하는 기능을 가진다. 스미스는 가격의 이와 같은 자동조절 기능을 '보이지 않는 손'이라고 풀이하였다. 무수한 경제주체가 가

A 우드클럽, 아이언클럽, 퍼터

Chapter 3-02 경제

02 가격, 수요와 공급

격을 지표로 하여 합리적으로 이윤을 추구하는 경제활동을 할 때 국민경제는 조화를 이루면서 발전한다는 주장으로, 자유주의 경제의 사상적 기초가 되었다.

❍ 자유방임의 원칙 : 자유방임의 원칙을 체계적으로 설명한 이는 근대 경제학의 시조인 스미스이며, '보이지 않는 손'도 그의 저서 「국부론」에서 언급된 말이다.

● **복점**(複占) · **과점**(寡占) · **다점**(多占)
시장에 동일 상품을 공급하는 자가 둘밖에 없는 상태에서 경쟁하는 경우를 복점, 몇몇 소수 공급자에 의해 시장이 형성되는 것을 과점이라 하며, 공급자가 소수이고 수요자가 다수여서 경쟁적일 경우, 공급자들이 그들 의사대로 어느 정도 가격을 변동시킬 수 있는 것을 다점이라 한다.

● **수요의 법칙**(law of demand)
소비자들이 합리주의적 원칙에 따라 행동을 하기 때문에 어떤 상품의 가격이 오르면 수요량은 줄고, 가격이 하락하면 그와 반대로 수요량이 늘어나는 관계, 즉 상품가격의 등락이 수요량의 변동을 일으킴을 말한다. 그러나 현대사회는 욕망상태에 따라 수요가 변하고, 소고기 같은 경우 소비자들의 소득 수준이나 기호의 변화에 따라 수요량이 달라지는데, 이런 요소들이 수요량에 아무런 영향도 주지 않는다는 가정 아래 수요의 법칙이 논의된다.

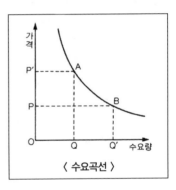

〈 수요곡선 〉

● **수요의 탄력성**(elasticity of demand)
상품의 수요량이 가격변동에 의해 변하는 민감도를 나타내는 지표를 말하는데, 가격이 1% 변할 때 수요량이 몇 % 변하는가를 나타낸다. 예컨대, 소고기 가격이 1% 상승하자 수요량이 5% 감소하였다면, 쇠고기 수요의 탄력성은 5가 된다. 옆의 그림에서 ⑤는 탄력성이 무한대의 경우(실제로 이런 경우는 거의 없다), ④는 탄력성이 큰 경우(사치품 따위), ③은 단위 탄력적인 경우(수요변동률과 가격변동률이 같으므로 탄력성의 계수는 언제나 1이다), ②는 탄력성이

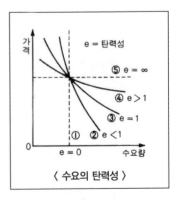

〈 수요의 탄력성 〉

작은 경우(쌀과 같은 필수품)이며, ①은 탄력성이 없는 경우(실제로 이런 경우는 거의 없다)의 수요곡선이다. 다이아몬드 같은 사치품은 탄력성이 크고 쌀과 같은 생활필수품은 탄력성이 작다.

Q 야구의 선수 · 감독 · 후보선수의 대기석은?

112

$$수요의\ 탄력성 = \frac{수요변동률}{가격변동률} = \frac{수요의\ 변동분}{원래의\ 수요} \div \frac{가격의\ 변동분}{원래의\ 가격}$$

예문 수요의 탄력성이 큰 상품과 작은 상품을 가리는 문제, 탄력성을 공식으로 푸는 문제, 탄력성이 1보다 클 때와 작을 때의 총판매 수익을 묻는 문제가 출제됨

• 수요의 탄력성과 총판매 수익

탄력성	가격 변동률과 수요량의 변동률	가격이 내릴 때	가격이 오를 때
탄력적(e>1)	가격 변동률<수요량의 변동률	총판매 수익 증가	총판매 수익 감소
비탄력적(e<1)	가격 변동률>수요량의 변동률	총판매 수익 감소	총판매 수익 증가
단위 탄력적(e<=1)	가격 변동률=수요량의 변동률	총판매 수익 불변	총판매 수익 불변

• 가수요(假需要)

어느 상품의 가격이 앞으로 더 오른다든가 물자가 부족될 것 같은 상황에서 실제의 수요가 없음에도 불구하고 미리 사들이는 수요를 말한다. 이런 현상은 최종 소비자보다 중간 유통단계인 도매상 등에서 일어나는 경우가 더 많고, 선진국보다는 개발도상국에서 투기수요로 흔히 일어난다. 그 결과는 물가상승이 가속도로 촉진된다. 실수요에 대립되는 개념이다.

• 유효수요(有效需要 ; effective demand)

단순한 욕망만이 아니라 현실적으로 구매력을 가진 수요, 즉 금전적 지출을 수반한 수요를 말한다. 따라서 유효수요를 증가시키려면 국민소득을 높여야만 한다. 구매력과는 관계없이 물건을 갖고자 하는 절대적 욕구인 절대수요에 대립되는 개념으로서, 특히 케인스의 경제학에서 경기회복 완전고용의 실현, 국민소득의 증가를 위한 가장 중요한 요소로 되어 있다. 종래의 판로설인 '세이(Say)의 법칙에 대립된다.

◆ 잠재수요 : 돈이 있어도 물자통제 때문에, 또는 가격이 싸지거나 소득이 증가하면 사겠다는 등의 사정으로 표면에 나타나지 않은 수요를 말한다.

• 공급의 법칙(law of supply)

생산업자는 자기 제품의 시장가격이 높아지면 가동률을 높이거나 시설규모를 확장함으로써 생산량을 늘려 이윤을 극대화시키려 하고, 반대로 시장가격이 떨어지면 산출량을 줄인다. 따라서 어떤 상품의 가격이 오르면 공급량은 늘고, 가격이 떨어지면 공급량이 줄어드는 현상이 나타난다. 이 현상을 공급의 법칙이라 한다.

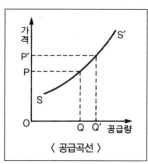

〈 공급곡선 〉

A 덕 아웃

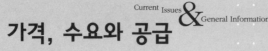
◐ 공급의 법칙에 대한 예외 : ① 가격이 앞으로 더욱 오르리라고 예상될 때에는 팔기를 꺼려하여 공급량은 오히려 줄게 된다. ② 노동자가 임금이 인상되어 생활이 넉넉해지면 임금이 올라가도 노동의 공급량은 줄어든다.

• **공급의 탄력성**(elasticity of supply)

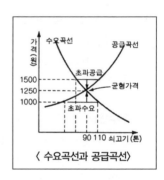

〈 공급의 탄력성 〉

가격의 변동에 의하여 일어나는 공급변동의 정도를 말한다. 일반적으로 필수품에 가까운 농산물은 탄력성이 작고, 공산품은 탄력성이 크다. 또한 골동품처럼 희소가치가 있는 물건은 완전독점의 경우와 같이 공급의 탄력성이 없으며, 공급의 탄력성이 무한대인 경우는 최장기 생산에 나타날 수 있다.

$$\text{공급의 탄력성} = \frac{\text{공급변동률}}{\text{가격변동률}} = \frac{\text{공급량의 변동분}}{\text{원래의 공급}} \div \frac{\text{가격의 변동분}}{\text{원래의 가격}}$$

• **수요공급의 법칙**(law of demand and supply)

시장에서 완전한 자유경쟁이 이루어질 때 상품의 가격은 수요와 공급이 일치하는 점에서 결정된다는 이론이다. 즉, 상품의 시장가격은 수요곡선과 공급곡선이 일치하는 점에서 결정된다는 것이다. 이때의 가격을 시장가격 또는 자유가격, 균형가격, 경쟁가격이라고도 한다. 오른쪽 도표에서 쇠고기 가격이 100g당 1,000원일 때에 수요자들이 사고자 하는 물량은 110톤인 데 비해 공급자들이 팔고자 하는 수량은 50톤에 불과해 이때부터 가격이 오르게 된다. 1,500원일 때는 이와 반대의 현상이며, 1,250원일 때가 균형가격을 이룬 때이다.

〈 수요곡선과 공급곡선〉

Q 문학 · 예술의 표현수단이 일정하여 독창성이 없는 것은?

자본 · 생산 · 소비

• 생산의 3요소

생산 활동에 필요한 장소 · 원료 · 동력 등을 제공하는 자연(nature ; 토지), 인간의 지적 · 육체적 노동(labour), 영리를 목적으로 생산에 투여하는 자본(capital)의 세 가지를 생산의 3요소라 한다. 근래에는 경영(management)을 추가하여 4요소를 드는 등 여러 주장들이 있다.

1. 자연자원 : 본원적 · 물적 생산요소
2. 노동 : 본원적 · 인적 · 능동적 생산요소

• 생산의 여러 요소설

2요소설	힉스(J. R. Hicks) : 노동 + 자본 하이에크(F. A. Hayek) : 본원적 생산요소+파생적 생산요소 마르크스(K. Marx) 노동 + 생산수단
3요소설	고전학파 : 노동+자연(토지) + 자본
4요소설	브렌타노(L. Brentano) : 3요소 + 경영(기업 정신) 마셜(A. Marshall) : 3요소 + 조직

• 재생산(再生産 ; reproduction)

소비재의 생산과 생산재의 생산이 병행되면서 사회 전체의 생산이 끊임없이 되풀이되는 생산과정을 말한다. 그 규모에 따라 나누면 다음과 같다. ① 단순재생산 : 재생산이 전과 같은 규모로 반복되는 경우로, 저축에 의한 신투자 없이 재투자가 계속된다. ② 확대재생산 : 재생산의 규모가 전보다 확대되는 경우로, 재투자는 물론 신투자도 함께 이루어지는데, 이는 경제력의 발전을 의미한다. ③ 축소재생산 : 현재보다 재생산의 규모가 작아지는 경우를 의미한다.

• 우회생산(迂廻生産 ; round-about production)

보다 유효한 생산을 달성하기 위한 준비과정으로서의 생산방법을 말한다. 즉, 소비의 일부를 절약하여 도구나 기계를 만들어 소비재를 능률적으로 증산하는 생산법을 말한다. 고도로 분업화된 오늘날의 자본주의 사회에서의 생산은 거의가 우회생산의 형태를 띠고 있다.

독일 경제학자 로셔는 맨손으로 1일 3마리의 고기를 잡는 어부가 그날 남긴 고기로 이틀날 식량을 충당, 망이나 배를 만들어 1일 30마리를 잡는다는 우화로 이 원리를 설명했다.

• 기회비용(機會費用 ; opportunity cost)

다양한 용도가 있는 재화가 어떤 한 가지 목적을 위해 사용되었을 때 다른 목적을 위해 사용되었더라면 얻었을 가치를 포기하게 된다. 이 경우 포기된 가치를 기회비용이라

A 매너리즘

Current Issues & General Information

자본 · 생산 · 소비

한다. 예를 들어 기업가가 돈을 사업에 투자한 경우, 그 돈을 은행에 빌려주었더라면 얻을 수 있었던 이자를 희생한 것인데, 이 이자가 기회비용이다.

➡ A를 선택함으로써 B를 포기했을 때 B를 A의 기회비용이라 한다. 선택 이익(A)이 기회비용(B)보다 커야 유리하다.

• 요소비용(要素費用 ; factor cost)

일정 기간 기업주가 임금 · 지대 · 이자 등 생산요소의 대가로 지급한 비용을 말한다. 케인스(Keynes)는 기업주의 이윤은 일정 기간의 매출금액으로부터 사용자비용과 요소비용의 합계를 공제한 것이라고 했다. 여기서 사용자비용이란 자본시설비를 생산에 소비한 결과 발생한 가치의 감모액(減耗額)을 말한다. 그러므로 매출금액으로부터 사용자비용을 공제한 것, 즉 요소비용과 이윤의 합계가 회사의 소득이 된다.

회사의 소득 = 매출액 − 사용자비용 = 요소비용 + 이윤

➡ 사용자비용 : 케인스에 의한 개념으로 원료구입 비용, 자본설비의 감가 · 소모액을 말한다. 요소비용은 국민소득을 구성하나, 사용자비용은 한 기업의 지출인 동시에 타기업의 수입이 되므로 국민소득이 아니다.

• 생산비 체감(體減)의 법칙

생산량이 증가함에 따라서 생산품의 평균비용이 낮아지는 것을 말한다. 평균비용이 낮아지는 주된 원인은 생산량의 증가에 따라 노임 · 원료 등 변동비용은 증가하지만, 기계설비 · 토지 등의 고정비용은 일정함으로써 생산단위당 고정비용(평균 고정비용)이 낮아지기 때문이다. 따라서 대량 생산이나 대규모 생산이 시장에서 유리하게 된다.

➡ 생산비 체증의 법칙 : 산출량의 증가에 따라 변동비용이 커지고 평균비용이 증가하는 것을 말한다.

• 비교생산비설(比較生産費說 ; theory of comparative costs)

국제무역이 행해지는 원리를 설명하기 위하여 영국의 경제학자 리카도(Ricardo)가 전개한 이론으로, 두 재화의 교환비율은 각 재화의 생산비를 비교함으로써 결정된다는 가치학설이다. 또한 각국은 생산비가 유리한 상품을 집중적으로 생산함으로써 국제 분업이 이루어지며, 이를 바탕으로 각 국가는 서로 이익을 얻을 수 있다고 하였다. 19세기 영국 자유무역정책의 이론적 뒷받침이 되었다.

예문 비교생산비설은 어떤 무역의 유리함을 주장한 것인가? 이를 주장한 학자는? 등으로 출제됨

• 수확체감(收穫遞減)의 법칙(law of decreasing return)

생산물의 종류와 생산기술이 일정할 때 일정한 면적의 토지에 노동력과 자본을 투입하면, 생산물의 수확은 투입된 노동과 자본의 양에 비례하여 어느 정도까지는 증가하나 어떤 한계를 넘으면 총수확은 증가하되 투하비용 단위당의 평균수확은 증가하지 않고

Q 소득 분포에서 하위 80%의 다수가 상위 20%의 소수보다 뛰어난 가치를 만들어 낸다는 이론은?

점점 감소한다는 법칙이다. 공업 생산물에서도 적용되는 법칙인데, 이를 극복하기 위해서는 신기술 개발이 필요하다.

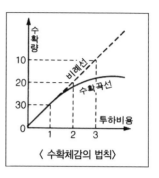

〈 수확체감의 법칙〉

○ 이 법칙은 프랑스 정치가이자 경제학자인 튀르고에 의해 '토지수확체감의 법칙'으로 주장되고, 리카도가 '차액지대론', 맬서스가 '인구론'에서 각각 이 법칙을 적용하였다.

예문 위 세 학자의 이론과 이름을 연결시키는 문제가 출제됨

• 유발투자(誘發投資 ; induced investment)

어떤 기업이 투자를 하면 그 투자수요에 의하여 다른 부문에까지 투자가 유발되거나, 국민소득 증가로 이어지는 투자를 말한다. 예를 들면 건축자재에 대한 수요가 늘면 벽돌·재목·유리 등의 제조를 위한 투자활동을 유발하고, 담배에 대한 수요의 증대는 담배제조기에 대한 투자를 유발한다.

○ 자생적 투자(독립투자) : 유발투자와 반대로, 기술혁신이나 인구증가 등의 외생적 요인에 의한 투자를 말한다.

• 투자유인(投資誘因)

일반적으로 기업가들의 투자를 유인하여 그 크기를 결정짓는 여러 요인을 뜻한다. 케인스는 투자는 자본의 한계효율, 즉 투자의 예상 수익률과 자금차입의 비용인 이자율과의 두 요인에 의해서 그 양이 결정된다고 했다.

예문 투자량은 무엇에 의해 결정되는가를 묻는 문제가 출제됨

• 가속도원리(加速度原理 ; acceleration principle)

경제학자 사무엘슨 (P. A. Samuelson)·클라크(J. M. Clark) 등이 주장한 것으로, 산출과 자본설비, 자본과 투자와의 관계를 나타내는 원리이다. 소득이 늘고 소비재의 수요가 증가하면 종래의 설비로는 필요량을 생산할 수 없기 때문에 설비의 건설 내지 설비물의 매입이 필요하게 된다. 즉 소비수요의 증가가 그 몇 배에 해당하는 투자(자본재)를 유발하는 현상을 말한다. 이때의 투자를 유발투자라 하는데, 투자의 증가는 일정한 비율로 국민소득을 증가시켜 소비도 자연적으로 증대된다.

○ 가속도원리는 특히 케인스 이래 승수이론과 더불어 경기변동이나 경제성장을 분석하는 데 기초가 되고 있다.

• 승수이론(乘數理論 ; theory of multiplier)

어떤 경제량이 다른 경제량의 변화에 의하여 변하는 경우, 그 변화가 한 번에 끝나지 않고 계속되어 마침내는 최초 변화량의 몇 배에 달하는 변화를 하는 수가 있는데, 이런 변화의 파급관계에 대한 경제이론이다. 이 이론을 투자와 소득으로 본 것이 케인스의 투자승수이론인데, 투자의 증가가 국민소득을 얼마만큼 증가시키는가에 관한 경제이

Ａ 롱테일 법칙

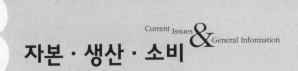

론이다. 이때 투자로 얻어지는 소득효과를 승수효과라 한다.

⊙ 이 이론을 도입한 학자는 칸(R. F. Kahn)이며, 영국의 경제학자 케인스에 의하여 확립되었다. 승수이론이 투자의 증가가 얼마만큼의 소득의 증가를 가져오는가를 설명해 주는 데 비해, 가속도원리는 반대로 소득의 증가가 얼마만큼의 투자를 유발하는가를 설명해 준다.

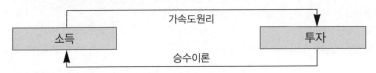

〈 승수이론과 가속도원리의 관계 〉

• **투자승수**(投資乘數 ; investment multiplier)

투자의 증가분에 대한 소득의 증가 비율을 말한다. 투자승수는 한계소비성향이나 한계저축성향의 크기에 의하여 결정되는데, 한계소비성향이 크면 클수록 투자승수는 커진다. 그러나 케인스의 투자승수 이론은 민간경제만을 전제로 한 것으로, 저축이 부족한 개발도상국에서는 그대로 적용되지 않는다.

⊙ $K = \dfrac{1}{\dfrac{투자의\ 증가(\Delta C)}{소득의\ 증가(\Delta Y)}}$ (K는 투자승수)

• **고정자본**(固定資本 ; fixed capital)

생산자본 중에서 토지 · 공장 · 기계 등과 같이 몇 번이고 사용되는 내구생산재를 구입하는 데 사용되는 자본을 말한다. 총자본 중 고정자본이 차지하는 비율이 클 때, 이를 자본의 유기적 구성이 고도화되었다고 한다. 고정자본은 증대의 경향이 있으므로, 일단 투하된 자본의 유출은 어렵다.

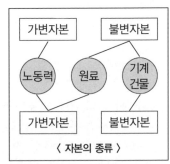

〈 자본의 종류 〉

• **유동자본**(流動資本 ; circulating capital)

임금 · 자재 · 보조재료 등과 같이 한 번의 생산에 없어져 버리는 단용생산재를 구입하는 데 사용되는 재화를 말한다.

• **가변자본**(可變資本 ; variable capital)

생산자본 중에서 노동력의 구입에 사용되는 자본, 즉 임금 등으로 지출되는 자본을 말한다. 자본의 인적 요소인 노동력에 대한 임금으로 투입되는 부분은 생산과정에서 그 가치의 크기가 변화된다. 즉 자신의 가치만큼의 가치를 재생산함은 물론 그 이상의 초과분인 잉여가치도 만든다고 본 데서 사용된 말이다.

Q 농악의 우두머리로 꽹과리를 치는 사람은?

○ **잉여가치** : 노동자가 생산한 생산물의 가치와 노동자에게 주는 임금과의 차액으로, 이는 불로소득, 곧 기업이윤과 지대 · 이자 같은 소득의 원칙이 된다.

• **불변자본**(不變資本 ; constant capital)

원료와 기계 등 노임 이외에 사용되는 자본, 즉 생산수단의 구입에 지출되는 자본을 말한다. 자본 총액 중 생산수단으로 변형된 부분은 생산과정에서 그 가치의 크기가 변하지 않고 전부 또는 부분적으로 새 생산물에 그대로 보존되므로, 그 가치가 변하지 않는다고 하여 쓰이게 된 말이다.

• **사회간접자본**(社會間接資本 ; social overhead capital ; 외부경제)

어떤 특정한 생산 공정을 위하여 제공되는 직접적인 자본이 아니고 철도 · 항만 · 도로처럼 간접적으로 국민경제에 기여하는 자본을 말한다. 이외에도 전기 및 가스, 우편 · 통신 · 등대 · 하천이나 해안의 제방 · 댐 등이 있으며, 보험 · 교육, 대중보건에 필요로 하는 시설과 설비도 이에 포함된다. 이들 사업들이 영리사업으로 성립되기 어렵기 때문에 정부나 공공기관에서 관장하는 것이 일반적인 경향인데, 경제성장을 촉진하기 위해서도 사회간접자본의 확충이 경제정책의 중요한 부문으로 되어 있다. 최근 우리나라는 도로 · 항만의 적체현상이 심화되면서 사회간접자본 확충이 절실해지고 있다.

○ **내부경제 · 외부경제** : 영국의 경제학자 마셜은 개개의 사기업이 경영하는 내부경제에 대립 시켜, 항만 · 도로 · 철도 등 국민경제의 기초가 되는 사회간접자본과 기업 관련사업, 숙련 노동의 공급확보 등을 외부경제라 이름 짓고 있다.

예문 사회간접자본에 속하는 것은? 등으로 출제됨

• **매판자본**(買辦資本 ; comprador capital)

식민지나 후진국에서 외국자본의 앞잡이 노릇을 하여 이윤을 착취, 사리를 채우는 반민족적 토착자본을 말한다. 최근 제3세계론에서는 그 개념이 보다 엄밀해져 '저개발국가에서 정치적 · 경제적 지배력을 장악한 매판적 엘리트들이 선진자본주의 국가의 지배집단과 수직적으로 야합하여 분업 내지 교역관계를 맺어 자신들의 이익을 보호 · 유지할 뿐만 아니라 선진자본주의 국가의 착취를 조장하는 자본' 이라고 규정하였다.

○ 매판자본은 예속자본이라는 말과 비슷하지만 비난의 성격이 더 강하다. 중국 청조 말기 열강의 자본과 결탁하여 폭리를 취했던 중국의 토착상인들을 가리키는 말에서 비롯되었다.

• **소비성향**(消費性向) · **저축성향**(貯蓄性向)

소득은 지출면에서 소비와 저축으로 나뉘는데 소득에 대한 소비의 비율을 소비성향, 저축의 비율을 저축성향이라고 한다. 이 비율은 소득의 대소, 계층에 따라 소비 또는 저축에 대한 심리적 경향을 나타낸다. 소득에서 소비된 나머지가 저축이 되므로, 1에서 소비성향을 뺀 것이 저축성향이 된다. 반대로 1에서 저축성향을 뺀 것이 소비성향이다.

Ⓐ 상쇄

119

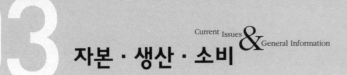
개인에 따라 다르나, 일반적으로 소득이 증대함에 따라 소비도 증대되는데, 소비가 증대하는 비율은 소득이 커짐에 따라서 적어지는 경향이 있다. 또 인구에 비해 국민소득이 크면 소비성향이 낮다.

❍ 소득(Y)=소비(C)+저축(S)

$$소비성향 = \frac{소비(C)}{소득(Y)} = 1 - 저축성향 \qquad 저축성향 = \frac{저축(S)}{소득(Y)} = 1 - 소비성향$$

∴ 소비성향+저축성향 = 1

소비 · 저축성향 등은 국민소득 개념 중 세금 등을 뺀 개인가처분소득을 중심으로 한 것이다.

• 한계소비성향(限界消費性向)

소득이 증가하면 소비도 증가하는 경향이 있는데, 소득의 증가분에 대한 소비의 증가비율을 말한다.

$$한계소비성향 = \frac{\Delta C(소비의 \ 증가분)}{\Delta Y(소득의 \ 증가분)} = 1 - 한계저축성향$$

$$한계저축성향 = \frac{\Delta S(저축의 \ 증가분)}{\Delta Y(소득의 \ 증가분)} = 1 - 한계소비성향$$

∴ 한계소비성향 + 한계저축성향 = 1

예문 공식을 이용, 문제를 풀어야 하는 것들이 출제됨. 1이라는 소득을 중심으로 공식을 이해하고 암기해야 함

• 의존효과(依存效果 ; dependent effect)

현대 자본주의 경제에서 생산자의 선전 · 광고에 의해 소비자의 욕망이 환기되어 소비생활을 하는 것을 말한다. 가난한 사회에서는 욕망은 필요에 의해 결정되지만 풍요로운 사회에서는 소비자의 허영이 소비를 촉진할 뿐 아니라 생산자의 선전 등도 욕망을 불러일으킨다.

❍ 소비가 생산과정에 의존한다는 뜻에서 미국의 경제학자 갈브레이스(K. J. Galbraith)가 명명한 말이다.

• 전시효과(展示效果 ; demonstration effect)

저소득자와 고소득자, 선진국과 후진국이 교섭하면, 저소득자와 후진국 국민들이 고소득자와 선진국 국민들의 생활양식에 영향을 받아 소비성향이 높아지는 현상이다. 전시효과의 현상은 저축을 감소시키고 인플레이션 압력을 촉진시켜, 후진국의 경제발전에 장애를 주는 반면, 선진국에서는 소비성향이 낮아지기 때문에 불경기를 일으키기 쉽다.

❍ 듀젠베리가 주장했는데, 시위효과라고도 한다. 정치에서는 정치가가 업적을 과시하기 위해 실질적인 효과가 크지도 않은 상징적인 사업을 실시하는 것을 뜻한다.

Q 우리나라 표준시는?

- **한계효용가치설**(限界效用價値說 ; marginal utility theory)

  두 재화의 교환비율은 각 재화의 한계효용을 비교함으로써 결정된다는 이론이다. 또한 한계효용에 의하여 결정되는 재화의 가치가 사용가치이므로 사용가치설이라고도 한다. 오스트리아 학파의 멩거(C. Monger), 신고전학파의 제본스(W. S. Jevons), 로잔느 학파의 왈라스(L. Walrus)에 의하여 동시에 주장된 학설이다.

  ➊ **1.** 효용 : 소비로부터 느끼는 만족의 크기.
     2. 총효용 : 일정 기간에 어떤 재화의 소비로부터 얻게 되는 효용의 총량.
     3. 한계효용 : 재화 1 단위를 더 소비함으로써 증가하는 총효용의 증가분.

- **한계효용체감**(限界效用遞減)**의 법칙**

  일정한 기간에 소비되는 재화의 수량이 증가함에 따라 그 추가분에서 얻을 수 있는 한계효용은 점차 감소한다는 법칙을 말한다. 예를 들면, 배가 고플 때 먹는 첫 번째 빵보다 배가 부를 때의 마지막 한 개의 빵은 효용이 작다. 즉 한계효용은 욕망의 강도에 정비례하고 재화의 존재량에 반비례한다는 이론이다. 독일의 경제학자 고센(Gossen)이 처음 밝혀낸 데서 '고센의 제1법칙' 또는 '욕망포화의 법칙' 이라고도 한다.

  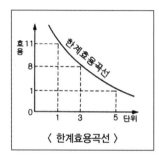

  〈 한계효용곡선 〉

- **한계효용균등**(限界效用均等)**의 법칙**

  일정한 소득을 가진 소비자가 여러 가지 재화를 소비하려는 경우, 재화의 소비에 비하여 얻어지는 주관적인 만족의 정도, 즉 효용의 극대화를 원한다. 이때 효용이 극대화되게 하기 위해서는 각 재화의 한계효용이 균등하게 되도록 재화의 소비를 분배하는 것이 가장 유리하다는 이론이다.

  ➡ '고센의 제2법칙' 또는 '극대 만족의 법칙', '현명한 소비법칙' 이라고도 한다.

• 화폐(貨幣)의 기능

본질적 기능으로는 ① 일반적인 교환수단, ② 일반적 가치 척도로서의 기능을 들 수 있고, 파생적 기능으로는, ③ 가치 저장수단, ④ 일반적 지급수단, ⑤ 자본으로서의 기능, ⑥ 세계화폐로서의 기능을 들 수 있다.

• 경화(硬貨 ; hard money) · 연화(軟貨 ; soft money)

본래는 지폐에 대해 금속주화를 경화라 하였으나 제2차 세계대전 때부터는 금 또는 어느 나라의 통화와도 쉽게 교환될 수 있는 통화를 경화라 하고, 자국통화가 금이나 타국의 태환지폐로 전환 불가능하거나, 허용되지 않는 통화를 연화라 부르게 되었다.

❍ 미국의 달러, 포르투갈의 에스쿠도, 프랑스의 프랑 등이 경화에 속한다.

• 법화(法貨 ; legal tender)

국가 법률에 의해 그 나라의 영토 내에서 법률상의 강제 통용력과 지불능력이 부여된 화폐이다. 금액에 제한 없이 사용할 수 있는 무제한법화(완전법화 ; 지폐)와 일정한 금액까지만 쓰이는 제한법화(불완전법화 ; 은화 · 동화) 두 종류가 있다. 실질가치가 액면가치보다 낮은 보조화폐는 모두 제한법화에 해당된다.

• 본위화폐(本位貨幣 ; standard money)

한 나라 통화의 기본이 되는 화폐로서, 그 명목가치와 실질가치가 일치한다. 법률에 의하여 강제로 통용되는 힘이 부여되어 제한 없이 지불 능력을 갖춘 무제한법화이다.

• 보조화폐(補助貨幣)

본위화폐를 도와 소액 거래에 사용하기 위해 만든 화폐이다. 일반적으로 보조화폐는 실질가치가 명목가치보다 낮으며, 금 · 은 본위제도 아래에서는 통용력이 제한된 제한법화인 것이 보통이다.

❍ 주요 나라의 화폐단위
 1. 미국 · 캐나다 · 대만 · 홍콩 · 싱가포르 · 말레이시아 – 달러(dollar)
 2. 영국–파운드(pound)
 3. 프랑스 · 벨기에 · 룩셈부르크 – 유로화
 4. 독일 – 유로화
 5. 이탈리아 – 유로화
 6. 멕시코 · 아르헨티나 – 페소(peso)
 7. 일본 – 엔(yen ; 円)
 8. 유로(코드: EUR) – 유로는 유럽 연합(EU)의 공식 통화이며, 유로존은 유럽연합(EU)에서 EU의 공동화폐인 유로를 법정통화로 도입하여 쓰는 회원국이나 지역을 일컫는 말로 19개국(독일, 프랑스, 그리스, 아일랜드, 이탈리아, 라트비아, 리투아니아, 룩셈부르크, 몰타, 네덜란드, 포르투갈, 슬로바키아, 슬로베니아, 스페인, 오스트리아, 벨기에, 키프로스, 에스토니아, 핀란드)이 참여하고 있다.

예문 화폐단위 연결 형태가 많이 출제됨.

Q 남지나해에서 발생하여 동북아시아로 부는 바람은?

- **예금통화**(monetary deposit ; 예금화폐)

현금통화(주화 · 정부지폐 · 은행권 등)에 대응하는 통화로, 은행 또는 은행에 예금한 사람이 발행하는 수표나 기타 지불수단의 기초가 되는 예금을 말한다. 발행인의 신용을 전제로 하기 때문에 강제적인 통용력은 없다. 은행의 요구불예금인 당좌예금이 그 대표적인 것인데, 이는 수표의 형태로서 지급수단 · 교환수단의 기능을 다하기 때문에 오늘날 널리 사용되고 있다.

➡ 보통예금 · 통지 예금 · 별단예금 등 요구불예금도 넓은 의미의 예금통화이다.
　예금통화=신용화폐

- **신용화폐**(信用貨幣 ; credit money)

신용경제가 발달함에 따라 화폐와 같은 구실을 하게 된 정부지폐 · 수표 · 어음 등을 신용화폐라 한다. 엄격히 말하면 은행권까지 포함하나 일반적으로 예금통화만을 가리킨다.

➡ 액면가격이 소재가치보다 높은 통화이다.

- **불환지폐**(不換紙幣 ; inconvertible paper money)

한국은행권과 같이 본위화폐와는 일절 바꿀 수 없는 지폐이다. 발행자인 정부나 은행이 본위화폐와 교환해주겠다는 보증을 하지 않고 발행, 발행자인 정부 또는 은행의 신용과 법률의 힘만으로 통용시킨다.

➡ 정부의 재정이 궁핍할 때 가장 간단한 자금조달 형식이기 때문에 자연히 경제적 필요의 정도를 넘어 인플레 · 환불리(換不利) 등과 같은 지폐 팽창 현상을 유발하기 쉽다.

- **태환지폐**(兌換紙幣 ; convertible paper money)

미국의 달러와 같이 그 나라의 본위화폐와 언제든지 교환할 수 있는 지폐를 말한다. 은행권이지만 발행자는 그 소지자가 요구하는 대로 즉시 그것을 본위화폐와 교환해줄 것이 약속된 지폐이다.

- **기축통화**(基軸通貨 ; key currency)

국제 간의 결제나 금융거래에 중심적인 역할을 하는 특정국의 통화로서 미국 달러, 영국 파운드를 말한다. 제2차 세계대전 전에는 영국 파운드화만이 특정국의 통화지위를 확보하여 왔으나 대전 후에는 미국이 각국 중앙은행에 달러의 금태환을 약속함에 따라 달러가 기축통화로서 중심적 위치를 차지하게 되었다. 그러나 1971년 미국이 달러의 금교환성을 중지하자 달러는 진정한 의미의 기축통화로서의 자격을 잃기는 했으나 사실상 기축통화의 역할을 하고 있다.

➡ 미 예일대학 트리핀 교수가 처음 쓴 말인데, 국제통화라고도 한다.

Ⓐ 태풍

123

- **금약관**(金約款 ; gold clause)
  금전 채권 계약에서 계약 당시의 금의 가치로써 변제하기로 약속한 조항을 말한다. 장차 발생할 화폐 가치의 하락에 대한 담보약관으로, 국제 간의 거래에 널리 사용된다. 형식적으로 소정 금화의 일정량으로 지불하기로 하는 금화약관과 그 금화 상당액을 지불하기로 하는 금가치 약관이 있다.
  ○ 채권자의 손실을 방지하자는 데 가장 큰 목적이 있는 약정이다. 따라서 환시세가 안정되어 있지 않은 통화에 요구된다.

- **유동성선호**(流動性選好 ; liquidity preference)
  자산을 유동성이 가장 높은 화폐의 형태로 보유하고자 하는 욕구를 말한다. 이 유동성선호와 이자와의 관계를 설명한 것이 케인스의 '유동성선호설'인데, 이자는 저축이나 대부자본에 대한 보수가 아니라 유동성선호 경향을 포기한 데 대한 대가라는 설이다.
  ○ 케인스는 유동성선호의 동기로 거래적 동기 · 예비적 동기 · 투기적 동기를 들고, 이자율에 가장 민감한 반응을 보이는 것은 투기적 동기라 했다.

- **그레샴의 법칙**(Gresham's law)
  16세기 영국의 재정가 그레샴이 주장한 것으로 '악화(惡貨)가 양화(良貨)를 구축(驅逐)한다(Bad money drives out good money.)'는 이론이다. 즉, 한 나라 안에서 실질가치가 다른 두 가지 이상의 화폐가 같은 명목가치로 유통될 경우, 실질가치가 우량한 화폐(良貨)는 녹여서 지금(地金)으로 하거나 저장 · 유폐 · 국외유출로 말미암아 시장에서 자취를 감추고 실질가치가 나쁜 악화(惡貨)만이 유통된다는 법칙이다.
  ○ 요즘같이 사용화폐가 중요한 경우에는 이 법칙이 역사적인 의의밖에는 없으나, 근래 이 법칙을 '나쁜 것이 좋은 것을 몰아내고 행세한다'는 일반적인 사회현상에 적용하는 경향이 있다.

- **화폐수량설**(貨幣數量說)
  물가의 등락은 화폐 수량의 증감에 비례한다는 화폐이론이다. 곧, 화폐도 일반 상품처럼 수요 · 공급의 원리에 의해 그 공급량이 많고 적음에 반비례하여 가치가 증감하며, 이에 따라 물가도 등락한다는 것이다.
  ○ 이 학설의 대표자는 미국의 피셔(L. Fisher)이다.

- **디노미네이션**(denomination)
  본래 화폐단위의 호칭을 뜻하지만 보통화폐의 호칭단위의 절하란 의미로 쓰인다. 예컨대 100원을 1원으로 변경하는 경우 등인데, 절하 전의 화폐단위의 호칭과 절하 후의 화폐단위의 호칭을 구별하지 않으면 혼동되므로 구(舊)원 신(新)원 등의 명칭을 쓴다. 인플레로 인해 금액의 표시가 방대해져 계산 · 기장 · 지불 등이 복잡해졌을 때 행한다.

Q 99세를 한자로 나타내면?

○ 일종의 화폐 평가절하로, 인플레이션 타개책과 관계가 깊다. 우리나라에서는 1953년 2월 13일(100 : 1, 圓→園)과 1962년 6월 10일(10 : 1, 園→원)에 단행한 바 있다.

• 환율(換率 ; foreign exchange rate)

한 나라의 화폐와 타국 화폐와의 교환비율을 말한다. 환시세 · 외환시세라고도 하는데, 화폐의 대외가치는 보통 외환시세에 의해 측정되고, 화폐의 대내가치는 물가지수로 측정된다.

예문 화폐의 대외가치 · 대내가치는 무엇으로 측정하는가? 평가절상 · 평가절하의 영향은? 환율 변동과 수입 · 수출의 관계를 묻는 문제로 출제됨

• 평가절하(平價切下) · 평가절상(平價切上)

외화의 수요와 공급이 균형을 이루지 못할 때 환율을 인상하거나(평가절하) 인하하는(평가절상) 것으로, 평가절하를 하면 수출증대 · 수입감소 · 물가상승의 영향이 오고, 평가절상을 하면 반대로 수출감소 · 수입증대 · 물가안정이 온다. 다시 말하면, 평가절하를 하면 외화표시 수출가격은 그만큼 싸지므로 해외수요가 전보다 증대하여 수출이 늘고, 수입품의 자국화폐 표시가격은 등귀하므로 수입은 감소한다. 따라서 국제수지의 적자가 시정되는 현상이 있다. 다만 평가절하는 수입원료의 가격 상승, 그것을 사용한 수출품 가격의 상승이라는 2차 효과를 가져와 절하효과를 상쇄한다는 것에도 주의를 요한다. 평가절상은 이와는 정반대 현상으로 보면 된다.

○ 1. 환율인상=평가절하 : 화폐 단위의 가치를 내리는 일.
　 2. 환율인하=평가절상 : 화폐 단위의 가치를 올리는 일.

• 고정환율제(固定換率制 ; fixed exchange rate system)

외환시세의 변동을 극히 제한된 범위 내에서 평가하여 환율을 고정적으로 묶어두는 제도를 말한다. 이를 위해 정부는 환시장에 개입하여 투기를 막는다. 이 제도는 무역거래에서 환리스크를 작게 하기 때문에 무역촉진을 위해 여러 나라에서 채택해 왔으나, 국제수지에 기초적 불균등이 있는 경우에는 대폭적인 평가변동을 하여야 하는 단점이 있다.

• 자유변동환율제도(自由變動換率制度)

고정환율제도의 반대 개념으로 환율이 외환시장에서의 수급상황에 따라 자유롭게 결정되도록 하는 가장 신축적인 환율제도이다. 이 제도를 시행할 때 정책당국은 환율의 단기적 급변동을 완화하기 위해 제한적, 비주기적으로만 시장에 개입한다. 환율이 수요와 공급에 따라 자유롭게 결정돼 시장기능이 더욱 활성화되는 장점이 있는 반면 급격한 환율변동시 경제가 충격을 받는 단점도 있다. 변동환율제도에는 자유변동환율제도와 제한적 변동환율제도가 있다.

Chapter 3-04 경제 (세로)

A 白壽

○ 킹스턴(Kingston) 체제는 가맹국이 자국이 채택할 환율제도를 IMF에 보고하도록 규정하고 세계 경제가 안정적일 때는 회원 85% 이상의 찬성이 있을 경우 조정 가능한 고정환율제로 복귀할 수 있도록 하였다.

• **스네이크**(snake ; 공동변동환율제)

특정 통화간에는 고정환율제(또는 그와 유사한 제도)를 채택하면서 그 밖의 통화에 대해서는 공동으로 자유롭게 변동시키는 환율제도이다. 대표적인 예가 EMS(유럽통화제도)인데, 영국과 그리스를 제외한 EC 8개국이 참가하고 있는 것으로 역외통화에 대해 공동으로 변동해 간다.

○ 뱀(Snake)이 기어가는 모습을 연상시킨다 해서 이러한 이름이 붙여졌다. 고정환율제에서 정해져 있는 좁은 허용변동폭이 뱀의 몸체에 해당된다.

• **구매력 평가설**(購買力評價設 ; purchasing power parity)

두 나라 사이의 환시세는 두 나라의 화폐가 자기 나라에서 가지는 구매력의 비율에 의하여 결정되고 변동된다는 학설이다. 스웨덴의 카셀(Cassel)이 금본위제도가 폐지된 후 외환시세의 변동을 설명하는 데 쓰인 학설이었으나, 기준이 되는 상품의 선정이 곤란한 점 등의 결점을 지니고 있다.

○ 카셀 : 스웨덴의 경제학자로 화폐정책론 · 구매력 평가설 · 금과 물가수준의 관계 등을 연구하였다.

• **일반은행**(一般銀行 ; 보통은행)

은행법에 의하여 설립 · 운영되는 주식회사 조직의 상업금융기관이다. 일반은행은 예금을 받아들여 주로 단기금융을 하며, 수신업무(예금) · 여신업무(대출) · 환업무를 하고 있다. 일반은행은 서울 등 대도시에 본점을 둔 시중은행과 지방 도시에 본점을 둔 지방은행으로 분류된다.

○ 일반은행의 3대 업무
  1. 예금(수신)업무 : 당좌예금 · 보통예금 · 정기예금 · 저축예금 · 정기적금 · 통지예금 · 별단예금
  2. 대출(여신)업무 : 어음할인(상업어음 할인 · 화물환어음 할인) · 대출(증서대출 · 어음대출 · 당좌대월)
  3. 환업무 : 내국환(송금 · 이체 · 대금추심) · 외국환(환의 취결 · 수입 신용장의 개설)

• **특수은행**(特殊銀行 ; specialized banks)

상업금융기관인 일반은행이 재원 · 채산성 · 전문성 등의 제약으로 자금을 공급하기 어려운 국민경제의 특수부문에 필요한 자금을 원활히 공급해 줌으로써 국민경제의 균형적 발전을 도모하기 위해 설립된 은행이다. 우리나라의 특수은행으로서는 중요산업에 중장기 수출입신용을 담당하는 한국수출입은행, 한국산업은행, 중소기업은행 등이 있다.

○ 비(非)은행 금융기관 : 단자회사 · 상호신용금고 · 보험회사 · 신용협동조합 · 전당포 등이 있다.

예문 일반(보통)은행 3대 업무를 묻는 문제, 특수은행 · 일반은행을 가려내는 문제가 출제됨

Q 손님으로 가장한 채 매장을 방문하여 서비스나 품질을 평가하는 사람은?

- **은행의 종류**
    1. **특수은행** : 한국은행 · KDB산업은행 · 한국수출입은행 · 기업은행(중소기업은행) · 농업협동조합중앙회 · 수산업협동조합중앙회 · 새마을금고 · 신용협동조합중앙회 · 우체국
    2. **시중은행** : KB국민은행 · 신한은행 · 우리은행 · KEB하나은행 · 스탠다드차타드은행 · 한국씨티은행
    3. **지방은행** : 부산은행 · 대구은행 · 경남은행 · 광주은행 · 전북은행 · 제주은행

- **중앙은행**(中央銀行 ; central bank)
    우리나라의 한국은행, 미국의 연방준비은행, 영국의 잉글랜드은행 등과 같이 한 나라 금융제도의 중추적인 기능을 담당하는 특수은행이다. 은행권을 독점 발행하는 '발권은행(發券銀行)'이며, 국고금에 대한 업무를 다루는 '정부은행'이고, 시중 금융기관으로부터 예금의 수탁 · 대부, 어음의 재할인과 금융의 통제를 하므로 '은행의 은행'이라고 일컬어진다.

- **금융통화위원회**(金融通貨委員會 ; 금통위)
    통화의 운영 · 관리 및 한국은행 내부 운영에 관한 사항을 심의 · 의결하는 한국은행의 합의제 정책결정기구이다. 위원회는 당연직인 한국은행 총재와 재정경제부 장관 · 한국은행 총재 · 금융감독위원회 위원장 · 대한상공회의소 회장 · 전국은행연합회 회장 · 한국증권업협회 회장이 각각 1인씩 추천하는 임명직 위원 6인 등 총 7인으로 구성되고 임기는 4년이다. 외국환 · 통화 · 신용에 관한 정책수립 및 한국은행의 업무 · 운영관리 등을 지시 · 감독할 뿐 아니라, 은행감독원을 통해 금융기관에 대한 감독과 검사를 할 권한이 있다.

- **통화안정증권**(通貨安定證券)
    시중에 풀린 돈을 흡수하기 위해 한국은행이 금융기관과 일반인을 대상으로 발행하는 증권이다. 한국은행은 총통화의 25% 범위 안에서 이 증권을 매각 또는 매입함으로써 통화량을 조절하는데, 처음 발행된 1961년에는 할인율이 시장의 실세금리를 반영하지 못해 일반공모 방식보다는 주로 금융기관 인수 형식을 띠었다.

○ 금리 현실화 이후 투자가치를 인정받아 일반매출이 늘어나 이제는 이자지급 증가와 이에 따른 적자 누적이 새로운 골칫거리가 되고 있다.

- **관리통화제도**(管理通貨制度 ; managed currency system)
    통화 관리자인 정부나 중앙은행이 금준비를 고려하지 않고 통화의 발행량을 경제사정에 따라 합리적으로 통제 · 관리하는 제도이다. 이의 목적은 통화량 조절로 물가를 안

정시키는 데 있다. 통화량의 조절수단으로는 발행고 조작, 공개시장 조작, 지급준비율 조작, 재할인율정책(금리정책) 등이 있다.

❍ 금본위제도에 상대되는 것으로, 케인스가 주장한 은행주의에 입각한 제도이다.
중앙은행의 통화조절정책 : 공개시장정책 · 지급준비율정책 · 재할인율정책

• 공개시장정책(open market operation policy)

중앙은행이 금융시장에서 국공채, 주식 등 유가증권을 매매함으로써 자금의 공급을 조절하려는 정책이다. 시중에 통화량이 많아 경기가 과열될 염려가 있을 경우 중앙은행은 보유하고 있는 유가증권을 팔아 민간의 자금을 거둬들인다. 반대의 경우에는 유가증권을 사들여 자금을 시중에 방출한다. 이 정책은 증권시장이 발달된 선진국에서는 효과가 크나, 증권시장이 발달하지 못한 나라에서는 큰 효과를 거두기 어렵다.

❍ 우리나라에서는 공개시장정책으로 한국은행이 통화안정증권을 팔거나 사들임으로써 시중의 자금을 조절하고 있다.
공개시장정책의 효과 : 매입 조작→통화량 증가 / 매각조작→통화량 감소

• 지급준비율정책

은행은 고객의 예금에 대한 일정 비율의 지불(지급)준비금을 중앙은행에 예치해야 하는 것을 법으로 정하고 있는데, 중앙은행이 이 지불준비율을 올리거나 낮춤으로써 시중은행의 파생통화량을 조절하는 정책을 말한다. 지불준비율을 약간만 변동시키더라도 은행의 자금 공급과 수지에 미치는 영향이 크므로 선진국에서는 이 정책을 자주 쓰지 않는다. 그러나 재할인율정책이나 공개시장정책을 효과적으로 사용할 수 없는 나라의 경우, 통화량 조절의 수단으로 사용할 때가 많다.

❍ 지급준비율정책 효과 : 지급준비율 인상→통화량 감소 / 지급준비율 인하→통화량 증가

• 재할인율정책(再割引率政策 ; 금리정책)

중앙은행이 시중은행에 대한 이자율(재할인율)을 조절함으로써 간접적으로 일반은행의 대출량을 조절하는 정책이다. 재할인율을 올림으로써 기업과 가계에 대한 은행의 대출량을 감소시키고, 반대로 재할인율을 내림으로써 은행의 대출량을 증가시킨다. 이 정책은 일반은행이 중앙은행에 의존하는 정도가 클수록 효과가 크며, 자금 수요가 자금 공급을 언제나 초과하고 있는 나라에서는 그다지 큰 효과를 발휘하지 못한다.

❍ 재할인율정책 효과 : 재할인율 인상→통화량 감소 / 재할인율 인하→통화량 증가
재할인율 : 일반은행이 할인한 어음을 다시 중앙은행에 할인할 때와 중앙은행으로부터 현금을 차입할 때에 그 차입에 붙는 이자율이다.

예문 중앙은행의 통화조절정책은 매우 출제빈도가 높은 문제임. 다음 중 중앙은행의 통화정책이 아닌 것은? 지불준비율을 인하하면? 재할인율을 인상하면? 시중에 자금이 부족하면? 물가가 상승하면? 등으로 출제됨

Q 유로화 출범 시 유로화 가입국(유로랜드) 수는?

• 중앙은행의 금융정책

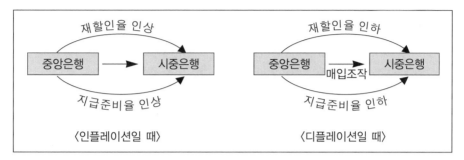

• 통화량(通貨量)

일정한 시점에 민간이 보유하고 있는 현금통화와 통화성예금(예금통화)의 합계를 말한다. 우리나라 화폐의 민간보유량은 한국은행에서 발행된 한국은행권 및 주화의 총액에서 전체 금융기관이 보유하고 있는 순현금을 뺀 것이다. 통화성예금은 전체 금융기관에 예입되어 있는 민간 및 지방자치단체의 당좌예금과 요구불예금의 합계액에서 전체 금융기관이 보유한 채 아직 청산되지 않고 있는 수표 및 어음액을 뺀 것이다.

❍ 통화량＝현금통화＋통화성 예금(예금통화 · 요구불예금)

• 총통화(總通貨 ; total money)

통화량(현금통화＋예금통화)에 저축성 예금까지를 합친 화폐총량을 말한다. 최근 통화 구조가 저축성예금이 자본시장으로 유입되면서 요구불예금화하고 있어 유동성 지표로서 통화량 대신 총통화제를 쓰고 있는데, 이런 현상이 총통화에는 영향이 없으나 통화량은 늘어나는 결과가 된다.

❍ 총통화＝현금통화＋통화성 예금＋저축성 예금

• 요구불예금(要求拂預金 ; demand deposit)

예금자의 청구에 의하여 언제든지 지급되는 예금으로, 당좌예금 · 보통예금 · 별단예금 등이 해당된다.

❍ 저축성예금 : 일정기간이 경과해야 예금을 찾는다는 계약이 체결된 고정성 예금으로, 대표적인 것은 정기예금 이다.

• 예금의 종류

1. 요구불예금 : 당좌예금 · 별단예금 · 보통예금 · 가계종합예금

2. 저축성예금 : 정기예금 · 저축예금 · 가계예금 · 정기적금

A 12개 국

• 정기예금(定期預金)

예금할 때 미리 일정한 예입기간을 정해 놓고, 그 기간 안에는 찾지 못하는 예금으로, 저축성예금의 대표적인 것이다. 예금자는 유휴자금을 높은 이율을 받으며 안전하게 보관할 수 있고, 은행측에서도 예금기간 중에는 안심하고 운용할 수 있는 장점이 있다.

○ 일정기간 안에는 인출할 수 없는 구속력이 있는 반면에 이율은 높다.

• 당좌예금(當座預金 ; current deposit)

수표 또는 어음을 발행하여 돈을 인출할 수 있는 예금이다. 은행이 예금자의 요구에 따라 언제든지 예금액을 지불하기로 미리 약정되어 있는 요구불예금이다. 지불을 요구할 때에는 예금자가 수표를 발행하게 되는데 발행된 수표를 소지한 사람은 직접 또는 어음교환소를 통하여 은행에 수표를 넣고 결제받는다.

○ 당좌수표는 대금결제 수단으로 발행되는데, 이자가 없어 저축성 예금은 못된다.

• 당좌대월(當座貸越 ; over draft)

은행이 당좌예금 거래처에 대하여 미리 일정한 한도액을 정하고 그 한도액 이내라면 언제든지 당좌예금의 잔고 이상의 수표를 발행하여도 지불에 응하는 대여의 종류를 말한다.

○ 초과액에 대해서는 부동산을 담보시키는데, 이때의 담보를 근저당이라고 한다.

예문 요구불예금이며 이자가 없는 것에 포인트를 맞춘 문제들이 출제됨

• 별단예금(別段預金)

당좌·보통·정기 등의 일반예금과는 달리 당좌거래가 없는 고객으로부터 어음의 추심 대금이나 유가증권의 매각 의뢰를 받았을 경우 또는 주식배당금, 사채권의 모집 등을 대행하여 들어온 돈을 본인에게 지불할 때까지 일시적으로 예치하기 위한 예금을 말한다.

○ 잡종예금·잡예금이라고도 한다.

• 신용창조(信用創造 ; credit creation)

은행이 대부에 의해 당초 예금액의 몇 배 이상으로 예금통화를 창출하는 현상을 말한다. 은행은 본원적 예금이 들어오면 일정비율의 지급준비금을 남기고 그 나머지를 대출하는데, 이 대출금이 다시 은행으로 예입되어 지급준비금만 남기고 또 다시 대출된다. 이 과정이 반복되면서 예금과 대출(즉 신용)은 증가한다.

○ 신용창조 가능액 산출법 : 본원적 예금을 C, 지급준비율을 R, 신용창조 가능액(한도액)을 X라고 하면,

$$X = \frac{C}{R} - C = \frac{C(1-R)}{R}$$

Q 전파를 이용, 공간적으로 자유롭게 이용할 수 있는 통신방법은?

신용창조 가능액을 산출하는 문제가 많이 출제되니 뒤에 나오는 실제문제들을 풀어보자. 신용창조 가능액 산출에 은행의 이자율은 전혀 상관없으니 혼동하지 말 것

• 어음(draft, bill note)

발행하는 사람이 일정한 금액을 일정한 시기와 장소에서 무조건 지급한다는 사항을 기재하고 서명한 유가증권이다. 넓은 의미의 어음에는 수표도 포함되나 보통 환어음 · 약속어음 및 하환어음을 가리키며, 이 셋을 상업어음이라 한다. 어음은 주로 신용의 수수수단(授受手段)으로 사용되므로 신용증권이라고도 한다.

➡ 어음 대부(貸付) : 은행이 빚을 갚는 날까지의 이자를 제한 금액으로 차용자의 약속어음을 매입하는 방법을 말하며, 주로 단기대부에 이용된다.

• 약속어음 · 환어음

약속어음은 발행인이 수취인에 대하여 일정기간 후에 일정금액을 일정한 장소에서 지급할 것을 약속하는 증권이므로 발행인이 주된 채무자로서의 의무도 동시에 부담하게 된다. 환어음은 발행인이 지명인(인수인)에게 만기에 일정금액을 수취인 또는 그 지시인에게 지급하도록 위탁하는 증권이다. 약속어음과는 달리 어음 관계자가 3인이며, 지명인은 어음의 지급인이다.

➡ 환어음이 주로 원격지, 특히 국제 간의 송금 또는 대금 추심을 위하여 이용되는 데 대하여 약속어음은 지급의 수단 · 신용의 수단으로 이용되며, 금전소비 대차에서는 차용증서 대신으로 사용된다.

약속어음과 환어음의 차이점, 수표와 환어음의 차이점, 약속어음의 필요적 기재요건(지급지 표시 · 수취인 표시 · 만기 표시)을 묻는 문제들이 출제됨

• 약속어음과 환어음의 차이점

구분	약속어음	환어음
표시문자	약속어음 표시문자	환어음 표시문자
기재인명수	발행인 · 수취인(당사자 2인)	발행인 · 수취인 · 지급인(당사자 3인)
인수절차	인수 제시 필요 없음(발행인=지급인)	인수 제시 필요(지명인=지급인)
기재문구	지급의 무조건 약속	지급의 무조건 위탁
만기표시방법	주로 확정일 출급	일람출급 · 일람 후 정기출급 · 발행일자 후 정기출급 · 확정일 출급

• 유전스 빌(usance bill ; 기한부 어음)

일람출급 어음에 대칭되는 것으로 일람 후 30일, 60일, 90일, 120일과 같은 식으로 지불기간이 정해진 어음이다. 외환어음의 경우 일람출급 환어음에 대해 외환은행이 신용

을 공여한 뒤 일정 기간 지불을 연기해 주는 수가 있다. 이것을 일반적으로 유전스라 하는데, 이 유전스가 붙은 외환어음의 시세는 일람출급 환어음에 비해 기한까지의 이자 상당분만 다르다. 수입상이 기한부 어음을 이용하면 사들인 상품을 팔아 그 대금으로 어음 결제를 할 수 있어 편리한데, 수출상의 입장에서 보면 유전스 기한만큼 대금회수를 유예하는 셈이 된다. 수입환에 유전스가 붙는 것을 수입 유전스, 수출환에 유전스가 붙는 것을 수출 유전스라 한다.

⭕ 약속어음이든 환어음이든 지불기간이 정해져 있는 것은 기한부 어음이다.

　달러 유전스 : 달러에 의한 외국은행의 유전스를 말한다. 미국계 은행이 특정국 은행에 일정 한도의 신용을 공여하고 특정국 은행이 자기 나라 수입상에게 유전스 빌의 사용을 허용하는 방식이다.

• 어음 할인(discount)

어음 소지인이 어음에 기재된 지급기일 전에 돈을 쓰고자 할 때, 은행에서 그 지급기일까지의 이자를 액면금액에서 뺀 잔금을 지급하고 그 어음을 사들이는 일을 말한다.

⭕ 재할인 : 일반은행이 할인한 어음을 중앙은행이나 다른 금융기관에서 다시 할인하는 것.

• CP(commercial paper ; 신종기업어음)

기업어음의 일종으로, '81년에 도입되었는데, 기업의 단기자금 조달을 쉽게 하기 위해 금리가 자율화되어 있는 어음이다. 가장 큰 특징은 기업과 투자가 사이에 금리를 자율로 결정하게 한 것인데, 한때 25~30%선의 높은 수준으로 발행된 적도 있다. 이에 따라 CP발행금리도 규제, 현재 A급 기업 금리는 완전자율화, B급 기업은 13.05% 범위 내에서 발행토록 하고 있다.

⭕ 최저 액면금액 1천만 원 이상, 예치기간은 91일 이상 180일까지이고 일단 매입한 이상 중도환매가 안된다.

• CD(certificate of deposit ; 양도성 예금증서)

정기예금의 일종이지만, 만기가 되기 전이라도 시중에 내다 팔 수 있는 양도성 예금증서이다. 은행의 자금조달원의 확대를 통해 금융시장의 균형 있는 발전을 도모하고, 시장금리와 공급리간의 격차를 축소하는 한편, 시중의 유휴 자금을 제도금융권으로 흡수하기 위해 발행되었다. CD의 최저액면 단위는 '84년 발행 당시는 1억 원 이상이었으나 '87년 2월부터 5천만 원으로 하향 조정되었으며, '86년 3월부터 최고금리제가 폐지되고 금리가 자율화되었다.

예문 CD란? CMA란? 등으로 영문 약어의 우리말 풀이를 묻는 문제가 객관식으로 많이 출세되고, 언론사에서는 주관식으로 자주 출제됨

• CMA(cash management account ; 어음관리구좌)

단자회사가 투자자들의 예탁금을 신종기업어음(CP)·양도성 예금증서(CD)·단기 국공채 등 높은 수익의 금융상품으로 운용 관리하여 그 수익금을 투자자에게 되돌려주는

Q 세계 3대 영화제는?

금융 방식이다. 통장식으로 거래되어 입출금이 자유롭고 단자회사가 책임지고 운영하므로 안정성이 매우 높다.

○ 최저 예탁한도는 서울지역은 4백만 원, 지방은 2백만 원 이상이다.

• **수표**(手票 ; check)

일정금액의 지급을 발행인이 제3자에게 위탁하는 형식의 유가증권이다. 은행의 당좌예금 또는 우편대체의 수표계좌 등을 가지고 있는 사람이 일정한 금액을 그 소지자에게 지급하여 줄 것을 은행·우체국에 위탁함으로써 유통된다. 이에는 보통수표·횡선수표·지불보증수표(자기앞 수표) 등이 있다.

○ 금전 지급의 위탁증권이라는 점에서 환어음과 같고, 금전 지급의 약속증권인 약속어음과 구별된다.

• **자기앞수표**(cashier's check)

발행인(은행)이 자기를 지급인으로 하여 발행하는 수표(발행인=지급보증=지급인)를 말한다. 발행한 은행이 도산하기 전에는 지급이 보장되므로 우리나라에서는 오늘날 보증수표의 역할을 담당하고 있다.

○ 1957년의 금융단 협정에 의해 보증수표 대신 자기앞수표를 유통하고 있다.

• **횡선수표**(橫線手票 ; crossed check)

도난 또는 분실의 위험을 방지하기 위해서 수표에 횡선(왼편 위쪽 모퉁이에 두 줄)을 그어 지정은행이나 거래처은행을 통해서만 지불을 받을 수 있게 한 수표를 말한다. 보통은행 또는 그 거래소의 청구에 의해서 지불되는 보통횡선수표와 특정은행의 청구에 응하여 지불되는 특별횡선수표가 있다.

• **가계수표**

가계의 일상 생활자금을 가계종합예금에 예치시켜 두고 필요할 때마다 발행하여 지급결제수단으로 활용하는 수표를 말한다. 가계종합예금 가입자가 예금잔액 범위 내에서 수표를 발행하면 수취인이 발행인의 신용을 믿고 수표를 받을 수 있다. 또 가계수표를 이용하면 발행인은 현금을 소지할 때의 위험을 줄일 수 있고, 예금잔액에 대해서는 연 4%의 이자를 받을 수 있으며, 일정액을 대월 받을 수도 있다.

○ 가계종합예금 가입은 각 은행이 자율적으로 자격을 정하여 시행하고 있는데, 예금의 최고 예치한도는 제한이 없다.

• **유가증권**(有價證券)

일정한 금전이나 화물 등의 유가물에 대해 청구할 수 있는 권리가 표시된 증권, 즉 사법상의 재산권을 표시한 증권을 말한다. 경제적 성질에 따라 물품증권(선하증권·물품

A 칸, 베니스, 베를린 영화제

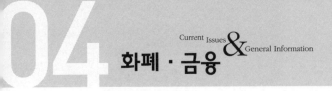
교환권) · 화폐증권(어음 · 수표) · 자본증권(주권 · 사채권) 등 세 가지로 분류된다. 이에 대해 유가증권이 아닌 것은 차용증서 · 은행권 · 수입인지 · 우표 · 화폐 · 영수증 · 입장권 등이다. 단, 상품권은 유가증권의 일종이다.

예문 유가증권과 유가증권이 아닌 것을 고르는 문제가 많이 출제됨

• 금전증권(金錢證券)

수표 · 어음 · 사채 등과 같이 유통수단으로 사용함으로써 화폐를 대용할 수 있는 가치증권을 말한다. 상품증권 달리 상업거래의 목적물로서 이용되기보다 신용의 수수 수단 및 지급 용구로 많이 이용된다. 환어음 · 약속어음 · 수표 등이 이에 속한다.

➡ 금전증권 중 환어음 · 약속어음을 신용증권, 수표를 지불증권(화폐증권)이라 한다.

• 콜 론(call loan) · 콜 머니(call money)

주로 은행 · 보험 · 증권업자간에 이루어지는 거액의 단기간 대차를 말한다. 수표나 어음 등을 교환할 경우 결제상 차질이 생길 때는 콜을 쓰는데, 콜을 빌려주는 입장에서는 콜 론, 빌리는 쪽에서는 콜 머니라 한다.

➡ 이러한 거래가 성립하는 대차시장을 콜(call) 시장, 그 금리를 콜 레이트(call rate), 중개업자를 단자업자라 한다.

• 오버 론(over loan)

대출초과 · 초과대부란 뜻으로, 은행의 예금액 이상으로 대출이 된 경우를 말한다. 즉 은행의 대출, 유가증권 등 전 운용자금이 예금과 자기 자본의 합계액을 초과한 경우로서, 부족 자금은 중앙은행으로부터의 차입에 의존하게 된다.

➡ 오버론은 곧 금융적자를 의미하며, 인플레이션의 원인이 된다.

• 뱅크 론(bank loan)

국제 간 민간경제 협력방식의 하나로 은행간의 차관을 말한다. 일반적으로 차관은 정부나 기업이 개발도상국의 정부나 기업에 대해 자금을 대출하지만, 뱅크론은 은행이 개발도상국의 은행에 대출한다. 통상적인 대출과 달리 용도를 지정하지 않는 것이 많으며 개별 안건의 소액차관이 아니라 한번에 상당한 금액을 대출한다.

➡ 개발도상국의 국내 사정이나 기업의 신용도 등을 정확히 파악하기가 어려우므로, 상대국의 기업에 직접 대출하지 않고, 뱅크론 형태를 이용하는 것이다.

• 임팩트 론(impact loan)

국내자금으로는 합리적인 자금조달이 이루어지지 않을 뿐만 아니라 국내자금을 사용함으로써 인플레이션을 일으킬 염려가 있을 경우에 들어오는 외국차관을 말한다. 즉, 인플레의 충격을 피하면서 국가경제를 안정적으로 이끌기 위해 들어오는 외국차관을 말한다.

Q 2024년 올림픽(하계) 개최지는?

○ 임팩트론은 용도에 규제가 없는, 즉 조건부가 아닌 외국차관이다.

• 타이드 론(tied loan)
국제간의 조건부 융자를 말한다. 자금을 빌려주는 측이 미리 용도를 지정하고 그 운용을 감독하는 형식의 차관이다. 수출업자가 수입업자에게 신용을 공여하고 그 대금지불을 일정기간 연장해 주는 연불수출이 그 전형적인 예이다.

○ 이를 구속차관이라고도 하는데, 대부하는 나라의 수출 진흥이 목적이다.

• 소프트 론(soft loan)
일반적으로 대부조건이 까다롭지 않은 차관을 말한다. 세계은행(IBRD ; 국제부흥개발은행)의 자매기구로 설립된 IDA(국제개발협회)의 특색 있는 차관 방식인데, IDA는 차관 도입국의 현지통화로 상환하는 것을 인정하는 등 세계은행에 비해 간단하고 유리한 조건으로 대부해 주고 있다. ADB(아시아개발은행)도 이에 속한다.

○ 교환성을 갖지 않는 통화, 즉 현지통화로 변제가 인정되는 차관이다.

• 리보 금리(LIBOR ; London Interbank Offered Rate)
런던 은행간 거래금리를 말하는데, 통칭 리보 레이트라 한다. 국제금융 거래의 기준이 되는 금리로 유러달러의 자금사정에 따라 변동한다. 국제적인 융자계약시 금리는 LIBOR에 몇 %를 가산하는가에 따라 결정된다. 따라서 LIBOR가 유러달러 예탁 코스트에, 가산금리(spread)는 금리 마진에 해당한다.

○ 리보 금리의 변동은 세계 금융시장에 큰 영향을 미치는데, 미국의 금융정책으로부터 큰 영향을 받기도 하고 반대로 영향을 끼치기도 한다.

• 모라토리엄(moratorium ; 지급유예)
본래 공황·천재(天災) 등 긴급한 사태에서 정부가 법률로 일정기간 은행의 채무이행을 유예시키는 것을 말한다. 세계 금융공황 당시 미국과 유럽 주요국에서 실시된 바 있으나 최근에는 원자력 분야에서 자주 사용된다.

○ 미국 각주에서는 원자력발전소 설치금지(moratorium)를 요구하는 법안이 주민투표에 부쳐져 경제 외적으로 모라토리엄이라는 말이 쓰인다.

• 스탠드바이 크레디트(stand-by credit)
상사의 해외지점이 현지의 외국은행으로부터 융자를 받을 때에 외환은행이 보증을 서는 것을 말한다. 예컨대 한국의 재미상사가 미국은행으로부터 돈을 빌리고 그 상환을 한국의 은행이 보증할 때 보증의 목적으로 한국의 은행이 발행하는 신용장을 말한다.

○ 클린(clean) : 신용장의 하나로, 주로 무역 신용의 보증을 목적으로 발행한다.

A 파리

- **프라임 레이트**(prime rate)

  미국에서 규모가 큰 은행이 신용도가 좋은 우량기업체에 대하여 단기 사업자금을 대부할 때 적용하는 최우대 금리를 말한다. 우리나라에서도 이 제도를 도입하여 우량기업체에 대하여 일반기업체의 대출 이자율보다 1~1.5% 낮게 책정하여 우대해주고 있다.

  ❍ 미국 전체 대출자금 중 약 60%가 이 프라임 레이트를 적용 받고 있는데, 보통 무담보이다.

- **지로제**(GIRO system)

  은행의 예금계좌를 이용해 수취인과 지급인이 만나지 않고 자금을 주고받을 수 있는 이체제도이다. 지로 거래의 유형으로는 지급인이 수취인에게 자금을 송금할 때 이용하는 일반 이체, 급여나 배당금 등 정기적으로 자금을 송금할 때 이용하는 계좌이체(transfer), 전기 · 전화료 등 각종 요금을 사전계약에 의거하여 자동적으로 납부해 주는 자동계좌이체(automatic transfer)가 있다.

  ❍ 지로(Giro)는 '뱅뱅 돈다' 는 뜻의 그리스어이다. 우리나라에서는 1977년 2월 서울지역에서 은행이 수납 대행하던 전기요금 수납을 지로화 하면서 이 제도가 시행되었다.

- **소비자금융**(消費者金融 ; consumer credit)

  소비자(가계부문)가 소비재 구입 시에 필요한 자금을 융통해 주는 것을 말한다. 금융기관과 제휴기업 사이에 포괄보증계약이 이루어져 그 기업의 상품 구입자금을 대여하는 것과 특정 소비재를 구입하는 소비자에게 신용 공여를 하는 것이 있는데, 그 상환은 일괄 상환이나 할부 상환으로 이루어진다.

  ❍ 이는 미국에서 발달, 1920년대 내구소비재 보급이 그 효시였다. 우리나라에서도 1979~80년 자동차 · 가전제품에 대해 정책적으로 추진되었다.

- **팩터링 제도**(factoring system)

  팩터링이란 매출채권 인수업을 말하며 팩터링 제도는 이를 위한 금융제도를 뜻한다. 신용에 의한 상거래를 보장하는 금융제도의 하나로 미국 · 영국 · 일본 등 선진국가들에서 오래 전부터 보급되어 왔다. 채권인수를 담당하는 회사는 신용상태가 좋은 물품구입자 대신에 물품대금을 매출자에게 지급해 주는데, 이 제도로 매출자나 매입자 모두 큰 부담 없이 외상거래를 할 수 있다.

- **간접금융 · 직접금융**

  금융기관을 통하여 자금의 공급과 수요가 이루어지는 금융을 간접금융이라 하고, 자금의 공급자가 직접 기업의 주식이나 사채를 매입함으로써 이루어지는 금융거래를 직접금융이라 한다. 직접금융이 이루어지는 시장을 증권시장 또는 자본시장이라 하는데, 이는 발행시장과 유통시장으로 구분된다. 발행시장이란 기업이 신규로 발행한 주식이

Q 1880년대 아르헨티나와 우루과이 사이의 라플라타 강을 따라 기원한 파트너 댄스는?

나 사채를 일반에게 공모하거나 특정기관에 인수시킴으로써 자금을 공급받는 것이며, 유통시장은 이미 발행된 유가증권의 매매시장이다.

⭕ 간접금융은 개인이 은행에 예금하고 은행은 기업에 대출 또는 투자하는 형태이다.

• 단자회사(短資會社 ; short-term financing company)

단기금융시장에서 자금의 대차(貸借) 또는 중개를 하는 회사로 국내 단자회사는 단기 금융업법에 의해 설립되어 있으며 그 설립목적은 사금융(私金融)을 제도금융으로 유치 하려는 데 있다. 주요 업무로는 6개월 미만의 어음 및 채무증서 발행, 어음할인, 매매, 인수, 보증 등이며 1984년부터는 CMA(어음관리구좌) 업무도 취급하고 있다.

⭕ 8 · 3조치 : 1972년 8월 3일 발동된 '경제의 안정과 성장에 관한 대통령 긴급명령'을 말하는데, 기업사채의 동 결 등으로 기업에 혜택을 주어 고도성장을 이루려 한 경제조치이다.

• 제2금융권(第二金融圈)

은행을 전형적인 금융기관으로 보는 관점에서 그 밖의 보험회사 · 신탁회사 · 증권시 장 · 단자회사 · 종합금융회사 등을 통틀어 일컫는 말이다. 은행은 간접금융인데 비 해, 제2금융권은 자금이 공급자로부터 수요자에게 직접 융통되는 직접금융인 경우가 많다.

예문 은행 이외의 금융기관이므로 은행이 제2금융권에는 포함되지 않음을 상기해 두자. 주관식으로도 자주 출제됨

• 벤처 캐피털(venture capital ; 모험자본)

벤처기업의 창업과 정착을 위한 투자와 지원을 목적으로 운영되는 전문투자기관이다. 한국에는 중소기업창업투자회사와 신기술사업금융회사, 한국벤처투자조합 등이 있다. 주로 국가 기금과 연기금 등 공적 자본을 바탕으로 기술이 뛰어난 중소기업이나 벤처 기업에 투자하며, 기술과 경영 지도를 통해 성장을 지원한다.

⭕ 벤처 비즈니스(모험사업) : 신기술을 개발하여 이를 전문화 · 기업화하는 비교적 소규모의 기업을 말한다. 벤처 펀드 : 위 사업에 대한 자금지원을 위한 투자신탁.

• 인터넷전문은행

시중은행과 달리 오프라인 점포를 마련하지 않은 채 온라인 네트워크를 통해 영업하는 은행을 말하며, 고객이 금융사 직원을 만나지 않고도 은행 서비스를 이용할 수 있다. 오프라인 점포 운영비, 인건비 등을 최소화하는 대신 시중 일반 은행보다 예금 금리를 높이거나 대출 금리를 낮출 수 있다. 인터넷, 모바일을 통해 영업망을 구축해 영업시간 도 연중무휴 24시간이다. 2017년 4월 국내 첫 인터넷전문은행인 케이뱅크가 문을 열 었고, 7월 카카오뱅크가 두 번째로 영업을 시작했다.

Ⓐ 탱고

• 주식(株式)

주식회사가 자본 조달의 방법으로서 그 출자자, 즉 주주에 대하여 주주권을 표시해 교부하는 유가증권을 말한다. 주식 그 자체가 가치를 갖지는 않으나 매매될 때 가격을 갖는다. 이와 같이 주식을 증권화한 것을 주권(株券)이라 하며, 소유자를 주주(株主)라 한다.

◆ 주주의 권리 : ① 의결권, ② 이익배당 청구권, ③ 회사 해산 시 잔여재산 분배 청구권 등이다.

• 공개법인(公開法人 ; open corporation)

법이 정하는 요건을 갖추고, 그 주식을 한국증권거래소에 상장하고 있거나, 공개모집으로 설립했거나, 공개로 증자한 법인을 말한다. 공개법인은 자금동원이 쉽고, 많은 사람이 경영에 참여할 수 있으며, 유휴자금의 유통화 등의 장점이 있다.

◆ 정부는 공개법인에 대해 세제상 특혜를 주는 등 주식의 공개를 장려하고 있다.

• 상장회사(上場會社 ; listed company)

증권거래소의 유가증권 매매시장에 그 법인이 발행한 유가증권이 상장되어 있는 회사로 채권의 상장법인 및 주권의 상장법인으로 구분된다. 상장회사는 규정에 따라 사업보고서 · 반기보고서 · 자산재평가에 관한 서류 등을 제출하고 투자자 보호를 위해 회사내용을 표시할 의무가 있다.

◆ 상장(上場 ; listing) : 시장에 명패를 내건다는 뜻으로, 증권거래소에서 매매할 수 있는 품목으로 지정하는 일을 말한다.

• 상장주식(上場株式 ; listed stock)

증권거래소에서 매매가 인정된 주식을 말한다. 주식의 상장은 상장 희망 회사가 거래소에 신청하면 상장 심사기준에 그 주식의 상장이 적합한지를 심사하는데, 자본액 · 총주주수 · 주식 분포상황 · 설립경과연수 · 배당 등이 조건에 맞아야만 된다.

• 주가지수(株價指數 ; stock price index)

일정 시기의 주식가격을 100으로 하여 산출한 주가의 지수이다. 상장된 모든 종목의 현시가 총액을 기준시점의 총액으로 나눠 100을 곱하는데, 현재는 1980년 1월 4일의 주가지수를 100으로 하여 기준으로 삼는다. 시가총액은 상장주식수를 주가와 곱하여 전체를 합산한 금액이다. 주가지수는 증권 시황을 나타낼 뿐 아니라 물가지수처럼 경제상황도 알려준다. 주가란 미래의 투자가치와 예상기대를 반영하고 있어 경제기획원에서 경기종합지수를 뽑을 때 선행지수 속에 포함시킨다. 대개 주가지수는 실제 경기를 4개월 앞서 반영한다고 한다.

◆ 가격제한폭 : 증권시장에 있어서 유가증권의 공정한 가격형성과 급격한 시세변동에 따른 투자자의 피해방지 및

Q 국악의 빠르기 중 가장 느린 것은?

시장질서의 혼란방지를 위하여 당일 입회 중에 변동할 수 있는 증권가격의 상·하 폭을 제한하는 것을 말한다. 이 가격제한폭은 전일종가를 기준으로 하며 상한선까지 오른 경우를 상한가, 하한선까지 내린 경우를 하한가라고 한다. 현재 거래소 시장의 상·하한가 폭은 전일 종가의 ±15%, 코스닥 시장은 ±12%이다.

- **PER**(price earnings ratio ; 주가수익률)
주가가 1주당 수익의 몇 배가 되는가를 나타내는 지표를 말한다. 이 배율이 높으면 그 회사의 이익에 비해 주가가 상대적으로 높다는 뜻이므로 주식투자에 조심할 필요가 있다. 주가수익률은 그 회사의 성장력, 경쟁회사와의 비교, 과거의 수준 등으로 주가수준을 판단하는 데 중요한 지표가 된다.
○ 미국에서 발달하여 지금은 유럽에서도 대표적인 주가지수로 쓰이고 있다.

- **시가발행**(時價發行 ; issue at market price)
주식에 있어 액면가 발행의 대립개념으로, 신주를 발행할 때 주식의 액면가에 구애받지 않고, 시가를 기준으로 하여 발행가격을 정해서 주식을 발행하는 것을 말한다. 미국과 영국에서는 전적으로 현시가를 기준으로 결정하고 일본과 독일 등에서는 액면가와 현시가의 중간가격으로 결정하고 있다. 우리나라는 최근 고가주식에 한해서만 유상증자분 중 일부는 액면가, 일부는 시가발행을 하고 있으며 발행가격은 독일처럼 중간쯤 된다.
○ 액면가(液面價) : 주식·공채 등의 표면에 기재된 금액을 말한다.

- **무상증자**(無償增資 ; increase of capital stock without consideration)
주주총회의 결의로 준비금 또는 자산평가적립금의 전부 또는 일부를 자본에 전입하고 증가된 자본금에 해당하는 만큼의 신주를 발행, 구주주에게 소유주식에 비례하여 무상으로 신주를 배정·교부하는 증자방법을 말한다. 주주권의 발생 시기는 주주총회의 자본전입 결의가 있은 때부터이며 신주발행은 현존의 회사재산에 의거하여 특정인에게 주식을 발행하는 것이므로 실질적인 회사재산의 증가는 없다.
○ 신주 발행으로 새 자금을 조달하는 유상증자의 반대되는 개념이다.

- **공매도**
주가 하락에서 생기는 차익금을 노리고 실물 없이 주식을 파는 행위. 공매도는 투자자들이 주식을 빌려 미리 팔았다가 나중에 주가가 떨어지면 싼 값에 되사서 차익을 올리는 매매기법으로, 주식 급락장에서 낙폭을 키우는 원인 가운데 하나로 지목돼왔다.

- **종가**(終價 ; closing price)
시장입회에서 그 날 가장 나중에 형성된 가격 또는 경쟁에 의하여 단일가격으로 최종

A 진양조

139

성립된 주식 가격을 말한다.

○ 시장입회는 전장(오전)과 후장(오후)으로 이루어진다.

• **내부자 거래**(內部者去來 ; insider's trading)
상장회사의 임직원 또는 대주주가 그 직무나 직위 덕택에 얻은 내부 정보(기업합병 · 증자 · 자산재평가 · 신규투자계획 등)를 이용하여 자기 회사의 주식을 매매, 부당이득을 얻는 것을 말한다. 내부자 거래는 건전한 증권시장의 발전을 저해하는 독버섯이어서 각국에서 규제조치를 마련하고 있다.

• **코스닥시장**(KOSDAQ ; Korea Securities Dealer Automated Quotation)
미국의 나스닥(NASDAQ) 시장을 모델로 증권업협회가 1996년 7월부터 조직해 운영하는 시장으로 협회중개시장이라고도 하며, 거래소시장과는 다른 별도의 시장이다. 증권업협회는 비상장기업 중 성장성과 기술력을 갖춘 기업들이 등록하도록 하고 이들 기업이 발행한 주식이 일정한 질서 하에서 거래되도록 시장을 운영하고 있다.

• **장외거래**(場外去來 ; over-the counter transaction)
주식이나 채권의 증권거래소 바깥에서의 매매를 말한다. 거래 장소가 증권회사의 창구인 데서 점두거래(店頭去來)라고도 한다. 상장주에 대해서는 장외거래가 인정되지 않고 비상장주나 상장주의 단주만이 거래되는 것이 보통이지만 때로는 거래자간의 의견이 맞지 않을 때 상장주도 거래된다.

○ '87년 4월 정책적으로 개설된 장외시장은 비상장 주식매매를 촉진하기 위한 것이다.

• **기관투자가**(機關投資家 ; institutional investor)
주식투자를 주업무로 하는 법인을 뜻한다. 은행 · 보험회사 · 투자신탁 · 증권회사 · 신용금고 등이 이에 해당한다. 그밖에 각종 연금 · 기금 · 재단기금도 성격상 이에 속한다.

• **수권자본제도**(授權資本制度 ; authorized capital system)
주식회사 설립 시에 주식의 총수는 회사가 발행할 주식 총수의 4분의 1 이상만 발행하면 된다. 나머지 주식은 회사 설립 후 필요에 따라 이사회의 결의만으로 분할하여 주식을 발행할 수 있는데, 이 같은 미발행 주식에 대한 제도, 즉 주식의 분할 발행제도를 말한다.

• **월가**(Wall Street)
뉴욕의 브로드웨이에서 이스트 리버에 이르는 지역의 일부로 미국 경제금융의 심장부인 동시에 세계금융의 중심지이기도 하다. 런던의 롬바트가(街)에 대립되는 대금융의

Q 리우선언이란?

중심지로 미국의 주식거래소 · 어음교환소 · 연방준비은행 · 주요은행 · 보험회사 등이
집중되어 있다. 뉴욕 주식시장이나 미국 금융자본의 대명사로 일컬어진다.

• 주식과 사채의 차이점

분류	주식	사채
출자자	회사의 구성원인 주주	회사의 채권자가 됨
배당	불확실한 이익배당	일정한 확정이자 지급
세무관계	배당 전 이익에 대한 법인세	이자는 경비 처리
상환	상환 없음(영구적 투자)	상환 의무 있음(원금 상환)
주주총회	의결권 있음	의결권 없음
해산시	잔여재산 분배받음	주주에 우선하여 변제 받음
기업과의 관계	경영상태 · 증시 전망에 따라 시세 변동	별로 영향 없음

• 사채(社債 ; corporate bond)
상장법인 또는 증권감독원에 등록된 법인인 기업이 자금조달을 위해 발행하는 채권을
말한다. 회사채는 주식과 달리 회사의 수익에 관계없이 일정률의 이자가 지급되는 것
이 특징이다. 금융기관에서 지급을 보증하는 보증사채와 무보증사채 및 담보부사채가
있다. 또한 사채는 기한이 되면 변제하는 차입금이므로 타인자본이다.

예문 주식과 사채의 차이점을 묻는 문제가 많이 출제됨

• 전환사채(轉換社債 ; convertible bond)
사채 발행회사의 주식으로 전환할 수 있는 권리를 인정받은 사채를 말한다. 회사의 경
영 상태가 불확실한 때에는 확정이자를 받을 수 있는 사채를 그대로 가지고 있고, 회사
가 좋은 실적을 올리면 이에 따른 이익을 배당 받는 주식으로 전환할 수 있다. 전환사
채도 일반사채와 같이 이사회의 결의로 발행할 수 있으나 기존 주주를 보호하기 위하
여 전환사채 인수권을 주주에게 부여한다. 그렇지 않은 경우 정관에 특별한 규정이 없
으면 주주총회의 특별결의를 요한다.

❍ 사채의 안정성과 주식의 투기성이라는 유리한 조건에 의하여 사채 모집을 쉽게 하기 위하여 발행된다.

• 보증사채(保證社債 ; guaranteed bond)
제3자에 의해 이자지불과 원금상환이 보증되어 있는 사채를 말한다. 우리나라의 보증
사채는 금융기관이나 신용보증기금이 원리금 지급보증을 하고 있는데, 발행회사는 인
적 · 물적담보를 제공하고 보증료를 지불해야 한다.

❍ 보증사채에 대한 현행 보증료는 금융기관은 1천분의 9, 신용보증기금은 1천분의 10이다.

A 지구환경보전을 위한 원칙

• 채권(bond)

국가, 공공단체, 회사 등이 널리 일반대중으로부터 일시에 대량의 자금을 조달하고, 그 반대급부로 조달원금의 상환과 이자지급 등의 조건을 명확히 표시하여 발행하는 일종의 차용증서이다. 채권의 발행을 일상적인 금전의 대차관계에 비유하면, 발행자는 채무자가 되고, 채권을 보유하는 투자자는 채권자, 채권은 차용증서에 해당한다. 그러나 채권의 발행은 일상의 대차와는 달리 ① 다수의 투자자가 똑같은 조건으로 투자한다는 점, ② 발행자는 일시에 대량의 자금을 조달할 수 있다는 점, ③ 유가증권이기 때문에 증서를 매각함으로써 언제든지 채권자로서의 입장을 다른 사람에게 이전할 수 있다는 등의 특징이 있다. 채권의 시장가격은 금리와 밀접한 관련이 있으며 일반적으로 채권가격은 금리와 반대로 변동한다.

• 완매채(完賣債)

채권거래 당사자가 일정기간 후에 미리 약속한 가격에 환매수(매도)하는 것을 조건으로 채권을 매도(매수)하는 매매행위와 그 채권을 말한다. 형식상으로는 채권을 사고 파는 환매채 거래방식을 빌리고 있으나 거래내용은 채권을 매개로 자금대차가 이루어진다. 매수자(자금공급자)는 약정된 매매차익을 이자로서 얻는데, 이때 적용되는 금리는 자금시장 수급상황에 의해 결정된다. 환매수자는 법인, 환매도자는 개인이나 법인에 한한다.

○ 환매채와 다른 점 : ① 거래단위가 대개 5천만 원 이상의 거액규모이며, ② 실제금리를 반영하므로 기간별로 정해진 확정금리가 없다는 점이 다르다.

• 환매채(還買債 ; RP)

환매조건부 채권을 말한다. 증권회사·은행 등이 고객에게 일정 기간(보통 3개월) 후에 다시 사는 조건으로 채권을 매각하고, 경과기간에 따라 소정의 이자를 붙여 채권을 되산다.

○ 채권 투자의 약점인 환금성을 보장한 채권이다.

• 채권입찰제(債券入札制)

서울·부산 등 대도시 아파트 투기 지역에서 신규로 분양되는 아파트의 투기를 억제하고 채권 매입액을 정부의 서민 주택자금으로 흡수하기 위해 '83년부터 시행된 제도이다. 그러나 아파트 분양가격 외에 주택채권을 따로 사야 함은 물론 인기 지역에서는 채권 응찰액이 높아져 기존 아파트의 값만 올려놓는 결과를 낳았다.

Q 그린라운드란?

• 경제성장(經濟成長)

국민소득·국민총생산과 같은 국민경제의 지표가 시간적 경과와 더불어 상승하는 것을 의미한다. 이는 1인당 생산물이나 소득의 증가, 또는 경제활동 수준의 상승을 실질적인 면에서 파악한 장기적 개념이지만, 일반적으로 산출량(생산능력) 또는 실질소득의 장기적인 증가를 뜻한다. 즉 성장이란 장기적인 산출량의 증가이며, 지속적인 생산조건 또는 생산능력의 증대에 의존한다.

⟲ 로스토(W. W. Rostow)는 이를 '자본 노동 증가율과 인구 증가율 사이에 성립하는 1인당 생산고를 증대시키는 관계'라 하였다.

• 로스토의 경제성장 단계론

미국의 경제학자 로스토가 발표한 이론으로, 세계 각국의 경제는 자원·국민성에 의한 차이는 있으나, 그 발전단계는 크게 다섯 가지로 나뉜다는 학설이다. 로스토는 그의 저서「경제성장의 여러 단계」에서 경제발전의 단계를 ① 전통적 사회, ② 도약준비단계, ③ 도약단계, ④ 성숙단계, ⑤ 고도대중소비단계로 구분하였다.

• 경제성장률(經濟成長率 ; economic growth rate)

국민총생산의 증가율, 즉 한 나라의 경제가 일정기간(보통 1년)에 얼마나 성장했는가를 나타내는 지표이다. 실질국민총생산 또는 실질국민소득의 연간 또는 연도간 증가율로 이를 나타낸다. 경제성장률은 실질액의 증가율이므로 실질성장률이라고도 한다. 때에 따라 명목국민총생산의 전년대비도 사용되기 때문에 이와 혼동하지 않기 위해 실질신장률을 일반적으로 실질성장률이라 부른다.

⟲ 경제성장률 공식 : 특정연도의 국민총생산……G_1
전년의 실질국민총생산……G_0
특정 연도의 경제성장률……r 이라 할 때, $\dfrac{G_1 - G_0}{G_0} \times 100 = r(\%)$

• 국민총생산(國民總生産 ; GNP ; gross national product)

한 나라의 국민이 일정기간(보통 1년) 동안 새로이 생산한 재화와 용역의 가치를 화폐단위로 평가해서 합산한 것을 말한다. '새로이 생산한'이란 총생산액에서 중간생산물의 가치를 뺀 것을 의미한다. 일반적으로 생산물은 소비에 사용될 최종생산물과 중간생산물로 구분되는데, 밀가루를 소비자가 사용하면 최종생산물이지만, 제과업자가 사용하면 이때의 밀가루는 중간생산물이 된다. 중간생산물의 가치는 최종생산물 속에 포함되는 것이므로 이중계산을 피하기 위하여 GNP를 산출할 때에는 이를 공제한다. 그러나 도표에서 보듯이 최종생산물의 가치는 모든 생산단계의 부가가치의 합계와 같다. 따라서 부가가치의 합계=최종생산물이기도 하다. 시장가격으로 평가된 이 GNP가 명목 국민총생산인데, 가격은 매년 변동되므로 다른 해와 비교하기 위해 GNP 디플레이터로 수정한 것이 실질국민총생산이며 이 두 가지의 성장률이 각각 명목경제성장률, 실질경제성장률이다. GNP에서 고정자본재의 소모분(감가상각비 등)을 뺀 것이 NNP(국민순생산)이다.

GNP = 총생산액 − 중간생산물 = 소비 + 총투자 = 명목국민총생산

1인당 GNP = GNP÷총인구

$$\text{실질 GNP 성장률} = \text{명목 GNP 성장률} \times \frac{\text{기준연도의 물가}}{\text{비교연도의 물가}}$$

❍ GNP 계산의 주의 사항 : ① GNP를 정의하는 데 있어서 국민(national)이란 그 나라의 국민 및 그들이 소유하는 재산으로부터 나오는 총생산이라는 뜻이지, 생산이 꼭 국내에서 이루어져야 한다는 것은 아니다. 따라서 국민이 외국에서 생산활동에 참여하여 만들어 낸 것도 GNP에 포함된다. ② 국내에서 생산된 것이라 할지라도 외국인이나 외국인 소유의 기업에 의해 생산된 것은 GNP에서 제외되며, 수출품은 비록 외국인에 의해 소비되지만 내국인에 의해 생산되므로 GNP에 포함된다. 반대로 수입품은 GNP에 포함시키지 않는다.

예문 실질 GNP성장률을 계산하는 문제, GNP=국민총생산인지를 아는지 확인하는 문제, 왼쪽의 GNP 계산상의 주의 사항을 알아야 푸는 GNP 산출문제 등이 출제됨

• **국내총생산**(國內總生産 ; GDP ; gross domestic product)
  내·외국인을 막론하고 일정한 기간(보통 1년) 동안 국경 내에서 생산한 최종 재화와 용역의 합계를 말한다. 따라서 완전한 봉쇄경제에서는 GNP와 GDP가 똑같으나 개방경제일 때에는 해외에 투자를 많이 하면 GNP가 GDP보다 크며, 외국인 투자가 많이 들어와 있으면 GDP가 GNP보다 크다.

❍ 해외에서 순소득이 많은 나라는 국내 경제활동조사에 GNP보다 GDP를 쓴다.

• **GNP 디플레이터**(deflator)
  명목 GNP(국민총생산)를 실질 GNP로 나누어 얻어지는 값, 즉, GNP의 물가지수를 말한다. 국민소득에 영향을 주는 모든 물가요인, 즉 도매·소비물가지수뿐 아니라 환율·임금지수까지도 모두 포함하는 종합적인 물가지수로서, GNP를 상품으로 보았을 경우 그 가격을 나타낸다.

❍ GNP 디플레이터와 다른 물가지수는 비슷하게 움직이는 경향이지만, GNP 디플레이터는 일반 물가지수보다 포괄범위가 넓어 경제구조를 잘 반영한다.

• **국민순생산**(NNP ; net national product)
  GNP에서 감가상각분을 뺀 것으로 해당 기간 동안에 국민경제가 순수하게 생산해 낸 생산총액을 말한다. GNP보다 엄밀한 국민소득 개념이지만 감가상각의 측정이 어려워 GNP가 널리 쓰이고 있다. 또 고용에 관한 문제라면 GNP 개념이 더 적합하다.

❍ NNP = GNP − 감가상각 = 소비 + 순투자 = 국민소득 + 간접세 − 정부 보조금

Q 1930년대 남원의 몰락해 가는 양반가 며느리 3대(代) 이야기를 다룬 소설은?

- **국민소득**(國民所得 ; NI ; national income)

  국민순생산(NNP)이 그대로 국민소득이 되는 것은 아니다. 최종 생산물이 나오기까지 여러 단계에서 정부가 간접세를 거둬들이기도 하고 보조금을 주기도 하여 부가가치가 그만큼 늘기도 하고 줄기도 한다. 그러므로 국민순생산에서 간접세를 빼고 보조금을 더한 것이 국민소득이다. 국민소득은 생산→분배→지출→생산의 순으로 순환된다.

  ○ NI = 국민순생산 − 간접세 + 정부 보조금

- **개인소득**(個人所得 ; PI : personal income)

  일정기간에 국민경제를 구성하는 개인이 실제로 받는 소득의 총계, 즉 임금 · 이윤 · 이자 · 지대 · 은급(恩級) 등으로 개인이 얻는 소득을 말한다.

  ○ PI = NI − 법인세 − 법인유보 + 이전소득

- **가처분소득**(可處分所得 ; DI ; disposable income)

  개인소득 가운데 소비 또는 저축을 자유롭게 할 수 있는 소득, 즉 개인소득에서 개인세 · 이자지불 등 비소비성 지출을 뺀 나머지를 말한다. 국민경제에서 소득분배의 평등 정도를 측정하는 데 많이 이용되며, 개인의 소비 및 저축의 계획을 세우는 데 지표로도 사용된다.

  ○ DI = PI − 개인세 = 소비 + 저축

- **본원소득**(本源所得 ; original income)

  생산에 참여함으로써 받는 임금 · 이자 · 지대 · 이윤의 네 가지 형태의 소득을 말하며, 이를 원생소득이라고도 한다.

  ○ 이를 또 본원적 소득, 생산적 소득이라고도 한다.

- **실질소득**(real income ; 실질임금)

  화폐로 지불된 임금이 가지는 실질적인 구매력, 즉 그 화폐소득으로 구매할 수 있는 물자의 분량과 품질을 말한다. 그러나 화폐로 구매할 수 있는 재화는 가지각색이므로 보통 실질소득은 화폐소득을 소비자 물가지수나 생계비 변동지수로 나눈 몫으로 표시되며, 따라서 물가가 오르면 실질소득은 떨어지게 된다.

  ○ 실질소득 $= \dfrac{\text{명목소득(임금)}}{\text{소비자 물가지수}} \times 100$

- **명목소득**(名目所得 ; nominal income)

  일반적으로 분배는 화폐로 하게 되는데, 화폐로 지불된 소득을 명목소득이라 한다. 명목소득은 물가변동에 따라 영향을 받는다. 따라서 물가수준이 서로 다른 연도나 지역

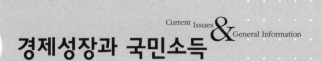

경제성장과 국민소득

경제 · Economics

간의 소득을 비교하는 데 명목소득을 기준으로 하는 것은 바람직하지 못하다.

○ 화폐량에 의해 표시되는 소득(임금 · 봉급 등)이므로 화폐소득이라고도 한다.

- **이전소득**(移轉所得 ; transfer income)
  생산활동으로 얻어지는 소득이 아니라, 정부로부터 받는 연금 · 공채이자, 기업의 개인
  에 대한 증여 · 기부 등을 말한다. 정부나 기업의 소득이 개인의 소득으로 대체되었으
  므로 국민순생산액 산출에는 넣지 않는다. 한편 이전 지급은 그 수령자에게 구매력을
  부여하는 것이기 때문에 요즈음은 소득 재분배를 위하여 빼놓을 수 없는 경제정책으로
  여기고 있다.

○ 대체소득이라고도 한다.

- **로렌츠 곡선**(Lorenz curve)
  미국의 경제학자인 로렌츠(M. O. Lorenz)가 소득분포
  의 불평등도를 측정하기 위하여 작성한 도표에 표시된
  곡선이다. 소득이 사회 각층에 어떤 비율로 분배되는가
  를 알아보기 위한 것이다. 가로축에 저소득 인구로부터
  소득인구를 누적하여 그 백분비로 표시, 세로축에 그에
  대응하는 저소득액으로부터 소득액을 누적하여 그 백
  분율을 표시한 결과, 45°선의 균등분포선과는 다른 소
  득불평등곡선이 나타났다.

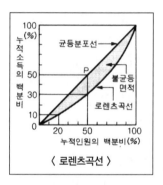

〈 로렌츠곡선 〉

- **삼면등가**(三面等價)**의 원칙**
  국민의 경제활동에 의해 새로 창출된 순생산물의 가치,
  즉 국민소득은 생산된 것이 분배되어 소비되는 것이므
  로, 생산 · 분배 · 지출의 어느 면에서 포착하더라도 각
  각 같은 재화와 용역의 경제순환으로 보는 원칙, 즉 생
  산 · 분배 · 지출의 액수가 동일하다는 원칙을 말한다.
  이 원칙은 이론상으로는 성립이 가능하지만, 실제의 수
  치상으로는 성립되기 어렵다.

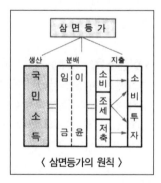

〈 삼면등가의 원칙 〉

○ **1.** 생산국민소득 = 총생산액 − 중간생산물
  2. 분배국민소득 = 근로소득(임금) + 기업이윤
  3. 지출국민소득 = 소비(C) + 투자(I)

Q 빅뱅이란?

• **경기변동**(business cycle ; 경기순환)

자본주의 사회의 경제활동이 몇 년 내지 몇 십 년을 주기로 호경기→후퇴→불황→ 회복의 순환(cycle) 과정을 되풀이하는 것을 말한다. 이는 경제의 모든 부문에 영향을 주며, 나아가 국제적으로 파급된다. 예전에는 공황(恐慌)이 중시되었으나, 근년에는 경기 자동안정장치에 의해 경기변동을 조절, 경제안정을 위한 체제가 갖추어져 공황 은 후퇴라는 말로 대체하고 있다.

⊙ 경기변동의 특징 : ① 경제의 총체적 · 거시적인 현상으로 생산 · 소비 · 국민소득 · 고용 등 경제전반에 걸친 현 상이다. ② 일정한 기간과 리듬을 가지고 주기적으로 되풀이되는 순환적 현상이다. ③ 근대적 대량생산과 관계 가 깊으며 농업보다는 공업 · 상업 등에서 더 많이 나타나는 현상이다.

• **경기변동의 4국면**

① 호경기(호황) : 경제활동이 가장 활발하여 상품에 대한 수요가 증가하고 생산도 증 가하므로 실업자는 감소된다. 국민소득도 증가하고 기업의 이윤이 늘어나므로 설비투 자도 활기를 띠게 된다. ② 후퇴기 : 경제활동이 둔화되고 호경기 때 확대된 생산설비 때문에 생산과잉 상태가 부분적으로 발생한다. ③ 불경기 : 경제활동이 침체된다. 따 라서 기업의 이윤이 감소하여 손해가 발생하게 되므로 도산하는 기업이 생기고 실업 자도 증가한다. ④ 회복기 : 경제활동이 다시 활기를 띠기 시작하며, 서서히 수요가 증 가하고 생산량이 많아져 실업자도 줄게 된다.

⊙ 불경기에서 회복기로 전환되는 이유 : 불황이 지속되는 동안에도 기본적 수요를 충족시키기 위한 경제활동은 지속될 수밖에 없고 이것이 전환을 자극하는 역할을 한다. 불경기에 새로운 혁신을 구상하는 기업가들도 생기 게 되고, 이자율이 낮으므로 기업은 투자자금을 쉽게 조달해 생산활동을 활발히 할 수 있다. 따라서 고용과 국 민소득도 늘면서 회복기에 접어들게 된다.

예문 경기변동 순서, 호경기 · 불경기에 나타나는 현상, 경기변동에 가장 민감한 반응을 보이는 지수(=주가지수)를 묻는 문제 등이 출제됨

• **경기예고지표**(景氣豫告指標 ; BWI ; business warning indicators)

과거의 경제 동향을 토대로 산출된 주요 경제지표를 분석하여 현재의 경기상태가 과 열 · 안정 · 침체인가를 나타내는 종합경기판단지표를 말한다. 한국은행에서 18개 계열 로 작성하여 발표한 이 지표는 경기순환에 따르는 경기침체를 방지하고 지속적인 성장 정책을 추구하기 위해 개발되었다. 지표는 적 · 황 · 청으로 표시되는데 2.0 이상이면 적신호로써 경기의 과열을 나타내고, 1.5~2.0이면 적황색으로 경기의 상향성 안정권 을 나타내며, 1.0이하면 청신호로써 경기의 침체를 나타낸다.

⊙ 경기예고지표가 2.0 이상으로 적신호일 경우 긴축정책의 필요성을, 1.0 이하인 청신호일 경우는 경기부양책의 필요성을 시사한다.

A 우주를 탄생시킨 대폭발을 뜻하는 말로 금융규제완화, 금융혁신을 의미.

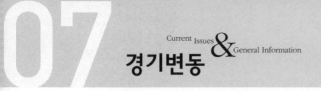

07 경기변동

Current Issues & General Information

- **경기동향지수**(景氣動向指數 ; DI ; diffusion index)

경기변동 요인이 경제의 특정부문에서 나타나 점차 경제 전반에 확산되어 가는 과정을 파악하기 위해 경기변동과 밀접한 관계가 있는 주요지표의 움직임을 종합하여 경기를 측정·예측하는 수단으로써의 지수이다. 경기동향지수의 작성방법은 채택된 계열을 가지고 전월에 비해 증가한 지표수가 총계열 중에서 차지하는 비중으로 나타낸다. 우리나라에서는 주가·기계 수주액·어음 교환액·생산 지수·도매물가지수 등을 선행지표로 여기고 있다.

❍ 경기확산지수라고도 하는데, 현재 미국·일본·캐나다·오스트레일리아 등 주요 선진국에서 작성하고 있으며 우리나라에서는 1972년부터 한국은행이 매월 작성하고 있다.

- **물가지수**(物價指數 ; price index)

일정한 시기를 기준으로 하여 그 후의 물가변동 상태를 백분비로 표시한 것이다. 물가는 여러 가지 상품들의 가격을 종합한 것이므로 물가지수는 가격지수를 종합·평균하면 된다. 가격지수란 한 상품만의 가격 변동을 지수로 표시한 것이다. 물가지수는 일반 물가의 변동을 알고 그 대책을 결정하는 목적으로 쓰이며, 경제 정세분석의 가장 중요한 수치인데, 소비자물가는 사용빈도가 많은 식료품에 높은 가중치를 두어 작성되고 도매물가는 식료품 이외의 상품에 더 큰 비중을 두어 작성된다. 우리나라에서는 한국은행에서 도매물가, 경제기획원에서 소비자물가를 작성하고 있다. 그리고 화폐의 구매력은 물가에 반비례한다. 예를 들어 물가가 2배 오르면(물가지수 200) 화폐가치는 2분의 1로 떨어진다.

❍ 물가지수 = $\dfrac{\text{비교시의 물가}}{\text{기준시의 물가}} \times 100$ 가격지수 = $\dfrac{\text{비교시의 가격}}{\text{기준시의 가격}} \times 100$

예문 물가지수를 산출해 내는 문제, 물가와 화폐의 구매력의 관계를 묻는 문제가 출제됨

- **인플레이션**(inflation)

전반적으로 물가가 상당기간 지속적으로 상승하는 경제현상을 말한다. 원인은 과잉투자, 적자재정, 화폐남발, 극도의 수출초과, 생산비 증가, 유효수요의 확대 등이며, 그 타개책은 소비억제, 저축장려, 통화량 수축, 생산증가, 투자억제, 대부억제, 매점·매석·폭리의 단속 등이다. 인플레이션 현상이 일어날 때 유리한 사람은 산업자본가·부동산이나 기타 실물소지자·채무자·생산업자·수입업자 등이고, 불리한 사람은 봉급생활자·채권자·금융자본가·은행예금자·수출업자·소비자 등이다.

❍ 종래에는 인플레이션이 곧 통화팽창이라고 보았으나, 근래에는 통화팽창을 인플레이션의 한 부분으로만 보고 있다.

예문 인플레이션 때 유리한 사람과 불리한 사람, 인플레이션 타개책 등이 많이 출제됨

Q LA흑인폭동사태의 원인이 된 사건은?

• 인플레이션의 영향

① 저축 저해, 환물(換物) 심리 고조 : 물가가 계속 오르므로 화폐가치는 반대로 떨어진다. 따라서 저축보다는 물건을 사두려 하므로 물가는 더 오른다. ② 소득과 부의 불공평한 분배 : 고정된 봉급을 받는 사람에게는 불리하고, 물건을 사고 파는 사업가에게는 유리해 소득과 부의 분배는 점점 더 불공평하게 된다. ③ 생산 저하, 투기 조장 : 투자가들이 심리적으로 위축되어 기업가의 장기투자계획을 어렵게 만든다. 더구나 급속히 진행되는 인플레이션에서는 사람들이 생산활동보다는 부동산 등 투기활동에 몰두하게 된다. ④ 국제수지의 악화 : 국내의 가격이 상승함에 따라 수입이 조장되고 수출이 위축되어 국제수지를 악화시킨다.

• 스태그플레이션(stagflation)

stagnation(침체)과 inflation의 합성어이다. 생산물이나 노동력이 공급 초과되고 경기가 침체 국면인데도 불구하고 물가가 상승하는 현상이다. 경제활동이 침체하면 실업률이 높아지고 유효수요의 감퇴로 물가는 하락하기 시작한다는 것이 경제상식이었으나 이전 소득의 증대, 임금 인상 등으로 1970년경부터 주요 선진국에서는 긴축정책으로 경기가 침체해도 물가의 상승은 오히려 강세를 나타내는 새로운 현상이 나타났다.

❍ 선진국병이라고도 하는데, 특히 '73년 말 아랍 산유국에 의한 원유 금수조치를 계기로 수입원유 가격의 앙등을 포함한 에너지 위기에서 서방측 경제 협력 기구인 OECD 가맹국들에 이 현상이 나타났다.

• 슬럼프플레이션(slumpflation)

불황을 뜻하는 슬럼프(slump)와 인플레이션(inflation)을 합쳐 만든 신어(新語)로, 불황에서도 인플레가 수습되지 않는 상태를 말한다. 스태그플레이션보다 더 불황의 정도가 심각한 것을 나타내고 있다.

❍ 영국의 「이코노미스트」지가 1974~75년의 인플레 사태에 세계적인 불황을 경고하면서 이 말을 처음 썼다.

• 디플레이션(deflation)

모든 상황이 인플레이션에 반대되는 것으로, 일반 물가수준이 지속적으로 하락하는 현상, 즉 화폐가치가 지속적으로 상승하는 것을 말한다. 원인은 지나친 통화량 수축, 저축된 화폐가 투자되지 않을 때, 금융활동 침체, 구매력 저하 등이다. 타개책은 공공투자, 유효수요 확대, 통화량 증대, 실업자 구제, 사회보장, 저금리정책, 조세인하 등이다. 디플레 현상에서는 채권자 · 정액(定額)소득자 · 수출업자 · 예금자 · 은행이 유리하며, 산업자본가 · 물건소지자 · 채무자 · 수입업자 · 생산자가 불리해진다.

❍ 광범한 초과수요가 존재하는 인플레에 비해 디플레는 광범한 초과공급 상태이다. 디플레에는 호경기와 불경기의 교체기에 일어나는 순환 디플레와 인플레 억제를 위한 정책적 디플레가 있는데, 후자는 금융긴축이나 재정긴축 등에 의해 유발된다.

Ⓐ 로드니 킹 사건

Chapter 3-07 경제

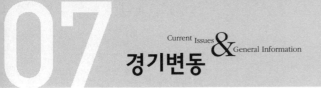

• **디스인플레이션**(disinflation)

통화가 팽창되고 물가가 앙등되는 인플레를 진정시키면서 디플레이션에 이르지 않도록 하는 경제정책을 말한다. 인플레를 갑자기 수습하려고 하면 반대로 디플레가 되어 여러 폐단을 낳으므로, 통화량이나 물가수준을 유지하면서 안정을 꾀하고 디플레를 초래하지 않는 범위 안에서 인플레를 수습하는 것이 목적이다.

• **리플레이션**(reflation)

순환적인 또는 정책적인 디플레이션으로 인해 정상적인 수준보다 지나치게 하락한 일반 물가수준을 다시 인상시키고, 고용을 증대시키기 위해 실시하는 금융정책이다. 인플레가 되지 않을 정도의 안정선까지 경기회복을 꾀하기 위하여 계획적으로 자금을 풀어내는 정책을 실시한다.

❍ 1929년 미국에서 행한 뉴딜 정책이 전형적인 예이다.

• **디맨드풀 인플레이션**(demand-pull inflation ; 수요초과 인플레)

인플레를 분류할 경우 대표적인 것의 하나로, 경기가 상승해서 과열단계에 달하고 국민 경제적으로 총수요가 총공급을 상회하기 때문에 생기는 물가상승을 말한다. 물가가 총수요에 이끌려 오른다는 점에서 수요견인 인플레라고도 한다.

❍ 코스트푸시 인플레이션(cost-push inflation) : 임금 등 생산 코스트의 상승이 원인이 되어 일어나는 인플레로, 디맨드풀 인플레에 대응된다.

• **수입 인플레이션**(imported inflation)

해외에서 수입되는 수입품 가격이 상승하여 국내물가가 상승하는 것을 말한다. 또 외국의 인플레에 따라 일어나는 수출 증가에 의한 국내 물가상승을 '수입된 인플레' 라는 의미로 수입인플레라고도 한다. 그러나 이 경우는 수출의 증대에 따라 발생하는 인플레이므로 수출 인플레라고 하기도 한다.

❍ 1973년 석유파동으로 석유가격이 폭등하여 물가혼란을 야기한 것이 수입 인플레의 전형적인 예이다.

• **재정 인플레이션**(inflation caused by budgetary deficit)

정부의 재정 지출이 민간의 자금 수급 밸런스를 깨뜨릴 정도로 과도하게 집행되어 필요 이상으로 정부자금이 민간에 유통됨으로써 생기는 인플레를 말한다. 또 세입의 부족을 메우기 위해 적자공채를 발행했을 때 일어나는 인플레를 공채 인플레라 하는데, 특히 공채를 중앙은행이 인수하면 그대로 통화의 증가로 연결되어 통화 인플레의 원인이 된다.

• **공황**(恐慌 ; crisis, panic)

경기변동 국면에서 극도의 호경기 끝에 나타나는 경제적 혼란상태를 말한다. 공황은

Q 안락사를 최초로 인정한 나라는?

보통 소비재 생산부문에서 시작되어 생산재 생산부문으로 파급되는데, 그 특징은 생산의 급격한 감소와 실업자의 격증, 공장폐쇄, 물가의 폭락, 화폐의 퇴장, 지급불능의 누적, 기업의 파산 등의 현상이 속출하는 것이다.

○ 그 원인에 따라 생산공황 · 상품공황 · 자본공황 · 금융공황 등이 있는데, 1929년의 세계적 대공황이 가장 유명하다.

• **안정공황**(安定恐慌 ; stabilization crisis)
인플레를 수습하기 위해 강력하게 통화수축을 하는 경우 자금의 부족, 금리의 상승, 상품의 재고증가, 실업자의 속출 등 경기침체 현상이 야기되어 일어나는 공황이다. 일반공황과 다른 점은 경기변동 국면에서 극도의 호황 끝에 나타나는 공황이 아니라, 인플레 안정기에 일어나는 공황이라는 점이다.

○ 안전공황이라고도 한다.

• **대공황**(大恐慌 ; Great Depression)
1929년부터 1933년까지 미국을 중심으로 거의 모든 자본주의 국가들에 대규모로 일어난 역사상 가장 격심한 공황을 말한다. 1929년 뉴욕 월가 주식거래소의 주가 폭락을 발단으로 하여 미 · 영 · 독 등 자본주의 국가들을 비롯, 전 세계에 파급되었다.

○ 미국은 이 대공황을 극복하기 위하여 뉴딜 정책을 실시하였다.

• **뉴딜 정책**(New Deal Policy)
1929년에 시작된 대공황을 극복하기 위하여 미국의 루스벨트(F. Roosevelt) 대통령이 1933년에서부터 1941년에 걸쳐 실시한 사회경제정책을 말한다. 이 정책이 세워진 뒤 산업발전과 실업자 구제를 목표로 18종에 이르는 중요법안이 입법화, 실시되었다. 주요한 것은 ① TVA(Tennessee Valley Authority ; 테네시강 유역 개발공사) 설립, ② 농업조정법을 제정, 농업의 구제 도모, ③ 와그너 법(Wagner Act ; 전국노동조합보호법), ④ 사회보장법, ⑤ NIRA(전국산업부흥법), ⑥ 긴급은행법으로 은행업무 정상화 도모, ⑦ 금본위제를 폐지하고 관리통화법을 도입한 것 등이다.

○ TVA : 뉴딜 정책의 하나로, 테네시 강 유역 개발공사(開發公社)이다. 1933년 테네시 하역의 종합적 개발을 위하여 설치된 기관인데, 공공투자에 의한 종합적 자원개발사업으로 세계적으로 유명하다.

A 네덜란드

151

• **기업**(企業 ; enterprise)

이윤 획득을 목적으로 운용하는 자본의 조직 단위이다. 가계가 소비의 단위인 반면, 기업은 생산활동의 주체이며, 기업이 발달할수록 소유(자본가)와 경영(기업가)은 분리 · 독립하는 경향이 있는데, 주식회사가 그 좋은 예이다.

• **기업의 종류**

기업 ┤
- 공기업(公企業) ┤
  - 국영기업(국가가 출자하여 경영)
  - 공영기업(지방 공공단체가 출자하여 경영)
- 사기업(私企業) ┤
  - 개인기업
  - 공동기업 ┤
    - 조합기업
    - 합명회사 · 합자회사 · 유한회사 · 주식회사

• **공기업**(公企業 ; public enterprise)

국가나 공공단체가 출자하여 경영하는 기업으로서, 철도 · 체신 · 항만 등 주로 공익사업을 말한다. 공기업은 공익상 사기업에 맡기는 것이 부적당하거나, 맡기는 것이 불가능한 경우에 국가나 공공단체로 하여금 경영하게 하거나(공익사업), 재정 수입을 늘리기 위해서 경영한다(전매사업).

• **사기업**(私企業 ; private enterprise)

민간이 출자하여 경영하는 기업으로서 사익 즉, 영리를 주목적으로 한다. 출자자 수에 따라 개인기업(단독기업)과 공동기업(집단기업)으로 분류, 공동기업은 다시 조합기업과 회사기업으로 분류된다. 조합기업의 대표적인 것으로는 익명조합이 있으며, 회사기업은 합명회사 · 합자회사 · 주식회사 · 유한회사로 분류된다.

➲ 자본주의 사회에서 가장 전형적인 기업 형태이다.

• **합명회사**(合名會社 ; unlimited partnership)

회사의 채무에 대하여 직접 연대하여 무한의 책임을 지는 2인 이상의 무한 책임사원만으로 조직되는 전형적인 인적회사이다. 사원 전부가 반드시 출자하고 업무를 집행할 권리와 의무를 가지므로, 개인기업의 공동경영과 같은 인상을 주는데, 사단법인이면서도 실질적으로는 조합의 성격을 가진다. 출자분의 양도에는 다른 사원 전원의 승인이 필요하다. 회사의 조직 중 가장 오래된 형태의 하나로 중세 이탈리아의 여러 도시에서 발생하였다.

➲ 합명회사는 인적 신뢰 관계가 있는 소수의 인원으로 구성되는 공동기업에 적당한 체제이다.

Q 마이크로 내셔널리즘이란?

- **합자회사**(合資會社 ; limited partnership)

  중세 이탈리아 코멘다(commenda)를 기원으로 하는 회사이다. 무한책임사원과 유한 책임사원으로 구성되는 복합적 조직의 회사로, 인적 · 물적회사이다. 무한책임 사원은 회사 손익의 위험을 부담하고 업무집행의 권리 · 의무를 가지며, 유한책임사원은 자본 만 제공할 뿐 업무집행의 권한은 없고 감독권만 행사한다. 출자분의 양도에는 무한책 임사원 전원의 승인을 받아야 한다.

  ○ **1.** 무한책임(無限責任) : 회사의 채무에 대하여 단지 출자액에만 그치지 않고, 자기 사재까지도 제공할 책임을 진다.

  2. 유한책임(有限責任) : 회사의 자본금 이상의 손실이 있는 경우일지라도, 일정한 한도액 또는 출자액에 한한 책임만을 진다.

- **주식회사**(株式會社 ; stock corporation)

  1602년의 네덜란드 동인도 회사가 그 시초로, 사원인 주주의 출자로 자본이 구성되고, 자본은 주식으로 균일하게 분할되며, 주주는 그가 인수한 주식의 인수가액을 한도로 회 사에 대해 출자의무를 부담할 뿐 회사채무에 대해서는 직접 책임을 지지 않는 형태이 다. 따라서 주식회사의 법률적 특질은 자본 · 주식 · 주주의 유한책임에 있다. 주식회사 는 전형적인 물적회사로서 회사재산만이 회사채권자를 위한 유일한 담보이며, 자본이 그 기준이 되므로 자본의 3원칙, 즉 자본확정의 원칙, 자본유지의 원칙, 자본불변의 원 칙이 적용된다. 주주의 회사에 대한 권리의무는 각자가 가지는 주식의 수에 비례하여 평등한 대우를 받는다. 주식회사는 존립기간의 만료, 기타 정관으로 정한 사유의 발생, 합병, 파산, 법원의 해산명령 또는 해산판결, 주주총회의 특별결의 등에 의해 해산된다.

  ○ 주식회사의 이점 : ① 분산된 자본을 모아서 대자본을 형성하기가 쉽다. ② 주식의 책임이 유한하고, 주식의 양도 가 자유로워 기업상의 위험을 분산시킬 수 있다. ③ 출자와 경영의 분리로 기업 경영에 유능한 인재를 등용한다.

  예문 인적회사 · 물적회사를 묻는 문제, 무한책임사원 · 유한책임사원과 연관된 회사 형태를 묻는 문제, 주식회사의 의결기관 · 발기인 수를 묻는 문제, 주식회사의 특징 등을 묻는 문제가 출제

- **회사의 형태와 특징**

대표적 인적(人的)회사	합명회사 (무한책임사원만으로 구성)
대표적 물적(物的)회사	주식회사 (유한책임사원만으로 구성)
대표적 인적 · 물적 회사	합자회사 (무한 · 유한책임사원만으로 구성)

- **유한회사**(有限會社 ; private company)

  2인 이상 50인 이하의 유한책임사원으로 조직되는 회사로서, 합명회사와 주식회사의 장점만을 채택한 중간적 기업 형태이다. 주식은 널리 공개하여 모집하지 않으며, 또한 사원이 가지고 있는 주식은 증권화를 금하여 매매 · 양도할 수 없고, 각 사원의 출자분

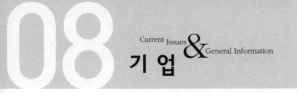

은 사원간에만 자유로이 양도·처분할 수 있다.

❍ 주식회사보다 규모가 작고, 영업 상태를 공고하지 않아도 되는 점이 특징이다.

• 지주회사(持株會社 ; holding company)

타회사의 주식을 전부 또는 지배 가능 한도까지 보유함으로써 그 회사를 기업활동에 의하지 않고 지배하는 회사이다.

❍ 지주회사를 어버이회사·모(母)회사라 하고, 지배받는 회사를 자(子)회사라 한다.

• 협동조합(協同組合 ; cooperative society)

경제적으로 약소한 처지에 있는 농민이나 중·소 상공업자 또는 소비대중들이 편의 도모를 위해 만드는 조직단체이다. 상호 부조(협동)주의·민주주의·이용주의의 원칙에 의하는 특징을 가지며, 생산조합 구매조합·판매조합·신용조합 등이 있다.

❍ 협동조합의 기원은 1844년 영국에서 28인의 직물 노동자에 의하여 결성된 로치데일(Rochdale) 소비조합이다.

예문 조합과 회사의 차이점을 알아보는 문제, 조합의 특징을 묻는 문제들이 출제됨

• 회사와 조합의 차이점

구분	회사	조합
결합	자본에 의한 결합	인적 결합
목적	영리 추구	편의 도모
운영	경쟁적	상호 부조
의결	1주 1표 주의	1인 1표 주의

• 공사(公社 ; public corporation)

정부에서 전액을 출자하여 설립한 특별 공법인으로 공리를 목적으로 하는 공공기업체의 하나이다. 경영상 독립되어 있으나 사업운영·회계 등에 관해서는 정부의 감독을 받는다. 우리나라에는 한국전기통신공사(한국통신)·한국전력공사·대한주택공사·산업기지개발공사 한국조폐공사·한국토지개발공사·농어촌개발공사 등 공사 형태의 공공기업체가 많다.

❍ 공기업의 하나로, 협의의 공공기업체와 같다.

• 경제 4단체(經濟四團體)

재계의 이익을 대변하고 대(對)정부 압력단체로서 역할을 하는 단체들이다. 전국경제인연합회(전경련), 대한상공회의소, 무역협회, 중소기업협동조합중앙회를 지칭하는데, 그 중 전경련만이 순수 민간단체이고 나머지 3단체는 법정단체 내지 반관반민(半官半

Q ABC(Audit Bureau of Circulation)제도란?

民)적 단체이다.

예문 경제 4단체를 고르는 문제가 출제됨

- **트러스트**(trust ; 기업합동)

  수 개의 기업이 시장독점을 위해 공동지배 아래 더 큰 기업으로 합동하는 기업의 한 형태이다. 시장지배를 목적으로 하는 점에서 카르텔과 공통되지만, 각 기업이 법률상 또는 경제상의 독립성을 잃은 점에서 카르텔과 다르다. 이에는 같은 종류의 기업이 횡적으로 합동하는 수평적 트러스트와 생산과정의 전후에 연속된 기업이 합동하는 수직적 트러스트가 있다. 트러스트의 효시는 1879년 미국의 스탠더드(Standard) 석유회사에서 결성되었다.

- **카르텔**(Kartell 독, cartel ; 기업연합)

  같은 종류의 사업에 종사하는 기업 간에 서로의 독립성은 유지하면서, 제조 · 판매 · 가격 등 특정한 사항에 관해서만 협정하여 무모한 경쟁을 없애고, 비가맹자의 침투를 막아 시장을 독점하고 이윤을 증대시키는 기업결합 형태를 말한다. 참가기업이 서로 독립성을 유지하는 점에서 트러스트와 구별된다. 기업연합 또는 횡적 결합이라고도 한다.

- **신디케이트**(syndicate)

  동업자간에 특수한 목적 달성을 위하여, 그 영업의 전부 또는 일부를 연합, 생산할당이나 공동판매 등 특정업무를 행하는 조직이다. 카르텔 중에서 가장 강력하며, 제품판매는 공동판매소를 통하여 행하므로 공동판매 카르텔이라고도 한다. 유가증권 인수를 위해 일시 결성되는 금융업자들의 증권인수수단을 신디케이트라 하기도 한다.

  예문 독립성을 유지한 기업결합(카르텔)과 독립성을 상실한 기업결합(트러스트), 카르텔의 한 형태인 신디케이트에 대한 문제들이 출제됨

- **콘체른**(Konzern 독 ; 재벌)

  자본주의 성숙기의 기업결합 일종으로, 법률적으로는 독립된 기업이면서도 경영상으로는 통일된 경영 지배를 받아 마치 하나의 기업인 것 같이 활동하는 기업집단을 말한다. 재벌이라고도 하는데, 시장지배를 목적으로 하는 카르텔이나 트러스트에 비하여 전 사업부분에 지배를 미치는 집중도가 높은 기업형태이다.

  ➡ 제1차 세계대전 후 독일에서 급속히 발전한 콘체른은 오늘날 최고도의 기업결합 방식으로 보편화되었다.

- **콘체른의 종류**

  1. 산업 콘체른 : 산업의 합리화를 목적으로 하는 것으로서, 관련 기업들의 생산비 절약, 또는 생산기술의 개선이나 향상, 위험의 분산 등을 위해 조직된다.

A 발행부수공사기구

2. 판매 콘체른 : 거래상 관계 깊은 기업끼리 영업비의 절약이나 거래망의 확보 등을 위해 결합된 형태이다.

3. 금융 콘체른 : 자본의 유효한 활용을 통한 이윤 또는 이익 배당을 목적으로 하여 이루어진 것이다.

• 콤비나트(Kombinat 독)

일정한 지역에서 기초원료로부터 제품에 이르기까지 생산단계가 다른 각종 생산부문이 기술적으로 결부되어 집약적인 계열을 형성하는 기업결합체를 말한다. 콤비나트화의 목적은 원재료의 확보, 생산의 집중화, 유통과정의 합리화 등으로 원가를 절감하는 것이다.

❍ 석유화학 콤비나트가 가장 대표적인 콤비나트이다.

• 컨글로머리트(conglomerate)

사업내용이 전혀 다른 기업을 많이 흡수 · 합병해서 지배하는 다각적 기업 · 복합기업을 말한다. 미국의 ITT(미국국제전신전화사), 리튼 인더스트리즈, 걸프 & 웨스턴 등이 대표적인 컨글로머리트인데, 지주회사인 본사에 각 사업부가 있어 각 기업을 통괄하고 아울러 독립채산성도 요구한다.

❍ 컨글로머리트란 '둥글게 뭉쳐진', '집단을 이룬'의 뜻이다.

• 다국적기업(多國籍企業 ; multinational corporation)

세계 각 국에 제조 · 영업 · 판매거점을 가지고 국가적 · 정치적 경계에 구애받지 않고 세계적인 범위와 규모로 영업을 하는 기업을 말한다. 국내활동과 해외활동의 구별 없이 이익획득을 위한 장소와 기회만 있으면 어디로든지 진출한다. 최근의 다국적 기업의 특징으로는 ① 식민지 종속국 중심에서 선진국 중심으로, ② 이윤 송금주의에서 각 거점의 경영 충실화를 위한 재투자주의로, ③ 재외지사주의에서 현지법인주의로 옮아가는 경향을 보이고 있다.

❍ 초국적기업 또는 세계기업(world enterprise)이라고도 한다.

• 독점금지법(獨占禁止法)

독점에 의해 발생하는 부당한 거래의 제한과 독점 그 자체를 배제 또는 규제하기 위한 법률이다. 기업의 집중으로 대기업이 형성되어 시장을 독점함으로써 중소기업의 몰락을 초래하고, 소비 대중 특히 노동자의 생활을 압박하며 몇몇 소수 재벌의 횡포를 야기시키기 쉬우므로 이러한 독점기업의 폐단을 방지하고자 마련한 법이다.

❍ 1890년 미국에서 제정된 셔먼 트러스트 금지법(Sherman Act)이 효시인데, 우리나라에서는 '81년 '독점규제 및 공정거래에 관한 법률'이 제정되었다.

Q 2002 한 · 일월드컵의 우승국가는?

- **기업공개촉진법**(企業公開促進法 ; Public Corporation Inducement Law)

  기업의 공개를 촉진하여 기업의 원활한 자금조달과 재무구조의 개선을 도모하고 국민의 기업참여를 유도하여 국민경제의 건전한 발전에 기여함을 목적으로 1972년 12월에 제정된 법률이다. 동 법은 국민 경제적 차원에서 기업공개정책을 강력히 추진하기 위하여 종래의 기업공개유도정책에서 반강제적으로 기업을 공개하도록 법제화한 것으로 근대적 증권시장 육성에 크게 기여하였다. 이 기업공개촉진법은 1987년 자본시장육성법이 전면적으로 개정되면서 이에 흡수 · 통합되었다

  ◑ 기업공개촉진법의 궁극적 목적 : 국민의 기업참여를 창달하여 국민경제의 건전한 발전을 도모하는 것으로, 이는 기업이윤의 사회적 공정배분을 실현하려는 것이다.

- **자본시장통합법**

  금융시장의 규제를 완화해 자유로운 상품개발을 촉진하고 투자자에 대한 보호를 강화하기 위해 마련된 우리나라 자본시장 기본법이다. 금융시장 간 칸막이를 허물어 모든 금융투자회사가 다양한 금융상품을 취급하도록 했다. 2007년 8월 3일 제정돼 2009년 2월 4일부터 본격적으로 시행되고 있다. 자본시장통합법 시행 전에는 종금, 투신, 증권, 은행 등 업무가 다 나눠져 종금사 업무는 증권사가 할 수 없는 등 고유 영역이 있어 경쟁강도가 세지 않았다. 자본시장통합법은 여러 영역의 업무를 겸용함으로써 경쟁력을 강화시키고 이를 바탕으로 전문성과 경쟁력을 겸비한 대형 투자금융기관의 출현을 유도하겠다는 취지로 만들어졌다. 자본시장통합법의 핵심은 투자자보호와 규제 선진화로 주요내용은 상호간 겸업 허용 등을 통한 업무범위의 확대, 투자자 보호제도 선진화, 포괄주의 규율체제로 전환, 기능별 규율체제 도입 등이다.

- **우리 사주조합**(社株組合 ; employee stock ownership association)

  회사 종업원이 자기 회사의 주식을 취득, 관리하기 위해 조직한 조합이다. 종업원들에게 회사의 주식을 취득 · 보유케 하여 경영 및 이익분배에 참여시킴으로써 종업원의 재산형성을 촉진시키는 것이 조합 설립의 목적이다.

  ◑ 이는 근대 인사관리면에서 종업원의 사기를 고취하기 위한 종업원 지주제도의 일환으로 운용된다.

- **종업원지주제**(從業員持株制 ; employee stock ownership plan)

  종업원에게 자사주를 취득시켜 이익배당에 참여하게 하는 제도이다. 회사로서는 안정적 주주를 늘리게 되고 종업원의 저축을 회사의 자금원으로 할 수 있다. 종업원도 매월의 급여 등 일정액을 자금화하여 소액으로 자사주를 보유할 수 있고, 회사의 실적과 경영 전반에 대한 의식이 높아지게 된다.

  ◑ 우리나라는 1968년 '자본시장육성에 관한 법률', 1972년 '기업공개촉진법', 1974년 5 · 29대통령특별지시 및 종업원지주제도의 확대실시 방안 등으로 이어지는 정부 주도의 자본시장 육성과 기업공개 촉진정책의 하나로 도입되었다.

A 브라질

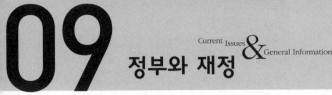

- **경제백서**(經濟白書 ; white paper on economics)

  매년 1회 경제기획원이 발표하는 연차경제보고서를 말한다. 무역 · 광공업생산 · 기업 · 건설 · 교통통신 · 재정 · 금융 · 물가 · 노동 · 농업 등의 각 분야에 걸쳐 1년 간의 동향을 분석, 앞으로의 경제동향과 경제정책을 제시한다. 경기의 흐름을 파악함과 함께 경제정책의 기조를 밝혀 경제계획의 성격도 지닌다.

  ◎ 원래는 영국 정부의 연차경제 보고서의 표지가 백지로 되어 있었기 때문에 이러한 명칭이 붙게 되었다.

- **회계 연도**(會計年度 ; FY : fiscal year)

  회계상의 편의를 위해 일정한 기간을 단위로 하여 계획한 예정표를 예산이라 하는데, 보통 1년을 기준으로 하여 이 기간을 예산기간 또는 회계 연도라 한다. 우리나라의 현행 회계 연도는 1월 1일부터 시작하여 12월 31일까지이다.

  ◎ 각 국의 회계 연도 : 1~12월 → 한국 · 프랑스, 4월~다음해 3월 → 일본 · 영국 · 독일, 7월~다음해 6월 → 미국 · 이탈리아

  예문 우리나라의 회계 연도가 언제부터 언제까지인지를 묻는 문제, FY의 뜻을 묻는 문제가 출제됨

- **세입**(歲入 ; revenue) · **세출**(歲出 ; expenditure)

  세입은 국가의 1회계 연도(FY)의 수입, 즉 1년 동안의 수입을 말하고, 세출은 국가의 1회계 연도의 경비 지출을 말한다. 이를 세입과 세출이라 함은 국가의 1 회계 연도간의 수입과 지출이 1년을 기준으로 하기 때문이다.

- **세입 · 세출의 종류**

  1. 세입 : 조세수입(세입 중 가장 주된 것), 공채수입, 국유재산 매각수입, 정부기업 수입, 수수료 수입 등.

  2. 세출 : 공무원의 급여 지급, 재화 및 용역구입, 이자 및 보조금의 지급, 고정자산 취득, 공채 상환을 위한 지출 등.

- **수지균형**(收支均衡)**의 원칙**

  재정은 가계와는 달리 수입(세입)과 지출(세출)이 꼭 같아야 하는데, 이 원칙을 수지균형의 원칙 또는 건전재정의 원칙이라 한다. 만일 수입이 지출보다 많으면 흑자재정이 이루어지나 국민의 조세 부담이 많고, 지출이 수입보다 많으면 적자재정이 되어 불환지폐가 남발될 우려가 있다.

  ◎ 불완전재정 : 공채 등을 발행, 적자재정을 해나가는 상태.
  예산의 구분 – ① 흑자예산 : 세입 〉 세출, ② 적자예산 : 세출 〉 세입, ③ 균형예산 : 세입 = 세출

Q 화평연변(和平演變)이란?

• 특별회계(特別會計 ; special account)

교통 · 통신 · 양곡관리 · 전매사업 등 국가가 특정한 자금(세입)으로 특정한 사업을 할 때, 일반세출 · 세입과 구별하여 경리할 필요가 있을 때 실시하는 회계를 말한다. 필요성이 인정될 때에만 실시할 수 있다.

• 준예산(準豫算)

국회가 회계 연도 개시 30일 전까지 예산안을 의결하지 못할 때 국회에서 예산안이 의결될 때까지 공무원의 봉급과 사무처리에 필요한 기본 경비, 시설 유지비, 법률상 지불의 의무가 있는 경비 및 예산상 승인된 계속비 등을 세입의 범위 내에서 전년도 예산에 준하여 정부가 임의로 지출할 수 있는 잠정예산을 말한다.

❍ 예산이란 회계 연도내의 국가수입(세입)과 지출(세출)을 미리 계산하는 일 또는 그 액수를 말한다. 예산제도는 국가에 대한 국민의 감독 수단이 된다.

• 추가경정예산(追加更正豫算 ; supplementary budget)

본예산과 추가예산을 합친 것을 말한다. 우리 헌법은 본예산 성립 후에 생긴 사유로 인하여 예산에 변경을 가할 필요가 있을 때에는, 정부가 추가경정예산안을 편성하여 국회에 제출할 수 있다고 규정하고 있다.

❍ 예산의 종류 : 일반회계예산 · 특별회계예산 · 본예산 · 추가경정예산

• 제로 베이스 예산(ZBB ; zero-based budget)

예산편성 기준을 전년도 예산과 관계없이 새해에 필요한 부분만을 근거로 하여 예산을 짜는 것을 말한다. 예산 규모의 무질서한 팽창, 경직화를 방지하고 낭비 요인을 제거하는 예산편성 방법이다. 이를 위해서는 각종 정책의 우선순위 판정, 상호연관성의 분석, 법률개정 등 많은 선행조건이 있어야 한다.

❍ 제로 베이스 예산은 미국의 사무기기 업체인 제록스사가 처음으로 도입했는데, 우리나라는 '83년부터 이를 채택했다.

• 양특적자(糧特赤字)

양곡 생산농민을 보호하기 위해 비싼 값에 사들이고, 도시 소비자 보호를 위해 싼 값에 판매하는 이중곡가제 실시 과정에서 발생하는 만성적인 적자를 말한다. 양곡관리 특별회계 적자의 줄임말이다. 정부는 양곡관리법에 따라 일정한 양곡의 매입 · 매수를 하는데, 이때 생기는 양특적자는 한국은행 차입금으로 충당하고 있다.

❍ 한국은행 차입금은 통화증발에 의한 인플레 요인이 되므로 정부는 방출가격의 단계적 현실화, 수매가격 인상 억제 등으로 그 해소책을 강구한다.

A 외국세력의 평화적 방법에 의한 체제 붕괴

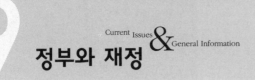
- **공채**(公債 ; public loan)

국가 및 지방자치단체가 세출의 재원을 마련하기 위해 재정상 부담하는 채무를 말한다. 이는 조세와 더불어 근대 중앙집권국가를 유지 발전시키는 데 중요한 몫을 하고 있다. 우리나라는 산업자본의 조달을 위하여 발행하는 산업금융채권, 특정한 목적에 대한 건설공채인 도로국채 · 국민주택채권 · 전력채권 · 지하철도 건설채권 등을 발행하고 있다.

○ 공채는 ① 발행 주체에 따라 국채 · 지방채, ② 상환기간에 따라 유동공채 · 확정공채, ③ 모집장소에 따라 내국채 · 외국채, ④ 응모성질에 따라 강제공채 · 임의공채 등으로 분류된다.

- **유수정책**(誘水政策 ; pump-priming policy)

경제계 자체의 힘만으로는 경기회복이 힘들 경우 펌프에 물을 부어 더 많은 물을 끌어올리는 것(誘水)처럼 정부가 민간투자에 자극을 주어 경기를 활성화시키는 공공투자정책을 말한다. 이는 국민경제에 대한 자유방임만으로는 경기회복이 어려운 경우 정부가 공공투자를 실시, 경제계에 화폐가 많이 유통되게 함으로써 유효 수요 증대로 경기상승을 도모하는 것이다.

- **재정투융자**(財政投融資 ; treasury investment and loan)

재정자금의 투자(공공사업 · 정부기업에의 투자)와 융자(금융기관을 통한 민간 중요사업에의 융자)를 합쳐 부르는 말이다. 즉 정부가 완전고용의 실현, 물가의 안정 또는 경제발전을 촉진시키기 위해서는 경기대책 수단으로 공공사업을 일으키기도 하고 사회간접자본 형성 및 기간산업 확충을 위하여 필요한 자금을 직접 국가재정에서 투자하거나, 민간기업에 융자하여 주는 것 등을 말한다.

○ 이러한 재정자금의 원천은 조세 · 공채 · 해외저축 등에 의하여 조달되며, 그 방향과 조건은 민간투 · 융자와는 달리 정부의 적극적인 재정정책적 입장에서 결정된다.

- **경상비**(經常費 ; current expenditures)

각 회계 연도마다 주기적 · 규칙적으로 반복하여 지급되며, 그 액수도 일반적으로 변동이 적어서 예측할 수 있는 경비, 즉 공무원의 봉급, 국채의 원리금지급, 각종보조금, 의무교육비 등과 같은 것을 말한다. 임시비에 반대되는 말이다.

○ 임시비(臨時費) : 임시로 쓰이는 경비로 재해 복구비 · 전비(戰費) · 건물의 신축비 등이 이에 속한다.

- **계속비**(繼續費 ; continuing expenditures)

장기적으로 진행되는 공사 등을 완수하기 위하여 미리 책정해 놓은 경비를 말한다. 정부는 한 회계 연도를 넘어서 계속하여 경비를 지출할 필요가 있을 때에는, 연한을 정해 국회의 승인을 받아야 하는데, 이는 예산 1년주의의 예외로서 확정비에 속한다.

Q 빛의 간섭이나 회절작용을 이용한 입체사진이나 그래픽을 무엇이라 하나?

- **예비비**(豫備費 ; reserve fund)

예측할 수 없는 예산 이외의 지출 또는 예산의 초과 지출을 충당하기 위하여 예산에 계상(計上)되는 비용을 말한다. 우리나라 헌법에 의하면 예비비는 미리 국회의 의결을 얻어야 하고, 이의 지출은 정부의 책임 아래 하되, 차기 국회의 승인을 얻어야 한다.

◐ 예산안 심의절차 : 각 분과위원회 → 예산결산특별위원회 → 본회의의 확정

- **조세법률주의**(租稅法律主義)

조세의 부과 · 징수는 반드시 국민의 대표로 구성된 국회에서 법률로써 정해야만 한다는 주의를 말한다. '대표 없이 과세 없다(No taxation without representation)' 는 원칙으로 표현되며, 근대 국가는 모두 이를 인정하고 있다. 이 주의의 근본 의의는 국민의 재산 보장과 법률생활의 안전을 꾀하는 데 있다.

◐ 매년 국회 의결을 거치는 1년세주의도 있으나 우리나라는 영구세주의를 채택하고 있다.

- **조세의 구분**

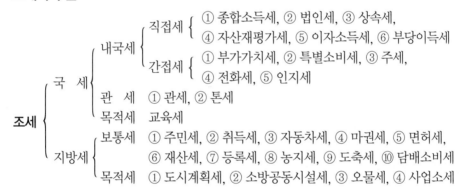

- **직접세**(直接稅 ; direct tax)

국가가 세금을 사실상의 부담자에게 직접 징수하는 조세이다. 즉, 세금을 부담하는 담세자(擔稅者)와 세금을 바치는 납세자가 같은 경우의 세금을 말한다. 이에는 소득세 · 법인세 · 상속세 · 영업세 · 등록세 · 부당이득세 등이 있다.

◐ 조세의 압박감이 크지만 전가성이 없으며, 이를 취득세와 재산세로 나눌 수도 있다.

예문 국세가 아닌 것 고르기, 직접세가 아닌 것 고르기, 간접세가 아닌 것 고르기, 간접세가 국민경제에 끼치는 영향 등으로 출제됨

- **간접세**(間接稅 ; indirect tax)

과세부담을 납세자에게 직접 돌리지 않고 다른 사람에게 부담시키는 조세를 말한다. 여기에 속하는 조세로는 부가가치세 · 특별소비세 · 주세 · 전화세 · 물품세 · 인지세 ·

Ⓐ 홀로그램

통행세 등이 있으며, 조세저항이 적고 조세징수가 편리한 반면에 저소득층에 대한 과세부담 증가와 물가를 자극하는 단점이 있다. 대체로 선진국이 직접세 중심인데 비해 개발도상국은 경제발전 단계나 사회적 배경의 제약 때문에 간접세 중심이다.

● **목적세**(目的稅 ; objective tax ; special purpose tax)

어떤 특정경비에 충당할 목적으로 부과하는 세금을 말하는 것으로 조세수입의 용도와 납세의무자 또는 과세대상 간에 일정한 수익관계가 있는 것을 전제로 한다. 이 세금은 일단 사업목적이 달성되면 본 예산으로 흡수되는 것이 통례여서 한시적으로 운용되고 있다.

● **누진세**(累進稅 ; progressive tax)

과세 대상의 가격·수량이 커질수록 점점 높은 세율이 적용되는 세금으로 소득세, 상속세 등의 직접세가 대체로 이에 속한다. 이 세금의 산출 방법에는 단순 누진에 의한 방법 및 초과누진에 의한 방법이 있다. 조세원칙 중 공평의 원칙에 입각한 세금이다.

● 납세액이 납세자의 지불능력에 따라 결정되는 것으로 배분적 정의(配分的正義)를 실현하는 데 가장 이상적인 제도이다.

● **원천과세**(源泉課稅 ; withholding tax)

소득이나 수익에 대한 과세를 소득자에게 종합해서 부과하지 않고 소득·수입을 지불하는 곳에서 개별적으로 과세를 부과하는 방법이다. 납세자에게는 채무의 분할에 의한 부담경감의 이익을 주고 세무관서에는 세금 포탈 방지를 담보하는 이점이 있다.

● 급여소득·퇴직소득·배당소득·원고료·이자소득 등에 원천과세가 적용된다.

● **갑종 근로소득세**(甲種勤勞所得稅 ; 갑근세)

근로를 제공한 대가로 받는 봉급·상여금·보수·세비·임금·수당·연금 또는 이와 비슷한 성질의 것으로서, 원천징수를 하는 근로소득에 대하여 부과하는 직접세이다.

● 외국인 또는 외국법인에 고용된 사람의 소득에 부과하는 소득세는 을종 근로소득세라 한다.

● **특별소비세**(特別消費稅)

특별한 물품 또는 서비스의 소비에 대해 높은 세율로 부과하는 소비세이다. 우리나라 현행 특별소비세법에서는 그 과세대상을 보석·모피 제품·승용차·휘발유 등 특정한 물품, 골프장·카지노 등 특정 장소 입장 행위 및 유흥음식 행위로 규정하고 있다.

● 업자를 통해서 받는 간접세이다.

● **부가가치세**(附加價值稅 ; VAT ; value added tax)

상품이나 용역이 생산 유통되는 모든 단계에서 기업이 새로 만들어낸 가치(마진 ;

Q 북한 인공기의 도안자는?

margin)에 대하여 매기는 세금, 즉 다단계 일반소비세를 말한다. 영업세나 물품세처럼 기업이 판매한 전액에 대해 과세하는 것이 아니라, 판매금액에서 매입금액을 공제한 나머지 금액(附加價値)에다 부가가치 세율을 곱한 것이 부가가치액이 된다. 간접세의 일종이므로 과세부담을 소비자에게 전가하는 과세이다. 따라서 조세부담의 형평원리가 저해되는 세금이다.

➡ 부가가치세액 산출 방식 : **1.** (매출액 X 세율) − (매입액 X 세율)
2. (매출액 − 매입액) X 세율

EEC 회원국 ; 오스트리아·노르웨이·스웨덴·멕시코 등이 시행하고 있으며, 우리나라는 1977년부터 실시.

• 영세율(零稅率)

수출을 촉진하기 위한 세율제도로써 재화 또는 용역의 공급가액(과세표준)에 영(零 ; 0)의 세율을 적용하여 부가가치세를 계산하는 것을 말한다. 완전면세가 되므로 재료를 살 때 납부한 세금까지 모두 환급 받게 된다. 그 적용대상은 ① 수출 재화, ② 국외에서 제공되는 용역, ③ 외국 항행(航行) 용역, ④ 기타 외화 획득 사업 등이다.

➡ 영세율과 면세의 차이 : 면세 사업자에게는 매출세액만 면제되고 매입세액은 공제해주지 않는데, 영세율 사업자에게는 모두 공제해주는 것이 다르다.

• 공한지세(空閑地稅)

이용하지 않고 있는 대지·공장용지·학교용지·잡용지에 대해 과하는 세금을 말한다. 토지 투기 등을 목적으로 대지를 매입한 후 지가 상승만을 노리고 있는 대지에 대한 과세로서 부동산투기 방지를 위한 세금의 하나이다. 공한지세 대상지역은 전국의 시 전지역, 서울·부산·대구·인천·광주·대전시와 인접한 읍·면 전지역, 건설교통부장관의 지가고시 대상지역 등이다.

➡ 현재의 대상세목 및 세율은 재산세의 100분의 5~10이다.

• 준조세(準租稅)

법으로 정한 세금말고 기업주들에게 갹출하는 각종 성금이나 기부금 등을 말한다. 이는 기업체가 연구개발에 쓰는 돈에 거의 육박할 정도이므로 세금은 아니지만 기업 입장에서 보면 세금과 마찬가지로 기업 부담이 되는 돈이다.

• 수익자 부담금(受益者負擔金)

도로·하천·제방·도시계획·사방(砂防) 등과 같은 공익을 위한 특정 사업 경비의 전부 또는 일부에 충당하기 위하여, 그 사업으로 인하여 특별한 이익을 얻는 자에게 각자가 얻는 이익에 비례하여 부과하는 부담금을 말한다.

A 신해균

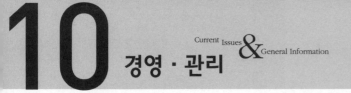

10 경영·관리

Current Issues & General Information

• 경영합리화(經營合理化)

기업 이익의 증대와 안정을 목적으로 경영을 능률화하는 일을 말한다. 생산과정·유통과정·내부관리 등 기업경영의 모든 면이 합리화의 대상이 되는데, 제2차 세계대전 후에는 주로 생산비절감과 기술·능력을 증진시키는 생산성 향상을 목적으로 발전하였다.

• 경영다각화(經營多角化 ; diversification of management)

기업이 성장과 안정을 꾀하기 위하여 제품의 계열이나 분야를 넓혀 가는 것을 말한다. 철강회사가 그 생산과정에서 생기는 부산물을 판매하는 것과 같은 '수직적 다각화', 전기회사가 조명 기구·TV·냉장고 등 같은 계통의 제품을 여러 종류로 생산하는 것과 같은 '수평적 다각화', 석탄회사가 관광사업에 나서는 것과 같이 전혀 다른 분야의 사업을 벌이는 '측면다각화' 등으로 나눌 수 있다.

➡ 경영다각화의 이점으로는 특정 부문의 사양화나 사업부진의 위험을 다른 부문에서 커버할 수 있고, 경영자원의 효과적인 이용 등을 들 수 있다.

• 컨설턴트(consultant)

기업경영에 관한 기술상의 상담에 응하는 전문가를 말하는데, 그가 제공하는 조언·협력을 컨설턴트 서비스라고 한다. 수출상품의 새로운 고안이나 수출 마케팅의 신개발 등 국제무역 분야에까지 컨설턴트 서비스가 확대되고 있다.

➡ 우리나라에서는 중소기업진흥공단에서 경영진단사제도를 채택하여 기업경영 진단에 응하고 있다.

• 경영자혁명(經營者革命 ; managerial revolution)

미국의 정치철학자 번햄(J. Burnham)이 발표한 이론이다. 자본가가 지배하는 자본주의 사회 다음에 오는 것은 복잡·거대화한 생산수단을 현실적으로 운영하고, 거기에서 생기는 성과의 분배에 대해서 지도력을 가지는 경영자가 지배권을 쥔다는 주장이다. 이때의 경영자는 생산경영자뿐만 아니라 경제관료와 같은 전문가도 포함된다.

예문 '경영자 혁명'이란 누가 한 말인가를 묻는 문제로 많이 출제됨

• 스태프(staff)와 라인(line)

경영에서의 집행부문인 라인 조직에 대하여 조언·권고·통제를 하는 참모부분 또는 그 직위에 있는 사람이 스태프인데, 라인에 대한 명령권은 없다. 조사부·기획부·인사부·품질관리부 등에서 일하는 사람과 부서가 스태프이다. 이에 반해 생산활동에 직접 종사하는 사람과 그 부문, 또한 그들을 지휘·명령하는 경영자 관리자를 모두 라인이라 한다.

➡ 책임성을 유지하고 적절한 견제와 균형 속에 전문화된 원조와 서비스를 받기 위해 기업은 라인과 스태프의 역할을 구별한다.

Q 엠바고(Embargo)란?

- **탑 매니지먼트**(top management)

  경영관리조직의 상층기관, 즉 최고 경영층을 의미한다. 관리의 조직 및 인사문제의 결정, 기본적인 경영방침의 결정, 경영활동 전체의 총괄 기능을 담당한다. 이사회와 같은 수탁관리층, 대표이사 · 사장 등의 전반 관리층, 부장 등의 부분관리층의 3가지로 구성된다.

- **독립채산제**(獨立採算制 ; self-financing)

  동일기업내의 공장 · 지점 · 영업소 등 분권화된 사업소 단위로 수지결산을 따로 하여 실적을 경쟁하게 하는 경영 시스템이다. 채산성이 떨어지는 부문의 발견과 유망한 분야를 명확히 하는 데 효과적이다. 이에 비하여 모든 것을 본사와 본부가 집중 실시하는 것을 중앙집권제라고 한다.

  ◐ 본래는 구(舊)소련의 국영기업체에서 사용되었는데, 오늘날에는 사기업은 물론 미국 · 영국의 공공기업체, 우리 나라의 국영기업체 등 각 국의 공기업이 이 제도를 널리 채용하여 합리적인 운영을 시도하고 있다.

- **시뮬레이션**(simulation ; 모의실험)

  실제와 같은 모델이나 상태를 만들어 모의실험을 하는 것을 말한다. 기업의 경영전략, 각종 경제예측, 선박 · 항공기의 설계 등에 이 수법이 이용된다. 또 매크로(macro) 경제 모델에 의한 시뮬레이션은 현실 경제구조나 경제행동의 인과관계를 수학적 · 통계학적 수법에 의해 함수나 방정식으로 표시하여 이를 계량모델로 사용한다.

- **관리의 6하 원칙**(六何原則)

  관리 활동을 전개하는 데 기준이 되는 6가지 원칙을 말한다. 즉, ① 무엇을(what ; 물자 · 기계 · 기구), ② 왜(why ; 이유 · 목적), ③ 언제(when ; 시간), ④ 어떻게(how ; 방법), ⑤ 어디서(where ; 장소), ⑥ 누가(who ; 인원)를 말한다.

  ◐ 영국의 시인 키플링(Kipling)이 시에서 비유적으로 쓴 질문이 그대로 관리의 원칙으로 적용되었다.

- **테일러 시스템**(Tailor system ; 과학적 관리법)

  미국의 기사(技師) 테일러가 19세기 말에 창시한, 공장 등의 과학적 경영관리법이다. 이는 종래의 습관 · 경험에 의한 공장 경영의 불합리성과 조직적인 태업을 막기 위한 것으로, 차별 성과급제도(成果給制度)를 채용함과 동시에 시간연구 · 동작연구 · 표준 작업량 연구 등으로 생산을 계획적으로 실시하여 생산능률을 올리려 한 제도이다.

  ◐ 노동생산성을 높이는 데만 치중한 나머지 기업의 인간적 측면이 무시된 경영관리법이라는 비판도 있다.

  예문 과학적 관리법의 시조(또는 창시자)가 누구인가를 묻는 문제, 구체적인 내용을 고르는 문제 등이 출제됨

Chapter 3-10 경제

A 외국 선박의 입 · 출항 금지 조치이나, 언론에서는 한시적 보도 중지를 말함

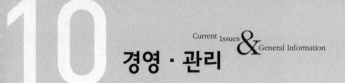

10 경영·관리

Current Issues & General Information

- **포드 시스템**(Ford system)

  미국의 포드(H. Ford)가 그의 자동차 회사에서 실행한 경영관리 방식으로, 그 특징은 제품의 표준화·부품의 규격화를 기초로 하여 컨베이어 시스템(conveyor system)에 의한 대량생산과 관리활동을 자동화한 제도이다. 대량생산으로 인한 생산효율 증대, 제품가격 인하 등 많은 장점이 있으나, 인간의 작업능력에 의해서가 아니라 기계에 의해서 인간의 작업을 좌우함으로써 인간을 기계의 일부로 만들었다는 비난도 있다.

  ➡ 대량생산으로 원가를 인하하려는 목적 아래 제품의 단일화, 일괄 조립법, 동시 관리를 시행하였다.

- **기술혁신**(技術革新 ; technological innovation ; 이노베이션)

  일반적으로 혁신적인 생산방법의 도입을 의미하나, 구체적으로는 기술의 발전과 그것이 경제적인 채산성이 맞음으로써 경제에 도입되어 야기되는 경제구조의 개편을 뜻한다. 미국의 경제학자 슘페터(Schumpeter)가 처음 한 말인데, 그는 기술의 발전뿐만 아니라 새로운 시장개척, 새로운 상품개발, 상품 공급방식의 변경 등도 기술혁신으로 보았다.

  ➡ 이노베이션의 최초의 예로는 18세기 후반부터 19세기까지 영국을 중심으로 일어난 산업혁명이라 할 수 있다.

- **노하우**(know-how)

  기술의 사용 또는 응용방법에 관한 비밀지식 또는 경험을 말한다. 이러한 지식이나 경험은 특허(特許)·실용신안(實用新案) 등의 공업소유권과 마찬가지로, 때로는 그 이상으로 가치가 있으므로 기술도입 등의 경우에 교섭의 대상이 되는 경우가 많다. 산업적 생산기술로 이어질 때 노하우의 존재 가치는 높아진다. 다만 특허가 되지 못한 기술적 무형재산과 같은 것이어서 국제적으로나 법적으로 보호조치가 확립되어 있지 않다.

  예문 노하우의 뜻을 가려내는 문제가 가장 많이 출제되고 노하우가 특허인지 아닌지를 묻는 문제, 주관식도 많이 출제됨

- **마케팅 믹스**(marketing mix)

  경영자가 통제할 수 있는 마케팅 요소, 즉 제품(product)·유통경로(place)·판매가격(price)·판매촉진(promotion) 등의 4P를 통제 불가능한 환경요소에 합리적으로 결합시켜 최상의 경영상태가 되도록 조정·구성하는 일을 말한다.

  예문 4P가 무엇인지 묻는 문제가 출제됨

- **머천다이징**(merchandizing)

  마케팅 활동의 하나로 상품화 계획, 즉 적정한 상품을 적정한 값으로 적정한 시기에 적정한 수량을 제공하기 위한 계획을 말한다. 수요란 저절로 만들어지는 것이 아니라 적극적으로 창출되어야 한다는 것이 최근의 추세이다. 따라서 수요를 창출하려면 수요자

Q 지방자치단체의 3요소는?

의 행동을 면밀히 조사하고 수요를 자극해야 하며 이러한 과정과 더불어 또한 적합한 상품을 제조해야 한다. 즉, 시장조사→상품화 계획→선전→판매촉진 등이 원활히 진전되어야 업적을 올릴 수 있다.

◐ 최근에는 머천다이징을 상품화계획, 판매촉진, 광고선전 활동을 포함한 광의로 사용하며, 단순한 상품화 계획은 프로덕트 플래닝 (product planning)이라고도 한다.

• **3S운동**

생산성의 향상, 품질의 개선을 강력히 추진하기 위해서 standardization(제품 · 부품의 규격과 종류를 표준화) · simplification(작업의 단순화) · specialization(직장 · 노동의 전문화) 등을 기업 내에서 실행하려는 경영합리화 운동을 말한다.

◐ 기업이 제품규격을 표준화하면 생산공정은 단순화된다. 또 기업이 전문화되면 제품종류도 줄어 대량생산의 실현으로 코스트가 저하된다.

예문 3S=표준화 · 단순화 · 전문화

• **ZD운동**(zero defect campaign ; 무결점운동)

작업의 결함을 없애자는 운동이다. 1962년, 미국의 마틴사(Martin社)에서 미사일을 제조할 당시, 납기 단축에도 불구하고 종업원 각자의 창의적 노력에 의해 결함 없이 미사일을 완성한 데서 비롯되었다. 이 프로그램의 성공은 미국 국방성에 의하여 제도적으로 도입됨으로써 많은 회사가 채택하게 되었다.

예문 ZD=무결점(zero defect)을 반드시 외워두자. 시험에 자주 출제됨

• **QC**(quality control ; 품질관리)

과학적 원리를 응용하여 제품 품질의 향상을 기하기 위한 관리를 말한다. 넓은 뜻으로는 시장성이 높은 제품을 가장 경제적으로 생산하기 위한 일련의 조치를 가리킨다. 1931년 미국의 벨 전화연구소의 세하트(Shewhat)가 통계학을 QC에 응용함으로써 근대적인 QC가 시작되었는데, 오늘날 기업의 합리화 · 과학화와 함께 중요시되는 부문이다.

• **헤일로 효과**(halo effect ; 후광효과)

특히 인사고과시에 발생하는 현상으로, 대체적인 인상이나 일부 특성만으로 평가 대상자의 모든 요소를 평가하려는 경향을 말한다. 헤일로란 후광(後光))이란 뜻이므로 후광효과, 현혹효과라고도 한다. 신입사원을 면접할 때에 대비, 이를 방지하기 위한 면접자의 훈련이 필요하다.

◐ 방지책: ① 감정 · 선입감 · 편견을 제거하고, ② 종합평정을 하지 말고 평정요소마다 분석평가하며, ③ 일시에 전체적인 평정을 하지 않을 것 등이다.

A 주민, 지역, 자치권

• 호손 실험(Hawthorne Experiment)

시카고의 호손 공장에서 1924년부터 실시한 작업능률과 인간적 여러 요인들에 관한 실험을 말한다. 2만 명 이상의 종업원들을 대상으로 한 불만조사와 감독자 훈련 등을 통한 이 실험으로 작업능률과 생산성은 노동자의 감정과 밀접한 관계가 있음이 밝혀졌다. 따라서 인간관계 감독 방식 · 작업자 개개인의 노동의욕 등이 생산성을 좌우한다.

➡ 미국의 웨스턴 일렉트릭 회사가 과학 아카데미의 협력으로 실시하였는데, 실질적으로는 하버드 대학의 메이요와 레슬리스버거 등에 의해 추진되었다.

• 카운셀링(counseling)

종업원으로부터 상담을 받아 직장에 순응하도록 지도 · 조언해 주는 일을 말한다. 종업원이 사내에서의 근무와 사외에서의 활동에서 어떤 감정을 가지고 있는가를 발견함과 동시에 그들의 고민을 해소해 주어 근로 의욕을 고취시키려는 데 그 목적이 있다.

➡ 20세기 초에 미국에서 시작되었는데, 진로상담 · 학업상담 · 건강상담 등 넓은 분야에서 응용되고 있다.

• 모랄 서베이(morale survey)

종업원의 근로 의욕 · 태도 등에 대한 측정. 사기조사(士氣調査) · 태도조사라고도 한다. 종업원이 자기의 직무 · 직장 · 상사 · 승진 · 대우 등에 대하여 어떻게 생각하고 있는지를 측정 · 조사하는 것이다. 이 측정을 기초로 인사관리 · 노무관리 · 복리후생 등을 효과적으로 하여 종업원의 근로의욕을 고취시키고, 이에 따른 경영의 합리화와 관리를 개선하려는 데 그 목적이 있다.

• 커리어 플랜(career plan)

파벌이나 인간관계에 기초한 인사이동이 아니라 사원의 자기실현에 대한 희망, 장래의 목표 등을 듣고 능력이나 경험을 정확히 파악한 다음 계획적으로 직장의 훈련이나 연수를 진행시켜 가는 제도를 말한다. 이를 위해서는 교육훈련, 자격 능력평가, 자기신고와 같은 제도를 정비한 종합적인 인사관리제도가 필요하다.

➡ 커리어 프로그램 또는 직능개발 프로그램이라고도 하는데, 1950년대 중반 미국 연방정부 직원의 인사관리 방법으로 만들어졌다.

• 메리트 시스템(merit system ; 능률급제)

한 직장에서 일하는 사람들의 근무 상태 · 능률 · 능력 등을 세밀히 조사하여 봉급 · 상여금 등의 급여에 차별을 두는 제도를 말한다.

➡ 19세기 초 미국에서 엽관제도(獵官制度)의 폐단을 막기 위해 만든 제도이다.

Q 비핵보유국의 핵무기 보유와 핵보유국의 핵무기 양여를 금지하는 국제 조약은?

• **복식부기**(複式簿記 ; double entry book-keeping)
거래할 때마다 대차를 분개하여, 자산 · 부채 · 자본의 증감 등 변동 사항을 조직적으로 기록하는 기장법이다. 따라서 기업의 경제활동을 가장 효율적으로 운용하기 위해 필요한 회계정보도 복식부기의 원리에 의해 만들어 쓰고 있다.

❍ 복식부기는 이중으로 기록하기 때문에 대차 평균의 원리가 작용, 정확성을 스스로 검증하는 자기 검증 기능을 가진다.

• **재무제표**(財務諸表 ; financial statements)
기업, 특히 주식회사가 경영성적과 재정상태를 이해관계자(세무서 · 금융기관 · 증권거래소 및 주주)에게 공개하기 위해 작성하는 여러 서류를 말한다. 대차대조표, 손익계산서, 이익잉여금 처분계산서 또는 결손금 처리계산서, 재무상태변동표 및 제조원가명세서, 부속명세서 등이 이에 속한다.

예문 재무제표에 속하는 것들을 알아보는 문제가 출제됨

• **대차대조표**(貸借對照表 ; B/S ; balance sheet)
일정시점에 있어서의 기업의 재정상태를 일람할 수 있게 한 표이다. 기업의 자산 · 부채의 내용과 그 금액을 알면 자본이 얼마나 되는지 알 수 있는데, 이를 일람표로 표시하면 기업의 재정상태가 밝혀진다. 자산=부채+자본, 즉 좌측(차변)은 자산, 우측(대변)은 부채와 자본의 내용과 금액을 표시하는데, 이 일람표를 대차대조표라 한다.

❍ 작성방법은 실지재고조사법과 회계기록에 의해 유도되어 작성하는 유도법이 있다.

예문 차변 · 대변과 자산 · 부채 · 자본의 관계, 무엇을 알아보기 위한 표인가를 묻는 문제로 출제됨

• **손익계산서**(損益計算書 ; P/L ; profit and loss statement)
한 회계기간 동안의 기업의 경영성과를 나타내는 회계보고서이다. 기업의 일정기간 동안에 발생한 경상이익과 손비를 항목별로 분류하여 대조 · 표시함으로써 순손익을 산정해 놓은 일람표를 말한다.

❍ 손익계산서 종류에는 계정식과 보고식이 있다.

• **계정**(計定 ; a/c ; account)
거래가 발생하면 기업의 자산 · 부채 · 자본 등이 변화하는데, 이 경우 발생되는 거래요소의 항목을 기록 · 계산하는 형식을 말한다. 계정과목을 대별하면 ①자산계정, ②부채계정, ③자본계정, ④수익계정, ⑤비용계정의 다섯 가지이다.

❍ 계정 형식에는 표준식과 잔액식이 있다.

A 핵확산금지조약(NPT)

• 분개장(分介帳)

모든 거래를 분리하여 발생 순으로 기록하는 장부를 말한다. 부기상 모든 거래는 최초로 분개장에 기록된 후 총계정원장에 전기(轉記)한다. 또한 총계정원장과 분개장은 반드시 필요한 기본적인 장부이므로 이들을 주요부라고 한다.

예문 '다음 장부 중 주요부에 속하는 것은?'으로 출제됨

• 시산표(試算表 ; trial balance)

분개장에서의 기록 및 전기 등에 틀림이 없는가를 검증하는 표를 말한다. 복식부기에서 모든 거래는 대차가 평균되어 기입되고, 분개장을 통해 총계정원장의 각 계정에 전기된다. 따라서 각 계정의 대차를 각각 계산해 모아 보면 대차의 합계액이 일치된다. 이처럼 각 계정을 표에 모아 대차합계액을 산출한 것을 시산표라 하는데, 일정 기간의 재무변동 상태를 나타내 준다.

➡ 시산표에는 작성 형식의 분류에 따라 합계시산표 · 잔액시산표 · 합계잔액시산표가 있다.

• 정산표(精算表 ; W/S ; working sheet)

정규적인 장부 결산을 정확하게 하기 위하여 결산에 앞서서 손익계산서가 작성될 때까지의 계산 과정을 하나의 표로 나타낸 것을 말한다.

➡ 장부상 결산절차를 신속 · 정확하게 해주며, 손익산정을 간편하게 하는 보조 역할을 한다.

• 손익분기점(損益分岐點 ; break-even point)

총수익과 총비용이 균형을 이루는 점, 즉 매출액과 그 매출을 위하여 소요된 모든 비용이 일치되는 점을 말한다. 투입된 비용을 완전히 회수할 수 있는 매출액이 얼마인가를 나타내는 이 손익분기점 이상의 매출을 올림으로써 비로소 이익이 생기며, 분기점 이하로 내려가는 폭이 크면 클수록 손실이 커진다. 손익분기점의 산출방식은 다음과 같다.

$$손익분기점 = \frac{고정비}{1 - \dfrac{변동비}{매출액}}$$

예문 손익분기점 산출방식, 손익분기점과 관계없는 사항 즉, 고정비 · 변동비 · 매출액 이외의 것을 묻는 문제로 출제됨

• 경상이익(經常利益 ; ordinary profit)

일정기간의 경상적 수입과 지출의 차액을 말한다. 즉, 한 사업연도의 매출액에서 매출원가 · 판매비 · 일반관리비를 뺀 영업이익에 영업외수익(이자 · 배당금 · 잡수익)과 비용(지불이자 · 할인료 · 잡손실)을 가감해서 얻은 값을 말한다. 기업실적이 양호한지의 여부를 아는 데 가장 적합한 척도로 중요시된다. 고도성장기의 기업은 차입금이 많고 영업외비용이 늘기 때문에 경상이익이 영업이익보다 적은 것이 보통이다.

Q 정당해산결정을 내리는 기관은?

◐ 경상이익에 임시적인 특별손실을 가감하고 세금을 빼면 당기이익(최종이익)이 된다.

• **감가상각**(減價償却 ; depreciation)

손익계산 또는 자산평가를 정확히 하기 위하여 토지를 제외한 고정자산의 소모 · 손상에 의한 가치의 감소를 계산하는 것을 말한다. 이는 각 기업의 회계에서 감가상각비로 취급하는데, 자본설비가 감소하는 만큼의 가치가 새로 생산된 물건의 가치로 옮아간 것을 뜻하기 때문에 이를 자본소모라고도 한다.

$$감가상각\ 정액법 : 상각액 = \frac{취득원가 - 잔존가액}{내용연수}$$

예문 토지를 제외한 고정자산에만 감가상각이 행해짐을 알아야 하는 문제, 상각액 산출문제가 출제됨

• **자산**(資産 ; asset)

기업이 소유하고 있는 유형 · 무형의 유가치물을 말한다. 자산은 갖가지 기준에 따라 분류가 가능하나 회계상으로는 유동자산 · 고정자산 · 이연자산으로 나뉜다.

1. 유동자산(流動資産) : 기업과 시장 사이를 교류하며 1년 이내에 현금화되는 회전 속도가 빠른 자산. 현금 · 예금 · 받을 어음 · 외상매출금 · 유가증권 · 상품 · 원재료 · 반제품 등

2. 고정자산(固定資産) : 기업 내부에서 장기간 쓰이게 되며 회전 속도가 느린 자산. 토지 · 건물 · 기계장치 · 선박 · 영업권 · 특허권 · 상표권 등

3. 이연자산(移延資産) : 당기에 지출한 비용 가운데 그 비용의 효과가 장래에까지 미치는 자산. 창업비 · 개업비 · 신주발행비 · 사채발행비 · 개발비 · 건설이자 · 시험연구비 등

◐ 자산구성 · 자산평가 : 자산구성 중 유동자산과 고정자산의 비율, 총자산에 대한 유동자산(또는 고정자산)의 비율이 적정하지 않으면 수익성이나 유동성(지급능력)이 악화된다. 일정시점에서의 자산의 화폐가치를 결정하는 일이 자산평가인데, 고정자산에 대한 자산평가가 특히 중요하다.

예문 유동자산 · 고정자산 · 이연자산을 구별해야 하는 문제들이 출제됨

• **흑자도산**(黑字倒産 ; insolvency by paper profits)

장부상으로는 흑자가 계상되어, 건전한 경영처럼 보이면서도 자금의 융통이 여의치 않아 부도를 내고 도산하는 것을 말한다. 정부에서 행한 금융 긴축으로 거래처가 도산하거나 은행이 어음을 할인해 주지 않아 기대한 돈이 들어오지 않을 경우에 일어나는 수가 많다.

◐ 과도한 설비투자를 했을 때와 다량의 재고 등을 안고 있을 때에도 흔히 볼 수 있다.

A 헌법재판소

- **자유무역협정**(FTA; free trade agreement, 自由貿易協定)

  국가 간 상품의 자유로운 이동을 위해 모든 무역 장벽을 완화하거나 제거하는 협정을 말하며 FTA로 약칭한다. 특정 국가 간의 상호 무역증진을 위해 물자나 서비스 이동을 자유화시키는 협정으로, 나라와 나라 사이의 제반 무역장벽을 완화하거나 철폐하여 무역자유화를 실현하기 위한 양국간 또는 지역 사이에 체결하는 특혜무역협정이며, 흔히 지역무역협정(RTA: regional trade agreement)이라고도 부른다. 세계무역기구(WTO)가 모든 회원국에게 최혜국대우를 보장해 주는 다자주의를 원칙으로 하는 세계무역체제인 반면, FTA는 양자주의 및 지역주의적인 특혜무역체제로, 회원국에만 무관세나 낮은 관세를 적용한다. 시장이 크게 확대되어 비교우위에 있는 상품의 수출과 투자가 촉진되고, 동시에 무역창출효과를 거둘 수 있다는 장점이 있으나, 협정대상국에 비해 경쟁력이 낮은 산업은 문을 닫아야 하는 상황이 발생할 수도 있다는 점이 단점으로 지적된다.

  ◐ 한국은 메르코수르(남미공동시장) 4개 회원국(브라질·아르헨티나·우루과이·파라과이)과 무역협정(FTA) 체결을 추진하고 있다.

- **보호무역주의**(保護貿易主義 ; protectionism)

  개별 국가차원에서 자국산업을 보호, 육성하기 위하여 대외무역에 간섭하고 구속을 가하는 주의를 말한다. 즉, 관세, 기타의 적극적인 수단으로 외국무역에 간섭하고 외국상품과의 자유경쟁을 막는 것이 경제적으로 이익을 가져온다는 생각으로 리스트(G. F. List)가 주장했다. 보호무역을 위한 방법으로는 외국상품에 대한 높은 관세(보호관세), 수입과징금이나 수입할당 등의 수입통제책이 있다.

  ◐ UR 타결 이후에도 미국은 대일 무역수지 적자를 축소하기 위한 미·일 포괄경제협의가 결렬되자 무역 상대국에 보복조치를 취할 수 있는 슈퍼 301조를 부활했다.

- **관리무역**(管理貿易 ; government-managed trade)

  국내 경제활동의 향상이나, 정치적·군사적 목적에 의한 무역 거래의 제지, 부당한 외화유출의 방지 등을 위해 국가가 일정한 계획에 의하여 대외무역을 관리·조절하는 것을 말한다. 관리 방법으로는 수입금지·수입허가제·수입할당제·바터제 등이 있으며, 적극적인 방법으로 무역의 총액·거래 내용·상대국·시기 등을 규제하기도 한다.

  ◐ 1930년대의 세계공황에 대처하기 위해 여러 나라에서 채택하였으며, 우리나라도 이를 실시하고 있으나, 외국과의 통상마찰로 점차 관리의 폭을 좁혀나가고 있다.

- **중개무역**(仲介貿易 ; intermediary trade)

  간접무역의 한 형태로서, 거래의 대상이 되는 화물은 외국과 외국 사이를 이동하지만, 수출국과 수입국 중간에 제3국의 업자가 개입하여 매매계약을 체결하는 무역을 말한다. 이때 제3국의 무역업자는 수출상에 대해서는 사는 쪽이 되고 수입상에 대해서는

Q 다품종소량 생산시대의 유연성이 풍부한 자동화생산방식은?

파는 쪽이 되어, 그 양자에 대해 대금결제의 당사자가 되는 무역방식이다. 주로 강력한 상사를 갖지 못한 개발도상국이 거래 대상이 되고 있다.

○ **중개무역과 중계무역(中繼貿易)** : 중계무역은 제3국의 상인이 수출입과정에 개입하는 수동적 입장인 반면, 중계무역은 제3국의 상인이 수입한 후 다시 수출하는 능동적인 입장으로 주체성을 살린다는 점에 차이가 있다.

예문 상품이 제3국을 경유하느냐 않느냐로 중개 · 중계무역을 알아보는 문제가 출제됨

• **삼각무역**(三角貿易 ; triangular trade)

다각무역의 일종으로, 편무역(片貿易 ; 한쪽 나라의 계속되는 수출초과 또는 수입초과)을 조정하기 위하여 상대국과의 사이에 제3국을 개입시켜서 양국간 무역상 불균형을 시정하려는 방식이다. 예컨대 한국이 일본에 대해 수입초과일 때, 한국에 대해서는 수입초과이고 일본에 대해서는 수출초과인 제3국을 개재시켜 세 나라가 무역을 행함으로써 서로간의 무역불균형을 시정하려는 무역방식이다. 그러나 3국 사이에서만 무역확대를 꾀하고, 배타적으로 다른 나라들과의 무역을 배제하는 경우에는 오히려 폐쇄적인 블록화가 형성, 폐해를 낳기도 한다.

○ **3국간무역(三國間貿易)** : 삼각무역과 비슷한 명칭이지만 근본적으로 다르다. 이는 한 나라의 무역상사가 외국에 지점 또는 출장소를 두고, 그 외국지점이 자체 계산으로 외국 현지에서 수입 · 가공한 제품을 제3국에 수출하는 형태이다. 싼 물품을 비싸게 파는 이점, 환 리스크의 회피, 위험의 분산 등의 이점도 있어 우리나라 종합상사의 3국간 무역이 점차 늘어나고 있다.

• **보세가공무역**(保稅加工貿易 ; bonded improvement trade)

가공무역 방식의 하나로 외국의 원료를 수입할 때 관세 등이 유보된 상태에서 가공한 후 다시 수출하면 그대로 관세가 면제되는 무역방식을 말한다. 각기 적성이 다른 국가끼리 협정을 맺고 충분한 자원, 유리한 노동력 또는 특수한 환경이나 조건 등을 이용하여 상호간에 경제공영을 도모하는 방법이다.

○ 보세가공은 특히 노동력은 풍부하나 원자재나 중간생산재의 생산기술이 저조한 경우 이를 수입 · 가공함으로써 외화를 얻는 무역형태이다.

• **보세창고**(保稅倉庫 ; bonded warehouse)

수입 · 수출 절차를 완료하지 아니한 외국화물, 또는 일정한 국내물품을 장치(裝置)하는 특허보세구역(特許保稅區域)을 말한다. 장치 중 세관장의 승인을 얻어 그 성질을 바꾸지 않는 범위 내에서 물품의 개장 구분 · 분할 등의 작업을 할 수 있으며, 장치 중에는 수입한 것으로 인정하지 않으므로 출고할 때까지 수입세의 지불이 연기되고, 재수출의 수속 없이 간단히 해외 반송도 할 수 있는 등 여러 가지 이점이 있다.

○ 보세창고에 물품을 장치할 수 있는 기간은 외국물품은 2년, 내국물품은 6개월이나, 외국물품에 한해 필요가 인정될 경우 1년을 연장할 수 있다.

예문 수입세의 징수가 유예되는 장소라는 것이 시험의 초점임

A FMS(Flexible Manufacturing System)

• **동서무역**(東西貿易 ; East-West trade)

동쪽의 공산권과 서쪽의 자유진영 각 국과의 무역을 말한다. 1972년 닉슨의 구(舊)소련 방문을 계기로 동서무역은 급격히 증가했다. 서측의 수출상품은 철강·기계기기·화학제품·섬유제품 등 공업제품인데 반해 동측의 수출품은 목재·식료품·비철금속·광물성 연료 등 1차산품이 주종을 이룬다. 동서무역은 수직무역(垂直貿易)의 특징이 있어 무역마찰이 없다.

❑ 동구권의 개방정책과 더불어 동서무역은 확대일로에 있는데, 우리나라는 전통적인 교역상대국들이 보호무역주의 경향으로 흐름에 따라 동구권과의 직교역으로 우리 상품의 새로운 돌파구를 열고 있다.

예문 시험에 잘 나오니, 동(공산권)·서(자유진영)와 남(개발도상국)·북(선진국)의 구별을 잘 해두자.

• **남북무역**(南北貿易 ; South-North trade)

북반구에 위치한 선진공업국과 남반구의 개발도상국 사이의 무역을 말한다. 남북간의 무역 불균형 시정을 위해 설치된 UNCTAD(유엔무역개발회의)에서 나온 말이다.

• **수출자유지역**(輸出自由地域 ; free export zone)

한 나라가 수출을 장려하기 위해서 특별히 설치한 일종의 보세구역 성격을 띤 자유무역지역을 말한다. 이 지역의 특성은 ①중계무역을 제외한 제조·가공·포장·보관 등 모든 수출에 관련된 기업활동을 가능케 하고, ②관세법·외환관리법 및 조세상의 제한은 배제 내지 완화해 주고, ③ 'trade center' 등 모든 간접시설을 제공해 주는 혜택이 있다.

• **바터 무역**(barter trade ; 구상무역)

물자의 수출과 수입을 하나의 교환방법으로 상호 결부시키는 무역방식을 가리킨다. 대표적인 방법은 ①거래하는 양자가 동시에 신용장을 개설하는 백투백(back to back), ②먼저 수입한 측이 그 대금을 외환은행에 적립하고, 후에 수입하는 측은 그 계정금액으로 결제에 충당하는 에스크로(escrow), ③한쪽이 이 수입신용장을 발부하는 데 대해 상대방은 일정기간 내에 수입한다는 보증서류를 발부하는 토머스·역토머스의 3가지 방식이 있다.

❑ 무역 상대국간의 수출입액을 균형시켜 가능한 한 결제할 차액을 남기지 않도록 하는 무역방식이다. 최근 우리나라는 루블화가 부족한 러시아 공화국 등과 이 무역방식으로 활발히 거래하고 있다.

• **쿼터 시스템**(quota system ; 수입 할당제)

일정기간 내에 일정한 상품의 수량 또는 금액을 정부가 정하고 이를 상대 국가별 혹은 수입자별로 할당하여 수입을 제한하는 제도이다.

• **링크 시스템**(link system ; 수출입 링크제 ; 연계무역제)

수입과 수출을 수량 또는 금액에 서로 연계(link)시켜 수출에 한하여 수입을 허가하는

Q 대기의 윗부분이 아래부분보다 높아 오염물질이 축적되는 현상은?

제도이다. 즉, 수입원료로 가공한 제품을 수출하여 외화를 획득하였을 때에는 그 상품을 제조하는 데 소요된 원료와 같은 수량, 또는 같은 가격의 원료를 자유롭게 수입할 수 있는 권한을 부여하는 것이다.

❍ 이 제도는 특정 품목의 수출에서 생기는 불이득이나 무소득을 간접보상 해주기 위해서, 즉 수출촉진책으로 이용된다.

• 네거티브 시스템(negative system)

원칙적으로 수입을 자유화하되 예외적으로 수입을 제한하여, 수입금지 품목만을 규정하는 무역제도이다. 이때 금지하는 품목을 네거티브 리스트(negative list)라 한다. 무역자유화의 폭을 넓히고, 국내산업의 체질을 개선하며, 일반인의 소비생활을 향상시키는 데 이 제도의 목적이 있다. 우리나라도 교역량이 늘어남에 따라 포지티브 시스템에서 네거티브 시스템으로 전환되었다.

예문 네거티브 제도의 목적과 명시적으로 규정하는 품목이 무엇인지 묻는 문제가 출제됨

• 포지티브 시스템(positive system)

네거티브 시스템과 반대되는 제도이다. 원칙적으로 수입을 제한·금지하고, 예외적으로 몇 품목만을 허용하는 무역제도로, 수입 허용 품목을 포지티브 리스트(positive list)라 한다.

❍ negative 부정(의), 거절(의), positive 긍정적인

• 자유무역주의

무역에 대한 국가의 간섭을 배제하고 자유로운 대외거래를 해야 한다는 생각 또는 정책을 말한다. 중상주의적 보호무역주의의 비판으로 대두되었으며, 애덤 스미스, 리카도 등이 제창했다. 경제 활동의 자유에 대한 산업자본의 필요를 이론적으로 뒷받침하며 20세기에 들어와서는 각국에서의 공업화 진전, 국제 경쟁의 격화 속에서 보호무역주의가 고개를 들었으나 세계무역기구(WTO)의 출범으로 자유무역과 경제의 세계화라는 큰 흐름을 형성하였다. 1986년부터 시작된 관세 및 무역에 관한 일반 협정(GATT)의 여덟 번째 다자간 협상인 우루과이라운드(UR)를 통해 관세장벽 및 비관세장벽의 철폐와 WTO 출범에 합의를 보았다.

• 무환수출(無換輸出)

물품대금의 전부 또는 일부에 대한 외국환이 체결되지 않은 상태에서 행해지는 수출을 말한다. 이에는 무상으로 보내는 상품 견본, 증여품, 여행자의 휴대품, 선물·구호물 등과 같은 것이 속한다. 이는 외화를 얻는 데 도움이 되지 못할 뿐 아니라, 자본의 국외 도피나 환투기의 수단이 되기 쉬워 환 관리상 특별한 규제를 받는 일이 많다.

Ⓐ 역전층 현상

• 플랜트 수출(export of industrial plants)

생산설비나 대형기계의 수출을 말한다. 즉, 공장의 전부 또는 일부를 건설하고 관련기계를 시설하여 가동할 수 있게 될 때까지 모든 것을 떠맡는, 다시 말해 공장을 통째로 수출하는 것을 말한다. 발전설비, 선박·차량·제철기계의 설비, 방적기계 등의 수출이 이에 해당하며, 플랜트 비용을 구성하는 요소는 노하우(know-how)·엔지니어링·기기·장치·건설의 다섯 가지로 구별된다. 플랜트 수출의 장점은 부가가치가 높고 자원을 절약할 수 있으며, 지식집약형의 수출로 고용 유발효과도 높은데다 수출에 따른 국가간 마찰도 비교적 적은 편이어서 선진 자본주의국가가 취하는 전형적인 수출방식이 되었다. 장기적으로는 플랜트 수입국의 제품이 역수입되는 부메랑 현상이 발생하기도 한다.

➡ 턴 키(turn key) 방식 : 키(key)만 돌리면(turn) 가동할 수 있는 상태에서 인도하는 플랜트 수출의 계약방식이다. 공장건물·부대설비 등 모든 것을 포함하는 것을 강조, 풀 턴 키(full turn key)라고도 하는데, 인력이 부족한 중동산유국들의 플랜트 상담은 대부분이 풀 턴 키 계약이다.

예문 턴 키 방식·플랜트 수출은 주관식으로도 자주 출제됨

• 연불수출(延拂輸出 ; deferred payment export)

수출대금의 전부 또는 일부를 일정기간 연기해주는 조건으로 이루어지는 수출을 말한다. 주로 수출금액이 큰 플랜트 수출과 저개발국에 대한 선진국들의 수출경쟁과 저개발국의 지급능력 부족으로 이런 수출이 형성된다. 자금 회수기간은 1년 이내의 단기와 1년을 초과하는 장기가 있는데, 장기의 경우 대부분 선박·항공기·기계류 등과 플랜트 수출에 이용된다.

➡ 수입하는 입장에서 볼 때는 이를 연지급수입이라고 한다.

• 녹다운 방식(knockdown system)

녹다운은 '조립'을 뜻하는데, 완성품이 아닌 부품을 수출, 현지에서 조립하여 판매하는 방식을 말한다. 자동차 산업에 이 방식이 자주 쓰인다. 현지의 개발도상국으로서는 완성품을 수입하는 것보다 녹다운 방식이 고용 확대·조립 기술의 습득 등 공업화에 기여하는 면이 많아 받아들이기 쉽고, 수출국으로서는 완성품을 수출할 경우에 비해 운임이나 관세가 싸고 현지의 값싼 노동력을 이용할 수 있는 등 유리한 면이 있다.

➡ 최근에는 완성품 수출증가로 일어나는 무역마찰을 피하거나 제3국에 우회수출할 목적으로 많이 채용하는데, 우리나라 기업들도 전자제품·자동차 등에 이 방식을 도입하고 있다.

• 용역수출(用役輸出)

보험·은행업무·운송 따위의 서비스를 외국에 제공하거나 노무인력을 직접 수출하는 것을 말한다.

Q 해당 기업이 채무를 일시에 상환하는 제도로 채권자의 권리를 보호하는 장치는?

- **기술수출**(技術輸出 ; export of technique)
  국내에서 연구 · 개발한 기술을 외국에 제공하고 그 대가로 로열티(royalty ; 사용료)를 받는 일을 가리킨다. 특허권 · 실용신안권 · 상표권 · 의장권 외에 설계도 · 청사진 등 공장건설에서 기밀에 속하는 부분과 엔지니어링 · 컨설팅 등 이른바 노하우의 기술도 포함된다.

  ❖ 기술수출은 무역외수지에 속하므로 우리나라처럼 인구가 많고 자원이 부족한 나라에서는 가공무역과 함께 중요시해야 할 수출이다.

- **소셜 덤핑**(social dumping)
  국제수준보다 현저히 낮은 저임금으로 원가가 절감된 제품을 해외시장에서 염매(廉賣)하는 행위를 말한다. 구조적으로 낮은 임금수준과 비교적 양질의 노동생산력이 특이하게 결합되어 있는 나라에서만 가능한데, 소위 신흥공업국에서 나타나는 현상이다.

  예문 소셜 덤핑으로 가장 타격을 받는 사람(노동자)을 묻는 문제가 출제됨

- **국제수지**(國際收支 ; international balance of payments)
  일정기간(보통 1년간) 동안 한 나라가 다른 모든 나라와 행한 경제거래를 복식부기 원리에 의하여 작성한 통계표를 말한다. 국제수지를 종합했을 때 수입이 지출보다 많은 경우 흑자가 되어 대외채권의 증가로 나타나며, 반대의 경우에는 적자가 되어 대외채무의 증가로 나타난다. 국제수지를 개선하려면 수출을 촉진하고 국산품을 애용하여 불필요한 외화 낭비를 막아야 한다.

  ❖ 우리나라는 IMF 표준양식에 따라서 한국은행에서 매분기 및 연간 국제수지표를 작성하고 있다.
    자본수지(資本收支) : 정부나 민간이 외국자본을 들여오거나 외국에 투자하여, 국제간에 자본이 이동함으로써 생기는 수지이다.

- **국제수지의 구분**

$$
기업 \begin{cases} 경상수지 \begin{cases} 무역수지(상품의 수출입 수지 \\ 무역외수지(서비스의 수출입 수지) \\ 이전수지(증여 등 무상거래 수지) \end{cases} \\ 자본수지 \begin{cases} 단기자본수지(상환기간 1년 미만) \\ 장기자본수지(상환기간 1년 이상) \end{cases} \end{cases}
$$

- **경상수지**(經常收支 ; balance of current account)
  한 국가의 대외거래 상태를 나타내는 지표 중의 하나로 무역수지, 무역외수지, 이전수지를 합한 것을 말한다. 보통 국제수지 적자 또는 흑자를 말할 때 대개 경상수지를 기준으로 한다. 경상수지에 자본수지를 합한 것이 종합수지이며, 자본수지 중 장기자본

A 포이즌 풋

수지와 경상수지를 합한 것이 기초수지이다.

경상수지 = 무역수지 + 무역외수지 + 이전수지

$$경상수지율 = \frac{경상수익}{경상지출} \times 100$$

> 1. 종합수지 = 경상수지 + 자본수지
> 2. 기초수지 = 경상수지 + 장기자본수지

• 무역수지(貿易收支 ; balance of trade)

눈에 보이는 상품의 수출입거래에 의하여 생기는 외국과의 대금의 수불액을 말한다. 상품의 수출입이 세관에 의해서 정확히 파악되어 기록되므로, '보이는 무역' 또는 '유형무역' 이라 한다.

> 통상적으로 무역수지 계산방법은 수출입 공히 FOB 가격으로 평가하여 집계한다.

• 무역외수지(貿易外收支 ; balance of invisible trade)

서비스 수출입에 따른 수입과 대외지급의 차이(收支)를 말하는 것으로, 주요 구성요소는 은행·보험·항공기·선박 등의 서비스 대금, 대외투자의 이윤, 이자, 주식배당, 관광해외여행 경비, 특허료 배상 등이며 한국의 경우 해외건설 수입도 큰 몫을 차지한다. 무역외수지 동향에는 국제금리 수준과 해외 건설경기가 큰 영향을 미친다. 서비스라는 '눈에 보이지 않는 무역' 이므로 '무형무역' 이라고도 한다.

> 1. 무역 수지 = 상품수출입 = 보이는 무역
> 2. 무역외수지 = 운임·보험료 등 서비스 수출입 = 보이지 않는 무역
> 3. 이전수지 = 배상·증여·해외송금 등 서비스 수출입

• 이전수지(移轉收支 ; balance of transfer)

내국인과 외국인 사이에 무상으로 주고받는 거래를 나타내는 수지로, 대가가 따르지 않는 국제거래를 말한다. 소득세 등의 세금이나 배상, 증여, 이민에 의한 이전 등 채권 채무관계를 남기지 않는 재화, 서비스, 화폐의 일방적 공여를 포함한다.

> 이전은 내국인과 외국인 사이뿐만 아니라 정부와 국제기관 사이에도 이루어지는데, 그 대표적인 것이 원조이다.

• 무역의존도(貿易依存度 ; degree of dependence upon foreign trade)

한 나라의 국민경제가 어느 정도 무역에 의존하고 있는가를 나타내는 지표인데, 총수입액과 총수출액 합계가 국민총생산에서 차지하는 비율로 나타낸다. 무역의존도가 낮다는 것은 그 나라의 자급자족도가 크다는 것을 나타내고, 무역의존도가 높다는 것은 그 나라 국민경제가 해외 사정에 많이 의존하게 되어 그만큼 불안정하다는 것을 나타낸다.

Q 화학물질의 최소단위는?

178

$$\text{무역 의존도} = \frac{\text{수출총액} + \text{수입총액}}{\text{GNP 또는 국민소득}} \times 100$$

○ 일반적으로 방대한 국토를 가진 국가는 무역의존도가 낮고, 소득수준이 높으면서 작은 국토를 지닌 국가는 무역의존도가 높다.

• **외화가득률**(外貨稼得率 ; rate of foreign exchange earning)

수출품이 실제로 외화를 획득한 비율, 즉 가공무역에서 자국으로 순수하게 입금되는 외화의 수취율을 말한다. 수출가격으로부터 생산에 사용한 수입원자재 가격을 뺀 나머지를 그 수출가격으로 나눈 것을 말한다.

$$\text{우리나라의 가득률 계산방법 : } \textbf{가득률} = \frac{\text{FOB수출가격} - \text{CIF원자재가격}}{\text{FOB수출가격}} \times 100$$

○ 자국의 원자재를 많이 사용해서 생산한 상품일수록, 또 가공도가 높을수록 가득률도 높아지므로 부품의 자급도 향상 등 국산 대체가 강조되고 있다.

• **아우타르키**(Autarkie)

한 나라 또는 몇 나라의 한정된 지역 내에서 최대한도로 자급자족함으로써 가능한 한 무역에 의존하지 않으려는 자급자족 경제 또는 그 블록 경제권을 말한다.

• **통관베이스**(on a custom clearance basis)

무역액을 세관을 통과한 물품을 기준으로 집계한 것을 말한다. 통관베이스 무역액은 환의 수불을 수반하지 않는 배상수출, 경제원조 등을 포함하며 수출은 FOB(본선인도), 수입은 CIF(운임보험료 부담조건)로 집계하기 때문에 외환금액만으로 파악한 외환 베이스 무역액과는 일치하지 않고 시간적으로도 차이가 있다.

○ 외환 베이스 : 통관량에 관계없이 외국환의 수불을 집계한 것을 말한다.

• **관세**(關稅 ; tariff)

특정 지역의 경계선을 통과하는 상품에 대해서 부과되는 조세이다. 일반적으로 국내산업 보호와 재정 수입을 목적으로 하며, 개발도상국에는 후자의 목적에 따른 고율관세가 있다. 관세의 종류에는 보호관세 · 재정관세 외에 차별관세 · 특혜관세 · 복(複)관세 · 보복관세 · 상쇄관세 · 부당염매관세 등이 있다.

○ 관세율(關稅率) : 관세액을 결정하기 위해 과세표준에 대해 적용되는 비율이다.

예문 관세를 부과하는 목적을 묻는 문제가 많이 출제됨

• **특관세**(特關稅 ; 임시특별관세)

그 수입이 국민경제에 긴요하다고 인정되지 않는 특정 외국물품의 수입에 대해 관세

A 분자

179

이외에 임시로 부과하는 세금을 말한다. 수입수요의 억제를 통해 국제수지 균형을 기하고 국민경제 안정을 도모하기 위해 부과되는 보호관세의 일종이다.

• 탄력관세(彈力關稅 ; elastic tariff)

국내 산업보호 · 물가안정 등을 위해 법률이 규정하는 범위 내에서 행정부가 관세율을 인상 또는 인하할 수 있는 권한을 갖도록 한 관세를 말한다. 우리나라에서는 1969년부터 이 관세제도를 채택하고 있는데, 덤핑방지관세 · 긴급관세 · 조정관세 · 물가평형관세 · 할당관세 · 상계관세 등이 있다.

● 1922년 미국이 전시공업의 구제를 위해 제정한 '포드니 매컴버 관세(Fordney McCumber Tariffs)'가 그 시초이다. 신축관세라고도 한다.

• 덤핑관세(anti-dumping duties)

덤핑 상품을 수입한 나라가 국내산업을 보호하기 위해 그 품목에 부과하는 높은 관세를 말한다. 일반적으로 수입품에는 관세를 부과하지만, 덤핑상품에 대해서는 징벌적인 관세를 부과, 그 상품이 싼 값으로 국내시장에 출하되지 못하게 한다. 덤핑에 의하여 국내산업에 실질적 피해가 있을 경우 정상가격과 수출가격의 차액만큼 관세를 부과한다.

● 덤핑 방지세, 부당염매관세라고도 한다.

• 실링 방식(ceiling system)

개발도상국에 대한 특혜관세의 하나로, 대상품목에 일정한 수입한도(실링)를 설정하고 그를 초과하지 않는 수량에 대해서는 수입관세를 원칙적으로 부과하지 않는 것을 말한다. 미국 등은 일부 예외품목을 제외하고는 개발도상국에 비관세로 실링 없이 특혜를 제공하지만, 국내산업에 피해가 발생한다거나 발생할 우려가 있는 경우에는 이 특혜를 일시적으로 유보시킨다.

● 금융 실링제 : 금융상의 대출한도제를 뜻한다. 통화팽창이 극심할 경우 대출의 최고한도를 정해 대출을 억제할 때 쓰인다.

• 클레임(claim)

무역거래에서 수출 · 수입상인이 매매계약조항에 대한 위반행위에서 생기는 불평과 불만 또는 의견차이를 상대방에게 제기하는 것을 말한다. 품질불량 · 선적 기일 지연 · 수수료 미불 등으로 클레임이 제기되는데, 이때 생긴 분쟁으로 인한 배상문제는 당사자간의 타협에 의해 해결하는 방법과 제3자의 중재에 의해 해결하는 방법, 나아가서는 헤이그에 있는 국제사법재판소에 제소하여 해결하는 경우도 있다. 클레임을 제기한 피해 당사자를 클레먼트(claimant), 책임을 져야 할 당사자를 클레머(claimer)라 한다.

Q 소비자대상의 전자상거래의 영문약자는?

⊙ 마켓 클레임(market claim) : 수입지 시장가격의 변동으로 계약 당시의 가격대로 상품을 받아들이면 채산이 맞지 않을 경우에 상품 수입자가 사소한 결점을 구실로 삼아 고의로 클레임을 제기하는 것을 말한다.

• 신용장(信用狀 ; L/C ; letter of credit)

수입업자의 거래은행이 수입업자의 신용을 보증하는 뜻에서 수출업자가 발행하는 일정기간·일정금액의 환어음을 인수·지불하겠다고 약속하는 약정서를 말한다. 즉, 수입업자의 거래은행이 수출업자 앞으로 신용장을 발행하면 수출업자는 신용장에 명기된 금액과 기일에 해당되는 환어음을 발행해 대금결제를 받는다. 수출업자는 신용장의 도착으로 안심하고 화물을 발송할 수 있으며, 신용장에 근거를 둔 어음이므로 쉽게 할인해 쓸 수 있다. 이와 같은 신용장을 상업신용장이라고도 하는데, 해외 여행자의 편의를 위해 발행하는 것은 여행신용장이라 한다.

⊙ 우리나라는 수출장려시책의 하나로 신용장 도착과 함께 수출선대금을 융자해 준다.
신용장의 종류 : 취소가능·불능 신용장, 확인·무확인 신용장, 표시·무표시 신용장, 회전 신용장

예문 영문 L/C가 우리말로 무슨 뜻인지 알아보는 문제가 많이 출제됨

• 내국신용장(內國信用狀 ; local L/C)

수출이행에 필요한 완제품·원자재를 국내에서 조달하기 위해 해외로부터 받은 원신용장을 담보로 원신용장개설 통지은행이 국내 공급자를 수혜자로 개설하는 제2의 신용장이다. 이를 이용하면 국내 원료공급업자는 대금회수에 대한 은행보증 외에도 무역금융의 활용, 조세감면 조치 등 수출신용장과 똑같은 혜택을 받을 수 있다.

• 리즈 앤드 래그스(leads and lags)

환율변동을 예측한 수출입업자가 대금결제를 늦추거나 앞당기는 일을 말한다. 자국 통화가 상승세에 있을 때는 수출결제는 앞당기고 수입결제는 늦추며, 반대로 자국 통화가 하락세일 경우에는 수출결제는 늦추고 수입결제는 앞당기는 것이 유리하다.

⊙ leads 시계바늘을 앞으로, lags는 뒤로 보내는 것을 뜻한다.

• FOB(free on board ; 본선인도조건)

수출상(판매자)이 무역상품을 수입상(구매자)이 지정한 선박에 싣기까지의 일체의 비용과 위험을 부담하는 약관을 말한다. 그 이후에는 수입상의 책임이 된다(CIF에서는 도착항까지 판매자의 책임). FOB가격이란 상품의 원가와 수출항까지의 운송비용, 본선 적재비용, 수출 통관비용 등을 합한 가격을 말하는데, 본선적재가격 또는 수출항 본선인도가격이라고도 한다.

⊙ 통상 'FOB Masan'과 같이 수출항을 표기하는데, 우리나라 수출입 화물의 가격기준은 수출시는 FOB, 수입시는 CIF로 한다.

A B2C(Business-to-Consumer)

12 무역과 국제수지

• **CIF**(cost insurance and freight : 운임 · 보험료 부담조건)

무역거래 조건의 하나로 FOB와 더불어 가장 널리 쓰인다. 수출상이 상품의 선적에 드는 비용과 위험 부담은 물론 목적지까지의 운임 · 보험료까지도 부담할 것을 조건으로 한 무역계약이다. CIF가격은 수출입상품의 운임보험료를 포함한 가격, 즉 착항 인도가격이다.

■ **그밖의 화물인도가격**

loco(현장인도가격)	판매자의 상품창고에서 인도해 줄 때의 가격.
FOR(free on rail ; 화차인도가격)	화차에 적재하는 비용까지 만을 판매자가 부담하는 가격
FAS(free alongside ship ; 선측인도가격)	선측(뱃전)까지만 운반해 주는 가격. 목재를 뗏목으로 엮어 수출할 때 주로 쓰인다.
franco(반입가격)	구매자의 지정창고까지 운송하는 데 드는 모든 비용을 판매자가 부담하는 가격.

○ CIF의 변형 : ① CIF & E(CIF 외에 환리스크도 수출상 부담으로 하는 것), ② CIF & C(특수한 수수료를 포함한 것), ③ CIF & I(환어음에 대한 이자를 포함한 것), ④ C&F(CIF 중에서 보험조건을 제외한 것)

예문 FOB와 CIF의 차이점을 알아보는 문제, 수출상(판매자)에게 어느 조건이 유리한지를 묻는 문제, 기타 화물인도가격의 영문과 뜻을 알아야 할 문제들이 출제됨

• **선하증권**(船荷證券 ; B/L ; bill of landing)

해운회사가 탁송화물에 대해 발행하는 증권으로 화물의 실체를 대표해 주는 것이다. 해운회사와 하주간의 운송조건을 정한 운송계약서이면서 수령증의 역할도 하는 화환어음의 부속서류 중에서 가장 중요한 것이다. 보통은 한 화물의 운송에 대해 여러 통 발행되며 지정한 화물 양륙(揚陸) 항구에서 그 중 한 통과의 교환으로 화물의 인도를 청구할 수 있다.

○ 적선하증권(Red B/L) : 선하증권에 보험증서 조항을 가미, 항해중 사고가 발생하면 선박회사가 보상해주는 선하증권겸 보험증권이다. 보험 문안이 붉은 글씨로 인쇄되어 있어 이와 같은 이름이 붙었다.

• **해상화물 운송절차**

송화인이 선박회사에 선적신청서 제출→선박회사로부터 선적지시서(S/O ; shipping order)를 받아 화물을 선적→본사 일등항해사로부터 본선수취증(M/R ; mate's receipt) 교부받음→선박회사에 운임 지급하고, M/R과 상환으로 선하증권(B/L ; bill of landing) 교부받음→수화인에게 B/L을 송부→수화인은 선박회사에서 B/L과 상환으로 화물인도지시서(D/O ; delivery order) 받음→항만창고에 가서 D/O를 제시하고 화물수령.

○ 선적서류 : 무역품의 재산권을 나타내 주는 상용서류로, 선하증권 · 보험증권 · 송품장을 말한다.

Q 인터넷 정보의 위치를 표시하기 위해 사용되는 주소는?

- **국제결제은행**(國際決濟銀行 ; BIS ; Bank for International Settlements)
  1930년 스위스의 바젤(Basel)에 유럽 주요국 · 미국 · 캐나다 등이 공동 출자해 설립한 국제은행이다. 당초에는 제1차 세계대전 후 독일의 배상문제를 처리하는 것을 주목적으로 발족했으나 지금은 주로 국제결제의 원활화와 각 국 중앙은행의 국제협력을 위한 기구가 되었다.

  ○ 매월 주요 11개국의 중앙은행 총재들이 모여 월례회의를 여는데 여기서 교환되는 의견은 세계정세의 동향에 커다란 영향을 미친다.

- **브레턴우즈 협정**(Bretton Woods Agreements)
  1944년 7월, 미국의 브레턴우즈에서 44개 연합국 대표가 참가한 가운데 열린 통화금융회의에서 승인한 국제통화기금(IMF)과 국제부흥개발은행(IBRD ; 세계은행)의 설립을 위한 협정을 말한다.

  ○ 총 플로트 시대 : 1973년 3월 이후 주요국 통화의 대부분이 변동환율제(float)로 이행된 것을 가리킨다. 1971년 8월 미국이 발표한 금 · 달러 교환정지에 의해 브레턴우즈 체제가 붕괴되자 각 국은 통화위기를 극복하기 위해 변동환율제로 이행했다. 이러한 상황변화에 대응, IMF도 1976년 1월 킹스턴(자메이카)에서 개최된 잠정위원회에서 플로트제를 인정하는 IMF 협정 개정안에 합의, 1978년 4월부터 새 협정이 정식 발효되었다.

- **브레턴우즈 체제**(Bretton Woods System)
  IMF(국제통화기금)와 세계은행(IBRD)을 중심으로 한 국제통화체제이다. 브레턴우즈 체제는 제2차 세계대전 전 각 국의 평가절하 경쟁으로 국제경제 · 통화제도가 파탄되었던 일을 교훈 삼아 IMF를 통해 가맹국의 외환시세를 안정시키는 일이 주업무였다. 이에 따라 각 국은 금 · 달러 평가를 기준으로 하여 외환시세를 유지하고 그 시세가 위험할 때에는 개입할 의무를 지게 되었다. 또 미국은 달러를 금과 공정가격으로 자유로이 교환해 준다고 보증했기 때문에 각 국은 모두 안심하고 달러를 개입통화로 사용, 외환시세 안정에 힘썼다. 그러나 1971년 8월 미국이 금과 달러와의 교환을 정지함으로써 브레턴우즈 체제는 무너지고 국제통화는 '총 플로트 시대'를 맞았다.

  ○ 브레턴우즈 협정으로→IMF · IBRD라고 하는 국제경제기구가 탄생되고, 브레턴우즈 체제가 형성→미국의 금 · 달러 교환 정지로 브레턴우즈 체제 붕괴→주요국들이 변동환율제를 채택하는 '총 플로트 시대'가 열림→이를 인정하는 새 국제통화 체제인 킹스턴 체제가 형성됨.

- **킹스턴 체제**(Kingston System)
  금 1온스=35달러를 기초로 한 브레턴우즈 국제통화체제가 1971년 미국의 금 · 달러 교환정지로 붕괴되자, 1976년 1월 IMF 잠정위원회가 자메이카의 킹스턴에서 합의한 새로운 국제통화체제를 말한다. 킹스턴에서는 금공정가격의 철폐 이외에 변동환율제가 종래의 고정환율제와 아울러 각 국의 선택대상이 되어 정식 인지되었다는 것이 특색이다.

A URL(Uniform Resource Locator)

- **IFC**(International Finance Corporation ; 국제금융공사)

제2세계은행인 IDA(국제개발협회)와 더불어 세계은행(IBRD)의 자매기관으로, 1956
년에 설립되었다. 개발도상국에 있어서의 민간부문의 발전을 촉진함으로써 세계은행
의 활동을 지원하는 것이 그 목적이다. 세계은행은 대출만 하지만 IFC는 대출과 함께
자본투자도 한다. 또 세계은행 대출에는 정부보증이 필요하나 IFC는 필요 없다.

➡ 대출은 아시아, 중남미 지역에 집중되어 있는데, IFC의 총재는 세계은행 총재가 겸임하고 있으며, 우리나라는
1964년에 가입하였다.

- **국제통화기금**(國際通貨基金 ; IMF ; International Monetary Fund)

1944년 브레턴우즈 협정에 따라 설립된 UN기구의 하나이다. 가맹국의 출자로 공동의
외화기금을 만들어 각 국의 외화 자금조달의 원활화를 돕고, 경제적 번영을 도모할 것
을 목적으로 하는 국제기구이다. 1976년 1월 자메이카의 킹스턴에서 열린 IMF잠정위
원회에서는 협정을 개정하여, 1978년부터 발효시켰는데, 이를 킹스턴 체제라고 부른
다. 최고 결정기관은 총회로 가맹국의 재무상 및 중앙은행총재가 정부대표로 출석하여
연 1회 본부가 있는 워싱턴에서 개최하지만 3년에 1회는 다른 장소에서 한다.

➡ IMF와 우리나라 : 우리나라는 1955년에 58번째로 가입했다. '97년 말 IMF 관리체제에 들어간 한국은 2004년
까지 상환을 조건으로 195억 달러의 차입금을 제공받았으나, 3년을 앞당겨 2001년 8월 23일 전액을 조기 상
환했다.

- **SDR**(Special Drawing Rights ; 특별인출권)

1970년 국제간의 유동성을 늘리기 위해, 즉 국제간 결제수단의 부족을 보충하고 금·
달러 등의 준비자산을 보완하기 위해 IMF에 의해 인위적으로 만들어진 제3의 국제통
화이다. IMF가맹국이 금 준비가 필요 없이 무담보로 출자한 금액에 비례하여 IMF로
부터 인출할 수 있는데, 형태가 있는 통화는 아니다. 국제수지 흑자국에 일정한도까지
SDR의 인수를 의무화하고 있다.

- **IBRD**(International Bank for Reconstruction and Development ; 국제부흥개발은
행 ; 세계은행)

1944년 브레턴우즈 협정에 기초하여 IMF와 함께 설립된 국제금융기관의 중심적 존재
이다. 제2차 세계대전 후 각 국의 전쟁 피해 복구와 개발을 위해 설립된 기관이었으나,
현재는 주로 개발도상국의 공업화를 위해 융자를 하고 있다. 이자가 5~6%로 융자조건
이 엄격하며 융자대상은 선진국과 중진국이 많다. IMF가 대외결제에 곤란을 받고 있는
나라에 대한 단기대부를 주로 하는 반면, IBRD는 장기대부를 하는 것이 특징이다.

➡ IBRD 가맹과 탈퇴는 자동으로 IMF와 연결되므로 IBRD와 IMF 가맹국 수는 일치한다.

예문 IMF·IBRD의 우리말 표기, IMF가 창출한 국제통화=SDR, SDR과 관계 있는 기구=IMF, IBRD 자매기관
=IDA 등을 알아보는 문제 출제됨

Q 인터넷에서 웹을 항해하기 위해 사용되는 소프트웨어는?

- **IDA**(International Development Association ; 국제개발협회 ; 제2세계은행)

  IBRD(세계은행)의 자매기관으로 1960년에 워싱턴에 설립되었다. 세계은행보다 수월한 조건으로 개발도상국에 융자할 것을 목적으로 설립된 국제금융기관이다. 융자 대상은 경제부문뿐만 아니라 지역개발에 대한 공헌도가 큰 기초적 사회부문도 포함된다. 장기저리자금을 대여해 주는 것이 특징인데, 우리나라는 1961년에 가입했다.

  ➡ 후발개발도상국에 대한 융자 조건은 상환기간 50년에 10년 거치, 다음 10년 간은 매년 원금의 1%, 30년 간은 3%씩 변제한다. 융자액의 0.75%만 매년 수수료로 받을 뿐 무이자이다.

- **경제사회이사회**(經濟社會理事會 ; ECOSOC ; Economic and Social Council)

  UN의 주요 기관의 하나이다. 총회의 3분의 2 이상의 다수결로 선출되는 54개의 이사국으로 구성된다. 이사국의 임기는 3년이고 연임이 가능하며, 매년 3분의 1이 개선된다. ① 경제 · 사회 · 문화 및 교육상의 국제문제에 대한 연구보고, ② 인권 및 기본적 자유의 촉진, ③ UN 및 모든 국제기구 또는 단체와의 협력관계 유지, ④ 회원국 및 전문기구를 위한 용역제공을 기본임무로 한다. 산하에는 5개 지역경제위원회가 있다.

  ➡ 매년 의장과 부의장 4명을 선출하며 이사회의 결정은 출석투표국의 과반수 찬성으로 이루어진다. 이사국이 아닌 관계국은 이사회에 투표권 없이 참석할 수 있다.

- **경제사회이사회의 5개 지역경제위원회**

  1. 아시아 · 태평양경제사회이사회(ESCAP) : 1974년 3월 역내 제국의 경제재건과 발전을 위한 협력을 촉진하고, 경제적 기술적 문제를 조사하여 연구사업을 실시하거나 원조하고, 역내 경제문제에 관하여 유엔 경제사회이사회를 보좌할 목적으로 설립되었다.

  2. 유럽경제위원회(UNECE) : 1948년 경제사회이사회(Economic and Social Council, ECOSOC)의 결의로 창립되었으며, 유럽지역의 회원국 간의 경제협력을 장려한다.

  3. 라틴아메리카경제위원회(ECLAC) : 1948년 유엔 경제사회이사회(ECOSOC)의 결의로 중남미 국가들의 경제개발을 추진하기 위해 설립되었다. 본부는 칠레 산티아고에 있다.

  4. 아프리카경제위원회(ECA) : 1958년4월 설립, 아프리카의 경제개발, 생활수준의 향상을 목적으로 활동하고 있다. 사무국은 아디스아바바에 있다.

  5. 아시아극동경제위원회(ECAFE) : 국제연합 경제사회이사회의 지역경제위원회의 하나로서 UN의 지역위원회 가운데 그 규모가 가장 크다. 1947년 3월 아시아태평양 지역의 경제협력 · 사회개발을 위한 협력기관으로 설립되었다.

- **아시아 생산성기구**(APO ; Asian Productivity Organization)

  아시아 국가들의 생활수준 향상과 생산성 향상을 추진하기 위해 1961년에 발족한 국제

A 웹브라우저

기구이다. 일본생산성본부가 추진하여 발족되었는데, 가맹국은 우리나라·일본·대만·필리핀 등 16개국이며 본부는 도쿄에 있다. 생산성 향상에 관한 심포지엄, 조사·홍보활동 등을 벌이고 있다.

➡ 최초로 아시아인만으로 조직된 기구로 ESCAP(아시아·태평양경제사회이사회)와 관계를 맺고 있고, 가맹국은 ESCAP의 멤버라야 한다.

- **ADB**(Asian Development Bank ; 아시아 개발은행)

아시아·태평양 지역에 있는 개발도상국의 경제개발을 촉진시키기 위해 세운 국제은행이다. 1966년 에카페(ECAFE ; 현재의 명칭은 ESCAP)가 중심이 되어 설립되었는데, 본부를 필리핀의 마닐라에 두고 개발자금 융자, 각 국 경제계획의 조정, 기술원조 등의 일을 담당하고 있다. 우리나라는 1966년에 창립회원국으로서 가입했다.

➡ 우리나라는 '88년 12월 광양과 진주간 고속도로 확장공사를 위한 1억 달러 차관을 끝으로 차관국에서 제외되었다.

- **마셜 플랜**(Marshall Plan)

제2차 세계대전 후, 유럽의 경제부흥을 위해 1947년 당시 미 국무장관 마셜이 제창한 유럽 부흥계획(ERP ; European Recovery Program)을 말한다. 그 주요 실시기관으로 미국측에서는 경제협조국(ECA)을 유럽에, 피원조측인 서유럽 18개국이 유럽경제협력기구(OEEC ; Organization for European Economic Cooperation)를 결성하였다. 미국은 1948~1952년까지 총액 약 130억 달러를 원조했고, 이 원조에 의하여 유럽 각 국의 자본주의적 경제부흥은 본궤도에 올라서게 되었다. 그때까지의 국가별 원조를 지양하고 지역적인 원조를 한 것이 특징인데, 그 후 동·서냉전의 격화로 차차 경제원조에서 북대서양조약에 의한 군사원조로 변모하였다.

➡ 마셜(G. C. Marshall) : 미국의 군인·정치가. 제2차 세계대전 당시 육군 참모총장을 역임하고, 1947년 미국 국무장관으로서 '마셜 플랜'을 입안했다. 1953년 노벨 평화상을 수상했다.

- **OECD**(Organization for Economic Cooperation and Development ; 경제협력개발기구)

OECD는 상호 정책조정 및 정책협력을 통해 회원각국의 경제사회발전을 공동으로 모색하고 나아가 세계경제문제에 공동으로 대처하기 위한 정부간 정책연구·협력기구이다. OECD는 제2차 대전 후 유럽의 경제부흥협력을 추진해온 '유럽경제협력기구(OEEC)'를 개발도상국원조문제 등 새로 발생한 경제정세변화에 적응시키기 위해 개편한 기구로, 1961년 9월 30일 파리에서 발족하였다. OECD의 목적은 경제성장, 개발도상국 원조, 무역의 확대 등이고 활동은 경제정책의 조정, 무역문제의 검토, 산업정책의 검토, 환경문제, 개발도상국의 원조문제 등의 일을 한다.

➡ 한국은 1996년 12월 29번째 회원국으로 가입하였으며, 2016년 12월 16일 OECD 노동조합 자문위원회로부터 회원자격에 대한 경고장을 받았다.

Q 인류의 생존문제를 우려해 만든 민간차원의 국제환경기구는?

- **코콤**(COCOM ; Coordinating Committee for Export Control : 대공산권 수출통제위원회)

  전략 물자의 대공산권 수출을 규제하기 위해 자유주의 국가들 정부간에 조직한 비공식 협의기관이다. NATO 가맹국 중 아이슬란드를 제외한 15개국과 일본 · 오스트레일리아 등 17개국이 가맹국이다. 1949년에 발족했으며 본부가 파리에 있기 때문에 일명 파리위원회라고도 한다. 통제품목을 수출하려면 코콤의 인가를 받아야 한다.

  ○ 1990년대 들어 구(舊)소련 · 동구의 개방정책과 함께 규제도 대폭 완화되고 있다.

- **프리탈룩스**(Fritalux)

  지역이 근접해 있을 뿐만 아니라 경제 · 사회 · 문화면에서 공통점이 많은 베네룩스 3국에다 프랑스와 이탈리아를 합친 5개국 간의 경제동맹을 말한다. 이는 제2차 세계대전 후인 1948년에 발족한 베네룩스 경제동맹이 발전한 것으로서, 유럽 경제통합을 목표로 결성되었다.

  예문 베네룩스(Benelux) 3국 : 벨기에 · 네덜란드 · 룩셈부르크 3개국의 머리글자를 짝지어 만든 명칭이다. 이들 세나라가 맺은 관세동맹에 대한 시험문제보다 베네룩스 3국이 어느 나라인가를 묻는 문제가 자주 출제됨.

- **EC**(European Community ; 유럽공동체)

  유럽경제공동체(EEC), 유럽석탄철강공동체(ECSC), 유럽원자력공동체(Euratom)의 집행부가 통합하여 설립한 유럽 기구로 유럽의 경제통합 · 정치통합에 목적을 둔 국제조직이다. 1993년 마스트리히트 조약 체결 이후 EEC가 EC로 개칭되었다. 현재 EC는 유럽 연합(European Union/EU)의 핵심 기구로서, 회원국은 프랑스 · 벨기에 · 룩셈부르크 · 네덜란드 · 이탈리아 · 영국 · 덴마크 · 아일랜드 · 그리스 · 포르투갈 · 스페인 · 독일 등 기존 EEC 국가와 EEC가 EC로 바뀐 후 1995년에 가입한 오스트리아 · 핀란드 · 스웨덴이다. EC 위원회는 회원국들이 선출하는 위원장 · 부위원장 위원들로 구성되며, 공동체의 각종 조약들과 장관회의에서 발표하는 규칙들을 이행한다. 또한 유럽 의회와 장관회의에 제출할 의안들을 준비한다.

  ○ 장관회의는 각 회원국 정부에서 1명씩 파견하는 대표들로 구성되며, 공동체의 실질적인 결정권을 행사한다.

- **EU**(유럽 연합, European Union)

  유럽연합(EU)은 유럽공동체(EC) 12개국 정상들이 1991년 유럽연합조약(마스트리히트 조약)을 체결하고 1993년 출범된 유럽의 정치?경제 공동체이다. 유럽연합은 EEC, ECSC, EURATOM을 포함하는 EC를 제도적으로 한층 발전시키면서, 정치적으로 공동외교안보정책(CFSP : Common Foreign and Security Policy)을 도입하여 정치 분야의 통합과 내무사법(JHA : Justice and Home Affairs)협력까지 포함하는 3柱(three pillar)체제의 공동체로 발전시켰다. EU 기구는 EU이사회, 집행위원회, 유럽의회(EP), 유럽사법재판소(ECJ), 유럽회계감사원(ECA) 등 5개 기관이 EU의 핵심 기

A 글로벌 포럼

구이다.

○ 영국은 국민투표를 통해 유럽 연합을 탈퇴(브렉시트, Brexit)했다.

• G7(Group of Seven)

미국, 일본, 독일, 영국, 프랑스, 캐나다, 이탈리아 등 서방 7개 선진국을 말한다. 이들 국가들의 재무장관과 중앙은행 총재가 1년에 2~3 차례 회동하여 세계경제와 각 국간의 정책협조문제를 논의하는 것을 G7회의라고 한다. 또한 G7은 1년에 한 번씩 각 국 대통령 및 총리가 참석하는 G7 정상회담도 개최하고 있다.

○ G8(Group of Eight)은 독일, 러시아, 미국, 영국, 이탈리아, 일본, 캐나다, 프랑스 등 선진 8개국 정상들의 모임을 말한다.

• 핫 머니(hot money)

각 국간 단기금리의 차이, 환율의 차이에 의한 이익을 획득할 목적으로 국제금융시장을 이동하는 매우 불안정한 단기자금을 말한다. 투기적 이익을 목적으로 하는 것과 국내통화의 불안을 피하기 위한 자본도피 등 두 가지가 있다. 핫 머니의 특징은 ① 자금이동이 일시에 대량으로 이루어진다는 점, ② 자금이 유동적인 형태를 취하는 점이다. 따라서 핫 머니는 외환 수급관계를 크게 동요시키며 국제금융시장에 대한 안정을 저해한다.

○ 최근에는 유러달러가 전형적인 핫 머니의 성격을 띠고 거액의 투기자금으로 국제금리 및 통화안정에 큰 영향을 주고 있다. 전형적인 핫 머니 = 유러 달러

• 유로(EUR, 유로화)

유로(EUR)는 유럽 연합(EU)의 공식 통화이다. 유럽 연합 가입국 19개국과 유럽 연합에 가입하지 않은 국가에서 사용되며, 이들 국가를 통틀어 유로존이라고 한다. 유로는 1999년에 처음 알려졌으며, 2002년 1월 1일부터 정식으로 동전과 지폐가 발행되기 시작해 전 세계적으로 화폐 자체적인 가치와 기타 가치를 더한 실질적인 화폐 가치는 미국 달러를 앞지르고 있다. 프랑크푸르트에 있는 유럽 중앙은행과 유로존의 중앙 은행 역할을 하고 있는 유로시스템이 유로를 관리하고 발행한다. 유럽 중앙 은행은 독립적인 중앙 은행으로서 통화 정책에 대하여 단독 권한을 가지고 있다.

○ 유럽 연합의 국가들이 마스트리흐트 조약에 가입하면 유로존에 가입하여 유로를 쓸 수 있지만, 모든 유럽 연합 가입국들이 유로를 자신들의 통화로 채택한 것은 아니다.

• 블록경제(bloc economy ; 광역경제)

1932년 오타와에서 열린 영국제국경제회의에서 처음 사용된 용어로 본국과 그 속령 사이의 특수한 관계를 의미하며 영국블록, 범미국블록, 프랑스블록 등으로 불려졌다. 그러나 최근에는 식민지 개념과는 달리 특정 지역의 국가들이 동등한 입장에서 블록을

Q 목표에 의한 광고관리를 지칭하는 용어는?

형성하고 역내간 교역에 대해서는 제한을 두지 아니하되 역외 국가에 대해서는 배타적인 무역장벽을 설치하는 것을 말한다. 예를 들어 유럽 12개국이 추구하는 유럽통합, 북미지역의 북미자유무역협정(NAFTA), APEC 등 아시아지역에서 논의되고 있는 여러 경제통합 구상들이 모두 블록경제에 속한다.

• **경제특구**(經濟特區 ; Special Economic Zone)
1979년부터 외국의 자본과 기술을 도입할 목적으로 중국 국내에 설치된 특별구역을 말한다. 광동성의 심천, 주해, 산두, 복건성의 하문의 4개소 외에 '88년 4월에 해남도가 성(省)으로 승격되면서 5번째로 설치된 최대의 경제특구가 되었다. 특전으로서 ① 기업소득세가 저렴하고, ② 100% 외자도 인정하며, ③ 기업·개인의 국외송금이 자유롭고, ④ 고용 등 기업의 자주권이 크고, ⑤ 이익재투자의 경우는 소득세를 면제하고, ⑥ 합작기한이 장기적인 점 등을 들 수 있다.

❍ 동북(東北)의 경제구 : 중국 정부가 선진기술과 경영기법을 도입 , 금세기 내로 새로운 공업 및 무역 중심지로 조성하기로 한 요령 · 길림 · 흑룡강성 등 동북지방 3개 성을 말한다.

예문 경제특구의 지역 이름과 주관식이 많이 출제됨

• **남북문제**(南北問題 ; North-South Problems)
주로 북반구에 위치하고 있는 선진공업국과 남반구에 위치하고 있는 개발도상국 사이의 경제격차 및 이에 수반되는 여러 문제를 가리킨다. UN은 남북문제 해결을 위해 선진국에 의한 정부 원조액의 증가 등을 추진하고 있으나 개발도상국측의 불만이 높다. 특히 석유위기 이후 자원을 수출하는, '남' 측은 비동맹그룹을 중심으로 결속을 강화, 자원주권의 확립, 다국적기업 규제 등 선진국가들과의 대결자세를 강화하고 있어 국제문제화 되고 있다.

❍ 남북문제라는 말을 처음 사용한 사람은 영국 로이드 은행의 총재 올리버 프랑크스이다.

• **UNCTAD**(UN Conference on Trade and Development ; 유엔무역개발회의)
선·후진국간의 무역불균형 시정과 남북문제 해결을 위해 1964년 UN의 결의에 따라 설치된 기구이다. 총회·무역개발이사회·7개 상설위원회가 있는데, 총회는 4년을 넘지 않는 간격으로 열리며 무역개발이사회는 연 2회 소집된다. 본부는 제네바에, 연락사무소는 뉴욕에 있다.

• **남남협력**(南南協力 ; South-South Cooperation)
개발도상국과 개발도상국 사이의 경제·기술협력을 말한다. 종래의 개발도상국은 선진국가들의 자본·기술을 도입하여 공업화를 꾀했으나, 오늘날의 세계경제는 채무문제의 심각성 등으로 선진국에만 의존할 수 없게 되었다. 또 공업화로 근린 지역에 광대

Ⓐ 다그마

한 시장의 필요성과 품질은 낮아도 값싼 제품에 대한 수요가 개발도상국에서는 높다. 기술면에서도 최신의 자본·지식집약적 기술은 개발도상국의 필요에 반드시 대응하지 못하고 현지조건에 맞는 노동집약적 기술이 필요한 경우가 많아 자연히 개발도상국간의 협력이 활발하다.

예문 ▪ 남북문제·남북무역·동서무역·남남협력 모두 시험에 자주 출제됨. 남(개발도상국)과 북(선진공업국), 동(공산권)과 서(자유진영)를 구별하면 됨. 남남협력은 주관식으로도 자주 출제됨

• **컨소시엄**(consortium ; 국제차관단)

여러 나라가 공동으로 차관을 제공하는 형식의 국제차관단을 말한다. 제2차 세계대전 이후 선진국이 개발도상국에 대해 경제원조를 제공하는 방법으로 쓰이고 있다. 채권국 회의라고도 하는데, 원조 제공국이 모여 원조액만을 정하고 구체적인 방식은 각 국와 피원조국의 2국간 교섭에 맡기는 것이 일반적이다. 이 방식의 피원조국측 이점은 ①많은 돈이 동원될 수 있고, ②원조의 중복을 피하고 자금을 효율적으로 이용할 수 있으며, ③2국간 원조와는 달리 원조제공국의 정치적·군사적 목적에 이용당할 우려가 적다는 점이다.

❍ 요즘은 국내외 건설공사 수주에 몇 개 기업체가 공동으로 참여하는 방식도 컨소시엄 방식이라 한다.

• **부메랑**(boomerang) **현상**

기술도입국이 기술제공국의 시장을 잠식하는 현상, 즉 선진국이 개발도상국에 제공한 기술원조나 자본투자로 현지생산이 이루어지고, 이어서 그 생산제품이 현지시장 수요를 초과하게 되어 선진국에 역수출됨으로써 선진국의 해당산업과 경합하는 현상을 말한다. 일본은 현재 우리나라에 대해 첨단기술 등의 이전을 주저하고 있는데, 이는 부메랑 현상을 경계하기 때문인 것으로 알려져 있다.

❍ 부메랑 효과라고도 하는데, 부메랑은 오스트레일리아 원주민이 사용하던 사냥 도구로 던지면 되돌아온다.

예문 ▪ 객관식·주관식 모두 출제 빈도가 높음

• **자원 내셔널리즘**(natural resources nationalism ; 자원민족주의)

석유 등 중요한 천연자원을 보유하고 있는 아시아, 아프리카, 라틴아메리카의 개발도상국이 자원에 대한 민족적 주권을 주장하고 또한 그에 입각한 정책을 실시하는 것을 말한다. 1973년 OPEC(석유수출국기구)·OAPEC(아랍석유수출국기구) 여러 나라가 '석유를 정치적 무기로' 활용한 석유 파동이 자원민족주의에 입각한 실력 행사로 가장 유명하다.

❍ 자원 카르텔 : 자원 내셔널리즘을 배경으로 그 자원에 대한 공동이익을 확보하기 위해 결성하는 생산국동맹을 말한다. 가장 먼저 이 자원 카르텔을 결성한 것이 오일 메이저(국제석유자본)에 대한 저항조직으로 1960년에 결성된 OPEC(석유수출국기구)이다.

Q 조선 영조가 인재를 고루 등용해 당파싸움을 없앴던 정책은?

• **제4세계**(第四世界)

개발도상국 중에서도 석유 등의 자원이나 공업화에 필요한 기술·자본도 없으며, 식량 자급도 어려운 후발개발도상국들을 말한다. 선진자본주의국을 제1세계, 구(舊)소련과 동유럽의 사회주의국가들을 제2세계, 개발도상국을 제3세계라 부를 때의 호칭이다. 1973년 오일 쇼크 이후 생긴 말이다.

• **OPEC**(Organization of Petroleum Exporting Countries ; 석유수출국기구)

1960년 사우디아라비아·이란·이라크·쿠웨이트·베네수엘라 등 5대 석유수출국회 의에서 창립을 결정하였다. 이 기구의 창립 목적은 석유가격의 안정을 위해 국제석유 회사와 생산할당에 관해 협의하고, 국제석유회사로부터 보다 많은 이권료를 획득하기 위해 석유수출국이 공동교섭에 임하도록 하는 데 있다. 99년 현재 가맹국은 11개국이 며, 기구산하기관으로는 총회, 이사회, 사무국 등이 있다. OPEC은 전 세계 원유공급 의 40%를 담당하고 있으며, 전 세계 매장량의 78%를 소유하고 있다.

➲ 오일 메이저(oil major ; 국제석유자본) : 석유 탐사·채굴·수송·정제·판매·석유화학 등 석유시장을 서로 분 할·독점하고 있는 국제석유 독점체를 말한다. 엑손, 모빌, 걸프, 소칼, 텍사코 등 미국계 5사와 네덜란드·영국계의 로열 더치셸, 영국의 브리티시 페트롤리엄(BP)의 7사를 메이저, 또는 세븐 시스터즈(Seven Sisters)라고도 한다. 이 밖에 프랑스 석유(FP)를 포함시켜 8대 메이저라고 할 때도 있다. 세계 석유 생산의 태반과 원유가격 결정권은 이 8 개사가 쥐고 있었으나, OPEC의 세력신장, 산유국의 국유화정책 추진 등으로 원유 가격 결정권도 상실했다.

• **OAPEC**(Organization of Arab Petroleum Exporting Countries ; 아랍석유수출국 기구)

석유산업에 따른 경제협력을 목적으로 1968년에 설립한 아랍산유국의 연대기구이다. 당초 가맹국은 사우디아라비아·쿠웨이트·리비아 등 3개국이었으나, 그 후 알제리· 바레인·카타르·아랍에미리트·시리아·이집트·이라크가 가입하여 10개국이 되었 다. 1973년 제4차 중동전쟁 이후 정치적인 동맹으로 발전하여 이스라엘에 동조하는 서 방선진국에 대하여는 석유공급을 제한하고, 이어 가격인상을 주도해 세계적인 에너지 파동을 유발시키기도 했다.

• **오일 쇼크**(oil shock)

OAPEC·OPEC의 원유가격 인상과 원유 생산의 제한으로 세계 각 국에서 야기된 경 제적 혼란을 말한다. 1973년에 일어난 제4차 중동전쟁을 계기로 아랍의 여러 산유국들 이 석유를 무기화 하는 바람에 세계가 석유부족에 직면한 것을 1차 오일 쇼크라 한다. 또 1978년 이란 혁명 이후 다시 석유수급이 악화되어 고유가(高油價) 체제를 맞자 세 계경제가 불황과 인플레를 겪은 것을 2차 오일 쇼크라 한다.

➲ 오일쇼크 = 석유파동 : 오일쇼크로 세계적으로 경제성장의 둔화를 가져왔으며, 외교면에서는 서방세계로 하여금 이제까지 친이스라엘에서 친아랍 중동정책으로 기울게 하였다.

Ⓐ 탕평책

13

Current Issues & General Information

국제경제

• **오일 달러**(oil dollar)

산유국이 석유의 소득세 및 이권료, 직접판매에 의한 대금으로 받은 외화를 가리킨다. 1970년대 초부터 원유가격 상승으로 산유국이 보유하는 외화의 규모가 급속히 늘어나 그 잉여자금이 유러달러 시장에 방출되어 운용, 국제금융시장의 교란요인으로 작용한 바 있다.

◘ 오일 머니(oil money)라고도 한다.

• **기준원유**(基準原油)

원유거래의 기준으로 삼은 표준 원유를 기준원유라 한다. 각 국에서 산출되는 원유는 품질이 다르므로 실제거래에서 OPEC(석유수출국기구)는 수량이 많다는 이유로 1973 년 이후 사우디아라비아의 아라비안 라이트(Arabian light)를 기준 원유로 해왔는데, 미국의 서부 텍사스 중질유인 WTI유도 기준원유의 하나이다.

◘ 원유의 비중이 낮을수록 가솔린이나 나프타 등 이용가치가 높은 성분이 많아서 고품질로 인정받는다.

• **아라비안 라이트**(Arabian light)

중동 원유 중 생산량이 가장 많고 표준적인 성질 때문에 국제 원유가격을 설정하는 기준원유로 채용되고 있는 사우디아라비아산 경질유를 말한다. 이 원유보다 비중이 크고 유황분이 적은 원유는 비싸고 반대의 경우에는 싸게 설정하였는데, 세계 시장에 원유가 과잉공급될 때에는 그 원칙이 무너지기도 한다.

◘ 사우디아라비아의 가와르 유전 가운데 육상에서 생산되는 원유로, API 비중 34도, 황분 1.7%

• **두바이 유**(油)

아랍에미리트의 두바이 지역에서 생산되는 원유로, 주로 극동지역으로 수출되는 중동산 원유의 가격 기준으로 활용되는 원유이다. 비교적 품질이 하급인 고(高)유황 중질유이어서 3대 유종(WTI 유 · 브렌트 유 · 두바이 유) 중 가격이 가장 낮다.

◘ 우리나라는 원유수입의 대부분을 중동에 의존하고 있으므로, 두바이 유의 시세에 영향을 받는다.

• **브렌트 유**(油)

영국 북해 생산 원유이다. 가장 광범위한 지역으로 수출되는 국제적인 유종인데, 유럽 현물시장과 런던 선물시장에서 거래된다.

예문 어느 지역에서 생산되는 원유인지를 묻는 문제로 출제됨

• **WTI 유**(油)

국제원유 가격의 지표로서 사용되는 미국 서부 텍사스에서 생산되는 중질유이다.

Current Issues & General Information

CHAPTER 4

Environmental, Pollution & Industry
− 환경오염 · 공해 · 산업 −

01 환경오염 · 공해

02 산업일반 · 공업

03 농업

04 임업 · 축산업 · 수산업

- **공해**(公害 ; environment disruption)

공공에 미치는 해, 즉 공장이나 자동차 등의 활동에 의해 사람이 정신적 · 육체적 · 물질적으로 받는 여러 가지 피해와 자연환경의 파괴를 말한다. 매연 · 유독 가스에 의한 대기오염, 공장폐수 · 생활용수 등에 의한 수질오염, 농약의 과다사용에 의한 토양오염, 자동차 등 교통기관이나 기계의 작동에 의한 소음 · 진동 등이 주된 것이다.

예문 환경오염의 피해는 날로 심각해져 매스컴을 통해 자주 거론되고 있다. 출제비율도 높아지고 있으므로, 수질오염 · 대기오염 · 폐기물오염 · 직업병, 그 대책기구 등에 관한 모든 사항을 주의 깊게 봐둘 것

- **수질오염**(水質汚染 ; water pollution)

하천 · 호수 · 해역(海域) 등의 수질에 가정폐수 · 공장폐수 등의 오염물질이 투입되어 수질의 변화를 가져와 용수(用手)로서의 가치와 외관이 저하되고, 환경보전 및 국민보건에 악영향을 미치게 되는 현상을 말한다.

- **ppm**(parts per million)

기체 · 액체나 고체 중에 함유된 어떤 물질의 비율을 나타내는 단위로, 전체량의 100만분의 1을 1ppm이라 한다. 공해와 관련하여 대기오염 · 수질오염의 정도를 표시하는 데 이용된다.

예문 일반기업체 · 공사 · 금융기관 등 거의 모든 업체에서 객관식 · 주관식으로 출제되는 중요한 용어이니 1ppm= 100만 분의 1로 곧바로 외우자.

- **BOD**(biochemical oxygen demand ; 생화학적 산소요구량)

물의 오염도를 나타내는 지표로, 박테리아가 일정한 시간 내에 유기물을 산화 · 분해하는 데 소비되는 산소량을 ppm으로 나타낸 것이다. 물이 많이 오염될수록 유기물이 많으므로 그만큼 박테리아 분해에 필요한 산소량도 증가한다. 따라서 BOD가 높을수록 오염이 심한 물이다. 1리터의 물에 1mg의 산소가 필요한 경우가 1ppm인데, 보통 하천의 경우 5ppm이 되면 자정(自淨) 능력을 상실하고, 10ppm을 넘으면 악취를 풍긴다.

- **COD**(chemical oxygen demand ; 화학적 산소요구량)

BOD와 마찬가지로 물의 오염도를 나타내는 지표로, 과망간산 칼륨 또는 중크롬산 칼륨과 같은 강력한 산화제를 오염된 물에 가하여 수중의 유기물이 분해될 때 소비되는 산소량을 ppm으로 나타낸 것이다. COD가 높을수록 오염이 심한 물이다.

예문 수질이 오염되면 BOD · COD는 증가하고, DO는 감소함을 아는지 확인하는 문제가 출제됨

- **DO**(dissolved oxygen)

용존산소량으로, 하천 · 호수 등 물 속에 녹아 있는 산소의 양을 말한다. 깨끗한 하천의

Q 인간 상호간의 혈연이나 지연을 바탕으로 결합된 씨족사회는?

경우 7~10ppm이 포함되어 있는데, 물 속에 유기물이 늘어나면 산소가 소비되어 줄어들기 때문에 수질오염을 나타내는 지표가 된다.

○ 일반적인 물고기들은 DO가 4~5ppm 이하가 되면 생존할 수 없게 된다.

• **잔류성 유기오염물질**(POPs ; Persistent Organic Pollutants)
자연환경에서 분해되지 않고 먹이사슬을 통해 동 · 식물 체내에 축적되어 면역체계 교란, 중추신경계 손상 등을 초래하는 유해물질, 대부분 산업생산 공정과 폐기물 저온 소각과정에서 발생하며, 주요 물질로는 DDT, 알드린 등 농약류와 PCB. 헥사클로로벤젠 등 산업용 화학물질, 다이옥신, 푸란 등이 있다.

• **수소지수**(hydrogen exponent ; pH)
수질의 산성이나 알칼리성의 정도를 나타내는 수치로, 지수 6 이하 0까지를 산성, 7을 중성, 8이상 14까지를 알칼리성으로 한다. 기호는 pH이며, 순수한 물은 pH 7인 중성이다.

○ 수돗물은 pH 6.5에서 8.5 사이가 바람직하다.

• **수질환경기준**
1급 상수원수의 경우 수소이온농도 6.0~8.0pH, COD(화학적 산소요구량) 1ppm 이하, BOD(생화학적 산소요구량) 1ppm 이하, DO(용존산소량) 7.5ppm 이하, 대장균 수 100MPN/100㎖ 이하여야 한다. 또 해역은 수소이온농도 7.0~8.3pH, COD 3ppm 이하여야 한다. 또 수질은 전 수역에 걸쳐 카드뮴 0.01mg/ℓ 이하여야 하며, 납은 0.1mg/ℓ 이하여야 한다.

• **페놀**(phenol)
유독한 냄새를 지니는 무색의 물질로 합성수지 · 소독제 · 방부제 · 살충제 · 염료 등의 원료로 쓰인다. 페놀은 상수도인 염소와 결합할 경우 클로로페놀(chlorophenol)로 화학변화를 일으키는데, 이 클로로페놀은 페놀보다 악취가 심하며, 농도가 1ppm을 넘으면 신체중추신경장애 · 암 유발 등 인체에 치명적인 영향을 끼친다. 우리나라에서 페놀의 배출 허용기준은 5ppm 이하로 규정되어 있다.

○ 91년 3월, 경북 구미시에 있는 두산전자가 페놀 원액을 낙동강에 방류, 낙동강을 식수원으로 하는 대구 · 부산 등 경남 · 북 일대에 식수오염을 빚게 하여 문제시된 물질이다.

• **생물지표**(生物指標 ; biological indicator)
서식하는 생물의 종류로써 그곳의 대기나 수질 등의 오염도를 알 수 있는 지표를 말한다.

➡ 대기오염 생물지표 : 우리나라에서는 짧은 기간의 대기오염 피해를 평가하는 데에는 들깨 · 샐비어를, 긴 기간의 평가에는 곰솔 · 배나무 등을 이용한다.

• 수질오염 생물지표

1급수	깨끗한 물	민물게 · 뱀잠자리류 등이 살고 있다.
2급수	약간 더러운 물	잠자리 · 명주우렁이류가 살고 있으며, 물은 비교적 맑고 냄새가 없다.
3급수	더러운 물	거머리 · 물벌레류가 살고 있으며, 황갈색의 탁한 물로 비교적 수질오염에 내성이 강한 물고기들이 살고 있다.
4급수	몹시 더러운 물	실지렁이만 겨우 살 수 있는 악취가 풍기는 썩은 물로 농업 · 공업용수로도 이용할 수 없다.

• 트리할로메탄(trihalomethane ; THM)

물 속에 포함된 유기물질이 정수과정에서 살균제로 쓰이는 염소와 반응하여 생성되는 물질이다. 인체 암을 유발하는 이 트리할로메탄은 상수원의 오염이 심해 유기물질이 많을수록, 염소를 많이 쓸수록, 살균과정에서의 반응과정이 길수록 많이 생긴다.

• 계면활성제(界面活性劑 ; surface active agent)

비누나 합성세제의 주성분으로, 세정력을 지닌다. 몇 가지의 인화합물로 구성되는 계면활성제는 호수의 부영양화를 촉진시키는 요인으로 알려져 있다.

➡ 무인세제(無燐洗劑) : 인의 성분을 제거한 합성세제로 인은 고체 오염물질의 분해작용 등 장점이 있으나 수질오염의 원인이 되어 무기 지올라이트를 넣은 무인세제를 장려한다.

• ABS(alkylbenzene sulfonate) 세제

합성세제의 주류로서 가정하수 중에 포함되어 수질오염의 주원인이 되고 있는 독성물질이다.

• 부영양화(富營養化 ; eutrophication)

호수 · 내해 등 폐쇄된 수역에 공장폐수 · 생활하수 등의 유입으로 질소 · 인 등의 영양분이 증가하여 빈영양(貧營養)에서 부영양으로 변화하는 현상을 말한다. 부영양화현상이 나타나면 식물성 플랑크톤 등의 생물이 이상 번식하여 적조가 되며, 호수 부근에서는 이 물을 상수원으로 사용할 수 없게 된다. 우리나라의 경우 진해만, 인천 앞바다 등지에서도 부영양화로 인한 적조현상이 나타나고 있다.

➡ 적조 : 부영양화로 플랑크톤이 이상 번식, 바닷물이 붉게 변하는 현상이다. 폭발적으로 증식한 플랑크톤은 어류의 아가미에 붙어 질식시키기도 하고, 바닷물 용존산소량(DO)을 감소시키기도 한다.

Q 승자(勝者)끼리의 대전 방식으로 올라가는 경기방식은?

- **생물농축**(生物濃縮 ; biological concentration)

  생물이 먹이연쇄를 통하여 유독물질을 몸 안에 축적하는 현상을 말한다. 농약과 폐수에 포함되어 있는 수은 · 크롬 납 · 카드뮴 등은 배설되지 않고 체내에 축적되는데, 생물농축에 의하여 중금속 중독 등의 공해병이 발생하기도 한다.

  ○ 생물농축의 단계

    1. 식물 → 초식동물 → 육식동물 → 사람
    2. 식물성 플랑크톤 → 동물성 플랑크톤 → 어패류 → 사람
    하위 영양단계에서 상위 영양단계로 갈수록 농축량이 증가되어 최종소비자에게는 치명적이 된다.

- **유해물질의 생물농축**

종류	증상 및 피해
수은(Hg)	뇌 신경계에 축적되면 중독증세가 나타나는데, 그 중독증상 중에는 근육위축, 말초신경마비(미나마타병) 등이 나타난다.
카드뮴(Cd)	골연화증과 같은 증세가 나타나며, 등뼈가 휘고, 전신에 심한 통증이 온다(이타이이타이 병).
납(Pb)	빈혈을 일으킨다.
크롬(Cr)	신경장애와 빈혈을 일으킨다.
DDT	동물체에 축적되면 지방조직을 파괴하고 칼슘 대사에 장애를 준다.
ABS	중성세제로 가정과 공장 등에서 널리 쓰이는데, 세균에 의해 분해가 되지 않아 수중동물에 특히 피해를 준다.

- **자정작용**(自淨作用)

  하천에 소량의 유기물이 흘러 들어가면 물 속에 사는 미생물이 이를 분해하여 스스로 정화되는 작용을 말한다. 그러나 유기물의 양이 너무 많거나 유독성인 물질이 유입되면 자정작용이 둔화되어 하천이 오염된다.

  ○ 환경용량 : 자연환경이 스스로 정화할 수 있는 능력을 말한다.

- **그린벨트**(green belt ; 녹지대)

  도시 주변의 자연환경을 보전하여 도시민의 쾌적한 정서 · 문화생활을 유지하고자 설치한 개발제한구역을 말한다. 이 구역 내에서는 건축물의 신 · 증축, 용도변경, 토지의 형질변경 및 토지분할 등의 행위가 제한되어 있으나 개발제한구역 지정목적에 위배되지 않는 범위 내에서 국민생활의 편익을 위한 최소한의 시설로서 개발행위를 할 수 있다.

  ○ 1971년 서울지역을 효시로 그린벨트를 지정 고시하였다.

 토너먼트(tournament)

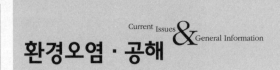

01 환경오염·공해

• 블루벨트(blue belt ; 수자원보호구역)

연안의 수자원을 오염의 위험으로부터 보호하기 위해 설정한 오염제한구역이다. 이 구역 안에서는 수자원보호에 현저한 지장을 주는 공장의 설치, 유독물 또는 동물의 사체 및 오물을 버리는 등의 행위가 금지된다. 우리나라는 한려수도와 서해안 일부가 해당된다.

예문 그린벨트의 개념을 바다에 적용시킨 것이 블루벨트이다. 이를 묻는 문제가 출제됨

• 대기오염(大氣汚染 ; air pollution)

산업·교통 등 인간의 활동에 의하여 만들어지는 유독물질이 대기로 확산되어 공기를 오염시키는 일을 말한다. 주요한 오염물질은 연소 등의 화학반응에 의한 매연 및 석유산업에 의한 아황산가스와 자동차의 배기가스 속의 일산화탄소 등의 유독가스이다. 대책으로서는 공장과 같은 고정 발생원을 법령으로 지정하여 배출기준을 설정하고 사용연료의 질을 규제하며, 긴급한 경우에는 조업을 단축시키는 등 개별적인 발생시설을 규제하고 매진(煤塵)·황산화물·질소산화물 등의 매연이나, 카드뮴·납·염소 등 유해물질을 엄격한 배출기준을 설정하여 규제한다.

1. 아황산가스 환경기준 : 인체에 해로운 대기 중 아황산가스 농도의 기준치로, 연평균 농도가 0.05ppm을 넘지 않도록 하는 것이다.

2. 역전층현상(逆轉層現象) : 대기의 윗부분 온도가 아래보다 높아 공기가 움직이지 않고 오염물질이 축적되는 현상을 말한다. 보통 대기의 기온은 고도가 100m 높아질수록 약 0.6°C의 비율로 낮아지는 것이 정상이다.

예문 대기오염의 원인과 그 대책, 대기오염원으로 가장 큰 비중을 차지하는 것, 우리나라 아황산가스의 기준치(→ 0.05ppm)를 묻는 물음이 출제됨

• 대기오염지수(air pollution index ; API)

각종 오염물질의 대기 중 농도를 종합 산정하여 1~5의 지수로 표시한 것이다. 우리나라 대도시 대기오염도는 평상시 3정도이다.

오염도 1	대기가 깨끗한 자연상태
오염도 2	대기가 약간 오염된 상태
오염도 3	인체나 동식물에 피해를 주기 시작한 상태
오염도 4	대기가 심하게 오염된 상태
오염도 5	사람이 피해야 할 정도로 대기가 극심하게 오염된 상태

대기오염예보제 : 국민들에게 대기오염상태를 미리 알려줌으로써 적절한 조치를 취할 수 있도록 하는 제도이다.

Q 플라톤의 4주덕은?

• 오염물질의 종류와 피해

종류	피해
일산화탄소(CO)	연료의 불완전연소에 의해 배출되며, 헤모글로빈(Hb)과 결합하는 힘이 강하므로 동물을 질식시킨다.
이산화탄소(CO_2)	연료 연소시 발생하며, 대기 중 CO_2의 양이 증가하면 온실효과를 유발시켜 지구의 온도를 상승시킨다.
이산화황(SO_2) 황화수소(H_2S)	석탄 · 석유의 연소시와 금속의 제련시에 배출된다. 식물의 잎을 말리고 황화수소 산성비의 원인이 되며, 동물의 호흡기나 눈의 점막에 해를 준다.
산화질소류 (NO, NO_2)	산화질소류 연료가 연소할 때 발생하며, 특히 광화학 스모그의 주체가 되어 동식물을 해친다.
탄화수소(CH)	연료의 불완전연소에서 발생하며, 발암물질이고 광화학 스모그의 주체가 된다.
오존(O_3)	이산화탄소 · 이산화황 · 이산화질소 등에 자외선이 닿아 원자상태의 산소가 발생할 때 생긴다. 스모그를 일으킨다.
납(Pb)	휘발유에 첨가되어 있다가 배기가스와 함께 배출된다. 매우 독성이 강하며, 체내에서 뼈 속에 농축이 되고 배출되지 않으므로 위험이 가중된다.

• 대기환경기준(air quality standards)

특정한 지역에서 일정시간 안에 초과해서는 안되게끔 법적으로 규정한 야외 대기내 오염물별 농도기준치를 말한다. 우리나라의 대기환경 기준은 연간을 통하여 24시간, 평균 아황산가스 농도가 0.05ppm 이하인 일 수가 70% 이상이어야 하며, 24시간 평균치가 0.15ppm이어야 한다.

❍ 아황산가스의 세계 기준치는 0.01ppm이고, 우리나라의 경우는 0.05ppm이다.

• 스모그(smog)

smoke(연기)와 fog(안개)의 합성어로, 대도시나 공장 밀집지대에서의 석탄 · 석유의 대량소비에 의해 발생하는 짙은 연무(煙霧)를 말한다. 매연 · 배기 따위를 핵으로 하여 공기 중의 수증기가 한데 엉겨 생기며, 공해문제를 일으킨다.

❍ 스메이지(smaze) : 매연(smoke)과 물안개(haze)가 어우러져 일어나는 대기오염상태를 말한다.

• 광화학 스모그(photochemical smog)

자동차의 배기가스에 함유되어 있는 탄화수소와 질소산화물이 자외선을 흡수, 옥시던트라는 산화물을 발생시키는 현상이다. 옥시던트는 점막자극성이 있을 뿐 아니라, 식물의 잎을 상하게 해 삼림을 고사시키기도 하고, 눈의 장애나 호흡곤란의 원인이 되기도 한다. 광화학 스모그는 대도시의 교통집중지역이면 어디든 발생해 아황산가스와 함께 세계적인 대기오염의 원인이 되고 있는데, 습도가 높고 바람이 적은 날 발생하기 쉽다.

◐ 옥시던트 : 광화학 스모그의 원인이 되는 강산화성 물질인 오존 · 알데히드 · PAN(파오커시 아세틸 니트레이트) 등의 총칭이다.

• 산성비(acid rain)
산업활동에 의해 발생하는 황산화물이나 질소산화성비는 호수 · 하천을 산성화시켜 어패류를 감소시키고, 토양을 변질시켜 삼림을 말라죽게 하며, 토양의 중금속을 녹이기도 해 생태계 파괴는 물론 식수원을 위협하기도 한다.

예문 산성비의 기준이 되는 근거(pH 5.6 이하의 비)를 묻는 문제가 출제됨

• 산성안개
대기 중의 질산이나 황산 등의 오염물질이 안개 속의 수분과 반응하여 짙은 산성을 띠는 것을 말한다. 산성안개는 산성비보다 무려 30~50배 정도 농도가 짙고, 비처럼 바로 떨어지지 않아 심각한 공해문제를 야기시키는데, 호흡기질환 · 천식 · 폐기종 · 호흡곤란 · 폐암 등을 유발하기도 한다.

• 온실효과(溫室效果 ; green house effect)
대기 중 탄산가스나 아황산가스의 증가로 일어나는 온도상승 효과로, 탄산가스는 태양으로부터의 직사에너지는 통과시키지만 지표로부터의 복사열은 흡수하여 우주로 열이 발산되는 것을 막기 때문에 이러한 현상이 일어난다. 공기 중의 탄산가스는 해마다 계속 늘어나고 있다.

◐ 수증기나 탄산가스가 온실의 유리와 같은 작용을 하는 데서 이러한 이름이 붙었다.

예문 온실효과의 발생원인을 묻는 문제가 출제됨

• 열섬현상
일반적으로 다른 지역에 비해 온도가 높은 특별한 기온현상을 말하며, 그러한 지역을 열섬이라 한다. 지표를 덮고 있는 오염층, 도심의 가옥 · 건물 등에서 나오는 인공열이 주원인이며, 그밖에 풍속, 구름의 양, 도시의 크기도 열섬현상에 영향을 미친다. 도시 기온의 특색인 열대야도 대개 열섬에서 발생한다.

◐ 열섬은 도시매연이 가장 중요한 원인물질이므로 '오염의 섬'이라고도 한다.

• 먼지지붕
도심지의 더운 공기가 상승하면 그 자리에 주변으로부터 찬 공기가 들어오게 되는데, 이때 상승기류를 타고 도시상공에 분진이 집중하는 현상을 말한다.

◐ 도시 기온상승의 원인이 되기도 한다.

Q 연극의 3대 요소는?

• 황사현상

중국 황허 유역의 황토가 상승기류로 3천m 상공에 불려 올라가 편서풍을 타고 한국이
나 일본의 상공에 날아와 낙하하는 현상이다. 그러나 최근에는 공업화에 박차를 가하
고 있는 중국의 환경상태로 인해 황사에 규소 · 철 등의 산화물이 다량 함유될 가능성
이 커서 일종의 대기오염 물질로 평가하고 있다.

➡ 중국 대륙의 눈이 녹고 건조기가 시작되는 3~5월 사이에 일어나며, 2000년 이후 발생 횟수가 급증하고 있다.
최근에는 9~12월에도 황사가 발생한다.

• 프레온 가스(freon gas ; CFC)

염화불화탄소(CFC ; chloro fluoro carbon)의 미국 듀폰사 상품명이다. 무색무취의
가스로 금속을 부식하지 않아 냉장고 · 에어컨 등의 냉매, 스프레이의 분무제, 소화제
등으로 쓰이며, 아주 미세한 부분까지 먼지를 씻어주어 반도체 등 전자제품 부품의 세
척에 필수적으로 사용된다. 인화 · 폭발의 위험이 없고 건조가 빠른 장점 등이 있으나,
지구상의 오존층을 파괴한다는 사실이 드러나 '89년부터 생산과 사용이 제한되었고, '
96년부터는 사용이 금지됐다.

➡ 오존층 파괴 : 대기 성층권에 분포된 오존층이 산업공해로 파괴되어 가는 현상을 말한다. 태양의 강한 자외선을
막아 지구를 보호하는 오존층에 구멍이 뚫리거나 오존농도가 낮아져 자외선 투과율이 높아지면 식물의 엽록소
가 감소되고 광합성 작용이 억제되며, 사람에게는 피부암 등 암의 발생률이 높아진다.

예문 '지구의 오존층을 파괴하는 물질은?' 이라는 물음의 출제 빈도가 높음

• 몬트리올 의정서(Montreal 議定書)

지구의 오존층 파괴물질인 프레온 등의 생산 · 소비를 규제하기 위하여 '85년에 채택
한 빈 조약 체결국이 '87년 캐나다의 몬트리올에서 비준한 의정서이다. 전 세계 몬트리
올 의정서 가입국은 '92년 7월 스위스 제네바에서 실무를 통해 당초 2000년으로 정했
던 프레온 사용규제시기를 '96년 1월로 앞당겼으며, CFC 대체물질로 사용할 수 있는
염화불화 탄화수소(CFC)와 메틸브로마이드도 규제물질에 포함했다.

• 환경품질표시제(環境品質表示制)

신기술개발로 프레온 가스를 사용하지 않은 냉장고 · 에어컨 등의 신제품에 이를 표시
하도록 하는 제도이다.

➡ 우리나라에서는 '91년부터 실시되었다.

• 산업폐기물(産業廢棄物)

산업활동으로 생긴 유해한 쓰레기로, 광물을 제련한 찌꺼기, 오염물질을 포함한 흙, 폐
유, 폐산 등이 있다. 산업폐기물 가운데 자원화나 재생이 불가능한 폐기물은 오염자 비
용 부담원칙에 따라 일차적으로 사업자가 처리할 의무를 진다.

A 희곡 · 배우 · 관객

➲ 산업폐기물에 포함된 유해성분은 스트론튬 90 · 세슘 137 등의 방사선물질, 금속 표면처리 후 방출되는 청산, 합금성분인 카드뮴 · 수은 · 납과 합금 · 도금 · 촉매로 사용되는 6가 크롬, 스모그 현상을 일으키는 아황산가스 · 프레온 가스 등으로 나누어진다.

• **오염자 비용 부담원칙**(PPP ; polluter pay's principle)

공해로 인한 피해보상에 있어 공해를 유발시킨 오염자가 보상을 부담하는 원칙이다. 공해로 발생한 병임을 인정받은 환자는 요양비 · 장애보상비 · 유족보상비 · 장례비 등을 지급 받으며, 여기에 소요되는 재원은 고정 발생원인 공해공장이 총액의 80%를, 자동차 등 이동 발생원이 20%를 분담케 하는 공해부과금에 의해 마련된다.

• **공해부과금제도**

공해 배출업체가 배출 허용기준을 초과해 오염물질을 방출할 경우, 해당 사업자가 초과되는 비용만큼의 배출부과금을 일정한 산정방식에 의해 납부하도록 한 제도이다.

➲ 배출부과금제도라고도 하는데, 우리나라에서는 '83년부터 실시해 오고 있다.

• **방사성 폐기물**(放射性廢棄物 ; radioactive waste)

방사선을 내는 방사성 물질을 함유한 폐기물을 말한다. 폐기물이 되는 방사성 물질에는 ① 우라늄 같은 핵연료물질, ② 핵연료가 연소해서 생기는 세슘 137 · 스트론튬 90 등 핵분열생성물, ③ 원래 방사능을 가지고 있지 않은 핵종이 중성자를 흡수해서 방사성 물질로 변화된 것, ④ 의료용 방사성 동위원소 등으로 사용 후 필요 없게 된 것 등 많은 종류가 있다.

• **토양오염**(土壤汚染 ; soil pollution)

유기물 · 무기염류 · 중금속 등에 의해 토양이 오염되어 농작물의 수확이 감소되거나 오염작물의 원인이 되는 것을 말한다. 대부분의 유기물은 토양 중의 미생물에 의해 분해되고 무기염류도 토양에 용해되어 점차 감소하지만, 중금속은 장기간 잔류 · 축적됨으로써 농작물을 오염시킨다.

➲ 광산 · 공장에서 흘러나오는 폐수 속에 함유된 중금속에 의해 일어나는 중금속오염 중 가장 해로운 물질은 카드뮴 · 아연 · 수은 · 동 등이다.

• **다미노자이드**(daminozide)

농약성분의 하나로, 알라(alar)라고도 한다. 국내에서도 알라 성분이 들어 있는 원료를 수입해 농약을 생산하고, 농가에서는 농작물의 낙과방지와 화초의 성장억제용으로 쓰였으나, 발암물질로 판명된 이후 '89년부터 생산과 사용이 금지되었다.

➲ 우리나라와 대만에서는 수입한 미국산 자몽에서 알라 성분이 검출된 것으로 밝혀져 파문이 인 적이 있다.

Q 고립주의 외교정책을 일컫는 말은?

- **침묵의 봄**(Silent Spring)

  1962년 생태학자 카슨이 저서 「침묵의 봄」에서 살충제 등 농약의 남용이 생태학적 위기를 가져와 새가 지저귀는 봄을 침묵시킬 것이라고 경고한 데서 생긴 말이다. 이는 농산물 증대와 생태계 파괴 중 어느 쪽이 더 중요한가라는 논쟁을 야기했으며 잔류농약에 대한 연구가 활발해져, 1964년 미국에서는 DDT · BHC 등 9종류의 농약사용이 금지되었다.

- **잔류농약기준**(殘留農藥基準)

  사람이 일생 동안 그 식품을 섭취해도 전혀 해가 없는 수준의 잔류농약을 법으로 규정한 것으로 우리나라에서는 1988년 9월 처음으로 17종 농약에 대한 잔류허용기준을 설정한 이래로 총 23차례에 걸쳐 잔류허용기준을 신설 및 개정함으로서, 현재 총 399종 농약성분에 대한 잔류허용기준을 설정하여 안전한 농산물이 수입?유통될 수 있도록 관리하고 있다.

  ❖ 2019년부터는 모든 농산물의 잔류농약을 불검출 수준으로 관리하는 '농약 허용물질목록 관리제도'(PLS)가 전면 도입된다.

- **에콜로지**(ecology ; 생태학)

  생물의 생활상태 및 생물과 환경과의 관계를 과학적으로 연구하는 생물학의 한 부문이며, 오늘날에는 더욱 넓은 의미로 환경보호운동도 가리킨다. 오늘날의 공해문제는 인간이 자연계의 정화능력을 넘어선 오염물질의 방출로 인한 필연적인 결과로 설명될 수 있다.

- **개발공해**(開發公害)

  경제개발 · 공업화가 가속화됨에 따라 산업과 인구의 집중, 도시계획의 부재 등으로 발생하기 쉬운 대기 · 하천 · 토질의 오염과, 인접한 공장지대의 확장으로 인한 소음 · 진동 · 악취 등으로 대중에게 정신적 · 육체적인 피해를 주는 공해를 말한다.

  ❖ 특히 개발도상국에 많으며, 선진국에서도 산업중심주의 정책으로 공해방지 기술정책이 수립되지 않아 그 피해가 크다.

- **빌딩공해**(building 公害)

  빌딩의 밀집으로 인해 발생하는 공해로, 빌딩 지하의 폐수처리 탱크에서 발생하는 악취, 건물의 밀집으로 인한 일조권 침해, 교통혼잡 · 주차난 등이 이에 포함된다.

  ❖ 일조권(日照權) : 타인에 의해 햇볕을 차단 당하지 않고 마음껏 쬘 수 있는 권리이다. 고층건물의 증가에 따라 주거지역내의 채광문제가 빈번히 분쟁을 야기해 왔으므로 건물 간격을 일정 기준 이상 떨어지도록 법으로 규정하고 있다.

- **2차 공해**(二次公害)

  공장 등 고정 발생원이나 자동차 등 이동 발생원에서 직접 배출된 유해물질에 의해서

A 먼로주의

발생하는 일반적인 공해에 대해서, 공해방지나 환경정화를 목적으로 사용한 처리장치나 약품, 첨가물 등에서 파생적으로 발생하는 2차적인 공해를 가리킨다. 자동차 배기 중의 유해물질을 제거하기 위해 사용한 촉매에서 유해한 중금속이 배출되거나, 고속도로의 소음방지를 위해 설치한 차폐물에 배출 가스가 쌓여 주변을 오염시키는 등의 경우가 이에 해당한다.

- **원자력공해**(原子力公害 ; atomic pollution)
원자력 발전소 · 원자력 잠수함 · 핵연료의 제조 · 재처리 공장 등으로부터 배출되는 방사성 물질이 바다나 대기에 방출되어 일으키는 공해를 말한다. 원폭 · 수폭실험에서 발생하는 '죽음의 재'는 비와 함께 농작물에 부착되어 공해를 초래할 가능성이 있다. 특히 원자력 발전소의 굴뚝에서 방출되는 방사성 가스는 그 주변 주민들에게 백혈병을 일으키게 할 우려가 있으며 플루토늄에 의한 발암 가능성도 있다.

◑ 죽음의 재 : 대기 중에서의 핵분열 또는 핵융합의 결과로 떨어지는 방사진(放射塵)을 말한다. 생물로 하여금 원자병, 특히 백혈병 등을 일으켜 죽음으로까지 이르게 한다는 뜻에서 붙여진 말이다.

- **공해수출**(公害輸出 ; pollution export)
공해 때문에 자국이 아닌 해외, 특히 개발도상국에 공장을 세워 그 나라의 환경을 오염시키는 일을 말한다. 경제성장이 주요과제인 개발도상국으로서는 공해산업을 받아들일 수밖에 없는 경우가 많다. 우리나라도 선진국의 자본과 기술을 도입하는 산업화 과정에서 공해산업을 받아들여야 했으며 '91년에는 세계적 다국적기업인 미국듀폰사의 공해산업 국내진출 저지에 실패하기도 했다.

- **직업병**(職業病 ; occupational diseases)
탄광부의 진폐증, 유리직공의 만성 기관지염, 각종 화학공업에서의 중독 등 특정한 직업에 종사함으로써 야기되는 질병을 말한다. 근로기준법 시행규칙 조항에 질병의 종류가 열거되어 있으며, 일정한 범위 내에서 재해보상의 대상이 된다.

- **진폐증**(塵肺症 ; pneumoconiosis)
채탄작업 시 발생하는 분진을 많이 들이마심으로써 심폐기능이 약화 · 마비되는 특수 직업병으로, 탄광이나 연탄공장 근로자들에게 주로 발병한다. 진폐증에 걸리면 폐결핵 · 폐기종 등의 합병증을 동반해 사망에 이르게 되는데, 최선의 예방책은 먼지에 노출되지 않는 것이다.

◑ 진폐증 · 소음성 난청 · 유기용제 중독 등은 그 피해가 특히 심각하며 유해환경에서의 야간작업, 교대근무, 불규칙 노동, 장시간 노동 등은 질병 가능성을 더욱 높인다.

예문 진폐증은 먼지, 탄광 · 연탄공장 근로자들과 관계 있음을 확인하는 문제가 출제됨

Q 얄타회담의 3주역은?

• 카드뮴 중독(cadmium 中毒)

카드뮴과 그 화합물이 인체에 접촉 · 흡수됨으로써 일어나는 장애로, 코 · 목구멍 · 폐 · 위장의 장애가 나타나며, 호흡기능이 떨어지고 소변에서 단백질이나 당이 검출된다. 예전에는 직업성 중독으로서 금속 카드뮴이 용해될 때 발생하는 산화 카드뮴 증기나 비닐 제조공정에서 생기는 카드뮴 화합물에 의한 중독이 알려져 있었으나, 최근에는 공장폐수 등에 함유된 카드뮴에 의한 식품 오염, 특히 쌀의 오염이 밝혀져서 공해문제로 대두되었다.

➥ 이타이이타이병 : 제2차 세계대전 전후 일본에서 카드뮴 중독으로 인해 발생한 공해병이다. 이 병에 걸리면 뼈가 굽거나 금이 가는 연골화증 증세를 나타내는데, 이 당시 사망자는 123명, 중독자는 약 천여 명인 것으로 추정되고 있다. 이 병에 걸린 환자들이 '이타이이타이(아프다 아프다)'라고 호소한 데서 붙여진 병명이다.

예문 이타이이타이병은 카드뮴 중독, 미나마타병은 수은 중독과 관계 있음을 알아보는 문제가 출제됨

• 유기수은중독(有機水銀中毒)

유기수은에 의해 일어나는 중독증상으로, 공업폐수 속의 유기수은과 농경지에 살포된 유기수은제 등이 어패류에 축적되어 사람이 이를 먹었을 때 일어난다. 체내 축적성이 커서 만성중독이 문제가 되며, 시야가 좁아지고 언어장애 · 운동장애 · 보행 부자유 · 성장억제 등의 증상이 나타나며 심한 경우에는 사망한다.

• 미나마타병

일본 구마모토현 미나마타만 주변에서 1953년부터 집단 발생한 중독성질환으로, 공장폐수에 함유된 유기수은이 어류를 매개로 체내에 들어가 발병한 것이다. '87년 말까지 2,871명의 환자가 발생, 1,030명이 사망했다.

• 이황화탄소(CS$_2$) 중독

이황화탄소가 호흡을 통해 폐로, 피부를 통하여 체내에 들어옴으로써 일어나는 중독이다. 이황화탄소는 비스코스레이온 제조에 불가결한 원료인데, 연한 노란색의 액체로 순수원액일 때는 냄새가 없다. 그러나 제조공정에서 또 다른 펄프 용제인 황화수소(H$_2$S)와의 혼합반응 시 심한 악취를 풍긴다. 만성중독 증세로는 신경과민 · 시력장애 · 체중감소 · 두통 · 장기이상을 일으키는데, 뚜렷한 치료법이 없어 일단 중독되면 증세 악화 · 사망이 잇따른다.

➥ 91년 1월 인조견사 독점생산업체인 원진 레이온에서 이황화탄소 중독환자가 사망하고, 80여명의 중독환자가 발생함으로써 사회적으로 큰 문제가 된 바 있다.

예문 시사성이 가미된 용어이므로 눈여겨봐 둘 것

• 온산병(溫山病)

경남 울주군 온산공단 일대에서 발생한 공해병이다. 1974년 비철금속 공업단지로 지

A 루스벨트 · 처칠 · 스탈린

정된 온산 주민들이 '82년에 이주대책을 호소하는 진정서를 내고 한국공해문제연구소가 '85년 1월 '이타이이타이병의 초기증세와 비슷한 병을 앓고 있다' 고 발표함으로써 여론을 환기시켰다. 그러나 신경통 · 피부병 · 구토 등의 자각증상을 보이는 온산병의 정확한 원인은 밝혀지지 않은 채, '85년 2월, 주민이주대책이 발표되었다.

○ 온산주민들은 85년 12월 공해배출업체를 대상으로 손해배상청구소송을 내 법원으로부터 인체 피해 위자료 7,700만 원과 농작물 피해보상금 2억 3,000만 원의 지급판결을 받았다. 이 판결은 공해 피해를 법원이 구체적으로 인정한 최초의 판결이란 점에서 주목받았다.

• 크롬중독(chrome 中毒)
크롬은 은백색의 단단한 금속으로 합금 · 도금과정에 쓰이는데, 이에 중독되면 점막의 자극과 궤양 · 피부손상 등의 증상이 나타난다.

• 납중독(Pb 中毒)
납의 독기로 인하여 생기는 중독이다. 급성 납중독은 급성 위장염의 증세가 생기나 극히 드물고, 만성 납중독은 극히 소량의 납을 계속 섭취함으로써 생긴다. 납제련업 · 도장업 · 납유리제조업 · 축전지제조업 등에 종사하는 사람들이 흔히 걸리는데, 증세는 입 속에 염증을 일으키며, 피부의 연색(鉛色), 적혈구의 증가, 운동마비 등이 일어나고 심하면 정신장애를 일으키기도 한다.

• 소음성 난청(騷音性難聽)
오랜 기간 강한 소음에 시달림으로써 일어나는 난청으로, 조선소 · 비행장 등 소음이 심한 직장에서 오래 근무한 사람에게 나타난다. 난청의 정도가 점차 심해지다가 나중에는 소리를 전혀 듣지 못하는 경우가 있다. 직업성 난청이라고도 한다.

○ 데시벨(decibel ; dB) : 소음의 크기를 나타내는 단위로, 보통 밤의 소음은 40dB 안팎, 조용한 지역의 일반주택가 낮소음은 50~55dB, 전화벨 소리는 60~70dB, 시내 번화가에서의 교통소음은 70~80dB 정도이다. 대도시의 인구밀집 등으로 인하여 현대인은 심한 소음에 시달리고 있는데, 서울시는 '91년 8월부터 시내 전지역을 생활소음 규제지역으로 묶어 규제하고 있다.

예문 일상생활에 적당한 소음 크기(→40~60dB 정도)를 묻는 물음이 출제됨

• 잠수병(diver's disease)
잠수부가 장시간 기압이 높은 물 속에서 있다가 갑자기 기압이 낮은 곳으로 나오기 때문에 일어나는 병이다. 근육 · 관절의 동통 · 현기증 · 사지의 마비 등을 일으킨다.

• 하우스병(house 病)
비닐 하우스 안에서 일하는 농민에게 나타나는 일사병 비슷한 병이다. 증상은 몸이 붓고 감기몸살에 두통이 오랫동안 지속된다.

Q 당나라에 설치되었던 신라인의 거주지는?

- **농부증**(農夫症 ; farmer disease)

중년 이후의 농부에게 나타나는 증후군으로, 어깨가 결리거나 두통 · 귀울림 · 숨찬 증세 등이 나타난다. 과로 · 비위생 · 비타민 B_1 부족 등이 원인이다.

- **농부증**(農婦症)

농촌 청년층이 도시로 빠져나가 과중한 농사일에 가사 일까지 이중고를 짊어지게 된 농촌여성들에게 나타나는 병이다.

- **환경권**(環境權 ; environmental rights)

건강하고 쾌적한 환경 속에서 인간답게 살 수 있는 권리를 말한다. 이는 환경에 대한 침해를 거부할 수 있는 배타적 권리로서 생존권적 기본권의 하나이다. 1972년 스웨덴의 스톡홀름에서 'UN 인간환경선언'이 채택된 이후 세계 각 국의 법체계에 흡수되었고, 종래의 사후 피해대책에서 벗어나 사전에 보다 적극적인 적정관리체제로의 변화를 모색하게 되었다.

○ 우리 헌법 제33조는 '모든 국민은 환경보전을 위하여 노력해야 한다'고 밝히고 있다.

예문 환경권은 기본권의 하나임을 기억할 것. 다음 중 기본권이 아닌 것? 식으로 출제됨

- **UN 인간환경회의**(United Nations Conference on the Human Environment)

'하나밖에 없는 지구'를 슬로건으로 하여 1972년 스웨덴의 스톡홀름에서 열린, 인간환경문제를 주제로 한 회의이다. 회의에서는 100항목에 달하는 행동계획의 권고를 채택하였는데, 그중 중요한 것으로는 환경보전을 위한 계획과 관리, 환경면으로부터의 천연자원관리, 유해물질의 제조 · 사용 · 폐기에 관한 자료의 국제적 등록제도의 설치계획, 식품 · 대기 · 수질에 관한 환경기준, 유해물질의 인체 허용한도 설정 등이다. 114개국 1,200명의 대표가 참가하여 '인간환경선언'을 채택하였다.

○ 인간환경선언 : UN 인간환경회의에서 채택된, 국제적으로 공해를 방지하고, 인간이 살기 좋은 환경을 만들기 위한 선언이다.
  1. 세계 환경의 날 : 매년 6월 5일로, 1972년 6월 5일 스톡홀름에서 제1회 UN 인간환경회의가 개최된 날을 기념하기 위하여 제정한 날이다.
  2. 지구의 날(Earth Day) : 매년 4월 22일로, 환경오염문제의 심각성을 환기시키고자 국제행동통일일로 정한 날이다. 1979년 미국에서 처음 개최되었는데, 점차 세계적 규모의 시민운동으로 확대되고 있다.

- **UN 환경계획**(United Nations Environment Program ; UNEP)

UN인간환경회의 결의에 따라 1973년 케냐의 나이로비에 사무국을 설치한 UN의 환경관련활동 종합조정기구이다. 이 기구는 선진국의 공해, 개발도상국의 빈곤 등 인간거주(주택 · 인구 · 보건 · 위생 등) 문제가 환경문제의 최우선이라 보고, 환경관리란 곧 인간관리라 규정, 세계 각 국이 자연환경의 파괴 없는 개발을 위해 노력해야 한다는 원칙을 제시하고 있다.

 신라방

• 세계자연보호기금(World Wide Fund for Nature)

세계 최대의 자연보호단체로 1961년 창립된 세계야생생물기금이 개개의 종보다는 생태계나 환경까지 모두 합쳐 자연보호에 힘을 쏟는 실태에 맞춰, '89년에 그 명칭을 바꾼 것이다. 세계야생생물기금은 호랑이 · 악어 · 고래 등의 남획이나 자연파괴로 급속히 자취를 감추어가고 있는 야생생물을 국제협력으로 보호하기 위하여 마련한 기금이다.

• 녹색당(綠色黨 ; Green Party)

주로 독일에서 활약중인, 환경보호를 표방하는 정당으로, '80년 전국적인 당조직이 결성되었다. 유럽에서는 환경보호, 원자력발전 반대, 경제 성장주의에 비판을 내거는 시민운동이 활발한데, 그 중에서도 녹색당(녹색의 사람들이라고도 함)은 단연 두각을 나타내고 있다. 기본이념은 인간과 자연의 조화를 위해 성장 제일주의 생산구조의 변경, 공정한 재분배 실현, 분권적 직접민주제 채택, 국가의 억압에 대한 저항권을 제외하고는 비폭력적 수단을 통해 활동한다는 것 등이다.

❍ 우리나라에서는 '89년 말 '환경보전, 반전 · 반핵, 인간성 회복'의 3대 정강을 내건 한국녹색당(가칭)이 발기하였으나 창당은 하지 못했다.

• 그린피스(Green Peace)

국제적인 핵실험 반대 및 자연보호단체로, 남태평양에서의 프랑스 핵실험에 항의하기 위한 선박을 출항시킨 것을 계기로 1970년에 발족되었다. 고래보호단체로도 알려진 그린피스는 원자력발전 반대, 방사성 폐기물의 해양 투기 저지운동 등을 펼쳐오고 있으며, 1985년 7월 레인보우 워리어호(Rainbow Warrior) 폭파사건으로 세계에 알려졌다. 그린피스 환경조사팀은 한국 자연보호 실태를 알아보기 위해 1994년 4월 그린피스호 편으로 방문했으며, 네덜란드 암스테르담에 본부를 두고 있고 40여 개국이 참가하고 있다.

예문 녹색당→환경보호정당, 그린피스→국제자연보호단체라는 사실을 알아보는 문제가 출제됨

• 환경관리계획(環境管理計劃)

지역별로 자연환경조건 · 산업개발정도 · 인구동향 등에 관한 데이터를 정비한 후 그 지역의 환경용량을 확정, 환경보존의 입장에서 개발행위를 점검하려는 계획이다.

❍ 종래의 공해방지 계획보다 넓은 개념으로 사용되고 있다.

• 환경영향평가제(環境影響評價制)

공해를 유발할 수 있는 새로운 시설이나 건물 등이 들어설 때 환경보전 측면에서 사전에 이를 평가하고 심의하는 제도를 말한다. 즉, 공장 · 댐 · 고속도로 등의 사회간접자본시설 및 기타 간척사업 등 그 사업이 환경에 미칠 영향을 예측, 분석, 평가하여 그에

Ｑ 북한의 대외적 국가원수 직위는?

대한 대책을 수립, 이행하는 제도를 말한다. 1969년 미국에서 국가환경정책법을 제정하여 시행한 것이 시초이다. 한국에서는 1977년 환경정책기본법을 제정하여 이 제도를 시행해 오다가 1992년 환경영향평가법이 제정되었다. 법이 제정됨에 따라 형식행위에 그쳤던 환경영향평가제도가 어느 정도 환경파괴를 방지할 수 있게 되었다.

• 자연휴식년제

오염상태가 심각하거나 황폐화가 우려되는 국 · 공립공원 및 유원지, 희귀 동식물 서식지 등을 지정하여 일정 기간 출입을 통제함으로써 자연환경을 보호하고 파괴된 생태계를 복원하려는 제도이다. 자연휴식년제의 법적 근거는 자연공원법 제36조의 2의 규정이다. 해당구역에서는 등산 · 야영이 일절 금지된다. 해양수산부는 1999년부터 오염이 심한 어장에 대해 '바다 휴식년제'를 실시해 1~3년간 양식업을 금지하는 조치를 내렸다.

❍ 1991년 1월부터 1993년 12월까지 3년간 14개 공원 30개소에서 등산로를 대상으로 처음 시행되었다.

• 청정에너지지역

환경오염이 심한 석탄 등의 원료사용을 억제하고 가스 · 전기 · 태양 에너지 등 이른바 청정에너지를 집중적으로 공급하는 지역을 말한다. 우리나라에서는 '91년 제주도가 처음 청정에너지지역으로 선정되었다.

• 환경마크제도(Eco Labelling)

친환경적이며 품질과 성능이 우수한 제품에 대해 환경마크를 표시토록 하는 국가공인 인증제도. 동일 제품 중 자원과 에너지를 덜 소비하고 오염물질을 덜 배출하는 친환경상품을 선별해 표시하는 자발적 인증제도를 말한다.

• 환경부(環境部)

자연환경 및 생활환경의 보전과 환경오염방지에 관한 사무를 관장하는 중앙행정기관으로, 보건사회부 산하 환경청이 환경처로, 다시 1994년 12월 정부조직법 개정으로 환경부가 되었다. 현재 장 · 차관 각 1인에, 하부조직으로 총무과 · 기획관리실 · 환경정책국 · 자연보전국 · 대기보전국 · 수질보전국과 상하수도국 · 폐기물자원국 · 국제협력관실 · 공보관실 · 감사관실 등이 있다.

예문 우리나라 환경보전에 관한 사무를 관장하는 행정 기구는? 식의 문제가 출제됨

A 최고인민회의 상임위원장

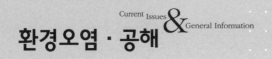

01 환경오염 · 공해

- **환경산업**(環境産業 ; environmental industry)

  산업활동이나 국민의 일상생활에 수반되는 오염물질의 측정, 사전 · 사후 처리 등에 투입되는 모든 제품, 설비, 서비스를 말한다. 공해방지산업이라고도 하며, 환경오염방지대책형 산업, 환경보전형 산업, 환경정보형 산업, 환경창조 · 유지관리형 산업으로 나눌 수 있다. 환경오염의 심각성이 제기된 이후 세계 각 국은 환경보호 관련 기술개발에 많은 투자를 하고 있으며, 환경산업의 중요성도 점차 커지고 있다.

  ### ■ 공해방지산업(환경산업)

환경오염방지대책형 산업	환경오염방지시설, 저공해자동차, 환경오염물질측정기기산업
환경보전형 산업	환경마크제품, 폐기물 재활용업, 자원 및 에너지 절약 시스템
환경정보형 산업	지리정보시스템(GIS)
환경창조 · 유지관리형 산업	환경개선산업

  ○ 환경원년 : 그 해를 기준으로 전반적 환경오염실태를 조사, 연차적 개선목표를 정하는 한편, 더 이상의 환경오염은 허용치 않도록 정부가 책임을 지기 위해 정한 해이다.

- **유전자변형식품**(遺傳子變形食品 ; GMO)

  생산성 향상과 상품의 질 강화를 위해 본래의 유전자를 변형시켜 생산된 농산물을 말한다. GMO(Genetically Modified Organism)는 질병에 강하고 소출량이 많아 식량난을 해소할 수 있다는 장점이 있으나 GMO 식품을 장기간 섭취할 경우에도 인간에 무해하다는 점이 분명하게 검증된 바가 없으며, GMO 품종으로 인해 생태계가 교란되는 등 환경재앙이 발생할 수도 있다는 위험성을 안고 있다. 유전자변형식품의 위험성과 동시에 유용성도 인정되어, 유전자재조합식품표시제가 2001년 7월부터 시행, 이를 어기면 2년 이하의 징역 또는 벌금형에 처해진다.

- **GMO표시제**

  유전자조작 농수산물을 표시하는 제도로 우리나라에서 유통되는 콩 · 콩나물 · 옥수수 등은 GMO가 3% 이상 섞일 경우에는 반드시 GMO를 표시해야 한다. 표시기준 및 방법은 첫째, GMO 농산물인 경우에는 '유전자변형 농산물'이라고 표시하고, GMO 농산물 등을 포함한 경우에는 '유전자변형 농산물 포함'이라고 표시한다. 둘째, 해당 농수산물의 포장용기의 표면 또는 판매장소 등에 최종구매자가 용이하게 판독할 수 있는 활자체로 표시하고, 식별하기 쉬운 위치에 표시하며, 쉽게 지워지거나 떨어지지 않는 방법으로 표시한다. 농수산물품질관리법시행령 26 · 27조에 의하며 가공식품은 2001년 7월부터 시행됐고, 감자는 2003년 3월부터 의무표시제 대상이다.

Q 한 · 일간에 맺어진 최초의 수호조약은?

• **산업구조**(産業構造 ; industrial structure)

한 나라의 국민경제를 구성하고 있는 각 산업의 짜임새와 그 관계를 말한다. 산업구조는 그 나라의 자원상태 · 인구 · 자본축적 및 기술수준 등에 따라 변화하므로 이의 분석을 통해 그 나라의 경제발전 수준을 파악하게 된다.

선진국형 산업구조	제1차 산업 < 제2차 산업 < 제3차 산업 제1차 산업 < 제3차 산업 < 제2차 산업
후진국형 산업구조	제1차 산업 > 제3차 산업 > 제2차 산업

◐ 각 산업부문의 비중을 나타내는 데 흔히 취업노동력을 기준으로 하는 경우와 각 산업의 생산액 혹은 부가가치액을 기준으로 하는 경우의 2가지 방법이 있다.

• 클라크의 산업구조

영국의 경제학자 클라크(C. Clark)는 산업을 제1차 산업 · 제2차 산업 · 제3차 산업으로 분류하고, 한 나라의 경제가 발달할수록 제1차→제2차→제3차 산업 순으로 발달한다 하여 이를 각 나라의 경제통계에서 실증적으로 입증하였다.

◐ 호프만의 산업구조 : 2분류 산업구조라고도 하는데, 독일의 경제학자 호프만은 산업을 소비재를 생산하는 산업부문과 생산재를 생산하는 산업부문으로 분류하고, 산업이 발달함에 따라 생산재의 생산량이 증가하여 산업구조가 고도화된다고 하였다

• 산업의 분류

1. 제 1 차 산업 : 농업 · 목축업 · 수산업 · 임업 등의 원시산업

2. 제 2 차 산업 : 광업 · 건설업 · 제조공업 등의 가공산업

3. 제 3 차 산업 : 상업 · 운수업 · 금융업 · 통신업 · 창고업 등의 서비스업

• 제4차 산업 · 제5차 산업

산업구조의 변화와 관련하여 3차 산업이 재구분된 형태를 말한다. 3차 산업을 상업 · 금융 · 보험 · 수송 등에 한정하고, 정보 · 의료 · 교육 등 지식집약형 산업을 4차, 취미 · 오락 · 패션산업을 5차 산업으로 분류한 것이다.

예문 산업구조의 고도화로 4차 · 5차 산업이 국민경제에서 차지하는 비중이 커짐에 따라 출제빈도가 높아지고 있음

• 기간산업(基幹産業 ; key industry)

한 나라 산업의 토대가 되는 산업, 즉 기초산업을 말한다. 금속공업 · 동력공업 · 기계공업 · 중화학공업 · 교통기관 산업 등이 이에 해당되는데, 이는 국민경제의 발전을 좌우하는 열쇠가 되며 대동맥에 해당하는 중추적인 역할을 한다.

◐ 후진국은 기간산업의 발전에 중점을 두게 된다.

A 병자수호조약

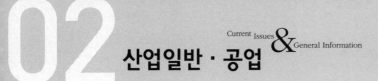

02 산업일반 · 공업

Current Issues & General Information

- **리스 산업**(lease industry)

  기업이 필요로 하는 기계설비를 장기간 빌려주고 그 대가로 사용료를 받는 산업으로, 시설임대산업이라고도 한다. 리스료는 세법상 전액 손비 처리되어 비용절감을 가져오고, 물건의 임대차방식이기 때문에 부채비율을 악화시키지 않고도 설비를 조달할 수 있어 중소기업은 물론 대기업까지도 널리 이용하고 있다.

  예문 '리스산업 =시설임대산업'으로 곧바로 외워두자. 유망산업으로 출제빈도가 높음

- **에너지 산업**(energy industry)

  전력 · 석탄 · 석유 · 원자력 발전 등 동력을 공급하는 산업을 말한다.

  ● 석탄 · 석유 · 수력 등과 같이 천연자원에 직접 의존하는 것을 제1차 에너지라 하며, 석탄이나 석유로 화력발전을 하거나 가스를 만드는 등 제1차 에너지에서 전환된 것을 제3차 에너지라 한다.

- **레저 산업**(leisure industry)

  대중의 여가이용에 관련된 산업으로, 여행 · 스키 · 해수욕 · 보트 등을 알선하는 관광사업이나 그 공급기관 및 레저용품의 제조 · 판매업 등이 이에 해당한다.

  ● 국민소득과 주5일제 근무 등 여가시간의 증가로 레저산업은 규모가 커지는 추세이다.

- **관광 산업**(tourist industry)

  관광객의 요구에 응하여 서비스를 제공하는 여러 가지 영업의 총체를 말한다. 관광산업은 숙박 · 교통 · 음식 · 오락시설 등 많은 산업을 내포하는 복합산업으로서, 산업의 승수효과가 다른 산업보다 높으며 고용의 창출 · 증대에도 크게 기여함에 따라 지역 간의 사회적 · 경제적 격차를 좁히는 효과를 가져다준다.

  ● 또한 국제관광의 경우, 국제간 문화교류에 크게 이바지할 뿐 아니라 중요한 외화획득산업의 하나이기도 하다.

- **정보 산업**(지식 산업)

  신문 · 텔레비전 · 출판 · 인쇄 등과 같이 정보의 취급에 관한 산업을 말하는 것으로, 정보의 발생 · 전달 · 기록 · 축적 · 배포 따위를 취급한다.

- **어패럴 산업**(apparel industry)

  모피 제품을 제외한, 하의 · 상의 · 양말 · 모자 · 장갑 등의 디자인 · 패션 · 봉제를 업으로 하는 산업을 말한다. 종래 섬유산업이라 하면 방적 · 합성섬유 등의 소재 부문을 가리키는 것이었으나 의생활의 다양화 · 고급화 · 개성화에 따라 이 부문도 커다란 산업으로 성장하였다.

  ● 의류 전체의 제조뿐 아니라 소매점 등의 유통도 포함시켜 어패럴산업이라 부르기도 한다.

Q 인구론(人口論)을 제창한 사람은?

• 5S 서비스

금융 · 호텔 · 병원 · 수송 등 종래의 전통적인 서비스업 외에 새로 개발된 5가지 서비스 산업을 말한다. 그것은 ① 기업 · 개인의 업무를 대행하는 서브스티튜트(substitute) 서비스, ② 컴퓨터 시스템의 사용 · 유지관리, 프로그램 등의 소프트웨어(software) 서비스, ③ 개인 · 기업의 안전 · 생명 · 재산보호에 대한 시큐리티(security) 서비스, ④ 사회보장 확립을 위한 사회적 서비스, ⑤ 변호사 · 의료 · 사설학원에 의한 특수 서비스 등이다.

• OEM(original equipment manufacturing)

자사 브랜드를 넣지 않고 거래선의 브랜드를 부착한 부품이나 완제품의 공급, 즉 주문자 상표에 의한 생산방식을 말한다. 자동차산업이나 전기 · 기계산업에서 흔히 쓰이는 방법으로, 대형소매점이나 대규모 상사 등의 자사 브랜드 제품의 태반은 바로 이 OEM 상품이다. 대형소매점이나 대규모 상사는 방대한 판매채널은 갖고 있으나 생산기술이나 생산설비를 갖추고 있지 않으므로 위탁생산의 형태로 OEM의 공급을 받게 된다.

❍ 수공업 · 노동집약적 산업에서는 싼 노동력을 찾아 이 OEM 공급을 이용하는 기업이 많다.

• 공업단지(工業團地 ; industrial area)

국가나 지방자치단체가 구획한 토지에 같은 업종 또는 관련성 있는 여러 공장을 포괄적 계획에 따라 한 자리에 집결, 집단적으로 생산하는 공장의 집단지를 말한다. 전문 계열화된 단지의 조성은 생산능률 증가와 지역개발의 원동력이 된다. 공업단지에는 공장시설 외에 여러 가지 설비와 그 밖의 공공시설 따위가 종합적인 계획 아래 설치된다.

❍ 주요 공업 단지 : 포항 – 종합제철공업, 울산 – 석유화학 · 자동차, 온산 – 비철금속 제련공업, 창원 – 종합기계 공업, 마산 – 수출자유지역, 거제도 – 조선공업, 여천 – 석유화학공업, 구미 – 전자 · 섬유 · 반도체 , 이리 – 제 2수출자유지역, 부강 – PVC 공업, 반월 – 계획공업도시, 양산 – 기계 · 주물공업

• 중화학공업(重化學工業 ; heavy and chemical industry)

금속 · 기계공업 따위의 중공업과 화학공업의 총칭으로, 특히 화학제품을 대량으로 제조하는 황산공업 · 소다공업 · 석유화학공업 등의 화학공업을 일컬을 때도 있다.

• 제2의 산업혁명

20세기를 전후하여 산업의 중심이 경공업에서 중화학 공업으로 전환된 것을 말한다. 이에 따라 자본주의는 고도로 발달되어 독점자본주의 단계에 이르게 되었고 제2차 세계대전을 거치면서 군사기술 · 전자 · 합성화학공업이 현저하게 발달되었다.

Ⓐ 맬서스

• **석유화학공업**(石油化學工業 ; petrochemical industry)
석유나 천연가스를 원료로 하여 연료 및 윤활유 이외의 화학제품을 제조하는 공업을 말한다. 종래 석탄을 대신하여 근대 화학공업의 중심을 차지한다.

➲ 우리나라 정유 · 석유화학공업의 중심지는 울산 · 여수이다.

• **LNG**(liquefied natural gas ; 액화 천연 가스)
천연 가스인 메탄을 산지에서 그대로 냉각 · 액화한 무색투명의 액체이다. 액화를 함으로써 약 600분의 1의 체적으로 같은 발열량을 얻을 수 있으며, LPG(프로판 가스)보다 안전하고 공해도 없으며 값도 싸지만, 생산지에서 소비지까지 드는 운반비와 그에 따른 시설비가 많이 드는 것이 단점이다.

➲ LPG(액화 프로판 가스) : 상온에서 10기압 정도의 압력을 가하여 액화한 프로판 가스로 보통 가정용 연료로 사용된다.

• **대체에너지**(代替 energy)
석유를 대신하는 원자력 · 석탄 · 천연가스 · 태양열 등의 에너지원으로, 1973, 1978년의 제1 · 2차 오일쇼크 이후 주요 석유소비국은 이의 연구개발에 힘쓰고 있다.

• **국제에너지기구**(IEA ; International Energy Agency)
1974년 9월 벨기에 브뤼셀에서 석유소비국가 사이의 합의를 거쳐 같은 해 11월 발족했다. 산유국의 석유공급 삭감에 대항하기 위하여 주요 석유소비국에서 만든 에너지 계획의 실천기관이며, OECD(경제협력개발기구)의 산하기관이다. 석유소비국 간의 석유긴급운용 시스템으로, 긴급비축제도 등 긴급상황에 대비하기 위하여 설립되었다. 프랑스는 유럽공동체(EC) 조약에 위반된다는 이유를 들어 불참했고, 석유수출국기구(OPEC)도 적대적인 성격을 가진 기구라 하여 비난했다. 현재 회원은 25개국이며 한국은 가입하지 않았다. 본부는 프랑스 파리에 있다.

➲ 최고결정기관으로 이사회가 있고 ① 석유의 긴급융통, ② 석유시장, ③ 장기적인 협력, ④ 산유국 기타 소비국과의 관계 등 4개 상설위원회 외에 사무국으로 구성되어 있다.

• **전자공업**(電子工業)
컴퓨터 소프트웨어를 포함한 전자공학을 기술의 기본으로 한 전자기기의 제조공업이다. 초기에 진공관이나 그 밖의 전자관에 의한 통신기기 관계로 발전해 오다 반도체 이용에 의한 장치의 소형화 · 고성능화를 토대로 비약적인 발전을 하고 있다. HDTV · 멀티미디어 컴퓨터의 출현 · 휴대용 전화 · IMT-2000을 필두로 한 이동통신용 기기의 보급과 함께 전세계를 하나로 연결하는 글로벌 네트워크가 구성됐다.

➲ 오늘날 가장 유망한 성장산업의 하나이다.

Q 조선시대의 최고 국립 종합대학은?

- **산업재산권**(産業財産權 ; industrial property)

기술의 발달 · 장려를 위해 공업에 관한 지능적 작업 또는 방법에 대해 부여하는 권리로, 특허권 · 의장권 · 실용신안권 · 상표권 등 네 가지가 있다. 무형인 사상의 산물을 배타적 지배대상으로 하는 점에서 소유권과 구별된다.

   1. 특허권 : 공업상의 물품 및 그 제조방법에 관하여 최초로 발명한 사람에게 주어지는 권리이다.
   2. 의장권 : 공업상의 물품에 응용하게 되는 형상 · 모양 · 색채 또는 결합에 관하여 신규의 의장을 고안한 사람에게 주어지는 권리이다.
   3. 실용신안권 : 공업상의 물품에 있어 그 형상 · 구조 또는 조합에 관하여 실용성이 있는 신규의 고안을 한 사람에게 주어지는 권리이다.
   4. 상표권 : 자기의 상품을 표시하기 위하여 등록을 하고 전용하는 권리이다.

- **로열티**(loyalty)

특허권 · 저작권 또는 공업소유권의 사용료로서, 흔히 외국으로부터 기술에 관한 권리를 도입한 후 그 권리사용에 따른 대가를 지불하는 것을 가리킨다. 기술개발촉진에 따라 외국으로부터 선진기술도입이 확대되고 상표도입 등이 늘어나면서 로열티 지급이 점차 확대되는 추세에 있다. 기술도입 기간도 5년 이상 장기화되고 대가지급액도 순매출액의 5% 이상, 고액지급이 늘어나는 경향이다. 한편 이 개념은 저작권의 인세나 연극 · 예술작품의 상연료, 광산 · 광구의 사용료 등에도 쓰인다.

- **KC마크**(국가통합인증마크)

Korea Certification의 약자로 안전 · 품질 · 환경 · 보건 등 분야별 인증마크를 국가적으로 단일화한 인증마크이다. 2011년부터 지식경제부, 고용노동부, 환경부, 방송통신위원회, 소방방재청 등 5개 부처 13개의 법정 강제인증마크를 하나로 통합하였다. 1990년대부터 세계 여러 나라가 국가통합인증마크를 도입했으며, EU는 CE 마크, 중국은 CCC 마크, 일본은 PS 마크를 쓰고 있다.

- **GD 마크**(good design mark)

디자인 · 기능 · 안정성 · 품질 등을 종합적으로 심사, 우수성이 인정된 상품에 붙이도록 하는 마크이다. 우리나라는 이 GD제도를 '85년부터 시행하고 있으며, 노랑바탕에 검은색 마크를 넣어 사용하고 있다. KS표시 상품이 아니면 GD상품 선정대상에서 제외되므로 품질 · 성능 면에서 신용도가 높다.

- **건폐율**(建蔽率 ; building coverage)

대지면적에 대한 건축면적의 비율을 말한다. 건평은 1층만의 면적을 가리키며 2층 이상의 면적은 포함시키지 않는다. 건폐율을 정하는 목적은 각 건축물의 대지에 최소한의 일조 · 채광 · 통풍을 얻게 하고, 화재시에 소방 · 피난 등을 용이하게 하는 데 있다.

A 성균관

건폐율에 관련되는 지표에는 용적률 · 호수밀도 · 평균층수 등이 있다. 건축법에서의 건폐율은 용지면적에서 교통용지 · 녹지용지(綠地用地) 등을 뺀 순건폐율(純建蔽率)을 가리킨다.

○ 건축법 및 건축법 시행령에 건폐율은 ① 녹지 · 자연녹지 · 생산녹지 지역에는 2/10 미만, ② 주거전용지역에는 5/10 미만, ③ 주거지역 · 준공업지역 · 전용공업지역에는 6/10 미만, ④ 준주거지역 · 상업지역에서는 7/10 미만이어야 한다(건축법 제39조).

• **토지공개념**(土地公槪念)
토지의 소유와 처분은 공공의 이익을 위하여 적절히 제한할 수 있다는 개념이다. 우리 정부는 과도한 부동산 투기열을 식히기 위해 택지소유상한법 · 토지초과이득세법 · 개발이익환수법 등 토지공개념 3대 법안을 마련해 실시하고 있으며, 헌법 제123조와 민법 제2조 민법 제212조에 규정되어 있다.

• **토지거래허가제**(土地去來許可制)
각 용도지역별로 일정 면적 이상의 토지거래 시에는 사전에 관할지역의 시장이나 군수의 허가를 받아야만 하는 제도이다. 이에 따라 거래당사자들은 토지의 이용목적 · 규모 · 가격 등을 명시, 관할 시 · 군에 허가를 신청해야 하며, 시 · 군은 이를 심사해 허가 또는 불허처분 결정을 통보해야 한다.

○ 허가대상에는 소유권 이전뿐 아니라 지상권 · 전세권 · 임차권 등의 설정도 포함된다. 우리나라에서는 이 제도를 '85년부터 실시하고 있다.

• **공인노무사**(公認勞務士)
개인사무소나 업체에 소속되어 근로자의 권리, 구제업무, 노무관리에 관한 상담 등을 전담하는 직종이다. 자격은 ① 노동부장관이 시행하는 자격시험에 합격된 자, ② 노동행정에 종사한 통산 경력이 10년 이상이고, 그 중 5급 이상 공무원으로 5년 이상 재직한 자이다.

○ 공인노무사법에 의해 '86년부터 시행된 새로운 직종이다.

• **나틈 공법**(NATM 工法 ; New Austrian Tunneling Method)
버팀목 없이 시멘트를 고압 분사해 지하에서 인공동굴을 만들면서 한 번에 1m 정도씩 파고 들어가는 최신 터널 공법으로, 오스트리아의 랍세비츠가 개발하였다. 터널의 내구성이 높고 종래의 H형 빔이 필요하지 않아 경제성이 높은 공법으로 평가되어 지질이 나쁜 산악 터널에서부터 도시의 지하 터널까지 많이 활용되고 있다.

○ 그러나 물이 많이 괴어 있는 지하에서는 터널벽 고정작업에 들어가기 전 수압과 토사압력으로 막장이 쉽게 무너지는 약점이 있다. 우리나라는 1983년부터 본격적으로 이용해 서울 · 부산에 일부 지하철 공사가 이 공법으로 시공되었다.

Q 10종 경기란?

• 디비닥 공법(Dywidag 工法)

다리를 놓을 때 콘크리트 받침대 없이 두 교각에서 콘크리트를 쳐나가다 만나는 지점
에서 슬라브판을 연결시키는 공법을 말한다. 슬라브의 무게와 탄력을 시공 전에 정밀
히 계산하고, 일반 교량에 주로 사용되는 철근이나 콘크리트 강도보다 8배나 강한 것
을 사용하는 등 세심한 주의가 요구된다. 우리나라에서는 원효대교 건설에 이 공법이
사용되었다.

• 현수교(suspension bridge)

강이나 좁은 해협의 양쪽에 굵은 줄이나 쇠사슬 등을 건너질러 놓고, 거기에 의지하여
매달아 놓은 다리를 말한다.

❍ 세계 최대의 지간인 샌프란시스코 금문교는 중앙의 지간이 280m나 되는 현수교이다. 우리나라에는 남해대교
등이 있다.

• 서머콘 공법(sermocon 工法)

시멘트를 혼합할 때 자갈 · 모래 등 골재를 넣지 않고 시멘트 · 물 · 발포제만을 혼합한
것을 틀에 부어 빼는 것을 말한다. 이 공법을 쓰면 물이 스며들지 않고 단열성 · 내화
성 · 내진성이 매우 높으며, 건물이 가벼워 기초도 간단히 끝낼 수 있다.

• 다목적 댐(multi-purpose dam)

수력발전 · 농업용수 · 상수도 · 공업용수 · 홍수방지 등 여러 가지 용도를 겸한 댐을 말
하는데, 국토개발의 효율적인 투자를 위해 반드시 필요하다. 현재 우리나라에는 소양
강 · 섬진강 · 남강 · 안동 · 대청 · 충주 등에 다목적 댐이 있다. 미국의 TVA 계획의 댐,
통일 아랍국가의 애스완 댐 등도 유명하다.

예문 다목적 댐이 있는 곳을 묻는 문제가 출제됨

A 100m · 400m · 1500m · 110m 허들 · 넓이뛰기 · 투포환 · 높이뛰기 · 투창 · 투원반 · 장대높이뛰기

• **집약적 농업**(集約的農業 ; intensive agriculture)

일정한 토지에 많은 자본과 노동력을 들여 토지를 최대한으로 이용, 최대의 효과를 얻으려는 농업 경영방법이다.

◆ 조방적 농업 : 일정 면적의 농경지에 들이는 노동력과 자본이 적고 생산량·판매액이 적은 농업 형태이다.

• **다각농업**(多角農業 ; diversified farming)

토지와 노력을 기술적으로 배분, 여러 가지 농작물을 심어 수익을 올리도록 경영하는 농업을 말한다. 단일작물의 재해나 단일작물의 가격 저하로 인한 피해를 막고, 농한기를 두지 않는 장점이 있다.

• **복합영농**(複合營農)

미곡 중심의 단순영농에 대해 벼농사와 함께 참깨·땅콩 등 특용작물과 시설채소·과수·축산 등을 도입한 영농을 말한다. 우리나라 농업은 경영규모가 영세하고 쌀 중심의 가족노동적 단순경영이 대부분이어서 전체 농가로 볼 때 쌀에 의한 수입이 전체 농업수입의 50%를 차지하고 있다. 쌀·보리 중심의 영농방식으로는 농업소득을 증대시키기 어려우므로 정부가 복합영농을 적극 장려하고 있다.

◆ 복합영농은 위험부담을 분산시켜 경영의 안정을 기하고 경지 이용률을 높이며 여러 가지의 작목 도입으로 연간 노동일 수를 늘려 자가노동 보수를 더욱 많이 얻을 수 있는 이점이 있다.

• **근교농업**(近郊農業 ; suburban agriculture)

도시 주변에서의 농업을 말하는 것으로, 대소비지에 가까이 위치해 채소·과실·꽃 등을 소규모 집약적으로 재배하는 상업적 농업 형태이다. 대체로 온실·온상·비닐 하우스 따위의 촉성재배가 행해진다.

◆ 원교농업 : 도시에의 출하를 위하여 도시와 멀리 떨어진 곳에서 채소·과실 등을 재배하는 집약적 농업이다.

• **2모작**(二毛作 ; two crops a year)

같은 경작지에서 1년에 두 번 곡물을 수확하는 토지 이용법으로, 보통 여름에는 벼, 겨울에는 보리·밀 등을 경작한다.

• **전천후농업**(all-weather agriculture)

가뭄이나 홍수 등의 나쁜 기상조건 아래서도 별 지장 없이 경영할 수 있는 농업을 말한다. 저수지 개발이나 배수로를 정비하여 가뭄이나 장마의 피해를 최대한 줄인다.

◆ 천수답 : 인공적인 관개수단 없이 빗물에만 의존해 농사를 짓는 논으로, 산간·고원·구릉지대 등에 위치한다.

Q 사회보험과 공적부조를 포함하는 사회보장이란 용어를 처음으로 사용한 나라는?

- **유기농업**(有機農業)

  화학비료, 유기합성 농약, 생장조정제, 제초제, 가축사료 첨가제 등 일체의 합성화학 물질을 사용하지 않고 유기물과 자연광선, 미생물 등 자연적인 자재만을 사용하는 농업이다. 우리나라는 1986년 '한살림농산'이 개설되었고, 1988년 '한살림공동체소비자 협동조합'이 창립되어 본격적인 활동이 시작되었다. 유기농업은 그 내용에 따라 다음의 다섯 가지로 나눌 수 있다.

생명과학 기술형 유기농업	동·식물성 유기물을 토양에 환원시켜 지력의 유지·증진 및 회복
환경친화적 유기농법	인간과 자연 생물이 공생·공존하도록 하는 자연농법
경제형 유기농법	농가경제의 안정과 수익을 보장하는 농법
자연농업	자연생태계를 보전, 발전시키면서 안전한 먹거리를 생산하는 방법
철학형 유기농법	소비자와 생산자간의 유기적인 관계를 통해 복지사회를 만드는 농법

  ○ 병충해에 대한 저항력, 수확량 감소 등에 대한 대응책이 필요하다.

- **삼포농업**(three-field system cultivation)

  농지의 전부를 세 부분(여름농경지·겨울농경지·휴한지)으로 구분해서 매년 그 삼분의 일씩을 휴경지로 하여 지력을 회복시키는 농사법이다.

  ○ 중세에 유럽에서 주로 행해졌으며, 근대적 농업경영조직 전개의 기초가 되었다.

- **춘화처리**(春化處理)

  가을에 뿌리는 품종의 종자를 봄에 뿌릴 수 있도록 저온에서 처리하는 것을 말한다.

- **억제재배**(抑制栽培)

  인공적인 저온·건조 등으로 농작물의 재배를 적당히 억제하여 보통 생산기보다 늦게 시장에 출하함으로써 수익을 높이는 재배방법이다. 대체로 과일이나 채소·화초 등의 재배에 이용한다.

- **수경법**(水耕法 ; water culture)

  각종 양분을 용해한 물 속에서 식물을 배양하는 방법이다. 흙을 전혀 사용하지 않으며, 물에는 질소·인·칼륨·마그네슘 등을 용해한다.

  ○ 식물의 영양, 비료의 연구에 이용된다.

 미국

• **녹색혁명**(綠色革命 ; green revolution)

품종개량으로 다수확의 농작물을 생산해 냄을 이른다. 1960년대 중반부터 미국을 중심으로 한 각지의 농업연구소에서 소맥·쌀·옥수수 등의 품종개량이 추진되었고 식량부족이던 개발도상국이 이를 도입함으로써 농업생산에 획기적 기여를 하였다.

◑ 농업혁명을 녹색혁명이라 하는 것은 세계 각국이 농업을 녹색으로 표시하기 때문이다.

예문 녹색혁명은 농업과 관계가 있는 것임을 확인하는 문제가 출제됨

• **계통출하**(系統出荷 ; route sales)

농어민이 협동조합 계통조직을 통해 농수산물을 출하·판매하는 것을 말한다. 예컨대 농산물의 경우 농민이 단위농협·농협공판장·슈퍼마켓 등의 유통과정을 거쳐 출하하는 것이다. 농수산물의 계통출하는 중간유통마진을 최소화할 수 있어 농어민이나 소비자가 제 값으로 물건을 구입할 수 있고, 농어민 입장에서는 판매비용과 위험부담을 줄일 수 있는 이점이 있다.

• **이중곡가제**(二重穀價制 ; double grain price system)

주곡인 쌀과 보리를 정부가 높은 가격에 사들여 낮은 가격에 판매하는 것으로, 농민의 소득을 보장하고 동시에 소비자의 부담도 줄여주는 데 목적이 있다. 물론 그 차액, 즉 이중곡가에 따른 적자는 정부가 부담한다.

◑ 곡가안정과 농민의 생산의욕 고취에 그 목적이 있으나 재정적자의 요인이 되고 있다.

예문 미곡연도의 기간을 묻는 문제가 출제됨

• **미곡연도**(米穀年度 ; rice year)

미곡의 통계적 처리의 편의를 위하여 설정한 기간으로, 햅쌀이 나올 때인 11월 1일부터 이듬해 10월 31일까지를 말한다.

• **농공지구**(農工地區)

농어촌지역의 소득을 높이기 위해 일정 규모(1~2만평)의 공업지역을 조성, 입주업체에 대해 금융·세제·기술지원을 해주는 '농어촌지역 공업개발 촉진지구'의 약칭이다.

• **비료의 3요소**

식물의 성장에 가장 필요한 요소, 즉 질소·인산·칼리를 말한다. 화학비료 중 질소비료에는 요소·유안·석회·퇴비, 인산비료에는 과린산석회·인산 암모늄, 칼리비료에는 식물회·염화칼륨 등이 있다.

Q 이슬람교의 성전(聖典)은?

- **플랜테이션**(plantation)

열대 또는 아열대에서 원주민의 값싼 노동력을 이용, 넓은 경작지에 같은 농작물을 대규모로 재배하는 농업이다. 자본의 투하 및 관리는 대개 구미인(歐美人)이 하며, 생산물은 고무 · 커피 · 카카오 · 사탕 · 수수 등인데, 식민지 감소에 따라 이 농업형태는 차차 줄고 있다.

⊙ 재식농업(栽植農業)이라고도 한다.

- **식량우산**(食糧雨傘)

세계 농산물시장 중 최대의 농업국인 미국산 농산물의 공급권에 들어 있는 지역을 통틀어 말하는 것으로, 핵우산에 비유하여 사용한 말이다.

⊙ 우리나라와 일본도 여기에 포함된다.

- **곡물 메이저**(major grain companies)

다국적 곡물상사로서 종자개발에서부터 곡물거래, 판매까지 일관되어 있는 것이 많으며 독점도가 높아 석유 메이저와 대비시켜 곡물 메이저라 부른다. 대표적인 것으로는 미국의 카길 · 붕게 · 드레퓨스 · 컨티넨틀 · 앙드레 등의 상사이며 카길을 제외하곤 무두 유대계 자본이다.

⊙ 시장점유율이 높아 미국 곡물수출의 80% 이상이나 되는 것으로 알려졌다.

- **국제식량농업기구**(FAO ; Food and Agriculture Organization)

UN 경제사회이사회 전문기관의 하나로 1945년에 설립되었다. 세계의 식량 및 농림 · 수산에 관한 문제를 취급하며, 세계 각 국민의 영양 및 생활 수준의 향상 등을 위하여 활동한다.

⊙ 본부는 로마에 있으며, 우리나라는 1949년에 가입하였다.

예문 FAO의 활동내용이 주로 출제됨

A 코란(Koran)

- **조림수종도**(造林樹種圖)

  전국을 기상 및 토양여건에 따라 온대북부 · 온대중부 · 온대남동부 · 온대남서부 · 온대해안 · 난대림지대 등 7개 지대로 구분, 그 지역에 잘 자랄 수 있는 나무 종류를 예시한 나무지도이다.

  ◑ 지금까지 조림은 해방전에 작성된 조림수종도(전국 4개지대)에 의거, 추진해 왔는데 산림청은 새로 전국을 7개 지대로 나눈 새 지도를 펴냈다.

- **간벌**(間伐)

  밀림을 성기게 하여 나무의 발육을 돕기 위해서 나무를 솎아 베어내는 일을 말한다. 장령림(將齡林)은 5년에 1회, 고령림(高齡林)은 10년에 1회의 간벌이 적당하다.

- **낙농업**(酪農業 ; dairying)

  젖소 · 염소 등을 길러 그 젖을 짜거나, 또는 그 젖으로 버터 · 치즈 · 연유 같은 유제품(乳製品)을 만들어 판매하는 농업으로, 특히 유럽의 덴마크 · 스위스가 대표적인 낙농업국이다.

- **사일리지**(silage)

  옥수수 · 쌀보리 등의 푸른잎, 혹은 야채 쓰레기 · 고구마 넝쿨 따위를 잘게 썰어 사일로에 채워 유산발효(乳酸醱酵)시킨 사료(飼料)를 말한다.

  ◑ 사일로(silo) : 겨울철에 가축의 먹이인 풀 등을 마르지 않게 저장하기 위해 돌 · 벽돌 · 콘크리트 등으로 지은 원형탑 모양의 창고이다.

- **어업권**(漁業權 ; fishery right)

  공공수면(公共水面) 또는 그 인접구역에서 독점적으로 고기잡이를 할 수 있는 권리로, 행정관청의 면허에 의하여 발생한다. 그 대상에는 양식어업 · 정치어업(定置漁業) · 공동어업 등이 있다.

- **연안어업**(沿岸漁業 ; costal fishery)

  해안선 부근 또는 국제법상 연안국의 주권이 미치는 해양 일대의 수역(水域)에서 행하는 어업이다. 어획물의 종류가 많고 적은 자본과 노력으로도 할 수 있으나, 영세성을 벗어나지 못한다.

  ◑ 해조(海藻) 채취 · 오징어 낚시 · 소형 저인망이 어업이 이에 속한다.

- **원양어업**(遠洋漁業 ; deep sea fishery)

  어구(漁具)와 어정(漁艇)을 싣고 물고기의 저장 · 가공설비를 갖추고 원양을 장기간 항

Q 사람 · 사물을 과장하여 풍자적으로 그린 그림은?

해하며 하는 어업을 말한다. 다랑어 · 연어 · 송어 · 게잡이 어업 및 트롤 어업이 이에 속한다.

❍ 트롤 어업(trawl 漁業) : 삼각형 자루 모양의 트롤 망을 100~300t 정도의 기선이 바다 밑으로 끌어 수중(水中)의 어류를 포획하는 원양어업의 한 방식이다.

• **모천국주의**(母川國主義 ; motherriverism)
연어 · 송어와 같이 민물인 강에서 태어나 바다로 나가는 물고기를 소하성(溯河惺) 어류라 하며, 이러한 물고기가 태어나는 강을 모천(母川)이라 한다. 모천국주의란 소하성 어류의 관리(어획을 포함)는 모천의 소유국이 그 권한(관리권)을 갖는다는 것이다. 이는 '82년 제 3차 해양법회에서 채택된 해양법 초안에서 조문화되었다. 이에 따라 미국 200해리 수역에서의 연어 · 송어 조업은 '88년 6월 이후 전면 금지되었고, 구소련도 '91년부터 북태평양 수역에서의 연어 · 송어의 어획이 전면 금지되었다.

• **세계 4대 어장**(漁場)
북대서양 어장(아이슬란드 · 노르웨이 북부), 뉴펀들랜드 어장(북미 동안 · 래브라도 해안), 북태평양 동안 어장(알래스카 · 캘리포니아 연안), 북태평양 서안 어장(베링해 · 동해(일본해) · 지나해)등 세계에서 가장 물고기가 많이 잡히는 네 군데의 큰 어장을 말한다.

❍ 세계 최대 어장은 북태평양 서안 어장으로, 청어 · 명태 · 대구 · 정어리 · 연어 · 송어 등이 많이 잡힌다.

<u>예문</u> 다음 중 세계 4대어장이 아닌 것은? 등의 형태로 출제됨

• **클로렐라**(chlorella)
민물에서 사는 녹조류(綠藻類)의 일종으로, 하루에 약 10배로 불어나는 번식력과 엽록체를 보유하고 있다. 단백질을 왕성하게 만들며, 그 단백질은 필수 아미노산을 함유하고 있어 대량배양에 의한 식량화의 연구가 성하다. 또 인공배양으로 쉽게 번식하므로 가축사료 · 화장품 · 오수(汚水) 정화 등에 이용된다.

• **파시**(波市 ; seasonal fish market)
성어기(盛漁期)에 해상에서 열리는 생선시장으로, 연평도 · 위도의 조기 파시, 추자도의 멸치 파시, 거문도 · 청산도의 고등어 파시 등이 유명하다.

❍ 어민과 상인이 집결하여 성시(盛市)를 이룬다.

Ａ 캐리커처(caricature)

Current Issues & General Information

CHAPTER 5
Computer, IT · Internet
— 컴퓨터 · IT · 인터넷 —

01 컴퓨터

02 IT · 인터넷

03 4차 산업혁명과 가상화폐

• 컴퓨터(computer ; 전자계산기)

진공관·트랜지스터·IC 등의 전자회로를 이용, 대량의 정보를 고속·자동으로 계산하거나 처리하는 장치를 말한다. 오늘날 컴퓨터는 사무·기업관리·연구·군사·교육 등 거의 모든 방면에서 활용되고 있는데, 사람과 같이 생각하고 행동하는 인공지능 컴퓨터의 실용화를 목표로 개발이 진행중이다.

○ 컴퓨터의 5대 기능 : 입력·출력·기억·연산·제어기능
진공관을 이용한 세계 최초의 전자계산기는 ENIAC, 최초의 프로그램 기억방식 전자계산기는 EDVAC, 최초의 상업용 컴퓨터는 UNIVAC이다.

• 컴퓨터 세대구분

세대 구분	주요소자	주기억장치	특징
1세대	진공관	수은지연회로, 자기드럼	부피가 큼, 계산, 통계용으로 사용
2세대	트랜지스터(TR)	자기코어	운영체제개발
3세대	집적회로(IC)	집적회로(IC)	시분할, 다중처리 시스템
4세대	고밀도집적회로(LSI)	고밀도집적회로(LSI)	기억장치, PC, 슈퍼컴퓨터 등장
5세대	초고밀도 집적회로(VLSI)	초고밀도집적회로(VLSI)	인공지능(AI), 퍼지이론

• 튜링 기계(Turing machine)

긴 테이프에 쓰여 있는 다양한 기호들을 일정한 규칙에 따라 배열하는 튜링 기계는 적절한 규칙과 기호를 입력하여 컴퓨터처럼 복잡한 계산과 논리 문제를 해결할 수 있도록 1936년 영국 수학자 앨런 튜링에 의해서 고안되었다.

○ 콜로서스(Colossus) : 제2차 세계 대전 동안 영국은 독일군의 암호문을 해독하기 위해 2400개의 진공관을 가진 전자식 암호해독용 기계인 콜러서스를 개발했다. 현대의 컴퓨팅 개념을 실현한 최초의 컴퓨터이다.

• IC(integrated circuit ; 집적회로)

실리콘 등으로 된 $1mm^2$의 반도체 원판 위에 트랜지스터·콘덴서 등의 각종 전자부품을 형성하고 이들 사이를 배선하여 회로를 구성한 초소형 전자소자(電子素子)이다. 종래 개별 부품들을 배선하여 만드는 회로에 비해 크기를 수만 분의 1로 줄일 수 있고, 값이 싸며 신뢰성도 높다. 오늘날 컴퓨터·OA 기기(機器)·TV·자동차 등 거의 모든 기기와 시스템에 사용되고 있다.

○ IC는 회로의 집적도에 따라 소규모 집적회로(SSI, 2~100 素子), 중규모 집적회로(MSI, 100~1,000 素子) , 대규모 집적회로(LSI, 1000 소자 이상), 초대규모 집적회로(VLSI, 10만 素子 이상)로 나뉜다.

• 퍼지이론(fuzzy theory)

퍼지란 원래 '애매모호한, 경계가 명확하지 않은'이라는 뜻인데, 인간의 사고·판단에 포함되어 있는 '조금' '약간' '다소' 등의 애매한 말들을 수치로 정량화해서 최적의

양과 질을 실행하도록 하는 원리이다. 미국 캘리포니아 대학의 자데(L. A. Zadeh) 교수가 제안한 퍼지집합의 개념이 그 기초인데, 센서가 대상물을 체크하고 주문형 반도체인 퍼지 전용 칩이 세분된 실행수치를 선택해서 최적의 상태를 만들어내는 것이다. 예를 들어, 세탁기의 경우, 세탁물의 양과 종류에 따라 인공지능이 물의 양과 회전속도, 헹굼 횟수 등을 자동으로 알아서 처리해 주는 자동시스템이 이 원리를 이용한 것이다. 현재 전 제품으로 퍼지이론 적용이 확산되고 있다.

• 센서(sensor ; 감지기)

직접 피측정 대상에 접촉하거나 그 가까이에서 데이터를 알아내 필요한 정보를 신호로 전달하는 장치를 말한다. 인간의 감각으로 측정할 수 없는 수치도 잴 수 있어 유용하게 쓰이며 이러한 특징을 살려 위험한 작업이 따르는 기계에도 부착해 사용할 수 있어 산업용 로봇에는 특히 필요한 장치이다.

○ 바이오센서 : 생물의 물리 · 화학정보 감지기능을 모방 · 응용한 감지기로, 생명공학과 전자공학의 결합체인 바이오 전자공학 분야에 속한다.

• 노이만형 컴퓨터

프로그램을 내장, 명령을 차례로 실행하는 유형의 컴퓨터. 헝가리 출신 미 수학자 폰 노이만이 주장한 것이다. 프로그램을 메모리에 기억시키고 CPU가 차례로 불러내면서 실행한다. 현재 슈퍼컴퓨터에서 PC에 이르기까지 실용화되어 있는 컴퓨터 대부분이 이 형태이다.

○ 비노이만형 : 프로그램 순서대로 데이터를 처리하는 노이만형과 달리 비노이만형은 데이터 자체에 처리정보를 부여하거나 병렬 처리하거나 하여 데이터 처리의 고속화, 프로그램 작성의 생력화 등을 목표로 하고 있다. 추측 · 판단까지 가능한 컴퓨터인 비노이만형은 이론적으로는 상당한 부분이 이루어지고 있으며, 일부의 소자는 실용화되었고, 제5세대 컴퓨터도 비노이만형의 일종이다.

• 아날로그 컴퓨터(analog computer)

계산의 대상이 되는 수치나 양을 길이와 같은 연속적인 물리량으로 계산하는 컴퓨터이다. 데이터의 정밀도는 디지털 컴퓨터에 비해 떨어지지만 신속한 입력과 즉각적인 반응을 얻을 수 있어 제어용 목적에 알맞다.

○ 컴퓨터의 분류
  1. 용도별 : ① 전용컴퓨터, ② 범용컴퓨터
  2. 데이터 취급 방법별 : ① 아날로그컴퓨터, ② 디지털컴퓨터, ③ 하이브리드컴퓨터
  3. 규모별 슈퍼컴퓨터 : ① 대형컴퓨터, ② 중형컴퓨터, ③ 마이크로컴퓨터(퍼스컴 워크스테이션)

• 디지털 컴퓨터(digital computer)

계산의 대상이 되는 수치나 양을 수(0과1로 이루어진 2진수)로써 나타내어 계산하는 컴퓨터이다. 특징은 프로그램 기억방식으로 미리 프로그램을 많이 기억시켜 놓고 데이

A 베토벤의 운명 · 슈베르트의 미완성 교향곡 · 차이코프스키의 비창

터를 차례로 처리하고, 명령을 기억장치로부터 불러내어 실행하므로 비교적 연산속도가 느리다. 현재 널리 쓰이고 있는 컴퓨터의 대부분이 이 형(形)에 속한다.

• 하이브리드 컴퓨터(hybride computer)

아날로그와 디지털의 특성을 상호 보완시킨 컴퓨터로 실용화를 목표로 개발중이다. 속도가 빠르고 가격이 싸며, 직관적으로 판단할 수 있는 아날로그형의 장점과 정밀도가 높고 처리능력이 방대한 디지털형의 장점을 조합한 컴퓨터이다.

⊙ 하이브리드란 '혼합물'이란 뜻이다.

• 슈퍼 컴퓨터(super computer ; 슈퍼컴)

초고속·초대형 컴퓨터로, 일반적인 컴퓨터의 수배 이상의 데이터 처리능력과 주기억 용량을 가진 컴퓨터이다. 과학기술 계산의 초고속 처리를 목적으로 개발되어 우주개발·군사기술개발·원자력 연구·기상예보 등에 사용된다.

• 바이오 컴퓨터(biocomputer)

바이오 컴퓨터는 현재의 컴퓨터 한계를 극복하기 위해 두 방향으로 연구되고 있다. 하나는 소자의 측면이다. 현재의 반도체 기술이 한계를 가지기 때문에 지금까지와는 전혀 다른 생체 고분자(단백질, DNA, RNA 등)에 눈을 돌려 그것을 컴퓨터의 소자로 사용하려는 움직임이다. 그리고 다른 하나는 뇌의 구조를 모방해서 컴퓨터의 구조를 병렬화시키는 것이다.

• 양자 컴퓨터(quantum computer)

퀀텀 컴퓨터라고도 불리는 양자 컴퓨터는 양자역학을 이용하여 자료를 처리하는 기계이다. 기존 컴퓨터에서 비트로 측정되는 데이터가 양자 컴퓨터에서는 큐비트로 측정된다. 컴퓨터가 빠르게 발전했지만 슈퍼컴퓨터 기술로도 스마트폰 사용으로 발생하는 빅데이터를 처리하는데 한계가 있기 때문에 이를 극복하기 위해 과학자들은 양자컴퓨터를 개발하고 있다. 양자컴퓨터는 슈퍼컴퓨터보다 훨씬 높은 성능을 제공하며 슈퍼컴퓨터로 처리하는 데 수십 년 걸리는 데이터를 몇 분 만에 처리할 수 있다.

• 프로그래밍(programming)

컴퓨터에 부여하는 명령을 만드는 작업으로, 수식이나 작업을 컴퓨터에 알맞도록 정리해서 순서를 정하고 컴퓨터 특유의 명령 코드로 고쳐 쓰는 작업을 말한다. 컴퓨터의 명령 코드를 쓰는 작업을 특히 코딩(coding)이라고도 한다.

⊙ 프로그램 작성순서 : 시스템 분석→순서도 작성→프로그램 언어 선정→원시프로그램 작성→카드 천공→입력 및 번역→계산 또는 처리→실행→출력→멈춤

Q 테니스 경기에서 한쪽 편이 무득점, 즉 0점일 때 쓰는 용어는?

- **코딩**(coding)

코딩이란 알고리즘을 컴퓨터가 이해할 수 있는 언어로 입력하는 것을 말한다. '프로그래밍'과 동일한 개념으로 사용되며, 컴퓨터, 로봇청소기, 화재경보기 등이 코딩 작업을 통해 입력된 명령대로 실행되는 예다. 컴퓨터와 인공지능이 인간의 삶에 많은 영향을 끼치므로 코딩의 필요성과 가치는 강조되고 있다. 과거에는 프로그래밍 언어를 모두 알아야만 코딩을 할 수 있었지만, 지금은 코딩을 원활하게 도와주는 프로그램이 개발되어 손쉽게 배울 수 있다.

- **알고리즘**(algorithm)

알고리즘이란 어떤 문제를 해결할 때 그 절차를 알기 쉽도록 기술하는 논리적인 절차과정을 의미한다. 알고리즘의 5가지 전제 조건은 외부에서 자료가 제공되고(입력) 하나 이상의 결과를 얻어야 하며(출력) 각 단계가 명확하게 정의되어야 한다(명확성). 또한 결과를 얻으면 반드시 끝나야 하는 속성을 가지고 있으며(유한성) 시간적, 공간적 효율성을 가져야 한다(효과성). 수학과 컴퓨터 과학에서 알고리즘은 연산, 데이터 진행 또는 자동화된 추론을 수행하는 단계들의 집합이다. 알고리즘이라는 단어는 페르시아의 수학자 알콰리즈미의 이름에서 왔다.

❂ 알고리즘의 5가지 전제조건 : 입력, 출력, 명확성, 유한성, 실행가능성(효과성)
  알고리즘의 표현방법 : 자연어, 순서도, 프로그래밍

- **프로그래밍 언어**(programming language)

컴퓨터의 하드웨어를 이용하기 위해 프로그래머가 프로그램할 때 필요한 형식적인 표현을 말한다. 프로그래밍 언어는 기계어(machine language) · 어셈블리어(assembly language)와 같이 기계 지향적인 언어로부터, 컴퓨터가 사용 전에 중간 번역과정을 거쳐야 되는, 그러나 사람이 사용하기에는 편한 고급언어까지 있다.

❂ 1. 기계어 : 컴퓨터가 이해할 수 있는 가장 기초적인 언어로 0과 1의 2진수로 되어 있으며, 컴퓨터가 바로 이해하고 수행할 수 있다. 모든 컴퓨터 프로그램은 어셈블리나 고급언어로 프로그램을 작성한 다음 이를 기계어로 번역하여 수행시키는 것이 보통이다.

  2. 어셈블리어 : 숫자로 된 기계어를 좀더 편리하게 기호화한 언어로, 기계어와 1대 1로 대응시켜서 숫자 대신 이해가 쉬운 기호를 대신한 것이다. 어셈블리어로 작성한 프로그램과 계산기 사이에는 어셈블러 (assembler)라고 하는 번역 프로그램을 개입시켜 어셈블리어의 기호를 기계어의 숫자로 번역하게 한다.

- **프로그래밍 언어의 종류**

저급언어	기계중심언어	기계어 · 어셈블리어	
고급언어	컴파일러언어	과학기술 계산용 언어	포트란 · 베이직 · 알골
	인간중심언어	사무처리용 언어	PL/1 · 코볼 · RPG

Ⓐ 러브게임(love game)

• 고급언어(high level language)

기계어와 달리 프로그래머가 쉽게 이해하고 구사할 수 있는, 회화언어에 가까운 프로그래밍 언어로, 컴파일러어(compiler 語)라고도 한다.

1. 포트란(FORTRAN ; formula translator) : 수학적 수식을 명령문으로 표현하여 과학기술 계산용으로 널리 쓰이고 있는 프로그래밍 언어이다.
2. 베이직(BASIC ; beginner's all-purpose symbolic instruction code) : 컴퓨터와 대화하며 쓸 수 있는 프로그래밍 언어로 퍼스컴에 필수적인 방식이다.
3. 알골(ALGOL ; algorithmic language) : 포트란과 코볼의 장점을 따서 개발한 과학기술 계산용 언어이다.
4. 파스칼(PASCAL) : 데이터 처리와 알고리즘을 자연스럽고도 체계적인 구조로 표현하는 데 알맞은 언어이다.
5. PL/1(programming language one) : 과학기술·사무 계산용에 적합한 다기능 프로그래밍 언어이다.
6. 코볼(COBOL ; common business oriented language) : 영어의 회화언어를 사용한 사무 계산용 언어이다.
7. C/C++ : C는 시스템 프로그램 개발에 적합한 언어이며 응용 프로그램 개발에도 많이 쓰이기도 한다. C++는 객체지향성이 더해진 C 언어의 확장형 언어이다.
8. 비주얼 베이직(Visual Basic) : 마이크로소프트에서 만든 베이직 프로그래밍 언어로 사건 기반 프로그래밍의 3세대 프로그래밍 언어이며 초보자가 접근하기 쉬운 장점을 가지고 있다.
9. 자바(Java) : 객체 지향적 프로그래밍 언어이다. 현재 웹 애플리케이션 개발에 가장 많이 사용되며 모바일 기기용 소프트웨어 개발에도 널리 사용하고 있다.
10. 자바스크립트(JavaScript) : 객체 기반의 스크립트 프로그래밍 언어이다. 웹 브라우저 내에서 사용하며, 웹 페이지 기능을 향상시키는데 유용하다.
11. 파이썬(Python) : 객체지향적인 대화형 언어로서 수치를 빠르게 연산할 수 있기 때문에 과학, 공학 분야에서도 많이 이용되고 있다.

• 하드웨어(hardware)

컴퓨터 시스템을 구성하는 장치 및 기기의 총칭으로, 기억장치·제어장치·연산장치를 포함하는 중앙처리 장치와 입·출력을 맡는 주변장치를 포함한 5가지 장치로 구성된다.

예문 컴퓨터의 2대 구성요소는 하드웨어와 소프트웨어인데, 하드웨어는 컴퓨터 기기 자체를, 소프트웨어는 컴퓨터 응용기술을 가리키는 것임을 이해할 것. 출제빈도가 아주 높음

• 중앙처리장치(Central Processing Unit, CPU)

컴퓨터의 두뇌에 해당하는 부분이며 주기억장치·제어장치·연산장치의 셋으로 구성된다. 컴퓨터 시스템 중 CPU를 제외한 부분을 주변장치라고 부른다.

❍ 컴퓨터 시스템은 크게 중앙처리장치와 주변장치로 나눌 수 있는데, 대개 대형 컴퓨터의 CPU는 큰 캐비닛이나 회로기판으로 되어 있는데 반해 소형 컴퓨터는 VLSI(초대규모집적회로)로 구성된 마이크로 프로세서 칩 하나가 CPU의 기능을 수행한다.

• 컴퓨터의 기본구성

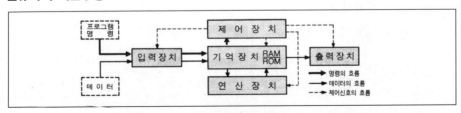

Q 발명자에게 부여하는 전용권(專用權)은?

• 주기억장치(主記憶裝置 ; main memory unit)

중앙처리장치가 직접 명령을 꺼내거나 데이터를 읽고 쓰는 기억장치로, 모든 정보는 일단 여기로 들어왔다가 나간다. 램(RAM) · 롬(ROM) 등의 반도체 집적회로 메모리를 이르는 말이다.

○ 메모리(기억장치) : 프로그램이나 데이터를 기억하는 장치를 말한다. 내부 기억장치로 램 · 롬 등 주기억장치가 있고, 외부 기억장치로 자기테이프 · 자기디스크 · 자기드럼(drum) 등의 보조 기억장치가 있다. 메모리의 크기는 바이트(byte)라는 단위로 표현한다.

• 램(RAM) · 롬(ROM)

1. **RAM(random access memory)** : 데이터나 프로그램 등의 기억내용을 써넣고 읽어내고 지울 수 있는 기억소자(記憶素子)이다. S램(static RAM램 ; 정적 램)과 D램(dynamic RAM ; 동적 램)으로 분류되는데, S램은 메모리의 각 비트의 전원이 있는 한 유지되는 것, D램은 어느 정도 시간이 경과하면 기억된 정보가 지워지는 것이다. D램은 단시간 내에 주기적으로 재충전시켜 주면 기억이 유지되므로 컴퓨터의 기억소자로서 가장 많이 쓰인다. 세계적으로는 256KD램에 이어 2002년부터 1기가D램이 시장을 주도하고 있다.

2. **ROM(read only memory)** : 정보의 읽기는 임의로 할 수 있으나 새로 써넣기는 불가능하거나 제한이 있는 기억소자로, 읽기 전용 메모리라고도 한다. 워드 프로세서의 한자메모리, IC카드 등에 주로 쓰인다.

예문 RAM과 ROM의 특성을 묻는 문제가 출제되며, 주관식으로 출제되므로 서술할 수도 있어야 함

• 바이트(byte)

컴퓨터가 처리하는 정보의 기본단위로, 1바이트는 8비트로 구성되어 있다. 1바이트로 나타낼 수 있는 정보는 0에서 255까지의 256개이며, 영문자 · 한글 등은 2바이트로 한 자(字)를, 숫자의 경우에는 두 자를 표현할 수 있다.

○ 비트(bit) : 2진 숫자(binary digit)의 약어이다. 컴퓨터 내에서는 모든 데이터가 0과 1을 쓰는 2진법으로 표현되는데, 그 단위가 비트이다.

기억용량의 단위							
단위	byte (바이트)	1KB (킬로바이트)	1MB (메가바이트)	1GB (기가바이트)	1TB (테라바이트)	1PB (페타바이트)	1EB (엑사바이트)
저장 용량	8Bit	1024Byte	1024KB	1024MB	1024GB	1024TB	1024PB

처리속도의 단위						
단위	ms(밀리초)	us(마이크로초)	ns(나노초)	ps(피코초)	fs(펨토초)	as(야토초)
처리 속도	10^{-3}	10^{-6}	10^{-9}	10^{-12}	10^{-15}	10^{-18}

A 특허권

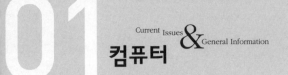

01 컴퓨터

- **자기 디스크**(磁氣, disk)

자기 디스크 기억장치(magnetic disk memory)의 약칭이다. 원판형의 알루미늄에 자성체를 칠해서 기억을 저장하는 보조기억장치이다. 도달 시간이 길지만, 값이 싸고 기억용량이 크므로 컴퓨터의 외부 기억장치로서 사용된다.

○ 단어(word) : 컴퓨터에서 하나의 정리된 단위로서 다루어지는 일련의 비트를 말하며, 통상 하나의 명령이나 수치가 1워드에 해당한다. 보통의 8비트 마이크로 컴퓨터인 경우 1워드는 8비트로 구성된다.

예문 컴퓨터에서 기억되는 형태(→2진법)와 기억용량을 나타내는 단위(→비트)는 기초적인 것으로 출제빈도가 높음

- **제어장치**(制御裝置 ; control unit)

프로그램에서 지시한 명령을 해독하여 입력·기억·연산·출력장치를 제어 통제하는 장치이다.

- **연산장치**(演算裝置 ; arithmetic unit)

프로그램 명령에 따라 덧셈·뺄셈·곱셈·나눗셈 등의 산술연산 및 비교·판단 등의 논리연산을 수행하는 장치를 말한다. 현대 컴퓨터는 백만 분의 1초안에 이러한 계산을 수행할 수 있어 과학·사무처리 분야에서 중요한 의미를 갖는다. 특히 의학진단이나 비행기·기차의 좌석 예약 등은 논리연산기능에 의해 가능하다.

○ 레지스터(register) : CPU 내부에 계산을 위해 일시적으로 수치를 넣어두는 부분으로 CPU는 메모리에서 데이터를 한 번 레지스터에 넣은 다음 더하기, 빼기, 곱하기, 나누기나 논리연산 등을 실행한다. 프로그램 카운터나 CPU의 내부상태를 나타내는 플래그도 레지스터의 하나이다.

- **모바일 AP**(Mobile Application Processor)

스마트폰, 태블릿PC와 같은 전자기기에 탑재되어 명령해석, 연산, 제어 등의 두뇌 역할을 하는 시스템 반도체이다. 일반적으로 PC는 중앙처리장치(CPU)와 메모리, 그래픽카드, 하드디스크 등 기타 장비의 연결을 제어하는 칩셋으로 구성된다. 하지만 모바일AP는 CPU 기능과 다른 장치를 제어하는 칩셋의 기능을 모두 포함하는 시스템 온 칩(SoC, System on Chip)이다. 모바일 AP의 주요 기능은 운영체제 실행, 웹 브라우징, 멀티 터치스크린 입력 실행 등 스마트 기기의 핵심기능을 담당하는 CPU와 그래픽과 영상 데이터를 처리해 화면에 표시해주는 GPU 등이 있다.

- **주변장치**(周邊裝置 ; peripheral devices)

중앙처리장치의 컨트롤에 의해 동작하는 장치로, 입·출력장치 및 기억장치 등이 있다. 처리하는 데이터를 외부로부터 입력하거나 외부에 출력하거나 기억하는 등의 장치이다.

○ 모니터·키보드·하드디스크·프린터 등이 포함된다.

Q 근대 올림픽의 창시자는?

- **입력**(入力 ; input)

컴퓨터가 처리할 데이터를 외부 기억매체로부터 내부 기억장소로 넣어주는 것을 말하며 이렇게 함으로써 컴퓨터를 통해 데이터 처리를 할 수 있게 된다.

- **출력**(output)

수학적 문제나 통계 및 해석적 문제 또는 회계나 생산계획 등에 대한 해답을 컴퓨터로부터 얻어내는 것을 말한다. 즉, 컴퓨터의 내부 기억장치로부터 외부 또는 보조 기억장치로 전달이 되는 정보를 말한다.

🔘 **1.** 입력장치 : 컴퓨터에 자료를 넣는 데 사용하는 장치를 말한다. 키보드 · 라이트 펜 · 카드 판독기 · 종이 테이프 판독기 · 광학마크판독기(OMR) · 광학문자판독기(OCR) · 자기잉크판독기(MICR) 등이 있다.

2. 출력장치 : 컴퓨터의 처리결과를 사용자가 원하는 형태로 변환하여 내보내는 장치를 말한다. 이에는 모니터 · 프린터 · 플로터 등이 있다.

예문 입 · 출력장치가 컴퓨터의 주변장치가 컴퓨터의 주변장치인 점을 확인하는 문제, 입 · 출력장치의 기능을 묻는 문제가 출제됨

- ## 전자계산기와 인간의 기능 비교

	전자계산기의 기능	인간의 기능
입력기능	처리하고자 하는 데이터나 프로그램을 읽어들이는 기능	눈과 귀로 보고 들어 뇌에 전달하는 기능
기억기능	읽어들인 데이터나 프로그램을 기억하는 기능	뇌 세포에 기억하는 기능
연산기능	기억된 프로그램과 데이터에 의해 연산 처리하는 기능	두뇌의 사고기능
출력기능	처리된 결과를 출력시키는 기능	손이나 입으로 표현하는 기능
제어기능	입 · 출력, 기억 및 연산기능을 제어하는 기능	위의 기능들을 통제하고 두뇌행동을 제어하며 생각하는 중추적 기능

- ## 3D 프린터

연속적인 계층의 물질을 뿌리면서 3차원 물체를 만들어내는 제조 기술이다. 3차원 인쇄 기술은 산업 전반에 걸쳐 제조 기술의 큰 변화를 가져오고 있다. 3D 프린터는 토너나 잉크를 이용하는 일반 프린터와 달리, 주재료로 플라스틱 소재를 많이 이용한다. 그러나 다양한 산업 분야에서 3D 프린터의 활용 가능성에 주목하면서 고무, 금속, 세라믹과 같은 다양한 소재가 이용되고 있으며, 최근에는 초콜릿 등 음식재료를 이용하는 사례도 소개되고 있다.

🅰 프랑스의 쿠베르탱

- **디스플레이**(display)

키보드를 통해 입력된 내용이나 컴퓨터에서 처리된 결과, 정보를 나타내는 장치로 보통 음극선관(CRT) 또는 액정 디스플레이 평판 패널이 쓰인다.

종류	특징
액정 디스플레이 (liquid crystal display, LCD)	평판 디스플레이(FPD)의 한 종류로 광학적으로 수동형(Passive), 스스로 발광하지 않기 때문에 전력을 거의 소비하지 않는다. 스스로 빛을 내지 않기 때문에 대부분의 LCD는 후면에 백라이트를 두고, 전면에 액정을 두어 액정이 전기신호에 따라 빛을 차단하거나 통과시키는 방식으로 빛을 낸다.
플라스마 디스플레이 패널 (plasma display panel, PDP)	플라즈마의 전기방전을 이용한 평판 디스플레이의 한 종류로 저가형 LCD와의 경쟁 및 더 값비싼 고대비 OLED 평면 패널 디스플레이에 밀려 시장 경쟁력을 잃었다.
발광 다이오드 (發光 Light Emitting Diode, LED)	발광 다이오드는 순방향으로 전압을 가했을 때 발광하는 반도체 소자이다. 대다수 광원과 다르게 불필요한 자외선이나 적외선을 포함하지 않는 빛을 간단하게 얻을 수 있어서 자외선에 민감한 문화재, 예술 작품 등의 조명에 사용된다.
유기 발광 다이오드 (Organic Light-Emitting Diode, OLED)	빛을 내는 층이 전류에 반응하여 빛을 발산하는 유기화합물의 필름으로 이루어진 박막 발광다이오드(LED)이다. OLED 픽셀은 직접 빛을 내기 때문에 백라이트가 필요 없으며, 빛의 표현 범위가 LCD보다 더 넓으며 검정 수준이 뛰어나다. OLED 디스플레이가 색을 표현하는 방식은 3색 방식, 변환 방식, 컬러 필터 방식 세 가지이다.
양자점 디스플레이 (quantum dot display, QLED)	별도의 광원이 필요하지 않은 자체발광 기술을 사용한 디스플레이로 구조는 OLED 기술과 매우 유사하지만, 발광층이 양자점(Quantum Dot) 물질로 구성되어 있는 점이 다르다.
스테레오스코피 (stereoscopy)	스테레오스코피는 3차원 기술이 적용된 디스플레이로 두 눈의 시각차(양안 시차방식)를 이용한 방식이 주를 이루고 있다. 양안 시차방식은 단일 스크린에 입체감을 형성할 수 있다는 장점이 있으며 주로 TV나 극장 스크린에 주로 사용된다.
홀로그램 (hologram)	두 개의 레이저광이 서로 만나 일으키는 빛의 간섭 현상을 이용하여 입체정보를 기록하고 재생하는 홀로그래피(holography) 기술로 촬영된 것을 가리킨다. 홀로그램이란 '완전함' '전체'라는 뜻의 'holo'와 '메시지' '정보'라는 뜻의 'gram'이 합쳐진 말이다.

- **하이퍼텍스트**(Hypertext)

참조(하이퍼링크)를 통해 독자가 한 문서에서 다른 문서로 즉시 접근할 수 있는 텍스트이다. 문서 내의 특정한 단어가 다른 단어나 데이터베이스와 링크되어 있어 사용자가 관련 문서를 넘나들며 원하는 정보를 얻을 수 있으며, 전자 사전·멀티미디어 데이터베이스·문장 작성 시스템 등에 응용된다.

- **버스**(bus)

중앙처리장치와 기억장치, 입·출력장치 사이를 정보가 왕래할 수 있도록 만들어진 신호선으로, 이에는 데이터 버스·어드레스 버스·컨트롤 버스 등 3종류가 있다.

Q 우리나라 최초의 향가집은?

• **XML**(eXtensible Markup Language)
인터넷 웹을 구성하는 HTML을 획기적으로 개선한 차세대 인터넷 언어이다. W3C에서 개발한 표준으로서 SGML보다 마크업 규칙이 간단하면서 기존 HTML(Hyper Text Markup Language)보다 융통성이 있다. HTML은 정보를 쉽게 인터넷에 올릴 수는 있으나 이 언어로 기록된 정보를 찾아내 활용하기가 어렵고 데이터 기반의 정보는 더욱 찾기 힘들다. XML은 이런 단점을 보완한 것이다.
HTML : 웹 문서를 만드는 데에 이용되는 문서 형식으로, 웹 문서에서 문자나 영상, 음향 등의 정보를 연결해 주는 하이퍼텍스트를 만들 수 있도록 해 준다.

• **노드**(Node)
노드는 근거리 통신망(LAN), 즉 네트워크의 기본요소인 지역 네트워크에 연결된 컴퓨터와 그 안에 속한 장비들을 통틀어 하나의 노드라고 한다. 예를 들면 로컬 네트워크 A에 컴퓨터 20대와 허브 2개 공유기 2개 ,그리고 라우터 가 있다. 이들 네트워크A에 속한 장비들을 하나의 노드라고 한다.

• **컴퓨터 바이러스**(computer virus)
컴퓨터 바이러스는 해커가 만든 일종의 프로그램으로, 컴퓨터에 악영향을 미치는 악성코드를 말한다. 생물학적 바이러스, 감기 바이러스처럼 스스로 복제하고 다른 컴퓨터를 전염시키는 특성을 가지고 있기 때문에 '바이러스' 라고 이름 붙였다. 컴퓨터가 바이러스에 감염되면 파일의 변형과 삭제가 발생하기도 하고, 심한 경우 컴퓨터를 사용할 수 없게 된다.

브레인(Brain) 바이러스 : 최초의 컴퓨터 바이러스로 1985년 파키스탄에서 발견됨
웜바이러스 : 인터넷(네트워크)의 E-Mail 등을 통해서 전파되어 자신을 복제하고 다른 컴퓨터를 전염시킴
트로이목마 : 특정 컴퓨터에 존재하면서 시스템을 파괴하거나 자료를 몰래 훔쳐 나오는 것
스파이웨어 : 인터넷으로 무료 소프트웨어를 제공하면서 컴퓨터에 몰래 숨어 들어가 필요한 정보를 빼가는 것
애드웨어(Adware) : 사용자의 동의 없이 팝업 창을 띄우거나 인터넷 초기화면을 특정 사이트로 고정시키는 프로그램
피싱(Phishing: private data + fishing) : 금융기관으로 위장 사이트를 개설한 후, 인터넷 이용자들의 카드번호, 인증번호, 계좌번호 등을 몰래 빼내가는 신종 사기
랜섬웨어(Ransomware) : '몸값' 을 의미하는 'Ransom' 과 '소프트웨어(software)' 의 'Ware' 를 합성한 말로 사용자의 문서 등 중요 파일을 암호화하여 사용할 수 없게 만든 후 암호를 풀어주는 대가로 금품을 요구함
페트야(Petya) : 파일 암호에서 그치지 않고 마스터 부트 레코드(MBR)까지 암호화하는 것이 특징
워너크라이(WannaCry) : 2017년 5월 발생, 마이크로소프트 윈도우(Windows) 운영체제에서 파일 공유에 사용하는 서버 메시지 블록(SMB)의 취약점을 이용한 랜섬웨어

 삼대목

Chapter 5-01 컴퓨터 · IT · 인터넷

- **반도체**(半導體 ; semiconductor)

  전기가 통하는 도체(포털)와 통하지 않는 절연체와의 중간 물질로, 보통 저온에서는 전류가 통하지 않으나, 고온이 될수록 전류가 쉽게 통한다. 실리콘(silicone) · 게르마늄 (germanium) · 아산화동(亞酸化銅) · 규소 등에 이와 같은 성질이 있다. 정류기(整流器) · 트랜지스터 · 다이오드(diode) 등의 재료로서 그 응용범위가 매우 넓다.

  ◐ 반도체는 메모리 반도체(memory semi-conductor)와 비메모리 반도체(non-memory semiconductor)로 구분된다. 메모리 반도체는 정보를 저장하는 용도로 사용되고 비메모리 반도체는 연산이나 논리와 같은 정보처리 용도로 사용된다.

  예문 반도체의 재료를 묻는 문제가 출제됨

  반도체 업체별 특징

팹리스(Fabless) : 반도체 설계 기술은 있으나 생산 라인이 없는 업체, 퀄컴이 대표적이다.
종합 반도체 업체(IDM) : 반도체 설계부터 완제품 생산까지 모든 분야를 자체 운영하는 업체, 삼성전자, 하이닉스가 대표적이다.
파운드리(Foundry) : 반도체 설계 기술만 가진 업체, 대만 TSMC이 대표적이다.
IP기업(Intellectual Property) : 반도체를 설계하지만 칩을 만들어 팔진 않는다. 그래서 '칩리스 (Chipless)'라고 부르기도 한다. 칩리스업체는 자신의 브랜드를 고집하지 않는다. ARM이 대표적이다.

- **반드시 알아야 할 반도체 8대 공정**

  웨이퍼→산화→포토→식각→확산 · 증착→금속배선→테스트→패키징

- **멤스**(Micro Electro Mechanical Systems, MEMS)

  눈으로도 보이지 않을 만큼 초소형 구조물을 만드는 기술이다. 직접회로와 센서 같은 초소형 소자를 만들 때 사용된다.

- **인터페이스**(interface)

  컴퓨팅에서 컴퓨터 시스템끼리 정보를 교환하는 공유 경계이다. 이러한 교환은 소프트웨어, 컴퓨터 하드웨어, 주변기기, 사람 간에 이루어질 수 있으며, 서로 복합적으로 이루어질 수도 있다. 터치스크린과 같은 일부 컴퓨터 하드웨어 장치들은 인터페이스를 통해 데이터를 송수신할 수 있으며, 마우스나 마이크로폰과 같은 장치들은 오직 시스템에 데이터를 전송만 하는 인터페이스를 제공한다.

- **스마트폰**(smartphone)

  스마트폰은 휴대전화와 컴퓨터의 기능이 함께 있는 기계이다. 스마트폰은 안드로이드 같은 모바일 운영 체제를 휴대전화에 탑재하여 음성통신뿐만 아니라 데이터 통신이 가능하게 함으로써 언제 어디서나 인터넷에 연결된 모바일 시대를 열었다.

Q 민주정치의 3대 원리는?

❖ 스마트폰 운영체제

· **안드로이드(Android)** : 휴대 전화를 비롯한 휴대용 장치를 위한 모바일 운영 체제이다. 2005년 7월 구글은 미국 앤디 루빈이 세운 안드로이드사를 인수하여 애플사의 iOS와 스마트폰 운영체제를 양분하고 있다. 애플의 iOS와는 달리 모든 스마트폰 제조업체가 사용할 수 있도록 오픈되어 모바일 시대 구글의 성장을 이끌고 있다.

· **iOS** : 2007년 애플사가 아이폰, 아이팟, 아이패드 등을 위해 공개한 모바일 운영체제이다. 애플사 제품에만 사용되는 운영 체제로서 처음 공개되었을 당시에는 사용자가 개발한 애플리케이션의 추가가 허용되지 않았으나 이후에 애플의 앱스토어를 통해 자유롭게 사용자 애플리케이션을 공개하고 판매할 수 있게 허용했다.

· ICT(Information & Communication Technology)

IT에 통신(Communication)을 합한 용어로, 컴퓨터를 기반으로 정보 및 정보 시스템을 제공하고 이용하는 기술을 말한다. 하드웨어 · 소프트웨어 · 통신기술을 종합적으로 활용한 ICT는 정보화 전략수립, 정보관리, 정보화 환경조성, 시스템 공학, 통신, 시스템 구축, 시스템 구현, 시스템 평가, 감사기술로 분류할 수 있다. ICT는 컴퓨터와 통신 기술뿐만 아니라 정보화를 위해 필요한 모든 기술의 포괄적인 의미라고 할 수 있다.

❖ 평창동계올림픽을 계기로 세계 최초 5세대(5G) 이동통신서비스를 비롯해 사물인터넷(IoT), 초고화질(UHD) 방송, AI 안내 서비스, 가상현실(VR) 등이 활용됐다.

· D램(dynamic random access memory)

반도체 기억소자로, 전기를 넣은 상태에서도 일정 주기마다 동작을 가하지 않으면 기억된 정보가 지워지는 램. 단시간 내에 주기적으로 재충전시켜 주면 기억이 유지되기 때문에 컴퓨터의 기억소자로 많이 쓰이고 있다. S램은 전원공급이 지속되는 한 기억이 유지되는 점에서 D램과 구별된다. D램이 대용량의 기억장치로 PC 및 워크스테이션에 장착되나 S램은 전자수첩, 랩톱컴퓨터, 계측기, 프린터 등 소형 시스템에 주로 쓰인다. 정보의 입출력이 가능한 램 가운데 S램은 항상 전류가 흐르도록 설계돼 있어 비트당 소비전력이 D램보다 2배 정도 많다.

❖ 삼성전자 D램 발전 역사

1992년 세계 최초 64M D램 개발	2006년 세계 최초 1기가 D램 개발
1994년 세계 최초 256M D램 개발	2007년 세계 최초 1기가 모바일 D램 개발
1996년 세계 최초 1Gb D램 개발	2011년 세계 최초 DDR4 D램 개발
1999년 세계 최초 1G 비트 플래시메모리 개발	2017년 세계 최초 10나노급 2세대 D램 양산
2002년 세계 최초 90나노 2기가비트(Gb) 낸드플래시 개발	2018년 세계 최고속도 그래픽 D램 개발
2004년 세계 최초 8Gb 낸드 메모리칩 개발	

· 2세대 10나노급 D램

삼성전자가 2017년 12월 세계 최초로 양산을 발표한 D램. 10나노급 2세대(1y나노) D램은 10나노 중반대(15나노~17나노) 수준을 뜻하는 1y, 10나노 후반대(18나노~20나노)는 1x, 20나노 초반대(20나노~22나노)는 2z라고 한다. 1y, 1x, 2z 등의 세대별 미세한 공정차이는 생산성, 전력효율성, 속도 측면에서 큰 차이를 만들어낸다.

- **F램**(Ferroelectric RAM)
  F램은 종전의 실리콘 대신 전기적 절연체의 일종인 강유전체를 응용한 제품으로, D램과는 달리 전원 공급이 중단되어도 기억된 정보가 그대로 남아 있을 뿐 아니라, 정보를 기록하고 제거하는 속도가 기존의 플래시 메모리나 EEP롬보다 1,000배 이상 빠르다. 또한 소비 전력이 적고, 반복 수명이 길어 '꿈의 기억소자'로 불린다. 제조 공정이 단순하고 D램 공정과 호환성이 높아 가격면에서도 경쟁력을 갖추고 있다.

❍ **강유전체** : 강유전체(ferroelectrics)는 외부 전기장이 없이도 스스로 분극을 가지는 재료로서 외부 전기장에 의하여 분극의 방향이 바뀔 수 있는 물질을 뜻한다.

- **나노**(nano)
  반도체 공정기술에서 마의 벽으로 인식되던 0.10㎛(미크론 : 1㎛은 100만 분의 1m)을 뛰어넘는 것으로, 1나노는 10억 분의 1m에 해당하는 초미세 공정기술이다.

- **뉴로모픽 칩**(Neuromorphic Chip)
  뉴로모픽이란 인간의 뇌 신경구조를 모방하는 기술을 말하는데 뉴로멤(NeuroMem)은 이를 기반으로 하는 반도체 설계기술을 뜻한다. IBM은 미국 국방부 산하 연구소인 미국 방위고등연구계획국(DARPA)가 주도하는 '인공 두뇌 만들기 프로젝트'에 참여해 '트루노스'(TrueNorth)라는 뉴로모픽 칩을 만드는 데 성공했다.

- **플래시 메모리**(Flash Memory)
  전원이 끊겨도 데이터를 보존하는 특성을 가진 반도체이다. 전원이 꺼지면 기억된 정보를 모두 잃어버리는 메모리 반도체인 D램, S램과 달리 플래시 메모리는 데이터를 보존하는 비휘발성 메모리의 일종이다. 전원이 꺼지더라도 저장된 데이터를 보존하는 롬(ROM)의 장점과 정보의 입출력이 자유로운 램(RAM)의 장점을 동시에 지닌 특성 때문에 디지털 카메라, MP3, 휴대전화, USB 드라이브 등 휴대형 기기에서 대용량 정보 저장 용도로 사용된다.

- **SSD**(Solid State Drive)
  반도체 메모리를 저장매체로 사용하는 차세대 대용량 저장장치이다. HDD(Hard Disk Drive)를 대체해 컴퓨터의 운영체제(OS)와 데이터를 저장하는 보조기억장치로, 반도체 칩에 정보가 저장된다고 하여 SSD로 불린다. SSD는 모터와 같은 기계적인 장치없이 낸드 플래시 메모리에 정보를 저장하기 때문에 빠른 속도와 높은 안정성을 가지고 있

Q 주식회사 내부의 최고 의사 결정 기관은?

다. 또한 발열, 소음 및 전력소모가 적고 소형화, 경량화할 수 있다는 것이 장점이다.

- **eMMC**(embedded Multi-Media Card)
  고속 컨트롤러와 낸드플래시를 통합한 패키지로서 모바일기기의 내장 메모리이다.

- **eUFS**(embedded Universal Flash Storage)
  국제 반도체 표준화 기구 '제덱(JEDEC)'의 최신 내장 메모리 규격인 UFS 인터페이스
  를 적용한 내장 메모리로 eMMC 대비 3배 이상의 속도로 데이터를 저장할 수 있다.

- **데이터 마이닝**(Data Mining)
  대규모로 저장된 데이터 안에서 체계적이고 자동적으로 통계적 규칙이나 패턴을 찾아
  내는 것으로 다른 말로는 KDD(데이터베이스 속의 지식 발견, knowledge-discovery
  in databases)라고도 일컫는다.

- **오픈 소스**(open source)
  소프트웨어나 하드웨어 제작자의 일정한 권리를 지키면서 원시 코드를 누구나 열람할
  수 있도록 한 소프트웨어를 말한다. 이용자들이 임의로 수정, 편집이 가능하다. 리눅스
  가 대표적인 사례이다.

- **검색엔진**
  컴퓨터 시스템에 저장된 정보를 찾아주는 것을 도와주도록 설계된 정보 검색 시스템이
  다. 검색 결과는 목록으로 표현되는 것이 보통이며, 검색 엔진을 사용하면 정보를 찾는
  데 필요한 시간을 최소화할 수 있다. 사용자가 원하는 정보를 신속하고 정확하게 찾기
  위해서는 다양한 기능을 갖춘 '검색 엔진'이 필요하다. 이를 위해 검색 엔진이 갖춘 대
  표적 기능이 바로 필터링이다.

- **디버깅**(Debugging)
  컴퓨터 프로그램에 오류가 발생했을 때 오류를 찾아내고 수정하는 작업을 말한다. 프
  로그램 속에 있는 에러를 '버그'라고 하는데, 오류를 벌레(Bug)에 비유한 것이다. 디버
  그는 원래 벌레나 해충을 잡는다는 뜻이지만 이것이 확장되어 프로그램의 오류를 잡아
  낸다는 뜻으로도 사용되고 있다.

- **N스크린**(N Screen)
  스마트폰, PC, 태블릿PC, TV 등 다양한 기기에서 하나의 콘텐츠를 시간과 장소에 구
  애받지 않고 이용할 수 있게 해주는 서비스를 말한다. 사용자가 구입한 콘텐츠가 단말

A 주주총회

기가 아니라 서버에 저장되어 있기 때문에 언제 어디서나 다양한 단말기로 불러와 이용할 수 있다는 장점이 있다. 국내외 이동통신사들은 N스크린을 통해 사용자들이 자사 서비스를 이용하는 시간이 늘어날수록 영화, 드라마 등 콘텐츠를 구입할 가능성이 높아져 궁극적으로 콘텐츠 매출을 늘릴 수 있기 때문에 미래 핵심서비스로 인지해 시장 선점을 위해 경쟁하고 있다.

- **쿠키**(cookie)
  인터넷 사용자가 특정 웹사이트를 접속할 때 웹사이트의 서버가 방문자의 컴퓨터에 저장하는 ID와 비밀번호, 사이트 정보 등을 말한다. 쿠키를 이용하면 방문자가 웹사이트를 재방문할 때 ID와 비밀번호를 일일이 입력하지 않고 바로 사이트에 접속할 수 있으며, 웹쇼핑 중 접속을 중단하더라도 장바구니에 보관한 품목이 보존된다. 편리함으로 인해 많은 사이트들이 쿠키를 활용하고 있지만 개인정보가 유출될 수 있는 가능성 때문에 일부 사용자들은 브라우저의 옵션을 이용해 쿠키의 생성을 방지하기도 한다.

- **근거리 무선 통신**(Near Field Communication, NFC)
  10cm 이내의 근거리에서 데이터를 교환할 수 있는 전자태그(RFID) 기술의 한 종류로 13.56MHz의 주파수 대역을 사용하는 비접촉식 근거리 통신 기술이다. NFC 기능이 탑재된 단말기나 태그를 서로 근접시켜, 기간의 설정 없이도 정보를 주고받을 수 있으며 통신거리가 짧아 보안이 우수하고 가격이 저렴하다는 장점이 있다. 교통카드와 전자결제 분야에서 주로 사용되며, IT기기와 생활 가전제품으로도 그 영역이 점차 확대되고 있다.

- **스마트카드**(Smart Card)
  다양한 기능이 들어있는 반도체 집적회로(IC)가 플라스틱 카드에 삽입된 형태로 스마트카드는 마이크로프로세서(CPU), 메모리, 운영체제(OS) 등 다양한 기능이 들어 있는 반도체 칩이 신용카드 모양의 플라스틱 카드에 삽입된 형태를 말한다. 칩카드 혹은 IC카드라고도 불리며, 기존 마그네틱카드 대비 많은 정보를 저장하고 다양한 기능을 수행할 수 있으며 안정성이 뛰어난 장점이 있다.

- **VLSI**(very large scale integration ; 초대규모 집적회로)
  한 개의 칩 위에 10만~100만 개의 트랜지스터가 집적된 회로로, 대규모 집적회로(LSI)를 더욱 소형정량화한 것이다. VLSI는 컴퓨터의 소형화, 기억용량의 확대, 고속처리 등에 반드시 필요한 부품인데, 최초의 VLSI는 64K D램이다.

- **ULSI**(Ultra Large Scale Integration ; 극초대규모 집적회로)
  극한적인 미세화·고집적화를 달성한 극초대(極超大)규모 집적회로로, 지금까지의

Q 구한말 유신회와 진보회가 합쳐 만든 매국적 친일단체는?

IC(집적회로)는 100소자를 SSI(small scale integration), 1,000소자까지를 MSI(medium scale integration), 그 이상을 LSI라고 구별해 왔다. 그러나 집적기술이 급속히 발전되어 LSI의 상한이 확대됨에 따라 소자의 수가 10만 정도 이상의 IC를 VLSI, 100만 이상의 IC를 ULSI 또는 차세대 반도체라고 부르게 되었다.

• 블루리본(Blue Ribbon)

네티즌들이 정부의 사전검열에 대항하여 펼치는 온라인정보자유화운동을 말한다. 이 캠페인에 참여하는 네티즌들이 자신의 홈페이지에 파란색 리본그림을 띄우는 데에서 비롯됐다. 블루리본 운동은 1995년 6월 미국 의회가 공공통신망에 저속한 자료를 올릴 경우 형사처벌을 할 수 있다는 정보통신 규제조항을 수정 · 통과시킴으로써 촉발되었고, 일본에서는 한 네티즌이 거대 기업인 도시바를 굴복시키기도 했다.

• CDMA(code division multiple access)

코드분할다중접속. 하나의 채널로 한 번에 한 통화밖에 못하는 한계가 있는 아날로그 방식의 문제점을 해결하기 위해 개발된 디지털방식 휴대폰의 한 방식이다. 아날로그 형태인 음성을 디지털 신호로 전환한 후 여기에 난수를 부가, 여러 개의 디지털 코드로 변환해 통신을 하는 것으로 휴대폰이 통화자의 채널에 고유하게 부여된 코드만을 인식, 통화품질이 좋고 통신비밀이 보장된다는 장점이 있다.

• 인터넷 경제의 3대 법칙

1. **무어의 법칙(Moore's Law)** : 마이크로칩의 처리능력은 18개월마다 두 배로 증대된다.
2. **메트칼프의 법칙(Metcalfe's Law)** : 네트워크의 가치는 참여자 수의 제곱에 비례한다.
3. **거래비용이론(Transaction Cost Theory)** : 조직은 계속적으로 거래비용이 적게 드는 쪽으로 변화한다.

• 메카트로닉스(mechatronics)

mechanism(기계)과 electronics(전자공학)의 합성어로 기계와 전자화된 정보기기를 접합시킨 기계장치를 가리킨다. 메카트로닉스에 의한 상품은 전자화된 카메라 · 시계, 전자 제어장치에 의한 자동차 엔진 · 가전제품 등 무수히 많다.

❍ 대규모집적회로(LSI)나 마이크로 프로세서 등 고성능이면서 값싼 전자부품이 보급되어 여러 가지 기계의 전자화가 진척됨에 따라 생긴 용어이다.

• FA(factory automation ; 공장자동화)

NC 공작기계나 산업용 로봇을 이용, 대량생산을 목적으로 설계단계에서부터 생산 · 검사 · 하역단계까지 전체적으로 자동화하는 시스템을 말한다.

Ⓐ 일진회

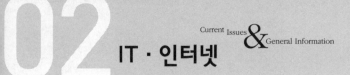

◎ 로봇, FMS(가변공정시스템), CAD · CAM(컴퓨터 설계 · 제작 시스템)이 공장자동화의 세 기둥이다. 자동차 모델이 바뀌면 6,000~7,000개의 부품 설계가 변경된다. 이 설계를 컴퓨터로 하는 것이 CAD이며, 이를 NC 공작기계와 로봇에 입력하면 설계대로 부품이 자동적으로 생산된다. 또 CAM에 의해 기계가공 · 용접 · 조립 · 검사 등 일괄작업이 이루어진다.

• **FMS**(flexible manufacturing system ; 가변 공정 시스템)
로봇과 컴퓨터를 이용한 생산설비를 통신 · 운반장비 등과 연결, 컴퓨터의 제어에 따라 다양한 크기 · 종류의 제품이 동시에 생산 · 조립 · 검사 · 포장될 수 있는 일괄생산 공정체제를 말한다.

• **CAD · CAM**(컴퓨터 설계 · 제작 시스템)
① CAD(computer aided design) : 컴퓨터를 이용하여 복잡한 설계를 효율적으로 처리해 내는 시스템이다. 데이터를 컴퓨터에 입력하면 설계 결과와 제품의 특성을 브라운관의 화면에서 직접 볼 수 있으며 수정도 자유자재로 할 수 있다. 토목 · 기계 · 건축의 설계 외에도 대규모집적회로(LSI)의 설계에도 이용된다.
② CAM(computer aided manufacturing) : 컴퓨터 프로그램이 생산공정을 컨트롤함으로써 다품종 소량생산 추세에 있는 최근의 제품생산 추세에 부합됨은 물론 정교하고 품질 좋은 제품생산이 가능하도록 하는 시스템이다.

◎ 컴퓨터와 대화하면서 설계를 해나간다는 것이 자동설계 시스템과 다른데, 컴퓨터의 고성능화, 가격저렴화로 보급이 확대되고 있다.

• **HA**(home automation ; 가정자동화)
컴퓨터를 이용, TV · 냉장고 등 전열기구를 원격 조정하는 가사조절뿐 아니라 교육 · 안전점검 · 에너지까지 조절할 수 있는 집중관리 시스템이다.

◎ 에너지 절약 · 방범 및 홈뱅킹 등 안정성과 편리성 등에서 응용분야가 광범위하다.

• **실리콘밸리**(Silicon Valley)
미국의 서해안 도시인 샌프란시스코에 인접한 계곡지대로서 세계 소프트웨어산업의 중심지이다. 도시의 행정구역상으로는 산타클라라 카운티(SantaClara County)라고 하는데, 12개의 도시가 합쳐져서 형성됐다. 1953년 스탠퍼드 연구단지를 중심으로 전자산업의 기반이라고 할 수 있는 실리콘으로 된 반도체 칩을 생산하는 기업들이 대거 진출하면서 실리콘밸리로 불리게 되었다. 애플컴퓨터사를 비롯하여 휴렛팩커드 · 인텔 · 페어차일드 · 텐덤 등 4,000여 개의 기업이 운집하고 있으며, 미국 전자공업협회(AEA) 본부가 있다.

◎ 1939년 휴렛팩커드가 스탠퍼드 대학의 한 허름한 창고에서 사업을 시작한 데서 비롯됐다

Q 우리나라 단군신화가 기록된 역사책은?

- **4차 산업혁명**

집단지능(Collective Intelligence)과 인공지능(Artificial Intelligence)의 융합. 디지털 정보통신기술혁명(제3차 산업혁명)에 기반하여 물리적 공간, 디지털 공간 및 생물공학 공간의 경계가 융합하고 연결하는 시대를 의미한다. 4차 산업혁명의 용어는 본래 독일 'Industry 4.0 전략'에서 제조업과 정보통신이 융합되는 단계를 의미하였으나 최근에는 인터넷 플랫폼을 기반으로 모든 사물, 공간, 산업, 사람을 지능적으로 연결하고 융합하여 인류의 사회, 경제, 생활방식의 변화시키는 개념으로 확대되었다. 4차 산업혁명은 3차 산업혁명에 비해 획기적 기술진보 속도(Velocity), 모든 국가와 산업 분야에 미치는 영향력(Scope), 생산·관리·구조 측면의 모든 시스템 변화(System Impact)에 있어 차별성을 가진다.

○ **다보스포럼에서 언급한 4차 산업혁명 기술**
다보스포럼은 4차 산업혁명의 대표적인 기술로 사물인터넷(IoT), 인공지능(AI), 빅데이터(BD), 3D 프린팅, 로봇, 나노·바이오공학 등을 언급함

- **Industry 4.0**

4차 산업혁명을 선점하기 위한 독일의 국가 전략으로 ICT를 통해 제조업의 생산 패러다임 변화를 촉진하기 위한 제조업 혁신전략을 말한다. Industry 4.0의 목표는 대량생산과 맞춤형 다품종 적량생산까지 가능한 공장 생태계를 만드는 데 있으며, 자원 조달부터 기업이 소비자에게 제품을 공급하는 모든 과정을 포함하는 개념이다.

- **3D프린팅**(3D Printing)

3D프린팅은 프린터로 물체를 뽑아내는 기술을 말한다. 종이에 글자를 인쇄하는 기존 프린터와 비슷한 방식이나 입체 모형을 만드는 기술이라고 하여 3D프린팅이라고 부른다. 보통 프린터는 잉크를 사용하지만, 3D프린터는 플라스틱을 비롯한 경화성 소재를 쓴다. 기존 프린터가 문서나 그림파일 등 2차원 자료를 인쇄하지만, 3D프린터는 3차원 모델링 파일을 출력 소스로 활용한다.

- **집단지성**(Collective Intelligence)

다수의 개체들이 서로 협력 혹은 경쟁을 통하여 결과를 얻는 집단적 능력을 말한다. 소수의 우수한 개체나 전문가의 능력보다 다양성과 독립성을 가진 집단의 통합된 지성이 올바른 결론을 유도한다는 의미이며 대중지혜, 집단지능이라고도 한다. 위키피디아(Wikipedia)가 대표적 사례이다.

- **크라우드소싱**(Crowdsourcing)

소비자 또는 대중이 참여할 수 있도록 기업활동을 개방하고 참여자의 기여로 기업활동 능력이 향상되면 그 수익을 참여자와 공유하는 방법이다. 대중(crowd)과 외부 자원 활

A 삼국유사 · 제왕운기 · 응제시주

용(outsourcing)의 합성어로, 전문가 대신 비전문가인 고객과 대중에게 문제의 해결책을 아웃소싱하는 것이다. 크라우드 소싱이 불특정 다수의 아이디어에서 가장 효과적인 것을 찾아내는 것이라면 집단지성은 크라우드소싱을 통해 모은 아이디어를 협력을 통해 통폐합해 최고의 안을 찾아내는 것이다.

● **공유경제**(sharing economy)

공유경제는 물품을 소유하지 않고 서로 대여해 주고 차용해 쓰는 경제활동을 의미한다. 주로 물건이나 공간, 서비스를 빌리고 나눠 쓰는 인터넷과 스마트폰 기반의 사회적 경제 모델이라는 의미로 사용된다. 공유경제의 대표적 사례로는 에어비앤비(Airbnb)와 우버(Uber)가 있다.

● **플랫폼**(platform)

본래의 의미는 승강장 혹은 요금과 교통수단의 가치교환이 일어나는 곳으로서 판매자와 소비자를 하나의 인터넷 공간에 모아서 가치를 창출하도록 구축된 환경을 의미한다. 네이버와 페이스북 같은 대부분의 성공적인 인터넷 사이트는 플랫폼 비즈니스 모델을 가지고 있다.

● **사물인터넷**(Internet of Things, IoT)

센서와 통신 칩을 탑재한 사물(事物)이 사람의 개입 없이 자동적으로 실시간 데이터를 주고받을 수 있는 물리적 네트워크를 말한다. 사물인터넷 환경에서는 센서나 통신 기능이 내장된 기기(사물)들이 인터넷으로 연결되어 주변의 정보를 수집하고, 이 정보를 다른 기기와 주고받으며 적절한 결정까지 내릴 수 있다. 구글의 웨어러블 컴퓨터 구글 글라스나 나이키의 건강관리용 스마트 팔찌인 퓨얼밴드가 대표적인 사물인터넷이다. 각종 가전제품 및 생활형 전기 기기는 물론이고 헬스케어 등 거의 모든 기기에 적용할 수 있다.

◐ 1. 만물인터넷(Internet of Everything, IoE)

사람, 프로세스, 데이터, 사물 등 모든 사물이 인터넷에 서로 연결되어 새로운 가치와 경험을 창출하는 기술을 의미한다. 만물인터넷은 세상 모든 것들이 네트워크로 연결되는 것으로 사물인터넷보다 더 확장된 개념이다.

2. 산업용 사물인터넷(Industrial Internet of Things, IIoT)

산업 현장에서 생각하는 기계, 첨단 분석기술, 작업자를 서로 연결하는 것을 말하는 IIoT는 통신 기술로 연결된 수많은 기기들이 산업 현장에서 모니터링, 데이터 수집, 데이터 교환 및 분석 등의 기능을 수행해서 가치 있고 새로운 통찰을 제공하도록 한다. IIoT의 대표적 주요기술에는 M2M(Machine to Machine), 산업 빅데이터 분석, 사이버 보안, HMI(Human Machine Interface), SCADA(Supervisory Control And Data Acquisition) 등이 있다.

· M2M(Machine to Machine) – 사람이 직접 제어하지 않는 상태에서 사물 또는 기기들이 사람 대신 통신의 양쪽 모두를 맡고 있는 기술
· HMI(Human Machine Interface) – 여러 제어 및 측정 시스템은 운영자가 시스템을 시각화하고 시스템과 통신하기 위한 툴이 필요

Q 이순신 장군의 3대첩은?

· SCADA(Supervisory Control And Data Acquisition) – 산업 제어 시스템, 즉 산업 공정/기반 시설/설비를 바탕으로 한 작업공정을 감시하고 제어하는 컴퓨터 시스템

3. 소물인터넷(Internet of Small Things, IoST)
소물인터넷은 저용량의 데이터 정보를 주기적으로 송수신하는 기술로, 작은 사물에 소규모 모뎀을 탑재해 소량 데이터를 무선으로 전송한다. 소물인터넷 기술을 이용하면 전기, 가스, 수도검침 및 위치추적 등 긴 시간동안 원거리 사물간 소규모 데이터 송수신이 가능하다.

4. 협대역 사물 인터넷(NarrowBand-Internet of Things, NB-IoT)
이동통신망을 통해 저전력 광역(LPWA: Low Power Wide Area) 통신을 지원하는 협대역 사물 인터넷 표준으로 수도 검침, 위치 추적용 기기 등과 같이 원거리에 있고 전력 소비가 낮은 사물 간의 통신에 적합하다.

• 빅데이터(big data)
기존 데이터베이스 관리도구의 범위를 넘어서는 대량의 데이터로부터 가치를 추출하고 결과를 분석하는 기술을 말한다. 많은 데이터의 양(Volume), 큰 복잡성(Variety), 빠른 속도(Velocity)로 빅데이터를 규정한다. 빅데이터는 정치, 사회, 경제, 문화, 과학기술 등 전 영역에 걸쳐서 사회와 인류에게 가치 있는 정보를 제공할 수 있는 가능성을 제시하며 그 중요성이 부각되고 있다. 또한 빅데이터는 개인들의 수많은 정보의 집합이기 때문에 사회적으로 사생활 침해와 빅브라더 문제를 야기할 수 있다.

• 스몰데이터(Small Data)
빅데이터의 반대 개념으로 주어진 문제를 푸는데 필요한 최소량의 데이터나 개인의 활동, 생활 패턴 등 사소한 행동에서 나오는 정보를 말한다. 빅데이터가 연관성(correlation)을 찾는 도구라면 스몰 데이터는 원인을 파악하는 도구라고 할 수 있다.

• 증강현실(Augmented Reality, AR)
가상현실(VR)의 한 분야로 실제 환경에 가상 사물이나 정보를 합성하여 원래의 환경에 존재하는 사물처럼 보이도록 하는 기술이다. 편리하고 감성적 측면의 만족도가 높기 때문에 방송은 물론 게임, 교육, 오락, 패션 같은 다양한 분야에서 응용되며, 모바일 분야에서는 위치 기반 서비스(LBS) 분야에서 이용이 활발하다.

○ 가상현실 : 현실에 존재하지 않는 환경에 대한 정보를 사용자가 볼 수 있게 한다.
증강현실 : 가상현실과는 달리 사용자가 현재 보고 있는 환경에 가상 정보를 부가한다.

• 인공지능(Artificial Intelligence, AI)
학습, 문제 해결, 패턴 인식 등과 같이 인간 지능과 연결된 인지 문제를 해결하는 기술이다. 현재 사용되는 인공지능은 컴퓨터가 스스로 학습하는 '머신러닝(기계 학습)'의 일종인 지도학습(Supervised Learning)을 기반으로 하는데 지도학습이란 컴퓨터에 다양한 데이터를 입력, 반복된 훈련 과정을 통해 하나의 결과를 유추하는 기술이다.

A 한산도대첩 · 명량대첩 · 노량대첩

03 4차 산업혁명과 가상화폐

- **머신 러닝**(Machine Learning, ML)
  기계 학습(機械學習)이라고도 불리는 머신 러닝은 인공 지능의 한 분야로, 컴퓨터가 학습할 수 있도록 하는 알고리즘과 기술을 개발하는 분야를 말한다.

- **딥러닝**(Deep Learning)
  심층학습(深層學習) 또는 딥러닝은 빅데이터로부터 핵심적인 내용이나 기능을 요약하는 작업을 시도하는 기계학습(machine learning) 알고리즘이며 넓은 의미에서 사람의 사고방식을 컴퓨터에게 가르치는 기계학습의 한 분야이다. 2006년 제프리 힌톤(Geoffrey Hinton) 교수의 논문에서 처음으로 딥러닝이란 단어가 언급되었다.
  ○ 딥 러닝이 관심 받는 이유: ① 인공신경망 모델의 단점 극복 ② 하드웨어의 발전 ③ 빅 데이터 축적

- **인공신경망**(Artificial Neural Network, ANN)
  인공신경망은 기계학습과 인지과학에서 생물학의 신경망(동물의 중추신경계중 특히 뇌)에서 영감을 얻은 통계학적 학습 알고리즘이다. 인공신경망은 시냅스의 결합으로 네트워크를 형성한 인공 뉴런(노드)이 학습을 통해 시냅스의 결합 세기를 변화시켜, 문제 해결 능력을 가지는 모델 전반을 가리킨다. 일반적으로 입력으로부터 값을 계산하는 뉴런 시스템의 상호연결로 표현되고 적응성이 있어 패턴인식과 같은 기계학습을 수행할 수 있다.

- **알파고**(AlphaGo)
  구글 딥마인드가 개발한 인공지능 바둑 프로그램으로 알파고(AlphaGo)의 고(Go)는 바둑을 뜻한다. 딥마인드는 구글이 2014년 인수한 인공지능 관련 기업으로 2010년 영국에서 설립되었으며 머신러닝 등의 기술을 사용해 학습 알고리즘을 만든다. 알파고는 딥러닝 방식을 사용해 바둑을 익혔다.
  ○ 알파고 제로는 프로바둑기사 이세돌 9단과의 대국으로 유명해진 바둑 인공지능(AI) 프로그램 알파고의 업그레이드 버전이다.

- **왓슨**(Watson)
  IBM에서 제작한 인공지능 컴퓨터 프로그램으로 데이비드 페루치(David Ferrucci)가 이끌던 IBM의 '딥큐에이(DeepQA) 프로젝트'를 통해 개발되었다. 왓슨은 자연어 처리 기술을 사용해 영어로 된 질문 내용을 이해한 뒤 저장된 데이터를 분석해 정답을 추론한다. CPU 2880개, 메모리 16TB를 가지고 있으며 초당 80조 개의 연산이 가능하다.

- **블록체인**(Blockchain)
  블록체인이란 블록(Block)을 잇따라 연결(Chain)한 모음의 형태이며 피투피(P2P) 방식을 기반으로 한다. 가상화폐인 비트코인(Bitcoin)의 핵심기술로 주목받고 있는 블록체인

Q 히틀러를 당수로 한 독일의 극단적 민족주의 사상은?

246

은 온라인 금융 거래 정보를 블록으로 연결하여 피투피(P2P) 네트워크 분산 환경에서 중앙 관리 서버가 아닌 참여자(피어, peer)들의 개인 디지털 장비에 분산·저장시켜 공동으로 관리하는 기술이다. 일정 시간 동안 반수 이상의 사용자가 거래 내역을 서로 교환해 확인하고 승인하는 과정을 거쳐, 디지털 서명으로 동의한 금융 거래 내역만 하나의 블록이 된다. 그리고 새로 만들어진 블록을 이전 블록체인에 연결하고, 그 사본을 만들어 각 사용자 컴퓨터에 분산시켜 저장한다. 따라서 기존 은행처럼 거래 장부용 데이터베이스로 관리할 필요가 없어 관리 비용이 절감되며, 분산 처리로 해킹이 어려워 금융 거래의 안전성도 향상된다. 블록체인은 대표적인 핀테크(FinTech) 기술로 비트코인 이외에도 클라우드 컴퓨팅 서비스 등 다른 온라인 금융거래에 활용될 가능성도 크다.

❷ 블록체인 기술의 특징
· 시스템에 적용 및 확장이 용이하고, 다양한 비즈니스 모델 적용이 쉬우며, 복잡한 네트워크 구성 및 중앙화된 생태계 구축이 필요 없다.
· 10분마다 자동으로 갱신되는 블록체인 구조상에서 장부가 자동 기록되기 때문에 해킹을 차단할 수 있다.
· 거래 원장을 중앙 서버가 아닌 P2P 네트워크에 분산하여 기록, 관리함으로써 거래 정보의 안정성이 향상된다.
· 중앙 조직이나 구조가 필요 없어 금융거래 비용절감효과가 있다.

● 비트코인(Bitcoin)

비트코인은 블록체인 기술을 기반으로 만들어져 온라인에서 사용하는 암호화폐로 별도의 발행처나 관리기관이 없고 누구나 발행하거나 사용할 수 있다. 비트코인 기술을 처음 고안한 사람은 사토시 나카모토이며, 비트코인은 생긴 지 5년 만에 시가총액으로 세계 100대 화폐 안에 들어갈 정도로 성장했다. 사토시 나카모토는 '비트코인: P2P 전자화폐 시스템'(Bitcoin: A Peer-to-Peer Electronic Cash System)이라는 논문에서 비트코인을 전적으로 거래 당사자 사이에서만 오가는 전자화폐로 정의했다. 비트코인의 가장 큰 장점은 익명성이다. 비트코인은 특정 관리자나 주인이 없는 P2P 방식으로 작동하며, 개인이나 회사가 아닌 여러 이용자 컴퓨터에 분산 저장된다. 비트코인에서 10분에 한 번씩 만드는 거래 내역 묶음이 '블록'이다.

❷ 비트코인을 얻는 것을 채굴(Mining)이라 하는데 비트코인을 설계할 때 2145년까지 2,100만개의 비트코인만 채굴할 수 있도록 했다. 최근 우리 정부가 가상통화 규제를 선언, 국제결제은행(BIS) 사무총장도 각국 중앙은행에 비트코인 등 암호화폐(가상화폐)의 규제를 촉구했다.

● 가상화폐(Virtual Currency)

지폐나 동전과 같은 실물이 없이 네트워크로 연결된 가상공간에서 전자적 형태로 사용되는 디지털 화폐 또는 전자화폐를 말한다. 전자화폐란 금전적 가치를 전자정보로 저장해 사용하는 결제 수단으로 정보를 담는 방식에 따라 IC카드형과 네트워크형으로 구분하는데, 그중 네트워크형 전자화폐를 가상화폐(Virtual Currency)라 한다. 가상화폐는 실물 없이도 거래가 가능한 다양한 결제수단을 포함한다.

A 나치즘(Nazism)

◎ 유럽중앙은행(ECB)은 가상화폐를 '민간 개발자가 발행·통제하며 정부 규제가 없는 화폐'로 '특정 가상 세계에서 통용되는 전자화폐의 하나'라고 정의했다.

• 암호화폐(Cryptocurrency)

암호를 사용하여 새로운 코인을 생성하거나 거래를 안전하게 진행할 수 있도록 매개하는 화폐를 말한다. 디지털 화폐 또는 가상화폐의 일종이다. 2009년 최초의 암호화폐인 비트코인이 출현했고, 이후 이더리움, 라이트코인, 리플, 모네로, 에이코인 등 수많은 암호화폐가 등장했다. 발행처가 분명한 다른 가상화폐와 달리 발행 주체가 명확하지 않고 현실에서도 통용할 수 있다는 차이점이 있다. 그러나 대개 가상화폐라고 하면 암호화폐를 일컫는 경우가 많다.

◎ 세계적으로 암호화폐라고 부르지만, 한국에서는 암호화폐를 가상통화라고 부른다. 가상화폐나 디지털화폐가 암호화폐와 유사한 개념이기는 하나, 동일한 개념은 아니다. 유럽중앙은행(ECB), 미국 재무부, 유럽은행 감독청에서 내린 정의에 따르면, 가상화폐란 정부에 의해 통제 받지 않는 디지털 화폐의 일종으로 개발자가 발행 및 관리하며 특정한 가상 커뮤니티에서만 통용되는 결제 수단을 말한다.

• 암호화폐 종류

리플(Ripple)
리플은 전 세계 여러 은행들이 실시간으로 자금을 송금하기 위해 사용하는 프로토콜 겸 암호화폐로 리플코인(Ripple Coin)이라고도 한다. 리플의 화폐 단위는 XRP로 표시한다. 기존의 은행간 송금은 오랜 시간이 걸리고 수수료가 비쌌으나, 리플 프로토콜을 이용하면 실시간으로 송금이 가능하며 수수료가 거의 없는 장점이 있었다. 이를 위해 비트코인과 유사한 암호화폐인 XRP를 발행했다.

퀀텀(QTUM)
UTXO(Unspent Transaction Output) 모델을 사용하는 스마트 컨트랙트(Smart Contract) 플랫폼을 퀀텀이라 한다. 내부 화폐로 동명의 토큰인 퀀텀(QTUM)을 사용한다. 2016년 싱가포르의 퀀텀 재단(Qtum Foundation)이 개발해 발표했다. 비트코인과 이더리움의 기술을 혼합한 것이 특징이다. 암호화폐 퀀텀(QTUM)은 대표적인 알트코인의 하나로 여겨진다.

이오스(EOS)
이더리움 기반의 암호화폐이자 분산어플리케이션(DAPP) 플랫폼인 이오스는 이더리움과 유사한 기능을 가지고 있으면서 거래 처리 속도가 빠른 것이 특징이다. 동명의 토큰인 이오스(EOS)를 내부 화폐로 사용한다. 이오스를 포함해 이더리움 기반의 DAPP에서 사용하는 내부 화폐를 '이더리움 토큰'이라 한다. 이더리움과 달리 위임된 지분증명(DPOS)을 합의 알고리즘으로 사용하는 이오스는 미국의 프로그래머인 댄 라리머(Dan Larimer)가 개발해 2017년 6월 발표했다.

• 분산원장기술(Distributed Ledger Technology, DLT)

분산원장기술이란 다수 참가자가 일련의 동기화된 원장을 공동으로 관리하는 기술이다. 분산원장기술에는 전통적 금융시스템과 달리 거래정보가 기록된 원장을 관리하는 책임과 권한이 집중된 은행과 같은 제3의 신뢰기관이 존재하지 않는다. 분산원장기술

Q 육법(六法)은?

은 블록체인(block chain)이라는 용어를 사용하기도 한다. 일정 시간 동안 발생한 거래 내역을 모아 블록(block) 단위로 기록 및 검증하고 이를 기존 블록에 연결(chain)해 나가는 방식을 계속해 감으로써 인위적인 기록의 변경이나 가감을 사실상 불가능하게 하는 것이 이 기술의 핵심이기 때문이다.

- **알트코인**(Altcoin)

비트코인 이외의 암호화폐를 알트코인이라 한다. 비트코인을 대체(Alternative)할 수 있는 코인이라는 의미다. 대표적인 알트코인으로는 이더리움(Ethereum)이 있다. 비트코인의 핵심 기술인 블록체인을 기반으로 프로그래밍이 가능한 것이 특징이다. 이외에도 리플(Ripple), 대시(Dash), 라이트코인(Litecoin) 등의 알트코인이 유명하다.

- **이더리움**(Ethereum)

스마트 컨트랙트(Smart Contract) 기능을 갖춘 암호화폐(Cryptocurrency)이자 클라우드 컴퓨팅 플랫폼이다. 캐나다의 비탈릭 부테린(Vitalik Buterin)이 개발해 2015년 7월 30일 도입됐다. 블록체인 기술을 기반으로 프로그래밍이 가능한 것이 특징이다. 자바, C++, 파이썬, GO 등의 프로그래밍 언어를 지원한다. 비트코인처럼 거래소에서 구매하거나 컴퓨터 프로그램으로 '채굴(Mining)'하여 얻을 수 있다. 비트코인의 대안이 될 만한 대표적인 알트코인으로 여겨진다. 화폐 단위는 이더(Ether)이며, ETH로 표시한다.

❍ 이더리움의 가장 큰 특징은 블록체인 기술을 기반으로 프로그래밍이 가능하다는 점이다. 스마트 컨트랙트(스마트 계약) 기능이 대표적이다.

- **스마트 컨트랙트**(Smart Contract)

스마트 컨트랙트는 탈 중앙화된 자동화의 가장 단순한 형식이며 블록체인 기반으로 금융거래, 부동산 계약, 공증 등 다양한 형태의 계약을 체결하고 이행하는 것을 말한다. 블록체인 2.0이라고도 한다. 1994년 컴퓨터 과학자이자 암호학자인 닉 스자보(Nick Szabo)가 처음 제안했으며, 2013년 비탈릭 부테린(Vitalik Buterin)이 비트코인의 블록체인 기술을 이용하여 대금결제, 송금 등 금융거래뿐 아니라 모든 종류의 계약을 처리할 수 있도록 기능을 확장하면서 널리 확산되었다. 부테린은 가상화폐인 이더리움(Ethereum)을 만들고 스마트 계약 기능을 구현하였다. 이 기능을 사용하면, 개발자가 직접 계약 조건과 내용을 코딩할 수 있기 때문에, 원칙적으로 인간이 상상할 수 있는 모든 종류의 계약을 이더리움 플랫폼을 이용해 구현할 수 있다.

❍ 2017년 4월 삼성SDS㈜는 이더리움의 스마트 계약 기능을 참고하여, 기존 비트코인의 블록체인 안에 이더리움 가상머신(Ethereum Virtual Machine)을 구현하는 방식으로 자체 스마트 계약 기능을 갖춘 넥스레저(NexLedger) 플랫폼을 개발했다.

Ⓐ 헌법 · 민법 · 형법 · 상법 · 민사소송법 · 형사소송법

03 Current Issues & General Information
4차 산업혁명과 가상화폐

● **암호화폐 채굴**(Mining)

비트코인 같은 암호화폐는 분산원장의 정확성과 일관성을 유지하기 위해 거래 내역을 일정 간격으로 기록하는데 이 과정에서 과거 기록은 물론 신규 내역을 검증하는 작업이 필요하다. 이를 처리하기 위해 채굴자는 컴퓨팅 파워를 제공하고, 장부에 신규 거래 내역을 추가하는 데 성공할 경우 대가로 비트코인을 얻게 된다. 비트코인의 경우 10분에 한 번씩 블록이 생성된다고 말하는데, 정답을 찾는 데 10분 정도가 걸리도록 난이도가 자체 조정되도록 설계돼 있기 때문이다. 블록이란 이런 채굴 행위를 통해 특정 주기로 발행되는데 이런 블록들이 모여 블록체인을 구성한다.

● **ICO**(Initial Coin Offering, 가상화폐공개)

가상화폐공개(ICO)는 기업이 기술과 정보 등을 투자자들에게 공개하고 가상화폐를 받아 투자금을 조달하는 방법이다. ICO는 기존의 기업공개(IPO, Initial Public Offering)를 비유해서 만든 말로, 가상화폐 업계의 IPO라고 불린다.

➲ 2017년 9월 3일 중국 인민은행과 증권감독관리위원회 등 정부 부처는 중국 내 ICO를 전면 중단하겠다고 밝힘에 따라 우리나라는 물론 전 세계 가상화폐 가치가 크게 하락했다.

● **디지털 서명**(digital signature)

암호화 알고리즘을 사용하여 문서, 전자 메일 메시지와 같은 디지털 정보를 만든 사람의 신원을 인증하는 기술이다. 디지털 서명은 서명자의 신원을 보증(신뢰성)하고 서명 이후 문서내용이 변경이나 변조되지 않았다는 사실을 보증(무결성)하며 서명된 콘텐츠의 출처를 공개적으로 증명(부인방지)해준다.

➲ 전자 서명은 개인의 자필 서명이나 기호를 전자 이미지 형식으로 전환한 것을 말하며 디지털 서명은 암호화 기술을 사용하는 보안 전자 서명을 말한다. 디지털 서명은 전자 서명의 한 종류이다.

● **해시 함수**(hash function)

해시는 임의의 크기를 가진 데이터를 고정된 데이터의 크기로 변화시키는 것을 의미하고 해시 함수는 임의의 길이를 갖는 메시지를 입력 받아 고정된 길이의 해시값을 출력하는 함수이다. 해시 함수는 입력 메시지에 대한 변경할 수 없는 증거값을 뽑아내어 메시지의 오류나 변조를 탐지하는 무결성을 제공하기 위해서 사용된다.

● **가상화폐 거래소**

비트코인이나 이더리움 같은 가상화폐를 사고 팔수 있는 거래소. 국내는 빗썸, 업비트, 코인원, 코빗 등의 가상화폐 거래소가 있다.

➲ **빗썸(bithumb)** : 빗썸은 '비티씨코리아'에 의해 2014년 1월 출시한 대한민국의 암호화폐 거래소. 대한민국의 가상화폐 거래소 1세대로 2014년 '엑스코인'이라는 이름으로 암호화폐 거래 서비스를 시작했고, 2015년 현재의 명칭인 '빗썸'으로 변경했다. 2017년 6월 개인정보가 유출 사고가 발생했고, 11월에는 비트코인 캐시의 가치가 급상승하자 사이트가 마비되는 사태가 벌어졌다.

Current Issues & General Information

CHAPTER 6

Journalism & Advertisement

─ 매스컴 · 광고 ─

01 저널리즘

02 방송 · 통신

03 신문 · 잡지

04 광 고

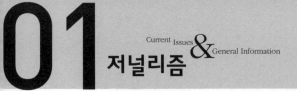
• 제4부(第四府)

민주주의 사회에서의 언론의 맡은 바 기능과 그 역할이 3부(입법 · 사법 · 행정)와 견줄 만큼 크다고 하여 생긴 말이다.

➡ 미국의 제3대 대통령인 제퍼슨의 '신문 없는 정부보다 차라리 정부 없는 신문을 택하겠다'고 한 말은 언론의 중요성을 일깨운 말로 유명하다.

• 제4계급(第四階級)

저널리스트를 서구봉건제의 세 계급(성직자 · 귀족 · 평민)과 대비하여 가리킨 것이다. 1828년 영국의 매콜리경이 의회의 기자석을 가리키며 '신문 본래의 사명은 전제적 경향을 띠는 정치에 하나의 위협이 되어야 한다'고 한 말에서 유래되었다. 근래 국민의 알 권리와 관련해 정치의 감시자인 제4계급의 역할과 책임이 주목된다.

예문 제4부 또는 제4계급은 무엇을 가리키는지를 묻는 문제가 출제됨

• 핫뉴스(hot news)

최신의 소식 또는 현장에서 바로 취재해 온 최신기사를 말한다. 방송의 경우는 기자가 현장에서 직접 취재 · 보도하는 뉴스를 말한다.

예문 '핫 뉴스=최신 뉴스'라는 사실을 알아보는 문제가 자주 출제됨

• 6하 원칙(六何原則)

기사 작성의 여섯 가지 필수조건으로 누가(who) · 언제(when) · 어디서(where) · 무엇을(what) · 왜(why) · 어떻게(how)의 조건을 말한다.

• 데드라인(deadline)

취재 기사를 편집부에 넘겨야 하는 기사마감 최종시간을 일컫는다. 이 때를 넘기면 그 날짜에는 보도할 수 없으므로 각각의 현장에서 취재한 기사를 편집자에게 넘기기 위해서 각 신문사 · 방송국간에 치열한 경쟁을 벌이게 된다.

➡ 데드라인은 사선(死線)으로 직역된다.

• 데스크(desk)

일반적으로 사건담당 책임기자를 가리키는 말이지만, 원고를 살피거나 각 부서의 기자들에게 취재지시 등을 하는 각 부 · 차장을 가리키기도 한다.

➡ 후자에 속하는 데스크는 보통 중견의 노련한 기자를 가리킨다.

• 오프 더 레코드(off the record)

뉴스 소스(news source ; 인터뷰 대상자)측이 보도하지 않을 것을 조건으로 제공하는

Q 우리나라 국경이 확정된 것은 조선 어느 왕 때인가?

비공식 정보를 말한다. 기자회견이나 브리핑에 종종 쓰인다.

예문 어느 시점까지 보도관제를 요구하는 엠바고(embargo)와 함께 기억할 것

• **매스컴**(masscom)

매스커뮤니케이션(masscommunication)의 약자로 '대량전달' 또는 '대중전달' 이란 뜻이다. 신문 · 텔레비전 · 라디오 · 잡지 · 영화 등 매스 미디어(mass media)를 통한 대량 정보 전달을 말한다. 매스컴은 보도 · 논평 · 교육 · 오락활동과 광고매체로서의 활동 등을 한다.

➡ 매스미디어 : 대중매체라는 뜻으로, 매스커뮤니케이션 과정에서 보내는 쪽과 받는 쪽을 이어주는 매체, 곧 신문 · 방송 · 출판 · 영화 등을 말한다.

• **알 권리**(right to know)

국민이 정치적 · 사회적 문제에 관한 정보를 자유롭게 접할 수 있고 또 쉽게 알아볼 수 있는 권리를 말한다. 구체적으로는 매스 커뮤니케이션에 있어 전달자의 자유로운 활동을 요구하는 권리, 국민 각자가 국정에 관한 정보를 청구하는 권리이다.

• **4매스**(mass)

mass production(대량생산) · mass communication(대량전달) · mass selling(대량판매) · mass consumption(대량소비)의 네 가지를 말한다.

• **대중문화**(大衆文化 ; mass culture)

중세 · 근세의 계급적인 문화와 달리 매스컴에 의하여 일반 대중의 욕구나 기호에 맞게 만들어진 문화를 말한다. 표준화 · 획일화 · 평균화의 특징이 있다.

➡ 대중문화는 대량으로 만들어진다.

• **플러시**(flush)

통신사가 큰 뉴스의 한 포인트를 계약된 신문사 · 방송국에 속보하는 것을 말한다. 이 플러시에 의해 신문사는 호외를 발행하고, 방송국은 프로그램을 중단하고 임시 뉴스를 내보낸다.

➡ 호외(號外) : 급하고 중대한 사건 또는 아주 중요한 선거결과 등의 속보를 신문이 나올 때까지 기다리지 않고 임시로 발행하는 신문을 말한다.

• **게이트 키퍼**(gate keeper)

사회적 사건이 매스 미디어를 통해 대중에게 전달되기 전에 미디어 기업 내부의 각 부문에서 일정한 정치적 · 이데올로기적 기준에 따라 해석 · 취사선택하고 검열하는 직책 또는 그 기능을 말한다.

A 세종대왕

- **내셔널 프레스 클럽**(National Press Club)

  워싱턴 주재의 미국 및 각 국 신문 · 통신 · 방송 특파원들의 친선단체이다. 방미(訪美)하는 외국 수뇌를 오찬회에 초대하여 연설을 듣고 질의 · 응답을 행하는 것으로도 유명하며 상당히 권위가 있는 기관이다.

  ○ 윌슨 대통령이래 대통령 입회는 관례이다.

- **르포르타주**(reportage)

  신문 · 방송 · 잡지 등에서의 현지보고 또는 기사를 말하며, 르포로 줄여서 부르기도 한다.

  ○ 원래 르포르타주의 뜻은 '탐방(探訪)'이다.

- **다큐멘터리**(documentary)

  극단적인 허구를 사용하지 않고 실제로 일어난 사건의 전개에 따라 구성된 기사 · 소설 · 영화 · 방송 프로그램 등을 뜻한다. 다큐멘터리에 극적인 부분을 삽입하여 시청효과를 높이려는 것을 세미다큐멘터리라 한다.

  ○ 문서 · 증서를 뜻하는 라틴어 documentum에서 유래되었다.

- **블랙 저널리즘**(black journalism)

  공개되지 않은 이면적 사실을 벗기는 저널리즘의 활동으로, 개인이나 집단 · 조직의 약점을 이용하여 이를 발표 · 보도하겠다고 위협, 이득을 얻으려는 것을 말한다. 암시장과 흡사하여 특히 표면세계의 저널리즘이 제대로의 기능을 발휘하지 못할 때 성행한다.

  ○ 사회비판의 일면도 있으나 재정적 뒷받침이 없어 정계나 재계에 이용당하기 쉽다.

- **신세계 정보질서**(new world information and communication order)

  정식명칭은 신세계 정보 커뮤니케이션 질서로, 국제적인 정보의 흐름에 국가의 개입을 인정시키려는 선진국에 대한 제3세계의 대항원리이다. 특히 이러한 신세계 정보질서는 세계 4대 신문 · 통신사가 정보를 독점하고 있고, 제3세계에 대한 서방측 보도가 쿠데타나 전쟁 등 특수한 측면에만 치우쳐 있어 불공정하다는 제3세계의 판단 아래 이루어진 것이다.

- **캐리커처**(caricature)

  사람이나 사물을 그 특징만 따서 풍자적으로 표현한 그림이나 문장 · 만화 · 회화 등을 말한다. 대개 조소 · 우의(寓意) 등을 수반한 과장된 표현으로 시국을 풍자하기도 하고 권위에 저항하기도 하며 때로는 위선을 폭로하기도 하는 성격을 띤다. 유명한 화가로

Q 스태그플레이션(stagflation)이란?

는 고야(Goya) · 도미에(Daumier) · 가바르니 등이 있으며, 오늘날에는 미술뿐 아니라 문학 · 방송 · 연극 등에 광범위하게 퍼져 있다. 모순 · 불합리가 많은 현대 사회에서는 캐리커처의 존재 의의가 크다.

• **캠페인**(campaign)

사회적 · 정치적 목적을 위하여 대중을 상대로 조직적 · 지속적으로 펼치는 운동을 말한다.

• **프레스 캠페인**(press campaign)

'교통질서 지키기', '자연보호운동' 등 매스컴이 어떤 특정한 문제를 적극적으로 채택하여 여론을 환기시키는 일을 말한다. 매스컴이 발달한 오늘날에는 그 효력이 매우 크다.

• **PR**(public relations)

관청 단체 · 기업 등이 시책이나 사업내용, 주의 주장, 제품 등에 대해 일반의 이해와 협조를 얻기 위하여 널리 알리는 것, 또는 그와 같은 선전활동을 말한다.

◐ 공공관계 · 자기선전 · 홍보라는 뜻으로 쓰이기도 한다.

• **갤럽**(Gallup) **여론조사소**

미국의 여론통계가 갤럽 박사가 1935년 프린스턴대학 내에 설치한 것으로, 미국은 물론 전 세계에서 가장 권위 있는 상업적 여론조사기관이다. 국내 각 신문과 해외 여러 나라에 조사자료를 보내고 있다.

◐ 해리스(Harris) 여론조사소 : 미국의 여론조사 분석가 해리스가 1956년에 창설한 여론조사 기관이다. 특히 국민의 대통령 지지율에 관한 정확한 조사로 유명하다.

예문 갤럽 조사는 무엇과 관계가 있는지(여론조사)를 알아보는 문제가 출제됨

• **프리랜서**(free-lancer)

보통 정기간행물에 전속되지 않은 자유기고가, 또는 전속되지 않은 가수나 배우를 가리킨다.

• **햄**(Ham ; 아마추어 무선사)

무선종사자 시험에 합격하여 송 · 수신기를 가지고 무선통신을 하는 사람으로, 영리를 꾀하지 않고 개인적으로 국제친선 · 기술촉진 · 비상재해시의 통보 등에 공헌한다.

A 경기 침체하의 물가상승

- **프라임 타임**(prime time)

  텔레비전 방송 프로 중 가장 시청률이 높은 시간대로, 대개 오후 7시부터 9시 사이이다. 이 시간은 광고효과도 가장 높은 때이므로, 방송국에서 프로그램 편성시 가장 중점을 둔다. 골든 아워(golden hour) 또는 피크 타임(peak time)이라고도 한다.

  ❍ 시청률(視聽率) : 어떤 텔레비전의 프로그램을 시청하고 있는 사람의 전체에 대한 비율로, 상업방송에서는 광고요금의 결정이나 광고효과측정에 중요한 요소가 된다.

- **라이브**(live)

  생음(生音) 또는 생녹화(生錄畵)를 말한다. 생방송은 라이브 방송이라고 한다.

  ❍ 우리나라 방송의 날은 9월 3일이며, HL이라는 호출부호를 할당받은 날이다.

- **스탠드 바이**(stand by)

  방송에서 발생 가능성이 있는 사고에 대비하여 미리 준비해 놓은 프로그램, 또는 그 담당자를 말한다. 실황중계 등에서 소나기로 인하여 중계가 불가능하게 될 때를 고려하여 준비해 두는 프로 따위가 그것이다.

- **스페셜**(special)

  편성의 경직성을 깨고 활기를 불어넣기 위해 부정기적으로 내보내는 1회물의 특집 프로그램으로, 특히 줄띠 편성에 식상한 시청자들을 끌어들일 수 있다.

  ❍ 줄띠 편성 : 같은 시간에 같은 프로그램을 주 5일 이상 편성하는 것으로, 일일연속극은 이의 표본이다. 시청자의 계속적인 시청습관을 유도하고, 인기를 얻어 시청률을 높이는 데 효과적이다.

- **스폿 뉴스**(spot news)

  방송 프로와 프로 사이에 끼워서 하는 토막 뉴스로, 짧은 시간을 이용하여 그때그때 기동성 있게 방송한다.

- **더빙**(dubbing)

  이미 녹음이 끝난 필름 · 테이프에 대사 · 음악 · 효과음 등을 더하는 일, 또는 외국 수입 필름에 자국어로 입을 맞춰 다시 녹음하는 일을 말한다.

- **앵커맨**(anchorman)

  라디오 · 텔레비전에서 뉴스프로의 사회자 또는 종합해설자를 말한다. 뉴스 프로에만 앵커맨이 있는 것은 아니나 보도 · 인터뷰 · 논평하는 뉴스 앵커맨의 비중이 커져서 주로 뉴스 캐스터를 가리킨다.

  ❍ 앵커(anchor)는 닻을 뜻하는데, 뉴스를 마무리하는 사회자, 프로그램의 마지막 주자라는 의미에서 붙여진 것이다.

Q 시인 · 극작가 · 평론가 · 소설가 · 편집자로 조직된 문화단체는?

- **뉴스 캐스터**(news caster)

 텔레비전이나 라디오에서 뉴스를 전달하는 사람을 말한다. 원고를 그냥 읽는 단순한 아나운서가 아니라 뉴스를 전하는 동시에 알기 쉽게 풀어서 해설도 하는데, 텔레비전 뉴스 쇼에서 이 역할을 맡는 사람을 앵커맨이라 한다.

 ➲ 캐스터(Caster)는 브로드캐스터(broadcaster), 곧 방송자의 단축형이다.

- **아나운서**(announcer)

 라디오 · 텔레비전에서 사회 · 보도 · 실황방송 등을 전문으로 하는 사람을 가리킨다.

- **MC**(master of ceremonies)

 사회자 · 진행자라는 뜻으로 프로그램 진행자를 가장 보편적으로 부르는 말이다.

 ➲ MC를 영국에서는 컴페어(Compere)라고도 부른다.

- **쇼핑 호스트**(shopping host)

 홈쇼핑TV에서 상품안내 프로그램을 진행하는 상품소개 전문MC로 1995년 케이블TV 의 개국과 함께 국내에 등장한 방송전문직이다.

- **PD**(producer ; 프로듀서)

 제작자라는 뜻의 텔레비전 방송국의 프로그램 기획자로 작품의 선정, 인력관리, 예산 통제를 담당한다. 라디오에서는 거의 프로듀서가 연출을 겸하고 있으나 텔레비전에서 는 업무 내용이 복잡해 차차 연출과 분리되는 경향이 있다.

 ➲ 디렉터(director ; 연출자) : 배우의 연기나 무대장치 · 조명 · 음향효과 등을 지도 종합해 하나의 작품을 만드는 책임자를 말한다.

- **AD**(assistant director, associate director)

 프로 제작은 물론 제작 전후에 세트 · 촬영에 관한 모든 세부적인 사항을 준비하는 조 연출자 또는 부연출자를 말한다.

 ➲ 일종의 디테일 맨(detail man) 이다.

- **스태프**(staff)

 제작에 참여하는 연기자 이외의 사람, 즉 원작 · 제작 · 각색 · 감독 · 음악 · 조명 등을 담당하는 사람을 말한다.

- **모니터**(monitor)

 방송국의 의뢰로 방송을 정기적으로 시청하여 의견 · 비판을 제출하는 사람을 가리킨

A 펜클럽

다. 또는 라디오 · 텔레비전 방송에서 음향 · 음질 · 영상의 가부(可否) · 위치 등을 조사하는 장치를 말한다.

◐ 방송국에서 외국의 방송을 청취하는 일도 이에 속한다.

• 타이틀(title)
영화나 텔레비전 드라마 등에서 제목이나 스태프를 소개하는 자막을 말한다.

• 블랭킷 에어리어(blanket area)
방송에서의 난청지역을 가리킨다. 두 개의 방송국에서 내보내는 전파가 중복되어 그 어느 쪽의 방송도 들리지 않는 지역, 또는 한 방송국의 통신용 안테나에서 너무 가까워 다른 방송은 잘 들리지 않는 지역을 가리키기도 한다.

◐ 블랭킷 에어리어는 '담요로 둘러싸인 지역'이라는 뜻이다.

• 다원방송(多元放送 ; plural broadcasting)
한 방송국에서 하나의 주제 아래 여러 방송망을 통하여 제작한 내용을 한 프로그램으로 편성하는 방송을 말한다. 도시의 교통방송, 스포츠나 각종 행사의 중계방송, 통신위성을 통한 세계적인 규모의 다원방송 등 그 쓰임이 다양하다.

◐ 신호를 보내는 지점의 수에 따라 2원방송 · 3원방송 등으로 불린다.

• 네트워크(network ; 방송망)
라디오 · 텔레비전의 각 방송국을 연결시켜 동시에 같은 프로그램을 방송할 수 있도록 짜여진 조직망을 말한다. 일반적으로는 복잡한 전기회로란 의미의 회선망을 뜻한다.

◐ 보통 라디오의 경우는 유선으로, 텔레비전은 특수 동축케이블 또는 마이크로파 중계로 연결되어 있다.

• 키 스테이션(key station)
한 네트워크의 중심이 되어 각 지방 방송국에 프로그램을 보내주는 중앙 방송국을 말한다. 지방 방송국은 시설 · 탤런트 등의 관계로 자주(自主)제작 프로가 적어 주로 키 스테이션의 프로를 중계하고 있다.

• 위성방송국(衛星放送局 ; satellite station)
텔레비전 전파가 약한 지역의 수신상태를 개선하기 위하여 키 스테이션의 수신상태가 좋은 지점에 설치하는 방송국으로, 이곳에서 일단 수신한 전파를 키 스테이션과는 다른 채널로 목적하는 지역을 향하여 송신한다.

• 통신위성(通信衛星 ; communication satellite)
원거리간의 전파 통신중계에 이용되는 인공위성이다. 고도 약 3만 6천km의 정지위성

Q IAEA란?

궤도를 비행하는 정지통신위성과 그 밖의 고도를 비행하는 이동통신위성이 있는데, 현재 사용되는 통신위성은 거의 정지위성이다.

🔾 현재 쏘아 올린 것으로는 에코(Echo) · 신컴(Syncom) · 텔스타(Telstar) · 릴레이(Relay), 그리고 최초의 상업용 국제통신위성 인텔새트 등이 있다.

• 위성방송(衛星放送)

정지위성을 이용하여 실시하는 방송. 3만 6천km 상공으로부터 송신되기 때문에 장해물이 없어 전국 어느 곳이든 커버할 수 있는 특징이 있으며 지진 등 재해 시에도 지장받지 않는다. 위성방송은 고품질의 TV, 팩시밀리 방송도 가능하게 한다.

🔾 이동위성통신용 피터링크 : 위성과 특정의 기지국과를 묶어 고정위성 업무이외의 우주통신업무를 위한 정보를 전달하는 무선회선을 말한다.

• 무궁화위성

무궁화 1호는 우리나라 최초의 상용 위성이자 통신용 정지궤도 위성이다. 무궁화 1호는 위성방송용 중계기 3개와 통신용 중계기 12개를 탑재, 한반도 전체와 연해주 일부를 대상 지역으로 삼았으나 1995년 발사 과정 중 보조 로켓 하나가 늦게 분리되는 바람에 수명이 4년 4개월로 단축되었다. 수명이 단축된 무궁화 1호를 대신하기 위해 1996년 무궁화 2호가 발사되었고, 1999년 발사된 무궁화 3호는 한반도 지역에 국한된 무궁화 1 · 2호와 달리 가변 빔 안테나를 이용하여 서비스를 동남아 지역까지 확대할 수 있었고 최대 168개까지 위성방송 채널 서비스를 제공하는 것이 가능해졌다. 무궁화 5호는 우리나라 최초의 민 · 군공용 통신위성으로 2006년 8월 22일에 발사되었다. 무궁화 6호(올레 1호)는 무궁화 3호를 대체하기 위해 KT가 프랑스 탈레스알레니아스페이스사(TAS)와 협력하여 기아나 쿠루 우주 센터에서 2010년 12월에 발사되었다.

🔾 우리나라 사람들이 불행의 숫자로 여기는 4를 피하기 위해, 무궁화 3호 다음의 위성은 무궁화 4호가 아닌 무궁화 5호로 명명되었다.

• 인텔새트(INTELSAT ; International Telecommunication Satellite Organization)

1964년 미국을 중심으로 한 11개국으로 발족한 국제상업통신위성기구, 또 이 기구가 소유하는 통신위성이다. 통신위성에 의한 세계 통신망의 확립을 목적으로 설립되었는데, 인텔새트를 이용한 텔레비전 중계에 의해 세계의 뉴스가 거의 그날 안으로 안방에 전달되고 있으며, 이의 이용이 매년 늘어나 현재에는 유럽 · 미국과 일본 사이에 텔레비전 뉴스의 정시 위성전송이 행해지고 있다. 인텔새트는 대서양 · 인도양 · 태평양에 위성을 배치해 전 세계를 커버하는 위성통신 네트워크를 형성하고 있다. 한국은 1967년에 회원국이 되었다.

예문 인텔새트와 우리나라 위성통신지구국을 관련시키는 문제가 출제됨

🅰 국제원자력기구

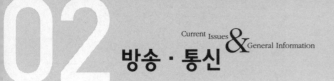

방송 · 통신

Current Issues & General Information

- **위성통신지구국**(衛星通信地球局)

 한국통신의 장거리 통신 지사에 소속된 통신국으로서 인공위성통신에 관한 사무를 담당한다. 1970년 개통한 금산 위성통신지구국과 '85년 개통한 보은 위성통신지구국이 있는데, 태평양 상공의 인텔새트 4호와 연결되어 있다.

 ❍ 이 두 우주위성 중계국의 개통은 우리나라의 통신사상 일대 전기를 마련하는 계기가 되었다.

- **채널**(channel)

 각 방송국에 할당된 주파수대에 의한 전파의 전송로로, 보통 텔레비전의 채널이란 뜻으로 쓰인다. 채널은 수요에 비해 극도로 그 수가 적어 개개의 텔레비전 방송국에 대해 국가에서 사용 채널을 할당하게 된다.

 ❍ 사이클(cycle) : 주파수를 나타내는 단위로 교류전기가 1초 동안 몇 회의 비율로 회전하는가를 나타낸다. 현재는 사이클과 같은 헤르츠(Hz)를 쓴다.

- **콜 사인**(call sign)

 방송국이나 무선국의 전파 호출부호를 말한다. 알파벳 또는 알파벳과 숫자로 배합되는데, HLKA · AFKN 같은 것이다.

- **AM**(amplitude modulation)

 진폭변조라고 하며, 신호파의 크기에 따라 반송파의 진폭을 변화시켜 통신한다. 오래 전부터 널리 쓰이는 변조방식으로, 중 · 단파의 라디오 방송, 텔레비전의 영상통신 등에 이용된다.

- **FM**(frequency modulation)

 주파수변조라고 하며, 일정한 진폭의 연속에서 주파수를 신호에 따라 변화시켜서 통신한다. 초단파 · 극초단파가 사용되는데, 진폭변조에 비해 잡음이 적어 양질의 방송을 할 수 있으나 수신범위가 좁은 것이 흠이다.

 ❍ 현재 우리나라의 텔레비전 방송에서 영상신호는 AM 방식, 음성신호는 FM 방식을 채택하고 있다. 또한 라디오 방송의 주체도 AM에서 FM으로의 이행과정이라고 볼 수 있다.

- **PCM**(Pulse Code Modulation)

 펄스부호변조라고 하며, 아날로그 신호를 디지털 신호로 변환하여 전송한다. 레코드나 라디오의 음성은 음의 강약을 그대로 전류의 강약으로 전달 · 재생하는 아날로그 방식을 취한다. 이에 반해 펄스부호변조는 음의 강약을 1이나 0의 신호(1은 전류가 흐르고 0은 흐르지 않는)의 조합, 즉 디지털 신호로 변환해서 보낸다. PCM에서는 잡음이 극히 적은데, 예컨대 컴팩트 디스크가 레코드보다 흠이나 먼지에 강해 음질이 양호한 것

Q 알리바이(alibi)란?

은 연주를 PCM화한 광디스크에 기록하기 때문이다.

- 이는 AM · FM에 이은 제3의 변조방식으로 1939년 영국에서 발명되었으나 진공관 · 트랜지스터 등의 회로소자를 대량으로 사용해야 했으므로 본격적으로 실용화된 것은 집적회로(IC)가 개발되고 난 뒤였다.

- **VHF**(Very High Frequency ; 超短波)
  3만에서 30만 KHz까지의 전파띠로, 전리층에서 반사되지 않고 곧게 진행하는 성질이 강하므로 넓은 지역에 보내는 텔레비전 · FM 방송 외에, 항공무선 · 이동업무무선 등 국내통신에 널리 쓰인다.
- 1940년 전후에서부터 텔레비전 송출 표준 주파대로 이용되고 있다.

- **UHF**(Ultra High Frequency ; 極超短波)
  30만에서 3백만 KHz까지의 전파띠로, 주파수 배분이 VHF 채널보다 더욱 세분화된 극초단파 채널이다. VHF에 비해 전파 도달거리가 짧고 전력소모가 많은 단점이 있으나 많은 채널의 사용과 깨끗하고 선명한 화면을 볼 수 있는 장점이 있다.
- 텔레비전 · 레이더 등에 이용된다.

- **NBC**(National Broadcasting Company)
  미국 내셔널 방송회사로 1926년에 설립되었다. 미국 방송조직 중 가장 큰 회사로, 라디오 · 텔레비전의 전국적인 네트워크를 가지고 있다. CBC라고도 한다.
- '88년 서울올림픽의 중계를 맡은 바 있다.

- **CBS**(Columbia Broadcasting System)
  1927년 설립된 미국의 콜롬비아 방송회사로, 라디오 · 텔레비전망을 가진 민간회사이며 본부는 뉴욕에 있다.
- 미국의 3대 방송 회사 : NBC · CBS · ABC

- **ABC**(American Broadcasting Company)
  아메리칸 방송회사로, 1944년에 설립되었다. 미국에서 세 번째로 방대한 텔레비전 네트워크를 가졌다.
- '85년 캐퍼털 시티즈 커뮤니케이션사가 인수했다.

- **MBS**(Mutual Broadcasting System)
  미국의 공동방송회사로, 1934년에 설립되었다. 뉴욕에 본부가 있으며, 직영방송국 없이 500여 가맹방송국으로 운영된다.
- 텔레비전망은 없다.

A 현장부재증명(現場不在證明)

- **CNN**(Cable News Network)

미국 애틀랜타에 본부를 두고 '80년 6월에 설립된 뉴스 전문 방송으로 생방송과 고급 시청자를 겨냥한 전략이 적중, 전 세계 여론을 주도하고 있다. 전 세계에 걸친 취재 · 방송망을 활용하여 시시각각으로 벌어지는 뉴스의 현장을 세계인들에게 전하는 속보성으로 유명한데, '91년 1월 걸프 전쟁의 발발을 최초로 보도하여 알려지기 시작했다. 이외에도 챌린저 호 폭발, 미국의 파나마 침공, 중국의 천안문사태 등을 독점 보도하면서 도약했으며, 9 · 11테러 사건 보도 등 최고의 속보자리를 지키고 있다.

○ CNN은 미국의 케이블 TV 재벌인 터너 방송사가 가진 4개의 케이블 채널 가운데 하나이다. '91년 3월, CNN 은 걸프전의 생생한 보도로 방송계의 퓰리처상인 피바디상(Peabody Award)을 수상했다.

- **BBC**(British Broadcasting Corporation)

영국방송협회로, 1922년에 설립되었다. 라디오 · 텔레비전 네트워크를 가지고 있는 공공기업체이며 광고 방송을 하지 않는다. 세계 최초의 정규방송이다.

- **피바디상**

방송매체의 공익분야 기여를 장려하기 위해 1939년에 창설되었으며, '조지아 대학' 주최로 미국 뉴욕에서 매년 열리는 국제대회이다. 출품장르는 뉴스, 오락, 어린이, 교육, 다큐멘터리 등 7개 분야로, 2001년 KBS-1TV의 '그 오두막엔 여든네 살 청년이 산다 (홍현진 PD)'가 다큐멘터리 부문 수상작으로 선정됐다.

- **에미상**(Emmy Awards)

미국 최대의 프로그램 콩쿠르상으로 TV 아카데미상이라 불린다. 1949년 미국 TV예술과학아카데미가 국내 TV프로그램을 위해 국제 에미상을 만들었다. 매년 5월경에 뉴욕과 헐리우드에서 개최되며 픽션 또는 오락프로와 논픽션의 2개 부문에 걸쳐 시상한다.

- **유러비전**(Eurovision)

구소련권을 제외한 유럽 여러 나라의 텔레비전 프로그램 교환중계방송을 말한다. 내용은 스포츠 중계가 많은데, 운영은 유럽 방송연맹(EBU ; European Broadcasting Union)이 담당한다.

○ 유럽방송연맹(EBU) : 서유럽 방송단체를 중심으로 가맹단체의 이익 옹호, 프로그램의 교환촉진과 조정, 텔레비전 중계운영 등을 주목적으로 1957년에 결성되었다.

- **NHK**(Nippon Hoso Kyokai)

일본방송협회로, 1926년에 설립되었다. 이윤을 목적으로 하지 않는 공공방송으로 본부는 도쿄에 있다.

Q 현금 없이 상품구입을 할 수 있는 신용상품권은?

• **UPI**(United Press International)

AP와 더불어 미국의 2대 통신사의 하나로, 1958년 UP가 경영난에 빠진 INS(International News Service) 통신사를 병합하여 설립하였다. 국내는 물론 전 세계에 통신을 공급한다.

예문 통신사의 명칭과 그에 해당하는 국가를 연결하는 문제가 주로 출제됨

• **AP**(Associated Press of America)

미국 연합통신사로, 신문사 · 방송국을 가맹사로 하는 협동조직의 비영리법인으로 세계적인 통신망을 가지고 있다. 1848년 뉴욕 항구에 입항하는 선박으로부터 유럽의 뉴스를 공동취재하기 위하여 뉴욕의 여섯 신문사가 결성한 하버 뉴스 어소시에이션 (Harbor News Association)이 그 전신이다.

❍ UPI가 순전한 영리회사 조직인 데 반해, AP는 전 미국 회원사에 의해 공동관리되는 비영리 조합조직이다.

• **로이터**(Reuters)

영국의 대표적인 국제통신사로, 독일인 로이터가 1851년 영국에 귀화하여 런던에 설립한 세계적인 통신사이다. 현재 전 세계에 통신망을 뻗쳐 국제 신문계의 일대 세력을 이루고 있으며, 특히 경제 · 외교기사에 권위가 있다.

❍ 세계 4대 통신사 : AP · UPI · AFP · Reuters

• **AFP**(Agence France Presse 프)

프랑스 통신사로, 제2차 세계대전 중 아바스(Havas) 통신사의 후신으로 창설되었다. 파리에 본부를, 전 세계에 100여 개의 지국을 두고 서유럽적 입장에서 논평과 보도를 하고 있다.

❍ 국가의 재정지원으로써 유지되는 반관적(半官的) 성격에 예술 · 문화 뉴스가 특색이다.

• **ITAR-TASS**

구소련의 국영통신사였던 TASS가 '92년 1월 30일부터 그 명칭이 변경된 것이다. ITAR는 The Information Telegraph Agency of Russia의 머리글자이다.

예문 TASS→ITAR-TASS로 명칭이 바뀌었음을 유의할 것

• **신화사**(新華社 ; New China News Agency)

중국 국영통신사로, 1937년 연안에서 발족된 후 1949년 북경으로 옮겼다. 중국 공산당의 통신기관으로, 당과 정부의 모든 발표는 이곳을 통해 보도된다.

❍ 신화사는 중국 언론 2대 지주중 하나인 인민일보보다는 비교적 개방적이다.

A 크레디트 카드(credit card)

- **칼럼니스트**(columnist)

신문 잡지의 칼럼의 필자를 가리킨다. 신문의 경우, 대개 논설위원들이 돌아가며 쓰고 있으나, 칼럼만을 전문적으로 쓰는 사람도 있다.

○ 칼럼(column) : 신문 등에서 시사문제 · 사회풍속 등을 촌평하는 난을 말한다.

- **스쿠프**(scoop ; 특종기사)

신문 또는 잡지의 기자가 경쟁관계에 있는 타사보다 앞서 특수한 기사를 찾아내는 것, 또는 그 기사를 말한다. 흔히 특종이라고 하는, 뉴스 중의 뉴스로서 뉴스가 갖는 요소를 가장 강하게 지니는 기사이다.

○ 타사와의 경쟁으로 자칫 선정적 보도를 할 우려가 있다.

예문 '스쿠프=특종기사'를 아는지 묻는 문제가 출제가 잘됨

- **헤드라인**(headline)

신문기사나 광고의 표제로, 독자의 주의를 끌기 위해 본문 내용을 압축, 활자 등을 돋보이게 한 것이다. 책이나 일반 논문제목과 달리 구체성이 있어야 하며, 시간에 쫓기는 독자를 위해 짤막하되 생생한 감각을 지녀야 한다.

○ 최근에는 캐치프레이즈와 동의어로 쓰인다.

- **로컬 에디션**(local edition ; 지방판)

중앙지의 특정한 면에 지방소식만 게재하는 난을 말한다. 우리나라는 중앙 일간지마다 어느 특정한 면을 고정시켜 경기 · 충청 · 강원 · 호남 · 영남판 등으로 분류하여 게재하고 있다.

○ 지방판의 발행은 부수 확장이 그 목적이다.

- **타블로이드 신문**(tabloid paper)

보통 신문의 1/2 크기인 타블로이드판 신문으로, 1903년 영국에서 창간된 「데일리 미러」, 1919년 미국에서 창간된 「뉴욕 데일리 뉴스」가 대표적이다.

○ 타블로이드(tabloid)란 말은 tablet에서 유래된 것으로, '소형' 이란 뜻이다.

- **옐로 페이퍼**(yellow paper)

저속하고 선정적인 기사만을 주로 다루는 저급한 신문을 말한다. 이러한 경향은 19세기말 미국에서 시작된 것으로, 노골적인 사진과 흥미 있는 기사 등을 게재해서 독자들의 감각을 자극, 발행부수 확장을 노린다.

○ 황색신문 또는 옐로 저널리즘이라고도 한다.

Q 조선시대 국가 재정의 3정이란?

- **뉴욕타임스**(New York Times ; NYT)

  뉴욕에서 발간되는 중립계 일간신문으로, 1851년에 창간되었다. 미국의 정책에 영향을 주는 대표적인 지성지이다.

  ○ 정확한 국내외 뉴스와 뛰어난 논평으로 세계적인 평가를 얻고 있다.

- **워싱턴포스트**(Washington Post)

  미국의 수도 워싱턴 D.C.에서 발행되는 신문으로 1930~60년대에 보도 기사의 예리함과 탁월함을 인정받아 사세가 확장되었으며, 1970년대에는 워터게이트 사건으로 퓰리처상을 수상했다. 2000년대 이후 종이 신문의 부진으로 재정난을 겪었으나, 제프 베조스의 인수 이후 위기를 극복하고 디지털 미디어 기업으로 변모하는 데 성공했다.

- **타임스**(Times)

  영국의 대표적인 일간신문으로, 1785년에 창간되었다. 온건하고 보수적이며, 발행부수는 적으나 그 영향력은 매우 크다.

  ○ 뉴욕타임스와 구분하기 위해 런던 타임스라고도 한다.

- **르 몽드**(Le Monde)

  프랑스의 유력한 석간신문으로, 1944년 파리에서 창간되었다. 기독교 사회주의적 색채를 띤 중립지로서 인텔리층에 커다란 영향력을 가지고 있다.

  ○ 르 몽드란 프랑스어로 '세계'라는 뜻이다.

- **프라우다**(Pravda)

  1912년 페테르스부르크에서 창간된 구소련 최대의 일간지로, 79년 간 공산당의 기관지로서 대변자 역할을 해왔다. 그러나 '91년 구소련의 공산당 해체에 따르는 자금원 단절로 인하여 정간과 복간을 거듭하였다.

  ○ 프라우다란 '진리'·'진실'이란 뜻이다.

- **타임**(Time)

  미국의 대표적인 뉴스 주간지로, 1923년 뉴욕에서 창간되었다. 광대한 지역을 커버할 중앙지가 없는 미국에서 뉴스해설과 읽을거리를 중심으로 한 편집으로 전국 미디어로서의 역할을 하고 있다. 또한 주간지로서의 편집도 탁월하여 국내외 잡지계에 커다란 영향을 주었다.

  ○ 북미판·남미판·유럽판·아시아판 등을 발매한다.

A 전정 · 군정 · 환곡

- **뉴스위크**(Newsweek)

  미국의 저명한 시사주간지의 하나로 1933년에 창간되었다. 뉴스를 주체로 하여 해설 · 평론의 3차원 편집을 내걸고 신속한 보도, 평이한 문장, 객관적이고도 야심적인 특집이 특색이다.

  ○ 경쟁지인 「타임」지에 비해 사진이 많이 게재되고, 해외 뉴스의 비율이 약간 적은 점 등이 특징이다. 본국판 외에 대서양판 · 태평양판 · 아시아판 등이 있다.

- **국제신문편집인협회**(IPI ; International Press Institude)

  자유세계 상호간의 협조와 권익옹호를 위해 세계언론인들이 1951년 결성한 국제단체이다. 언론자유를 수호하고 뉴스의 자유로운 교류를 촉진하며 신문편집의 실무를 개선함을 목적으로 한다.

- **국제신문발행인협회**(FIEJ ; Federation Internationale des Editeurs de Journaux et Publications 프)

  신문의 자유와 이익을 옹호하고, 신문제작에 필요한 통계 및 자료 작성 · 발표 · 보관 및 다른 모든 신문관계 국제단체와 협력하는 일 등을 목표로 설립된 단체이다. 1948년 파리에서 창립이 되었으며, 매년 1회씩 총회를 열어 정보를 교환하고 있는데, 우리나라는 1971년에 가입했다.

- **국제저널리스트기구**(IOJ ; International Organization Journalist)

  저널리스트들의 국제적인 단결과 우호를 목적으로 하는 조직으로, 주로 사회주의 여러 나라가 중심이다. 1946년에 결성되었으며, 본부는 체코의 프라하에 있다.

- **신문의 날**

  매년 4월 7일로, 1896년 4월 7일에 「독립신문」이 창간된 날을 기념하여 1957년 신문인들이 제정하였다.

- **관훈클럽**(寬勳 Club)

  언론인들의 연구 친목단체로, 1957년 종로구 관훈동에서 창립총회를 가진 후 이 명칭이 사용되었다. 신문주간을 제정, 기념사업을 벌이는 일을 도왔으며, 재단법인 '관훈클럽 신영연구기금'을 설립하여 언론인에 대한 연구저술지원 및 해외연수사업 등을 벌이고 있다. 또한 각계의 지도자를 초빙, 의견을 듣는 관훈토론회를 개최하여 주목을 끌고 있다.

- **퓰리처 상**(Pulitzer Prize)

  미국에서 가장 권위 있는 언론 · 문학상으로, 미국 신문왕인 퓰리처의 유지에 따라 제

Q 2년마다 개최하는 국제적인 학생 경기대회는?

정되어 1918년부터 매년 저널리즘 · 시 · 소설 · 극 · 역사 등 19개 부문에 걸쳐 우수한 활동을 한 미국인에게 수여되고 있다.

• **ABC제도**(발행부수공사기구 ; Audit Bureau of Circulation)
신문이나 잡지 등의 발행 · 판매부수를 조사해서 인증하는 기구. 광고주, 광고회사, 신문사, 잡지사 등을 회원으로 하며 비영리적으로 운영된다. 이 제도는 광고주들에게는 광고전략수립을 위한 기초자료를 제공하고 매체의 발행부수에 대한 알 권리를 충족시켜 주며, 광고회사에게는 광고의 과학화와 국제화에 도움을 주며 광고회사와 매체사 간의 합리적 관계 정립에 기여한다. 발행사에게는 공신력 향상, 경영합리화, 회사끼리의 선의의 경쟁에 도움을 준다.
미국은 1914년에 세계 최초로 ABC를 설립했으며, 아시아에서는 인도가 1943년에 처음으로 설립했다. 한국ABC협회(KABC)는 '89년 5월, 세계에서 23번째로 창립되었다.

• **옐로 저널리즘**(yellow journalism)
독자의 시선을 끌기 위해 인간의 불건전한 감정을 자극하는 범죄, 괴기 사건, 성적 추문 등을 과대하게 취재 보도하며 공익보다 선정성 경쟁에 입각해 기사를 작성하고, 사실관계를 파악하는 일에도 소홀하다. 정권의 치부를 가리거나 정권에 불리한 기사에 대한 물타기 기사로 이용될 수 있다. 황색언론(黃色言論)으로도 불린다.

• **센서 저널리즘**(Sensor Journalism)
센서로 수집한 데이터로 기사를 작성하는 저널리즘을 말한다. 미국 뉴욕시의 공영 라디오 WNYC가 시민 참여로 작성한 「매미 추적기(Cicada Tracker Project)」 기사가 대표적이다. 워싱턴DC의 지역별 총격 발생 상황을 시각화한 『워싱턴포스트』의 「지역의 총소리」도 센서 저널리즘의 성공 사례로 거론된다. 경찰의 협조를 받아 '샷스포터(shotspotter)'라는 오디오 센서를 곳곳의 CCTV에 달아 총격이 들리면 실시간으로 데이터와 지도를 결합해 보도한 기사다.

❍ 센서 저널리즘은 정부나 기관에서 제공하는 데이터의 양과 질의 한계를 보완할 수 있다는 장점도 있으나 센서의 범람이 프라이버시와 충돌을 갖는 논란도 발생하고 있다.

• **경마 저널리즘**
경마 경기를 보도하듯이, 후보자들의 경쟁을 전장에서의 대결 구도로 인식하여 득표 전망이나 승패에만 집착하여 보도하는 것을 말한다. 공약 남발이나 이미지 조작 등을 통해서 등수 올리기에 열중하게 된다는 문제점이 있으며 후보자의 정책이나 능력 대결을 유도하는 저널리즘 본연의 자세와는 거리가 멀다.

🅰 유니버시아드(Universiad)

• CF(commercial film)

텔레비전의 광고용 필름으로, 상업방송에서 프로와 프로 사이의 짧은 시간대에 방송한다.

• CM(commercial message)

텔레비전이나 라디오에서 프로와 프로 사이에 내보내는 짧은 광고방송을 말한다.

○ CM 내용을 노래로 작곡한 것을 CM송이라 한다.

• 캐치프레이즈(catchphrase)

간결한 표현으로 사람들의 주의를 끄는 인상적인 광고 문구를 말한다. 캐치프레이즈의 구비요건으로는 내용의 핵심을 단적으로 표현할 것, 짧을 것, 눈에 띄기 쉬울 것, 인상적이고 강한 글귀일 것 등을 들 수 있다.

○ 클리오(Clio) : 미국의 텔레비전·라디오 광고 페스티벌에서 우수한 텔레비전 광고작품에 매년 수여하는 금상을 말한다.

• 카피라이터(copy writer)

광고의 입안·계획·문안작성 등을 맡아 하는 광고문안 담당자를 말한다. 상품선전 등에 광고의 비중이 몹시 큰 요즘의 PR시대에는 그 필요성이 특히 강조되는 직업이다.

○ 애드 라이터(ad writer)라고도 한다.

• 5아이 룰(5I rule)

광고 카피를 만들 때의 기본요령으로서 광고는 ① 멋진 아이디어(idea)에서 출발하며, ② 직접적 영향(immediate impact)이라는 관점에서 제작되어야 하며, ③ 메시지는 처음부터 끝까지 계속적인 흥미(incessant interest)를 가지고 읽게끔 구성되어야 하며, ④ 예상고객에게 필요한 정보(information)가 충분히 제시되어야 하며, ⑤ 충동을 일으키는 힘(impulsion)을 갖추고 있어야 한다는 것이다.

• 아트디렉터(art director)

광고제작 책임자로, 광고의 일체 디자인에 관하여 작가의 기용에서부터 디자인의 결정에 이르기까지 모든 권한과 책임을 진다. 카피라이터·레이아웃맨·일러스트레이터 등의 일을 통합하여 하나의 표현으로 완성시키는 역할을 한다.

○ 분업·전문화한 광고미술의 전분야를 통합하는 일로서 풍부한 재능과 개성이 요구된다.

• AE 제도(account executive system)

광고주의 광고활동 일체를 광고전문 대행업체가 맡아서 하는 제도이다. 광고계획의 수

Q 잔다르크가 활약한 전쟁은?

립, 문안 · 도안 작성, 제작기술의 표현, 제작 업무의 작성 등과 함께 광고 후 광고효과와의 측정도 책임을 지고 대행한다.

• 에이전시(agency)

광고 대행사로, 광고주를 위해 광고에 관한 업무를 전문적으로 다루는 기업이다. 광고를 창작하고 계획하며 제작해서 매체에 게재 또는 방송하며, 요금 지불의 책임도 진다. 광고대행사는 불과 몇 사람이 하는 소규모에서부터 세계 각국에 지사를 가지고 수천 명을 고용하고 있는 대규모인 경우도 있다.

◐ 광고대행사의 수입은 광고료의 15% 수수료인 것이 국제적인 통례이다.

• 스폰서(sponsor)

상업 방송에 있어서의 광고주를 말한다. 광고료 지불에서는 광고료를 내는 대신 그 프로의 경비를 부담하는 방법과 일정한 광고료를 내는 경우가 있다.

◐ 어원은 라틴어의 spondere로 보증인 · 후원자라는 뜻이다.

• 서큘레이션(circulation)

광고매체의 양적인 전달 · 유포의 정도를 말한다. 신문 · 잡지 등의 인쇄매체에서는 발행부수, 라디오 · 텔레비전 등 전파매체에서는 어떤 시점에서 사용되고 있는 수신기의 수량 또는 일정지역 안에 있는 라디오 · 텔레비전 세트의 수를 말한다.

◐ 매체 가치의 양적 평가 척도로서 광고매체 선정의 중요한 요소일 뿐만 아니라 각 매체의 광고요금 산출 기초로서도 중요하다.

• 애드버토리얼(advertorial)

광고(advertisement)와 논설(editorial)의 합성어로, 논설식 광고를 말한다. 신문 · 잡지 등에 내는 기사형식의 PR광고로서 일반 대중과 관계 있는 부분으로부터 어떤 기업의 주장이나 식견 등을 소개하는 것까지 매우 다양하다.

◐ 논설적 · 학술적인 기사나 르포로서 다루어지며, 보통 광고주의 회사명 · 상품명 등은 기사 속에 넌지시 표현된다.

• 네임 애드(name ads)

기업광고(institutional advertising)라고도 한다. 기업의 경영방침이나 업적 등을 널리 선전함으로써 기업의 입장이나 현상을 이해하도록 하는 동시에 기업에 대한 호의나 기업 이미지를 조성하려는 목적의 광고이다.

◐ 상품광고와 대응되는 말이다. 제2차 세계대전 후 미국에서 처음 시도된 광고형태인데, 기업환경이 복잡해진 오늘날에는 우리나라를 포함한 세계 각 국에서 이용되고 있다.

A 영국과 프랑스간의 100년 전쟁

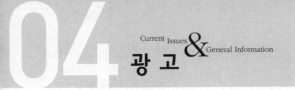
- **PPL**(product placement)

  영화나 드라마 화면에 기업의 상품을 배치해 관객 또는 시청자들의 무의식 속에 그 이미지를 자연스럽게 심는 간접광고를 통한 마케팅 기법으로 제품 간접 광고, 임베디드 마케팅, 끼워넣기 마케팅, 은폐광고라고도 한다.

- **블록광고**

  프로그램과 프로그램 사이의 시간대에 내는 삽입 광고를 말한다. 특정 프로그램에 관계없이 매일 일정한 시간대에 방송되는 것이 특징이며, 광고시간은 각 5분씩으로 30초 광고 10개가 한꺼번에 나가는 방식을 채택한다.

- **공익광고**(公益廣告)

  공공이익을 위한 광고로 우리의 실생활에 현존하는 제반문제를 스스로 해결하자는 취지로서 전개되는 광고이다. '자연보호' · '노인문제' · '청소년문제' 등 사회가 안고 있는 문제를 주제로 설정하여 제작한다.

  ❍ 우리나라는 광고방송공사에 의하여 '81년부터 시작되었다.

- **티저 광고**(teaser advertising)

  소비자의 흥미를 유발시키기 위해 처음에는 상품명이나 광고주명을 명기하지 않다가 회를 거듭할수록 서서히 상품명이나 광고주명을 나타내어 그 과정에서 독자의 관심을 유도, 설득하려는 광고이다. 인쇄광고의 경우 시리즈 형식의 광고가 이에 해당된다.

- **레트로 광고**(retrospective advertising)

  회고광고 · 추억광고를 말한다. 과거와 비슷한 정감을 불러일으키는 상황을 적절히 구성, 고객에게 추억을 회상하게 하여 상품에 대한 정겨운 이미지를 고착시킨다.

- **POP 광고**(point of purchase advertisement)

  광고 상품이 소비자에게 최종적으로 구입되는 장소 즉, 소매점이나 가두매점 등에서 광고물을 제작, 직접적인 광고 효과를 얻게 하는 구매시점광고를 뜻한다.

  ❍ 소매점의 옥외에 각종 간판설치, 점 내의 디스플레이를 통해 광고활동을 벌이는 이 방법은 매스컴 광고와 병행하여 큰 효과를 거둘 수 있다.

- **DM 광고**(direct mail advertising)

  우편물에 의해서 직접 예상고객에게 보내지는 광고로, 직접광고의 일종이다. 수신인의 주소나 이름이 명기되어 수신인에게 직접 송달되는데, 실시하는 타이밍이나 적절한 대상자를 선정하는데 유의한다면 상당한 효과를 기대할 수 있는 광고이다.

Current Issues & General Information

CHAPTER 7
Social, Culture & Labor
– 사회 · 문화 · 노동 –

01 사회일반 · 복지

02 교육 · 문화

03 노동 · 실업문제

• 모성보호법

여성의 신체적 · 생리적 특성을 감안하여 근로장소에서 여성을 특별히 보호하기 위한 사회적 조치이다. 세계 최초의 모성보호에 대한 규정은 1844년 제정된 영국의 「공장법」으로 부인의 노동시간을 일일 12시간으로 제한하여 심야작업을 금지하였다. 우리나라는 근로여성 모성보호 관련법(근로기준법, 남녀고용평등법, 고용보험법)이 개정되어 2001년 11월 1일부터 시행되고 있다.

• 사회의 전근대성(前近代性)과 근대성(近代性)

인류사회는 정의성 · 특수성 · 귀속성을 특징으로 하는 전근대사회에서 합리성 · 보편성 · 업적성을 지닌 근대사회로 발전한다. 이에 따라서 선천적으로 신분이나 지위가 귀속되었던 전시대의 질서를 깨뜨리고 개인의 노력이나 업적에 따른 사회적 지위 · 계급이 가능한 '사회이동'이 일어난다.

⟡ 급속하게 근대화를 추진하는 개발도상국에서는 전근대성과 근대성은 엄격히 구분되지 않고 혼재되어 나타난다.

• 현대 산업사회의 특징

현대 산업사회의 특징은 분업화 · 전문화 · 조직화로 대변된다. 분업화에 의해 기술혁신이 유발되고, 전문화로써 능률적 작업이 가능해졌으며, 전문화된 일들을 기능적으로 조직, 현대의 거대한 산업사회 조직이 가능하게 되었다. 이로써 산업의 발달을 이루어 물질적 풍요와 인류생활의 편의를 확장시켰다.

⟡ 그러나 현대사회는 인간소외 현상 · 이기주의적 경향 · 매스 미디어의 역기능 · 인구문제 · 환경오염문제 등 여러 가지 문제점을 안고 있다.

• 베드 타운(bed town)

대도시 주변에 생긴 주택지대로, 위성도시가 이에 속한다. 도시의 팽창에 따라 주변의 소도시나 농촌이 대도시 주민의 주택지로 변해 낮에는 도심에서 활동한 주민이 밤에 잠을 자기 위해서만 귀가하는 데서 비롯된 말이다.

⟡ 위성도시(衛星都市) : 대도시를 중심으로 해 그 주변에 발달한 중소도시로, 정치 · 경제 · 문화 · 교육 등 여러 방면에서 중심도시와 긴밀한 관계를 갖는다. 수원 · 안양 · 성남 · 광명 · 반월 · 안산 등은 서울의 위성도시이다.

• 스프롤 현상(sprawl 現象)

도시가 급격히 팽창함에 따라 도시 주변이 무질서 · 무계획적으로 확산되는 현상을 말한다. 도시계획에 무관하게 땅값이 싼 지역을 찾아 교외로 주택이 침식해 들어가는 이 현상은 토지 이용과 도시시설 정비상 많은 문제를 야기시킨다.

• 도넛화 현상(daughnut化 現象)

대도시의 거주지역 및 업무의 일부가 외곽지역으로 집중되고 도심에는 공공기관 · 상

Q 청록파 3시인은?

업기관만 남아 도심이 도넛모양으로 텅 비어버리는 현상을 말한다. 대도시 집중현상이 어느 한계를 넘으면 발생하는 교통혼잡 · 공해 · 땅값 폭등이 원인이 되어 이 현상이 유발된다.

○ 공동화(空洞化) 현상이라고도 한다.

• U턴 현상
대도시에 취직하였던 시골 출신자가 고향으로 되돌아가는 노동력 이동을 말한다. 대도시의 과밀과 공해 등이 주원인이 되고, 지방의 임금 수준이 높아지고 있는 것도 노동력의 도시탈출을 촉진시키는 이유가 된다.

○ J턴 현상 : 대도시에 취직했던 시골 출신자가 도시생활에 지쳐 도시탈출을 꾀하나, 고향까지 돌아가지 않고 도중의 지방 도시에 취직하는 노동력 이동을 말한다.

• 도시문제(都市問題)
도시에서 집중적으로 표면화되는 여러 가지 문제를 말한다. 산업화의 진전에 따른 인구의 집중에서 비롯되는 실업 · 빈곤 등의 사회문제, 표면적이고 부분적인 인간관계가 유발하는 소외와 이에 따르는 범죄 · 비행 등의 문제, 각종 공해로 인한 생활환경 악화 등이 그 예이다.

• 도시병(都市病)
노이로제 · 불안신경증 · 우울증 · 히스테리 · 강박관념 · 신경쇠약 등 도시의 과밀화 상태에서 인간에게 비롯되는 문화병이다.

• 슬럼(slum)
도시의 빈민가로, 주거 부정자가 많으며 일용노동자 등 저임금이며 수입이 불안정한 사람이 많다. 이러한 슬럼으로는 미국의 흑인 슬럼인 할렘 등이 유명하다.

○ 할렘(Harlem) : 미국 뉴욕의 빈민가로 흑인과 푸에르토리코인이 많이 살고 있다. 이곳은 미국 흑인문화의 중심지이며 흑인차별 철폐운동의 본거지이다.

• 핵가족(核家族 ; nuclear family)
가족은 그 구성범위에 따라 핵가족과 확대가족으로 나누어진다. 그 중에 핵가족은 부부와 미혼자녀만으로 이루어지는 가족으로, 대가족에 대한 소가족을 말한다.

• LID(loss isolation depression) 증후군
핵가족화에 따르는 노년층의 고독병을 말한다. 자식들은 분가해서 떠나고 주위에 의지할 사람들(남편 · 아내 · 친지)이 하나 둘씩 세상을 하직하게 되면서 손실(loss)에 따른 고독감을 느끼고 대화할 상대를 잃은 채 소외(isolation)되기도 하는데, 이런 상태가 지속되면 우울증(depression)에 빠지게 된다는 것이다. 이를 고독고(孤獨苦)라고도 하는데, 이외에 3고(苦)를 더해 노인들의 4고(苦)를 말하기도 한다.

➲ 노인들의 4고(苦) : 빈고(貧苦) · 병고(病苦) · 고독고 · 무위고(無爲苦 : 여가에 비해 할 일이 없어 느끼게 되는 고통)

• 아노미(anomie) 현상

사회 구성원의 행위를 규제하는 공동의 가치나 도덕기준을 잃은 혼돈상태, 불안감 · 고립감이 조성되는 현상을 말하는 것으로, 프랑스의 사회학자 에밀 뒤르켐(Durkheim)이 저서 「자살론」에서 사회학적 개념으로 규정하였다. 뒤르켐 이후에도 이 용어는 사회해체 현상을 분석 · 기술하는 개념으로 쓰이고 있다.

➲ 아노미 상태가 계속되면 사회 · 문화적 규범의 허용한계를 벗어나는 '일탈행위'가 자행되기 쉽다.

• 맬서스의 인구론(人口論)

인간 생존의 사회적 조건과 인구문제에 관한 학설이다. 영국의 경제학자 맬서스(T. R. Malthus)는 그의 저서에서 '인구는 기하급수적으로 증가하나 식량은 산술급수적으로 증가하므로 인간은 차츰 빈곤과 기아에 빠지게 된다'고 주장하였다.

➲ 이는 영국의 플레이스에 의해 수정 · 발전되어 인구억제 방법으로 구체화, 인구정책(가족 계획)으로 등장했다.

• 인구 피라미드(人口 pyramid)

한 나라 인구의 성별 · 연령별 구성을 나타낸 도표로, 표준형이 피라미드 모양을 이루므로 인구 피라미드라 한다. 유형은 보통 세 가지 기본형으로 나눈다.

1. 피라미드형 : 출생 · 사망률이 높은 후진국형이다. 멕시코 · 브라질 · 인도 등이 그 좋은 예이다.

2. 종형(鐘形) : 출생 · 사망률이 낮은 선진국형이다. 영국 · 스웨덴 · 미국 등이 이에 속한다.

3. 방추형(紡錘形) : 항아리형이라고도 하는데, 출생률이 저하되어 인구증가율이 감소하는 형이다. 이는 중년에서 노년층에 걸친 인구가 많아 노동인구가 남게 됨으로써 사회문제를 일으키기 쉽고, 수십 년 후에는 노동인구의 부족현상을 초래하게 된다. 제2차 세계대전 전의 프랑스, 1970년대의 독일이 그 보기이다.

➲ 인구 피라미드는 세 가지 기본형 외에 도시형과 농촌형도 있다.
  1. 도시형 : 농촌형과 함께 인구이동에 의해 나타나는 형이다. 생산연령 인구의 전입에 의한 것으로 전입형이라고도 한다.
  2. 농촌형 : 도시형과 반대로 생산연령인구의 전출에 의하며, 전출형이라고도 한다.

Q 미국의 3대 건국정신은?

• **고령화 사회**(高齡化社會 ; aging society)
노령인구의 비율이 현저히 높아 가는 사회. 의학의 발달, 생활수준과 생활환경의 개선으로 평균수명이 길어져 전체 평균 연령이 높아지는 현재의 선진사회를 일컫는 말이다. 일반적으로 65세 이상을 노령인구라 일컫는데, 노령 인구가 전 인구에서 차지하는 비율이 7%에 이르면 고령화 사회라고 부른다. 우리나라는 '89년에 평균수명이 70.8세로 처음 70세를 넘었으며, 현재 노인인구비율이 7.1%로 고령화 사회에 진입했다.

• **센서스**(Census)
본래는 인구조사를 말하는 것이었으나 오늘날에는 공업 센서스 · 농업 센서스 등과 같이 집단을 구성하는 단위를 모두 조사하여 그 크기 · 구조 등을 관찰하는 경우에도 쓰인다.
❖ 우리나라의 인구 · 주택에 관한 센서스는 전 국민을 대상으로 5년마다 실시된다.

• **화이트칼라**(white collar)
정신노동자, 즉 사무계통의 샐러리맨으로, 관리업무나 전문화된 각종 사무분야에 종사한다. 화이트칼라의 범주에 속하는 집단들은 대개 경영인 · 사무직 · 판매직 등에 종사하는 사람들로 구성되는데, 이들은 신중산계급의 핵심적 세력이기도 하다. 이와 반대로 육체 노동자는 블루 칼라(blue collar)라 한다.
❖ 그레이 칼라(gray collar) : 화이트칼라와 블루칼라의 중간적 존재로, 기술의 진보에 따라 육체노동도 기계화하여 종래의 블루칼라와는 달리 화이트칼라적 성격의 작업에 종사하는 사람들을 가리킨다.

• **논 칼라**(non collar)
블루칼라도 화이트칼라도 아닌 무색세대로, 손에 기름을 묻히는 것도 아니고 서류에 매달려 있지도 않는 컴퓨터 세대를 일컫는다. 후기 산업사회에서 등장한 존재이다.

• **신데렐라 콤플렉스**(Cinderella complex)
자신의 능력으로 자립할 자신이 없는 여성이 동화의 여주인공 신데렐라처럼 일시에 자신의 인생을 변화시켜 줄 왕자와 같은 사람의 출현만을 기다리는, 즉 남자에게 의지해 마음의 안정을 찾고 또 그로부터 보호받기를 원하는 심리적 의존현상을 말한다.
❖ 미국의 콜렛트 다울링의 저서 「신데렐라 콤플렉스」에서 나온 말이다.

• **신드롬**(syndrome ; 증후군)
어떤 공통성이 있는 일련의 병적 징후를 총괄적으로 나타내는, 병명에 준하는 명칭이다.

1. 파랑새 신드롬 : 동화극 「파랑새」의 주인공처럼 장래의 행복만을 꿈꾸면서 현재의

A 청교도 정신 · 개척자 정신 · 실용주의 정신

일에 정열을 느끼지 않는 현상을 말한다.

2. **피터팬 신드롬** : 동화극 「피터 팬」의 주인공 피터가 언제까지나 소년역을 한 것처럼 나이가 든 어른이면서도 어린이와 같은 언어와 행동을 지속하는 현상을 말한다.

3. **스탕달 신드롬** : 역사적인 미술 걸작품을 감상할 때 순간적으로 느끼는 정서적 압박감으로, 「적과 흑」의 작가 스탕달이 미켈란젤로 등의 작품 관람 후 느낀 흥분과 두려움에서 연유한 것이다.

4. **슈퍼우먼 신드롬** : 여성이 모든 일에 완벽해지려고 지나치게 신경을 쓴 나머지 지쳐버리는 증상을 말한다. 맡은 일뿐만 아니라 노는 데도, 또한 한 사람의 여성으로서 완벽한 사람이 되려고 지나친 노력을 기울이다 지쳐 버린다는 것이다.

● **공소증후군(空巢症候群)** : 결혼 후부터 중년에 이르기까지 남편 뒷바라지, 자녀양육으로 바쁜 나날을 보냈던 가정주부가 어느 날 문득 남편도 자식도 모두 자신의 품 안에서 떠나버렸음을 깨닫고 자신의 정체성에 대해 회의하게 되는 심리적 현상을 말한다. 이러한 정신적 위기는 여성들의 사회참여가 활발하지 못한 사회에서 심각한 문제로 제기된다.

• **이피족**(Yiffie 族)

젊고(young), 개인주의적이며(individualistic), 자유분방하고(freeminded), 이전 세대에 비해 사람 수가 적다(few)는 뜻으로, 미국에서 유피족에 이어 90년대 들어 새로이 등장한 신세대 직업인을 가리킨다. 전후 베이비 붐이 퇴조한 1965년 이후에 태어나 대학을 졸업한 고학력자들로 레저 · 가족관계 · 여유 있는 생활 등에만 주된 관심을 쏟는다.

● **유피족**(Yuppie 族) : young urban professional의 약어로 도시의 젊은 전문직업인을 뜻한다. 1946년부터 20년간 미국은 베이비 붐을 맞아 8천만 명이 태어났다. 가난을 모르는 이 세대 가운데 유피족은 고등교육을 받고 도시근교에서 전문직에 종사하는 젊은이들로 돈과 건강을 최대 목표로 삼는다.

● **딩크족**(Dink 族)

double income, no kids의 약어로 유피 다음 세대를 가리키는 말이다. 이들은 정상적인 부부생활을 영위하면서도 자녀를 두지 않고 맞벌이를 하며, 돈과 출세를 인생의 목표로 삼는 현세대의 표상적인 인간군으로 미국 젊은이들 사이에 크게 유행하고 있다.

● **좀비족**(Zombie 族)

주체성이 없이 로봇처럼 행동하는 사람을 가리키는 것으로, 현대의 관료화된 사회조직에서 일찌감치 요령과 처세술만 터득하여 무사안일주의를 제일로 하여 살아가는 대다수의 화이트칼라들을 꼬집는 말로 쓰이고 있다.

● **좀비**(Zombie)란 원래 서아프리카의 부두족(Voodoo族)이 숭배하던 뱀의 신에서 유래된 말이다.

예문 새로운 세대를 나타내는 신조어에 대한 문제가 출제됨

Q 단편소설의 시조로 불리는 사람은?

• 미 제너레이션(Me generation)
자기 중심적인 사고를 가진 현세대의 젊은이들을 표현하는 말로, 자기 자신 또는 관련 집단의 이익 외에는 무관심하고 자신의 욕구 충족만을 바라는 현대의 젊은층을 가리킨다.

• 아웃사이더(outsider)
'문외한(門外漢) · 국외자(局外者) · 비가맹자(非加盟者)'란 뜻으로, 영국 평론가 윌슨 (C. Wilson)의 저서 「아웃사이더」가 나온 이후 쓰이기 시작한 말이다. 이 국외자는 '바깥쪽에 있는 자'임에는 틀림없으나, 자기 의사로써 안쪽을 거부하는, 즉 '질서의 안쪽에 있는 것에 대하여 부정적인 의식을 가지는 것'을 말한다.

• 사회집단(社會集團)
서로 의존관계에 있는 2인 이상의 지속적인 상호작용과 소속감을 갖는 집합체로, 가족이나 부족 등 자연발생적으로 형성된 집단, 학교나 직장 등 특수목적 달성을 위한 의도적 집단 등이 있다. 이를 일반적으로 소규모 친밀집단(자연적 · 기초적 집단)과 대규모 형식집단(인위적 · 기능적 집단)으로 구분한다.

❍ 사회집단의 분류 : 접촉관계에 따라 제1차 집단 · 제2차 집단으로 구분하는 것(쿨리), 결합형태에 따라 공동사회 · 이익사회로 구분한 것(퇴니스), 생활결합에 따라 지역사회 · 목적사회로 구분하는 것(메키버) 등이 있다.

• 소속집단(所屬集團) · 준거집단(準據集團)
소속집단은 개인이 실제로 참여하는 집단이고, 준거집단은 개인이 정신적 애착을 가지고 생각하고 행동하는 데 그 기준을 삼는 집단을 말한다. 즉, 준거집단은 개인이 자기 자신 또는 타인을 판단 · 평가하는 경우 준거점이 되는 집단이다. 소속집단과 준거집단이 일치할 경우 만족감을 느끼게 되고 일치하지 않을 경우 가치에 대한 갈등을 느끼게 된다.

예문 사회집단의 분류, 소속집단과 준거집단에 대한 개념을 묻는 문제가 출제됨

• 게마인샤프트(Gemeinschaft ; 공동사회)
가족 · 촌락 · 국민 등의 관계와 같이 혈연 · 지연 등에 의해 자연적으로 맺어진 사회를 말한다.

❍ 게마인샤프트와 게젤샤프트는 독일의 사회학자 퇴니스(Tennies)가 설정한 사회 형태이다.

• 게젤샤프트(Gesellschaft ; 이익사회)
공동사회에 대립되는 개념으로, 자유의지로 이익을 얻으려는 목적 아래 모여 이룬 사회를 말한다. 영리회사 · 협회 · 국가 등이 이에 속한다.

A 에드거 앨런 포

- **게노센샤프트**(Genossenschaft ; 협동사회)

  게마인샤프트와 게젤샤프트는 그 결합형태에 따른 분류이지만, 실제 사회집단 중에는 공동 · 이익사회 양쪽의 성질을 모두 띠고 있어 구별하기 힘든 것이 있는데, 이러한 협동사회를 게노센샤프트라 한다.

  ○ 학교와 같은 사회집단이 여기에 속한다.

- **사회보장제도**(社會保障制度 ; social security system)

  국민 각자가 직면하고 있는 실업 · 질병 · 재난 · 노령 · 사망 등의 위험에 대해 국가 또는 사회가 공공자원의 일부를 보태 개인의 생활을 보장하는 제도를 말한다.

  ○ 공적부조(公的扶助) : 역사적으로 사회보험보다 앞섰으며, 사적부조에 대응하는 용어로 국가나 지방자치단체의 이전지출금으로 운용되는 소득보장제. 사회보험과 더불어 사회보장의 중심을 이룬다. 국가가 국민의 최저생활을 보장하기 위하여 세금을 재원으로 하므로 소득재분배의 효과도 있다. 공적부조에서는 대상자 확인절차가 수반되는데, 이 점이 사회보험과 구분되는 요소이다.

  예문 공적부조와 사회보험의 성격 · 내용 · 종류에 대한 문제가 출제됨. 특히 내용의 차이점을 확실히 이해해둘 것

  ### ■ 사회보장 방법

	목적	재원부담	보장방법	내용
사회보험	재해구제	노동자 · 사용주 · 정부(갹출주의)	부담능력에 따라 국민들의 강제 가입	산업재해보험 · 의료보험 · 연금보험 · 실업보험
공적부조	생활구빈	국가 · 지방 공공단체(무갹출주의)	국가에서 무상으로 보조 · 구호	생활보호 · 의료보호 · 재해구호

- **의료보험**(醫療保險 ; medical insurance)

  보험을 통해 일상생활에서 사고와 부상으로 인해 발생하는 가계지출 부담을 분산시킴으로써 생활의 안정을 도모하는 사회보장제도의 일종. 1880년대부터 독일 등 유럽에서 사회보험으로 처음 실시되었다. 우리나라에서는 1977년 500인 이상 사업장 근로자를 대상으로 직장의료 보험제도가 처음으로 실시, 이후 1979년 공무원 및 사립학교 교직원과 300인 이상 사업장 근로자, 1988년 농어촌지역 의료보험, 1989년 도시 자영업자를 대상으로 의료보험이 실시되면서 전 국민 의료보험시대를 맞았다. 그리고 1987년 2월부터는 한방의료보험이 실시되었으며, 1989년 10월부터는 약국의료보험도 실시되었다.

  ○ 지역의료보험 · 약국의료보험 : 농어민과 도시 자영업자 등을 위한 것이 지역의료보험이고, 약국의료보험은 의사의 처방전에 따른 약국조제에 대한 보험급여이다.

- **국민연금제도**(國民年金制度)

  국민의 노령 · 장애 · 사망 등으로 소득원을 잃을 경우를 대비해 노후를 보장하는 제도로 국민의 생활안정과 복지증진에 기여하기 위해 정부가 운영하는 사회보장제도이다.

Q 우리나라에서 형사 미성년자의 나이는?

'88년 국민복지연금법에 의해 실시된 이 제도의 가입대상은 18세 이상, 60세 미만의 모든 국민이다.

• 독일의 사회보장제도

사회보장제도의 근간이 되는 사회보험은 독일에서 처음 실시되었다. 1870년대 산업발달에 수반하여 노동재해 · 노동자의 질병 등 근로문제가 대두되자 '복지국가' 라는 용어를 최초로 사용한 독일의 재상 비스마르크(Bismarck)는 1883년부터 질병보험법 · 공업재해보험법 · 노령보험법 등을 제정, 시행하도록 하였다.

⟳ 세계 최초로 사회보험제도를 실시한 것이 독일이라면, 뉴질랜드는 세계 최초로 완비된 사회보장제도를 확립하였다.

• 미국의 사회보장제도

1935년에 뉴딜(New Deal) 정책의 일환으로 사회보장법이 제정되어 여러 차례 개정을 거듭, 오늘에 이르고 있다. ① 연방정부가 관리 · 경영하는 양로 및 유족보험, ② 각 주가 경영하는 실업보상제도에 대한 국고보조, ③ 각 주가 영위하는 각종의 공적부조 및 복지사업에 대한 국고보조금제도의 세 부문으로 되어 있다.

⟳ 뉴딜 정책은 1929년의 대공황에 대처하기 위해 1933년 루스벨트 대통령이 실시한 일련의 경제정책이다.

• 영국의 사회보장제도

1942년 비버리지(W. H. Beveridge) 보고서를 기초로 하여 1945년부터 가족수당법 · 국민산업재해보험법 · 국민보험법 · 국민보건사업법 · 국민부조법 · 아동법 등이 제정되어, 1948년부터 거의 완벽한 사회보장제도를 갖추게 되었다. 그리하여 출산 · 질병 · 노동재해 · 실업 · 사망 등 이른바 '요람에서 무덤까지' 의 사회보장이 성립되었다.

⟳ 1. 비버리지 보고서 : 영국의 경제학자이며 사회보장제도 · 완전고용제도의 주창자인 비버리지가 정부의 위촉을 받아 사회보장에 관한 문제를 조사 · 연구한 보고서이다.
2. 요람에서 무덤까지 : 비버리지가 한 말로서, 사회보장제도의 완전한 형태를 뜻한다.

• 5대 사회악(社會惡)

영국 사회제도의 아버지라고 불리는 비버리지가 한 말로, 인간생활의 안정을 위협하는 궁핍(窮乏) · 질병(疾病) · 무지(無知) · 불결(不潔) · 태만(怠慢)의 다섯 가지를 가리킨다.

• 세계보건기구(WHO ; World Health Organization)

UN 전문기구의 하나로, 세계 각 국민의 보건위생의 향상, 인구문제의 연구 조사 등을 목적으로 1948년에 설립되었다. 본부는 스위스의 제네바에 있으며, 가맹국은 166개국. 우리나라는 1949년에 가입했다.

Ⓐ 만 14세 미만

- **후천성 면역 결핍증**(AIDS ; acquired immune deficiency syndrome)

  체내의 세포면역기능이 현저하게 떨어져 보통 사람에게서는 볼 수 없는 희귀한 각종 감염증이 발생하고, 이것이 전신에 퍼지는 질환이다. 몇 주에서 몇 년에 이르는 잠복기간을 가지며, 감염력은 강하지 않으나 적절한 치료법이 없어 치사율이 높다. 당초 남성 동성연애자나 약물중독자에게 특유한 병으로 보았으나, 곧 환자로부터의 수혈이나 혈액제제에 의한 감염도 현저해졌다. '81년 미국에서 처음 발견된 이후 유럽, 오스트레일리아, 아시아에까지 번져 세계 각국은 예방 백신 개발에 나서고 있다.

  ◐ 최근의 국내 에이즈 전파양상이 종전 해외유입 형에서 내국인 사이의 확산형으로 그 심각성이 더해지자 보건복지부는 에이즈를 실질적으로 법정전염병과 같은 규제를 받는 지정전염병으로 고시하였다.

- **호스피스**(Hospice)

  말기 암 환자 등 죽음이 임박한 환자들을 간호하는 것을 말한다. 임종을 앞둔 환자들의 고통 경감과 평온한 죽음을 맞이할 수 있도록 유도하는 것으로 종교단체 등이 운영하는 숙박소, 빈민 · 행려병자들의 수용소를 가리키는 말로 사용됐다.

- **국제사면위원회**(國際赦免委員會 ; AI ; Amnesty International)

  정치적 · 종교적 확신 때문에 부당하게 투옥된 사람들의 석방운동을 목적으로 하는 단체로, 1961년 영국의 변호사 베네슨에 의해 창설되었다. 양심수 석방촉구, 모든 정치범에 대한 공정하고 신속한 재판 요구, 사형 및 고문제도에 반대하는 운동을 계속하고 있다. 런던에 본부, 세계 45개국에 지부가 있으며, 회원은 160여 개국, 100여만 명에 달한다.

  ◐ 국제사면위원회는 1977년 노벨 평화상, 1978년 UN 인권상을 수상했다. '89년에는 사형폐지에 대한 국제적인 캠페인을 벌인 바 있다.

- **MRA**(Moral Re-Armament ; 도덕재무장운동)

  기독교 정신을 근본으로 도덕의 재무장을 하여 세계의 평화를 수립하려는 운동이다. 1921년 미국의 종교가 부크먼(F. Buchman)이 제창하여 전 세계에 급속히 번졌는데, 절대의 정직 · 순결 · 무사 · 사랑을 신조로 한다. 본부는 스위스에 있다.

  예문 MRA의 4대 목표(신조)를 묻는 문제가 출제됨

- **4H 클럽**

  생활개선이나 기술개량을 목적으로 하는 농촌 청소년의 조직이다. 4H란 head(머리) · hand(손) · heart(마음) · health(건강)의 뜻으로, 곧 과학적인 머리, 일하는 손, 성실한 마음, 튼튼한 몸을 지향하고 있다. 4H 클럽은 미국 청소년의 농사연구 클럽을 모체로 하여 탄생, 전 세계에 보급되어 있다.

  ◐ 우리나라에서도 1947년부터 농촌부락 단위로 조직, 많은 회원이 참가하고 있다.

Q 국악의 빠르기 표시 중 가장 빠른 것을 나타내는 것은?

- **KKK**(Ku klux klan)

남북전쟁 때 조직된 미국의 비밀 테러 단체로, 흑인에 대한 백인의 우월성을 내세우는 백인 그룹으로 조직되었다. 그 뒤 제1차 세계대전 후 다시 조직되어, 카톨릭교도 · 유대인 · 동양인을 배척하였다.

◘ 이 단체원들은 복면을 하고 십자가를 불태우며 사람들에게 공포심을 불러일으킨다.

- **마피아**(Mafia)

미국에 있는 세계 최대 지하범죄조직이다. 원래 이탈리아의 시칠리아 섬에서 조직된 비밀결사로, 현재는 미국의 대도시에서 마약과 도박에 관련된 범죄조직을 형성하고 있다.

◘ 일반 범죄조직을 마피아라는 별명으로 부르기도 한다.

- **아파르트헤이트**(Apartheid) **폐지**

아파르트헤이트란 백인 우월주의에 근거한 남아프리카공화국의 극단적인 유색인종 차별정책으로, 17C 중엽 백인의 이주와 더불어 점차 제도로서 확립된 것이다. 남아공은 국제적인 비난 속에서도 이 정책을 계속 강화해 1976년 소웨토 폭동을 비롯한 국내 각지의 폭동이 끊임없었다. 이에 남아공 정부는 '85년 '잡혼금지법 철폐'를 기점으로 '86년에는 흑인과의 권력분할인 '파워 셰어링'을 발표하는 등 약화정책을 쓰다가 마침내 '91년 2월에는 인종차별정책을 뒷받침하던 토지법 · 분리주거법을, 같은 해 6월 17일에는 주민등록법(인종분류법)을 폐기함으로써 아파르트헤이트를 폐지하게 된 것이다.

◘ 남아프리카공화국은 전 국민의 16% 밖에 안 되는 백인이 법률로서 흑인 등 토착민에 대해 직업의 제한, 노동조합 결성의 금지, 도시 외의 토지소유 금지, 백인과의 결혼 금지, 승차분리, 공공시설 사용제한 등으로 유색인종을 철저히 차별해 왔다.

- **백호주의**(白濠主義 ; White Australianism) **청산**

백호주의란 오스트레일리아에서 1901년 이래 중국인 · 일본인 · 한국인 등 황색인종의 이민을 배척하던 인구 정책이었다. 특히 노동당은 이에 강경했으므로 아시아 국가들의 반감을 초래하였을 뿐 아니라, 마침내 국내적으로는 노동력 부족현상을 일으켰다. 이에 1965년부터는 원칙적으로 차별정책을 지양하다가, '86년7월부터 아시아계 이민을 더욱 개방함으로써 백호주의를 청산하게 되었다.

◘ 백호주의는 앵글로색슨계를 비롯, 기독교 문명사회의 배경 아래 있는 백인만의 이민을 허용함으로써 동질적인 사회를 유지 · 발전시키려던 것이었다.

A 휘모리

• **커리큘럼**(curriculum)

교육 목표를 달성하는 데 필요한 교재를 학습자의 발달단계에 맞추어 체계적으로 배열 · 조직한 전체계획으로, 교육과정이라고도 한다.

• **아카데미**(academy ; 한림원)

그리스의 철학자 플라톤(Platon)이 아테네 교외의 아카데모스 숲 속에 세웠던 학원 이름에서 비롯된 것으로, 현재는 학문이나 예술에 관한 지도적이고 권위 있는 단체 · 학술원 등의 의미로 쓰이고 있다.

❍ 프랑스의 '아카데미 프랑세스'와 영국의 '로열 아카데미'가 유명하다.

• **심포지엄**(symposium)

어떤 특정한 문제에 대하여 몇 사람이 의견을 말하고, 그 의견들을 바탕으로 참석자가 질의 응답을 하는 형식의 토론회를 말한다. 학술 토론회, 신문 · 잡지 등에 발표되는 지상 토론회의 뜻으로도 널리 쓰인다.

• **IQ**(intelligence quotient ; 지능지수)

지능검사의 결과로 얻은 정신연령을 실제 연령으로 나눈 다음 100을 곱한 수로, 지능의 발달정도를 표시하는 데 이용된다. 1908년 프랑스 심리학자 비네(A. Binet)가 개발하였다.

❍ 미국은 비네의 검사를 개량, 140 이상을 천재, 100 전후를 보통지능, 70 이하를 지능미숙 등으로 분류했다.

• **EQ**(Educational Quotient ; 감성지수, 교육지수)

감성지수 또는 교육지수라 하며, 자기 자신과 타인의 정서를 평가 · 표현하고 조절하는 것으로, 아울러 정서사고 · 추론 · 문제해결 · 창의성 등에 응용하는 능력을 뜻한다. 90년 최초로 감성지수 개념을 제안, 세계 교육학 및 심리학계에 커다란 반향을 일으킨 미국 예일대 피터 셀로비 박사가 주창하였다.

• **몬테소리 운동**(Montessori Movement)

이탈리아의 여류교육자 몬테소리가 제창한 과학적 유아교육운동이다. 이 교육방법의 특색은 정리된 환경아래 아동의 자기 활동을 철저히 계발시키며, 동시에 감각의 연마를 특별한 교구를 고안해 그것을 자유로이 사용하도록 하고, 교사는 좋은 관찰자로서 항상 아동에게 자주성을 갖도록 한다는 점이다.

❍ 유럽 특히 카톨릭 교육원에 보급되었고, 1930년대 이후에는 프랑스 · 벨기에 등의 초등 · 유아교육시설에, 지금은 전 세계적으로 확산되어 있다.

Q 우리나라의 국체(國體)는?

- **오픈 스쿨**(open school)

  이전 학교교육의 획일적 · 고정적인 개념을 깨고 교육의 내용이나 방법을 보다 탄력 있게 해 아이들의 능력 · 관심 또는 필요에 따른 교육을 행하고자 하는 시스템이다.

  ◖ 영국의 초등학교에서 시작되어 미국에까지 보급되어 있다.

- **전인교육**(全人敎育)

  인간이 지니고 있는 모든 자질을 전면적 · 조화적으로 육성하려는 교육이다. 즉, 신체적 성장 · 지적 성장 · 정서적 발달 · 사회성의 발달을 조화시킴으로써 잘 균형된 전일체(全一體)로서의 인간을 육성하려는 교육이념이다.

  ◖ 참고육 : '89년에 결성된 '전국교직원노동조합'이 주장하는 교육이념으로, 민족 · 민주 · 통일을 위한 인간교육을 궁극적 목표로 한다.

- **평생교육**(平生敎育 ; lifelong education)

  교육이 학교교육뿐만 아니라 가정교육 · 사회교육 등을 망라하여 나이에 제한 없이 전 생애에 걸친 교육으로 조직화되어야 한다는 교육관이다. 1967년 유네스코 성인교육회의에서 제창된 교육론이며, 우리나라도 이를 받아들여 헌법에 국가의 평생교육진흥의 의무를 규정하고 있다. '생애교육'이라고도 하며, 가정교육 · 학교교육 · 사회교육을 포괄하는 개념이다.

  ◖ 평생교육의 활동형태는 ① 공민학교 · 기술학교 등의 준학교 형태, ② 산업체 부설학교 및 특별학급, 방송통신고등학교 및 대학, 개방대학 등의 정규학교 형태, 평생교육원 등의 대학개방 형태로 나눌 수 있다.

- **평생교육원**(平生敎育院)

  일반 여성들의 사회교육을 담당하기 위해 개설된 학교로, 대학이 보유하고 있는 자원을 많은 사람들에게 개방함으로써 대학교육의 혜택을 향유할 수 있도록 교육과 학습의 장을 제공한다.

  ◖ 평생교육원은 대학부설교육기관으로 '84년 덕성여대 · 이화여대에서 설립된 이래 여러 대학에서 설립, 운영중이다.

- **산업대학**(産業大學 ; industrial university)

  일정한 교육을 마쳤거나 중단한 근로청소년 · 직장인 · 시민들에게 계속 교육 및 재교육 기회를 주어 대학과정을 이수하게 하는 대학이다. 기존 대학과 달리 교육의 시기 · 연령 · 장소 및 학습방법 등에 아무런 제약이 없다.

  ◖ '82년 경기공업개방대학이 설립된 것이 개방대학의 시초이며, '87년 명칭이 산업대학으로 바뀌었다.

- **에스페란토**(Esperanto)

  1887년에 폴란드의 안과의사인 자멘호프(L. L. Zamenhof)가 창안한 국제 보조어이

🅰 공화국

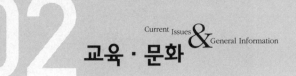

다. 로마체 알파벳 중 Q, W, X, Y를 제외한 28개의 자모와 1,900개의 기본단어로 이루어지며 문법이 아주 간단한 것이 특징이다.

○ 에스페란토는 '희망자'라는 뜻으로, 자멘호프가 필명으로 쓴 데서 비롯된 것이다.

• 나이별 호칭

나이	호칭	나이	호칭
15세	지학(志學)	60세	이순(耳順)
20세	약관(弱冠)	70세	고희(古稀)
30세	이립(而立)	77세	희수(喜壽)
40세	불혹(不惑)	88세	미수(米壽)
50세	지천명(知天命)	99세	백수(白壽)

○ 백을 바라본다는 뜻으로 망백(望百 ; 91세)이 있다.

예문 나이별 호칭에 대한 출제는 빈번함. 특히 20세, 40세, 60세, 70세에 대한 호칭을 묻는 문제가 주로 출제됨

• 지적재산권(知的財産權 ; intellectual property)

무형적인 지적창작물에 대한 소유권, 즉 독점적 권리로, 특허권 · 실용신안권 · 의장권 · 상표권이 포함되는 산업재산권과 창작서적 · 번역물 등이 포함되는 저작권의 두 가지로 분류된다. 산업재산권은 특허청의 심사를 거쳐 등록해야만 보호되지만 저작권은 출판과 동시에 보호된다는 점이 다르며, 보호기간도 산업재산권은 10~20년 정도로 비교적 짧은 반면, 저작권은 사후 30~70년까지로 길다. 최근엔 급속한 기술혁신에 따라 새로운 기술들이 속출, 산업재산권과 저작권 중 어느 부류에도 속하지 않거나 양쪽에 모두 속할 수 있는 분야가 나타나고 있는데 가장 대표적인 것이 소프트웨어이다.

○ 이전의 명칭은 지적소유권이었으나, 특허청이 '90년부터 이를 지적재산권으로 바꾸기로 하였다.

예문 지적 재산권의 내용 종류에 대한 문제가 출제됨

• 세계지적재산권기구(WIPO ; World Intellectual Property Organization)

저작권을 다루는 베른 조약과 산업재산권을 다루는 파리 조약의 관리와 사무기구상의 문제를 통일적으로 처리하기 위하여 1967년에 설립되었으며, 1974년 UN 전문기구의 하나가 되었다. 회원국은 126개국이며, 본부는 스위스의 제네바에 있다.

○ 우리나라는 1979년에 가입하였다.

• 세계저작권조약(UCC ; Universal Copyright Convention)

유네스코의 제창으로 1952년에 성립된 저작권 보호에 관한 조약의 하나이다. 이 조약

Q 희곡의 3요소는?

은 저작권이 납본 등의 절차에 의해 비로소 발생한다고 하는 범미 조약과 작품완성과 동시에 발생한다고 하는 베른 조약을 조정하기 위해 결성되었다. 저작권 보호기간은 사후 25년 이상이며, 번역권에 대해서도 국내법상의 최저 기준만을 요구하므로 베른 조약보다 덜 엄격한 편이며, 특히 조약 가입 이전의 저작물에 관해서는 보호의무가 없는 불소급원칙을 적용한다. 우리나라는 '87년 10월 UCC에 가입했다. 2013년부터는 국내에서의 저작물 보호를 위한 저작권법에서 저작권을 저작자 사후 70년까지 보호하기로 했다.

○ 베른 조약(Berne Convention) : 정식 명칭은 '문학 및 미술 저작물 보호에 관한 조약'으로 1886년 스위스 수도 베른에서 체결되었다. 가맹국은 다른 가맹국 국민들의 저작물을 자국민의 저작물과 동등하게 대우하며 저작권 효력은 저작물이 완성되면 성립된다는 이른바 무방식주의에 따르며, 저작권은 저작자의 생존기간 및 사후 일정기간 동안 보호하는 것을 원칙으로 한다.

• ⓒ마크

UCC(세계저작권조약)에 규정된 저작 보호 표시이다. ⓒ표시는 기호, 저작 재산권자의 이름, 초판의 발행연도를 같은 위치에서 분리되지 않게 배열하여야 하며, ⓒ표시가 있는 것은 세계저작권조약에 가입한 국가로부터 저작권 보호를 받는다.

• 무크(mook)

잡지(magazine)와 단행본(book)의 합성어로 두 가지의 성격을 모두 가진 부정기적인 간행물을 말한다. 1971년 런던에서 개최된 국제 잡지협회의 제18차 회의에 제출된 보고서에서 처음 이 말이 사용되었다. 미국에서는 매가북(magabook), 부커진(bookazine)이라고도 한다.

○ 우리나라의 경우, 1970년 초부터 1980년대 중반까지 주로 젊은 작가 · 비평가들을 중심으로 자신들의 문학적 입장을 밝히는 무크지 운동이 활발히 일어난 바 있다.

• 타임 캡슐(time capsule)

그 시대를 대표하는 기록이나 물건을 후세에 전하기 위해 땅 속에 묻는 용기를 말한다. 1939년의 뉴욕 만국박람회에서 5천 년 뒤에 열 것을 상정하여 만년필 등을 합금제의 용기에 넣어 묻은 것에서 비롯된다.

• 무형문화재(無形文化財)

연극 · 음악 · 무용 · 공예 기술, 기타 무형의 문화적 소산으로, 역사상 · 예술상 가치가 있어 그 기술을 보존하고 계승시키기 위해 국가에서 문화재로 지정한 것을 말한다. 가야금 산조 · 안동 차전놀이 · 승무 · 봉산탈춤 · 서도소리 등이 이에 속한다.

○ 우리나라 무형문화재 제1호는 종묘제례악이다.

A 해설 · 지문 · 대사

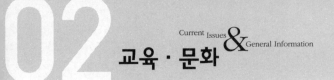

- **보물**(寶物)·**국보**(國寶)

  보물은 건조물·고문서·회화 등의 중요 유형문화재 중 국가에서 지정·보호하는 것이며, 국보는 보물로 지정된 것 중 특히 가치가 높은 것으로 평가되어 국가가 지정·보호하는 것을 말한다.

  ○ 우리나라 국보 제1호는 남대문, 보물 제1호는 동대문이다. 북한의 국보 제1호는 평양성이다.

- **인간문화재**(人間文化財)

  중요 무형문화재의 기능이나 예능을 보유한 사람을 말한다. 1962년 문화재보호법 제정 이후 정부는 전통 기능·예능의 발굴·지정, 인간문화재의 생계 보조, 후계자 양성, 활동지원 등에 역점을 두고 있다.

- **대한민국 문화예술상**(文化藝術賞)

  우리나라 문화예술의 발전을 도모하기 위해 1969년 정부가 제정한 상으로, 문화·문학·미술·음악·연예 등 10개 부문에 시상한다.

- **노벨상**(Nobel Prizes)

  다이너마이트를 발명한 스웨덴의 과학자 노벨의 유언에 따라 1896년에 창설된 국제적인 문화상이다. 기금은 70만 파운드인데, 매년 그 이자로 물리·화학·생리학 및 의학·문학·평화·경제 등 6개 부문에 공헌한 사람·단체에게 시상한다.

  ○ 경제학상은 1968년 노벨 재단과는 별도로 스웨덴 은행이 창립 300주년을 기념해 신설한 상인데, 상금은 다른 분야와 같다.

- **세계 7대 불가사의**(不可思議 ; seven wonders of the world)

  지구상에서 불가사의한 것으로 여겨지는 일곱 가지 사물을 말한다. 고대 7대 불가사의는 BC 330년경 알렉산더 대왕의 동방원정 이후 그리스인 여행자들에게 관광대상물이 된 일곱 가지 건축물을 가리키는데, ① 이집트의 피라미드, ② 메소포타미아 바빌론의 공중정원, ③ 올림피아의 제우스상, ④ 에페소의 아르테미스 신전, ⑤ 할리카르나소스의 마우솔루스 왕 능묘, ⑥ 로도스 섬의 아폴로 거상, ⑦ 알렉산드리아의 파로스 등대를 말한다. 이들 중 현존하는 것은 이집트의 피라미드뿐이다.

  ○ 이외에 이집트의 피라미드, 로마의 원형극장, 영국의 거석 기념물, 이탈리아의 피사 사탑, 이스탄불의 성 소피아 성당, 중국의 만리장성, 알렉산드리아의 등대를 7대 불가사의로 부르는 경우도 있다.

- **문화**(文化)

  사회 성원들이 학습을 통해 공통적으로 가지게 되는 생활양식으로 이는 물질문화와 비물질문화로 크게 나뉜다. '물질문화'는 용구문화라고도 하는데 기술을 중심으로 하며,

Q 우리나라 최초의 근대적 국립병원은?

비물질문화는 규범문화 · 행동문화라고도 하는 제도문화와 가치문화라고도 하는 관념문화로 나뉜다. 문화는 물질적 · 정신적 욕구를 충족시켜 주며, 환경의 제약을 극복하는 수단, 사회를 운영하는 원리로서의 기능을 지닌다.

◑ 문화가 인간사회 생활양식의 총체인 데 비해 문명은 원시적인 야만에 대해 인간생활이 보다 진보한 단계를 뜻한다.

• 문화의 상대성(相對性)

모든 문화는 나름대로의 독자적인 가치와 의미를 지닌다는 뜻으로, 어느 종족이나 민족은 그들 나름대로의 독특한 문화를 지니고 있으며, 이러한 각각의 문화체계를 그들의 입장에서 이해하고 평가해야 한다는 것이다.

◑ 문화의 상대성을 거부하는 태도가 자문화 중심주의 · 문화적 사대주의로 나타나며, 이를 문화적 절대주의라 한다.

03 노동·실업문제

Current Issues & General Information

- **노동조합**(勞動組合 ; trade union)

  노동자가 자주적으로 노동조건의 유지·개선 및 사회적·경제적 지위를 향상시키기 위해 조직하는 단체이다. 노동운동의 조직적인 기초가 되며, 직업·기업·산업별로 조직된다. 노동조합은 본래의 임무를 벗어난 기업활동의 파괴행위를 거부하며, 또 사용자 등의 참가나 사용자로부터의 경비원조를 거부한다.

  ➥ 줄여서 '노조(勞組)'라고도 부른다.

- **노동 3법**(勞動三法 ; three acts concerning with labor)

  노동법이란 자본주의 경제조직에서 노동관계에 대하여 규정한 법률을 말하며, 그 중에서도 노동관계의 기본법인 근로기준법·노동조합법·노동쟁의 조정법을 노동 3법이라 했으나, 근로기준법과 노동조합 및 노동관계조정법으로 노동2법이 되었다.

  1. 근로기준법 : 노동자의 노동조건, 즉 임금·노동시간·휴일 및 연차유급휴가·안전위생 및 재해보상 등에 관한 최저기준을 규정한 법률이다. 근로보호법이라고도 한다.

  2. 노동조합법 : 노동자가 단결하여 단체교섭이나 기타 단체행동을 할 수 있는 권리를 인정하고 구체적으로 보장하는 방법 등을 규정한 법률이다.

  3. 노동쟁의조정법 : 노동쟁의를 공정하게 조정하여 노사간의 분규를 예방 내지 해결함으로써 산업의 안정을 꾀하고 나아가 산업 및 경제의 안정적 발전에 기여함을 목적으로 제정된 법률이다.

  ➥ **1.** 우리나라에서 근로기준법은 1953년부터, 노동조합법·노동쟁의조정법은 1963년부터 시행 되었다.
     2. 노동 3권(勞動三權) : 근로자의 인간다운 생활을 보장하기 위해 헌법에서 정한 단결권·단체교섭권·단체행동권을 말한다. 노동조합법에 의해 규정되었다.

  예문 노동 3법이란? 노동 3권은? 등으로 출제됨

- **단체교섭권**(團體交涉權 ; right to bargain collectively)

  노동조합의 대표자가 사용자와 근로조건의 유지·개선 등에 관하여 직접 교섭할 수 있는 권리를 말한다.

- **노동쟁의**(勞動爭議 ; labor dispute)

  근로조건에 관한 노동관계 당사자간의 주장의 불일치로 인한 분쟁상태를 말한다. 주장을 관철하기 위한 방법으로는 스트라이크(strike)·보이코트(boycott)·사보타주(sabotage)·피케팅(picketing) 등이 있다.

  ➥ **1.** 제너럴 스트라이크(general strike) : 총파업이라고도 하는데, 전국적으로나 지역적 또는 어떤 산업 전반에 걸쳐 행해지는 대규모의 파업이다.
     2. 헝거 스트라이크(hunger strike) : 항의나 요구의 관철을 위하여 단식을 수단으로 시위하는 일이다.

Q 노동 3법은?

예문 노동쟁의 중 가장 강력한 수단이 무엇인지(스트라이크)를 묻는 물음과, '사보타주 = 태업' 이라는 사실을 알 아보는 문제가 출제됨

종류	내용	특징
스트라이크 (동맹파업)	노동자들이 자신들의 요구를 관철시키기 위하여 작업을 전면 포기하는 것이다.	쟁의 중 가장 철저한 수단이다.
보이코트 (불매동맹)	쟁의 중 그 기업의 제품을 조직적 · 집단적으로 구매하지 않도록 배척하는 것이다.	사용자에게 압력을 가하기 위한 수단이다.
사보타주 (태업)	불완전노동, 즉 노동시간을 충분히 사용하지 않는다든지, 불완전제품을 만든다든지, 원료 · 재료를 필요 이상으로 소비한다든지 하여 사용자를 괴롭히는 것이다.	사용자에게 손해를 주어 자신들의 요구를 관철시키려는 수단이다.
피케팅	배반자나 파업을 파괴하는 자를 막기 위해 직장 입구 등에 파수꾼(피켓)을 두고 작업을 저지하는 것이다.	동맹파업의 보조수단이다.

• 제3자 개입 금지

직접 근로관계를 맺고 있는 근로자나 당해 노동조합 또는 법령에 의해 정당한 권한을 가진 사람을 제외하고는 단결과 단체교섭 · 노사협의, 또 쟁의에 관하여 제3자의 개입을 금지하고 있는 법 조항이다.

❍ '80년에 제정된 노동법상의 신설조항이다.

• 알선 · 중재 · 조정

쟁의 해결방법으로는 알선 · 중재 · 조정이 있다. '알선'은 노동쟁의의 신고를 받은 행정관청이나 노동위원회가 노사의 중간에 들어 쌍방 주장의 요점을 확인, 쟁의해결을 위해 노력하는 것이며, '중재'는 노동쟁의조정법에 의해 노동위원회가 노동쟁의에 관해 중재재정을 내리고 당사자들이 이에 따라야 하며, '조정'은 노사와 공익을 대표하는 조정위원이 조정안을 제시, 쟁의해결을 위해 노력하는 것이다.

❍ '긴급조정'은 쟁의가 공익성을 띤 업체에서 발생했거나 국민경제를 위태롭게 할 경우 노동부장관이 결정한다.

예문 알선 · 중재 · 조정의 개념을 묻는 문제가 출제됨

• 노동위원회(勞動委員會)

노동행정의 민주화와 노사관계의 공정한 조절을 목적으로 설치된 기관이다. 사용자 · 근로자 · 공익을 대표하는 사용자위원 · 근로자위원 · 공익위원들로 구성되며, 중앙 · 지방 및 특별노동위원회로 구분한다.

A 근로기준법 · 노동조합법 · 노동쟁의조정법

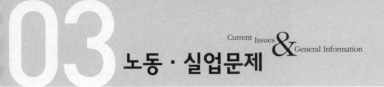
- **생디칼리슴**(syndicalisme)

  프랑스와 이탈리아에서 19세기말에 일어난 노동조합주의의 하나이다. 일체의 정치행동을 배격하고, 총동맹파업 · 사보타주 등의 직접적인 행동에 의해 산업관리를 이행하고 사회개조를 실현하려 하였다. 지나친 폭력주의에 치우친 나머지 무정부주의적인 색채가 있었다.

  ● 1906년 총동맹파업을 하다가 실패, 소멸되었다. 생디카란 단위노동조합이란 뜻이다.

- **유니언 숍**(union shop)

  노동협약에 따라 고용노동자는 모두 노동조합에 가입하며, 사용자는 탈퇴 · 제명으로 비조합원이 된 자를 해고하도록 의무화한 제도이다.

  _{예문} 유니언 숍 · 오픈 숍 · 클로즈드 숍의 차이점을 묻는 문제가 출제됨

- **오픈 숍**(open shop)

  기업의 고용노동자가 그 회사의 노동조합에 대한 가입 여부를 자유의사에 따라 결정할 수 있는 제도이다. 조합원이건 아니건 똑같이 고용의 기회가 부여되므로 사용자측에서 비조합원인 노동자만을 고용하여 노동조합을 약화시키는 데 악용되기도 하였다.

  ● 우리나라에서는 공무원을 제외한 모든 노동자에 대해 오픈 숍을 적용하고 있다.

- **클로즈드 숍**(closed shop)

  어떤 직종에서 노동자를 고용할 때 노동조합원이어야 한다는 것이 고용조건이 되는 제도이다. 노동조합의 단결 및 사용자와의 교섭력을 강화하여 유리한 노동조건을 획득하려는 의도에서 나온 제도이다.

  _{예문} 노동조합측에 가장 유리한 제도는 클로즈드 숍, 불리한 제도는 오픈 숍이다. 이 점을 확인하는 문제가 출제됨

- **황견계약**(黃犬契約 ; yellow-dog contract)

  노동조합에 가입하지 않거나 쟁의에도 참가하지 않으며, 또는 조합으로부터 탈퇴하는 것을 조건으로 맺는 고용계약으로, 우리나라에서는 이를 부당 노동행위로 규정, 금지하고 있다.

- **직장폐쇄**(職場閉鎖)

  사용자가 노사협상에서 자신의 주장을 관철시키기 위해 일정기간 동안 직장 문을 닫아버리는 것을 말한다. 직장폐쇄 기간 중에 근로자들은 작업장내 출입이 일절 금지되며 임금도 받지 못한다.

  ● 직장폐쇄는 국내에서 유일하게 인정되고 있는 사용자측의 쟁의 행위이다.

Q 우리나라에 외국 군대가 주둔할 수 있게 된 최초의 조약은?

• 최장(最長) 노동시간(근로시간)

근로기준법상 인정된 노동시간의 최장 한계(最長 限界)를 말한다. 각 나라는 최장 1일 8시간의 원칙을 법으로써 규정하고 있다. 우리나라 근로기준법 제50조 "휴게시간을 제하고 1일에 8시간 1주일에 40시간"의 법정근로시간 기준을 정하고 있으며 동법 제51조 "노사간의 합의에 따라 특정일의 근로시간은 12시간, 특정주의 근로시간은 52시간" 한도 내에서 초과 근무할 수 있도록 규정하고 있다.

❍ 8시간 노동제가 국제적으로 정식 선포된 것은 '국제노동헌장' 에서 이다.

• 최저임금제(最低賃金制)

국가가 임금결정에 개입, 임금의 최저수준을 결정하는 법적인 강제제도로 '88년 1월부터 시행되었다. 근로기준법에 규정되어 있으며 1인 이상 근로자를 사용하는 모든 업체에 적용된다. 최저임금위원회는 사용자위원, 근로자위원, 공익위원 각 9명으로 구성된다.

❍ 2021년 8월 5일 고용노동부는 2022년도 최저임금을 9천160원으로 확정했다. 월 노동시간 209시간을 적용한 최저임금 환산액은 191만4천440원으로 업종과 상관없이 모든 사업장에 동일하게 적용한다. 2022년도 최저임금 9천160원은 2021년 최저임금(8천720원)보다 440원(5.1%) 높은 금액이다.

• 태프트하틀리 법(Taft-Hartley Act)

1947년에 제정된 미국의 노사관계법으로, 와그너 법을 수정한 현행 노동기본법이다. 파업권의 제한, 클로즈드 숍의 금지, 유니언 숍의 대폭 제한, 부당행위 금지 등을 그 주요내용으로 하고 있다. 이 법의 명칭은 입안자인 상원의원 태프트와 하원의원 하틀리의 이름을 딴 것이다.

❍ 와그너 법(Wagner Act) : 미 상원의원 와그너의 제안에 의해 1935년에 제정된 노사관계법으로, 노동 3권을 인정하고 클로즈드 숍도 인정함으로써 노동자의 지위향상과 노동조합운동에 기여한 바 컸으나 폐단이 많아 대폭 수정되었다.

• 러다이트(Luddite) 운동

19세기 초 영국 산업혁명의 급속한 발달로 실업의 위기에 처한 수공업 노동자들이 공장의 기계를 파괴한 소동이다. '러다이트 탄압법' 이 발표되어 이 운동이 탄압을 받자, 노동자들은 노동조합운동으로 그 불만을 타개하였다. 주동자인 러드(Lud)의 이름에서 유래하였다.

• ILO(International Labor Organization ; 국제노동기구)

근로자의 지위향상을 위해 베르사이유 평화조약에 의하여 설치된 국제 기구로 UN 산하 16개 전문기구의 하나로 편입되어 있다. 이 기구의 설립취지와 목적 · 활동방향이 명확히 규정된 것은 '44년 제26차 총회에서 채택된 '필라델피아 선언' 에서였다. ILO의 권리장전으로 불리고 있는 이 선언의 헌장전 문은 '세계평화는 사회정의에 기초했을 때만 실현' 될 수 있다고 못박고 있으며, 이때부터 사회정의는 ILO의 설립목적과 활

Ⓐ 제물포조약

동방향의 핵심개념 중 하나로 자리잡게 되었다. 본부는 스위스 제네바에 소재하며, 우리나라는 '91년 12월 가입했다.

○ 1969년 노벨 평화상을 수상하였다.

• 한국노동조합총연맹(韓國勞動組合總聯盟)

노동자의 권익옹호와 균등사회 건설을 위해 1961년에 발족한 대한노동조합총연맹이 5·16으로 해체되었다가 그 해 8월 재조직되어 단일 연합체가 된 것이다.

○ 줄여서 '한국노총'으로 부르기도 한다.

• 실업률(失業率)

노동할 의욕과 능력을 가진 자가 자기의 능력에 맞는 노동의 기회를 얻지 못하고 있는 상태를 백분율로 나타낸 것이다.

$$실업률 = \frac{실업인구}{노동가능인구} \times 100$$

○ 노동가능인구 : 14세 미만의 연소자와 주부·학생·무능력자 등을 제외한 인구로, 대략 전 인구의 45% 내외가 된다.

• 구조적 실업(構造的失業 ; structural unemployment)

일반적으로 선진국에서 자본주의의 구조가 변화하여 생기거나 자본축적이 부족한 후진국에서 생산설비의 부족과 노동인구의 과잉으로 생기는데, 경기 회복으로도 속히 흡수되지 않는 실업형태이다.

○ 실업이 방대하고, 반영구적이므로 대량적 실업·만성적 실업이라고도 한다.

예문 실업의 각 형태에 대한 개념을 묻는 문제가 출제됨

• 잠재적 실업(潛在的失業 ; potential unemployment)

표면적으로는 직업에 종사하고 있으나 그 일이 여러 가지로 만족스럽지 못하여 실질적으로는 실업상태에 있는 것을 말한다. 곧 일시적인 생계유지책으로 본의 아닌 직업에 종사하면서, 영구적인 직장 취업의 기회를 기다리는 것과 같은 일이다.

○ 가장실업(假裝失業)·위장실업(僞裝失業)이라고도 하는데, 그 인원의 파악이 어렵다.

• 경기적 실업(景氣的失業)

경기변동에 따라, 그 불황기에 생기는 가장 전형적인 실업형태이다. 공황이 일어나 침체기에 들어가면 실업이 격증하고 번영기가 되면 감소한다.

Q 주식회사의 3대 기관은?

- **계절적 실업**(季節的失業 ; seasonal unemployment)
  자연적 원인 또는 특정 상품에 대한 수요의 계절적 변동으로 생기는 실업형태이다.
  ● 농업 · 수산업 · 토건업 등에서 흔히 볼 수 있다.

- **기술적 실업**(技術的失業 ; technological unemployment)
  기술 진보에 의한 자본의 유기적 구성의 고도화에 의해 생기는 실업으로, 일반적으로
  자본주의적 선진국에서 볼 수 있는 실업경향이다. 이는 실물적 생산력 향상에 의하여
  노동력에 대한 수요가 감소함으로써 생기는 실업형태이다.
  ● 이를 마르크스형 실업이라고도 한다.

- **산업예비군**(産業豫備軍 ; industrial reserve army)
  마르크스의 경제학에서 자본주의 사회가 고도화됨에 따라 생기는 완전실업자 · 반실업
  자 · 피구제자 등의 과잉노동인구를 말한다. 기술이 진보할수록 자본의 투자는 기계 ·
  원료에 투입되고 노동자의 고용을 위한 부분은 상대적으로 감소함으로써 실업자가 생
  긴다는 이론이다.
  ● 산업예비군은 오늘날 기술적 실업과 유형이 가장 가깝다. 이 점을 확인하는 문제가 출제됨

Ⓐ 주주총회 · 감사 · 이사회

Current Issues & General Information

CHAPTER 8
Korean History
- 국 사 -

01 고대 · 삼국 · 통일신라시대

02 고려시대

03 조선시대

04 근대 · 현대

• 한민족(韓民族)의 기원

동아시아, 그 중에서도 특히 동방문화권을 성립시키면서 농경생활을 바탕으로 독특한 문화를 이룩한 우리 민족은 인종학상 황인종에 속하는 퉁구스족(Tungus 族)의 한 갈래이고, 언어학상 알타이어계(Altai語系)에 속한다. 우리나라에 사람이 살기 시작한 것은 구석기시대부터이며, 신석기시대에서 청동기시대를 거치는 과정에서 우리 한민족의 기틀이 이루어졌다. 최남선은 한민족의 문화에 대해 백두산이 중심이 되고 한족(韓族)을 근간으로 하여 형성된 고대문화를 불함문화(不咸文化)라고 주장한다. 이 불함문화권은 한민족 외에 만주족 · 일본족까지 포함한다.

⊙ 선사시대 문화권 : **1.** 한족문화권 – 황하 유역　　　**2.** 북방문화권 – 몽고 지역
　　　　　　　　　3. 동방문화권 – 화이허～한반도　　**4.** 화남문화권 – 양쯔강 이남

• 공주 석장리(石壯里)

유적 전기 구석기에서 후기 구석기까지 계속된 유적인데, 웅기 굴포리와 함께 후기 구석기시대의 유물이 많이 출토되었다.

⊙ 주먹도끼문화와 찍개문화 : 구석기문화는 인도의 서쪽(인도 · 유럽 · 아프리카 · 중동)에서 발달한 주먹도끼문화와 동쪽(동남아 · 동북아시아)에서 발달한 찍개문화로 대별된다.

• 구석기 유적의 발굴

유적	발굴지	특징
석장리	공주	전～후기 구석기, 주먹토기
굴포리	웅기	후기 구석기(3만 년 전)
검은모루	상원	전기 구석기(50만 년 전)
점말동굴	제원 (제천)	중기 구석기, 코뿔소뼈
전곡리	연천군	30만 년 전, 주먹 토기

• 빌레못 동굴(洞窟)

제주도 북제주군 애월면 어음리의 용암동굴로 1973년에 발견되었다. 이 동굴은 구조나 형태면에서 매우 중요하며, 이러한 점 외에 선사시대의 혈거유적으로서 석기 · 목탄류 · 순록 · 황곰 등의 동물화석이 발견되어 구석기시대 유적으로서 그 중요성을 널리 인정받고 있다.

⊙ 구석기인들은 불과 타제석기를 썼으며, 채취와 수렵 · 어로생활을 하면서 동굴에서 살았다. 협동의 필요에서 언어가 발달하고 무리사회를 이루었다.

• 원시무늬없는 토기(원시무문토기 ; 原始無文土器)

한반도에 처음 등장한 토기로 약 6천 년 전에 사용되었다. 그릇이 작고 밑이 도토리 모

Q 녹색혁명이란?

양으로 둥글게 되어 있는데, 부산 동삼동, 웅기, 만포진 등지에서 출토되었다.

➲ 우리나라에서 토기가 사용된 것은 신석기시대부터이며 정착 생활을 시작해 농사를 짓고 온돌을 사용한 것도 신석기시대부터이다.

• 덧띠무늬토기(융기문토기 ; 隆起文土器)

그릇 표면에 흙을 칠한 주발모양의 밑이 둥근 토기이다. 부산 동삼동 조개더미에서 원시무늬없는 토기와 함께 출토되었으며, 가장 오래된 토기이다.

• 빗살무늬토기(즐문토기 ; 櫛文土器)

약 6천 년 전 어로 · 수렵을 생업으로 하던 신석기인들이 사용한 회색 토기로, 팽이모양(V자형)이며 표면에 기하학적인 빗살무늬가 새겨져 있다. 시베리아 · 스칸디나비아 · 몽고 · 만주 · 한국 등지에서 출토되는 북방계 문화유물이다. 이는 대개 압록강 · 대동강 등의 해안 및 평야지대에서 출토되므로 저지유물(低地遺物)이라고도 한다.

예문 빗살무늬토기(→신석기시대)와 무늬없는 토기(→청동기시대)가 사용된 시대를 묻는 문제가 출제됨

• 조개무지(패총 ; 貝塚)

해안 · 강변에서 발견되는 선사시대인들의 유적지로 많은 유물이 함께 발견되었다. 웅기 · 김해 · 양산 · 웅천 · 몽금포 등지에 남아 있는데, 웅기의 것에서 온돌지와 사람뼈가 발굴되어 고대인들의 난방시설과 매장풍속을 알게 되었다.

➲ 웅기와 부산 동삼동의 패총은 신석기시대, 김해 · 양산 · 웅천의 패총은 철기시대의 것이다.

• 무늬없는 토기(무문토기 ; 無文土器)

청동기 또는 금석병용기시대 사람들이 사용하던 토기로, 우리나라 토기의 주류를 이룬다. 무늬없는 두꺼운 토기라고도 하는데, 빗살무늬토기보다 거칠고 두꺼우며, 무늬가 없으며 밑이 평평하고, 또 대부분 쇠뿔 모양의 손잡이가 달려 있다.

➲ 무늬없는 토기는 반월형 석도와 함께 청동기시대의 대표적인 유물이다.

• 고인돌(지석묘 ; 支石墓 ; dolmen)

부족시대 족장급의 무덤으로 추측되는 청동기시대의 대표적인 분묘 또는 제단으로서, 부족간의 경계 표지인 선돌(立石 ; menhir)과 함께 거석문화에 속한다. 고인돌을 중국의 산동 반도로부터 한국의 동북방을 제외한 전지역과 서부 일본에 널리 분포되어 있다. 우리나라의 경우에는 대개 한강을 중심으로 북방식(탁자식 ; 용강 · 은율)과 남방식(기반식 ; 대구 · 나주)으로 나뉜다. 선돌은 전남 순천과 황해도 연백에서 발견된다.

➲ 태양거석문화 : 족장세력의 성장과 함께 청동제 칼과 창으로 무장한 우세부족들이 나타나기 시작했으며, 이들은 스스로 하늘의 아들이라 믿는 '선민 사상'을 가졌다. 이러한 의식이 태양거석문화로 나타난다.

A 식량 증산의 기술적 혁명

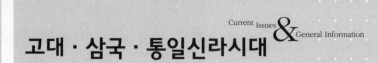

• 단군신화(檀君神話)

천제 환인의 아들인 환웅과, 곰이 변신하여 여인이 되었다는 웅녀의 아들 단군왕검이 BC 2333년 아사달에 도읍을 정했다는 우리 민족 최초의 초기국가인 고조선의 건국신화이다. 단군은 제사장을, 왕검은 정치적 지배자를 뜻한다. 이로써 단군왕검은 제정일치의 족장이었음을 알 수 있으며, 웅녀전설은 단군조선, 즉 고조선이 모계사회였고 토테미즘사회였음을 알려준다. 단군신화가 실려있는 문헌은 「삼국유사」· 「제왕운기」· 「세종실록지리지」· 「응제시주」· 「동국여지승람」이다. 단군신화는 우리 민족 건국과정과 홍익인간의 건국이념을 밝혀준다.

○ 단군신화가 최초로 기록된 문헌은 「삼국유사」이다.

예문 단군신화의 내용에 대해, 그리고 기사가 실린 문헌에 대해 출제됨

• 8조금법(八條禁法)

「한서지리지」에 전하는 고조선사회의 기본법이다. 그 내용 중 사람을 죽인 자는 사형에 처한다, 남에게 상해를 입힌 자는 곡물로 배상한다, 남의 물건을 훔친 자는 노비로 삼고, 자속(自贖 ; 배상)하려는 자는 50만 전을 내야 한다 등 3조만 전해진다.

○ 이 관습법은 족장들의 사회 질서 유지수단이었으며, 동시에 가부장중심의 계급사회로서 사유재산을 중히 여긴 당시 사회상을 반영하고 있다.

• 한사군(漢四郡 ; BC 178-AD 313)

한무제가 위만조선을 멸망시키고 낙랑(樂浪)·진번(眞番)·임둔(臨屯)·현도(玄菟) 등의 4군(郡)을 두어 직접 관리를 파견 지배했던 곳이다. 이 4군에는 관할 현(縣)을 설치하고 군에는 태수(太守), 현에는 영(令) 등의 소속장관을 한나라 중앙정부에서 파견하였다. 4차에 걸친 변동 끝에 마지막까지 남아 있던 낙랑이 북쪽에서 고구려, 남에서 백제가 성장하여 공격을 가해 축출함으로써 설치된 지 421년 만에 소멸되었다.

○ 한사군의 영향 : 철기문화가 발전하고 한자가 전래되었으며, 한족에 대한 저항 속에 민족의식의 생성과 함께 초기국가(부족국가)들이 나타났다.

• 영고(迎鼓)

고조선 다음에 성립한 고대국가 부여에서 행하던 제천행사로 마지굿이라고 한다. 은력(殷曆) 정월(지금 12월)에 온 백성들이 모여 하늘에 제사지내고, 음식과 가무를 즐기며, 국사를 의논하고, 죄수들을 풀어주기도 한 이 행사는 추수감사제의 성격을 띤 종교의식이었다.

예문 각 부족국가와 제천행사에 대한 문제가 많이 출제되니 짝지어 기억해둘 것

• 순장(殉葬)

고대 부여에서 왕이나 족장들의 지배력 강화와 더불어 생긴 관습으로 지배자가 죽으면

하호(下戶 ; 농노) 등 그에 속한 많은 사람들이 함께 매장되어야 했던 것을 말한다.

• 1책 12법(一責十二法)

도둑질한 자에게는 12배의 배상을 물게 한 부여의 법제로, 이는 고구려에서도 행해졌다.

• 민며느리 제도(예부제 ; 豫婦制)

옥저에서 행해진 일종의 매매혼으로, 여자의 나이 10세가 되면 맞아들여 길러 성인이
된 뒤에 여자집에 돈을 치르고서 정식 아내로 삼았다. 이러한 것은 당시에 사유재산제
가 존재했음을 말해준다.

◑ 데릴사위 제도(예서제 ; 豫婿制) : 고구려에서 행해지던, 신랑을 신부의 집에 미리 데려오던 제도로 모계사회 유
풍이다.

• 소도(蘇塗)

삼한시대에 제사장인 천군이 제천의식을 주관하던 신성한 장소를 말한다. 제정이 분리
되지 않았던 때는 중요하게 여겨졌으나, 정치군장의 세력강화에 따라 천군의 지배력이
약화되어 제정이 분리되는 단계에 이르러 소도는 신구(新舊)세력의 완충지대로서의 성
격을 띠게 된다. 소도는 신성 지역이므로 국법의 힘의 미치지 못하여 죄인이 이곳으로
도망해 들어와도 잡지 못하였다.

◑ 정치군장이란 당시 중요한 산업인 수전경작을 위해 저수지(벽골제 · 의림지 · 수산제 · 공검지 · 대제지 등)를 축
조해 물의 관리권을 갖는 등 당대의 실질적 지배자를 말한다.

• 점제현 신사비(黏蟬縣神祠碑)

평남 용강군에 남아 있는 우리나라 최고의 석비로, 높이 1.6m, 폭1m이며, 비문은 예서
(隸書)로 씌어 있다.

◑ 열수(列水)가 대동강임을 알게 된 것은 이 비석 때문이다.

• 진대법(賑貸法)

고구려 고국천왕이 을파소를 재상으로 등용, 왕 16년(194)에 실시한 '춘대추납'의 구
빈제도로, 춘궁기에 가난한 백성에게 관곡을 빌려주었다가 추수기인 10월에 환납하게
하는 제도이다. 양민들의 노비화를 막고 농민생활을 안정시키기 위해 실시하였다.

◑ 고려의 의창, 조선시대 환곡의 선구가 되었다.

• 태학(太學)

우리나라 최초의 교육기관(국립대학)으로서, 고구려 소수림왕 2년(372) 중앙에 설치한
국립교육기관이다. 중앙귀족의 자제에게 한학, 곧 경서와 역사서를 가르쳤다.

◑ 경당(卿堂) : 지방에 설치, 평민 이상의 자제에게 경전과 무예를 가르쳤다.

A 피아노 · 바이올린 · 첼로

• 나제 동맹(羅濟同盟)

남하하는 고구려 세력을 막기 위해 신라와 백제가 맺은 공수(攻守)의 성격을 띤 군사동맹이다. 433년 백제 비유왕과 신라 눌지왕 사이에 체결되었고, 493년에는 백제 동성왕이 신라 소지왕에게 요청하여 결혼동맹으로까지 발전했다.

❍ 433년부터 553년까지 계속되었던 이 동맹은 신라 24대 진흥왕의 영토확장책으로 인하여 결렬되고 말았다.

• 살수대첩(薩水大捷)

살수(薩水 ; 지금의 청천강)에서 고구려 군사가 수(隋) 대군을 무찔러 크게 이긴 일을 말한다. 영양왕 23년(612), 수나라 양제가 100만 대군을 이끌고 고구려에 침입했는데, 고구려의 항전이 굳세어지자 별동대 30만이 다시 압록강을 건너 쳐들어왔으나 을지문덕 장군이 유도작전을 써 살수에서 이들을 전멸시켰다. 안시성 싸움과 더불어 대한족 투쟁에서 우리 민족이 거둔 장쾌한 승전의 하나이다.

❍ 안시성(安市城) 싸움 : 수를 이은 당(唐) 대군을 맞아 안시성 성주 양만춘이 60여 일이나 굳세게 항전, 물리친 전투이다.

• 광개토대왕릉비(廣開土大王陵碑)

만주 통코우에 있는 고구려 광개토대왕의 비석으로 장수왕이 414년에 세운 것이다. 원래의 명칭은 '국강상광개토경평안호태왕비(國罡上廣開土境平安好太王碑)'이며 우리나라 최대 비석이다. 이 비석에는 영락 5년 비려 정복(395), 왜구와 연결된 백제 정벌(396), 신라 · 가야 정벌(400) 등 영토확장 사실이 적혀 있으며, 시조 동명왕이 남긴 '이도여치(以道與治)'란 말이 전한다. 특히 일본은 '辛卯年來渡海破百殘 □□□ 羅'라는 비문을 확대 · 왜곡 해석함으로써 임나 일본부설을 보완하는 증거로 삼고 있다.

❍ 1. 광개토대왕비를 세운 장수왕은 평양으로 천도했으며, 남하정책을 펴 남한강 유역까지 진출, 중원 고구려비를 세웠다.

2. 재일 한국인 사학자 이진희씨가 '85년에 이곳을 직접 답사, 일본의 광개토대왕비 변조를 확인한 바 있다.

• 임나일본부설(任那日本府設)

일본의 역사서인 「니혼쇼키(日本書紀)」의 기록을 근거로, 고대 낙동강 유역의 가야지방이 일본이 지배하던 관부라고 주장하는 설을 말한다. 사학자 천관우의 「니혼쇼키」, 「삼국사기」 '광개토대왕릉비문'을 토대로 한 임나일본부에 대한 부정이 우리 학계의 정설이 되고 있는데, 「니혼쇼키」에 나오는 기록은 대가야에 설치되었던 왜의 상관(商館)이라는 추측이 더욱 현실적이다.

예문 시사성을 띠는 역사용어이다. 언론사 시험문제에서 자주 출제되므로 주관식으로도 서술할 수 있어야 함

Q 천지창조의 작곡자는?

• **남당**(南堂)

원래는 부족국가시대의 집회소였으나, 왕권 확립 후 중앙정청(中央政廳)으로 변하였다. 백제 고이왕 28년(261)에 왕이 남당에서 대신들로부터 정사(政事)에 관한 의견을 들었다는 기록이 전한다.

➲ 도당(都堂)이라고도 한다.

• **무령왕릉**(武寧王陵)

백제 무령왕과 왕비의 능으로, 1971년 공주 송산리에서 발견되었다. 연꽃무늬 벽돌로 만들어진 전축분(塼築墳)으로 금제관식 · 지석 · 청동제품 · 자기 등이 발굴되었다. 중국 남조, 특히 양나라와의 문화적 교류를 증명하고 있다.

➲ 송산리 제5, 6호분과 서로 접해 있으며, 백제 고분으로서 전례가 없을 정도로 유물이 풍부하고 화려하다.

• **골품제도**(骨品制度)

신라의 신분제도로서 족장세력을 통합하는 과정에서 성립됐다. 왕족은 성골(聖骨) · 진골(眞骨), 귀족은 6두품 · 5두품 · 4두품, 평민은 3두품 · 2두품 · 1두품 등 8골품으로 구별한다. 골품은 가계의 존비(尊卑)를 나타내고 그 등급에 따라 복장 · 가옥 등에 여러 가지 차등을 두었다. 성골은 28대 진덕여왕으로써 끊기고, 29대 무열왕부터는 진골이 대를 이었다.

➲ 특히 6두품은 얻기 어려워 득난(得難)이라고 했다.

• **화백제도**(和白制度)

신라 씨족공동회의제에서 발전한 만장일치제 회의제도로서, 진골 이상의 귀족 · 중신들이 모여, 국왕 선거를 비롯한 국가의 중대사를 의논 · 결정하였다. 회의 참석자는 대등(大等), 그 대표자는 상대등(上大等)이다.

➲ 사영지(四靈地) : 경주 주변 네 곳의 회의장소(동쪽의 청송산, 서쪽의 피전, 남쪽의 오지산, 북쪽의 금강산).

• **화랑제도**(花郎制度)

옛 씨족사회의 청소년 집단에서 기원하여 진흥왕 37년(576)에 사회제도화해 국가적 조직으로 발전한 것이다. 화랑도는 진골 출신의 화랑과 낭도의 무리로 구성되었으며, 국선도 · 풍월도 · 향도라고도 했다. 이들은 친목단체 · 교육단체 · 무사단으로서 5계를 지켜 고상한 기풍과 정의 · 인내와 무사도의 정신을 함양하였다. 이렇게 하여 이 제도는 국가에 유능한 인재를 배출, 후에 신라의 삼국통일에 공헌한 바 크다.

➲ 이름난 화랑에는 사다함 · 검군 · 관창 · 죽지랑 · 기파랑 · 김유신 · 김춘추 등 명장과 재상들이 많다.

🅐 하이든

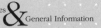

- **세속오계**(世俗五戒)

  신라 진평왕 때 원광법사의 사군이충(事君以忠)·사친이효(事親以孝)·교우이신(交友以信)·임전무퇴(臨戰無退)·살생유택(殺生有擇)의 다섯 가지 계명을 말한다. 원광법사가 수에서 귀국하자, 화랑인 귀산과 추항이 찾아가 일생을 두고 경계할 가르침을 청해 이를 일러주었다고 한다. 이는 화랑정신이 되어 화랑도의 발전과 삼국통일의 기초를 이룩하였다.

〈 신라의 전성기 〉

- **진흥왕 순수비**(巡狩碑)

  신라 전성기를 이룬 진흥왕의 영토확장을 기리기 위한 척경비이다. 한강상류를 정복하고 적성비(赤城碑 : 단양비), 이어 북한산비, 낙동강 하류 가야를 정복하고 창녕비, 함경도 일대를 토평하고 마운령비와 황초령비를 세웠다. 북한산 순수비를 세운 정복사업으로 나제동맹은 깨지고 이 전투에서 백제 성왕이 전사했다.

- **삼국의 주도권 쟁탈전**

구분	성격	시기
제1기 (4세기 말엽 ~ 5세기)	고구려의 주도권 시기	소수림왕·광개토왕·장수왕·문자왕
제2기 (6세기)	신라의 주도권 시기	법흥왕·진흥왕
제3기 (6세기 말 ~7세기 중엽)	삼국간의 치열한 쟁탈기	당의 등장과 백제·고구려 멸망

➡ 555년에 세워진 북한산비는 조선후기 금석학자 추사 김정희에 의해 고증되었으며 현재 경복궁에 소재되어 있다.

- **왕오천축국전**(往五天竺國傳)

  신라 성덕왕 때의 승려 혜초가 당에서 바닷길로 인도로 건너가 각지를 순례하고 중앙아시아를 거쳐 727년에 돌아온 뒤 쓴 책으로, 당시의 인도·서역 등의 각 국 종교와 풍속에 관한 기록이 많이 있다. 1908년 중국의 둔황 석굴에서 발굴되었는데, 현재 프랑스 파리 국립도서관에 소장되어 있다.

  예문 저자와, '천축'이 지금의 어디인지(인도)를 묻는 문제가 출제됨

- **독서삼품과**(讀書三品科 ; 독서출신과)

  신라 말엽 원성왕 4년(788)에 실시한 학문성적에 따라 관리를 등용했던 제도로 과거제도의 전신이다. 화랑이나 귀족의 자제들 가운데서 추천이나 무예 등을 통하여 인재를 등용하였던 종래의 관리채용방법과는 달리 국학의 학생들에게 독서로써 시험하여 그

Q 우리나라 최초의 가사(歌辭)는?

성적에 따라 상품 · 중품 · 하품 등 3품으로 나누어 채용하였다. 특히 5경(經) · 3사(史) · 제자백가(諸子百家)를 통달한 자는 특별채용의 은전이 있었다.

○ 골품제도와 귀족들의 반대로 제대로 실시되지는 못했지만 학문을 보급시키는데 기여했다.

• 청해진(淸海鎭)

신라 말기, 당에 머물러 있던 장보고는 신라인이 노예로 팔려 가는 것을 보고 돌아와 지금의 완도에 해상진영을 설치했다. 이곳을 근거로 중국 해적을 소탕하였으며, 나아가 서남해의 해상권을 확보, 이에 따른 중국 · 일본과의 활발한 교역으로 신라의 해외 발전의 전성기를 이루었다.

• 신라방(新羅坊)

신라 때 신라인이 자주 왕래하던 당나라 산동반도와 양쯔강 하류 일대에 산재해 있던 신라인의 거주지를 말한다. 삼국통일 후 신라는 당과의 해상무역이 활발해져 많은 신라인이 오고감에 따라 형성되었으며, 이들 신라방의 거류민을 다스리기 위해 자치적 행정기관인 신라소(新羅所)를 설치하였으며, 사원인 신라원(新羅院)이 세워졌다.

○ 신라원 : 신라방에 세운 사원으로, 이중에서도 장보고가 세운 법화원(法化院)이 유명하다.

• 지리도참설(地理圖讖說 ; 풍수지리설)

신라 말 도선이 중국에서 받아들인 인문지리적인 지식과 예언적인 도참신앙이 결부된 학설이다. 송악이 나라의 수도가 될 만한 길지(吉地)라든지, 각 지방에도 그 지세에 따라 좋고 나쁜 곳이 있다는 등, 왕궁이나 사찰의 건축, 분묘의 자리를 보는 것이다. 경주 중심의 행정조직을 고치고 국토개편을 주장함으로써 신라 정부의 권위를 약화시키는 역할을 했다.

○ 이 때 도입된 풍수지리설은 고려 때 더욱 성했다. 서경길지설(西京吉地說)을 내세운 묘청의 난이 있다.

• 발해(渤海)

고구려인의 저항운동이 계속되는 가운데 698년, 고구려 유장 대조영이 지린성 돈화현 동모산에서 말갈인과 고구려 유민(流民)을 모아 세운 연합국가로 국호를 진(震; 연호는 天統)으로 했다가 뒤에 발해로 고쳤다. 고구려의 옛 영토를 거의 회복하여 세력을 떨쳤으나, 신라 말기에 요(遼)나라에 망했다. 고구려 부흥의식과 민족자각 의식이 강했던 발해의 멸망과 아울러 만주는 우리 민족의 활동무대에서 사라지고 말았다.

〈 발해의 전성도 〉

○ 고구려 유지(遺址)를 회복하지 못한 신라의 삼국통일은 발해의 멸망과 함께 우리 민족의 활동무대를 한반도로 축소시키고 말았다. 발해의 영토를 회복하려는 노력은 고려 초 태조 왕건의 북진정책, 공민왕의 요동출병, 고려 말(최영) · 조선 초(정도전)의 요동수복운동으로 이어진다.

Ａ 정극인의 상춘곡

- **기인제도**(其人制度)

통일을 이룬 고려 태조 왕건의 가장 큰 과업은 호족세력을 통합해 중앙집권체제를 수립하는 것이었다. 이를 위해 많은 호족들을 중앙관리로 전환시키고, 지방의 호족에게는 중앙 관직의 위계와 같은 향직위(鄕職位)를 주어 지방자치를 관할케 하되, 토호(土豪)의 자제를 인질로 수도에 데려다두었는데, 이를 말한다. 호족 세력을 억제하기 위한 제도의 하나로서 태조 때 실시되어 성종 때 제도화되었다.

  ○ 상수리제도(上守吏制度) : 신라 때 지방세력 견제를 위해 지방호족들을 인질로 중앙에 와있게 한 제도로, 기인제의 시초가 되었다.

- **훈요십조**(訓要十條)

고려 태조가 왕 26년(943)에 대광 박술희에게 내린 후세 왕들이 지켜야 할 정치 지침서로 신서(信書)와 훈계(訓戒) 10조로 이루어져 있다. 태조 왕건의 사상과 정치지침이 집약된 것으로 왕권강화를 위한 견해가 천명되어 있다.

  ○ 아직 자리잡히지 않은 왕실의 안전을 도모하기 위한 것이다.

- **연등회**(燃燈會)

신라 때부터 국가와 왕실의 태평을 기원하던 불교 행사의 하나이다. 성종 때 일단 중지되었으나 현종 때 부활하여 전국적으로 거행되었다.

  ○ 훈요십조의 제6조에서 이에 대한 언급을 볼 수 있다.

- **팔관회**(八關會)

민족의 전통적인 토속신앙에 의한 제전과 불교가 융합된 것으로, 천령(天靈)·5악(五岳)·대천(大川) 등에 제사하던 제전이 불교적 색채를 띠게 되었다. 개경(11월 15일)·서경(10월 15일)에서만 거행되며 이 행사 때 왕은 법왕사 또는 궁중에서 하례를 받고 지방관 및 외국 사신의 선물을 받았으며, 그에 따라 무역이 성해졌다.

  ○ 대식국(아라비아) 상인들이 이 행사를 위해 방물을 가지고 벽란도에 상륙했다고 한다.

- **벽란도**(碧瀾渡)

예성강 하류에 위치한 고려시대의 국제 무역항이다. 고려의 서울이었던 개경에 가까운 예성강은 수심이 비교적 깊어 강어귀에서 벽란도까지 큰 배가 쉽게 오르내릴 수 있었는데, 송(宋)·왜(倭)·사라센(Sarasen) 등의 상인들이 그칠 사이 없이 드나들었다. 벽란도 근처에 외국 사신 영접을 위한 벽란정(碧瀾亭)이 있었다.

  ○ 코리아의 유래 : 사라센 상인에 의해 우리나라가 처음으로 서양에 전해져 고려, 즉 코리아라 불리게 되었다.

Q 중종 22년 최세진에 의해 만들어진 한자 학습서는?

- **노비안검법**(奴婢按檢法)

   고려 광종 7년(956)에 실시된 개혁정책의 하나이다. 후삼국시대의 혼란기와 고려의 건국기를 전후하여 호족들은 전쟁포로 등을 노비로 삼아 경제적·군사적 세력을 증대시켜 갔다. 중앙집권적 체제를 위한 왕권확립에 힘써오던 광종은 귀족들의 세력 증대를 억제하기 위해 본래 양민이었던 노비들을 해방시킴으로써 민심을 수습하고, 왕권을 강화하는 데 큰 성과를 거두었다.

   ➲ 노비환천법(奴婢還賤法) : 노비안검법으로 해방된 노비 중 불손한 자를 다시 노비로 만들어 기강을 확립하기 위해 6대 성종 때 마련한 법이다.

- **과거제도**(科擧制度)

   왕권강화와 국가기틀을 확립하기 위해 고려 광종 9년(958) 쌍기의 건의로 설치되어 조선 말기까지 존속한 관리채용제도이다. 과거의 종류에는 제술과(한문학)·명경과(유교경전)·잡과(의학·천문·음양지리)가 있었다. 5품 이상의 관리의 자손은 과거를 거치지 않고 무시험으로 등용되었는데 이를 음서(蔭敍)라고 한다.

   ➲ 과거제도는 갑오경장에 의하여 폐지, 새로운 관리등용법이 채용되고 신분 구별 등도 없어지게 되었다.

- **국자감**(國子監)

   고려 성종 11년(992) 유학교육을 받은 관리의 필요성 때문에 설치한 국립대학이다. 숙종 6년(1101), 국자감에 서적포(書籍鋪)라는 국립도서관을 설치, 충선왕 때 성균관으로 개칭, 공민왕 때 다시 국자감으로 환원되었다. 이는 다시 성균관으로 개칭되어 조선조까지 계승되었다.

   ➲ 중앙에 설치된 국자감에 대해 군·현에 설치한 지방교육기관이 향학(鄕學)이다.

- **별무반**(別武班)

   고려 숙종 9년(1104)에 윤관이 여진 정벌을 위해 만든 군대를 말한다. 기병 중심의 신기군(神騎軍), 보병인 신보군(神步軍), 승려로 조직된 항마군(降魔軍)의 세 부대로 편성되었다.

   ➲ 그 뒤 예종 때 윤관은 별무반을 이끌고 여진족을 토벌, 동북 일대에 9성을 쌓았다.

- **보**(寶)

   근절되지 않고 전해지던 고리대는 고려시대에 더욱 성행했으며, 이에 따라 보의 필요성이 높아졌다. 이는 기금을 만들어 그 이식(利息)으로 사업경비를 충당하는 일종의 공공재단이었다. 목적에 따라 학보(學寶 ; 장학), 팔관보(八關寶 ; 팔관회 경비염출), 경보(輕寶 ; 불경간행), 제위보(濟危寶 ; 빈민구제) 등이 있었다.

   ➲ 고리대란 곡식이나 베를 빌려주고 높은 이식을 받는 것으로 귀족·사원·호족들에 의해서 성행, 농민생활이 극도로 어려웠다.

Ａ 훈몽자회

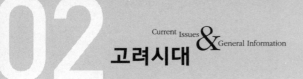

- **상평창**(常平倉)

  고려 성종 12년(993)에 설치한 물가조절기관으로 곡식과 포목 등 생활필수품을 값쌀 때 사두었다가 값이 오르면 값을 내려 파는 기관이다. 개경과 서경을 비롯한 전국주요 12목(牧)에 큰 창고를 두었으며, 사회구제책과 권농책으로 오래 활용되었다.

  ● 고구려의 진대법과 같은 농민구제책인 의창과 더불어 물가조절기구인 상평창은 농민들을 위한 기구였다. 그 기능은 오늘날의 추곡수매와 같은 성격이다.

  예문 보(寶)의 종류와 사회구제 기구를 묻는 문제가 출제됨

- **고려시대의 구빈제도**

종류	시대	내용	요점
의창(義倉)	성종	흑창을 의창으로 개칭	춘대추납
제위보(濟危寶)	광종	빈민구제를 위한 제단	빈민구제재단
대비원(大悲院)	정종	빈민환자 치료기구	환자치료
구제도감(救濟都監)	예종	빈민구제기구	빈민구제
혜민국(惠民局)	예종	빈민에게 무료로 의약제공	무료의약

- **장생고**(長生庫)

  고려 때 사찰의 운영을 위해 사전(寺田)에서 수확된 소득을 대부하여 이식을 늘리던 일종의 서민금융기관이다. 사찰의 유지 발전에 그 목적을 두었으나, 점차 고리대금의 금고로 변하여 불교의 타락과 부패를 초래하였다. 이러한 현상은 왕실·귀족에게도 전파되어 부의 집중현상이 일어났다.

  ● 고리대금의 대표적인 것이 장생고이다.

- **화폐주조**

  교역의 기준이 되는 것은 곡물과 베였고, 쇄은(碎銀)이라 하여 은을 무게로 달아 사용하다가 성종 15년(996)에 최초의 화폐 건원중보(乾元重寶)를 만들었다. 이는 철전이었으며, 유통에는 실패했다. 그 뒤로 숙종 때 활구(闊口)라는 우리나라 지도모양의 은병(銀瓶 ; 은 1근으로 됨), 동전인 해동통보·동국통보를 만들었으나 널리 쓰이지 못했다.

  ● 주전론(鑄錢論) : 의천이 화폐사용을 주장, 화폐주조를 숙종에게 건의하고 주전도감을 설치해 은병·해동통보를 주조했다.

- **속장경**(續藏經)

  대장경(大藏經)에 빠진 것을 모아 간행한 불경을 말한다. 고려 대각국사 의천이 널리 송·거란·일본 등지에서 불서(佛書)와 경전을 구하여 흥왕사에 교장도감(教藏都監)을

Q 국민투표는 국회의 의결 후 며칠 이내에 해야 하는가?

두고 숙종 1년(1096)에 완성했으나 몽고의 침입 때 타고 지금은 그 목록만 전한다.

○ 속장경은 교종에 중점을 둔 것으로 선종계통의 불경은 배제되었다.

• **팔만대장경**(八萬大藏經)

몽고침입으로 대장경과 속장경이 불타자 고려 고종 때 몽고군의 침입을 불력(佛力)으로 물리치려는 종교적 염원으로 조판한 대장경으로, 고종 23년(1236)에 착수하여 16년에 걸쳐 완성되었다. 강화도에 피난하여 있는 어려운 처지에 만든 것임에도 불구하고 그 규모가 방대하여 8만 1천여 장에 이르며, 경문 교정이 정확하고 자체(自體) 또한 미려·정교하다. 현재 합천 해인사(海印寺)에 보관되어 있다.

○ 1. 고려대장경(초조장경) : 현종~문종, 몽고병화 소실
   2. 속장경(4700권) : 의천, 몽고병화 소실
   3. 팔만대장경(81137장) : 최우, 해인사 보관
      독일 구텐베르그의 것보다 80년 앞선 금속활자본이다.

• **직지심체요절**

청주 흥덕사에서 고려 우왕 3년(1377)에 승려 백운이 만든 현존하는 세계 최초의 금속활자본으로 책의 이름은「백운화상초록불조직지심체요절(白雲和尙抄錄佛祖直指心體要節)」이다. 「불조직지심체요절」, 「직지심체요절」, 「직지심체」, 「직지」 등으로 부르기도 한다. 1972년 파리 국립도서관에서 개최한 '책의 역사' 전시회에서 처음으로 공개되었고, 2001년 유네스코 세계기록유산에 「직지」를 등재시킴으로써 그 가치를 세계적으로 공인 받게 되었다.

• **국내 유네스코 등재 유산**

*( )안은 등재시기

세계문화유산	석굴암·불국사(1995), 해인사 장경판전(1995), 종묘(1995), 수원 화성(1997), 창덕궁(1997), 고인돌유적(고창, 화순, 강화, 2000), 경주역사유적지구(2000), 조선 왕릉(2009), 안동 하회마을과 경주 양동마을(2010), 남한산성(2014), 백제역사유적지구(2015)
세계기록유산	훈민정음(1997), 조선왕조실록(1997), 직지심체요절(2001), 승정원일기(2001), 조선왕조의궤(2007), 해인사 대장경판과 제경판(2007), 동의보감(2009), 일성록(2011), 5·18광주민주화운동 기록물(2013), 난중일기(2013), 새마을운동기록물(2013), 한국의 유교책판(2015), KBS특별생방송 이산가족을 찾습니다(2015), 조선왕실 어보와 어책(2017), 국채보상운동기록물(2017), 조선통신사기록물(2017)
세계무형유산	종묘제례 및 종묘제례악(2001), 판소리(2003), 강릉단오제(2005), 강강술래·남사당놀이·영산재·제주 칠머리당영등굿·처용무(2009), 가곡·대목장·매사냥(2010), 택견·줄타기·한산모시 짜기(2011), 아리랑, 한국의 서정민요(2012), 김장문화(2013), 농악(2014), 줄다리기(2015), 제주해녀문화(2016)

A 30일

• 조계종(曹溪宗)

고려 때 신라의 선종(禪宗) 9산을 합친 종파이다. 천태종에 대립한 불교의 한 종파로 보조국사 지눌에 의해 이끌어졌다. '돈오점수(頓悟漸修)'라 하여(돈오는 불심을 깨닫는 것이고 점수는 꾸준히 수행한다는 것) 선(禪 ; 염불)을 위주로 불심을 깨닫고 지혜를 닦는다는 이른바 정혜쌍수(定慧雙修)를 주장한다.

◑ 천태종(天台宗) : 고려 의천에 의한 대승불교의 한 파이다. 교종사상에 중점을 두면서 선종사상을 받아들여 교관겸수(敎觀兼修)를 주장했다.

• 묘청(妙淸)의 난

고려 인종 13년(1135), 이자겸의 난으로 민심이 흉흉해지자 서경길지설을 내세우며 묘청 등이 서경으로 천도할 것을 주장하며 칭제건원론(稱帝建元論)·북벌론을 표방하다가 유학자 김부식 등의 반대로 실패하자 일으킨 반란이다. 관군에 토벌되어 1년 만에 평정되었다.

◑ 민족사가 신채호는 이 난을 '조선 역사상 1천년 내의 제1대 사건'이라 하여, 민족 자주성의 표현으로 높이 평가했다.

• 개경파와 서경파의 대립

파벌	사상	대외정책	중심인물
개경파	유교	사대외교	김부식 · 김인존(중앙귀족)
서경파	도참사상	북벌론(北伐論)	묘청 · 정지상(지방세력)

• 봉수제(烽燧制)

군사상의 통신제도로서 횃불 신호에 의한 통신을 말한다. 즉, 높은 산봉우리의 봉수대를 이용, 지방의 변란(變亂)이나 사건은 서울 목멱산(木覓山 ; 南山)의 봉수대로 전해졌다. 고려 의종 3년(1149)부터 실시되었으며, 조선 세종 때부터는 더욱 정비되어 전국에 약 620개소의 봉수대가 있었다.

◑ 낮에는 연기로, 밤에는 불빛으로 알아보기 쉽게 하였다.

• 무신(武臣)의 난

고려 때 무신들에 의하여 일어난 반란들을 말하는데 특히 정중부의 난을 가리킨다. 고려 의종 24년(1170) 무신에 대한 차별대우에 불만을 품어온 정중부 · 이의방 · 이고 등이 무신에 대한 문신(文臣)의 모욕을 계기로 난을 일으켰다. 그들은 왕과 태자를 추방하고 문신들을 죽이고 명종을 신왕으로 영립(迎立)하여 정권을 잡고 중방(重房)을 설치, 이를 통해 국정을 장악했다. 이를 경인(庚寅)의 난이라고도 한다.

Ｑ 스미스(Smith)의 조세의 4원칙은?

○ 무신정권교체 : 이들은 청년장군 경대승 등에 의하여 평정되었으며, 경대승이 병사하자 천민출신 이의민이 세력을 잡았으며, 이의민은 최충헌에게 타도되었다.

• 최씨 무신정권

이의민을 내몰고 정권을 잡은 최충헌은 집권 초에는 시무 10조를 올리고 조세개선 등 개혁방안을 내세우기도 했으나, 사병(私兵)을 양성하고 무단정치를 강화했다. 뒤를 이은 아들 최우는 문신을 우대했으며 항몽전에 앞장섰다. 최씨 정권은 최우의 뒤를 이은 최항, 최의 등 4대 63년 간에 걸쳐 계속되었다.

○ 1. 39년 간 항몽투쟁을 벌인 강화도시대는 최씨 집권 때이다.
  2. 최씨 무신집권의 군사적 배경은 도방과 삼별초였다.

예문 최씨 정권시대의 특수기구가 그 설치자와 함께 문제로 출제됨

■ 최씨정권 때의 특수기구

사병집단	도방	경대승 최충헌	신변보호를 위한 사병집단
	삼 별 초	최우	전투 · 치안 등의 공적 임무(실제는 사병)
지배기구	교정도감	최충헌	정적의 숙청 · 감시 → 인사 · 재정 · 감찰권
	정방	최우	인사처리기구
	서방	최우	문신으로 구성된 자문기구(이규보 등)

• 삼별초(三別抄)

고려 말기 최씨 무신정권의 한 사람인 최우의 무단정치 때 조직한 군대로 좌별초 · 우별초 · 신의군을 말한다. 처음에 도둑을 막기 위하여 조직한 사병집단인 야별초(夜別抄)가 확장되어 좌별초 · 우별초로 나뉘고, 항몽전쟁 과정에서 몽고군의 포로가 되었다가 도망쳐온 자들로 조직된 신의군(神義軍)을 합하여 삼별초라고 한다. 실제로는 사병으로 출발했지만, 전투 · 치안 등의 공적 임무를 맡았다.

○ 삼별초의 난 : 고려가 몽고에 항복하자, 삼별초는 배중손 · 김통정 등의 지휘 아래 진도 · 탐라(지금의 제주도) 등에서 저항을 계속했으나 평정되었다.

• 만적(萬積)의 난

고려 신종 1년(1177)에 최충헌의 사노(私奴) 만적이 일으킨 노비해방운동이다. 만적이 공사(公私) 노비를 모아 노비문서를 불사르고 "왕후장상에 어찌 따로 씨가 있겠는가? 때가 오면 누구나 정권을 잡을 수 있다" 하며 난을 일으키려다 사전에 발각되어 수많은 노비들과 함께 잡혀 죽었다. 일종의 계급혁명이라고 할 수 있다.

○ 사전의 밀고로 실패는 하였으나, 뚜렷한 목표 밑에 노비해방운동을 계획했던 것은 역사상 큰 의의가 있다.

A 공평의 원칙 · 명확의 원칙 · 경비 절약의 원칙 · 편의의 원칙

• 고려양(高麗樣)
원(元)나라에서 유행된 고려의 풍습을 말한다. 원의 침입 이후 고려는 많은 공물을 바치고, 또 처녀를 바쳤는데, 그 중에는 원의 왕후가 된 경우도 있어 자연히 고려의 음식·의복, 그 밖의 생활양식이 유행된 것이 많았다.

❍ 몽고풍 : 몽고 간섭 이후 고려에는 몽고식 이름·복장 두발 등이 성행했다.

• 금속활자(金屬活字)
금속으로 만든 활자로, 고려 고종 때부터 사용되었다. 고종 21년(1234), 권신 최이의 주장으로 최윤의의 「상정고금예문(詳定古今禮文)」을 찍어낸 것이 세계 최초로, 독일인 구텐베르그(Gutenberg)가 금속활자를 만든 1450년보다 216년이나 앞섰다.

❍ 상정고금예문 : 강화도시대에 최은의가 고금의 예문을 모아 편찬한 책이다. 현존하지 않으나 이규보의 「동국이상국집」에 기록이 있다. 이는 세계 최초의 금속활자 인쇄물이며, 현존하는 세계 최고의 금속활자본은 직지심체요절(=직지, 직지심체)이다.

• 섬학전(贍學田)
고려 충렬왕 때 국학(國學)이 점차 그 기능을 잃어 이를 염려한 안향이 학문을 장려하기 위해 왕에게 건의, 관리들의 품위에 따라 돈을 내게 하였는데, 이것을 섬학전이라 한다. 이 섬학전은 양현고(養賢庫)에 두고 그 이자를 장학사업에 이용했는데, 이를 위해 왕도 전곡(錢穀)을 내었다.

• 공민왕의 반원정책(反元政策)
한족의 반란으로 원나라가 쇠약해진 틈을 타 공민왕은 개혁정치를 실시하며, 쌍성총관부 철폐·정동행성 철폐·친원파 타도(기철 등)·관제복구(2성 6부)·요동공격 등의 반원적인 자주정책을 폈다.

• 권문세족(權門勢族)의 횡포
권문세족이란 고려 후기에 권세를 누리며 정치를 좌우하던 친원세력으로 산천을 경계로 토지를 소유(장원·농장)했으며 사병까지 소유, 왕실에 버금가는 권세와 부를 누렸다. 이들이 민중을 수탈하여 전횡을 부려도 신진세력인 신흥사대부의 힘이 약해 제어하지 못했다.

❍ 지배세력의 교체 : ① 전기 - 문벌귀족(이자겸), ② 후기 - 권문세족(기철), ③ 말기 - 신흥사대부(정도전)

• 향약구급방(鄕藥救急方)
고종 23년에 간행된 우리나라 최고의 의학서이다. 전통적인 향약을 연구·개발하여 독자적인 의학을 확립하였다. 고려 때 의약을 맡은 기관으로는 태의감(太醫監)이 설치

Q 우리나라 최초의 월간 종합지는?

되었다.

• 농업기술의 발달

이암의 「농상집요(農桑輯要)」가 소개되는 등 농업연구가 활발해 우경(牛耕)에 의한 심경법(深耕法)이 일반적으로 행해지고, 2년 3모작의 윤작법이 보편화되었다. 또한 문익점에 의해 목화씨가 전래되어 의생활에 혁명을 일으켰다.

○ 농상집요 : 이암이 수입한 원나라의 농서로, 특히 당시 새로운 유용작물이었던 목화재배를 장려한 기사가 있다.

• 위화도회군(威化島回軍)

고려 말, 명나라 원정에 처음부터 반대하던 이성계가 4대 불가론을 내세워 위화도에서 회군, 개경을 반격함으로써 군사적 정변(政變)을 일으킨 것을 일컫는다. 회군한 이성계는 반대파인 최영과 우왕을 내쫓고 정치적 실권을 장악, 새 왕조개창의 중요한 계기를 잡았으며, 명과의 관계를 호전시켰다.

○ 4대 불가론 : ① 소국이 대국을 거역함은 불가. ② 농사철에 군사동원 불가. ③ 왜(倭)에게 틈을 보이게 되니 불가. ④ 장마철 군사동원은 불가.

• 과전법(科田法)

조준·정도전 등의 혁명파 사대부들에 의해 추진된 사전개혁(私田改革)을 말한다. 고려의 문란한 토지제도를 바로잡기 위해 공양왕 3년(1391)에 단행한 이 토지개혁은 이성계 일파인 신흥 사대부세력이 경제적 실권을 장악, 새로운 왕조를 세우는 기틀이 되었다.

➡ 고려 말 신흥세력인 사대부에는 점진적인 개혁을 추구한 이색, 정몽주 등의 온건파와 역성혁명을 주장한 혁명파가 있었다.

• 도첩제(度牒制)

숭유억불·친명교린·농본억상을 3대 정책으로 내세운 조선의 태조 이성계에 의해 실시된 억불책(抑佛策)의 하나로, 승려에게 신분증명서, 즉 도첩(度牒)을 지니게 한 제도이다. 승려가 되려는 자는 국가에 대해 일정 의무를 지게 한 다음 도첩을 주어 함부로 승려가 되는 것을 억제하였다.

➡ 성종 때부터는 이를 폐지하고 백성의 출가를 금하였다.

• 호패(號牌)

조선 태종 때 호적을 정리 강화해 유민을 방지, 양인을 늘리고 국역(國役) 기반을 확대하려는 의도에서 실시한 것으로 16세 이상의 남자에게 주어진 신분을 증명하는 패이다. 귀족으로부터 노예에 이르기까지 성명·출생·신분 및 거주지를 새기고 관아의 낙인(烙印)을 찍었다.

➡ 태종은 왕권확립을 위해 신분·호적·조세제도를 개혁하고, 국력신장을 꾀했다.

• 신문고(申聞鼓)

조선 태종 2년(1402), 백성의 억울한 사정을 왕에게 직소하게 한 제도로 민의상달(民意上達) 위해 대궐문 위에 매달아 놓은 북이다. 자신에 관한 것, 부자(父子)·적첩(嫡妾)·양천(良賤)에 관한 것에 한하였다.

➡ 한때 폐지되었다가 영조 때 부활했다.

• 보부상(褓負商)

봇짐장수 보상(褓商)과 등짐장수 부상(負商)을 합해 이르는 말로 지방시장을 순회하는, 곧 장날을 따라 정기시장을 돌아다니던 관허행상단이었다. 이들은 생활필수품을 향촌에 판매했으며, 강력한 조직을 형성해 타의 상행위를 견제했다. 태조 때 협력한 공으로 물자운송·관물수송 등의 특권을 누렸으며, 종종 행패를 일삼기도 했다.

➡ 병자호란 때는 군량과 무기를 운반하기도 했으며, 구한말에 이르러서는 정치단체인 황국협회(皇國協會)와 관련을 맺고 정치 테러까지 자행했다.

Q 고려 공양왕 때 발행된 우리나라 최초의 지폐는?

• 육의전(六矣廛)

조선시대의 중심가인 운종가에 자리잡은 시전(市廛)이 90여 품목을 전문적으로 판매했는데 그 중에서도 왕실·국가 의식의 수요를 도맡아 공급하던 어용상점(御用商店)을 말한다. 비단·무명·명주·모시·종이·어물의 여섯 종류로 상품의 독점 판매권(전매권)을 갖는 대신 나라에 관수품을 바쳐 납세에 대신할 의무가 있었다. 보부상이 지방의 상업을 맡고 있는 데 비해 육의전은 서울의 상업을 맡고 있었다.

○ 금난전권(禁難廛權) : 사설 점포개설을 금지하는 권리이다. 원래는 정부가 지녔으나 실제는 육의전이 대행했다.

• 성균관(成均館)

조선시대의 최고 국립종합대학으로, 그 명칭은 고려 충선왕 때에 국학(國學)을 성균관으로 개명한 데서 비롯되었다. 여기서 수업한 학생은 대과(大科)에 응시할 수 있었으며, 정원은 200명이었다. 교육내용은 중앙의 4부학당, 지방의 향교 모두 경학(철학·윤리)·역사·문학 등의 인문교육이었다. 1894년의 갑오경장에 이르기까지 조선시대를 통해 최고의 교육기관이었다.

○ 기술교육은 의학(전의감), 역학(사역원), 천문·지리(관상감), 산학(호조), 율학(형조) 등을 가르쳤다.

• 각 시대의 국립대학

1. 통일신라 – 국학(國學)   **2.** 고려 – 국자감(國子監)
3. 발해 – 주자감(朱子監)   **4.** 조선 – 성균관(成均館)

• 3사(三司)

조선시대의 기구로서 홍문관(학술 ; 대제학), 사간원(언론 ; 대사간), 사헌부(감찰 ; 대사헌)를 말한다. 학술·언론·감찰을 맡는 3사는 담당 사무의 성격상 의롭고 유능한 인재가 등용되어 청직(淸職)이라고 한다. 이 가운데 홍문관은 성종 즉위년에 집현전을 본떠 설치되었다가 순종 융희 원년에 폐지되었다.

○ 고려·조선의 유사기관 : **1.** 고려 : 문화시중 , 중추원, 어사대, 국자감, 안찰사
2. 조선 : 영의정, 승정원, 사헌부, 성균관, 관찰사

• 집현전(集賢殿)

조선 세종 2년(1420)에 설치, 신진사류 중 뛰어난 학자들을 모아 경사(經史)를 기록하고 서적을 편찬·간행한 왕립 학문연구소이다. 경연(經筵 ; 왕의 학문지도), 서연(書筵 ; 세자의 학문지도), 고전의 연구, 유교·지리·의학 등의 서적 편찬, 사관(史官)의 임무, 언관(言官)의 직능 및 정치자문 등을 하여 세종 때의 학문 융성과 왕권 강화에 큰 업적을 이루었다. 집현전 학자들이 세종을 도와 훈민정음을 창제하였다.

예문 고려와 조선의 유사한 기관에 대한 문제가 출제됨

A 저화(楮貨)

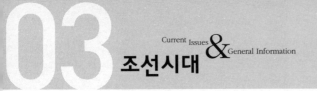

• 6진(六鎭)

조선 세종 16년(1434) 영토 수복정책에 따라 김종서 등에게 두만강 유역의 여진족을 몰아내고 경원·온성·종성·회령·부령·경흥에 설치한 여섯 군데의 진을 말한다. 압록강의 4군 개척과 더불어 6진의 개척으로 우리 국토의 경계선이 오늘의 경계에까지 이르게 되었다.

예문 6진 개척 결과 우리나라 국경선이 압록강과 두만강으로 정해진 사실을 확인하는 문제가 출제됨

• 계해약조(癸亥約調)

조선 세종 25년(1443), 신숙주를 파견하여 쓰시마 도주 소오씨와 맺은 조약이다. 세종 8년의 3포 개항으로 잦은 왜인의 왕래와 미곡·면포의 수출 급증으로 피해가 커, 이를 억제하기 위해 맺은 것으로, 그 내용은 세견선(歲遣船) 50척, 세사미두(歲賜米豆) 200석으로 제한한 것이었으며, 교역품으로 쌀·무명·삼베 등을 주고 황·향료·약재 등을 도입했다.

〈 3포 〉

➡ 3포(三浦) : 왜인들에 대한 회유책으로 개항했던 제포·부산포·염포를 말한다. 이곳에 왜관을 설치, 왜인의 교통·거류·교역의 장소로 삼았다.

• 경국대전(經國大典)

조선 세조6년(1460) 최항·노사신 등에게 명해 작업에 착수, 예종을 거쳐 성종 때 만들어진 조선조의 법전이다. 육조(六曹)별로 나뉘어 있으며, 6권 4책으로 되어 있다.

➡ 「경제육전」을 모체로 한 「경국대전」은 그 뒤 여러 차례 보완되었으나 그 기본골격은 왕조 말까지 계속되었다. 그래서 「경국대전」은 조종지법(祖宗之法)의 법전이라고 한다.

예문 「경국대전」의 성격과 내용을 묻는 문제가 출제됨

• 조선시대의 법전

왕조구분	법전명칭	편찬자	왕조구분	법전명칭	편찬자
태조	경제육전	조준	영조	속대전	김재로
태종	속 육 전	하윤	정조	대전통편	김치인
성종	경국대전	최항	고종	대전회통	조두순

• 간경도감(刊經都監)

세조 때(1461) 불경을 언해(諺解 ; 번역)·간행하기 위해 설치한 기관이다. 세종이 지은 불교찬가 「월인천강지곡」과 「아미타경」·「금강경」 등 언해 불경은 중세 국어연구에 귀

Q 국제법의 아버지로 불리는 사람은?

중한 자료이다.

• 계유정난(癸酉靖難)

조선조 세종을 이은 문종이 일찍 죽고 단종이 즉위하자 수양대군이 어린 조카 단종, 그를 보좌하던 김종서 · 황보인 등을 살해하고 동생 안평대군을 축출, 권력을 장악하기 위해 일으킨 정변을 말한다. 정인지 · 한명회 등은 정난공신(靖難功臣)이 되었으며, 성삼문 · 박팽년 등 소위 사육신은 단종 복위운동에 실패했다.

• 사육신(死六臣)

계유정난 뒤에 수양대군의 왕위찬탈에 의분을 느낀 집현전 학사들이 단종 복위운동을 꾀하였다가 실패한 일이 있다. 이때 실패하여 처형당한 성삼문 · 박팽년 · 하위지 · 유응부 · 유성원 · 이개 등을 사육신이라 한다.

�‣ 생육신(生六臣) : 명분을 중히 여겨 벼슬을 거부, 절개를 지킨 김시습 · 원호 · 이맹전 · 조여 · 성담수 · 권절 또는 남효온 등을 말한다.

• 4대 사화(四大士禍)

조선시대에 훈구 · 사림학파의 대립으로 많은 선비들이 화를 입은 네 가지 큰 사건으로, 무오사화 · 갑자사화 · 기묘사화 · 을사사화를 말한다.

사화	발단	가해자	피해자	피해측
무오사화 (연산군 4년)	훈구파와 사림파 대립, 조의제문을 사초(史草)에 실어 훈구파의 반감을 삼	유자광 이극돈 윤필상	김종직 김일손 김굉필	사림파
갑자사화 (연산군 10년)	궁중과 부중의 대립, 윤비(연산군 생모) 폐비사건에 대한 보복	연산군 임사홍	윤필상 정여창 한명회	훈구파 사림파
기묘사화 (중종 14년)	사림파 영수인 조광조의 과격정치, 위훈 삭제 사건	남곤 심정 홍경주	조광조 등 75 기묘명현	신진사류
을사사화 (명종 원년)	왕실 외척(대윤 · 소윤)의 정권 다툼	윤원형 등 소윤	윤임 등 대윤	대윤파 신진사류

�
 사림파와 훈구파 : 고려 말 정몽주 · 길재로 거슬러 올라가는, 경학(經學)을 중시하는 성리학자들인 사림파는 성종 때 새로운 정치세력으로 등장, 그때까지 권력을 잡고 있던 사장(司章) 중심의 훈구파와 대립하게 되었다.

예문 사화의 내용과 연대에 대한 문제가 출제됨

• 중종반정(中宗反正)

연산군 12년(1576), 무오사화 · 갑자사화를 일으켜 많은 선비를 죽이고, 경연(經筵)과

A 그로티우스

대제학(大提學)을 폐하였으며, 성균관을 폐해 오락장소를 만드는 등 폭정을 일삼던 연산군을 박원종·성희안 등이 몰아내고 진성대군(晋城大君 ; 中宗)을 왕으로 추대한 사건을 말한다.

• 백운동 서원(白雲洞書院)

조선 중종 38년(1543)에 풍기 군수로 있던 주세붕이 고려 유신 안향을 모시기 위해 세운 우리나라 최초의 서원이다. 이 서원은 뒤에 이황이 풍기 군수로 부임하여 조정에 건의해 왕이 친필로 소수서원(紹修書院)이라는 액(額)을 하사하여, 사액서원(賜額書院)의 시초가 되었다.

◑ 서원의 폐해로 1871년 대원군이 서원을 철폐할 때에도 철폐를 면한 47 서원 중의 하나로 지금도 옛 모습을 간직하고 있다.

• 향약(鄕約)

조선 중종 때 조광조에 의해 실시된 향촌(鄕村)의 자치 규약으로, 덕업상권(德業相勸)·과실상규(過失相規)·예속상교(禮俗相交)·환난상휼(患難相恤)이 그 기본강령이다. 중국 송나라 때의 여씨향약(呂氏鄕約)을 본뜬 것이며, 권선징악·상부상조의 정신을 주로 한 향약을 간행·반포했으나, 법적인 구속력이 없어 실패했다.

◑ 향약은 서원과 함께 사림의 지위를 굳혔는데, 조광조에 의해 실시된 후 이황(예안향약)·이이(서원향약)에 의해 만들어졌다.

• 3포 왜란(三浦倭亂)

조선 중종 5년(1510)에 왜인들이 3포(三浦 ; 세종 때 개항)에서 일으킨 살인·방화사건을 말한다. 부산 첨사 이우증의 부산 거주 왜인 학대, 웅천 현감의 왜인 식리(殖利) 금지 등을 이유로 쓰시마의 도주(島主)가 군사 300으로 쳐들어와 이우증을 죽이고 웅천성을 점령하였다. 조정에서는 즉시 황형과 유담년을 보내 난을 평정하고 임신약조를 맺어 교역량을 제한했다.

• 임진왜란(壬辰倭亂)의 3대첩

조선 임진왜란 때 왜적을 무찔러 크게 이긴 3대 싸움을 말한다.

1. 한산도대첩(閑山島大捷) : 임진년(1592) 7월, 이순신 장군이 이끄는 연합함대는 한산도 앞바다에서 전세를 만회하기 위해 총공격을 해오는 왜선을 전멸(60척 침몰), 제해권을 잡았다.

2. 행주대첩(幸州大捷) : 1593년 2월 전라순찰사 권율이 서울 수복을 위해 북상하다가 행주산성에서 왜적을 크게 쳐부수어 승리한 싸움을 말한다. 이때 동원된 부녀자들이 긴 치마(행주치마 유래)로 돌을 날라 석전(石戰)을 벌인 것이 유명하다.

Q 훈민정음으로 표기된 최초의 작품은?

3. 진주성(晋州城) 전투 : 1차 혈전은 1592년 10월, 3만의 왜군 연합부대가 공격해 왔으나 진주 목사 김시민이 끝까지 이를 고수하였으며, 이 때 의병 곽재우가 합세, 왜군을 물리쳤다. 2차 혈전은 1593년 6월, 왜군이 1차전의 패전을 설욕하고자 대군으로 공격, 의병 고종후·강희열 등이 참가하여 항전하다 전원 전사하였다.

❍ 이순신의 3대첩 : 임진년의 한산도대첩, 정유년의 명량대첩·노량대첩이다. 거북선이 최초로 출현한 전투는 사천(泗川)해전이며, 이순신은 노량대첩에서 전사, 조국을 사수(死守)하였다.

예문 임진왜란의 3대첩과 이순신의 3대첩. 거북선이 최초로 사용된 전투 등에 대한 문제가 자주 출제됨

• 대동법(大同法)

선조 때 이이가 주창했으나 채택되지 않았고, 광해군 때 이원익·한백겸의 주장으로 현물로 바치던 공물을 쌀로 바치도록 한 대공수미법(代貢收米法)을 말한다. 인조 때 임진왜란 후의 국가재정을 위해 경기도에서 처음으로 실시했으며 선혜청에서 관장하였다. 그 후 숙종 34년(1708)에는 평안도·함경도를 제외한 전국에 실시하였으며, 대동법 실시 결과 상공업·화폐의 발달을 가져왔다.

❍ 선혜청(宣惠廳) : 선조 때 설치되어서 대동미(大東米)와 베, 돈의 출납 등을 맡아보던 관청이다.

예문 대동법의 내용과 실시 후의 영향에 대한 문제가 출제됨

• 비변사(備邊司)

조선 중기에 왜구와 여진족이 자주 침입하자, 국방력을 강화하고 변방을 방어하기 위해 설치되었으나, 그 뒤 강화되어 조선시대 군국(軍國)의 사무를 맡아 처리하는 관청이 되었다. 중종 때는 변방에 변이 일어날 때마다 임시로 설치하곤 하였으나, 명종 10년 을묘왜변을 계기로 상설기구가 되었고, 임진왜란 때부터는 그 기능이 확대되어 조정의 중추기관으로 변모, 의정부를 대신하여 사실상 국가최고기구가 되었다.

❍ 고종 2년에 대원군에 의해 폐지되었다.

• 인조반정(仁祖反正)

광해군 15년(1623), 정통 성리학의 계승을 자부하는 서인(西人)인 이서, 이귀, 이괄 등이 인목대비와 공모하여 유교윤리에 저촉되는 패륜행위를 저질렀다고 해 광해군을 몰아내고 능양군(綾陽君) 종(倧 ; 인조)을 왕으로 옹립한 정변을 말한다. 새로 집권한 서인세력은 광해군의 중립외교정책을 지양하고 친명반금(親命反金)정책을 취했는데, 이것은 정묘호란(丁卯胡亂)의 원인이 되었다.

❍ 광해군은 중국의 새로운 세력인 후금과 명 사이에서 실리적인 중립외교 노선을 채택, 이것이 명분을 중시하는 서인들의 반발을 일으켰다.

• 병자호란(丙子胡亂)

조선 인조 5년 정묘호란 때 형제관계와 중립외교를 조건으로 철군했던 후금이 국호를

A 용비어천가

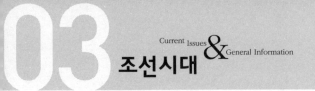
청(淸)으로 바꾸고 황제라 칭하면서(稱帝建元) 형제관계를 군신관계로 바꾸도록 강요하자, 이에 격분한 조선정부가 임전태세를 강화함으로써 일어난 전쟁이다. 청 태종이 10만 대군을 이끌고 침입, 실리를 취하는 주화파(主和派 ; 강화주장) 최명길을 통하여 삼전도(三田渡 ; 지금의 松坡)에서 굴욕적인 항복을 하도록 하였다.

○ 3학사(三學士) : 청과의 굴욕적인 화친에 반대, 청에 볼모로 잡혀가 죽은 척화파(斥和派 : 강화 반대) 홍익한 · 윤집 · 오달제 등 세 사람을 말한다.

• 하멜 표류기

조선 효종 4년(1653) 제주도에 표류해 온 네덜란드인 하멜(Hamel)이 14년 동안 억류되었다가 귀국한 후 쓴 견문기록이다. 그중 「조선국기」는 조선의 지리 · 풍속 · 산물 · 정치 · 교역 등 조선의 사정을 유럽에 알린 최초의 기록물로서, 역사적으로 중요한 자료가되고 있다.

○ 인조 때 표류한 네덜란드인 벨테브레(Weltevree)는 우리나라에 귀화, 박연이라는 이름으로 살았다.

• 백두산 정계비(白頭山定界碑)

조선 숙종 38년(1712), 백두산 천지(天池) 동남방 약 4km 지점에 서로는 압록강, 동으로는 토문강을 경계로 한다는 내용이 있는데, 후에 토문강의 위치를 둘러싸고 간도귀속문제가 일어났다.

○ 토문강을 청은 두만강으로, 조선은 만주의 토문강이라고 주장하였다.

• 실학(實學)

조선조 후기인 17, 8세기에 나타난 근대지향적이고 실증적인 학문이다. 당시 권력을 잡은 사림의 '도덕적 명분강조 · 화이론(華夷論) 주장 · 기술문화 천시'의 성리학적 문화와 정치의 한계를 극복, 정신문화와 물질문화를 균형 있게 발전시켜 부국강병과 민생안정을 도모하는 실천적 학문이자 철학이다. 성리학 이외에 서양학문(淸을 통한)을 폭넓게 수용하고 있다.

○ 다산 정약용의 대표적인 저술로는 「목민심서」– 지방관 명심사항에 대해, 「경세유표」– 중앙행정에 대해, 「흠흠신서」 – 형사정책에 대해의 3부작 외에 '탕론(역성혁명)', '전론(토지개혁론 ; 여전제 · 정전제 주장)'의 논설이 있다.

예문 실학의 내용과 학자들 및 집대성자인 정약용의 저서에 대한 문제가 출제됨

■ 실학의 발달

경세치용학파(중농파)	이용후생학파(중상파)
실학의 선구자 : 이수광 「지봉유설」	유수원 「우서」
실학의 체계화 : 유형원 「반계수록」	홍대용 「담헌서」
실학의 학파 형성 : 이익 「성호사설」	박지원 「연암집」
실학의 집대성자 : 정약용 「목민심서」	박제가 「북학의」

Q IC는 무엇을 뜻하는가?

• **균역법**(均役法)

조선 영조 때 신만(申晩)의 건의로 군역을 평준화하고 백성의 부담을 덜기 위하여 실시한 조세 제도로, 군포를 반으로 줄였다. 종래 군역이 면제되었던 일부 상류층에게 선무군관이라는 이름으로 군포 1필을 부과시켰으며, 그리고도 부족한 부분은 어업세·염세·선박세·결작(結作) 등을 징수하여 보충, 균역청을 설치해 이를 관할했다. 그러나 관리의 부패로 농촌의 피폐를 초래해 19세기에는 이른바 '3정 문란' 요인의 하나가 되었다.

❍ 삼정(三政) 문란 : 전정·군정·환곡의 문란으로, 대표적인 것으로는 전정에 은결·진결·도결, 군정에 족징·백골징포·황구첨정·인징, 환곡에 늑대·분석·허류가 있다. 안동 김씨 등의 세도정치로 극에 달한 관리의 부정부패와 함께 3정의 문란은 극에 달했으며, 농민생활은 파탄에 이르러 양민이 도적떼에 들어가기도 했다(임꺽정의 난).

• **삼정**(三政)

조선 후기 국가재정의 근원이 된 전정(수세행정)·군정(군포)·환곡(대여양곡)의 세 가지를 말한다. 전정은 토지에 따라 세를 받아들이는 것이고, 군정은 군역(軍役) 대신에 베 한 필씩 받아들이는 것이며, 환곡은 빈민의 구제책으로 봄에 곡식을 빌려주었다가, 가을에 1/10의 이자를 합쳐 받는 것이다.

• **객주**(客主)

객상주인(客商主人)이란 뜻으로, 고려시대부터 우리나라에 있었으나 특히 조선시대 후기(17~18세기)에 크게 발달한 상업·금융 기관의 하나이다. 객주에는 보행객주와 물상객주 2종류가 있는데 보행객주는 숙박업 등을 했으며 물상객주는 상업·금융기관으로서 중요한 기능을 가진다. 주요업무는 상품의 매매이며, 창고업·위탁판매업·운송업도 취급했다.

예문 객주가 무엇인지를 묻는 문제와 객주 취급 업무를 묻는 문제가 출제됨

• **탕평책**(蕩平策)

조선 영조가 약화된 왕권을 강화하고 정국의 안정을 기하기 위해 실시한 정책으로 사색(노·소·남·북) 당인을 고루 등용하여 불편부당을 지향한 시책이다. 정조도 이를 계승했으나, 당쟁을 뿌리뽑지는 못했다.

❍ 붕당의 폐해를 막기 위해 탕평비(성균관 입구)를 세우기도 했다.

• **규장각**(奎章閣)

조선 정조 때 궁중에 설치한 왕립 도서관 겸 연구소인 관아로, 역대 국왕의 시문·친필·서화·유교 등을 관리·보관하던 곳이다. 인재를 등용, 학문을 연구하고 경사를

Ⓐ 집적회로(集積回路)

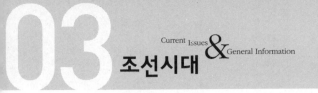

토론케 하여 정치의 득실을 살피는 한편, 외척·환관의 세력을 눌러 왕권을 신장시키고, 문예·풍속을 진흥시켰다.

❍ 정약용·박제가 등도 규장각에 등용되어 학술활동을 폈다.

• 신해박해(辛亥迫害)

조선 정조 15년(1791) 신해년(辛亥年)에 일어난 최초의 천주교 박해사건이다. 천주교를 사학(邪學)으로 단정하여, 천주교 서적의 수입을 엄금하고, 교도인 윤지충·권상연 등을 사형에 처하였다.

❍ 윤지충과 권상연은 조상의 신주를 매장하고 사당을 없애 큰 물의를 일으켰다.

• 신유박해(辛酉迫害)

조선 순조 때 노론 벽파가 득세하여 천주교도에게 박해를 가한 사건으로, 계속된 기해사옥·병인사옥과 더불어 천주교박해 3대 사옥을 이룬다. 이때 이승훈·이가환·정약종 등 남인 학자와 청나라 신부 주문모가 사형 당했다. 이에 신자인 황사영은 베이징의 서양인 주교에게 사건의 전말을 보고하는 서한을 비단에 써보내려다 발각, 처형되었다. 이를 백서사건(帛書事件)이라 한다.

❍ 척사론(斥邪論) : 정학(正學 ; 正道)인 주자학을 지키고 사도(邪道)인 천주교를 물리치자는 주장을 가리킨다. 천주교의 전파는 조선조의 유교주의 질서에 위기의식을 불러 일으켰으므로 이의 극복을 위해 대두된 것이다. 한편 종교적으로는 동학(東學)이 일어나게 된 배경이 된다.

• 홍경래(洪景來)의 난

조선 순조 11년(1811), 서북인(西北人)에 대한 차별 대우, 당쟁과 세도정치로 도탄에 빠진 민생, 평안도 지방의 큰 흉년, 탐관오리의 횡포 등의 원인으로 홍경래를 중심으로 관서지방(關西地方)에서 일어났던 민란을 말한다. 몰락양반·중소상인과 광산에서 모여든 유랑농민이 합세했으며, 이를 계기로 많은 민란이 발생했다.

• 당백전(當百錢)

조선 고종 때 왕실의 권위를 회복하고 국가 위신을 높이기 위해 대원군은 경복궁을 중건했는데, 이때의 소요경비 조달을 위해 발행한 화폐로 악화이다. 이 화폐는 물가앙등과 경제적 혼란을 초래하여 발행한 지 2~3년 만에 폐지되었다.

❍ 당백전 발행 이외에 원납전을 강제 징수하고, 4대문 통행세를 받았으며, 결두전이라는 임시세를 만들었다.

• 쇄국정책(鎖國政策)

조선 26대 고종 때 대원군이 실시했던, 열국에 대해 문호를 굳게 닫고 외국과의 교역을 엄금했던 정책을 말한다. 영국·프랑스·미국 등 구미열국의 신세력이 몰려들자 대

Q 미국의 경제공황을 극복하기 위해 루스벨트가 실시한 정책은?

원군은 청국을 제외하고는 엄중한 쇄국정책을 고수하여 척양척사(斥洋斥邪)와 척왜(斥倭)를 견지하였다. 이로 인해 대륙 진출에 지장을 받은 일본에서 정한론(征韓論)이 대두되기도 했다. 쇄국정책은 강력한 척화론과 서양문물에 대해 유교문화전통을 존중하는 우리 민족의 문화적 자부심을 강화시켜왔던 대원군의 하야(下野)와 운요호 사건으로 끝났으며, 일본과 수호조약을 맺은 후 문호를 개방하였다.

◐ 대원군의 정책 : ① 대외 − 쇄국정책 추진, ② 대내 − 전제왕권 강화, ③ 민생 − 중농적인 실학사상 계승

• 병인양요(丙寅洋擾)

조선 고종 3년인 병인년(1866), 프랑스 선교사 살해 책임을 묻는다는 구실 아래 프랑스 극동함대의 로즈(Rose) 제독이 침범, 이를 격퇴시킨 사건이다. 대원군이 천주교도를 학살하자, 프랑스 신부 리델(Ridel)이 탈출하여 프랑스 파견함대에 이 사실을 보고, 프랑스 함대가 강화도를 공격 · 점령했으나, 대원군의 항전의지와 이항로의 척사론, 양헌수 등의 분전으로 40여 일 만에 격퇴되었다. 이 사건 뒤 대원군의 천주교 탄압은 더욱 심해졌으며, 쇄국정책도 강화되었다.

◐ 이때의 서양 여러 나라들은 산업혁명을 거쳐 근대 자본주의 국가로 성장, 상품시장과 원료 공급지를 구하기 위해 아시아로 진출하고 있었다.

• 신미양요(辛未洋擾)

조선 고종 8년(1871), 미국 군함이 강화도에 침입하여 제너럴 셔먼호 사건의 책임을 묻고 통상을 요구, 격퇴 당한 사건을 말한다. 병인양요 바로 전에 대동강에서 미국상선 제너럴 셔먼호가 통상을 요구하다가 불살라진 사건이 있었다. 이에 대한 문책을 구실로 통상을 요구, 군함으로 공격해왔으나 강화 수비군의 완강한 저항으로 격퇴되었다.

◐ 척화비(斥和碑) : 대원군이 병인양요와 신미양요에서 양이를 물리친 후, 쇄국정책을 더욱 강화하기 위하여 서울 종로와 전국 요충지에 세우게 한 비(碑)이다.

• 운요호사건(雲揚號事件)

조선 고종 12년(1875), 쇄국을 고집하던 대원군이 하야 하자 일본은 그들이 미국 등으로부터 당한 전례를 모방, 미리 계획했던 대로 군함 운요호를 출동시켜 한강으로 들어와 강화도 수병과 충돌하였다. 다음해, 일본은 군함을 강화도에 파견, 포함외교를 펴면서 이 사건에 대한 사죄와 함께 통상요구를 강요해 강화도조약을 체결했다.

예문 서양세력이 침투한 의도와 우리나라의 개국과정에 대한 문제가 출제되니 연계하여 이해할 것

• 강화도조약(江華島條約)

조선 고종 13년(1876) 일본의 구로타와 신헌 사이에 맺은 수호조약이다. 외국과 맺은 최초의 수호조약이며 불평등조약으로 이후 다른 열강과의 조약체결에도 거의 적용되

 뉴딜 정책

었다. 부산 · 인천 · 원산 등 3항을 개항하도록 규정하는 이 조약은 통상교역의 목적을 넘어 한반도에 정치적 군사적 거점을 마련하려는 일본의 침략의도가 드러나 있다.

⊙ 강화도조약의 특징 : ① 일본의 침략적 의도, ② 최초의 근대적 조약, ③ 불평등조약, ④ 외세침투의 발판

• 조사시찰단

조선 고종 18년(1881)에 개화운동의 전개로, 일본에 보내어 새로운 문물제도를 견학하게 한 시찰단을 말한다. 일본과 강화도조약을 맺고 개국한 뒤 외국의 신문화를 받아들이기 위한 것으로, 박정양 · 어윤중 등 10여 명으로 구성되었다. 이들은 도쿄 · 오사카 등지의 군사 · 산업 시설 등을 시찰하고 돌아왔다.

⊙ 개국과 함께 활발히 전개된 개화운동은 1876년의 제1차 수신사(김기수)를 비롯해 청의 문물을 견학한 영선사 (領選使 ; 김윤식)가 있었다.

• 임오군란(壬午軍亂)

조선 고종 19년(1882), 당시 실질적 세력이던 민씨일파의 차별대우에 불만을 느낀 구식군인들이 일으킨 변란이다. 신식군대 별기군(別技軍)의 양성과 군제개혁으로 인해 민씨일파에 대한 불만이 쌓여 있던 차에 13개월이나 밀렸던 급료를 모래 섞인 쌀로 받게 되자, 불만이 폭발하여 발생한 난으로 군졸들은 일본 공사관을 습격하는 한편 민겸호 등 민씨일파를 죽였다. 대원군은 이 난을 수습하고 재집권하였으나 청의 내정간섭으로 청으로 압송되고 민씨일파가 다시 집권했다. 이 사건을 계기로 일본과 제물포조약이 체결되었다.

⊙ 제물포조약(濟物浦條約) : 임오군란 이후 일본과 맺은 조약으로 일본 경비군의 조선 내 주둔이 실현되어 일본이 그 세력 기반을 굳혔다. 제물포조약에 의해 일본에 사절단을 파견할 때 박영효가 일본에서 처음으로 태극기를 사용했다.

• 갑신정변(甲申政變)

조선 고종 21년(1884)에 청의 지나친 내정간섭과 민씨세력의 사대적 경향을 저지하고 자주 독립국가를 이룩하려는 의도 아래 개화당의 김옥균 · 박영효 등이 중심이 되어 일본의 힘을 빌려 우정국(郵政局) 낙성식에서 일으킨 정변이다. 신정부는 청의 간섭으로 3일만에 무너지고, 김옥균 · 박영효 등은 일본으로 망명하였으며, 이 사건을 계기로 일본과 한성조약이 체결되었다.

⊙ 갑신개혁의 골자 : ① 사민 평등(신분제 혁파), ② 재정의 일원화(호조), ③ 순검제 실시(근대 경찰), ④ 관제 개편(근대 국가), ⑤ 지조법 개혁(세제 개혁)

• 한성조약(漢城條約)

갑신정변으로 인한 일본인 피해자에게 배상금을 지불하고, 일본 공사관 재건비를 부담케 하는 등 일본제국주의가 식민지적 기반을 닦는 데 박차를 가한 조약이다.

🅠 3C 정책은?

- **광혜원**(廣惠院)

조선 고종 22년(1885)에 정부 지원으로 미국인 선교사 알렌(Allen)이 창설한 우리나라 최초의 신식 의료기관이다. 통리교섭아문(統理交涉衙門)의 관리 하에 지금의 서울 재동에 세웠다.

○ 뒤에 제중원(濟衆院)으로 고쳤다.

- **위정척사운동**(衛正斥邪運動)

문호개방 이후 전통사회의 질서유지를 위해 외래 자본주의 세력(서양세력)을 배척하고, 일본의 침략을 규탄하며 배일사상을 고취시킨 움직임을 말한다. 성리학의 주리론(主理論)에 근거한 것으로 조선 후기의 대표적인 성리학자 이항로계의 유생들에 의해 주도되었다. 척사운동은 개화에 반대하는 입장에서 주장되었으나, 전통 속에 자주의식을 살리면서 국력을 키워야 한다는(부국강병·민생안정) 우리 민족사상의 한 흐름으로 항일의병활동을 활성화시킨 힘이 되었다.

○ 한말의 3대 사상 : 척사사상·동학사상·개화사상으로, 척사사상은 위정척사운동과 의병투쟁의 정신적 배경이 되었고, 동학사상은 동학운동, 개화사상은 갑신정변과 독립협회 활동의 뒷받침이 되었다.

- **방곡령**(防穀令)

조선 고종 26년(1889) 일본의 식량 및 자원 침탈이 심해지자 함경도 감사 조병식이 식량난을 막기 위해 곡물의 일본 수출을 금지한 일종의 미곡수출금지령이다. 일본의 경제적 침략으로 일어나는 경제파탄을 막기 위해 취해졌으나 절차상의 문제를 내세운 일본의 강요로 오히려 배상금을 물어야 했다.

○ 경제침략으로 가장 큰 피해를 입은 것이 농민이었으나, 어민들도 일본의 어로협정으로 막대한 피해를 보았다.

- **동학운동**(東學運動)

고종 31년(1894)에 교조신원운동 실패, 전라도 고부(古阜) 군수 조병갑의 착취(만석보 수세문제 등)로 동학교도 전봉준이 중심이 되어 일어난 반제(反帝)·반봉건의 성격을 띤 농민전쟁이다. '제폭구민', '보국안민', '척왜양이'의 기치를 내걸고, 동학의 교단 조직과 농민의 저항의식으로 단합된 농민군은 전주성을 점령, 일종의 자치기구였던 '집강소'를 두고 12개조의 폐정 개혁안을 발표했다. 역사상 처음 시도된 아래로부터의 혁명운동이었으나 외세(淸·倭)의 개입으로 실패, 그 결과 갑오경장과 청일전쟁이 일어났다.

○ 폐정개혁 12개조 중 중요 개혁안 : 탐관오리·횡포한 부호 엄벌, 노비문서 소각, 과부 개가 허용, 무명잡세 일체 폐지, 공사채 면제, 토지분배, 왜와 통하는 자 엄징 등.

예문 동학운동의 원인·결과·성격, 폐정개혁 12개조의 내용 등을 묻는 문제가 출제됨

A 영국의 제국주의 정책으로 카이로, 케이프타운, 캘커타를 연결하는 아프리카 종단정책

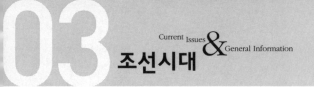
• 갑오개혁

청일전쟁 이후 동학군을 진압한 일본의 강압으로 김홍집을 수반으로 하는 내각이 실시한 정치 · 경제 · 사회 · 문화 전반에 걸친 근대적 개혁이다(1894). 개혁의 내용은 청나라와의 모든 조약의 파기, 개국기년(開國紀年)사용, 관제개혁, 과거제폐지, 세제개혁, 은본위제 채택, 계급타파, 노비제폐지, 조혼금지, 신교육령 실시, 도량형 통일 등이다. 이와 같은 갑오경장은 조선 개국이래 500년을 이어온 구제도를 일신한 제도상의 근대적 개혁으로서의 성격을 지니고 있으나, 일본의 침략적 의도에 따라 강행된 타율적인 개혁이었다. 또 일본의 자본주의가 침투할 수 있는 계기를 마련해 주었고, 이와 함께 친러세력이 등장하여 을미사변을 일으키는 결과를 낳았다.

○ 개혁의 침략성
　1. 군대 양성문제 거론되지 않음.
　2. 연호사용 등 청의 종주권 부인.
　3. 화폐 · 도량형 정리는 일제의 경제침략을 도움.
예문 개혁의 내용과 그 성격을 묻는 문제가 출제됨

• 홍범14조(洪範十四條)

갑오경장 후 개혁의 정신을 명문화하기 위해 고종이 발표한 14개 조항의 정치 기본강령으로, 우리나라 최초의 헌법적 성격을 띤 것이다. 자주독립, 종실과 외척의 정치참여 배제, 예산 편성 · 지방관제 개혁 · 입법 · 인재 등용 등을 내용으로 하고 있다.
예문 우리나라 헌법의 효시는? 등으로 출제됨

• 을미사변(乙未事變)

조선 고종 32년(1895), 일본의 간섭을 물리치려던 민씨 중심의 정부는 친러정책으로 전환했으며, 이에 일제가 친(親) 러시아 세력을 제거하기 위하여 일본인 자객을 궁궐에 침투시켜 민비를 시해한 사건을 말한다. 친러파를 축출한 일본은 친일내각(4차 김홍집 내각)을 세우고 을미개혁을 단행, 태양력과 종두법 실시, 연호 사용, 그리고 단발령을 내렸다.

○ 을미사변 후 민비시해와 단발령으로 배일운동이 거세게 일며 의병운동이 치열하게 전개되었다. 이를 을미의병이라 한다.

• 의병운동(義兵運動)

구한말의 반외세 구국항전의 의병활동은 개화에 반대하는 입장에서 주장된 척사론에 뒷받침되어 일어났다. 구한말 의병운동은 다음과 같이 3기로 나눌 수 있다. 제1기는 민비시해와 단발령의 실시에 대한 저항이었고(을미의병), 제2기는 1905년 을사조약 체결로 외교권이 박탈된 뒤 일어난 국권의 회복운동이었으며(을사의병), 제3기는 고종황제

Q 국민의 3대 의무란?

의 퇴위와 군대해산에 대한 항쟁이었다(정미의병). 제2기부터는 반외세에 반봉건의 경향까지 띠고 있었으며, 국권이 강탈당한 1910년 이후부터 의병활동은 지하로 스며들거나 만주 · 러시아 등 국외에서 독립군 또는 광복군으로 독립투쟁을 전개하였다.

● 우리나라 역대 의병
　1. 몽고침입 : 노예 · 초적의 무리
　2. 임진왜란 : 선비 · 승려 · 농민
　3. 한말의병 : 신분 · 계급 초월(한말 의병에는 승려가 없으며 특히 신돌석 등 평민 의병장이 출현함)

• 아관파천(俄館播遷)

민비가 시해된 을미사변으로 3국간섭이 시작된 후 친일정권을 전복시키기 위하여 국왕의 신변보호를 구실 삼아 친러파 이완용 · 이범진 등이 러시아 공사 베베르(Waeber)와 결탁, 고종을 러시아 공사관으로 옮긴 일을 말한다(1896년). 고종이 약 1년 간 러시아 공사관에 머무는 동안 러시아는 황제의 주권행사를 방해하고, 부패관리를 통해 각종 이권을 빼앗아갔다.

• 독립협회(獨立協會)

조선 고종 33년(1896)에 서구의 근대사상과 개혁사상을 깨우친 서재필 · 안창호 · 이승만 · 윤치호 등이 독립정신을 고취하기 위해 만든 정치적 색채를 띤 자주독립 · 자강개혁 · 민권운동을 그 성격으로 하는 사회단체이다. 독립문 · 독립관을 세우고 독립신문을 발행했으며, 상소형식으로 자주호국선언을 하였다. 황국협회의 방해공작 등으로 1899년에 해산되었다.

● 황국협회 : 보수적 집권층이 독립협회의 급진적인 개혁 활동에 대항하기 위해 홍종우 · 길영수 등을 이용, 보부상들을 끌어넣어 조직한 어용단체이다.

• 만민공동회(萬民共同會)

자주호국선언에 이어 독립협회는 최초의 군중대회라고 할 집회를 종로광장에서 열었다. 이 만민공동회에서 정부의 외세 의존적인 태도와 자세를 규탄하고, 개혁안 6조를 결의하여 국정의 자주노선을 요구했다. 그리고 입헌의회 설치를 주장해 우리 역사상 최초로 의회민주주의 사상을 제창했다.

● 개혁안 6조의 내용은 외국과의 이권계약은 신중히 할 것, 중대범죄의 공판 · 언론 · 집회의 자유를 보장할 것, 민회(하원)를 설치할 것 등이다.

A 납세 · 국방 · 교육의 의무

• 대한제국

1897년 고종은 아관파천 1년 만에 경운궁(현재의 덕수궁)으로 돌아와 국호를 대한제국, 연호를 광무(光武)라 고치고, 왕을 황제라 칭하고 자주국가임을 내외에 선포했다. 그리고 근대적 개혁을 시도, 관제를 개혁하고 경제 · 사회적인 자강운동을 전개했다. 이를 광무개혁이라 한다.

❍ 대한제국은 근대국가로의 발전을 기약, 관제를 개혁하고 자강운동을 벌였으나 외세의 개입과 내부의 파쟁으로 성공을 거두지 못했다.

• 일진회(一進會)

조선 말기 송병준과 이용구가 일본의 사주를 받아 만든 친일단체로서, 1909년 한일합방을 주장하는 등 매국적인 행위를 했다.

❍ 일진회의 매국행위에 항거한 단체가 헌정 연구회였다.

• 한일의정서(韓日議定書)

1904년(광무 8) 2월, 러일전쟁에 앞서 일본이 새로운 한 · 일관계의 강화를 시도, 강압적으로 체결한 조약이다. 이 조약은, 한국은 일본의 전쟁수행에 협력할 것 등 몇 가지를 규정하였는데, 이로써 일본군은 한국에서 군사기지를 자유롭게 이용할 수 있게 되었으며 한국은 일본의 내정간섭의 충고를 받아들여야만 했다.

❍ 러일전쟁이 발발하자 대한제국이 선언한 국외중립은 무너지고, 한 · 러 간에 맺은 모든 조약 · 협정은 폐기되었다.

• 일제의 침략

1904 – 한일의정서 – 내정간섭
1904 – 1차 한일협약 – 고문정치
1905 – 을사조약 – 보호정치
1907 – 정미7조약 – 차관정치
1909 – 기유각서 – 사법권감찰
1910 – 한일합방 – 총독정치

• 을사조약(乙巳條約)

1905년, 러일전쟁에서 이긴 일본은 포츠머스 조약으로 한국에서의 우위권을 인정받은 후, 조선을 보호국으로 만들기 위해 이토를 앞세워 조약을 체결, 한일합방의 기초를 이루었다. 이 결과 우리나라는 주권을 상실하고 외교권을 박탈당했으며, 일본은 서울에 통감부(統監府)를 두고 보호정치를 실시하게 되었다. 이를 을사보호조약 · 을사오조약 · 제2차 한일협약이라고도 한다.

❍ 을사 5적(乙巳五賊) : 조약체결 때의 다섯 매국노 박제순 · 이완용 · 이지용 · 이근택 · 권중현이며, 당시 한국 외무대신 박제순과 일본 특명전권공사 하야시 사이에 체결되었다.

Q 고려시대 국제무역항은?

• 헤이그 특사사건(Hague 密使事件)

을사조약에 의하여 대한제국의 외교권이 일제에 박탈당한 뒤, 이토가 초대통감이 되어 외교뿐 아니라 내정까지도 관장했다. 고종은 1907년 6월에 네덜란드 헤이그에서 열리는 만국평화회의(萬國平和會議)에 이준·이상설·이위종 세 사람의 특사를 파견했다. 그들은 국제정의 앞에 당시의 어려운 상황을 호소하고자 하였으나, 외교권이 없다는 이유로 본회의 참석이 거부되었다. 이 사건은 고종 양위(讓位)의 직접적인 계기가 되었다.

예문 고종의 양위를 가져온 직접적인 사건은? 등으로 출제됨

• 국채보상운동(國債報償運動)

1907년(융희 1) 통감부 설치 후 식민지 시설을 갖추기 위해 일본에서 투입된 1,300만 원(圓)의 차관을 갚기 위해 일어난 거족적 모금운동이다. 대구의 서상돈 등이 주동이 되고, 제국신문·황성신문 등이 지지하여 이 운동은 전국적으로 확산, 금연운동과 패물 등을 희사 받아 거액을 모았으나 통감부의 압력과 일진회의 방해로 중지되었다.

◑ 부녀자들까지 패물과 성미(誠米)를 거두는 등 거국적으로 전 민족이 참여했다.

• 신민회(新民會)

통감부는 보안법·신문지법·출판법을 만들어 탄압하는 한편, 앞잡이 단체로 일진회를 만들어 애국계몽운동을 교란시켰다. 이러한 상황에서 1907년, 안창호·이승훈·양기탁·신채호 등은 무모한 무력충돌을 지양하고 비밀결사를 통한 민족교육 실시, 자주의식 고취, 민족산업 육성, 국외독립운동 기지 등을 위한 기초를 다지는 데 앞장섰다. 이러한 방침에 따라 대성학교, 오산학교를 세우고, 태극서관과 도자기 회사를 설립·운영하였다.

◑ 신민회의 활동적인 투쟁은 1910년 105인 사건으로 간부들이 검거됨으로써 그 활동이 중지되었다. 105인 사건은 일제에 의해 날조된 사건으로 재판까지 벌였다.

예문 민족사학자 단재 신채호의 작품 및 저서와 그의 민족사관을 묻는 문제가 출제됨

• 동양척식회사(東洋拓殖會社)

총독부가 점탈한 토지를 일본 이민에게 불하해주기 위해 1908년에 설치한 회사이다. 토지수탈정책의 총본산이다.

• 3·1운동(三一運動)

1910년 군국주의 일본에 강제로 합병당한(경술국치) 이후, 미국 윌슨(T. W. Wilson) 대통령의 민족자결주의에 자극을 받아 1919년 3월 1일, 손병희 등 33인이 고종 인산(因山 ; 국장)을 계기로 일으킨 전국적인 규모의 독립운동이다. 탑골(파고다) 공원에서

A 벽란도

남녀학생과 시민이 운집하여 대한독립선언서를 낭독 · 살포하고 만세고창(萬歲高唱)을 하면서 평화적인 시위운동을 했다. 이 운동은 일제의 무자비한 탄압으로 비록 실패했으나 주체성 확립의 계기가 되었고, 국내외로 확산 · 파급되어 민족운동의 선구가 되었다.

○ 2 · 8독립선언 : 3 · 1운동에 앞서 동경유학생 김도연 · 이광수 등이 도쿄 기독교청년회관에 모여 독립선언서와 결의문을 선포하고 시위를 전개했다.

• 대한민국 임시정부

3 · 1운동 이후 상하이의 프랑스 조계에서 민족운동자들에 의해 조직 선포된 한국의 임시정부이다. 민족사적 정통성을 회복하고 근대적 정치의식에 의한 최초의 공화제 정부이다. 3 · 1운동 직후에는 상하이의 대한민국임시정부, 서울의 한성정부, 시베리아의 대한국민의회, 서 · 북간도의 군정부로 나뉘어 수립되었으나 1919년 통합정부를 이루었다.

○ 임시정부는 임시 의정원과 국무원으로 구성된 최초의 민주공화정체로서 이승만을 국무원 총리로, 이동녕을 의정원 의장으로 해 출범했다.

• 청산리전투(靑山里戰鬪)

1920년 10월 북로 군정서군의 김좌진 · 이범석 등이 일본군 연대병력 이상을 청산리 계곡으로 유인하여 크게 이긴 싸움을 말한다. 독립군 사상자 약 150명에 일본군 사상자는 약 3,300명에 달해 세계의 이목을 집중시켰다. 대일(對日)항전에서 봉오동전투와 함께 가장 큰 성과를 거둔 무장독립전투이다.

○ 봉오동전투 : 1920년 6월 일본군 대대병력이 기습해오자 한말 의병출신 홍범도 휘하의 대한독립군이 봉오동으로 유인, 500여 명을 사살, 승리를 거둔 전투이다.

• 물산장려운동(物産奬勵運動)

1923년 조만식을 중심으로 일어난 금주 · 금연 운동, 국산품애용운동 등 민족운동의 하나이다. 이를 이어 서울의 조선청년연합회가 주동이 되어 전국적 규모의 조선물산장려회를 조직, 국산품 애용 · 민족기업의 육성 등의 구호를 내걸고 강연회와 시위를 벌이며 민족경제 수호에 앞장섰다. 그러나 일제의 탄압으로 유명무실해지고 1940년에는 총독부 명령으로 강제해산 되었다.

○ 이외에도 자작회(학생들 중심) · 청년회 · 소년단 · 기생조합 등도 경제수호운동에 호응하면서 민족운동을 펴나갔다.

• 6 · 10만세운동(六十萬歲運動)

1926년 6월 10일, 순종 인산일(국장일)을 기하여 일어난 독립만세운동으로, 사전에 누설되어 실패했다. 격문내용은 ① 우리 교육은 우리 손에 맡기라, ② 일본제국주의를 타파하자, ③ 토지는 농민에게 맡기라, ④ 8시간 노동제를 택하라 등이었다.

Q 국악에서 육각(六角)은?

- **광주학생운동**(光州學生運動)

1929년 11월 3일, 광주에서 한 · 일 학생간의 민족감정의 폭발로 일어난 대규모 항일 학생운동이다. 이듬해까지 계속되었는데 학생뿐 아니라 일반인까지 합세해 전국규모의 독립운동으로 발전하였다.

○ 참가 학교는 무려 194개교에 이르렀다.

- **신간회**(新幹會)

1927년 단일화된 민족운동에 대한 노력이 추진되어 민족주의계와 사회주의계가 합작하여 조직한 항일단체이다. 이상재 · 허헌 등 지식인 30여 명의 발기로 서울에서 발족, 기회주의를 배격하며 민족의 단결과 정치적 경제적 각성을 촉구하고 한국어교육 · 신생활운동 · 민족본위의 교육을 주장하면서 일제에 항거했다. 3만의 회원으로 도지부까지 결성, 많은 활약이 있었으나 내부분열로 1931년 해산되었다.

○ 근우회 : 신간회의 자매기관적 성격으로 김활란 · 유영준 등이 중심이 되어 여성단결을 통해 독립운동을 전개했다.

- **광복군**(光復軍)

외교적 활동만 하고 있던 임시정부가 숙원사업인 정규군으로서의 광복군 창설을 계획한 것은 중일전쟁 이후로 김구 · 김규식 · 지청천 등이 신흥무관학교 출신 독립군과 중국 대륙에서 독립운동을 하고 있던 한국청년, 조선의용대 출신 청년들을 모아 충칭(重慶)에서 광복군을 창설하고 지청천이 총사령관에 취임했다. 광복군은 한말 의병투쟁과 이어진다.

- **조선어학회 사건**(朝鮮語學會事件)

1942년 10월, 일본어를 국어로 사용할 것을 강요하던 일제가 국어연구에 대한 탄압책으로 조선어학회 회원을 민족주의자로 몰아 검거 · 투옥한 사건이다. 이희승 · 김윤경 등은 투옥되고 이윤재는 순국하였다. 일제는 조선어학회를 비밀결사라고 허위 조작, 회원들에게 혹독한 고문을 감행했는데 8 · 15 해방을 이틀 앞두고 공소가 기각되었다.

○ 조선어학회 : 일제의 탄압 아래에서도 우리말을 연구 · 보급해 온 학술단체이다. 국사연구를 위한 진단학회와 더불어 국학운동에서 중요한 역할을 했다.

- **모스크바 3상회의**(三相會議)

1945년 12월, 모스크바에서 개최되었던 미 · 영 · 구소 3국의 외상회의이다. 종전 후의 문제처리에 관한 안건이 의제에 오르고, 얄타 협정에 의거한 한국의 독립문제 등이 토의되었다. 한반도에 5년 간의 신탁통치를 실시한다는 의견이 나와, 이 결정에 대해 온 국민은 반탁운동을 전개했다.

○ 12월 27일 체결된 모스크바 협정에서는 한국에 관해 미 · 영 · 구소련 · 중 4개국에 의한 최고 5개년간의 신탁통

A 북 · 장구 · 해금 · 대금 · 피리 2

치, 미 · 구소련공동위원회 개최, 미 · 구소련 점령군 경계선인 38°선 문제 등이 확정되었다. 이 사실이 전해지자, 국내에서는 맹렬한 반탁운동이 전개되었다.

예문 해방을 전후하여 열린, 한반도 문제에 관련된 국제회합에 대한 문제가 출제됨

• 한국의 해방과 국제회합

회합	연대	내용	대표국
카이로선언	1943	한국 독립 약속	미 · 영 · 중
테헤란회담	1943	연합국 상륙작전	미 · 영 · 구소련
얄타회담	1945	38도선의 설정	미 · 영 · 구소련
포츠담선언	1945	카이로 선언 재확인	미 · 영 · 구소련
모스크바3상회의	1945	5년 간 신탁통치 합의	미 · 영 · 구소련
미 · 구소련공동위원회	1946	한국 통일문제 토의	미 · 구소련

• 신탁통치 반대운동

모스크바 3상회의에서 한반도에 대한 5년 간에 걸친 신탁통치를 결의하자 거족적으로 일으킨 신탁통치 반대운동이다. 좌익은 처음에는 반탁운동을 벌이다가, 갑자기 찬탁으로 돌변함으로써 좌 · 우 대립은 극도에 달했으며, 국민의 반탁운동은 더욱 치열해졌다.

➡ 미 · 구소련공동위원회 : 한반도 문제를 해결하기 위해 서울 덕수궁에서 두 차례 열렸으나 아무런 성과도 거두지 못했다.

• 대한민국 정부수립(제1공화국)

1948년 7월 17일 초대 국회의 제헌의원들이 헌법을 공포하고 대통령에 이승만, 부통령에 이시영을 선출했다. 국회의장에 신익희, 대법원장에 김병로가 선출되어 1948년 8월 15일 대한민국 성립을 내외에 선포함으로써 제1공화국이 출범했다. 이어서 12월 제3차 UN 소총회에서 한국 정부는 48대 6의 압도적 다수로 유일한 합법정부임을 공인 받았으며, 50여 개국의 자유우방국들로부터 지지를 받았다. 제1공화국은 1960년 4월 혁명으로 제2공화국이 탄생하기까지 존속했으며, 자유당이 정권을 담당했다.

➡ 주요 연표
1910. 8. 29   한일합방조약
1919. 3. 1   기미독립선언
1919. 4. 17   대한민국 임시정부
1943. 11. 27   카이로 선언
1945. 2. 4   얄타회담
1945. 7. 26   포츠담 선언

Q 음악 · 연극 등을 공개하기 직전에 하는 총 예행연습은?

1945. 8. 15	해방 · 국토분단
1945. 12. 26	모스크바 3상회의
1947. 9	UN임시위원단 파한(派韓)
1948. 5. 10	제헌국회의원 선거
1948. 7. 17	대한민국 헌법 공포
1948. 8. 15	대한민국 정부 수립

• 제주도 4 · 3사건

1948년 4월 3일 미 군정의 토지개혁이 유상몰수 · 유상분배로 결정되자, 토지분배를 요구하는 농민들과 군인들이 합세하여 제주도에서 일으킨 사건을 말한다. 김달삼 · 조몽구 · 문상길 등이 주동이 되어 유엔위원단의 철수, 미 · 소 양군 철수, 민주개혁 등을 요구하며 시위를 일으켰다. 이 시위로 5 · 10총선거가 제주에서는 실시되지 못했으며, 이를 진압하는 과정에서 무고한 양민에 대한 학살이 자행되었고, 당시 제주인구 21만 명 중 3만 명(일부는 8만 명이라고 주장함)이 희생되었다.

• 여수 · 순천사건(1948. 10. 19)

제주도 폭동을 진압하기 위해 여수와 순천의 국방경비대에게 진압명령을 했으나, 동족을 죽일 수 없다는 일부 장교의 선동으로 항명, 반란을 일으킨 사건이다.

• 거창양민학살사건

1951년 2월 11일 경남 거창 신원면 일대에서 공비토벌작전을 벌이던 당시 제11사단 9연대 3대대가 주민이 공산게릴라와 내통했다고 잘못 판단해 양민 600여 명을 집단 학살한 사건이다.

• 4 · 19 혁명

1960년 4월 19일, 12년 간에 걸친 이승만 정권의 독재와 부정 · 부패, 3 · 15부정선거에 분노한 국민들이 일으킨 민주혁명이다. 학생들이 중심이 된 4 · 19에 이어 4월 25일, 대학교수단의 시국선언이 따랐다. 마침내 이승만 대통령이 하야(下野)함으로써, 자유당 독재정권은 붕괴되었고 허정을 수반으로 한 과도정부가 구성되었다.

❍ 과도내각 : 허정은 과도내각을 조직하고 4월 의거에 따른 정국 수습과 제2공화국 탄생을 위한 선거를 관리하였다.

• 제2공화국(第二共和國)

4월 혁명으로 자유당의 제1공화국이 무너진 후 허정 과도정부의 주도 아래 6월 15일 개정헌법이 통과되고 8월, 민의원 · 참의원 합동회의에서 대통령에 윤보선, 국무총리에 장면이 선출되어 1차 내각이 이루어짐으로써(내각책임제) 1961년 5월 혁명이 일어나기까지 존속된 우리나라 두 번째 공화헌정체제이다.

A 리허설

❍ 제2공화국의 민주당 정부는 집권 초기부터 신 · 구파가 파쟁을 일으켜서 국민의 기대를 저버렸다.

• 5 · 16 군사정변
1961년 5월 16일, 장면정권은 사회혼란을 제대로 수습하지 못하고 공산주의에 대처할 능력도 없다고 판단, 육군 소장 박정희가 중심이 된 청년장교들이 반공(反共)과 구악 (舊惡) 일소 및 국가재건을 내세워 일으킨 정치혁명이다. 반공을 국시로 하고 사회기풍을 쇄신하는데 힘썼으며, 경제개발 5개년 계획을 추진, 자립경제를 꾀하였다.

❍ 5 · 16 혁명이라고도 하는데, 장면의 민주당 정권을 전복하고 정권을 장악한 군사혁명이다.

• 제3공화국(第三共和國)
국가재건최고회의를 중심으로 한 혁명정부는 2년 7개월 간의 군정을 끝내기 위해 민정이양에 착수했다. 1962년 12월의 국민투표로 확정된 새 헌법에 의해 1963년 10월 대통령 선거, 11월의 6대 국회의원 선거를 거쳐 1963년 12월 17일 박정희 대통령이 취임함으로써 출범한 세 번째 공화헌정체제이다. 1972년 10월 유신 전까지 존속되었다.

❍ 새 헌법은 대통령 중심제 · 단원제 의회를 골자로 한다. 제3공화국은 한 · 일 국교 정상화, 경부 고속도로 개통, 월남 파병 등의 정책을 수행하였다.

• 제3공화국의 경제성장
경제자립의 목표달성을 위해 1962년부터 추진해온 3차례의 경제개발 5개년 계획을 성공적으로 추진, 산업화의 기초를 닦음으로써 선진국에로의 발돋움을 가능하게 했다.

• 제4공화국(第四共和國)
박정희 정권에 의해 추진된 1972년 10월 17일의 '10월 유신'에 의해 개정된 '유신헌법'에 따라 통일주체국민회의에서 대통령으로 박정희를 다시 뽑아(1972. 12. 27) '81년 3월 1일 제5공화국의 대통령 취임 전일까지 존속하였던 우리나라의 네 번째 공화헌정체제이다. 10월 유신 후 제4공화국은 박정희 대통령의 장기집권적 징후를 보였다.

❍ 통일주체국민회의 신설, 국회의원 정수 1/3은 대통령의 추천 후 통일주체국민회의가 선출하도록 했으며, 대통령의 긴급조치권 창설 등이 유신헌법의 특색이다.

• 제5공화국(第五共和國)
1979년 10 · 26사태(박대통령 피격사건) 이후의 혼란 속에서, '80년 10월 27일 공포 · 시행된 헌법에 의하여 발족한 우리나라의 다섯 번째 공화헌정체제이다. 국가보위비상대책위원회를 구성, 준비단계를 거친 뒤 '81년 2월 25일 제11대 대통령이던 민주정의당 전두환 후보가 제12대 대통령에 당선되어 3월 3일 취임하고, 3월 25일의 총선거로 제11대 국회가 구성됨으로써 출범하였다.

Q 서문(序文) · 서막(序幕)을 나타내는 말은?

◎ 선거인단의 선출에 의한 7년 임기의 대통령 단임제, 국회지위의 회복 등이 새 헌법의 특징이다.

• 6 · 29선언

6월 항쟁이 계속되던 중 이의 수습책으로 '87년 6월 29일, 노태우 당시 민정당 대표위원이 발표한 8개항의 특별선언이다. 그 8개항은 ① 조속한 직선제 개헌, ② 대통령선거법 협상, ③ 대폭적인 사면 복권 단행, ④ 언론자유 보장, ⑤ 기본권 신장, ⑥ 지방자치제와 교육자율화 실현, ⑦ 정당활동의 자유 보장, ⑧ 모든 사회비리 척결 등이다.

◎ 6월 항쟁 : 개헌논의 금지 및 제5공화국 헌법 아래 차기 대통령을 뽑는다는 4 · 13 조치 이후 이의 철폐를 요구하는 성명, 집회 및 시위가 전 국민적 차원으로 확산되었던 상황을 말한다.

• 제6공화국(第六共和國)

대통령 직선제 등을 골자로 하는 개헌이 여 · 야간에 합의되어 새로운 민주헌법이 공포됨으로써 이를 바탕으로 새로 당선된 노태우 대통령이 취임(13대)하여 출범한 여섯 번째 공화헌정체제이다.

• 6 · 15 남북공동선언문

2000년 6월 15일 김대중 대통령(제15대)과 조선민주주의인민공화국 김정일 국방위원장이 발표한 공동선언문으로, 두 정상은 평양에서 정상회담을 가졌으며, 내용은 다음과 같다. ① 남과 북은 나라의 통일문제를 그 주인인 우리 민족끼리 서로 힘을 합쳐 자주적으로 해결해 나가기로 하였다. ② 남과 북은 나라의 통일을 위한 남측의 연합제안과 북측의 낮은 단계의 연방제안이 서로 공통성이 있다고 인정하고 앞으로 이 방향에서 통일을 지향시켜 나가기로 하였다. ③ 남과 북은 흩어진 가족, 친척방문단을 교환하고 비전향 장기수 문제를 해결하는 등 인도적인 문제를 조속히 풀어나가기로 하였다. ④ 남과 북은 경제협력을 통하여 민족경제를 균형적으로 발전시키고 사회, 문화, 체육, 보건, 환경 등 제반분야의 협력과 교류를 활성화하여 서로의 신뢰를 다져나가기로 하였다. ⑤ 남과 북은 이상과 같은 합의사항을 조속히 실천에 옮기기 위하여 빠른 시일 안에 양국 사이의 대화를 개최하기로 하였다.

Ⓐ 프롤로그(prologue)

Current Issues & General Information

CHAPTER 9
World History
- 세계사 -

01 고대사회
02 중세사회
03 근대사회
04 현대사회

• 인류의 출현

최초의 인류(오스트랄로피테쿠스 ; 原生人類)가 나타난 뒤, 인류의 역사는 선사시대와 역사시대로 크게 나뉘며, 선사시대는 구석기시대와 신석기시대로 구분된다. 인류의 진화과정은 직립보행→손의 독립과 두뇌 발달→연장제작과 사냥→집단유대의 강화와 언어발달로 이어진다.

◯ 오스트랄로피테쿠스 : 200만 년 전쯤에 나타난 최초의 인류로, 남아프리카 인류학자 다르(Dare)가 킴벌리 부근에서 발견했다. 직립보행 하였고 역석기 등의 타제석기를 사용하였는데, 50만 년 전 제1간빙기에 멸종되었다.

• 인류의 발생

명칭	연대	종류	특징
오스트랄로피테쿠스	약 200만 년 전		최초의 인류
호모 에렉투스	약 50 만 년 전	베이징 · 자바 · 하이델베르크인	불 · 손도끼
호모 사피엔스	약 20 만 년 전	네안데르탈인	시체 매장
호모 사피엔스 사피엔스	약 4만 년 전	크로마뇽인	현생 인류

• 자바인(Pithecanthropus erectus)

1891년 자바섬 트리닐에서 네덜란드 사람 뒤부아(E. Dubois)가 발견한 것이다. 언어를 사용하고 직립보행 하였으며, 두개골 용량이 900cc 정도이고, 약 50~30만 년 전에 생존했던 것으로 보인다. 그 후 부근에서 또 다른 인골이 발견되었는데, 이를 피테칸트로푸스라 한다.

◯ 호모 에렉투스(Homo erectus ; 古生人類) : 약 50만 년 전에 출현, 15만 년 전까지 살았다. 자바인 · 베이징인 · 하이델베르크인이 이에 속하며 언어와 불을 사용했다.

• 베이징인(Sinanthropus erectus)

중국 베이징 교외 저우커우뎬(周口店)에서 1927년에 스웨덴 사람 앤더슨(G. Anderson)이 발견하였다. 자바인과 거의 같은 시기로 간단한 언어를 사용했으며, 불과 타제석기를 이용하면서 수렵과 동굴생활을 한 것으로 알려졌다. 이를 시난트로푸스라고도 한다.

예문 인류의 진화과정에 따른 구분(오스트랄로피테쿠스 · 호모 에렉투스 등)과 그에 속한 인류(자바인 · 베이징인 등)의 특징에 대한 문제가 출제됨

• 하이델베르크인(Heidelberg人)

1907년 독일 하이델베르크에서 쇠텐자크(Schoetensack)에 의해서 발견되었다. 유럽에서 가장 오래되었으나 자바인이나 베이징인보다 훨씬 늦다.

Q 칼라TV의 기본색상은?

• 네안데르탈인(Neanderthal人)

1856년 독일 네안데르탈에서 처음 발견된 후 유럽 · 아프리카 · 아시아 각지에서도 나타났다. 약 20만 년 전(제3간빙기)에 나타났으며, 뇌의 용량이 현생인류와 거의 같고 (1,200cc), 박제석기를 사용했으며 시체를 매장했다. '지혜로운 사람' 즉, 호모 사피엔스(Homo sapiens)라 불리지만 현생인류의 직접 조상은 아니다.

⊙ 이들이 남긴 문화를 무스테리안(Mousterian) 문화라 한다.

• 크로마뇽인(Cromagnon人)

1868년 프랑스 크로마뇽 동굴에서 발견되었다. 생김새나 두뇌 용량(1,500cc)이 오늘날 북부 유럽인과 거의 비슷한 최초의 현생인류이다. 활을 사용해 수렵 · 어로생활을 했으며 정교한 골각기와 타제석기를 사용했다. 알타미라 동굴 벽화를 남기기도 한 이들의 문화를 막달레니안 문화라 하며, 그리말디인(Grimaldi人) · 상동인(上洞人)과 함께 현생 인류의 직계조상으로 추정된다.

⊙ 1. 그리말디인 : 1909년 모나코 그리말디에서 발견, 흑인의 조상으로 추측된다.
  2. 상동인 : 1933년 중국 저우커우뎬 동굴에서 발견, 황인종의 조상으로 추측된다.

• 구석기시대(舊石器時代)

구석기시대는 전기(오스트랄로피테쿠스와 호모 에렉투스가 존재한 시기) · 중기(네안데르탈인) · 후기(크로마뇽인 출현)로 나뉘며, 타제석기를 사용하고, 채취 · 수렵 · 어로 생활을 했으며, 불을 사용하고 동굴에서 거주했다. 원시신앙의 태동(네안데르탈인은 시체를 부장품과 함께 매장)이 있었으며, 종교의식과 함께 예술감각이 싹텄다(동굴 벽화).

⊙ 타제석기의 종류와 발달 : 역석기(오스트랄로피테쿠스) → 손도끼(호모 에렉투스) → 박편석기(네안데르탈인) → 돌칼(크로마뇽인)

• 신석기시대(新石器時代)

1만 년 전 이후 충적세 때이며, '비옥한 초승달지대'에서 농경 · 목축이 시작되어 정착 생활을 하였고, 재산을 공유하는 평등사회로 씨족공동체를 이루었다. 움집에서 살았으며 생산과 출산의 풍요를 기원하는 신앙과 함께 조상에 대한 숭배와 자연에 대한 숭배 의식이 행해졌다. 마제석기와 토기가 사용되었고 베틀과 북이 발명되었다.

⊙ 신석기 혁명 : 메소포타미아 · 시리아 · 팔레스티나에 이르는 반달형의 '비옥한 초승달 지대'에서 농경 · 목축이 이루어져 식량문제가 해결된 역사적 사건을 말한다. 영국의 고고학자 차일드가 쓰기 시작했으며, 인간이 자연을 지배할 수 있게 된 이 변화는 근대의 산업혁명에 비견되고 있다.

• 청동기시대(靑銅器時代)

청동 야금술이 알려져 청동기를 제조 · 사용한 시대로서, 시대 구분상 석기시대 다음, 철기시대의 앞에 해당한다. 오리엔트에서는 메소포타미아를 중심으로, 에게 지방에서

🅰 빨강 · 초록 · 파랑

는 미노스 · 헬라스 · 트로이를 중심으로, 동아시아에서는 중국의 은 · 주시대가 이에 속한다. 그러나 이 시대를 거치지 않고 바로 철기시대로 넘어간 지역도 있다.

• 철기시대(鐵器時代)

석기시대 · 청동기시대에 뒤이어 철기를 사용한 인류 문화발전의 제3단계이다. 메소포 타미아에서는 기원전 2천년 중반, 유럽에서는 기원전 1천년 초기, 중국에서는 기원전 1천년 후반기가 이 시대에 해당한다. 그러나 넓은 의미로는 현대까지도 이에 포함된다. 철제기구는 청동제보다 성능이 우수하고 자료가 풍부해 가격도 저렴, 인류사회에 눈부신 변화와 발전을 가져왔다.

예문 구석기시대 · 신석기시대 · 청동기시대 · 철기시대 등 인류 문화발전에 따른 각 시대별 특징을 묻는 문제가 출제됨

• 세계 4대 문명 발상지

인류의 4대 문명 발상지는 메소포타미아의 티그리스 · 유프라테스강, 중국의 황하(黃河), 인도의 인더스강, 이집트의 나일강 유역이다. 메소포타미아 문명은 BC 3천년경부터 최초의 문명이, 황허 문명은 BC 2천년경부터 청동기 문명이, 인더스 문명은 BC 2,500년경 청동기 문명이, 이집트 문명은 BC 3천년경에 이루어졌다. 큰 강 유역에서 문명이 발생한 이유는 첫째 교통이 편리하고, 둘째 홍수범람으로 토지가 비옥해 농경에 적당하기 때문이며, 셋째 치수와 관개사업의 필요 때문에 강력한 도시국가가 요구되었기 때문이다.

❍ 문명출현은 청동기 사용과 문자의 발명, 국가의 발생을 그 요건으로 삼는다.

예문 보기 중 세계 4대 문명 발상지가 아닌 것을 고르는 문제가 출제됨

• 고대 중국문명(古代中國文明)

BC 3천년경부터 중국 황하(黃河) 유역의 황토층에서 이룩된 신석기문화이다. 좁쌀 · 기장 등이 재배되고 개 · 돼지 등도 사육되었다. 중국 최초의 왕조는 BC 1500년경에 세워진 은(殷)이며, 도읍지의 유적으로 은허가 남아 있고, 청동기문화를 이루었다. 점(占)을 치는 데 갑골문자를 사용하였으며, 신정정치를 하는 계급사회로서, 조상숭배사상이 있었다.

❍ 하(夏) 왕조 : BC 2천년경의 전설적 왕조로 최근 허난성 뎅펑현 출토의 유물로 실존했던 중국 최초의 왕조일 가능성이 높아지고 있다.

• 갑골문자(甲骨文字)

중국 은나라 때 점복에 이용했던 짐승의 뼈나 거북껍질에 새긴 점괘로 한자의 기원이 된다. 그림문자보다는 상당히 앞선 것으로 주로 제사 · 군사 · 천문 · 농경 등에 이용되었다.

❍ 갑골문자에 날짜를 표시하는 간지(干支)가 있어 달력을 사용, 농경생활에 활용된 것으로 추측된다.

Q 권력분립주의를 최초로 주장한 사람은?

• 은허(殷墟)

중국 은(殷)왕조의 유적으로 지금의 허난성(河南省) 안양현(安陽縣) 지방이다. 1,250여 분묘가 발굴, 갑골문자와 각종 청동기·목기·상아제품 등이 발견되어, 전설적인 은나라가 사실로 밝혀지게 되었다.

• 인더스 문명(Indus Civilization)

BC 2500년경 인도의 인더스강 유역에서 청동기를 바탕으로 발달한 고대문명이다. 인더스 문명의 주인공은 선주민인 드라비다인(Dravidians)으로 추측되는데, 메소포타미아로부터 영향을 받은 듯하다. 인더스강 하류의 모헨조다로(MohenjoDaro), 상류의 하라파(Harappa) 등은 금석병용기(金石竝用期)의 유적지이다.

❷ 모헨조다로와 하라파에는 하수도 시설을 비롯, 포장도로·목욕탕·집회소·곡물창고와 벽돌가옥이 있었다 한다.

• 카스트(Caste) 제도

BC 1천년경부터 자연물숭배사상이 우주의 주신 브라만(Brahman ; 梵)을 숭상하는 브라만교로 발전하면서 계급분화된 인도의 세습적 신분제도이다. 승려인 브라만, 귀족인 크샤트리아, 평민인 바이샤, 노예인 수드라 등으로 나뉜다. 이는 학문과 예술을 발전시킨 공로도 있으나, 사회 전체의 발전을 저해하는 원인이 되기도 했다.

❷ 노예계급인 수드라는 그리스·로마시대의 노예들과는 달리 누구에게 소속되거나 팔리지 않는 자유민으로 다만 천역에 종사할 따름이었다.

• 마누 법전(Manu 法典)

각 카스트가 지켜야 할 의무 및 일상생활에서 지켜야 할 관습에 관한 규정이 브라만들에 의해 만들어졌으며(다르마 수트라), 이것이 BC 200년경에 다시 정리된 것으로 베다와 함께 고대 인도의 대표적 경전이다. 산스크리트어 운문으로 기록되어 있으며 12장이 전한다.

❷ 마누란 고대 인도인이 생각했던 인간의 시조이다.

• 오리엔트 문명(Orient Civilization)

오리엔트란 고대 로마인이 동방을 '태양이 떠오르는 지방'이라 부른 데서 온 말로, 이집트와 '비옥한 초승달 지대'라 하는 메소포타미아에서 시리아, 팔레스타인에 이르는 지역의 문명을 말한다. 이집트 문명은 나일강의 선물로, 범람시기를 알기 위해 천문학과 태양력이 만들어졌고, 상형 문자를 파피루스(종이를 대신한 식물)에 적어 이용하였다. 종교적 색채가 짙은 중앙집권제와 왕권을 배경으로, 거대한 궁전과 신전을 만들었다. 메소포타미아를 정복한 고(古)바빌로니아 왕국은 함무라비왕 때 메소포타미아를 통일하고, 함무라비 법전을 만들었다. 그 후 오리엔트는 앗시리아에 의해 최초로 통일

🅰 존 로크

Current Issues & General Information

고대사회

되었다.

문명	지형	종교	문자	과학기술
이집트	폐쇄적	내세적, 다신교	상형문자	태양력, 10진법, 12월제
메소포타미아	개방적	현실적, 다신교	설형문자	태음력, 60진법, 7요제

예문 이집트와 메소포타미아 문명의 각 특징(문자·과학기술 등)을 묻는 문제가 출제됨

• 함무라비 법전(Code of Hammurabi)

BC 1700년경 바빌로니아의 함무라비왕이 제정한 설형문자로 된 성문법전으로 세계 3대 법전의 하나이다. 전문 282조로 된 이 법전은 세계 최고(最古)의 성문법인 수메르고법의 영향을 받았으며, 심판·재산·가족·처벌 등에 대한 법률과 이에 따른 권리와의무를 수록한 것으로, 계급차별을 전제로 한 보복주의(Talion 법칙)와 준(準)사형주의를 특징으로 한다. 1901년, 페르시아 수사(Susa)에서 발견되었다.

◑ 세계 3대 법전 : 함무라비 법전·나폴레옹 법전·로마 법전

예문 세계 3대 법전을 묻는 문제는 자주 출제되니 반드시 외워둘 것

• 설형문자(楔形文字 ; 쐐기문자)

BC 3500~BC 1000년경 메소포타미아의 수메르인이 사용했던 문자로 점토판에 갈대로 찍어 썼으며, 처음에는 그림문자였으나 표음문자로 발전했다. 이집트의 상형문자, 중국의 한자와 더불어 세계에서 가장 오래된 문자이다.

• 군현제도(郡縣制度)

진시황이 주(周)의 봉건제도를 폐지하고 실시한 중앙집권적 지방행정제도로서 전국을 36군(郡)으로 나누고 군 아래 몇 개의 현(縣)을 설치해 중앙에서 관리를 파견하여 다스렸다. 군에는 군수, 현에는 현령·현위를 두었다.

• 분서갱유(焚書坑儒)

중국 진시황의 사상통제 정책으로, 군현제를 반대하는 유학자들을 구덩이에 묻어 죽이고, 의(醫)·약(藥)·농(農)·복서(卜書)를 제외한 모든 학술서적을 불태운 사건이다.

◑ 진시황 : 중국 최초의 통일제국 진(秦)의 시조로 강력한 중앙집권적 지배 체제를 확립하였다. 영토확장에 힘써 중국 영토의 원형을 이루었다.

• 만리장성(萬里長城)

진시황 때 쌓은, 간수에서 요동에 이르는 약 2,700km 되는 토성으로 전국시대 각 제후국의 방책을 연결한 것이다. 현존하는 명대(明代)의 장성보다 북쪽에 위치해 있었다.

Q 고종 때 대원군에 의해 발행된 화폐는?

- **부병제**(府兵制)

중국 서위(西魏)에서 만들어져 수·당에 이르러 정비된 균전제를 기반으로 성립된 국민개병(國民皆兵)의 징병제도이다. 토지를 분배받은 장정들은 평상시에는 농사를 짓고, 농한기에는 거주지의 절충부에 나가 군사훈련을 받는 병농일치제이다.

- **실크로드**(silk road ; 비단길)

한 무제 때 서북의 흉노를 견제하기 위해 장건을 서역으로 파견, 이를 계기로 비단길(톈산 남북로)이 개척되고 서역과 서역의 산물이 알려지게 되었다. 그 이후 내륙 아시아를 횡단하는 동·서교통로를 일컫는 말로 중국의 명주·비단이 로마제국으로 수출되는 길이라는 데서 유래한 명칭이다.

○ 실크로드를 통해 서역(중앙아시아 전역과 인도까지)과 교류, 유리·보석·향료의 교환이 이루어졌으며, 마늘·오이·당근 등이 서아시아에서 중국으로 들어왔다.

- **정관**(貞觀)**의 치**(治)

당 태종은 3성 6부의 중앙관제, 과거제, 균전제, 부병제, 조·용·조와 법률제도를 완비, 중앙집권체제를 완성했다. 후세인들은 그가 통치한 기간을 '정관의 치'라 하여 군주정치의 모범으로 꼽고 있다.

- **에게문명**(Aegean Civilization)

에게 해역을 중심으론 번영한 세계 최초의 해양문명을 말한다. 청동기를 바탕으로 한 이 문명은 그리스 문명의 선구인 동시에 오리엔트 문화를 그리스에 전달하는 교량적 역할을 하였다. 에게문명은 크레타 섬을 중심으로 하여 일어난 크레타 문명, 그리스 본토의 미케네, 소아시아의 트로이 등을 중심으로 한 미케네 문명의 2기(期)로 나누어진다.

○ 궁전 벽화나 토기의 무늬 등은 운동감 있는 해양예술의 극치로서 오리엔트와는 달리 명랑하고 신선하다.

- **그리스문화**(Greek Civilization)

크레타문명과 미케네문명으로 된 에게문명을 바탕으로 하여 꽃핀 고대 그리스의 인간성을 본위로 하는 문화를 말한다. 그리스의 자연조건으로 도시국가(폴리스)가 생겨나고 도시국가 주민들은 공동의식을 가지고 자유롭고 개성 있는 문화를 창출했다. 이러한 점은 다른 고대 국가에서는 찾아볼 수 없는 그리스만의 특색이다. 그리스 문화는 뒤에 알렉산더에 의해 오리엔트 문명에 융합되어 헬레니즘 문화로서 로마제국을 비롯, 각지에 전파되었다.

○ 비록 노예제는 있었지만 인류최초의 초보적 민주주의가 실시되었다.

A 당백전

01

Current Issues & General Information

고대사회

- **도편추방**(刀鞭追放 ; 오스트라시즘)

  BC 6세기말 아테네의 클리스테네스가 참주(僭主)의 출현을 막고, 민주정치를 실시하기 위하여 실시한 비밀투표법으로, 패각추방이라고도 한다. 매년 1회씩 참주로서 위험이 있는 인물의 이름을 도편 또는 패각에 써서 투표, 6천 표 이상인 자는 10년 간 국외로 추방되었다.

  ➡ 참주정치 ; 아테네의 피시스트라투스가 무력으로 사회혼란을 수습한 것과 같은 폭력정치로, 귀족정치와 민주정치의 과도기적 형태이다.

- **헬레니즘 문화**(Hellenism Civilization)

  알렉산더 대왕의 동방원정으로 지중해 연안 · 페르시아 · 중앙아시아 · 인더스강 유역 · 아프리카 대륙에 걸친 대제국이 형성되었다. 이 과정에서 에게 문명을 바탕으로 한 그리스 문화가 오리엔트 문명과 융합 · 형성한 세계적 문화이다. 헬레니즘은 헤브라이즘과 더불어 유럽 문화의 2대 조류이다. 헬레니즘 문화의 전파는 서방으로는 로마문화를 일으켰고 사라센 문화에 영향을 주었으며, 멀리 인도의 간다라 미술을 생성시켰다.

  ➡ 헤브라이즘(Hebraism) : 헤브라이 민족의 유대교에서 비롯된 종교적이고 금욕적인 기독교적 세계관을 문화사적 입장에서 일컫는 말이다.

- **로마제국**(Roman Empire)

  BC 7세기경, 라틴족이 이탈리아 반도에 세운 도시국가에서 비롯된 서양 최대의 제국이다. 로마를 근거로 하여 최성시(最盛時)에는 유럽 태반과 아프리카 · 아시아 일부를 점령했다. 로마 정치체제는 도시국가시대에는 왕정이었으나 BC 510년의 반도통일시대에는 귀족 공화정이 되어 제1회, 제2회 삼두정치를 거쳐 BC 27년 지중해 세계를 통일하고 민주공화정이 되었으며, 세계제국시대에 제정(帝政)으로 되었다. 그 후 전제군주정 속에 동 · 서 로마제국으로 분열, 서로마제국은 게르만 민족의 대이동으로 476년 멸망하고 동로마제국은 사라센의 공격을 받아 약체화되었다가, 1453년 오스만투르크에 의해 멸망되었다.

  ➡ 제1회 삼두정치는 시저 · 크라수스 · 폼페이우스였으며, 제2회 삼두정치는 옥타비아누스 · 안토니우스 · 레피두스였다. 제2회 삼두정치의 옥타비아누스에 의하여 제정이 시작되었다.

- **12표법**(Laws of 12 Tables)

  BC 451년에 만들어진 로마 최초의 성문법으로 귀족들의 법(法)의 독점을 타파하고 평민의 권리를 확장, 개인의 권리와 사유권을 보장했다. 이 12표법(十二表法)은 로마 법 발달의 출발점이 되었고, 후대 로마인에게 '전로마 법체계'로 존중되었으며, 후대 법률의 기초를 이루었다.

  ➡ 12표법 이후 시민법→만민법→자연법으로 발전했다. 스토아철학의 영향으로 자연법사상이 발달, 그 대표적인 것은 유스티니아누스 대법전이다.

Q 미국 뉴욕에 있는 세계금융의 중심지는?

- **포에니 전쟁**(Poeni 戰爭)

시칠리아까지 진출한 로마와 당시 지중해 무역을 장악하고 있던 카르타고가 지중해 해상권을 두고 벌인 3차례의 전쟁을 말한다. 1차 전쟁(BC 264~BC 241)은 시칠리아에서 일어났으며, 그 결과 시칠리아가 로마의 속령이 되었고, 2차 전쟁(BC 218~BC 201)에서는 알프스를 넘어 로마에 침입한 한니발 휘하의 카르타고군을 스키피오가 격파하였다. 3차 전쟁(BC 149~BC 146)에서는 로마의 원정군이 카르타고를 포위하여 괴멸시켰다.

➲ 이탈리아반도를 통일한 로마는 포에니 전쟁으로 서부 지중해를 통일했고, 동부 지중해로 진출, 헬레니즘 세계를 병합해 세계 제국을 이루었다.

- **밀라노 칙령**(Edict of Milano)

로마 후기 제정시대의 중흥주 콘스탄티누스 1세가 313년, 밀라노에서 신교(新敎)의 자유와 그리스도교를 공인한 칙령을 말한다. 또한 1807년, 밀라노에서 나폴레옹 1세가 영국과 통상하는 상선을 나포(拿捕)하도록 명한 것도 밀라노 칙령이라 한다.

➲ 그리스도교는 392년 테오도시우스 황제 때 로마 국교로 정해졌다.

• 게르만족의 이동

4세기말 훈족이 서진해 흑해 북쪽의 동고트족을 치자 서고트족이 동로마로 옮긴 것을 계기로 게르만족의 이동은 시작되었다. 그 후 약 200년간 게르만족은 로마제국 각지에 나라를 세워, 5세기말까지 서로마는 완전히 게르만족 차지가 되었다. 이렇게 세워진 게르만족 왕국들은 대개 단명했는데, 수(數)적으로나 문화적으로 로마계의 문화보다 뒤떨어졌기 때문이다.

➡ 게르만족 중 라인강 하류에 자리 잡은 프랑크는 유일하게 일찍부터 카톨릭으로 개종, 로마인과의 융합을 마련함으로써 유럽세계를 형성하는 중심세력으로 성장했다.

• 메르센조약(Mersen 條約)

프랑크 왕국은 역사적 · 문화적 바탕이 다른 게르마니아 · 갈리아 · 이탈리아가 카를대제에 의해 기술적으로 통합되어 왔다. 카를대제의 사후 영토분쟁이 일어나 베르뎅조약(843)에 이어 메르센조약(870)으로 오늘날의 독일 · 프랑스 · 이탈리아 영토의 기초가 마련되었다.

• 봉건제도(封建制度 ; feudalism)

중세에 민족대이동과 로마의 멸망으로 불안한 시대를 맞은 유럽에서 생명과 재산보호를 위해 발달된 사회 · 정치제도이다. 지배층 상호간에 봉토를 매개로 하여 맺어진 보호와 봉사를 내용으로 하는 쌍무적 주종관계이다. 봉토제 · 장원제에 의한 계급적 신분질서와 지방분권적인 것을 그 특징으로 한다.

• 카노사(Canossa)의 굴욕

중세의 성직임명권(敍任權) 투쟁에서 황제권이 교황권에 굴복한 상징적 사건이다. 신성 로마 황제인 독일왕 하인리히 4세는 1076년 교황 그레고리 7세의 폐위를 요구했다가 파문을 당했다. 반황제파 제후의 반란이 두려워 1077년 카노사에서 교황에게 빌고나서 파문이 풀렸다.

• 로마 대법전(ROMA 大法典 ; 유스티니아누스 대법전)

동로마제국 유스티니아누스 황제 때 트리보니아누스에 의해 편찬된 법전이다. 스토아철학에 바탕을 둔 자연법에 기초한 이 법전은 공화정 이래의 로마의 법률 · 판례 · 칙령 · 법률학설을 집대성하여 체계적으로 편찬, 후세 근대 국가의 법제형식에 많은 영향을 주었다.

➡ 미감이 뛰어난 유스티니아누스 황제는 성 소피아 성당 등 뛰어난 건축물을 남겼다.

Q 중국 최초의 개국(開國) 조약은?

- **십자군**(十字軍 ; Crusades)

  중세 서유럽의 그리스도교 국가들이 회교도로부터 성지 예루살렘을 회복하기(재정복 운동) 위하여 일으킨 원정군으로, 약 2세기(11~13세기말)에 걸쳐 7차례나 되풀이되었다. 거듭됨에 따라 본래의 목적에서 이탈, 종교적 정열보다 세속적 욕구(상업상의 이익)로 변하여 원정군내에서 민족간의 분쟁 · 충돌이 일어나 그 목적을 이루지 못했다.

  ● 십자군의 영향 : ① 동방과의 교통 · 무역 발달과 자유도시 발생, ② 봉건영주 · 기사세력의 약화로 봉건제 붕괴, ③ 유럽인의 견문확대로 문화발전에 새로운 변화

  예문 십자군 원정의 목적과 영향에 대한 문제가 출제됨

- **길드**(guild)

  중세 후기 서유럽의 도시상인이나 장인(匠人 ; 수공업자)이 생산과 판매를 통제, 일정 지역내의 산업과 거래를 독점한 동업조합(同業組合)을 말한다. 왕권 또는 영주권에 대항하여 행한 자치권 투쟁이었으며 엄격한 신분관계를 그 특징으로 한다. 상인 길드와 장인 길드가 주된 것이었다.

- **대헌장**(Magna Carta)

  1215년, 거듭된 영국 존 왕의 실정(失政)에 제후들이 반기를 들고 국왕에게 강요하여 받은 문서이다. 국왕의 권한을 제한하고 제후들의 봉건적 특권을 인정한 문서였으나, 국민의 권리를 보장하는 것으로 확대해석, 영국 입헌정치를 위한 근대헌법의 초석이 되었다.

  ● 교회의 자유 · 권리 보장, 런던의 전통적 자유보장, 자유인의 신체적 · 재산적 자유권 보장 등이 규정되어 있다.

- **백년전쟁**(百年戰爭 ; Hundred Year's War)

  왕위계승 문제로 약 100여 년에 걸쳐(1338~1453) 영국과 프랑스 사이에 일어난 전쟁이다. 왕위계승 문제에 플랑드르 지방의 양모공업을 둘러싼 이해관계가 얽혀 영국군이 침입, 대승하여 프랑스는 위기에 빠졌으나 잔 다르크의 활약으로 프랑스가 승리했으며, 1453년 아라스(Aras)에서 화의(和議)를 맺었다.

  ● 이 전쟁 후 민족의식이 고조되어 양국 모두에 민족국가의 틀이 잡혔으며, 프랑스는 왕권강화로 강력한 군주국가의 기틀을 확립했다.

- **장미전쟁**(薔薇戰爭 ; Wars of the Roses)

  영국의 왕위 계승권을 둘러싼 랭카스터가와 요크가의 대립으로 발생한 내란(1455~85)을 말한다. 랭카스터가의 승리로 헨리 7세가 즉위함으로써 평정, 튜더왕조가 시작되었으며, 이를 계기로 영국의 봉건무사계급이 몰락하고, 절대왕조가 수립되었다.

  ● 붉은 장미(랭카스터), 흰 장미(요크)를 문장(紋章)으로 사용하여 장미전쟁이라 하였다.

A 난징조약(南京條約)

- **금인칙서**(金印勅書 ; Goldene Bulle)

1356년, 독일 황제 카를 4세가 발표한 신성 로마제국 황제의 선출에 관한 규정으로, 이로써 황제권의 축소가 법제화되었다. 황제선거를 7선제후(七選帝侯)의 다수결로 하도록 했으며, 선제후의 지위·특권·장자단독 상속제를 규정하고 있다. 선제후의 권리를 확정한 이 문서는 연방국가로 발전하는 계기가 된다.

◑ 황금의 어새를 사용한 데서 이를 황금문서라고도 한다.

- **왕안석**(王安石)**의 신법**(新法)

중국 송대의 정치가이며 학자인 왕안석이 신종 때 재상이 되어 실시한 부국강병책(富國强兵策)이다. 왕안석은 당시의 병폐를 직시, 부국책으로는 균수법·시역법·청묘법·모역법을, 강병책으로는 보갑법·보마법을 실시하였다.

균수법 (均輸法)	각 지방의 토산물을 사두었다가 부족한 시기나 지방에 전매, 국가수입을 올리고 물가를 조절하는 제도
청묘법 (靑苗法)	춘궁기에 식량과 종자를 대여하였다가 추수기에 상환케 하여 지주의 고리대를 막고 소농민을 보호하는 저리융자법
모역법 (募役法)	부역을 면제하고 그 대신 면역전(免役錢)을 받아 실업자를 고용하는 실업자 구제법
시역법 (市易法)	국가가 시장을 조절하고 소상인에게 저리로 융자, 대상인들의 횡포를 막고 상품 유통을 원활케 하는 중소상인 보호법
보갑법 (保甲法)	농가를 1보(保)로 하여 대보(大保), 도보(都保)를 두고, 각각 장(長)을 두어 농한기에 군사훈련을 시킨 병농일치의 민병제도
보마법 (保馬法)	보갑법의 각 보(保)가 되는 농가에서 유사시에 쓸 수 있도록 군마를 기르게 한 제도

◑ 신법의 성격은 재정안정과 국방력 강화, 자작농과 중소상인 보호, 정부의 필요물자확보, 민병양성과 군마의 조달이었다. 그러나 지나치게 급진적이고 이상적이었으므로 대지주·대상인·고급관리들의 반대에 부딪쳐 개혁은 실패했다.

- **일조편법**(一條鞭法)

멕시코 은(銀)의 유입으로 은의 유통이 일반화되자 여러 명목의 세금을 지세·정세(丁稅 ; 인두세)로 통합, 간편하게 하여 은으로 납부하게 한 세법을 말한다. 명대(明代) 후기로부터 청대(淸代) 초기까지 행하여진 은본위조세제도로 중국 세제사상 양세법(兩稅法)에 뒤이은 개혁으로 유명하다.

◑ 세제의 변화 : ① 수·당(조·용·조), ② 당말~명중기(양세법), ③ 명말기(일조편법), ④ 청대(지정은제도) 청의 지정은(地丁銀)제도는 일조편법을 간소화한 것이다.

　예문　중국 각 시대의 토지제와 세제에 대한 문제가 출제됨

Q 동방견문록을 지은 사람은?

- **동방견문록**(東方見聞錄 ; Livre des merveilles dumonde)

  이탈리아 베네치아 태생인 마르코 폴로(Marco Polo)가 17년 동안 중국에 머물면서 보고들은 것을 귀국한 뒤 「세계의 경이(驚異)의 서」라는 제목으로 발표한 책이다. 그 내용은 유럽인의 동양에 대한 호기심을 크게 자극했다. 마르코폴로의 이 책은 콜럼버스의 아메리카 대륙 발견의 계기가 되는 등, 지리상의 발견에 큰 역할을 하였다.

- **몽고제국**(蒙古帝國 ; 원제국)

  13세기 초 몽고고원 일대에 흩어져 살던 몽고족이 테무친의 영도 아래 건설한 사상 최대의 대(大)제국이다. 먼저 부족을 통일한 영웅 칭기즈칸(테무친)은 아시아와 유럽의 대부분을 석권, 몽고와 중국 본토를 직할령으로 하고 정복지를 몇 개의 한국(汗國)으로 나누어 세계에 군림하였다. 세조 때에 베이징(北京)으로 천도하고 국호를 원(元)으로 고치어 전성기를 이루었으나, 1368년 명(明)의 주원장(朱元璋)에 의해 멸망되었다.

  ◐ 칸은 군주를 뜻하는데, 테무친은 부족장회의인 쿠릴타이에서 칸으로 추천되었다.

  예문 세계사의 흐름을 한 제국의 건국 등 사건별로 연결(국사까지)시켜 이해하도록 유도하는 문제의 출제가 많음

- **사라센 문화**(Saracen Civilization)

  이슬람 · 비잔틴 문화를 바탕으로 지중해연안과 인도 · 중국의 문화를 종합 · 절충, 사라센제국의 회교도, 특히 아랍인이 이룩한 아라비아 문화를 말한다. 수학 · 화학 · 천문학 · 지리학 등의 자연과학이 발달하였으며, 「아라비안 나이트」는 대표적 문학이다. 동 · 서문화의 중계를 맡아 중국의 제지술 · 나침반 · 화약 · 인쇄술을 유럽에, 사라센 과학의 지도 작성법 · 간의를 중국(元代)에 전했으며, 고대와 르네상스 시대와의 중간기에 큰 역할을 하였다.

  ◐ 아라비아 문자를 비롯해 아라비아 어원을 가지는 유럽어가 많은 것은 그 영향력이 컸음을 증명한다.

Ⓐ 마르코 폴로

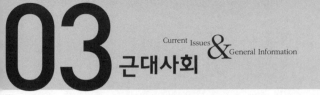

- **르네상스**(Renaissance ; 문예부흥)

  르네상스란 '재생', '부활'이란 뜻이며, 이탈리아를 중심으로 14세기경부터 시작된 그리스·로마 문화의 부흥을 통한 새로운 근대문화의 창조를 뜻한다. 중세의 기독교적 속박으로부터 벗어나 그리스·로마 시대의 자유롭고 풍부한 인간성을 부흥, 개인의 존중과 개성의 해방 등을 주장하며 문학·미술·건축을 비롯하여 정치·학술·종교·경제 방면에도 널리 혁신운동을 일으켜 근대문명을 발전시키는 원동력이 되었다.

  ○ 르네상스의 3대 발명품은 화약·나침반·인쇄술이다.

  예문 르네상스의 성격과 그 내용, 그리고 발단을 묻는 문제가 출제됨

- **이탈리아의 르네상스**

  14세기 말엽부터 16세기 초에 걸쳐서 이탈리아에서 일어나 전 유럽에 파급된 예술 및 문화상의 혁신운동이다. 십자군운동(十字軍運動) 이후 상업도시의 발전과 경제적인 부흥, 도시 귀족들의 인간 중심적이고 현세적인 로마시대에 대한 동경 등의 요인을 배경으로 하여 발생, 단테·보카치오·페트라르카 등의 문학가와 레오나르도 다 빈치·미켈란젤로·라파엘로 등의 화가, 마키아벨리 등의 사상가와 같은 뛰어난 인재들을 배출하였다.

  ○ 르네상스의 근본정신은 인문주의인데, 이는 인간의 가치를 존중하고 자유로운 발전을 원하는 정신을 낳았다.

  예문 르네상스가 가장 먼저 일어난 나라(이탈리아)를 묻는 물음이 출제됨

- **지리상의 발견**

  동방물자를 직접 구입해 보고자 하는 욕구와 동방에 대한 동경으로 15~17세기에 걸쳐 이루어졌던 항해와 탐험 시대의 결과이다. 당시 근대국가 형성과정에 있던 유럽국가들은 대규모의 항해 및 발견을 통하여 시야가 넓어지고 새로운 세계관을 확립하게 되었다. 한편 이러한 새로운 지식과 경험은 비서구지역에 대한 정치지배·교역통상 등의 체계를 통한 식민지화의 길을 열어놓았다.

  ○ 지리상의 발견 : 바르톨로뮤디아스는 희망봉(1486), 바스코 다 가마는 인도의 서해안(1498), 콜럼버스는 신대륙(1492)을 발견했으며, 마젤란은 세계를 일주(1519~22)하였다.

- **면죄부**(免罪符 ; Indulgence)

  중세기 말엽 카톨릭 교회 특유의 제도로서 종교개혁의 원인이 되었다. 처음에는 면죄부를 사면 죄사함을 받고 또 다른 사람의 죄도 구속하는 힘이 된다고 하여 발행하였으나, 나중에는 교황청 수입을 증대시키는 방편으로 금전 수입 자체가 목적이 되어 신도들에게 강제로 판매되었다.

  ○ 루터의 95개조 반박문은 종교개혁에 불을 붙였다.

- **종교개혁**(宗敎改革 ; Reformation)

  16세기경 봉건사회의 동요와 함께 로마 카톨릭 교회의 지나친 세속화와 타락에 반발한 그

Q 당 3역이란?

리스도교 개혁운동이다. 독일의 마르틴 루터가 교황청의 면죄부 매출에 반대해 95개조 반박문을 제출한 것이 도화선이 되어 일어났으며, 츠빙글리(U. Zwingli), 칼뱅(J. Calvin) 등에 의해 전 유럽에 퍼져 마침내는 프로테스탄트라는 신교(新敎)의 성립을 보았다.

○ 종교개혁의 선구적인 움직임은 14세기 영국의 위클리프와 보히미아의 후스로부터 비롯되었다.

예문 종교개혁의 원인과 그 과정, 그리고 결과 등 전반적인 이해를 묻는 문제가 출제됨

• 낭트 칙령(Edict of Nantes)

신·구교의 정치·종교적 대립으로 인한 위그노 전쟁 후 1598년, 프랑스의 앙리 4세가 신·구 교도의 갈등을 완화시키려고 개인의 신앙의 자유와 신·구 양교의 정치상의 평등권을 인정한 칙령이다. 1685년 루이 14세에 의하여 폐지되었다.

○ 중세의 종교적 통일(카톨릭교회)이 깨지고, 프로테스탄트, 즉 개신교라는 새로운 교회가 탄생, 그 후 양파간에는 거의 1세기에 걸친 종교전쟁이 전개되었다. 이에는 독일의 슈말칼덴 전쟁, 프랑스의 위그노 전쟁, 독일을 중심으로 한 30년 전쟁, 네덜란드 독립 전쟁이 있다.

• 30년 전쟁(三十年戰爭)

종교전쟁 중에서도 가장 규모가 컸던 것으로, 독일을 중심으로 유럽 국가들 사이에 벌어진 국제적 종교전쟁(1618~48)을 말한다. 합스부르크가의 구교 통일책에 대해 신교도 제후가 항쟁, 종교분쟁이 다시 격화되어 일어났는데, 독일에서 칼뱅파를 인정하고 스위스·네덜란드 독립을 인정한 베스트팔렌 조약을 체결(1648), 신교도측의 승리로 끝났다.

• 마야 문명(Maya 文明)

멕시코 남부·유카탄 반도의 중남미에 고도로 발달한 고대문명이다. BC 6~AD 7세기와 10~15세기 두 번에 걸쳐 마야제국을 건설하였으며, 300년경에는 강대한 도시국가를 형성하였다.

○ 천체운행을 관찰했으며, 마야력(曆)을 만들었고 계수법과 수학이 발달하였으며, 상형문자가 쓰였다.

• 잉카 문명(Inca 文明)

13세기경부터 남미 페루(Peru) 고원지방을 중심으로 번영하였던 잉카제국의 문명이다. 씨족공유의 토지제도와 농경 중심으로 신권정치가 행하여졌으며, 관개·도로·운하 등의 토목공사가 발달하였다. 1532년 스페인 사람 피사로(Pizarro)가 간계로 국왕을 감금, 제국의 기능을 정지시켜 스페인 통치 아래 예속, 멸망시켰다.

○ 아메리카의 토착문명(마야 문명·잉카 문명·아즈텍 문명)은 16세기 전반 스페인 정복자들에 의해 파괴되었다.

• 엔클로저 운동(Enclosure Movement ; 종획운동)

모직물 공업의 발달로 15세기말부터 16세기에 걸쳐, 유럽 특히 영국에서 지주(젠트

A 사무총장·원내총무·정책심의회 의장

리)·독립 자영농민(요우먼)이 목축업이나 집약농장 경영을 위해 개방지·공동방목지·황무지 등을 경계표지로 둘러막아 사유지 경계를 뚜렷이 한 것을 말한다. 이로 인해 많은 농민들이 토지를 잃고 도시로 나가 노동자가 되었다. 이를 제1차 엔클로저 운동이라 하며 18세기의 것을 제2차 엔클로저 운동이라 한다.

◐ 제2차 운동은 농업개량과 농업경영의 합리화를 위한 것으로, 이로써 산업혁명에 필요한 노동력을 제공받았다.

• 동인도회사(東印度會社 ; East India Company)

17세기 초엽, 동양에 대한 무역을 경영하기 위해 동인도에 설립한 무역 독점회사를 말한다. 1600년 영국이 엘리자베스 왕조 때 스페인의 무적함대를 격파시키고 동인도회사를 설립, 아시아 방면으로 진출한 것을 시작으로 하여 1602년에는 네덜란드가, 1664년에는 프랑스가 각각 설립하였다.

◐ 이의 독점무역에 따른 이윤은 초기자본주의 단계에 있던 유럽 여러 나라의 본원적 축적에 크게 공헌하였다.

• 권리청원(權利請願 ; Petition of Rights)

왕권신수설을 내세우고 전제정치를 행하는 영국의 찰스 1세에게 의회가 인민의 헌법상 권리를 주장하기 위하여 제출한 청원서이다. 주요내용은 의회 동의 없는 과세 불가, 이유가 밝혀지지 않는 개인의 구속과 병사(兵士)의 민가숙박 금지 등이었다.

◐ 왕권신수설(王權神授說) : 군주권을 정당화하고, 군주에 대한 비판을 누르기 위해 제창된 학설로, 필머·보댕·보쉬에 등이 주창하였다.

• 청교도 혁명(淸敎徒革命 ; Puritan Revolution)

1649년 왕정(王政)을 폐하고 공화정(共和政)을 선언한 청교도들의 무력 혁명이다. 크롬웰(O. Cromwell)을 주동으로 한 의회파가 왕당파를 물리쳐 찰스 1세를 제거하고 공화정치를 선언하여 혁명에 성공했으나, 크롬웰의 독재에 의해 1660년 왕정복고(王政復古)를 보게 되었다.

◐ 크롬웰의 공화정치는 청교주의에 입각한 금욕적인 독재정치였으며, 항해조례를 제정, 네덜란드의 중개무역에 타격을 주었고, 아일랜드를 정복했다.

• 명예혁명(名譽革命 ; Glorious Revolution)

1688년 영국에서 일어난 무혈혁명으로, 영국에 의회정치의 실현을 초래했다. 국왕 제임스 2세의 전제정치를 반대한 의회파들은 그를 추방하고 새로이 추대한 윌리엄 3세로 하여금 권리장전을 승인하게 하였다. 피를 흘리지 않고 이루어진 혁명이어서 명예혁명이라고 한다.

◐ 권리장전(權利章典) : 의회의 입법권과 과세권을 확인하고, 의회선거의 자유와 의회의 면책권을 규정한 것으로 영국헌정사상 중요한 문서이다.

Q 직접 민주정치의 형태는?

- **미국의 독립전쟁**(獨立戰爭 ; War of Independence)

  1775년 영국의 13개 식민주가 본국의 중상주의 정책에 불만을 품어오던 중 인지조례와 보스턴 차 사건을 계기로 하여 일으킨 독립전쟁으로 당시 유럽의 지배적 사조였던 계몽사상의 영향을 받았다. 식민지 대표들이 대륙회의를 개최, 워싱턴을 총사령관으로 추대하고 1776년 독립선언을 발표, 영국군에 항전했다. 영국을 적대시하던 프랑스 · 스페인 · 네덜란드 등의 도움으로 요크타운 전투에서 승리, 1783년 파리조약에서 독립을 공인받았다.

  ➡ 미국독립선언은 근대 민족주의의 기본원리를 천명한 선언이며, 독립전쟁 후 쟁취한 미국의 독립은 신대륙에 민주적인 원리를 내세우고 새로운 공화국이 탄생한 것으로 민주주의 혁명이라 할 수 있다.

- **앙시앵 레짐**(Ancien Regime ; 구제도)

  프랑스혁명 이전의 정치 · 사회제도를 가리키는 말이며 절대주의의 말기적 증상을 뜻한다. 18세기 프랑스 사회의 모순은 그 신분구성에 집약되어 있었는데, 이 모순이 구제도(舊制度), 곧 앙시앵 레짐이며, 이를 타파한 것이 프랑스 혁명이다.

  ➡ 일반적으로 1789년 혁명 전의 '구제도'라는 특정 개념으로 쓰인다.

- **프랑스 혁명**(Revolution Francaise)

  프랑스 부르봉왕조의 사회적 모순(앙시앵 레짐에 의한)에 대한 계몽사상가들의 영향, 미 독립 전쟁에 자극 받아 시민들이 바스티유 감옥을 습격함으로써 일어난 혁명이다. 혁명 당시 최초의 의회인 국민의회는 일체의 봉건적 특권을 폐지, 봉건적 예속관계를 해체시켰고, 인권선언으로 인간천부의 권리로서의 자유와 평등, 국민주권, 언론 · 출판 · 신앙의 자유와 사유재산 불가침 원칙을 확인했다. 1791년 신헌법이 공포되고, 다음해 왕정이 폐지, 공화제가 성립되었다.

  ➡ 프랑스 인권선언은 미국의 독립선언과 더불어 근대 민주주의 발전사상 중요한 선언이다.
  1. 근대 민주주의 3대 혁명 : 프랑스 혁명 · 청교도 혁명 · 미국 독립 혁명
  2. 프랑스 혁명의 3대 정신 : 자유 · 평등 · 박애

  예문 인간의 기본권을 위한 역사의 발전적 흐름을 이해할 것. 이를 위한 의미 있는 사실들을 연대순으로 다룬 문제들이 많이 출제됨

- **시민혁명**(市民革命)

  봉건시대의 귀족계급에 대해 중소 상공업자를 중심으로 한 신흥세력인 시민계급에 노동자와 농민이 가담, 소수인 지배계층을 위하는 절대주의를 타도하고, 자유와 평등의 원리에 입각한 근대사회를 이룩하려는 운동을 말한다. 18세기 미국 독립혁명과 프랑스 혁명이 전형적인 예이다.

Ⓐ 국민투표 · 국민발안 · 국민소환

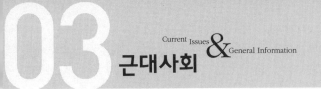

03 근대사회

Current Issues & General Information

- **대륙봉쇄령**(大陸封鎖令)

  트라팔가 해전(7805)에서 패한 나폴레옹 1세가 영국과 유럽 대륙과의 통상단절을 명하여 경제봉쇄를 행한 것을 말한다. 대륙봉쇄령은 쌍방 모두에게 타격을 주었으며, 특히 나폴레옹 정복전쟁의 실패와 그의 몰락을 초래했다.

  ➡ 나폴레옹의 정복전쟁은 프랑스 혁명의 이념을 전파시켰으며, 각 국의 민족의식을 각성시킨 결과를 가져왔다.

- **산업혁명**(産業革命 ; Industrial Revolution)

  1760년대에 시작된 기계의 발명과 기술의 변화, 이로 인하여 일어난 산업 및 경제의 변화를 말한다. 수공업적 소규모 생산으로부터 대량생산의 공장제 기계공업으로 전환된 변화는 면방직공업을 시작으로 영국이 제일 먼저, 그리고 가장 철저히 경험하였고, 차츰 세계 각 국에서 계속해 일어났다. 이 산업혁명을 거쳐 자본주의 경제체제가 확립되었다.

  ➡ 전기·석유의 이용에 따른 중화학공업 발달(19세기 후반)을 제2차 산업 혁명, 원자력을 이용하는 현대산업을 제3차 산업혁명이라고도 한다.

- **신성동맹**(神聖同盟)

  러시아 황제 알렉산드르 1세의 주창으로 빈 회의 이후 러시아·오스트리아·프로이센의 세 군주가 중심이 되어 그리스도교 정신에 입각, 형제같이 유럽 평화를 유지하자고 결정한 일을 말한다. 실제로는 반동적이고 보수적인 체제를 위한 것이었고, 자유주의와 민족주의를 탄압하는 메테르니히 빈 체제의 간판이었다.

  ➡ 4국동맹은 오스트리아·러시아·프로이센·영국 사이에 체결되었다. 후에 프랑스가 참가해 5국동맹이 되었다.

- **남북전쟁**(南北戰爭)

  노예제 폐지와 연방주의를 표방하는 공화당의 링컨이 대통령으로 선출되자 남부 7주가 연방을 탈퇴함으로써 1861년 미국에서 일어난 노예해방 전쟁이다. 당시 미국은 각 주(州)의 역사와 전통, 국가관념의 차이, 정책·주장의 대립 등으로 남부와 북부사이에 차이점이 많았다. 링컨은 1863년 노예해방을 선언하여 전쟁의 명분을 밝히고, 치열한 전투 끝에 1865년 북부의 승리로 끝났다.

  ➡ 게티즈버그 연설 : 링컨이 남북전쟁의 격전지였던 펜실베이니아 주 게티즈버그에서 1863년 11월에 행한 연설로, '국민의, 국민에 의한, 국민을 위한 정치'는 민주주의 진의를 명쾌하게 드러내는 명구이다.

- **남북의 대립관계**

구분	상업	무역	정치	정당	노예제도
북부	상공업	보호무역	연방주의	공화당	노예사용 부정
남부	대농업	자유무역	분립주의	민주당	노예사용 긍정

Q 근대 시민정치의 3대 선언은?

• 크림 전쟁

보수적인 반동정치를 강화한 러시아의 니콜라이 1세 남진정책의 일환으로 일어난 국제
전쟁이다. 1853년 러시아는 투르크 영내의 그리스도교도의 보호를 구실로 남진, 크림
전쟁을 일으켰으나 영국과 프랑스의 개입으로 실패했다. 동방(東方) 전쟁이라고도 한
다. 세바스토폴 함락으로 러시아가 패배하고 파리에서 강화조약이 체결되었다.

● 이 전쟁에서 영국의 나이팅게일의 간호 활동은 유명하다.

• 아편전쟁(阿片戰爭)

편무역(片貿易)으로 다량의 은(銀)이 중국으로 유출되자 영국은 삼각무역형태를 취해
인도의 아편을 중국으로 수출했다. 그 결과 청(淸)은 아편수입으로 인한 피해와 은의
유출로 사회적 · 경제적으로 심각한 사태가 되었다. 청의 선종은 아편무역 금지령을 내
리고, 린쩌쉬를 광둥(廣東)에 파견, 영국 상인의 아편을 불태우고 밀수업자를 처형했
다. 이에 영국은 무역보호를 구실로 해군을 파견해 전쟁이 발발, 청나라가 패하고 난징
조약이 맺어졌다.

● 난징조약(南京條約) : 영국이 자유무역을 실현하기 위해 일으킨 아편전쟁 뒤 청과 체결한 불평등조약이다
(1842). 중국의 중화주의를 무너뜨린 이 조약은 중국의 반(半)식민지화(化)의 발단이 되었다.

• 애로(Arrow)호 사건

제1차 아편 전쟁의 결과로 개방된 청나라와 무역이 여의치 않자, 개방을 확대시키기 위
해 1856년, 광둥에 정박중인 영국상선 애로호가 청국 관리의 수색을 받아 영국선원이
체포되고 영국 국기가 모욕당한 사건(애로호 사건)이다. 때마침 프랑스인 선교사 살해
사건을 계기로 영국과 프랑스가 공동 출병하여 광둥을 점령, 청의 굴복으로 톈진조약
을 맺었으나 청국측의 사절단 공격과 조약거부로 전쟁이 재발, 영국과 프랑스군이 톈
진과 베이징을 함락하고 강제로 베이징 조약을 맺었다.

• 베이징 조약(北京條約)

애로호 전쟁 후 러시아의 중재로 맺어진 조약이다. 이 조약의 결과, 청국은 영국에 주
룽(九龍) 반도를 다시 내주게 되고, 프랑스에는 청국이 몰수한 카톨릭 교회와 그 재산
을 반환하였다. 러시아에는 중재대가로 연해주를 내주었다.

• 태평천국운동(太平天國運動)

청 말에 홍슈취안(洪秀全)을 중심으로 광시성(廣西省)에서 1850년에 시작된 농민운동
으로, 1864년 지주 · 상인 · 외국자본의 연합군에 의하여 진압되었다. 그리스도교를 내
용으로 하는 종교적 내란의 형태였으나, 그 본질에서는 멸청흥한(滅淸興漢)의 민족주
의와 태평천국 건설과 남녀평등, 토지의 균분(均分), 조세의 경감 등을 주장한 농민전

Ⓐ 프랑스의 인권선언 · 영국의 권리장전 · 미국의 독립선언

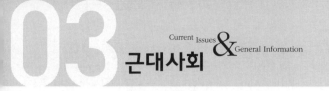

03 근대사회

Current Issues & General Information

쟁이었다. 이 운동은 15년 간 계속되어, 청조의 지반을 사실상 흔들어 놓았다.

◉ 태평천국의 의의는 근대적 혁신운동이라는 데 있으며, 한족(漢族)의 민족주의·농민의 계급타파 혁명·반제국
주의 운동의 성격을 지닌다.

• 양무운동(洋務運動)

청나라의 청꿔판(曾國藩)·리홍장(李鴻章) 등 한인(漢人) 지주들이 중심이 되어 서양문
물을 받아들여 근대화를 추진한 개혁운동(1862~74)이다. 이 운동을 이끈 것은 전통사
상을 중심으로 하되 실용적인 과학기술만 서양 것을 받아들이자는 중체서용(中體西用)
의 사상이었다.

◉ 양무운동의 한계를 극복키 위해 캉유웨이의 '변법자강'을 채용한 무술변법이 이어졌다.

• 청일전쟁(淸日戰爭)

조선 수구파의 요청으로 동학혁명을 진압하기 위하여 청이 출병하자 일본도 거류민 보
호를 구실로 출병, 양국 군대가 충돌하여 일어난 전쟁이다. 일본의 승리로 청은 시모노
세키 조약을 맺고, 요동 반도·대만을 일본에 양도했으며 조선에서 일본의 우월권을
인정하였다.

◉ 시모노세키 조약(下關條約) : 청일전쟁이 끝난 후 청의 리홍장과 일본의 이토 히로부미가 맺은 강화조약이다.

• 무술정변(戊戌政變)

청 말 광서제(光緖帝)의 등용으로 캉유웨이(康有爲) 등의 개혁파가 변법자강(變法自疆)
을 주장하며 정치개혁에 착수하였으나, 서태후(西太后)를 비롯한 수구파 관료들의 음
모로 실패, 광서제가 유폐되고 개혁파들이 체포된 것을 말한다. 이후 청조는 수구파에
의해 지배되었다.

◉ 무술변법의 개혁실패는 중국의 평화적 개혁이 불가능하다는 것을 통감케 해 이후 혁명적인 대응이 제시된다.

• 신해혁명(辛亥革命)

청조 말(1911~12) 쑨원(孫文)이 지식층·학생·군인 등을 모아 혁명단체 '동맹회'를
조직, 민족·민권·민생(삼민주의)을 기본강령으로 하여 청조를 타도하고 한인중심의
공화국을 수립하기 위해 일으킨 혁명이다. 반청운동은 쓰촨성(四川省) 폭동에 이어 전
국에 파급되었다. 혁명 성공 후 난징에 임시공화국 정부를 수립하고 쑨원을 초대 대총
통으로 추대, 중화민국을 건국했다. 마침내 청조가 무너지고 한인(漢人) 공화제가 수
립, 2천년의 전제군주제가 폐지되었다.

◉ 근대화운동과 그 주장 : 태평천국(멸청흥한(滅淸興漢) 1850~64) → 양무운동(중체서용(中體西用) 1862~74) →
무술정변(변법자강(變法自疆) 1898) → 의화단사건(부청멸양(扶淸滅洋) 1899~1901) → 신해혁명(삼민주의(三民
主義) 1911~12)

Q 고려 성종 때 설치된 물가조절기관은?

- **삼민주의**(三民主義)

  1905년 이래 쑨원에 의해 주창된 지도이념으로, 민족주의 · 민권주의 · 민생주의를 말한다. '민족주의' 는 대내적으로 여러 민족의 평등과 대외적으로 외국의 압박으로부터 독립을, '민권주의' 는 국민의 정치상 평등과 민주제 실현, '민생주의' 는 국민생활의 안정을 위해 토지분배 · 주요산업 국영화를 꾀하는 일종의 사회민주주의이다.

- **메이지유신**(明治維新)

  일본이 막부체제에서 천황중심체제로, 정치적으로 왕정복고를 성취한 후 시작된 근대화 운동을 가리킨다. 1867년 도쿠가와 요시노부(德川慶喜) 장군이 반 막부파인 존왕양이(尊王攘夷) 세력에 굴복, 메이지 천황(明治天皇)에게 통치권을 반환하였다. 이로 무인지배 체제는 무너지고 천황제의 정부 수립에 성공했으며 일본 근대화 과정이 시작되었다.

  ● 메이지유신의 주요 내용은 ① 근대적 중앙집권체제 강화, ② 계급제도 타파, ③ 교육 · 세제 · 사회 · 문화 등 전반적 개혁의 실시였다.

- **스와라지 운동**(Swaraji Campaign)

  1906년 영국의 지배를 벗어나서 인도의 독립을 획득하기 위해 간디(M. Gandhi)가 일으킨 반영(反英) · 자치(自治)운동이다. 정치적으로는 민족주의 운동을 불러일으켰으며, 경제적으로는 영국 제품 불매운동 · 영화(英貨)의 배척으로 전개되었다. 이에 영국은 뱅골 분할법으로 인도의 민족운동을 분열시키려 했다.

  ● 스와데시 운동 : 반영(反英) 민족해방운동의 목표로써 전개되었던 국산품 애용운동이다.

A 상평창

- **제국주의**(帝國主義 ; imperialism)

  19세기 후반부터 자본주의의 고도화와 편협한 민족주의로 말미암아 강대국이 상품시장이나 자본투자지역을 찾아 무력이나 다른 수단으로 후진국을 식민지화하려고 진출하는 것을 말한다. 산업혁명 이후부터 19세기말에 이르는 서양 선진국가들의 제국주의적 식민지 경쟁은 제1차 세계대전으로 치닫고 말았다.

- **3C정책과 종단정책**(縱斷政策)

  영국의 제국주의적 식민지 확장정책으로, 이집트 카이로·케이프타운을 연결하는 아프리카의 종단계획을 수립하고, 이를 더욱 확대해 인도의 캘커타까지 연결하여 인도양의 내해화(內海化)를 꾀했으나, 러시아의 해외진출과 대립되었다. 뒤에 프랑스의 아프리카 횡단정책, 독일의 3B정책과 충돌하였다.

- **3B정책**

  독일의 제국주의적 근동정책으로, 베를린·비잔티움(지금의 이스탄불)·바그다드를 연결하는 철도를 부설, 발칸에서 소아시아를 거쳐 페르시아만에 이르는 지역을 경제적·군사적으로 이용하려 하였다. 영국의 3C정책과 충돌, 제1차 세계대전 발발의 중요 원인의 하나가 되었다.

- **무장평화**(武裝平和) **시대**

  독일·오스트리아·이탈리아의 3국 동맹과 이에 맞선 영국·프랑스·러시아의 3국 협상으로, 유럽은 제1차 세계대전 발발 전까지 군비확장으로 서로 견제하며 겨우 평화가 유지되었는데 이를 말한다.

- **파쇼다 사건**

  1898년 아프리카 수단(Sudan) 파쇼다에서 일어난 영국의 종단정책과 프랑스의 횡단정책의 충돌사건이다. 당시 대륙 횡단책을 강행하던 프랑스는 영국의 세력범위라고 선언된 파쇼다를 점령, 양군은 충돌 위기를 맞았으나 1904년 영·프 협상으로 일단락 되었다.

  ➡ 프랑스의 횡단정책은 알제리를 거점으로 아프리카 서해안까지 확장하려는 제국주의적 정책이다.

- **제1차 세계대전**(World War Ⅰ)

  세계가 몇몇 강대국에 의해 분할되고 있던 1900년 무렵, 범게르만주의와 범슬라브주의의 대립과 제국주의의 팽창욕을 배경으로 하고 사라예보 사건을 직접 계기로 하여 발발한 세계적인 제국주의 영토 재분할 전쟁이다. 오스트리아·독일·불가리아 등의 동맹국 측과 세르비아·러시아·프랑스·영국·일본·미국·중국 등 연합국간의 세계전쟁으로, 1918년 11월 독일의 항복으로 휴전, 1919년 베르사유 조약 등으로 강화가 성립되었다.

Q 근대 민주주의의 3대 혁명은?

◑ 사라예보 사건 : 1914년 7월, 오스트리아 황태자 페르디난트 내외가 세르비아인 청년에게 암살 당한 사건으로 사건 후에 오스트리아가 세르비아에 선전포고, 전쟁이 시작되었다.

• 베르사유 조약

제1차 세계대전이 끝나고(1919) 프랑스 베르사유에서 독일과 연합국 사이에 체결된 강화조약이다. 독일에 대한 응징으로 독일의 영토 축소, 군비 제한, 배상금 지불 및 국제연맹 · 노동협정 등에 관한 규약이 규정되어 있다. 이 조약은 '윌슨의 평화안'을 기본 정신으로, 그러나 전승국의 이해관계와 패전국 응징 의지가 확고한 미국 · 영국 · 프랑스 주도로 이끌어진 파리강화회의에서 체결되었다.

◑ 이 조약으로 독일은 알사스 · 로렌 지방을 프랑스에 할양하는 외에 해외 식민지를 모두 포기해야 했다.

• 5 · 4운동(五四運動)

민족세력강화와 신문화(新文化)운동을 배경으로 하여 1919년 5월 4일, 베이징(北京)에서 일어난 중국 민중의 반(反)군벌 · 반(反)봉건 · 반(反)제국주의 운동이다. 파리강화회의에서 일본의 21개조 요구가 인정되자 학생과 지식인을 중심으로 일본과 그와 결탁한 군벌에 대한 반대시위로 시작되었는데, 나중에는 상인 · 노동자도 합세함으로써 전국적인 대중운동으로 발전하여 중국 근대화를 추진시킨 원동력이 되었다. 윌슨의 민족자결주의와 한국의 3 · 1운동에 자극을 받은 이 운동은 중국 사회와 문화 및 사상에 미친 영향이 깊다.

◑ '21개조'란 1차 대전 중 열강의 관심이 약해진 틈을 타 일본이 중국 북부에 대한 이권을 요구, 중국 군벌 위안스카이(袁世凱)로부터 승인 받은 것이다.

• 중국 공산당(共産黨)

장제스(蔣介石)의 집권으로 타격을 받은 중국 공산당은 장제스의 독주에 따른 국민당의 내분을 틈타 1931년 루이진(瑞金)에 마오쩌둥(毛澤東)을 중심으로 중화 소비에트 공화국을 세워 농촌으로 세력을 넓혔다. 장제스는 1930년부터 공비 토벌을 시작, 루이진 정부는 1935년에 연안 장정을 하여 간쑤 · 산시성으로 옮겨 재건하였다. 당시 일본의 침략에 대한 민족적 항거에 따라 항일 국 · 공합작 요구가 대두, 독주는 제한되고, 1937년 시안사건(西安事件)을 계기로 제2차 국 · 공합작이 결성되었다.

◑ 장제스의 국민당 정부와 마오쩌둥의 공산당 정부는 제2차 국 · 공합작을 이루어 항일투쟁을 위한 통일전선을 폈다.

• 중 · 일전쟁

1937년 7월, 소위 루꼬우챠오사건(蘆溝橋事件)을 꾸며서 도발시킨 중국에 대한 일본의 침략전쟁을 말한다. 일본은 우세한 군사력으로 각 철도 연변 · 중요도시 등을 침략하여 일거에 중국 전토를 석권하려 했으나 충칭(重慶)으로 천도한 중국의 집요한 항전으로 장기화하여 1941년 12월의 태평양전쟁으로 확대되었다.

◑ 루꼬우챠오 사건 : 1937년 7월 7일 루꼬우챠오 부근에서 훈련중인 일본군대와 중국군대가 충돌한 사건이다.

Ⓐ 프랑스혁명 · 청교도혁명 · 미국 독립전쟁

• **러 · 일전쟁**(露日戰爭)

한국과 만주에 대한 지배권을 둘러싸고 러시아와 일본 사이에 일어난 전쟁이다. 1904년 2월 일본의 기습공격으로 시작된 이 전쟁은 뤼순(旅順) 공방전 · 봉천 회전(奉天會戰) · 대마도 해협에서의 해전(海戰) 등에서 일본이 승리하여 1905년 9월 미 대통령 루스벨트의 알선으로 포츠머드에서 휴전조약이 성립되고, 10월에 강화조약이 공포되었다.

◐ 러시아는 패배 결과 혁명운동이 진행되었으며, 일본은 전승에 의해 한국의 지배권을 확립, 만주 진출을 기도했으나 미국과의 대립이 시작되었다.

• **포츠머드 조약**

러 · 일전쟁의 결과 맺어진 강화조약이다. 1905년, 미 대통령 루스벨트의 조정에 의하여 일본의 수석전권 고무라 주다로(小村壽太郎), 러시아의 수석전권 비테(vitte)가 미국 포츠머드에서 체결하였다. 이 조약에 의해 일본은 한국에 대한 우선권, 관동주(關東州)의 조차(租借), 남만주 철도 등의 양도(讓渡), 사할린 남반(南半)의 할양, 연해주(沿海州)의 어업권을 획득하였다.

• **피의 일요일 사건**

1905년 1월, 러 · 일전쟁 패배 이후 국내정치에 불만을 가진 러시아의 노동자 10여만 명이 성직자 가폰(Gapon)의 지도로 페트로그라드(상트 페테르부르크) 궁전 앞 광장에 모여 개혁을 요구하며 시위를 했는데, 이에 대해 군대가 발포한 사건을 말한다. 이를 계기로 하여 전국적인 저항운동이 일어났다.

◐ 이 사건 후 니콜라이 2세는 자유주의적 개혁을 진행했다.

• **11월 혁명**(十一月革命 ; 10월 혁명)

1917년 11월 러시아에서 일어난 프롤레타리아 혁명으로, 구력(舊曆)에 의해 10월 혁명이라고도 한다. 레닌의 지도 아래 급진적인 볼세비키가 주동이 되어, 당시의 수도 페트로그라드(지금의 페테르부르크)에서 무장봉기해 전국에 파급되었다. 케렌스키(A. F. Kerenskii) 임시정권이 무너지고, 전쟁 중지 · 대토지 소유 몰수 · 대공장 국가관리 등을 포고, 세계 최초의 사회주의 국가인 소비에트 사회주의 공화국 연방정권이 수립되고 레닌이 수상이 되었다.

◐ 3월 혁명(三月革命) : 1917년 3월 12일 러시아 페트로그라드에서 일어난 혁명으로 로마노프 왕조가 중단되고 케렌스키 임시정부가 수립되었다. 이 혁명과 11월 혁명을 아울러 러시아 혁명이라고 한다.

• **파시즘**(fascism)

좁은 뜻으로는 이탈리아 무솔리니의 파시스트 당 운동 또는 무솔리니가 권력을 잡고 있던 시기의 정치체제를 말한다. 넓은 뜻으로는 이탈리아 파시즘과 공통된 본질을 갖

Q 사물놀이에서 사물(四物)은?

는 경향이나 운동 및 지배체제를 말한다. 제1차 세계대전 후 고도로 발달한 자본주의의 전반적인 위기단계에 출현한 테러리즘(terrorism)적인 수단에 의한 독재정치로 대부분은 일당 전제(專制)의 형태를 취하며 국수적(國粹的) 사상을 선전하나, 그 출현 형식은 일정하지 않다.

◑ 제2차 세계대전 때의 추축국(樞軸國) 일본·독일·이탈리아 등이 그 예이다.

• 나치즘(Naziism)

히틀러를 당수로 한 독일의 파시즘 정당. 경제공황을 계기로 급성장해 1932년에는 제1당이 되어 히틀러 독재체제를 구축한다. 나치당 이외의 다른 정당은 불법이었으며, 전체주의·인종주의(유대인 박해)·팽창주의(군국주의를 내세워 베르사유 체제 폐기)를 주장하며 강력한 독재정치를 실현, 제2차 세계대전의 기초를 마련한다.

◑ 히틀러의 독재 : 힌덴부르크 대통령 사후 재상 겸 총통으로 강력한 독재자가 되었다.

• 뮌헨 회담(München 會談)

1930년대 독일·이탈리아·일본의 전체주의 국가들은 영토확장을 위해 본격적인 침략을 감행했다. 1937년 영국 수상 체임벌린은 러시아 진출의 두려움과 히틀러의 강력한 도전에 불안을 느껴 1938년 히틀러가 체코슬로바키아의 수데텐(Sudeten)을 요구하자 이에 대한 해결책으로 뮌헨 회담을 개최하였다. 체임벌린·히틀러·무솔리니·달라디에(프랑스 수상) 등 네 수뇌가 모인 이 회담에서 전쟁의 위험을 피하기 위해 수데텐의 독일 합병이 인정되었다.

◑ 이 때 이루어진 협약을 무시하고 독일은 체코슬로바키아를 병합, 폴란드의 메멜(Memel)에 침입하여 제2차 세계대전 발발의 도화선을 만들었다.

• 제2차 세계대전(World War Ⅱ)

1939년 9월, 독·구소 불가침조약 체결 후 독일은 폴란드를 침략, 대전이 발발했다. 영·프의 대독(對獨) 선전과 독·구소련의 유럽 침략으로 확대, 독일은 1940년 6월 파리를 점령, 남부 프랑스에 비시 괴뢰정부를 세우기에 이르렀다. 한편 이탈리아도 참전하여 남부 프랑스에 침입했으며, 독일이 독·구소련 불가침조약을 파기하고 구소련에 침입함으로써 미·영·구소련의 공동전선이 구성되었다. 1941년 12월, 일본의 진주만 기습으로 세계대전으로 확대되었다. 그러나 연합국의 반격으로 1943년 9월에 이탈리아가, 1945년 5월에는 독일이 항복한 데에 이어, 1945년 8월 15일에는 마침내 일본도 항복함으로써 종전되었다. 이 전쟁은 전체주의에 대한 민주주의의 승리로 민주주의 발전과 과학의 진보를 가져왔으며, 동유럽 등에 구소련 위성국들이 생겨났고, 아시아·아프리카의 민족들이 식민지의 지배로부터 해방되어 독립하는 계기가 되었다. 전후 처리는 얄타회담과 포츠담 협정에서 검토되었다. 전후에 UN이 탄생했으며, 미국을 중심으로 한 자유진영과 구소련

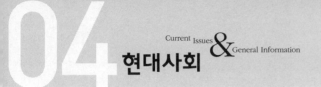

을 중심으로 한 공산진영과의 대립 및 동서냉전(東西冷戰)이 시작되었다.

○ **뉘른베르크 재판** : 1945년 11월부터 10개월 간 독일의 뉘른베르크에서 열려 제2차 세계대전 도발국인 독일의 주요 전쟁범 죄인을 다스린 국제군사재판(國際軍事裁判)을 말한다. 미국 · 영국 · 프랑스 · 구소련이 법정을 구성 하였으며, 독일의 괴링 · 리벤트로프 등 12명이 교수형, 24명이 종신형 · 금고형의 언도를 받았다.

• **국제연합**(UN)

제2차 세계대전 후 설립된 현재 유일한 범세계적인 국제기관이다. 제1차 세계대전후의 국제연맹이 제2차 세계대전이 발발과 더불어 붕괴된 뒤를 이어, 세계평화의 유지와 인류복지의 향상을 목적으로 1945년 국제연합헌장에 의해서 설립된 기구이다.

• **대서양헌장**

제2차 세계대전 중 1941년 영국수상 처칠과 미국의 루즈벨트 대통령이 대서양에서 회담하여 전후의 세계질서에 대하여 발표한 8개조의 평화조항이다. 미국이 파시즘에 대항하는 일원으로서의 책임을 다하려는 의무와 결의를 표명한 것으로, 1943년 모스크바 3상회의에서 미 · 영 · 소의 대표가 평화기구를 설립하는 근거가 되었다.

• **백화제방 · 백가쟁명**(百花齊放 · 百家爭鳴)

누구든지 학술연구 및 자기의 의견을 피력할 수 있다는 중국 문화정책의 슬로건으로 1956년부터 시작됐다. 마르크스주의가 다른 사상 중에서 지도적 지위를 차지한다 해도 처음부터 유일무이한 절대적 사상으로 강조되어서는 안된다며 1985년 30주년을 기념하여 다시 제창되었다.

• **문화대혁명**

1966년 5월부터 1976년 10월에 걸쳐 중국 전역에서 전개되었던 정치적 성격을 띤 문화운동을 일컫는다. 1958년 대약진, 인민공사화정책이 식량위기를 초래하면서 실패한 뒤 그 책임을 지고 물러났던 모택동, 진백달, 강청 등이 실용주의적 노선의 유소기집단에 대해 대중을 동원하여 정치적으로 도전했던 것이 이 운동의 본질적 성격이다. 그러나 모택동의 죽음과 4인방의 몰락, 등소평의 부활로 문혁은 1977년 종료가 공식적으로 선언되었다.

• **천안문사태**

1989년 6월 4일 천안문광장에서 호요방(4월 18일 사망) 당총서기의 명예회복과 민주화를 요구하는 학생들과 시민들을 무력으로 진압한 유혈사태. 군의 발포로 수천명의 사망자가 발생했으며, 등소평이 강택민에게 중요 직책을 이양하는 계기가 되었다. 이때 대자보가 등장했다.

Current Issues & General Information

CHAPTER 10
Korean Literature
- 국문학 -

01 고대문학
02 고려문학
03 조선시대문학
04 근 · 현대문학

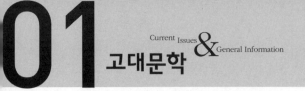

- **공무도하가**(公無渡河歌 ; 공후인)

남편의 죽음을 애도하는 슬픈 내용을 담은 노래로, 우리나라 고대가요 중 가장 오래된 작품이다. 원시 집단가요에서 개인적인 서사시가 발생하는 과정을 보여주는 작품으로 문헌상으로는 우리나라에서 가장 오래된 서정시이다. 고조선의 백수광부(白首狂夫)의 처가 지은 것으로, 한치윤의 「해동역사(海東繹史)」에 배경설화와 함께 실려 있다. 일명 「공후인」이라고도 한다. 출전을 중국 진(晉)나라 최표(崔豹)가 지은 「고금주(古今注)」로 잡기도 하는데, 「해동역사」에서 전거로 밝힌 데 따른 것이다.

➡ 뱃사공 곽리자고의 아내 여옥이 지었다는 설도 있다.

- **황조가**(黃鳥歌)

고구려 제2대 유리왕(儒璃王) 3년(BC 17)에 유리왕이 지은, 사랑을 잃은 슬픔을 노래한 고대시가이다. 집단적인 서사문학에서 개인적인 서정문학으로 옮아가는 단계의 노래로 내용이 전하는 유일한 고구려 가요이다. 「삼국사기」 고구려 본기에 전한다.

➡ 국문학사상 사랑을 주제로 한 서정시의 효시이며, 4언 4구체의 한역가이다.

- **구지가**(龜旨歌)

가락(駕洛)의 건국신화에 들어 있는 신요(神謠)로 가락국 아홉 추장(九干)들이 2, 3백 명의 군중과 함께 왕이 나타나기(새로운 생명의 탄생)를 바라며 부른 현존하는 가장 오래된 집단무요(集團舞謠)이다. 4언 4구체의 주술성이 강한 국문학 발생 초기의 노동요(勞動謠)로 「삼국유사」 가락국기에 전한다.

➡ 이와 비슷한 노래로 신라 성덕왕 때의 가요 「해가(海歌)」가 있다.

- **도솔가**(兜率歌)

국문학사상 집단적인 서사문학과 개인적인 서정시의 교량적인 고대시가이다. 신라 제3대 유리왕 5년(AD 28)에 지어진, 우리나라 가악(歌樂)의 효시인 작품으로 짓게 된 사정과 과정이 「삼국사기」에 전할 뿐 가사와 지은이는 전하지 않는다. 이 고대시가와 명칭이 같은 향가로서 신라 경덕왕 때에 월명사(月明師)가 지은 「도솔가」가 있다.

➡ 4구체 향가인 「도솔가」(월명사 지음)는 「산화가」라고도 하며 「삼국유사」에 향찰(鄕札)로 전한다.

- **정읍사**(井邑詞)

행상(行商)의 처가 행상 나간 남편의 무사함을 기원하는 현전하는 유일한 백제의 가요이며, 국문으로 전해지는 가장 오래된 고대시가라는 점에 그 문학사적 의의가 있다. 3연 6구로 된 3국 속악으로 고려와 조선시대에 궁중음악으로 쓰였으며, 「악학궤범」에 채록되어 전한다.

➡ 백제의 노래이나 고려속요(高麗俗謠)와 함께 조선 초에 채집되어 전하기 때문에 문학형식을 고려속요로 보기도 한다.

Q 국악의 5음계는?

• **향가**(鄕歌)

통일신라에서 고려 초에 이르기까지 민간에 널리 불린 우리나라 고유의 시가로 향찰로 기록되어 있다. 사뇌가(詞腦歌)라고도 하는 이 시가의 내용은 불교적이고 무속적이며 집단제의적 성격에 자연과 인생에 대한 깊은 통찰, 화랑정신을 밑바탕으로 한 안민이세(安民理世)의 높은 이념까지 내포하고 있다. 승려 일연이 지은 「삼국유사」에 14수, 혁련정이 지은 「균여전」에 11수, 합해 25수가 전한다.

○ 삼대목(三代目) : 신라 제51대 진성여왕 때 위홍과 대구화상이 신라 시대의 향가를 수집하여 엮은 책이다. 문학사상 최초의 가집으로, 책 제목만 전할 뿐 내용은 전하지 않는다.

예문 향가의 성격과 전해지는 문헌, 그리고 향가작품과 작가를 묻는 문제가 출제됨

■ **주요향가작품(삼국유사 수록)**

작품	작자	연대	형식
서동요(薯童謠)	백제무왕	진평왕 때	4구체
혜성가(彗星歌)	융천사	진평왕 때	10구체
원왕생가(願往生歌)	광덕	문무왕 때	10구체
모죽지랑가(慕竹旨郞歌)	득오	효소왕 때	8구체
헌화가(獻花歌)	실명노옹	성덕왕 때	4구체
원가(怨歌)	신충	효성왕 때	10구체
도솔가(兜率歌)	월명사	경덕왕 때	4구체
제망매가(祭亡妹歌)	월명사	경덕왕 때	10구체
찬기파랑가(讚耆婆郞歌)	충담사	경덕왕 때	10구체
안민가(安民歌)	충담사	경덕왕 때	10구체
처용가(處容歌)	처용	헌강왕 때	8구체

• **서동요**(薯童謠)

현전하는 향가 중 가장 오래된 작품으로 신라 진평왕 때 서동왕자가 선화공주를 꾀어내기 위해 사용한 참요(讖謠 ; 예언하는 노래)이다. 4구체이며 향가 중 유일한 동요로 「삼국유사」에 전한다.

○ 서동왕자는 백제 무왕이 된다.

• **헌화가**(獻花歌)

신라 성덕왕 때 순정공이 강릉태수로 부임하던 중 수로부인이 벼랑 위에 핀 철쭉을 탐내었을 때 견우노옹이 이 노래를 지어 부르며 꽃을 꺾어바쳤다고 한다. 4구체의 향가

A 궁·상·각·치·우

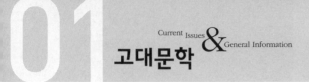
로「삼국유사」 수로부인조에 전한다.

○ 「삼국유사」 수로부인조에는 「헌화가」와 더불어 「해가」가 함께 전한다.

• 제망매가(祭亡妹歌)

신라 제35대 경덕왕 때 월명사가 죽은 누이의 명복을 빌며 극락왕생을 염원한 10구체의 노래이다. 불교적 신앙심이 나타나 있는 노래로 「찬기파랑가」와 더불어 향가 중에서 표현기교와 서정성이 뛰어난 작품이다. 「삼국유사」에 전한다.

○ 월명사가 지은 다른 하나의 향가는 「도솔가」이다.

• 찬기파랑가(讚耆婆郞歌)

신라 제35대 경덕왕 때 충담사가 기파랑을 추모하여 지은 시가로 표현기교가 뛰어난 향가의 대표작이다. 10구체로 되어 있으며 표현에서 문답법과 은유법을 사용한 탁월한 시가이다.

○ 충담사는 경덕왕의 명에 의해 치민(治民)을 위한 「안민가」를 짓기도 했다.

• 처용가(處容歌)

신라 제49대 헌강왕 때 처용에 의해 불린 8구체의 향가이다. 벽사진경의 민요에서 형성된 무가로 의식무 또는 연희의 성격을 띠고 고려와 조선시대까지 계승되었다. 「삼국유사」에 전한다.

○ 처용은 동해 용왕의 아들이라고 기록되어 있다.

• 이두(吏讀)

삼국시대부터 우리나라 지명·인물을 표기하기 위하여 한자의 음과 뜻을 빌려서 우리나라 말을 표기하는 데 쓰이던 일종의 표음문자이다. 좁은 뜻으로는 한자의 음과 새김을 빌려서 한문을 국어로 고쳐 읽기 위해 몇몇 명사와 부사, 접미사·조사를 표기하는 데 썼던 문자이다. 신라 신문왕 때 설총이 총정리 하였다.

○ 구결(口訣) : 이두의 영향을 받아 만들어진 것으로, 한문을 읽을 때 구두점 자리에 국어의 격 또는 활용어미를 단 것이다. 토라고도 한다.

• 향찰(鄕札)

신라 때 한자의 새김(訓)과 음을 빌려 우리말을 적던 일종의 표음문자이다. 이를 이두와 구별하지 않는 학자도 있으나 이두는 한문이 주가 되는 글에서 토로 쓰던 부분에 한한 것이며 우리말 전부를 적던 향가식 표기법을 향찰이라고 한다.

○ 우리나라에서 향가 해독을 맨 처음 시도한 이는 양주동 박사이다.

Q UN의 최고기관은?

- **우중문에게 주는 시**(與隋將于仲文詩)

  고구려 영양왕 23년에 수의 침공으로 벌어진 '살수대첩'에서 고구려 장군 을지문덕이 적장 우중문을 조롱하며 퇴군을 유도하는 시이다. 5언고시로 된 국문학상 최초의 한시이다.

- **화왕계**(花王戒)

  신라 신문왕 때의 석학 설총에 의해 지어진 창작설화로서 우의적인 단편 산문이다. 꽃을 의인화하여 임금에게 충고하는 글로서 우리나라 문학에서 소설적 구성을 보인 최초의 작품이며, 가전체 소설의 원류가 되기도 하는 이 작품은 후대 한문소설에 큰 영향을 주었다. 「삼국사기」열전에 실려 전한다.

  ⊙ 「화왕계」를 쓴 설총은 신라 10현의 한 사람으로 한자의 새김과 음을 빌려 우리말을 표기하는 표음문자 이두를 정리하기도 했다.

- **토황소격문**(討黃巢檄文)

  신라 헌강왕 때의 학자 최치원이 당나라에 유학하고 있을 때, 황소의 난으로 당나라조정이 어려움에 처하자 자원, 이 글을 써 붙여 황소의 간담을 서늘하게 만들었다는, 신라인으로서 당나라 사람들까지 놀라게 한 명문으로 최치원의 명성을 천하에 떨치게 한 글이다. 당나라에서 유행하던 변려문으로 씌어졌으며 「계원필경」에 전한다.

  ⊙ 최치원은 한국 한문학의 비조라고 일컬어진다.

- **계원필경**(桂苑筆耕)

  신라 헌강왕 때 문장 최치원이 지은 문집이다. 전 20권 4책으로 되어 있으며, 잡지 · 부 · 표 · 격 · 소 · 제문 · 서 등이 실려 있다.

  ⊙ 현전하는 개인문집으로는 우리나라 최초의 것이다.

Ⓐ 총회

• 악장가사(樂章歌詞)

편찬자와 편찬연대가 분명치 않은(대체로 조선조 중종~명종 사이로 본다) 시가집으로, 악장과 속요를 싣고 있으며 현전하는 시가집 중 가장 오래되었다. 「청산별곡」, 「서경별곡」, 「가시리」, 「사모곡」, 「정석가」, 「처용가」 등의 고려 속요와 조선 초기의 작품 등 24편이 한글로 수록되어 있어, 고대가요 연구에 귀중한 자료가 된다.

➲ 「악학궤범(樂學軌範)」, 「시용향악보(時用鄕樂譜)」와 더불어 고려 가요를 연구하는 데 없어서는 안될 귀중한 자료이다.

• 수이전(殊異傳)

고려 문종 때 박인량이 지었다는 우리나라 최초의 설화집으로, 책은 전하여지지 않고 그 일부분이 「삼국유사」, 「대동운부군옥」, 「해동고승전」, 「필원잡기」 등에 전한다.

➲ 지은이가 최치원이라는 설도 있다.

• 계림유사(鷄林類事)

송나라의 손목이 우리말 350여 단어를 추려 한자로 기록한 고려어 학습서이다. 고려 제15대 숙종 때 만들어진 것으로 고려시대의 우리말을 연구하는 데 귀중한 자료이다.

➲ 일부만 전해지지만 국어 음운현상의 절대적 연대기를 수립 가능케 하는 중요한 자료이다.

• 삼국사기(三國史記)

고려 인종 때 김부식이 지은 신라 · 고구려 · 백제 삼국에 대한 현존하는 최고의 역사서이다. 유교사관에 의해 씌어진 역사책으로, 사마천의 「사기(史記)」를 본뜬 기전체의 사서이며, 본기 · 연표 · 지 · 열전의 50권으로 되어 있다. 삼국시대의 유일한 정사로서 역사서술에 치중되었으나, 열전에는 설화적인 요소가 많이 기술되어 있다.

➲ 이 책은 여대(麗代)에 이루어진 설화문학서로 일연의 「삼국유사」와 더불어 국문학의 중요한 자료가 된다.

• 정과정(鄭瓜亭)

고려 의종 때 정서가 지은 10구체의 가요로 동래로 귀양가 있으면서 임금(의종)을 그리워하는 마음과 자기의 억울한 사정을 노래한 것이다. 「동국통감」과 「악학궤범」에 각각 '정과정' · '삼진작(三眞勺)'이라는 가사와 곡조의 이름이 실려 있다.

➲ 충신연주지사로 고려 가요 중 작자를 알 수 있는 유일한 작품이다.

• 동명왕편(東明王篇)

고려 명종 때 문인 이규보가 지은 장편 서사시이다. 고구려 시조인 동명왕의 영웅적 행위를 5언의 운문체로 읊은 영웅서사시로, 해모수 · 하백 등 많은 영웅과 유화 · 훤화 등 미녀들이 등장하고, 그 활동무대는 북방대륙에서 남반도까지의 광활한 땅이다. 「동국이상국집(東國李相國集)」에 실려 전한다.

➲ 사대적이고 모화적인 김부식의 「삼국사기」 때문에 민족적 자부심을 일깨우기 위한 것이 창작 동기이다.

Ｑ 옛 부여에서 행하던 제천행사는?

- **국순전**(麴醇傳)

   고려 때 임춘이 지은 가전체 설화이다. '술'을 의인화하여 세태를 풍자한 것으로 정치적 비판에 계세징인을 목적으로 한 교훈적 풍자의인설화이다. 엽전을 의인화한 임춘의 또 다른 가전체설화「공방전(孔方傳)」과 더불어 조선조 초기 가전체 소설에 끼친 영향이 컸다. 「동문선(東文選)」에 수록되어 전한다.

   ⊙ 가전체문학(假傳體文學) : 술·엽전 등의 사물을 의인화하여 창작된 고려 중기의 설화작품이다. 설총의 「화왕계」가 그 시초이다.

- **패관문학**(稗官文學)

   고려 때 문인학자들이 문장취미로 항간에 떠도는 이야기를 한문으로 쓴 기록문학이다. 이것이 점점 발달해 전기·시화들이 지어지게 되었다. 패관문학은 「파한집」「보한집」「백운소설」「역옹패설」 등에서 찾아볼 수 있다.

   ⊙ 패관문학이란 말은 김태준의 「조선소설사」 이후 우리 문학사에 두루 쓰이게 되었다.

- **백운소설**(白雲小說)

   고려 때 이규보가 지은 시화문담집(詩話文談集)이다. 소설이라기보다는 작품해설 또는 비평문의 초보적 형태로 고대소설을 이룬 패관문학의 하나이다.

   ⊙ '소설'의 명칭이 붙어 있어 소설의 어원고찰에서 빼놓을 수 없는 작품이다.

- **경기체가**(景幾體歌)

   고려 고종 때 발생해 조선 중종 때까지 약 350년간 계속된 장가(長歌)이다. 귀족들의 파한적이고 풍류적인 생활을 읊은 귀족문학으로, 그 형식에서는 기본형·변격형·파격형으로 나눌 수 있으며, 3·3·4조로 되어 있다. 대표적인 작품으로 「한림별곡」「관동별곡」「죽계별곡」 등이 있다.

작품명	연대	작자	내용	출전
한림별곡 (翰林別曲)	고종 3 (1216)	한림제유 (翰林諸儒)	문신들의 풍류적인 멋을 읊은 것으로 8연으로 됨, 한자와 한글로 되어 있음.	고려사악지 악장가사, 악학편고
관동별곡 (關東別曲)	충숙왕 17 (1330)	안 축 (安軸)	관동의 절경을 읊은 것으로 8연으로 됨. 이두문이 쓰임.	근 재 집
죽계별곡 (竹溪別曲)	충숙왕 때	안 축 (安軸)	고향의 경치를 읊은 것으로 8연으로 됨. 이두문이 쓰임.	근 재 집

   ⊙ '경(景)긔엇더ᄒ니잇고'라는 후렴구에 따라 '경기하여가'라고도 하고 제목에 '별곡'이란 말이 붙어 '별곡체'라고도 한다. 경기체가의 지은이는 대부분 귀족 특권층이거나 귀족문인으로 고려 속요에 비해 귀족문학이었다. 따라서 국민문학으로 성장하지 못하고 일찍 소멸했다.

A 영고(迎鼓)

Chapter 10-02 국문학

02 고려문학

Current Issues & General Information

• **삼국유사**(三國遺事)

고려 제25대 충렬왕 11년(1285)에 승려 일연이 지은 책으로, 정사 「삼국사기」에 비해 건국이래 삼국시대까지의 이면사이다. 신화 17편, 전설 108편, 민담 18편, 불교연기설화 228편이 수록되어 있어 설화문학의 보고이다. 특히 향찰로 신라의 향가 14수가 실려 있어 국문학상 불후의 가치를 지니고 있다.

➡ 단군신화는 「삼국유사」에 처음 실렸고, 「제왕운기」 「응제시주」 「세종실록지리지」 「동국여지승람」 「규원사화」 등에 실려 있다.

[예문] 단군신화가 기록된 문헌을 묻는 문제가 출제됨

• **제왕운기**(帝王韻紀)

고려 충렬왕 때 학자 이승휴가 중국과 고려 왕조의 역사를 각각 칠언시, 오언시로 기록한 책이다. 전 2권으로 되어 있으며, 문학과 역사연구에 귀중한 자료가 된다.

• **동동**(動動)

작자 · 연대 미상인 고려가요로, 모두 13연으로 된 월별로 그 달의 자연경물이나 행사에 따라 남녀의 애정을 읊은 월령체가이다. 제목의 명칭은 후렴 '아으 동동(動動)다리' 에서 연유하며, 고려조에 구전되어 오던 것이 조선조에 한글로 「악학궤범」에 수록되었다.

➡ 고려가요는 달리 고려속요 · 고려장가라고도 하는데, 경기체가가 귀족문학인데 비해 평민층이 누리는 평민문학이다. 구전되어 오다가 훈민정음 창제 후에야 문자로 정착, 원래의 모습과는 많이 달라져 있다.

• **사모곡**(思母曲)

작자 연대 미상인 고려가요로, 어머니의 사랑을 낫에, 아버지의 사랑을 호미에 비유해 어머니의 사랑이 아버지의 사랑보다 지극함을 읊은 노래이다. 5구 단형의 서정시로 「악장가사」 「시용향악보」에 실려 전한다.

• **청산별곡**(靑山別曲)

작자 · 연대 미상인 고려가요로 생의 고뇌와 현실도피적인 은둔자적 감정을 읊은 노래이다. 전 8연으로 되어 있으며 「악장가사」 「시용향악보」에 실려 전한다.

➡ 제목에 '별곡' 이란 말이 있지만 「청산별곡」은 「서경별곡」과 더불어 「한림별곡」 「관동별곡」 「죽계별곡」 등의 별곡체인 경기체가와는 다른 고려가요이다.

• **가시리**

작자 · 연대 미상의 고려가요로, 임을 떠나 보내며 부른 이별의 노래이다. 전 4연으로 되어 있으며 일명 「귀호곡」이라고도 한다. 「악장가사」 「시용향악보」에 실려 전한다.

Q 우리나라 자연주의 문학의 대표작은?

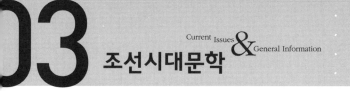

• 훈민정음(訓民正音)

조선조 제4대 세종대왕이 궁중에 정음청(正音廳)을 두고 성삼문 · 신숙주 · 최항 · 정인지 · 박팽년 등 집현전학자들에게 명하여 25년(1443)에 완성, 28년(1446)에 반포한 국문 글자의 명칭이다. '백성을 가르치는 바른 소리' 라는 뜻으로, 독창적이며, 쓰기 편한 24자(당시 28자)의 소리글자이다.

> **예문** 훈민정음을 반포한 해, 훈민정음으로 표기된 최초의 작품을 묻는 문제가 출제됨

• 용비어천가(龍飛御天歌)

세종 27년(1445)에 정인지 · 권제 · 안지 등이 왕명을 받아 왕가조상(목조 · 익조 · 도조 · 환조 · 태조 · 태종의 6대)의 성덕을 기리고 조선왕조 창업의 유래를 중국 고사에 비유, 하늘의 정하신 뜻임을 알리고 이를 찬송하여 지은 노래이다. 모두 125장으로 된 「용비어천가」는 훈민정음으로 적은 최초의 문헌으로 서문은 정인지가, 발문은 최항이 썼다. 우리 국문학사상 서사시로서 가치가 크며, 중세국어와 문법연구에 귀중한 자료가 된다.

> ➡ 「용비어천가」 1, 2, 3, 4장 및 125장의 다섯 장에는 곡을 붙여 「치화평」 「봉래의」 「여민락」 등의 악곡을 만들어 조정의 향연에 사용했다.

• 석보상절(釋譜詳節)

세종이 세상을 뜬 소헌왕후의 명복을 빌기 위해 수양대군을 시켜 찬술하게 한 석가의 일대기이다. 「석가보」 「법화경」 「지장경」 「아미타경」 「약사경」 등에서 뽑아 훈민정음으로 번역한 것으로, 중세 국어 연구에 귀중한 자료가 된다.

> ➡ 다른 불경 언해류와는 달리 문장이 아름다워 당시의 뛰어난 문학작품이라고 할 수 있다.

• 월인천강지곡(月印千江之曲)

세종이 지은 불교찬가로서 상 · 중 · 하 3권에 약 500여 수의 찬가가 실려 있다. 원본의 체제는 전부 훈민정음으로 표기하고 한자음은 동국정운식 음으로, 해당 한자는 작은 글자로 써놓았다. 이 노래는 훈민정음 제정에 이어 국문으로 간행된 것으로서 「용비어천가」 다음가는 최고의 문헌으로 국어학 자료로서 귀중한 가치가 있다.

> ➡ 「용비어천가」와 더불어 조선조 초기 서사시의 쌍벽을 이루었으며, 또한 세종 어제라는 뜻에서도 가치가 크다.

• 동국정운(東國正韻)

세종 29년(1447), 집현전 학자 신숙주 등이 우리나라의 한자음을 중국 한자음에 보다 가깝게 새로운 체계에 의해 정리한 우리나라 최초의 음운서이다. 모두 여섯 권으로 되어 있으며, 우리말 연구에 귀중한 자료가 되고 있다.

> ➡ 명나라의 운서인 「홍무정운」을 참고로 하였다.

A 염상섭의 「표본실의 청개구리」

Chapter 10-03 국문학

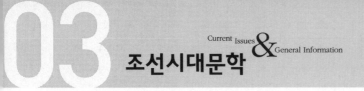
- **월인석보**(月印釋譜)

  조선 세조 5년에 「월인천강지곡」과 「석보상절」을 합본하여 다시 펴낸 책이다. 이 책은 훈민정음 제정 이후 제일 처음 나온 불교관계 책으로, 당시의 글자와 언어를 그대로 보존하고 있어 귀중한 문헌이다.

  ➡ 「월인천강지곡」을 본문으로 하고, 그에 해당하는 내용의 「석보상절」을 주석으로 붙였다.

- **금오신화**(金鰲新話)

  조선 세조 때 김시습이 지은 전기체 소설로 우리나라 최초의 고대소설이다. 비록 한문체로 된 작품이라고는 하나 소설의 형식에 가장 가까워 우리나라 소설 문학사상 의의가 크며, 일종의 단편소설집인 「금오신화」에 실렸던 것으로 5편의 작품이 전한다. 명나라 구우의 「전등신화」의 영향을 받았다.

  ➡ 설화적인 단순성을 지양한 고대소설의 최초 작품이 「금오신화」이다.

  예문 최초의 고대소설이 무엇인지를 묻는 문제가 출제됨

- **내훈**(內訓)

  조선조 성종 때 소혜왕후 한씨가 「소학」「명심보감」「여교」「열녀」 4책에서 부도에 긴요한 것을 추려 언해해 낸 책이다.

- **두시언해**(杜詩諺解)

  당나라 시인 두보의 시를 세종 때 유윤겸이 주석하고, 성종 때 조위·의침 등이 번역, 전25권 19책으로 된 우리나라 최초의 번역시집으로서, 중세국어 연구에 귀중한 자료가 된다. 본제목은 「분류두공부시언해(分類杜工部詩諺解)」이다.

  ➡ '언해(諺解)'란 한문을 훈민정음으로 번역하는 일이다.

- **가사**(歌辭)

  가사는 시조와 함께 조선 전기의 대표적 문학양식인데, 시조가 단가이고 서정적임에 대하여 가사는 장가이며, 서사적 시가이다. 가사는 대체로 고려가요와 경기체가에서 발전된 것으로 본다. 가사는 외형적으로 운문으로 되어 있으나, 내용에서는 산문에 가깝다. 그래서 가사를 산문정신이 가미된 운문이라고도 하고, 산문적 시 또는 시적 산문이라고도 한다. 가사는 정극인의 「상춘곡」에서 시작하여 송순의 「면앙정가」를 거쳐, 정철의 「양미인곡」에 이르러 절정을 보인 뒤, 조선 후기 박인로의 작품을 거치면서 급속히 산문화·장편화 되어 갔다. 가사는 내용에 따라 은일가사, 유배가사, 기행가사, 도덕가사, 전쟁가사, 포교가사, 내방가사 등으로 구분된다.

  ➡ 가사의 발생에 관해서는 지금까지는 조선 초 발생설(정극인의 「상춘곡」)이 통설이었으나, 나옹화상의 「서왕가」로 보는 고려 말 발생설이 차츰 유력해지고 있다.

Q 「인형의 집」의 여주인공 이름은?

- **상춘곡**(賞春曲)

  조선 성종 때 정극인이 지은 안빈낙도의 풍류적인 생활을 주제로 한 가사로, 우리 가사
  문학의 효시가 된다. 정극인의 문집 「불우헌집」에 실려 전한다.

- **면앙정가**(俛仰亭歌)

  중종 19년에 면앙정 송순이 자연을 즐기는 풍류생활을 읊은 서경가사(敍景歌辭)이다.
  이 가사는 정극인의 「상춘곡」 계통을 잇고 있으며, 다시 이것은 정철의 「성산별곡」에
  영향을 끼침으로써 우리나라 가사문학 통서의 근간을 이루고 있다.

  ❍ 송순은 전라도 담양의 고향마을 뒷산에 면앙정을 짓고 거기서 산수의 아름다움을 즐기며 많은 작품을 남겼다.

- **관동별곡**(關東別曲)

  선조 13년 송강 정철이 읊은 기행가사이다. 강원도 관찰사로 부임해 관동팔경과 해·
  내·외금강 등의 절승지를 유람하며, 산수·풍경·고사·풍속 등을 읊은 것이다. 세련
  된 조사와 율조, 은유와 직유, 점층법과 대구법을 적절히 구사한 탁월한 작품이다.

  ❍ 정철은 조선의 문신으로, 동인의 탄핵을 받아 만년을 유배생활로 보냈다. 특히 가사문학의 대가로, 「성산별곡」
  「사미인곡」「속미인곡」 등 많은 가사작품과 시가가 전한다.

- **사미인곡**(思美人曲)

  정철이 연군(戀君)의 정을 읊은 가사로, 사계절의 변화를 봄으로써 우러나는 임금에 대
  한 사모의 정을, 한 여인이 생이별한 임을 그리는 심경에 기탁하여 읊은 뛰어난 충신연
  주지사(忠臣戀主之詞)이다. 정철의 우리말 구사의 극치를 보여준 작품으로, 「관동별
  곡」「속미인곡」과 더불어 가사문학의 절정을 이룬다.

- **누항사**(陋巷詞)

  광해군 때 노계 박인로가 지은 가사 작품으로 두메생활의 빈이무원하고 안빈낙도하는
  청렴한 선비의 즐거움을 읊은 것이다.

  ❍ 박인로는 정철에 비해 언어의 세련미가 부족하며, 사상적 기조는 유교적 인륜주의이다.

- **악학궤범**(樂學軌範)

  조선 성종 24년(1493)에 성현·유자광·신말평 등이 음악의 원리, 악기 배열법, 무용
  절차 등을 백과사전식으로 서술한 9권 3책으로 된 책이다. 고려의 속요 「동동」「처용
  가」「정석가」「정과정곡」 등이 한글로 수록되어 있어 시가문학 연구에 귀중한 자료가
  된다.

  ❍ 조선시대 유일의 악전으로 가사의 내용이 주가 된 「악장가사」, 곡조를 위주로 한 「시용향악보」에 비하여 음악이
  론과 제도를 다루고 있다.

A 노라

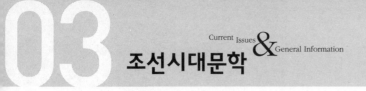

03 조선시대문학
Current Issues & General Information

- ### 훈민정음해례(訓民正音解例)
  훈민정음 창제에 대한 원리와 초성·중성·종성에 대한 해설과 용례 등이 적혀 있는 것으로, 세종과 집현전 학자들에 의해 세종 25년에 만들어졌다. 원본 훈민정음에 수록되어 전하며 국어관계의 주요 저서로서 학술적 가치가 크다.

  ◆ 「훈민정음해례」「훈몽자회」외에 중세국어 연구에 중요한 문헌으로는 우리나라 최초의 운서「동국정운」이 있다.

- ### 훈몽자회(訓蒙字會)
  중종 때 최세진이 쓴 어린이 한자교본이다. 상·중·하 3권 1책으로 되어 있으며, 한자 3,360자에 대해 국문으로 훈과 음을 달아 옛말 연구에 귀중한 자료가 된다.

- ### 시조(時調)
  시조는 고려 말기에 형태가 완성되어 조선조에 들어와 꽃을 피운, 우리의 민족 정서를 담은 고유한 정형시가이다. 한시만을 최선으로 믿어왔던 유학자들이 시조에 관심을 갖게 되고 이를 즐기게 됨으로써, 조선시대 시조는 유교적인 현실주의 문학으로 발전하였다. 시조는 본디 단시조(單時調)였으나, 그것만으로는 체계적인 사상을 표현하기 힘들게 되자, 여러 수의 시조를 묶어 한 편을 이루는 연시조(連時調)가 개발되었다. 종류에는 평시조·엇시조·사설시조가 있다.

  ◆ 우리나라 시가 변천은 향가 →고려가요→ 시조로 이어진다.

작품	연대	작자	내용
강호사시가 (江湖四時歌)	세종	맹사성 (孟思誠)	4수. 일명「사시한정가(四時閑情歌)」. 최초의 연시조(連時調)
오륜가 (五倫歌)	중종	주세붕 (周世鵬)	6수. 삼강오륜(三綱五倫)을 노래한 교훈적인 내용.
어부사 (漁父詞)	중종	이 현보 (李賢輔)	5수. 장가 9편을 포함. 윤선도(尹善道)의「어부사시사(漁父四時詞)」에 영향을 줌.
도산십이곡 (陶山十二曲)	명종	이황 (李滉)	2수. 일명「도산 6곡(陶山六曲)」. 자연의 관조와 학문 수양의 길을 노래함.
고산구곡가 (高山九曲歌)	선조	이이 (李珥)	10수. 일명「석담구곡(石潭九曲)」. 주자의「무이구곡가(武夷九曲歌)」를 본뜸.
훈민가 (訓民歌)	선조	정철 (鄭澈)	16수. 오륜과 도덕을 노래함.「경민편(警民篇)」이라고도 함.
장진주사 (將進酒歌)	선조	정철 (鄭澈)	1수. 최초의 사설시조(辭設時調), 가사(歌辭)로 보는 견해도 있음. 이백(李白)의「장진주」에서 영향을 받은 권주가.

◆ 시조는 송순, 황진이 등에 의하여 문학성이 심화되었고, 정철도 뛰어난 시조작가였다. 유학자들의 작품이 관념

Q 천정천(天井川)이란?

적인 경향으로 흐른 데 대하여, 기녀들의 작품은 고독과 한에 젖은 정서를 정교하고도 아름답게 표현하였으며, 이러한 교방시조(教坊時調)는 시조 발전에 크게 공헌하였다.

• 청구영언(靑丘永言)

영조 4년에 김천택이 엮은 시조집으로 곡조별로 분류되어 있다. 가장 오래된 시조집으로 시조 998수를 시대순으로 엮어놓았으며, 가사 17편을 수록하였다.

❍ 조선 3대 시조집 : 김천택의 「청구영언」, 김수장의 「해동가요」, 박효관 · 안민영의 「가곡원류」를 3대 시조집이라 일컫는다.

• 해동가요(海東歌謠)

조선 영조 39년에 김수장이 엮은 시조집으로 모두 883수를 작가에 따라 분류 · 편찬하였다.

❍ 「해동악장」 또는 「청구악장」이라고도 한다.

• 가곡원류(歌曲源流)

고종 때 박효관과 그 제자 안민영이 공동으로 엮은 시조집이다. 시조와 가사 820여 수를 곡조의 종류에 따라 남창과 여창의 둘로 나누어 편찬했다.

• 어부사시사(漁父四時詞)

조선 효종 때 고산 윤선도가 지은 시조(연시조)이다. 춘하추동 각 10수씩 모두 40수로, 윤선도가 유배되어 살았던 어촌의 자연풍물과 어부의 생활을 주제로 하여 우리나라 말의 아름다움을 살려 창작한 '어부가'로서의 대표작이다. 「고산유고」에 실려 전한다.

❍ 윤선도는 시조문학을 완성시킨 대표적인 시조작가이다.

• 한중록(恨中錄 ; 閑中錄 ; 閑中漫錄)

조선 정조 때 사도세자의 빈 혜경궁 홍씨가 남편 사도세자의 비극을 내간체로 쓴 궁중소설 · 궁중수기이다. 영조가 사도세자를 뒤주 속에 가두어 굶겨 죽인 실제의 참사를 중심으로, 홍씨 만년에 궁중의 음모, 당쟁, 자신의 일생을 회고한 자서전적 회고록이다. 궁중비극을 다룬 「인현왕후전」과 함께 궁중문학의 쌍벽을 이루고 있으며, 한글로 된 산문문학으로서 국문학사상 귀중한 가치를 지닌다.

❍ 인현왕후전(仁顯王后傳) : 숙종과 민비와 장희빈에 얽힌 이야기를 어느 궁녀가 기록한 궁중소설이다.

• 계축일기(癸丑日記)

성명 미상의 궁녀가 국문으로 쓴 일기체로 된 궁중수필 또는 궁중소설이다. 광해군이 인목대비와 영창대군을 없앤 비극을 내용으로 한 것으로, 사실적 수법으로 영창대군을

A 강바닥이 평지보다 높은 강

둘러싼 궁중생활을 생생히 묘사하고 있다. 일명「서궁록」이라고도 한다.

○「한중록」「인현왕후전」과 더불어 궁중 비사를 그린 3대 궁중문학이다.

• 조침문(弔針文)

순조 때 유씨부인이 아끼던 바늘을 부러뜨리고 섭섭한 심정을 적은 추도문 형식으로 된 고대수필이다. 의인법과 과장법을 주된 수사법으로 활용한 국한문 혼용체의 작품으로「규중칠우쟁론기」「의유당일기」와 함께 여류 수필의 대표작이다.

○「제침문」이라고도 한다.

• 춘향전(春香傳)

작가·연대 미상의 남녀간의 사랑을 그린 애정소설로 고대소설의 대표적 작품이다. 주인공인 이몽룡과 기생의 딸 춘향의 신분을 초월한 사랑이야기를 중심으로 당시 사회적 특권계급의 횡포와 농민들의 감정을 묘사하고 있다. 특히 변학도로 대표되는 관권에 대한 천민의 항거와 자의식의 발로, 춘향과 이도령의 계층을 뛰어넘는 사랑은 신분적 제약에서 벗어난 인간적 해방으로 평가되고 있다.

○「춘향전」은 성격상 애정소설이며, 발생과정상으로는 적층문학인 판소리계 소설이다.

• 구운몽(九雲夢)

숙종 15년 서포 김만중이 남해로 귀양가 있을 때 어머니의 파한(破閑)을 위해 지은 명작으로 주인공 성진이 팔선녀와 함께 인생에서 부귀공명을 누리다가 인간 윤회의 꿈에서 깨어난다는 내용의 이상소설이다. 이 작품은 뒤의「옥루몽」「옥련몽」등 몽자류 소설의 효시가 되었다.

○ 우리나라 소설 중 최초로 영문으로 번역, 외국에 소개되었다(J. S. Gale, The Cloud Dream of the Nine, 1922).

• 사씨남정기(謝氏南征記)

김만중이 쓴 가정소설이다. 숙종이 장희빈에게 미혹되어 인현왕후를 폐출한 현실을 묘사, 비판한 사실주의적 소설로 낭만주의적인 이상소설「구운몽」과는 다른 문학적 태도를 보여준다.

○ 가정소설에는「사씨남정기」「옥련몽」「장화홍련전」「콩쥐팥쥐」등이 있다.

• 서포만필(西浦漫筆)

숙종 때 문인 김만중의 평론과 수필을 모은 문집이다. 제자백가 중에서 의문되는 대목을 밝히고, 책 끝에 신라 이후 조선조까지의 이름난 시에 대하여 간단한 평을 실었다. 특히 송강가사를 중점적으로 논하고, 국문학은 국어로 표기해야 한다는 국어존중론을 폈다.

○ 국어존중론은 당시로서는 놀랄 만큼 진보적이고 주체적인 견해이다.

Q 고조선 고유의 불문 관습법은?

• 홍길동전(洪吉童傳)

조선 광해군 때 교산 허균의 작품으로 국문으로 된 고대소설의 효시이다. 적서차별의 폐지, 탐관오리 규탄 등 봉건적인 사회제도의 개혁을 주장하며 이상사회의 실현을 그린 저항정신이 짙게 깔린 평민문학이다. 작중에서 '율도국'이라는 이상국가를 내세운다. 중국 「수호지」의 영향을 받은 사회소설로, 형식상 · 내용상 근대소설의 선구가 되었다.

❂ 사회소설이란 작가가 현실 사회의 모순을 적극적으로 개선하겠다는 문학관에 입각하여 창작한 작품이다. 이에는 「홍길동전」 외에도 「전우치전」이 있다.

• 임진록(壬辰錄)

임진왜란 뒤에 씌어진 것으로 짐작되는 역사소설이며 군담소설이다. 패전에 대한 정신적 보상과 승리를 주제로 하여 임진란의 고난을 극복해 낸 민족의 의지와 정신적 승리감을 표현, 민족사기를 진작시키고 왜적에 대한 설욕을 시도한다. 강홍립 · 김응서 장군의 보복정벌과 사명대사의 항왜설화(降倭說話)를 통해 대왜 감정을 나타내었다.

❂ 군담소설에는 「곽재우전」 「유충렬전」 「임경업전」 「박씨전」이 있다.

• 심청전(沈淸傳)

작자 · 연대 미상의 지극한 효성을 주제로 한 판소리계 소설(설화소설)이다. 이 작품은 유교의 근본사상인 효를 바탕으로 하고 있으나, 불교와 도교적인 사상도 융합되어 있다. 「심청전」의 근원이 되는 설화로, 효녀 지은의 '연권녀설화', '거타지설화' 등이 있으며, 이밖에 일본이나 인도에도 비슷한 설화가 있다.

❂ 설화소설은 「심청전」 외에 「장끼전」 「흥부전」 「왕랑반혼전」 등이 있다.

• 허생전(許生傳)

조선 정조 때의 실학자 연암 박지원이 지배층인 양반과 위정자들의 무능을 비판하고 자아각성을 촉구한 풍자소설로 한문으로 씌어져 있다. 박지원은 이 작품에서 정치적 경제적 사회적 정책을 제시하고, 국가정책의 급선무는 현실적인 생활문제의 해결임을 깨우친다. 그 방법으로 무역의 필요성을 제시한다.

❂ 연암소설의 특징 : ① 소재를 현실에서 취했다. ② 간결한 문장으로 등장인물의 심리까지 사실적으로 묘사했다. ③ 자주적인 실학사상을 담고 있다. ④ 근대문학적인 성격을 띠었다.

• 열하일기(熱河日記)

실학자 박지원이 정조 4년(1780)에 지은 열하(중국 지명) 기행문집이다. 청나라 사절단을 따라 열하에 들러 견문한 문물제도를 풍속 · 경제 · 병사 · 천문 · 문학 등의 분야로 나누어 기록한 책이다. 여기에는 한문소설 「허생전」 「호질」 「양반전」 등이 있으며, 「열하일기」는 「연암집」에 실려 있다.

A 8조 금법

• 신체시(新體詩)

신체시라는 명칭은 고시가에 대한 대칭으로서 쓰인 것이며, 신시라고도 한다. 신체시는 민족사상의 고양, 소년의 기개와 포부 등 민족주의의 선양과 계몽을 주된 내용으로 하였다. 정형시와 근대시와의 가교로 3·4조, 7·5조의 운율을 가진 것이 대부분이었고, 개화의식·자주독립의식·신교육·남녀 평등사상을 담고 있었다. 신체시의 주요 작가는 최남선과 이광수·신채호 등이었다.

➡ 최초의 신체시는 「해(海)에게서 소년에게」를 든다. 새로운 자료로 1898년 「협성회보」에 발표된 이승만의 「고목가」가 발견됨으로써, 이것이 신체시의 효시가 된다는 설도 있다.

• 해(海)에게서 소년(少年)에게

1908년 「소년」에 발표된 최초의 신체시로 육당 최남선의 작품이다. 신문화의 주인공인 소년들의 씩씩한 기상을 찬양한 노래로 자유율을 취하고 있으나, 계몽성 고수, 언어 기교의 미숙 등 아직 자유시라 할 수는 없다. 전 6연으로 되어 있다.

➡ 영국 시인 바이런의 「대양」(大洋 ; The Ocean)에서 영향 받은 작품으로 알려져 있다.

• 신소설(新小說)

갑오경장 이전의 고대소설에 대하여 새로운 내용, 형식, 문체로 이루어진 갑오경장 이후의 과도기적 소설을 이른다. 1906년 「혈의 누」를 시작으로 하여 약 10년 동안 수백 편의 작품이 지어졌다. 신소설은 고대소설과 현대소설의 교량적 역할을 한 과도기적 문학으로, 개화사상을 고취했다. 언문일치에 가까운 산문으로 자주독립·자유연애·신교육권장·인습과 미신타파 등을 주제로 했으며, 대표적인 작가로는 이인직·이해조·최찬식·안국선·김교제·이상협 등이 있다.

➡ 신소설은 이인직의 「혈의 누」「귀의 성」, 이해조의 「자유종」, 최찬식의 「추월색」 등의 순수한 창작물과 이해조의 「철세계」, 조중환의 「장한몽」 등의 외국소설 번안물, 이해조의 「옥중화」「토의 간」 등 우리나라 고대소설을 개작한 것 등이 있다.

• 고대소설·신소설·현대소설의 비교

구분	고대소설	신소설	현대소설
주제	권선징악	계몽사상	새 인간형의 창조
체제	주인공의 일대기	한 과제를 다루려 함	한 과제의 필연적인 전개
배경	비현실적	현실적	진실의 세계
결말	해피 엔딩	해피 엔딩이 많음	헤피 엔딩이 적음
문체	운문적이며 상투어가 많음	언문일치의 방향으로 나아감	완전한 언문일치
인물	전형적·유형적	선구자적	다양한 신인간형이며 개성적

예문 최초의 신체시, 최초의 신소설을 묻는 문제가 출제됨

Q 생산의 3요소는?

• **혈(血)의 누(淚)**

국초(菊初) 이인직이 1906년 「만세보」에 연재 · 발표한 최초의 신소설로 이것이 전편이 되며, 후편은 1913년 「매일신보」에 발표된 「모란봉」이다. 신교육사상과 여권신장을 바탕으로 자유연애 결혼을 내세운 작품으로 고대소설의 문체를 버리지 못한 곳도 있고, 구성이나 줄거리의 전개도 미숙한 데가 많다.

◑ 이인직은 신소설 작가로 작품에는 「귀의 성」 「치악산」 「은세계」 등이 있다.

• **금수회의록(禽獸會議錄)**

안국선이 지은 우화소설로 1908년에 간행된 신소설 작품이다. 동물들을 등장시켜 유교적 바탕 위에서 인간사회를 풍자한, 제재가 특이하고 주제의식이 강한 작품이다. 대부분의 신소설이 권선징악을 주제로 한 데 비해 동물을 의인화시켜 현실을 비판한 점에 특징이 있다. 우리나라에서 최초로 판매 금지된 소설이기도 하다.

예문 신소설의 대표적 작가와 그의 대표적 작품을 묻는 문제가 출제됨

• **자유종(自由鍾)**

1910년에 이해조가 지은 신소설로 처음부터 끝까지 대화로 엮어져 있다. 여성해방, 한자폐지 문제, 애국정신과 자유교육 등을 고취한 계몽소설로서, 당시 판매금지 되었다. 개화에 필요한 새로운 제도와 정신을 제시한 일종의 정치소설이다.

◑ 이해조는 신소실작가로 작품에는 「화의 혈」 「빈상설」 「모란병」 등이 있다.

• **추월색(秋月色)**

1912년에 발표된 최찬식의 대표작으로 당시의 신소설 중에서 가장 널리 애독된 작품 중의 하나이다. 봉건적인 구습을 타파하고 서양문명을 소개하여 새로운 애정윤리와 신교육 사상을 고취하고자 한 작품이다.

◑ 최찬식의 작품은 신문소설의 전형이 되었다.

• **무정(無情)**

춘원 이광수가 지은 우리나라 최초의 현대 장편소설이다. 초창기 신문학을 결산하는 작품으로 평가되는 이 작품은 민족주의 사상과 계몽주의 사상을 바탕으로, 1910년대의 시대상을 그리고 있다. 근대문명에 대한 동경, 신교육 사상, 자유 연애 · 신결혼관 등을 주제로 하고, 일체의 봉건적인 것에 대하여 비판 · 저항함으로써 새 시대의 계몽을 꾀한 이상주의적인 소설이다.

◑ 이광수는 계몽주의와 민족주의를 두 축으로 한 작품을 썼으며, 6 · 25 때 납북되었다. 작품에 「개척자」 「흙」 「사랑」 등이 있다.

A 자연 · 노동 · 자본

• 감자

김동인 최초의 작품인 동시에, 1920년대 자연주의 내지 사실주의적 기법이 낳은 대표 작이다. 「감자」의 배경은 평양 칠성문 밖 빈민촌으로, 이 작품에서 작가는 주인공 복녀의 죽음에 이르는 몰락을 사실주의적 자연주의적 기법에 의해 훌륭하게 묘사하고 있다. 부권체제의 모순과 부조리 속에 도덕상의 타락과 함께 한 여인의 숙명적인 파멸을 객관적으로 묘사, 부정적인 현실을 생생하게 드러낸 작품이다.

◑ 김동인은 최초의 문예동인지 「창조」를 주재했으며, 한국 단편소설을 정립시켰다. 작품에 「발가락이 닮았다」「배 따라기」「태형」「광화사」「김연실전」 등이 있다.

• 불놀이

주요한이 지은 산문시로 한국 최초의 자유시로 평가, 신체시로부터 근대적인 시형인 자유시를 이룬 점에서 문학사적 의의가 크다. 이 작품은 4월 초파일의 관등놀이를 배경으로 하여 사랑의 대상을 상실한, 혹은 이상에 도달할 수 없는 슬픈 현실 속에서 이를 뛰어넘으려는 강한 의지를 상징적으로 노래하고 있다.

◑ 주요한은 「창조」 동인이며, 시집에 「아름다운 새벽」「삼인시가집」「봉사꽃」이 있다.

• 삼대(三代)

「표본실의 청개구리」로 문단에 데뷔한 횡보 염상섭이 민족주의 문학운동의 일환으로 써낸 사실주의 기법에 의한 장편이다. 1920년대 한국사회의 시대상 묘사에 탁월한 이 작품은 종적으로 조씨 가문의 3대(조의관·조상훈·조덕기)에 걸친 이야기로, 횡적으로 같은 세대에 속하는 여러 인물들 간에 얽힌 이야기를 중심으로 하여 이중 플롯으로 구성되어 있다. 이러한 「삼대」의 이중구성은 당시까지의 다른 문학작품들의 단일구성을 극복, 한 사회의 모습을 그려내는 데 놀라운 성취를 이루고 있다.

◑ 염상섭은 「폐허」 동인으로 자연주의적 경향의 작품을 썼으며, 작품에 「표본실의 청개구리」「암야」「제야」「만세전」「무화과」 등이 있다.

• 나의 침실로

1922년 「백조」 창간호에 발표된 이상화의 초기의 대표적인 작품으로, 탐미적 정조를 바탕으로 '마돈나'란 애인을 염원하는 사랑의 시이다. '마돈나'와 '침실'이 '임'과 '이상향'을 상징한다고 볼 때는 '이상향에의 동경'이 주제가 될 것이다. 이 시는 관능의 진실한 모습-애욕의 의미부여(정신화)-에 그 주제를 두고 작가의 성격, 내면적 정열, 철학적 명상, 그의 호흡·체취까지 느끼게 하는 작품이 되고 있다. 이상화의 호는 상화로 그는 초기의 낭만주의적 경향에서 벗어나 후기에는 「빼앗긴 들에도 봄은 오는가」라는 일제시대 우리 민족의 암담한 현실과 이를 딛고 선 희망을 노래한 저항시의 절창을 남기기도 하였다.

◑ 이상화는 이육사·윤동주와 더불어 일제시대의 대표적 저항시인이다.

Q 사서삼경은?

• 진달래꽃

1922년 「개벽」에 발표한 김소월의 처녀작이다. 이별의 한을 자기 희생으로 극복 승화시키고 있는 이 시는, '진달래꽃'이라는 향토적 소재와 민요조의 리듬으로 서정적 운치를 살려 김소월 특유의 시적효과를 자아내고 있다. 여성 편향의 경어체를 사용, 여성적 비애의 정서를 고조시키고 있으며, 고려가요 '가시리'와 유사한 발상법을 지니고 있다.

◑ 김소월은 우리 민족의 대표적 정서인 한을 형상화한 국민시인으로서, 본명은 김정식이다.

• 벙어리 삼룡이

나도향의 대표적인 단편소설이다. 오생원댁의 못생긴 벙어리 머슴 삼룡을 주인공으로 하여 작가는 무지하지만 순정 있는 인간의 강렬하고도 순결한 애정을 그려내었다. 우리 신문학사상 뛰어난 단편소설이다.

◑ 나도향은 「백조」 동인으로, 작품에 「물레방아」 「뽕」 「행랑자식」 등이 있다.

• 빈처(貧妻)

1921년 「개벽」 7호에 발표된 빙허 현진건의 단편소설이다. 사실상의 데뷔작이며 작가의 리얼리즘 경향이 나타나 있는 이 작품은 작가 자신의 체험을 반영한 1인칭의 신변소설로 1920년대 한국 지식인 청년의 이상과 괴리된 식민지 조국이 상황에서 오는 현실의 모순과 갈등을 날카롭게 묘사하고 있다.

◑ 현진건은 「백조」 동인으로 작품에는 「운수 좋은 날」 「술 권하는 사회」 「고향」 등이 있다.

• 님의 침묵(沈默)

1926년 간행된 만해 한용운의 「님의 침묵」은 이 시집에 실린 작품으로 산문시적인 자유시, 조국애와 불교적 신앙심을 한데 조화시켜 비유와 상징적 수법으로 노래한 작품이다. '임(조국, 혹은 부처)에 대한 영원한 사랑'을 주제로 하고 있다. 모두 70여 편의 시가 「군말」이라는 서문과 함께 실려 있다.

◑ 한용운은 승려시인으로서, 3·1운동 때 민족대표 33인 중의 한 사람이다.

• 사랑방 손님과 어머니

주요섭이 초기의 신경향파 문학에서 자연주의로 작품경향을 바꾼 다음에 발표한 단편소설로 작가의 대표작이다. 어린 딸 옥희를 나레이터로 하여 어른들의 심리를 그린 것으로 서정적이고 예술적인 향기가 짙은 작품이다.

• 서시(序詩)

순수를 지향하는 윤동주의 작품세계를 대표하는 시이다. 죽는 날까지 세속에 물들지

Chapter 10-04 국문학

않은 순수한 양심으로 살고자 한 그는 망국인으로서의 부끄러움과 조국에 대한 죄책감에 괴로워했는데 「자화상」, 「참회록」, 「또 다른 고향」 등의 시에 시대를 아파하는 시인의 내면적 갈등이 담겨있다.

❍ 윤동주의 작품들은 자선 시집 「하늘과 바람과 별과 시」에 전한다.

• 날개

이상이 1936년 「조광」에 발표한 단편소설로, 첫사랑 금홍과의 2년여에 걸친 동거생활 속에서 얻어진 작품이라고 한다. 아내는 돈을 벌기 위해 손님과의 매음행위를 하고 있으나, '나'는 별 관심이 없다. '나'는 현실세계의 재비판과 자신에 대한 재검토를 통해 현실에의 재생의 욕망으로 불타게 된다. "날개야 다시 돋아라, 날자 날자 날자, 한번만 날자꾸나. 한 번만 더 날아보자꾸나." 하고 절규함으로써 새로운 탄생의 순간을 말하고 있다.

❍ 이상은 내면의 세계를 그린 소설 「날개」 외에 심리주의적 실험시 「오감도」 「정식」 등을 발표했다. 본명은 김해경이다.

• 메밀꽃 필 무렵

이효석의 서정성 짙은 단편소설이다. 왼손잡이와 얼금뱅이인 허생원 · 조선달 · 동이 세 사람의 장돌뱅이가 동행인이 되어 강원도의 자연을 배경으로 하여 이야기는 진행된다. 짙은 향토색, 소금을 뿌려놓은 듯한 산골의 하얀 메밀꽃과 달빛이 주는 서정성, 자연과 사람과 짐승을 함께 미화시킨 이 작품의 특색은 뛰어난 낭만성이다.

❍ 이효석은 구인회 회원으로, 「돈(豚)」 「산」 등을 발표한 순수문학 작가이다.

• 상록수(常綠樹)

1935년 동아일보 현상문예에 당선된 심훈의 장편소설이다. 심훈의 문학적 특성, 즉 감성적인 것을 주조로 한 대중성을 가장 잘 나타낸 계몽주의적인 소설이다.

❍ 심훈의 작품에는 「영원의 미소」 「직녀성」이 있다.

• 자유부인(自由夫人)

정비석이 「서울신문」에 연재, 물의를 일으켰던 장편소설이다. 6 · 25후 가치관이 무너진 사회 속에 퇴폐풍조가 사회 문제화한 때를 배경으로, 이런 몰가치적인 사회풍조를 막을 수 있는 것은 지성의 힘뿐이라는 것을 각성시킬 의도에서 창작되었다.

❍ 정비석의 작품에는 「성황당」 「파계승」 「소설 손자병법」 「김삿갓」 등이 있다.

• 북간도(北間島)

안수길의 5부로 된 대하소설이다. 한국인의 이주지인 북간도를 무대로, 1870년대부터

Q 우산국이란?

1945년 8 · 15광복까지 이창윤 일가 4대의 수난과 항일 독립투쟁사를 그린 대하소설로 집필에서 완성까지 9년이 걸렸다. 작가는 이 작품으로 서울시 문화상을 받았다.

○ 안수길의 작품에는 「제3인간형」「여수」「통로」「새벽」등이 있다.

• 카인의 후예(後裔)

황순원의 대표적인 장편소설이다. 지주의 아들인 주인공이 공산치하가 된 고향에서 토지개혁으로 살인귀가 되어버린 사람들, 마름(소작지 관리인)이었던 도섭영감, 낯익은 마을 사람들 속에서 겪는 이야기가 줄거리를 이룬다. 작가는 이 작품으로 제2회 자유문학상을 받았다.

○ 황순원의 작품에는 「독짓는 늙은이」「곡예사」「학」「인간접목」「일월」 등이 있다.

• 무녀도(巫女圖)

순수문학을 지향하는 김동리가 1936년에 발표한 초기의 문학적 특색을 가장 집약적으로 구현한 대표작의 하나이다. 어려서 일찍 집을 나간 욱이는 독실한 기독교인이 되어 돌아온다. 욱이와 무당인 어머니 모화와의 충돌은 불가피해진다. 모화는 욱이를 칼로 찔러 죽이고 이후 무화도 굿을 하던 중 깊은 늪에 빠져 자살과 다름없는 죽음에 이른다는 줄거리이다. 모화와 욱이의 충돌은 한국의 토속적인 샤머니즘과 서구의 외래 사상인 기독교의 대립을 뜻하는 것으로 해석될 수 있다.

○ 김동리의 작품에는 「바위」「황토기」「밀다원시대」「사반의 십자가」「등신불」 등이 있다.

• 불꽃

제2회 동인문학상을 수상하고, 1950년대 대표적 참여작가로 부각되었던 선우 휘의 초기 대표작이다. 이 작품의 배경은 3 · 1운동으로부터 6 · 25 때까지의 30여 년에 걸친 역사적 격동기이며, 주인공 고현은 만세시위에 앞장섰던 젊은이의 유복자이다.

○ 선우 휘의 작품에는 「테러리스트」「아아 산하여」「노다지」 등이 있다.

• 오발탄(誤發彈)

이범선의 작품으로 6 · 25 후의 암담한 현실이 리얼하게 부각되어 있다. 성실히 살아가는 형과 자포자기한 동생, 미친 어머니, 임신한 아내, 가난으로 양공주가 된 누이동생이 한 가정을 구성하며, 작가는 이 작품에서 선량함이 무능으로 취급되는 사회비리를 고발하고 있다.

○ 이범선의 작품에는 「학마을 사람들」「청대문집 개」「냉혈동물」 등이 있다.

• 갯마을

오영수의 단편소설이다. 운명적으로 갯마을 여인일 수밖에 없는 여주인공 해순이를 통

A 울릉도의 옛 이름

해 갯마을의 인정미 어린 삶의 애환을 그린 소설로 인간의 본능인 성문제를 함께 다루고 있다.

❍ 오영수는 단편소설작가로 작품집 「머루」「갯마을」「명암」「메아리」「수련」 등이 있다.

• 토지(土地)

1969년부터 박경리가 집필한 최초의 대하소설로, 갑오년 동학농민혁명과 갑오개혁, 을미왜병(1895) 등이 지나간 1897년 한가위로부터 광복의 기쁨을 맞본 1945년 8월 15일까지의 한국 근대사를 시간적 배경으로 하고, 경남 하동 평사리라는 전형적 한국 농촌을 비롯하여 지리산, 서울, 간도, 러시아, 일본, 부산, 진주 등에 걸치는 광활한 국내외적인 공간 배경으로 한 작품이다. 탈고(1994년 8월 15)하기까지 26년 간의 집필 기간, 원고지 26만 매가 넘는 분량, 전 5부 16권의 역작인 동시에 역사와 운명의 대서사시로서 한국인의 삶의 터전과 그 속에서 개성적 인물들의 다양한 운명적 삶과 고난, 의지가 민족적 삶으로 확대된 한국의 수작(秀作)이다. 토지는 광복 이후 한국 소설사를 대표하는 소설로 선정됐다.

❍ 박경리의 작품에는 「불신시대」「표류도」「김약국의 딸들」「시장과 전장」 등이 있다. 계간 [문예중앙]이 문학 평론가 55명을 대상으로 실시한 설문 조사 [해방 50년 대표 소설 50편]에서 [토지]는 총 52표를 얻어 압도적 지지를 받았다. 2위는 최인훈의 [광장], 3위는 조정래의 [태백산맥]이 각각 차지했다.

• 오적(五賊)

진보적이고도 실천적인 문학태도로 70년대를 이끈 시인 김지하의 담시로 된 풍자시이다. 「사상계」(1970. 5.)에 300여행의 담시를 발표, 도둑촌의 장·차관, 재벌, 국회의원, 장성, 고급관리를 을사오적에 빗대어 다섯 역적으로 몰아붙이면서 신랄하게 비판하고 있다.

❍ 김지하는 1975년 아시아·아프리카 작가회의가 주는 로터스상(연꽃상)을, '81년에는 국제시인회의가 주는 '위대한 시인상'을 받았다.

• 난장이가 쏘아 올린 작은 공

조세희의 첫 창작집으로 난장이와 그 일가를 주인공으로 하는 일련의 연작소설을 모은 것이다. 작품에 등장하는 인물들은 난장이 일가로 대변되는 가난한 소외 계층과 공장 근로자들이다. 이들을 통해 작가는 1970년대 한국사회의 가장 핵심적인 문제로 제기된 노동 현실의 심층을 해부한다.

❍ 「칼날」로부터 「내 그물로 오는 가시고기」에 이르기까지 조세희의 연작소설들은 「난장이가 쏘아 올린 작은 공」으로 묶여 나왔다.

• 장길산(張吉山)

황석영의 4부 10권으로 된 역사소설로 조선조 숙종 때의 광대출신 의적 장길산을 중심

Q 운동의 세 가지 법칙은?

으로 하여 이야기되고 있다. 당대의 민중적 삶의 양상이 전체적으로 드러나는 이 소설에서는 농민의 참담한 생활과 생존권까지 박탈당한 노비들의 참상, 그리고 그들의 집단적 저항의 양상이 사실적으로 그려져 있다.

○ 황석영의 작품으로는 「객지」 「한씨 연대기」 「낙타누깔」 「무기의 그늘」 등이 있다.

• 객주(客主)

전 9권으로 된 김주영의 역사 장편소설이다. 작가는 보부상이라는 떠돌이 삶의 군상들이 조선조 말기의 격변하는 사회를 살며 겪는 사건과 갈등을 역사의 큰 흐름 속에서 파악, 묘사하고 있다.

○ 김주영의 작품으로는 「천둥소리」 「휴면기」 등이 있다.

• 우리 기쁜 젊은 날

작가 이문열이 자신의 지나가 버린 젊음의 격정 속에 우리 시대의 격동을 표현하고자 한 작품이다. 이 작품에서 작가는 성장기에 겪어야 하는 젊은이의 고뇌에 관심을 집중, 자신이 체험한 젊음의 시절을 근간으로 소설적 구성의 완결성을 시도한다.

○ 이문열의 「하구」 「우리 기쁜 젊은 날」 「그 해 겨울」은 이어지는 3부작이다. 이외에 「사람의 아들」 「영웅시대」 「추락하는 것은 날개가 있다」 등을 발표했다.

• 광장

최인훈의 대표작으로 민족 분단의 비극을 이데올로기적 측면에서 본격적으로 접근한 대표적인 예로 손꼽히는 이 작품은 민족의 분단을 이데올로기적인 갈등으로 파악, 남한과 북한의 이데올로기에 대한 객관적 반성이 나타나 있으며, 그 선택의 기로(岐路)에서 방황하는 인간상을 제시하고 있다. 광장은 사회적 삶의 공간을 의미하며, 사회 중심적인 세계를 상징한다.

• 태백산맥(太白山脈)

조정래의 4부 10권으로 된 대하소설이다. 여순반란사건이라는 특정한 시간을 시발점으로 하여 한국근대사의 총체적 양상과 복합적인 문제점을 객관적으로 묘사해낸 서사문학이다. 작품에는 각계각층의 인물 60여 명이 등장하며, 이들을 통해 작가는 우리민족 앞에 주어진 두 개의 세계, 한의 세계와 이데올로기의 세계를 아울러 조명하고 있다.

○ 조정래의 작품으로는 단편집 「황토」 「20년을 비가 내리는 땅」, 중편집 「유형의 땅」, 장편에 「대장경」 「불놀이」 등이 있다.

• 혼불

1930년대 전라북도 남원의 몰락해 가는 양반가의 며느리 3대(代) 이야기를 다룬 최명희(崔明姬)의 대하소설이다. 1996년 12월 전 10권이 완간되었으며, 단재상, 세종문화상, 여성동아 대상, 호암상 예술상 등을 수상했다. 혼불은 호남지방의 혼례와 상례의식, 정월대보름 등의 전래풍속을 세밀하게 그리고, 남원지역의 방언을 풍부하게 구사하여 민속학·국어학·역사학·판소리 분야 학자들의 주목을 끌기도 했다.

• 1920년대 작가와 작품

김동인	감자, 광염의 소나타, 광화사, 김연실전, 발가락이 닮았다, 배따라기, 약한 자의 슬픔, 운현궁의 봄
염상섭	만세전, 삼대, 표본실의 청개구리
나도향	물레방아, 벙어리 삼룡이, 뽕, 환희
전영택	화수분
현진건	무영탑, 빈처, 운수 좋은 날, 적도, 흑치상지
주요섭	사랑방 손님과 어머니, 아네모네 마담, 인력거꾼
최서해	박돌의 죽음, 기아와 살육, 탈출기, 홍염

• 1930년대 작가와 작품

심훈	상록수, 영원의 미소, 직녀성
채만식	당랑의 전설, 레디 메이드 인생, 치숙, 탁류, 태평천하
유진오	김 강사와 T교수, 창랑정기
이효석	돈, 들, 메밀꽃 필 무렵, 분녀, 산
김유정	금 따는 콩밭, 동백꽃, 봄봄, 소나기
김정한	모래톱 이야기, 사하촌
이무영	제 1 과 제 1 장, 흙의 노예
박영준	모범 경작생, 목화씨 뿌릴 때
이상	날개, 동해, 봉별기, 종생기
김동리	등신불, 무녀도, 바위, 사반의 십자가, 을화, 황토기
정비석	성황당, 제신제, 졸곡제, 파도
황순원	독짓는 늙은이, 목넘이 마을의 개, 소나기, 인간 접목, 일월, 카인의 후예
박화성	고향 없는 사람들, 한귀
안수길	북간도, 적십자 병원장, 제3인간형

Q 우리나라 최초의 국립극장은?

• 1950년대 작가와 작품

장용학	요한시집, 원형의 전설
손창섭	비오는 날, 인간동물, 잉여 인간, 초원
김성한	바비도, 암야행, 오분간
선우휘	불꽃
오영수	갯마을, 머루

• 1960년대 작가와 작품

박경리	김약국의 딸들, 불신시대, 토지, 표류도
강신재	임진강의 민들레
김승옥	무진기행, 서울 1964년 겨울, 환상수첩
이청준	등산기, 매잡이, 병신과 머저리, 서편제, 소문의 벽, 이어도
최인훈	광장, 총독의 소리, 회색인
홍성원	무전 여행, 빗돌 고개

• 1970년대 작가와 작품

신경림	농무	현기영	순이 삼촌
김지하	오적	이문구	관촌수필, 우리 동네
조세희	난장이가 쏘아 올린 작은 공, 칼날	이문열	사람의 아들
황석영	객지, 장길산	이청준	당신들의 천국
최인훈	광장, 회색인	최인호	별들의 고향

• 1980~현대 작가와 작품

김남주	조국은 하나다, 칼
박노해	노동의 새벽
조정래	태백산맥, 아리랑, 한강
신경숙	풍금이 있던 자리, 깊은 슬픔, 외딴방
공지영	고등어, 무소의 뿔처럼 혼자서 가라
임철우	봄날
최명희	혼불

A 원각사

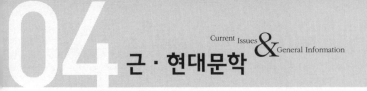

04 근·현대문학

• **한성순보**(漢城旬報)

　우리나라의 근대적 형태의 최초의 한문체 신문(1883~86)이다. 관보의 성격을 띤 순간 잡지의 체재로 발간했으며, 시사·신문화를 주로 소개하였다. 박문국에서 발행했으며, 1886년 한성주보로 개제(改題)했다.

　예문 최초의 신문이 무엇인가를 묻는 문제가 출제됨

• **독립신문**(獨立新聞)

　건양 원년(1896)에 서재필이 발행한 독립협회 기관지로, 우리나라 최초의 한글신문이다. 4면을 영문으로 내어 우리나라 사정을 외국에 소개하는 데 앞장섰다. 서재필이 미국으로 간 뒤 아펜젤러를 발행인, 윤치호를 주간으로 하여 발행되다가 같은 해 11월, 독립협회 해산과 함께 폐간되었다.

　❍ 언문일치의 선구자가 된 우리나라 최초의 한글신문이며 민간신문이다.

　예문 최초의 한글신문·민간신문은? 식으로 출제됨

• **매일신문**(每日新聞)

　1898년에 창간된 우리나라 최초의 한글 일간지로서, 양홍묵·유영석·이승만 등이 민족기관지로 발족시켰으나 독립협회사건으로 1년 만에 폐간되었다. 논조의 혁신과 일간신문시대를 초래한 점은 주목할만하다. 제1면에 논설, 2면에 내보(정치문제), 3·4면에 외보(외국소식 등)를 실었다.

　❍ 「독립신문」은 격일간으로 발간된 최초의 한글신문이며, 「매일신문」은 일간지로서 최초의 한글신문이다.

• **제국신문**(帝國新聞)

　광무 2년(1898) 이종일·심상익·염중모·장효근 등이 중심이 되어 순한글로 발행하다가 1910년 한일합방과 함께 폐간된 신문이다. 중류 이하, 특히 부녀층이 대상이었다.

　❍ 당시 일반사람들은 「황성신문」을 수(雄)신문, 「제국신문」을 암(雌)신문이라고 했다.

• **황성신문**(皇城新聞)

　장지연·박은식·남궁 억 등이 「대한황성신문」의 판권을 인수하여 「황성신문」이라고 고쳐 국한문으로 발행한(1898년 9월) 일간신문이다. 을사보호조약 때 정간되었다가 1910년 한일합방과 함께 폐간되었다.

　❍ 을사보호조약 체결 후 장지연의 사설 「시일야방성대곡」이 실렸다.

• **만세보**(萬歲報)

　광무 10년에 천도교의 손병희 발의로 창설된 자주독립파의 일간신문이다. 오세창이 사장, 이인직이 주필이 되었으며, 이들은 한자 옆에 한글로 토를 달아 새로운 형태를 만

Q '인생은 짧고 예술은 길다'라는 말을 남긴 사람은?

들었다. 처음에는 국민의 애국심을 불러일으키는 기사를 발표했으나, 뒤에 이완용 일파의 기관지가 되어 「대한신문」이라 고쳐졌다.

○ 이인직의 「혈의 누」· 「귀의 성」을 연재하여 신문소설의 길을 터놓았다.

• 대한매일신보(大韓每日申報)

광무 9년(1905)에 사장은 영국인 배델(裵說 ; Bethels), 운영은 양기탁이 담당하여 발행한 국한문 일간지이다. 외국인용 영문판도 발간하였으며, 일제의 만용을 비교적 자유롭게 비판하기도 한 철저한 항일운동지이다. 한일합방 때 을사보호조약 반대 기사를 게재(1907 1. 16)하여 정간, 1908년 영국인 만함(萬咸 ; Marnham)이, 그 다음에는 이장훈이 계승하였으나, 1910년 한일합방이 되면서 총독부에 강제 매수되어 「매일신보」라 고쳐졌다.

○ 「대한매일신보」는 「매일신보」로 바뀌었다가 「서울신문」에서 다시 「대한매일」(1998년 11월 11일)로 제호를 변경했다.

• 소년(少年)

융희 2년(1908)에 발행된 우리나라 최초의 본격적인 월간잡지이다. 최남선은 문화운동의 필요를 느껴 우선 나라의 기둥인 어린이부터 계몽 교화할 목적으로 이 잡지를 발행했다. 이 잡지를 통해 최남선은 선구적으로 서구문학을 도입, 「걸리버 여행기」「이솝우화」 등을 번역 · 소개했으며, 신문체를 개척하고, 시조를 부흥했다. 그는 또한 이 잡지에 최초의 신체시 「해에게서 소년에게」를 발표했다.

○ 1911년에 폐간되고 그 후신으로 「샛별」이 발간되었다.

예문 최초의 잡지가 무엇인지 묻는 문제가 출제됨

• 청춘(靑春)

「소년」지가 폐간된 후인 1914년에 발간된 월간 종합계몽지로 편집 겸 발행인은 최창선, 주간은 최남선이 맡았다. 봉건사회에 대한 대담한 비판, 근대 문화의 소개 보급에 힘쓴 일반 교양층의 확대를 목표로 한 대중지이며 교양지이다.

○ 내용은 문예에서 자연과학에 이르기까지 매우 광범위하여 청년들의 계몽에 힘썼다.

• 창조(創造)

우리나라 최초의 순수문예 동인지(1919)이다. 김동인 · 주요한 · 전영택 등이 주가 되었으며, 3 · 1운동 후 동인들이 분산되어 잠시 중단되기도 했으나(2호까지 발간), 1920년 다시 김동인에 의해 속간, 9호까지 발간되었다.

예문 동인이 만들어진 순서와 동인의 구성, 최초의 동인지에 대한 문제가 출제됨

A 히포크라테스

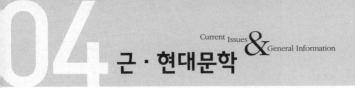

• **폐허**(廢墟)

1920년 염상섭·오상순·황석우·남궁 벽·김억 등이 발기한 문학동인지로, 퇴폐적·세기말적·사실적·이상주의적인 여러 경향을 두루 포괄한 다양성을 띠고 있었다. 낭만주의적인 정신을 기초로 하여 사상계몽에 큰 공헌을 했으나, 2호를 발행하고 중단, 1923년에「폐허 이후」라는 이름으로 속간되었다.

◑ '폐허'라는 제목은 독일 시인 실러의 시에서 따온 것이다.

• **개벽**(開闢)

1920년 현진건·이상화·염상섭·김동인·박종화·김기진 등에 의해 천도교를 배경으로 창간된 우리나라 최초의 본격적인 월간 종합지로, 당시의 문화주의적 사회주의적인 시대조류를 반영시키기 위해 국민지도에 앞장섰다. 한때 박영희·김기진 등이 프롤레타리아 문학론(프로문학론)을 발표하기도 했다.

◑ 창간호에서 정신의 개벽과 사회의 개조를 부르짖으며 항일사상을 고취했다.

• **백조**(白潮)

1922년 초기 한국 근대 낭만주의의 문예종합 동인지로서「창조」「폐허」와 더불어 3대 동인지의 하나이다. 격월간으로 계획된 것이었으나 지령 3호에 그치고 말았다. 동인에는 홍사용·박종화·이상화·노자영·나도향·김기진·박영희·현진건이 중심이 되어 활약했다.

◑「백조」는 초기 근대 낭만주의 시 운동에 크게 기여하였다.

• **시문학**(詩文學)

박용철의 출자로 창간된 시 동인지이다(1930. 3~31. 10). 김영랑·박용철 등이 중심이 되어 순수문학을 옹호하는 모태가 되었으며, 시를 언어의 예술로 자각한 현대시의 시발점이 되었다.

◑「시문학」의 문학적 특성과 문학사적 의의는「문예월간」「문학」등으로 계승되었다.

• **인문평론**(人文評論)

최재서의 주재로 창간된 평론 중심의 문예지이다(1938. 12~41. 4).「문장」과 더불어 일제 말엽의 조선어 말살정책이 극도에 달한 시기에 문예지의 최후 보루로 문단에 크게 이바지했다.

◑ 평론 중시·외국문학 소개·외국사조 도입 등에 주력한 문예지이다.

• **문장**(文章)

이태준 주관으로 발행된 일제 말기의 월간 순수문예지이다(1939. 2~41. 4). 우리나라

Q LPG란?

최초로 추천제를 실시, 시에 김수돈 · 김종한 · 박남수 · 이한직 · 박두진 · 박목월 · 조지훈, 소설에 임옥인 · 곽하신 · 최태응, 시조에 이호우 · 김상옥 등 많은 신인을 발굴해 민족문학의 계승을 위해 끼친 공적이 크다.

◐ 일제 말 민족문화 말살정책의 와중에서도 「한중록」 「인현왕후전」 등 민족 고전의 발굴 · 주석에 힘썼다.

• 광문회(光文會)

최남선이 창설한(1910) 고전 간행기관이다. 갑오경장을 계기로 하여 전국적으로 국어 연구운동이 일어나고, 이러한 상황에 따라 고전을 간행해 보존 · 전파하기 위해 설립한 것이다. 「용비어천가」 「해동역사」 「지봉유설」 「경세유표」 「동국통감」 등 유명한 고서를 다시 간행하여 보급시켰다.

◐ 본래 이름은 조선광문회였다.

• 한글학회

1921년에 한글 연구를 목적으로 하여 조직된 학술단체이다. 처음 국어 국문학에 뜻을 두고 나아가 나라를 근심하는 주시경의 제자들에 의해 발족한 '조선어연구회'를 1931년 '조선어학회'로 고쳤다가 1948년 '한글학회'로 개칭했다. 이 학회가 이룩한 3대 업적은 「한글」의 간행, '한글 맞춤법 통일안' 작성, 우리말 「큰 사전」의 편찬이다.

◐ 조선어학회 사건은 일제의 소위 '치안유지법'에 의해 반일 · 독립운동죄로 회원들이 검거 · 투옥된 사건이다.

• 동인지 시대(同人誌 時代)

1920년대 문학을 일컬으며, 이때 많은 동인지가 발간되어 활발한 문학활동이 펼쳐졌었다. 김동인 · 주요한 등이 주관해서 간행한 「창조」가 최초의 동인지이다. 「창조」 「폐허」 「백조」 등이 특히 활발했으며, 동경 유학생에 의해 도입된 서구 문예사조에 큰 영향을 입었다는 사실이 특기할 만하다.

• 계몽문학(啓蒙文學)

민중의 계몽을 목적으로 하는 문학으로 유럽 18세기의 합리주의가 계몽사상의 대표적인 것이다. 이성에 따른 비판정신을 가지고 자유로운 지식을 보급하여 민중을 무지의 상태에서 해방시키고자 한 문학으로 우리나라 근대문학에서는 갑오경장 이후의 신체시 · 신소설, 그리고 이광수와 최남선의 문학이 계몽문학이다.

◐ 계몽문학에 반대하고, 순수 본격문학을 주장한 문인이 김동인이다.

• 사실주의 문학(寫實主義文學)

1919년 2월, 김동인 · 주요한 · 전영택 등이 동인지 「창조」를 통하여 갑오경장 이후의 이광수 계몽문학을 거부하고, 사실주의 문학 운동을 일으켰다. 일본의 자연주의 문학

A 석유정제 또는 나프타를 분해할 때 추출되는 가스

근·현대문학

Current Issues & General Information

의 영향과 3·1운동 실패 후의 암담한 시대적 조건이 사실주의 문학을 산출한 조건이 되었다.

◑ 조선 영·정조시대의 실학자 박지원의 단편소설 「호질」「양반전」 등에서도 사실적 경향을 찾아볼 수 있다.

• 퇴폐주의 문학(頹廢主義文學)

3·1운동 실패 이후, 사회 전체의 절망적인 분위기에서 생긴 일종의 병적인 낭만주의 문학이라 할 수 있는데, 19세기 말 프랑스 작가들의 기성 도덕을 무시하던 패전적 퇴폐성 문학의 영향을 입은 것이다. 「폐허」 동인들에게서 이 경향을 찾아볼 수 있다.

예문 각 동인과 문예사조의 경향에 대한 문제가 출제됨

• 낭만주의 문학(浪漫主義文學)

우리나라 문학에서는 낭만주의를 전기·후기로 나눈다. 전기는 갑오경장 이후 계몽주의를 반대하는 개인성·주관성이 짙은 낭만적 작품들이다. 후기는 「폐허」 창간에서 시작되어 「백조」에서 절정에 달한다. 상징적이고 감상적이며 유미적인 경향이 그 특징이다.

◑ 「폐허」와 「백조」 동인들의 문학은 염세적이고 감상적이었다.

• 자연주의 문학(自然主義文學)

사실주의 문학기법에 자연과학적인 방법이 더해진 것으로 사물의 진실을 드러내려 하는 문학이다. 창조파 동인들에게서 이미 그 싹이 텄고, 3·1운동 이후의 실망과 어둠의 시대를 거쳐 신경향파 문학이 일어날 때까지 세상을 풍미하였다. 자연주의 문학에 속한 문인들은 주로 「개벽」「조선문단」을 통해 크게 활약하였는데, 대표적인 작품은 염상섭의 「표본실의 청개구리」이다.

◑ 자연주의는 1920년대 전반, 우리나라의 문단에 강한 영향을 끼쳤다.

• 진단학회(震檀學會)

1934년 이병도 등이 발기, 한국인 학자의 손으로 한국의 역사·언어·문학을 연구하기 위하여 조직된 역사연구회이다. 기관지로 「진단학보」를 발간해, 해방 전까지 14호를 내고 한때 중단, 해방 후 다시 계속되었다. 일제 때 조선어학회와 함께 민족 정기의 고취에 크게 공헌했다.

◑ 당시에는 우리의 역사·언어·문학이 일본인 학자들에 의해 연구되고 있었다.

• 아동문학파(兒童文學派)

3·1운동 이후 어린이들에게 민족 정신을 앙양시키기 위하여 소파 방정환이 '색동회'를 조직, 1922년에는 잡지 「어린이」를 발간하였다. 이때 어린이란 말을 처음 사용했으며, 1923년에는 5월 1일을 어린이날로 정했다.

Q 유럽과 극동간의 무역을 촉진시킨 중세의 전쟁은?

○ 1946년부터는 어린이날을 5월 5일로 바꾸었다.

• 생명파(生命派)

1930년대 후반기에 나타난 시 경향의 하나로 세칭 '인생파'라 불리기도 한다. '시문학파'의 예술지상주의적 · 형식적 기교주의에 반대하고 인생을 위한 예술을 강조하였다. 생명파의 모체가 된 것은 시 동인지 「시인부락」과 「생리」였으며, 대표적 작가로는 서정주 · 유치환 · 김동리 등이다.

○ 창작활동의 중심과제를 인간성의 옹호와 생명에 두고, 그 표현을 중시하며 시의 내용적 깊이를 심화시킨다.

• 청록파(靑鹿派)

「문장」지의 추천으로 등단한 시인 박목월(朴木月) · 조지훈(趙芝薰) · 박두진(朴斗鎭)의 세 사람을 가리키는 말이다. 이들은 소재를 주로 자연에서 취하고, 민요적 가락으로 오늘에 전통을 접목시키려 했다.

○ 1946년에 합동시집 「청록집」을 간행함으로써 이런 명칭이 붙었다.

A 십자군전쟁

Current Issues & General Information

CHAPTER 11
World Literature
- 세계문학 -

01 문학일반

02 문예사조의 전개

03 문학작품

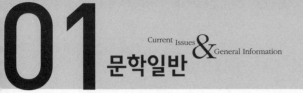

- **꽁트**(conte)

  문학양식(장르 ; genre)의 하나로 인생의 순간적인 한 단면을 포착, 표현한 가장 짧은 소설로, 장편(掌篇)소설이라고도 한다. 로망(roman ; 長篇)·누벨(nouvelle ; 中篇)에 대립되는 것으로, 그 구성에서 기발·압축·급전이 있어야 한다. 기지·풍자·익살·분석·종합 등의 지적인 요소를 가미하며, 이를 이용한 작품에는 주로 인생을 비판한 것이 많다.

  ➡ 주로 프랑스에서 발달한 것으로 모파상·도데·투르게네프 등이 즐겨 사용했으며, 엽편(葉篇)소설이라고도 한다.

- **대하소설**(大河小說)

  20세기 프랑스에서 발생한 장편소설의 한 형식으로, 인간을 사회적 배경의 전면에 두고 그 성장의 역사를 시대 변천과 흐름에 따라 포괄적으로 포착하려는 구성이 큰 소설이다. 몇 편의 장편을 모아 엮은 연작소설(連作小說 ; roman cycle)의 계통을 이은 것으로(연작소설이 곧 대하소설은 아니다), 앙드레 모로아(A. Maurois)가 처음 이 명칭을 사용한 후 일반화되었다. 최초의 대하소설은 롤랑의 「장 크리스토프」이다. 특히 한 가문의 이야기를 전통적이며 역사적으로 다룬 대하소설을 계도소설(系圖小說)이라고도 한다.

  ➡ 대표작에는 푸르스트의 「잃어버린 시간을 찾아서」, 마르탱뒤 가르의 「티보가의 사람들」 등이 있고, 국내작으로는 박경리의 「토지」, 황석영의 「장길산」, 조정래의 「태백산맥」 등이 있다.

- **사소설**(私小說)

  작가 자신(1인칭)을 주인공으로 하여 그 체험을 고백적으로 표현한 사회성이 적은 소설로, 신변 잡기에 빠지기 쉬운 경향이 있다. 이러한 점 때문에 신변소설이라고도 한다. 일본의 자연주의 경향의 작가에 의하여 처음 시도되었는데, 우리나라 문단에도 많은 영향을 끼쳤다.

- **이히 로만**(Ich-Roman)

  19세기 초 낭만주의와 함께 독일문학에서 발생해 유행한 소설형식으로 자아의식의 표현이 두드러지는 자전소설·고백문학·교양소설 등을 말한다. 일종의 1인칭 소설로서 이히(Ich ; 나)를 주인공으로 한 자전적 고백 형식을 취하며, 주인공이 3인칭인 때에는 이히 로만이 아니다.

  ➡ 사소설과 형식적으로 비슷하지만, 심경묘사에 중점을 둔 사소설과는 구별된다.

- **서사시**(敍事詩 ; epic)

  운문으로 된 장편 서사문예의 하나로 신이나 영웅을 중심으로 민족적 집단의 흥망을 장중하게 노래하는 장시이다. 서정시에 비해 이야기체에 가깝고 형식도 길다. 서사시

Q 리아스식 해안이란?

에는 원시적 서사시(민족서사시 또는 영웅서사시라고도 함)와 문학적 서사시(예술서사시라고도 함)가 있다. 호머(Homer)의 「일리아드」 「오딧세이」 등은 민족설화를 읊은 민족서사시로 유명하며, 단테(A. Dante)의 「신곡」, 밀턴(J, Milton)의 「실낙원」, 괴테(J. W. von Goethe)의 「헤르만과 도로테어」 등은 뛰어난 예술서사시이다.

○ 극시(dramatic poetry) : 극의 형식을 취하거나 극적 수법을 사용한 시로 서사시 · 서정시와 더불어 시의 3대 부문을 이룬다. 브라우닝 · 셀리 등은 뛰어난 극시를 썼다.

• 서정시(抒情詩 ; lyric)

인물이나 행위의 객관적 전개에 대한 묘사보다 주관적인 시인의 체험과 감정을 가장 직접적으로 나타낸 시를 말한다. 대개 짧은 것이 특색이며, 근대시의 주류를 이루고 있다. 하이네(H. Heine) · 발레리 (D. Valeri) · 바이런(G. G. Byron) 등은 서정시인으로 유명하다.

• 산문시(散文詩 ; prose poem)

시적 요소를 갖춘 산문체로 된 서정시의 일종이다. 자유시가 내재율을 무시하고 또 줄을 바꾸어서 쓰는 데 비하여, 산문시는 외형적 운율이 없고 심지어는 연(聯 ; stanza), 행(行 ; fine)의 구분조차 어렵다. 산문시란 말은 프랑스의 시인 보들레르(C. P. Baudelaire)가 그의 시집 「파리의 우울」에서 처음 썼다. 이후 말라르메(S. Mallarme), 투르게네프(I. S. Turgenev), 휘트먼(W. Whitman) 등이 유명하다.

○ 한국에서의 본격적인 산문시집은 한용운의 「님의 침묵」, 정지용의 「백록담」, 그리고 이상의 시들이 있다.

• 수필(隨筆 ; essay)

인생과 자연에 대한 체험과 관조를 형식에 구애받지 않고 자유롭게 표현한 산문의 한 갈래이다. 수필의 특성은 형식의 자유성, 소재의 다양성, 비판의식과 해학성, 주관성과 관조적 성격을 들 수 있다. '에세이'를 제목으로 쓴 프랑스의 몽테뉴(M. E. de Montaigne)의 「수상록」과 영국 찰스 램(C. Lamb)의 「엘리아 수필집」이 대표적이다.

○ 경수필(輕隨筆 ; miscellany)은 개인적인 정서를 고백적으로 쓴 수필을 말하며, 중수필(重隨筆 ; essay)은 사회적 · 지적인 문제에 대한 이성적 견해를 밝히는 소논문적인 수필이다.

예문 수필의 특성과 종류에 대한 문제가 출제됨

• 논픽션(nonfiction)

전혀 허구(虛構 ; fiction)를 쓰지 않고 사실에 입각하여 만들어진 기록문학 · 보고문학 · 전기 · 회상록 · 수필 등의 저작을 총칭한다. 사소설의 산만성과 본격소설의 관념성에 대한 반동으로 제1차 세계대전 이후 르포문학과 더불어 유행했다.

A 굴곡이 심한 복잡한 해안

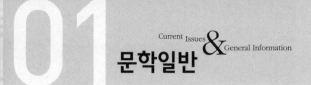

문학일반

Current Issues & General Information

- **아포리즘**(aphorism)

  간결한 말 속에 삶에 대한 깊은 체험적인 진리가 함축적으로 표현된 금언 등을 뜻한다. '정의'를 의미하는 그리스어에서 유래된 말로, 금언·격언·잠언·경구 등이 이에 속한다.

  ◐ 17세기의 모럴리스트들이 애용한 뒤로 문학에서도 하나의 장르를 이루었으며, 노발리스·니체·와이드 등이 뛰어나다.

- **매너리즘**(mannerism)

  문학·예술의 표현수단이 틀에 박혀 독창성을 잃고 평범한 경향으로 흘러 참신성이나 진정성이 상실되어 버린 상태를 말한다.

- **르포문학**(reportage)

  제1차 세계대전 후 교통·매스컴의 발달과 함께 현지의 정치·사회문제를 생생하게 묘사해 대중에게 알리는 것이 유행하면서, 다큐멘터리의 방법으로 사실과 사건을 보고자의 주관을 섞지 않고 객관적으로 묘사 보고하는 문학장르가 발생했다. 르포문학은 현실의 파악·묘사에 강한 주관과 정치적 입장이 표명되고, 또 문학적 감동성을 불어넣고자 한다는 점에서 보도기사와 구별되고, 소설(픽션)이 갖는 자유분방한 상상력을 극도로 억제해야 한다는 점에서 소설문학과 다르다.

  ◐ 기록문학이라고도 한다.

- **계관시인**(桂冠詩人 ; poet laureate)

  궁정에 음유시인을 불러들여 있게 한 중세의 유풍으로 그리스에서 시인이나 영웅의 머리에 월계관을 씌워 그 명예를 기렸던 고사에서 유래한다. 계관을 받을 탁월한 시인은 영국 국왕이 선택하는데, 이 영광을 입은 시인을 말한다. 계관시인은 매년 국왕의 탄생일이나 신년 축하연 등에 시를 지어 바치는 것이 관례로 되어 있으며, 국왕으로부터 종신연금을 받는다. 그레이(T. Gray)와 스코트(W. Scott) 같은 시인은 그 명예를 거절하기도 했다.

  ◐ 최초의 계관시인은 존슨이며, 정식으로 임명된 사람은 드라이든으로 1670년 이 칭호를 수여 받은 후부터 관직화되었다.

- **노벨**(Nobel) **문학상**

  스웨덴의 과학자 노벨의 유지에 의하여 설립된 노벨상 중의 한 부분으로, 1901년부터 매년 스웨덴 한림원의 전형위원에 의해 문학영역에서 인류를 위해 최대의 공헌을 한 우수한 작품을 쓴 사람에게 주는 상이다. 상이 제정된 이후 오늘에 이르기까지 제1·2차 세계대전 중을 제외하고 매년 수여되고 있으며, 수상 대상은 국적·남녀의 구별이

Q 이육사를 중심으로 한 시 전문 동인지는?

없다.

❍ 제1회 수상작품은 이시가와 타쓰조의 「창맹」이다.

• **공쿠르상**(Prix Goncourt 프)

1896년에 죽은 프랑스의 작가 공쿠르(공쿠르 형제 중 형)의 유언에 따라 1903년에 아카데미 공꾸르가 설립되었고, 매년 12월 첫 주에 그 해에 발표된 신진 작가의 산문작품 중 우수한 것을 추려, 5천 프랑의 상금을 수여한다.

❍ 제1회 수상자는 프랑스의 실리 프뤼돔(1901)이며, 동양인으로서 최초의 수상자는 인도의 타고르(시집 「기탄잘리」)이다. 콩쿠르(concourt ; 경연대회)와는 다른 것이므로 유의할 것.

• **아쿠타가와상**(芥川賞)

아쿠타가와 류노스케를 기념하기 위해 제정된 일본의 신인문학상이다. 일본문학진흥회 주최로 1935년부터 매년 2회 신진 또는 무명작가의 소설 작품에 주어진다.

❍ 이 상을 받은 주요 작품은 말로의 「인간의 조건」, 생텍쥐페리의 「야간비행」 등이다.

• **펜클럽**(PEN Club ; International Association of Playwrights, Poets, Editors, Essayists and Novelists Club)

문학을 통해 각 국 국민의 상호이해를 깊게 하고, 각 사회의 표현의 자유를 옹호하기 위한 목적 아래 영국 여류작가 도손 스콧(C. A. Dawson Scott)의 제창으로 런던에서 창시된 국제문화단체로, 초대 회장은 골즈워디(J. Galsworthy)였다. 1923년 제1회 런던 대회 이후 매년 대회를 개최되었고, 1970년의 제37회와 1988년의 제55회는 서울에서 개최했는데, 문학의 영원성과 가변성이라는 주제로 열린 55회 대회 때에는 100여 개국 대표가 참가했다. 현재 전 세계 91개국에 130개 지부가 있으며 한국은 1955년 가입했다. 1991년 전숙희가 한국 최초의 여성 국제 펜클럽 본부 종신부회장으로 추대되었다.

❍ 펜클럽의 약칭은 시인(poet) · 극작가(playwright)의 P, 수필가(essayist) 편집자(editor)의 E, 소설가(novelist)의 N을 나타내며, 그 전체로써 펜(pen)을 나타낸다.

🅰 자오선

• 르네상스(Renaissance) 문화

르네상스란 재생(再生 ; rebirth)이란 뜻이며, 14세기에서 16세기에 이르는 3세기에 걸쳐 이탈리아를 중심으로 하여 일어났던 문예부흥, 학예부흥운동을 말한다. 고대 그리스 · 로마의 고전문화 부흥을 목표로 한 문학운동으로, 중세의 종교적 속박에서 벗어나 인간중심 사상으로 학문을 부흥 · 발전시키게 된 역사적 계기가 되었다. 대표적 인 작가로는 14세기 초 수도원에 묻혀 있던 고전을 수집 · 정리하여 고전문학의 미를 재발견한 페트라르카(F. Petrarca)를 시작으로 보카치오(G. Boccaccio) · 라블레 · 몽테뉴를 들 수 있다.

➡ 문예부흥운동을 촉진시킨 계기는 인쇄술의 발명, 지리적 발견, 물질적 생활의 향상, 각국간의 교통 증가, 각국의 국어 확립 등이다. 이 운동은 이탈리아의 피렌체, 이어서 나폴리, 로마, 그리고 유럽 각국으로 퍼져나갔다. 르네상스 시대에는 고전주의와 휴머니즘, 두 커다란 문예사조가 나타났다.

• 고전주의(古典主義 ; Classicism)

넓은 의미로는 그리스 · 로마의 고전을 모범으로 그것이 이룬 완성도에까지 도달하려는 문학정신이며, 좁은 의미로는 17~18세기에 유럽 각 국에 나타난 문예사조로, 조화 · 균형 · 형성미 · 이성 · 자연성 등을 중히 여긴다. 일반적으로 고전주의라 하면 좁은 의미의 유럽 근대 고전주의를 가리키나, 이는 그리스 · 로마의 고전주의를 모태로하며 근대 고전주의에 대한 반동사조로 19세기 초에 나타나 낭만주의를 비판하는, 20세기의 흄(T. E. Hulme) · 파운드(E. L. Pound)엘리어트(T. S. Eliot) 등이 주장한 문예사조를 신낭만주의라고 한다. 프랑스의 코르네이유(p. Corneille) · 몰리에르(J. B. p. Moliere) · 라신(J. B. Racine), 영국의 셰익스피어(W. Shakespeare) · 드라이든(J. Dryden), 독일의 괴테 · 레싱(G. E. Lessing) 등이 그 대표적 작가이다.

• 휴머니즘(Humanism ; 인문주의)

인간주의 · 인본주의라고도 하는데, 인도주의와는 다르다. 14~16세기에 걸쳐 나타난 인간성(humanity ; 人性)의 해방과 옹호를 이상으로 하는 문예사조이다. 중세의 신과 교회 중심의 제도에서 인간성을 해방시키고 인간본위에 고전적 교양을 쌓음으로써 이상적인 인간상을 형성하려 한 이 문예사조는 낭만주의의 기초가 된다. 단테 · 페트라르카 · 밀턴 등이 그 대표적 작가이다.

➡ 신인문주의(新人文主義) : 18세기 후반에 나타난, 그리스 이상을 부흥하여 인성의 원만한 발달을 도모하려 한 문예사조이다. 하이네 · 헤르더 · 괴테 등이 대표작가이다.

• 슈투름 운트 드랑(Sturm und Drang 독)

'질풍노도의 시대' 라는 뜻으로, 1770~80년 독일에서 일어난 혁명적인 문학운동이다. 합리적 계몽주의의 반동으로 일어나, 개성 존중, 감정의 자유를 주장하고, 민요 · 민화

Q 우리나라 최초의 인공위성은?

등 민족예술 발굴에도 힘썼으며, 이는 독일의 반고전적 낭만주의의 선구가 된다. 괴테와 실러(Schiller)가 그 대표적인 작가이며, 작품으로는 괴테의 「젊은 베르테르의 슬픔」, 실러의 「군도」가 있다.

◑ 계몽주의는 18세기에 전 유럽을 휩쓸었던 사상으로 영국에서 비롯되었다. 교육의 보급으로 사회적 부자유와 불평등을 제거하려는 합리주의적인 사상운동이다.

• **낭만주의**(浪漫主義 ; romanticism)
19세기 초에 유럽을 휩쓴 초자연적이며 혁명적인 반고전주의 문예사조 및 그 운동을 말한다. 고전주의가 보편적이고 이성적인 데 비해, 주관적이고 개성적이며 상징적이라는 특징을 갖는다. 독일의 노발리스(Novalis), 프랑스의 위고(V. M. Hugo), 영국의 워즈워드(W. Wordsworth) 등이 그 대표적 작가이다.

◑ 감상주의(感傷主義) : 낭만주의 말기의 문예작품에 나타난 불건전한 정서상태로 흔히 센티멘털리즘이라고 한다.

• **사실주의**(寫實主義 ; realism)
아이디얼리즘(理想主義)과 낭만주의에 대한 반동사조로, 사실을 있는 그대로 묘사하는 것을 방침으로 하는 현실주의적 경향을 말한다. 이러한 경향은 시보다 산문인 소설에 적합해 소설의 황금시기를 이루기도 했다. 특히 19세기 프랑스 소설에 현저했으며, 스탕달 · 발자크를 시점으로 하여 각국에 파급, 영국에서는 디킨스 · 하디, 미국에서는 싱클레어 · 스타인벡, 독일에서는 헵벨, 러시아에서는 투르게네프 · 톨스토이 등을 거쳐 혁명 이후의 사회주의 리얼리즘에 이르게 되었다.

◑ 사실주의는 사실묘사에서 내면적 심리적 묘사로 발전 · 심화해 '의식의 흐름'을 추구하는 심리적 사실주의의 발생 계기가 되기도 했다.

• **자연주의**(自然主義 ; naturalism)
사실주의의 객관적 관점에 자연과학적 방법이 도입되어 발전한, 실증주의 사상을 배경으로 예술행위의 기본이 되는 제1원리를 자연이라 보고, 창작활동의 근거를 '자연'에 두어야 한다고 주장한 문예사조이다. 이때 '자연'은 신이 존재하지 않는 물질과 이를 연구하는 자연과학을 뜻한다. 19세기 말 낭만주의에 대한 반동으로 프랑스의 졸라가 제창, 모파상 · 플로베르, 러시아의 도스토예프스키 등에 의해 근대 산문문학을 발전시키는 데 밑받침이 되었다.

◑ 사실주의와 자연주의의 차이 : 구체적인 작품에서는 구분이 어렵다. 그러나 이론상으로는 사실주의가 관찰에 의한 사실의 재현이라면, 자연주의는 실험과 해부라는 과학적 방법을 근간으로 한다는 차이가 있다.

• **상징주의**(象徵主義 ; symbolism)
19세기 후반에 프랑스에서 일어난 상징파의 예술운동과 그 경향으로, 사실주의 · 자연주의의 외면적 객관적 경향에 대한 반동으로 나타났으며, 상징적 방법에 의해 신비한 내용을 암시적으로 표현하려 했던 문예사조이다. 보들레르를 선구자로 한 프랑스 상징파의 예술운동노선은 예술지상주의(藝術至上主義)이며, 예술은 다만 미(美) 자체에만 봉사할 뿐이라고 하며 예술의 자율성을 주장했다. 프랑스의 랭보(J. N. A. Rimbaud)·말라르메(S. Mallarme) 등이 그 대표적 작가이다.

◘ 예술지상주의 : '인생을 위한 예술'의 반대어로 '예술을 위한 예술'을 말한다. 후기 낭만파 고티에가 주장하였으며, 아름다움을 예술의 유일한 내용과 목적으로 하는 입장을 내세웠다. 이 이론의 중심지는 프랑스이며, 유미주의와 악마주의 이론도 이에 속한다.

• 유미주의(唯美主義 ; aestheticism)

탐미주의 또는 심미주의라고도 하는데, 아름다움을 지상의 것으로 여겨, 예술이란 그 자체로서 자족한 것이며 어떠한 목적도 내포되어서는 안되고 정치적·윤리적 기준에 의해 평가될 수 없다는 예술사상의 일파이다. 19세기 영국의 문예평론가 페이터에서 출발하여 스펜서의 '유희본능설'에 자극되어 보들레르·와일드 등에 의해 주장되었다.

◘ 악마주의(diabolism) : 세기말적인 극단적 퇴폐주의 또는 유미주의로서 앨런 포·보들레르 ·와일드 등이 이러한 경향을 대표한다.

• 데카당스(decadence)

예술의 건전한 정신이 쇠잔하여 난숙기의 예술활동이 정상적인 기능을 잃고, 지성보다는 관능에 치중, 죄악과 퇴폐적인 것에 더 매력을 느껴 암흑과 문란 속에서 미를 찾으려 하였다. 이러한 경향은 유미주의·악마주의 형식으로 나타나 전통을 파괴하고, 배덕·반역의 특성을 갖게 된다. 그러나 동시에 사상적인 데카당스 현상은 전시대 문화의 붕괴를 앞당겨 실현시키고, 새로운 발전 능력을 낳게 하는 적극적인 의미도 지닌다. 프랑스의 보들레르·랭보·베를렌, 영국의 오스카 와일드 등의 작품이 그러한 역할을 하였다.

◘ 19세기 말엽 프랑스에서 성한 퇴폐문학을 말한다.

• 백화운동(白話運動)

청 말의 계몽운동을 거쳐서 잡지 「신청년(新靑年)」을 거점으로 한 중국의 신문학의 혁명이다. 1917년 이후 후스·천두슈 등이 중심이 되어 사상과 감정을 표현하는 데 어려운 문어(文語)를 쓰지 말고 일상생활에 사용하는 구어(口語)인 백화를 사용할 것을 주창·보급하여 중국의 신문화 건설에 크게 이바지한 문학혁명이다.

◘ 루쉰의 「광인일기」 「아큐정전」은 백화문학의 대표작이다.

Q 협상가격차란?

- **모더니즘**(modernism)

  기성 도덕과 전통적 권위에 반대하고 자유 · 평등을 구가하는 전위적인 예술사조이다. 주로 영 · 미의 비평계에서 쓰는 말이며, 독일 · 프랑스에서는 같은 흐름에 대해 전위주의(前衛主義 ; 아방가르드)라는 용어로 표현한다. 20세기 초 특히 제1차 세계대전의 충격 속에 태어난 표현주의 · 미래주의 · 다다이즘 등의 다양한 반리얼리즘적 조류를 가리킨다. 반리얼리즘의 반대에 사회주의 리얼리즘이 설정된다.

- **아방게르**(arrant-guerre 프)

  아프레게르에 반대되는 말로 전전파(戰前派)를 뜻한다. 제1차 세계대전 이전의 예술사조인 자연주의 · 현실주의 · 인상주의 등을 가리킨다.

  ➡ 아방가르드(avant-garde) : 전위파(前衛派)라고도 한다. 제1차 세계대전 후의 경향으로 인습적인 전통을 부정하고 혁명적 정신에 의한 예술운동과 그 작가들을 가리킨다. 특정한 주의나 형식이 아니라, 새 시대의 급진적 예술정신 전반(미래파 · 입체파 · 초현실파 등)을 가리키는 말이기도 하다.

- **아프레게르**(apresguerre 프)

  전후세대 또는 전후파(戰後派)를 뜻하는 말로, 제1차 세계대전 후 프랑스를 중심으로 일어난 새로운 예술사조 · 문학운동을 가리킨다. 다다이즘 · 쉬르레알리즘 등의 전위운동이 되었다.

- **다다이즘**(dadaisme 프)

  어떠한 속박도 거부하고 전통적인 기존의 예술 · 철학 · 문학 · 세계관을 부정 · 공격하는 허무적이고 파괴적인 예술파 운동으로, 20세기 초 스위스에서 프랑스 시인 차라(T. Tzara) 등을 중심으로 일어났다. 극단적 반이성주의로써 제1차 세계대전의 거대한 파괴력에 직면한 유럽 지식인들의 정신적 불안과 공포를 그 배경으로 한다.

  ➡ 후에 초현실주의의 모체가 되었다.

- **초현실주의**(超現實主義 ; surrealisme 프)

  제1차 세계대전 후 합리주의와 자연주의에 반대하여 프랑스의 시단(詩壇)과 화단(畵壇)에서 일어난 전위적 예술론의 하나로, 자연에서 얻은 직접적인 이미지 대신에 잠재의식적 심상을 주관적이고 초현실적으로 결합하여 표현하려 하였다. 쉬르레알리즘이란 명칭은 시인 아폴리네르에 의해 처음 사용되었다.

  ➡ 이성의 지배를 거부하는 이 예술론은 프로이트 정신분석의 영향이 컸다.

- **로스트 제너레이션**(lost generation)

  '잃어버린 세대' 라는 뜻으로, 제1차 세계대전 후 전장(戰場)이었던 유럽에서 돌아와 뿌

🅰 공산물 가격과 농산물 가격의 차이

리뽑힌 듯한 상실감에 사로잡혔던 미국의 젊은 세대들이 일으킨 문학운동을 말한다. 전쟁체험에서 오는 허무주의와 도덕적 상실감, 문화적 전통을 잃은 고향 상실의 비원을 여러 작품에 반영시켰다. 대표적인 작가는 헤밍웨이·피츠제럴드·커닝햄 등을 들 수 있는데, 이들의 공통된 특색은 사회로부터의 절망적인 이탈과 그에 따르는 염세적인 향락주의이다.

❍ 비트 제너레이션 : 1950년대의 미국에서는 기성세대의 질서와 도덕 및 문학으로부터 탈피, 인간 고유의 본성을 추구하는 문학적인 혁명을 시도했다. 메일러·긴스버그 등이 그 대표작가이다.

• **하드 보일드**(hard boiled) **문학**

1930년대 미국문학에 나타난 새로운 사실주의 수법이다. 비정·냉혹의 뜻으로, 냉정하고 객관적인 태도와 문체로써 문장을 짤막하게 끊고 사물을 정확하게 표현, 그 속에서 스스로 하나의 리듬이 생기게 한다. 이는 로스트 제너레이션, 특히 헤밍웨이의 문체를 가리키는 용어가 되었으며, 헤밍웨이의 「무기여 잘 있거라」가 대표적인 작품이다.

❍ 하드 보일드 스타일이란 관형사, 즉 수식어구를 쓰지 않는 짧은 문장으로 사실만을 표현하는 문체를 말한다.

• **행동주의**(行動主義 ; behaviorism)

제1차 세계대전 후, 프랑스의 문단을 휩쓸던 다다이즘과 초현실주의에 내재하는 니힐리즘(nihilism ; 허무주의)에 대한 비판의식에 의해 일어난 문학사조이다. 대표작가로는 말로(Andre Malraux)와 생텍쥐페리(Saint-Exupery) 등을 들 수 있는데, 이들은 1929년의 세계 경제공황과 히틀러 집권 등으로 조성된 사회 위기와 혼란·허무 속에서 작품을 통한 영웅적 행동을 중요시하고, 그것을 통해서 사회적 위기를 해결하려 했다. 말로는 「정복자」「왕도」「인간의 조건」 등을 썼으며 생텍쥐페리는 「야간비행」을 썼다.

❍ 베트남 독립운동에 힘쓰고 상해혁명을 취재하여 「인간조건」을 써 공꾸르상을 받기도 한 말로나 제2차 세계대전에 종군, 정찰 비행대원이었던 생텍쥐페리의 행동주의 문학은 사르트르 이전의 참여문학이기도 하다.

• **의식의 흐름**(stream of consciousness)

19세기의 사실주의·자연주의를 인간 심리의 내면세계를 묘사함으로써 극복하려 한 소설의 실험적 방법으로, 꿈이나 환상으로 의식 속에 끼여든 '무의식의 강물'을 논리적으로 조직되기 전의 상태에 있는 이미지군으로 포착, 기록하는 현대 소설의 중요한 수법의 하나이다. 일관된 스토리나 플롯이 없고, 독자가 읽어가면서 구성해야 한다는 게 그 특징이다. 제임스 조이스(J. Joyce)의 「율리시스」와 버지니아 울프(V. Woolf)의 「댈러웨이 부인」이 대표작이다.

❍ 미국의 심리학자 제임스가 처음 사용할 때는 심리학 용어였으나, 지금은 문학용어로 널리 쓰이고 있다. 인간심리에 초점을 두고 그 움직임을 표현하려는 경향을 신심리주의라고도 한다.

Q 남북무역이란?

- **레지스탕스**(resistance) **문학**

제2차 세계대전 중 나치정권 밑에 있던 프랑스 문인들이 정보·비밀출판 등을 통해 벌인 대독 저항문학으로, 대표적인 작품으로는 아라공(L. Aragon)의 「프랑스의 기상나팔」 사르트르의 「침묵의 공화국」, 엘뤼아르의 「독일군 집합지에서」, 모리악(F. Mauriac)의 「검은 수첩」 등이 있다.

○ 1940년 프랑스의 항복과 1944년 연합군에 의한 파리 해방까지의 4년 동안에 씌어진 작품들을 말한다.

- **앵그리 영 맨**(angry young men)

'성난 젊은이들'이란 말로, 제2차 세계대전 후 영국의 젊은 세대들이 일으킨 문학운동을 말한다. 이들은 미국의 비트 제너레이션과 상통하는 점이 있다. 전후 기성세대의 허식적·보수적인 경향, 전쟁의 쓰라린 체험에 의한 반인류적인 파괴와 절망에 대한 젊은이들의 저항과 반발을 작품에 반영시키는 것을 특색으로 하며, 오스본(J. Osborne)의 「성난 얼굴로 돌아 보라」에서 붙여진 명칭이다.

○ 앙팡 테리블(les enfants terrible) : 무서운 아이들이라는 장 콕토의 소설 제목에서 비롯된 말로서 깜찍하고 엉뚱한 짓을 잘하는 조숙한 아이들을 가리킨다.

- **실존주의**(實存主義 ; existentialism)

19세기의 합리주의와 실증주의에 대한 반동으로 일어나, 부조리한 현실, 불안과 초조 속에서 고립된 인간이 극한상황을 극복, 잃었던 자아 발견을 강조하는 실존주의 철학을 배경으로 하여 프랑스에서 제2차 세계대전 후에 전개된 문학사조의 하나이다. 사회와 생존의 현실을 투철하게 인식하고, 삶의 의미를 괴롭게 추구하는 경향을 지닌 사르트르(J. P. Sartre)의 「구토」, 카뮈(A. Camus)의 「이방인」 등은 위기에 직면한 현대의 반항 정신을 그 주제로 하고 있다.

○ 정오(正午)의 문학 : 모순되는 두 기본항(살려는 육체의 요구, 절대를 추구하는 정신의 요구)의 어느 쪽으로도 쏠리지 않는 중용의 방법을 취하는 작가 카뮈의 사상이다.

- **앙가주망**(engagement)

인간이 사회문제·정치문제에 관계하고 참여함으로써 자기를 구속하는 것을 말하는데, 앙가주망에 의한 문학을 참여문학이라 한다. 제2차 세계대전 후 사르트르가 한 월간지를 통해 앙가주망 문학을 주장했다. 실존주의 철학을 배경으로 하고, 문학을 통해 정치적 문제에 적극 발언하면서 상황 속에 내던져진 존재로서의 작중인물을 형상화했다.

○ 실존주의 문학, 말로의 행동주의 문학, 영국의 앵그리 영맨, 미국의 비트 제너레이션 등도 현실 참여문학이라고 할 수 있다.

A 선진공업국과 후진농업국간의 무역

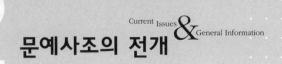

02 문예사조의 전개

Current Issues & General Information

- **앙티로망**(anti-roman)

  1950년대 프랑스의 새로운 실험소설을 가리키는 말로, 전통적인 소설의 방법과 형식을 파괴하고 성격 · 줄거리 · 객관묘사 · 심리분석 등을 무시, 순수한 상태에서의 소설형태를 모색하려는 것이다. 비소설 또는 반소설이라고도 한다. 제2차 세계대전 후, 사르트르에 의하여 실천적으로 주장되었던 실존주의 문학의 뒤를 이어 프랑스의 신진작가들에 의하여 시도된 신사실주의라고도 할 수 있다. 로브그리예 · 베케트 · 시몽의 대담한 시도는 50년대 문학계의 주목을 끌었다. 비슷한 시기에 앙티로망과 함께 프랑스 작가들에 의해 추구되었던 실험소설로 누보로망(nouveau-roman)이 있다.

  ◐ 누보로망 : 전통적인 근대소설 개념 자체를 부정하고, 미시적인 현실에 시각을 한정하여 인간에 대한 새로운 투시를 확립하는 신소설이다. 줄거리의 모호함, 심리묘사의 부정, 작중인물의 해체 등을 특색으로 한다.

- **누벨바그**(nouvelle vague)

  1950년을 전후하여 실존주의 문학의 고발정신에 반대하고 불신 · 풍자 · 기롱(譏弄), 해학 · 관능 위주에 의한 데포르마숑(deformation)이 시류를 타고 휩쓸기 시작한 프랑스의 새로운 문학운동이다. 비극보다는 경쾌함을, 철학이나 사상보다는 기롱과 풍자를, 참여보다는 심미를 요구하며 사랑한다.

  ◐ 대표적 작가는 니미에(R. Nimier), 사강 등이다.

- **해빙기 문학**(解氷期文學)

  당(黨)문학의 무갈등이론에 반발하여 일어난 구소련 작가들의 작품경향을 말한다. 에렌부르크(I. Erenburg)를 중심으로 한 일군의 작가들이 스탈린 시대의 어두운 삶과 독재정치를 비난하고 자유를 추구하는 작품활동을 함으로써 당과 정부의 탄압을 받았다. 대표작으로는 에렌부르크의 「해빙기」를 비롯하여 파스테르나크의 「의사 지바고」 솔제니친의 「암병동」 「이반 데니소비치의 하루」등이 있다.

  ◐ 에렌부르크의 소설 「해빙기」에서 비롯된 말로, 얼어붙은 당시 구소련 상황에 대한 상징적 표현이다.

- **추리소설**(推理小說 ; mystery story)

  주로 범죄에 대한 난해한 비밀이 논리적으로 풀려나가는, 흥미를 목적으로 삼는 문학을 말한다. 추리소설은 1841년 에드거 앨런 포의 「모르그가의 살인」에서 비롯된다.

Q 간디가 전개한 민족적 반영(反英)운동은?

- **일리아드**(Iliad)

호메로스(Homeros)의 작품으로 전해지는 그리스 최대 최고의 서사시이다. 에피소드로 이어지는 자연계와 인간계에 대한 묘사는 이 작품의 최대 장점이다. 이 작품은 고대 그리스인이 가장 애독한 것으로 오디세이아와 더불어 헬레니즘문화 발달에 큰 영향을 주었으며 서양문학의 모체가 되었다.

◐ 오디세이아(Odysseia 그) : 「일리아스」와 더불어 호머의 작품이라고 하는 장편 서사시이다. 트로이전쟁의 영웅 오디세우스의 표류담과 그의 아내 페넬로페의 이야기이다.

- **갈리아 전기**(戰記)

로마의 케사르가 갈리아(현재의 프랑스) 정복 당시의 전황을 기록한 전 8권(B.C. 58~51)으로 된 보고문이다. 수식이 없는 3인칭의 담담한 문장 속에 장군으로서의 케사르의 용감성, 신중한 재질이 잘 나타나 있다. 여기에 사용된 문체는 후세에 라틴어 문장의 모범이 되었다.

- **영웅전**

비슷한 삶을 살다간 그리스와 로마의 유명인사 23쌍(46명)의 대비적인 전기에다 다른 4명의 전기를 합친 것으로, 문학적인 면은 물론 사료로서도 중요한 전기 저작이다. 그리스의 전기 작가인 플루타르코스가 저술했다. 일반적으로 「플루타크 영웅전」으로 알려져 있다.

◐ 플루타르코스는 그리스 말기의 문인으로 「영웅전」 외에 에세이의 원조가 된 수필집 「모랄리아」가 전한다.

- **신곡**(神曲 ; Divina Commedia 이)

이탈리아의 시성(詩聖) 단테가 지은 서사시로, 그의 인생관·종교관·세계관이 잘 나타나 있다. 그의 방랑시대인 1304~1308년에 지옥편, 1308~1313년에 연옥편, 마지막 7년 간에 천국편을 완성했다. 이것으로 단테는 문예부흥의 선구자가 되었다. 지옥편·연옥편·천국편의 3부곡에, 각 부곡은 33장이며, 지옥편에만 1장이 추가되어 모두 100장으로 되어 있는데, 이는 삼위일체를 상징한다고 한다.

◐ 여기서 '코메디아'는 희극이라는 뜻이 아니라, 처음에는 비참한 운명에 허덕이다 마지막에는 행복으로 끝난다는 뜻이다.

- **삼국지연의**(三國志演義)

중국 원대의 나관중(羅貫中)이 지은 장편 역사소설로 중국 4대 기서 중의 하나다. 위(魏)·오(吳)·촉(蜀) 3국의 역사에 설화·강담(講談) 등을 섞은 것이다. 웅대한 규모, 수많은 등장인물, 파란만장한 전투장면 등으로 가장 널리 읽히는 역사소설이다.

◐ 중국 4대 기서(奇書) : 나관중의 「삼국지연의」, 시내암의 「수호지」, 오승은의 「서유기」, 왕세정의 「금병매」

A 스와라지운동

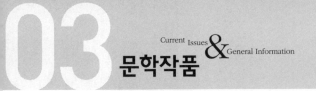
• 데카메론(Decameron)

 '데카메론' 이란 그리스어에서 따온 '10일간의 이야기' 란 뜻으로, 전부 100편이 수록된 이탈리아의 보카치오(G. Boccaccio)의 단편소설집이다. 페스트를 피하여 플로렌스 교외의 별장에 모인 열 사람이 매일 10편씩 10일 동안 계속한 이야기를 모은 것으로 「아라비안 나이트」와 같은 형식의 소설이며, 각 단편에는 왕후장상·승려·상인 등의 인물이 나와 사회의 모습을 전한다. 보카치오는 이 작품으로 근대소설의 선구자라 불린다.

❍ 이 작품집을 단테의 「신곡」에 대해 '인곡' 이라고도 하는데, 이는 「데카메론」이 휴머니즘 사상에 입각해 14세기의 새로운 인간상을 대담하게 표현했기 때문이다.

• 유토피아(Utopia ; 이상향)

 영국의 휴머니스트 토머스 모어(T. More)가 공상적으로 그려낸 이상적이고 정치적인 사회소설이다. 작가가 한 선원에게서 이상의 나라 유토피아의 제도·풍속 등을 들은 것을 기록한 것인데, 유토피아를 이상적으로 묘사함으로써 영국을 비난하고 있다.

❍ 유토피아는 '어느 곳에도 없는 장소' 즉, '이상향' 을 뜻하는데, 이는 유토피아형 문학의 시초가 되었으며 공상적 사회주의의 선구가 되었다.

• 햄릿(Hamlet)

 영국의 극작가인 대문호 셰익스피어의 4대 비극의 하나로, 일종의 복수담이다. 덴마크의 왕자 햄릿이 부왕을 독살한 숙부와 불륜의 어머니에 대한 복수를 부왕의 망령에게 맹세하나, 사색적이고 소극적인 성격 때문에 행동으로 옮기지 못하고 고민하다가 마침내는 원수를 갚고 죽는다는 비극적인 내용이다. 햄릿의 독백 "죽느냐 사느냐 그것이 문제로다"는 널리 알려진 명언이다.

❍ 셰익스피어의 4대 비극 : 「오델로」「맥베드」「리어왕」「햄릿」

예문 4대 비극에 대한 문제가 선택형·단답형·주관식 등 다채롭게 출제됨

• 돈 키호테(Don Quixote)

 스페인의 세르반테스(S. M. Cervantes)가 쓴 풍자적인 장편소설이다. 기사 이야기책을 탐독하던 돈 키호테가 종자 산초와 더불어 기사수업을 떠나 익살스러운 모험을 한다는 줄거리이다. 대조적인 두 주인공의 성격은 스페인적인 동시에 인류적 보편성을 지닌다. 세르반테스의 이 작품은 당시 유행하던 황당무계한 기사 이야기를 극복, 근대소설의 선구가 되었으며, 문장은 스페인의 사실적 문체의 최고로 평가된다.

❍ 문학작품에 나타난 인간 유형

1. 햄릿형 : 회의적이며 우유부단한 성격의 인간형

2. 돈키호테형 : 낙천적이며 과대망상적인 행동을 저돌적으로 하는 인간형

3. 공처가형 : 보봐리(보봐리 부인)

4. 폭풍노도형 : 베르테르(젊은 베르테르의 슬픔)

Q 산을 넘어 불어 내리는 고온 건조한 바람은?

5. 초인형 : 라스콜리니코프(죄와 벌)
6. 육욕 탕아형 : 돈 주앙

- **실낙원**(失樂園 ; Paradise Lost)
  1667년에 간행된 영국의 시인 밀턴(J. Milton)의 서사시로, 12권으로 되어 있다. 밀턴의 이 작품은 성서에서 아담과 이브의 낙원 추방의 설화를 청교도적 세계관으로 전개하면서, 천제(天帝)와 마왕과의 싸움을 묘사하고 있다.

- **복낙원**(復樂園)
  「실낙원」의 주제가 사탄의 유혹에 빠진 아담과 이브의 낙원상실이라면, 이 작품의 주제는 제2의 아담 예수가 사탄의 유혹을 이겨내 인류에게 낙원을 회복시킨다는 실낙원의 속편이다.

- **젊은 베르테르의 슬픔**(Die Leiden des jungen Werthers 독)
  독일의 대문호 괴테의 서간체 소설이다. 다분히 자전적인 작품으로, 남의 약혼녀를 사모하다가 자살하게 되는 비극적인 내용이다. 작가 자신의 절망적인 사랑의 체험이 훌륭하게 묘사되어 있으며, 작가의 슈투름 운트 드랑에 대한 정열, 인습적인 사회에 대한 반항 등이 잘 표현되어 있다.

➡ 이 작품이 발표되자 베르테르의 복장이 유행하고, 그런 식의 연애가 인기를 모으고, 이혼이 격증할 정도로 그 영향력이 컸다 한다.

- **검찰관**(檢察官)
  러시아의 소설가이며, 극작가인 고골리가 지은 5막의 희곡이다. 행정의 무능, 관료들의 부정, 검찰의 오직(汚職)과 만행 등을 풍자한 희곡으로 러시아의 비판적 리얼리즘의 개조(開祖)인 작가의 문학적 위치를 확고하게 한 걸작이다.

➡ 고골리의 다른 작품으로는 「외투」, 「죽은 혼」 등이 있다.

- **인간희극**(人間喜劇 ; La Comedie humaine 프)
  프랑스의 위대한 리얼리즘 작가 발자크가 20년간에 걸쳐 쓴 96편의 소설을 하나의 거대한 작품으로 묶은, 프랑스 문학사상 가장 탁월한 걸작이다. 등장인물 2천명, 이 중 460인은 계급·직업·성격·환경 등이 뚜렷한 전형적 인물들이며, 지리적으로는 프랑스 전 국토, 시기적으로는 대혁명 직후부터 2월 혁명 전까지의 풍속·정치·경제·사회 전반에 걸쳐 격변하는 한 시대를 역사보다 철저하게 총체적으로 묘사하고 있다.

➡ 발자크는 이 작품을 통하여 세계 문학사상 진정한 사실주의 문학을 거의 완벽하게 구현해 내었다.

 A 푄(Föhn)

- **카르멘**(Carmen)

  프랑스의 작가 메리메가 스페인을 무대로 하여 집시 카르멘과 돈 호세의 숙명적인 사랑과 갈등을 묘사한 작품이다.

- **악의 꽃**(Les Fleurs du mal 프)

  프랑스의 시인 보들레르의 걸작 시집이다. 6부로 되어 있으며, 출판된 해(1857)에 풍속문란과 독신(瀆神)의 혐의를 받고 기소되어 벌금형을 받았으며, 6편이 삭제되었다. 이 시집은 이후 상징파에게 결정적인 영향을 미쳤다.

  ◑ 이 시집은 제1부 '우수와 이상', 제2부 '파리풍경'이며, 제3부 '포도주'에서 인공낙원을, 4부 '악의 꽃'에서 악을, 5부 '반역'에서 사탄을 노래하며, 6부 '죽음'으로 끝난다.

- **레 미제라블**(Les Miserables)

  프랑스의 작가 위고의 장편 사회소설이다. 불우한 주인공 장 발장이 사회의 가혹한 박해 밑에 인생을 저주하다가 숭고한 사랑으로 인하여 그 영혼이 되살아나는 과정을 묘사한 서사시적 작품으로서 낭만주의 문학의 대표작이다. 대혁명 이후의 혼란한 시대를 배경으로 작가의 인도주의 사상이 잘 나타나 있다.

- **부활**(復活 ; Voskresenie 러)

  러시아의 작가 톨스토이가 만년에 집필한 장편소설이다. 공작 네플류도프가 자기 때문에 타락하여 창부로 전락, 법정에 서게 된 하녀 카추샤를 갱생시키고 자신도 성서 속에서 새로운 삶을 찾게 된다는 줄거리이다. 당시 러시아 사회의 부정과 허위를 철저하게 파헤친 걸작으로 '예술적인 성서'로 일컬어진다. 「전쟁과 평화」「안나 카레리나」와 더불어 그의 3대 작품으로 유명하다.

  ◑ 이 작품에는 리얼리스트로서의 톨스토이의 진면목이 나타나 있다. 작품을 돋보이게 하는 그의 상세한 심리 해부를 체르니셰프스키는 '마음의 변증법'이라고 했다.

- **전쟁과 평화**(Voina i Mir 러)

  톨스토이의 국민적 서사시인 장편소설이다. 나폴레옹의 러시아 침입을 중심으로, 19세기 초의 러시아 사회를 그린 대작으로 등장인물이나 장면, 웅대한 규모에 있어 독보적인 작품이다. 역사를 만드는 것은 황제나 영웅 등 한 개인이 아니라 인민 전체라는 사상으로 일관된 선구적인 역사소설이다.

  ◑ 사실적 수법에 의해 예술적 성취를 이룬 사실주의의 최고 걸작이다.

- **죄와 벌**(Prestuplenie i Nakazanie 러)

  러시아의 작가 도스토예프스키가 1866년에 발표한 장편소설로, 성격묘사의 정확성,

Q 생명에 대한 외경을 강조한 사람은?

심리분석의 심각성에서 탁월한 재능을 보이고 있다. 가난한 대학생 라스콜리니코프가 현실을 불합리하게 인식하는 데서 출발하여, 비범한 사람은 범인을 죽일 수도 있다는 신념으로 고리대금업자인 노파를 살해한다. 그 뒤 순진한 영혼을 지닌 창녀 소냐의 감화와 헌신적 사랑으로 자수, 갱생의 기쁨을 갖게 된다는 내용이다.

❍ 라스콜리니코프의 고독한 반역의 패배, 이성과 감성의 분열을 그려 신생의 길을 보이고, 소냐를 통해 그리스도교적 사랑을 보여 유럽의 합리주의를 비판하려 한다.

• 인형의 집(Et Dukkehjem 노)

노르웨이의 시인이며, 극작가인 입센(Ibsen)의 3막으로 된 사실적인 사회극으로 1879년에 초연 되었다. 세 아이의 어머니이며, 한 남자의 아내였던 노라가 어느 날 드러난 남편의 위선을 통해 자기의 삶이 남편에게 종속된 노리개나 애완물에 지나지 않았다고 깨달으며 책임 있는 한 인간으로서 살기 위해 집을 나간다는 내용이다. 노라가 집을 떠난 이후에 대해서 작가는 언급이 없다. 그러나 작가는 노라가 사회적 인간으로서 행동하는 것에 전적으로 찬성하고 있다.

❍ 주인공 노라는 '신여성'을 대표하는 인물이 되었고, 이 작품은 현대의 여성해방운동의 계기를 마련했다.

예문 「인형의 집」의 내용과 그 주인공을 묻는 문제가 출제됨

• 테스(Tess)

영국의 작가 하디(T. Hardy)가 지은 장편소설로, 원명은 '더빌가의 테스', 부제는 '순결한 여성'이다. 몰락한 명문의 시골 가난한 집안에서 태어난 테스는 방탕한 알렉의 유혹에 넘어가 사생아를 낳는다. 그 뒤 목사의 아들 클레어와 결혼한다. 그러나 과거를 고백함으로써 또다시 버림받게 되고, 끝내는 알렉을 죽이고 단두대의 이슬로 사라진다는 내용이다. 이 작품에서 부제 '순결한 여성'은 매우 의미가 깊다.

❍ 하디 작품의 대부분은 그의 고향을 배경으로 한 '웨식스 소설'이며, 맹목적인 운명에 의하여 인간의 정의가 짓밟히는 과정을 그린 것이다.

• 기탄잘리(Gitanjali)

'기탄잘리'는 '신에게 바치는 송가(頌歌)'라는 뜻으로, 인도의 시인 타고르의 서정시집이다. 현세와 피안 두 세계, 피안의 임을 현세에서 그리워하고 기도하고 구도하는 성자의 송가로 상징적이고 종교적인 이 시집은 아름다운 리듬과 음영이 풍부한 언어구사가 탁월하다. 이 시집으로 타고르는 동양인 최초로 노벨문학상을 받았다(1913).

❍ 처음에는 모국어(벵골어)로 발표했으나, 시인 자신이 영역, 예이츠의 서문과 함께 영국에서 출판(1912)되어 유럽 문단에 커다란 반향을 불러 일으켰다.

🅐 슈바이처

03 문학작품

Current Issues & General Information

• 고요한 돈 강(江)

구소련의 작가 숄로호프의, 제1차 세계대전 직전부터 혁명 후 국내전쟁이 끝날 무렵까지 돈 강 유역의 카자흐 사회를 리얼리즘 수법으로 그린 대하소설이다. 혁명 속에서 백군과 적군 사이를 방황하는 카자흐 청년 메레호프를 주인공으로 하여 제1차 세계대전 전부터 전쟁·혁명·국내전에 이르는 동란의 시대를 배경으로 카자흐라는 소수민족의 운명을 그린 것이다.

◑ 작가 숄로호프는 카자흐 태생이 아니지만 돈 강 유역의 카자흐 생활을 다룬 작품이 많다.

• 설국(雪國)

일본 작가 가와바타 야스나리의 장편소설이다. 고독한 주인공 시마무라와 순결한 생명력을 가진 게이샤 고마코를 통해 눈이 하얗게 내린 일본 특유의 서정적 분위기와 인간의 육체와 심리에 대한 신비한 애수의 아름다움을 그려낸 작품이다. 이 작품으로 야스나리는 노벨문학상을 받았다(1968).

◑ 연약하고 어두운 그늘을 띤 생명력이 타오르는 아름다움을 감각적으로 그려내는 것이 야스나리 문체의 특징이다.

• 바람과 함께 사라지다(Gone with the Wind)

미국의 여류작가 미첼(M. Mitchell)이 남긴 유일한 장편소설로 집필에 무려 10년이 걸렸으며 1천 페이지에 이르는 대작이다. 미국 남북전쟁 당시의 급변하는 사회와 주인공 스칼렛을 중심으로 많은 인간상을 등장시켜 애정의 갈등을 활기 있게 묘사한 작품이다. 미첼은 이 작품으로 퓰리처상을 받았다.

◑ 발간 1년 만에 150만 부를 돌파했고, 작가가 자동차 사고로 사망(1949)한 해까지 무려 40개 언어로 번역, 800만 부를 돌파했다 한다.

• 이방인(異邦人 ; L' Etranger 프)

프랑스의 작가 카뮈(A. Camus)의 대표적인 실존주의 소설이다. 평범한 샐러리맨 뫼르소는 바닷가에서 아라비아인을 권총으로 쏴 죽인다. 왜 죽였느냐는 재판관의 질문에 뫼르소는 '햇빛 때문' 이라고 답한다. 이 작품을 통해 작가는 '부조리의 철학' 이라고 하는 자신의 인생관을 부각시키고 있다.

◑ 카뮈는 1957년 노벨문학상을 받았으며, 새 장편소설 구상 중 자동차 사고로 사망했다.

• 25시(二十五時)

루마니아 작가 게오르규의 대표적인 장편소설이다. 빈촌에 사는 소작인 이온 모리츠가 유대인으로 고발되어 제2차 세계대전을 억울하게 겪는 것이 그 줄거리이다. 수용소 수감, 탈출, 포로로 이어지는 숨가쁜 고난 속에 전쟁이 끝나 어렵게 석방되었으나 곧 다시 관헌의 소환을 받고 감금되는데, 감금 이유는 제3차 세계대전의 발발이다. 작가는

Q 중국의 4대 발명품은?

이 작품을 통해 강대국 사이에 낀 약소민족의 고난과 운명을 묘사함으로써 서구문명에 대한 고발을 시도한다.

❍ 여기서 '25시' 는 인간이 인간으로서의 가치를 주장할 수 없게 된 유럽의 시간이다. 그것은 최후의 시간 다음에 오는 시간으로, 메시아의 강림으로도 무엇하나 해결할 수 없는 그런 시간이다.

• 고도를 기다리며(En Attendant Godot)

프랑스의 소설가이며, 극작가인 베케트의 전위적인 희곡이다. 나이도 직업도 알 수 없는 두 부랑자가 무대에 등장, 오지 않을 것을 알면서도 고도라는 사람을 기다린다. 1막도 그렇고 2막도 그러하다. 주제는 고도가 아니라 '기다리는 상황' 이며, 막연히 기다리다 죽어가는 인간의 허망성에 대한 상징이다.

❍ 누보 로망 등 1950년대 프랑스소설의 선구적 역할을 한 베케트의 전위연극 「고도를 기다리며」의 성공은 이후 세계 연극의 흐름에 큰 변화를 일으켰다.

• 노인과 바다(The Old Man and the Sea)

미국의 작가 헤밍웨이의 소설이다. 늙은 어부 샌티아고가 84일 동안이나 고기를 못 잡다가 18척이나 되는 큰고기 말린을 만나 사흘간의 고생 끝에 가까스로 잡는다. 그러나 돌아오는 도중에 상어떼를 만나 고기는 뼈만 앙상하게 남는다. 실패는 하나 패배를 모르는 인물을 형상화해 인간의 운명과 삶을 상징적으로 보여준다.

❍ 헤밍웨이 특유의 하드 보일드 문체로 된 작품이다.

• 아메리카의 비극(An American Tragedy)

미국의 작가 드라이저의 자연주의 경향에 충실한 장편소설이다. 주인공인 평범한 청년이 살인죄를 범하고 사형 당하기까지의 과정을 그린 것으로, 주인공이 왜 살인을 해야 했던가를, 작가는 자연주의 수법으로 주인공의 상황을 상세히 묘사함으로써 읽는 이들로 하여금 저절로 깨닫게 한다. 그것은 결국 경쟁이 극심한 자본주의사회인 미국사회, 출세 지향적인 미국사회의 비극적 산물로 평가된다.

❍ 다윈의 진화론을 사회에 적용한 사회 결정론을 인생관으로 하여, 사회의 어두운 면을 자연주의 수법으로 폭로한 이 작품으로 하여 드라이저는 미국 자연주의 문학에 크게 기여했다.

A 종이 · 화약 · 나침반 · 인쇄술

CHAPTER 12
Space & Military
- 우주 · 군사 -

01 우주활동

02 군사

• 첫 우주발사체 나로호 발사 성공…스페이스 클럽 11번째 회원국

2013년 1월 30일 오후 4시 전라남도 고흥 나로우주센터 발사대에서 우리의 첫 우주발사체인 '나로호(KSLV-Ⅰ)'가 발사에 성공했다. 나로호 발사체 1단은 러시아가 만든 것이지만 2단 상단에 실린 '나로과학위성'은 순수 국내기술로 만들어진 소형 위성이다. 나로과학위성은 향후 1년간 지구 타원궤도(300×1500km)를 돌며 우주방사선량과 이온층 등 우주환경관측을 수행하게 된다. 관측된 데이터는 ▲ 태양활동 극대기에 맞춰 우주방사선량 모델링 ▲ 우주방사선이 우주부품에 미치는 영향연구 ▲ 이온층이 통신시스템에 미치는 영향연구 등에 활용될 예정이다. 교육과학기술부와 카이스트 인공위성연구센터는 1월 31일 새벽 3시 28분 대전 한국과학기술원 인공위성연구센터에 위치한 국내 지상국과의 최초 교신에 성공, 카이스트와의 2차 교신 성공으로 우리나라는 '스페이스 클럽' 11번째 회원국이 됐다.

❍ 나로과학위성은 초기 운영을 거쳐 1년간 지구 타원궤도(300×1500 km)를 하루에 14바퀴씩 돌며 탑재된 이온층 관측센서와 우주 방사선량 측정센서로 우주환경을 관측한다.

• 나로우주센터 준공…13번째 우주센터 보유 국가

2009년 6월 나로우주센터 준공으로 우리나라는 세계에서 13번째 우주센터 보유국으로 자리매김하게 됐다. 우리나라는 1992년부터 과학위성인 우리별 1~3호, 실용위성인 아리랑 1~2호, 통신위성인 무궁화 1~5호 등을 쏘아 올렸지만 외국의 발사장과 발사체를 사용했다.

• 한국의 인공위성 개발현황

구분	이름	발사연도	임무
다목적 실용위성	아리랑1호	1999	지상·해상·과학 관측
	아리랑2호	2006	지상 관측
	아리랑3호	2012	지상 관측
	아리랑5호	2013	전천후 지상 관측
	아리랑3A호	2015	한반도 정밀 관측
	아리랑6호	2020(예정)	전천후 지상 관측
방송통신 위성	무궁화1호	1995	통신, 방송
	무궁화2호	1996	통신, 방송
	무궁화3호	1999	통신, 방송
	무궁화5호	2006	통신, 방송
	무궁화6호(올레1호)	2010	통신, 방송
	무궁화7호	2017	통신, 방송

Q 옥외에서의 촬영을 가리키는 용어는?

구분	이름	발사연도	임무
소형위성	우리별1호	1992	위성제작 기술 습득
	우리별2호	1993	소형위성 기술 습득
	우리별3호	1999	지상 및 과학 관측
	과학기술위성1호 (우리별4호)	2003	우주환경 측정
	나로과학위성	2013	궤도진입 기술 습득
	과학기술위성3호	2013	우주 · 지구과학 관측
정지궤도 위성	천리안1호 통신망 구축	2010	통신 · 해양 · 기상 관측 공공
	정지궤도 복합위성2A	2018(예정)	기상 · 우주기상 관측
	정지궤도 복합위성2B	2019(예정)	해양 · 환경 관측

❍ 천리안위성 1호 정상 운영…위성영상 서비스 제공

2018년 2월 11일 천리안위성 1호에 장애가 발생해 기상 관측 등의 임무가 일시 중단됐으나 복구 작업을 통해 위성 운영이 정상화됐다고 한국항공우주연구원이 발표했다. 우주방사선이 고장원인일 가능성이 높다는 분석 결과가 나왔다. 2010년 6월 발사된 천리안 1호는 기상 예측과 해양 감시, 통신 실험을 하기 위해 3549억원을 들여 개발한 국내 첫 다목적 정지궤도 위성이다. 한반도 3만5800㎞ 상공에 머물며 평창동계올림픽 기간에 매일 170장의 기상영상과 8장의 해양영상을 촬영해 지상으로 보내는 임무를 수행했다.

• 세계 최초의 우주관광객

2001년 4월 28일, 캘리포니아의 펀드 매니저 데니스 티토가 세계 최초 우주관광객이 됐다. 티토를 태운 러시아 우주선 '소유즈-TM32' 호는 이날 오후 4시37분(이하 한국시각) 카자흐스탄 공화국의 바이코누르 우주선 기지에서 발사됐으며, 30일 오후 5시7분 국제우주정거장(ISS)과 도킹에 성공했다. 2002년 4월에는 남아공의 실업가 마크 셔틀워스가 카자흐스탄 바이코누르 기지에서 러시아의 소유즈 로켓에 탑승해 두 번째의 우주여행자가 됐다.

• 우주왕복선(space shuttle)

미국 항공우주국(NASA)이 개발한 재사용 가능한 유인 우주선이다. 종래의 우주선은 1회밖에 사용할 수 없었으나 이 스페이스 셔틀은 우주 공간과 지구 사이를 반복해서 왕복할 수 있는데, 2011년 아틀란티스호 귀환을 끝으로 막을 내렸다.

1. 콜럼비아호(우주왕복선1호) : NASA가 보유한 미국 최초의 우주왕복선으로 '81년 제1차 비행을 시작으로, 2003년 1월 16일 비행이 28번째의 마지막 우주왕복으로, 2003년 2월 1일 귀환 중 공중 폭발했다.

2. 챌린저호(우주왕복선2호) : '83년 세 차례의 비행을 통하여 고장위성 수리, 구명줄 없이 유인조종장치(MMU)를 이용한 우주유영, 우주 진공상태에서의 특수금속 가공, 의료실험

A 로케이션

등을 하였다. 그러나 '86년 1월 발사 직후 폭발함으로써 챌린저호는 공중 분해되었다.

3. 디스커버리호(우주왕복선3호) : '84년 1차 비행을 시작으로 여섯 차례의 비행을 하였는데, 우주공간에서의 의약품 제조, 첩보위성 시긴트 발사, 스타워즈 실험, 고장난 인공위성 신콤 3호의 수리 등을 하였다. 또 '91년 4월 28일에 발사되어 미사일 방위계획의 핵심인 미사일 위치 탐지 및 추적에 필요한 자료수집을 하였다.

4. 아틀란티스호(우주왕복선4호) : '85년 두 차례의 비행을 통해 미 대통령의 핵 공격 지시를 전달하는 능력을 갖춘 군사통신위성을 궤도에 올려놓았으며, 2011년 7월 최종 임무를 마친 뒤 미 우주왕복선 프로그램은 막을 내렸다. 아틀란티스호는 우주 정거장 건설시 필수적인 구조물을 뒷받침하는 예행작업을 하였다.

5. 엔데버호(우주왕복선5호) : 발사 직후 폭발한 챌린저호의 문제점을 보완·개선하여 '92년 4월 발사했으며, 궤도를 벗어난 인공위성을 상층궤도로 재진입시키는 임무와 미 우주정거장 '프리덤' 건설용 기자재 및 건설요원 수송임무를 맡았다.

◆ 우주정거장(space station) : 우주에 떠있으면서 우주활동의 중간기지 역할을 하는 대형 인공위성으로, 우주공장이나 우주관측소 등이 이에 해당된다. 우주정거장에는 주거 시설·왕복우주선 도킹 시설 등이 갖춰지며, 우주의 무중력과 진공을 이용, 의약품 원료·초경금속 등을 개발할 수 있다. 구소련은 86년 2월 최초의 우주정거장 미르를 발사해 그 임무를 다하고, 2001년 3월 23일 뉴질랜드 남쪽 남태평양에 수장됐다. 미르의 뒤를 이어 건설된 국제우주정거장은 ISS이다. 이는 미·러·일·캐·유럽 등 16개국이 참여한 다국적 프로젝트이다.

예문 미국이 개발한 우주왕복선의 명칭과 각 우주왕복선의 임무수행시 실시 한 내용을 묻는 문제가 출제됨

• **미 항공우주국**(NASA ; National Aeronautics and Space Administration)
미국의 우주개발을 위한 대통령 직속기관으로 본부는 워싱턴에 있으며, 부속기관으로 유인 우주선 센터·케네디 우주센터·마샬 우주센터 등이 있다. 인간의 달 정복을 실현한 아폴로 계획, 바이킹 1·2호의 화성 연착륙 성공도 NASA의 주관으로 이루어졌으며, 우주왕복선 계획·우주정거장 건설계획을 추진했다.

◆ 케네디 우주 센터 : NASA의 로켓 발사기지로, 아폴로11호도 여기서 발사되었다.

예문 일반기업체·은행·공사 등에서는 4지선다형으로, 언론사에서는 주관식으로 출제되는 등, 출제빈도가 높음

• **유럽우주기구**(ESA ; European Space Agency)
유럽 각국의 우주개발계획을 일원화하여 효율적으로 추진하기 위해 기존의 ESRO(유럽우주연구기구)와 ELDO(유럽우주로켓개발기구)를 통합하여, 1975년에 설립한 국제조직이다. 가맹국은 독일·벨기에·프랑스·덴마크·네덜란드·이탈리아·영국·스위스·스페인·스웨덴·아일랜드·노르웨이 등이며 본부는 프랑스 파리에 있다.

◆ 우주개발 프로젝트로서는 해사위성 '마로트'의 발사와 미 우주왕복선 계획에 참가하는 우주실험실 '스페이스랩'의 개발 등이 있다.

Q 조선 영·정조 때 당쟁을 없애기 위해 쓴 정책은?

- **우주유영**(宇宙游泳 ; space walk)

  우주비행사가 우주선 밖으로 나와서 행동하는 것으로, 우주산책이라고도 한다. 최초의 우주유영은 1965년 구소련 보스호트 2호의 레오노프 중령에 의하여 행해졌다. '84년 미 챌린저호 4차 비행 중에는 브루스 매캔들리스와 로버트 스튜어트 조종사가 우주복 뒤에 유인조종장치(MMU; manned maneuvering unit)를 부착하고 챌린저호에서 91m 떨어진 지점까지 유영함으로써, 우주기지 건설의 직접적인 접근 단계로의 첫 발을 내딛었다.

  ◐ 유인조종장치(MMU) : 24개의 질소추진 로켓이 달린 팔 모양의 조종기로 상하 · 좌우 · 회전 · 정지 등 729가지 변화를 줄 수 있다.

- **우주산업**(宇宙産業 ; space industry)

  우주 기기와 우주개발 이용에 필요한 소프트웨어 등을 개발 · 생산하는 산업을 말한다. 로켓 · 인공위성 · 유도 제어용 일렉트로닉스 기기 · 통신기기 등 우주상업이용을 뒷받침하는 기기 · 장치류의 설계 · 제작 및 운영을 맡는 기업이 중심이 된다.

  ◐ 우주개발은 '84년 미국이 우주기지의 건설과 우주정거장 계획을 발표한 이래 선진 각국에서 활발히 진행되고 있다.

- **인공위성**(人工衛星 ; artificial satellite)

  지구에서 쏘아 올려 달과 같이 지구 주위를 돌게 한 인공천체이다. 1957년 구소련이 쏘아 올린 스푸트니크1호가 세계 최초의 인공위성이며, 미국은 1958년에 익스플로러1호를 쏘아 올렸다. 유인(有人)위성선으로는 1961년 구소련의 가가린(Y. A. Gagarin)이 탔던 보스토크1호가 최초이다. 미국은 1962년 글렌이 탄 프렌드십7호(Friendship Seventh)가 처음 성공했으며, 그 후 발전을 거듭하여 1969년 7월 16일, 아폴로11호가 달 정복을 성취하기에 이르렀다.

  ◐ 비행하는 궤도의 높이에 따라 정지위성 · 이동위성으로 구분된다. 또 사용목적에 따라 통신위성 · 기상위성 · 항행위성 · 과학관측위성 · 방송위성 · 군사위성 등으로 나눈다.

  예문 세계 최초의 인공위성, 세계 최초의 유인위성선 등을 묻는 문제가 출제됨

- **정지위성**(靜止衛星 ; geostationary satellite)

  지구에서 관측할 때 정지하고 있는 것처럼 보이는 인공위성을 말한다. 정지위성은 적도 상공 약 3만 5,800km의 원 궤도를 도는데, 주기가 지구의 자전(自轉 ; 24시간)과 거의 일치하므로, 지상에서 보면 마치 한 점에 정지한 것처럼 보여 이런 명칭이 붙었다. 정지위성과 통신하는 지상국의 안테나는 고정식이어도 되므로, 운용경비가 적게 들어 인공위성에는 이 방식이 많이 채용된다.

  ◐ 인텔새트 등의 통신위성, 방송위성, 기상위성 등은 모두 정지위성이다.

 탐평책

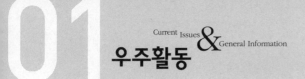
• 실용위성(實用衛星 ; application satellites)

실용적 용도를 위한 인공위성으로, 많은 실용위성 가운데 통신위성 · 기상위성 · 항행위성 등이 그 대표적인 예이다.

***1.* 통신위성** : 마이크로웨이브를 사용하는 장거리통신의 중계국이 되는 인공위성으로 에코 · 쿨리에 · 신콤 · 인텔새트 등이 있다.

***2.* 기상위성** : 구름의 분포 등을 알기 위해 지상의 사진을 촬영하여 이를 전송하는 인공위성으로, 장기적인 기상예보에 큰 도움을 준다. 타이로스 · 노아 · 님버스 · 메테오삿 등이다.

***3.* 항행위성(항해위성)** : 전파를 발사하여 그 전파를 수신한 선박 · 비행기로 하여금 제 위치를 알도록 하는 인공위성으로 트랜싯 · 타이메이션 · 나브스터 · 코스모스 등이다.

○ 이밖에 특수용도로서 선박과의 통신용으로 사용되는 마리사트 위성, 항공기의 관제 및 통신에 이용되는 항공위성, 저고도위성으로부터의 데이터를 중계하여 각 위성의 관측능력을 향상시키는 데이터 중계위성 등 여러 종류의 실용위성이 개발되고 있다.

예문 실용위성 중 통신위성에 관한 출제가 가장 빈번함

• 과학위성(科學衛星 ; Scientific Satellite)

지구 또는 우주공간의 과학관측을 목적으로 쏘아 올린 인공위성으로, 관측항목은 상층대기의 조성, 방사능대 · 전리층 · 자장 · 유성진 · 태양방사선 · 우주선 등 여러 갈래이다.

○ 미국의 익스플로러와 구소련의 스푸트니크가 이에 속한다.

• 랑데뷰(renders-vous)

'밀회'라는 뜻의 프랑스어로, 둘 이상의 우주선이 도킹 비행을 위해 우주공간에서 만나는 일을 말한다. 대형 우주정거장의 우주공간 조립, 지구궤도에서 다른 천체로의 우주선 발착에 필요한 기술이다. 최초로 랑데뷰에 성공한 것은 1965년 미국의 제미니 6호와 7호였다.

○ 1. 랑데뷰 실험은 우주 도킹을 위한 전제가 되는 단계이다.
2. 제미니 계획(Gemini Project) : 1964~66년에 있었던 미국의 유인위성 비행계획으로, 아폴로 계획의 준비단계의 성격이었다. 장기비행 · 랑데뷰 · 도킹 · 우주유영 · 우주활동 등 각종 실험을 하였다.

• 도킹(docking)

둘 이상의 우주선이나 인공위성이 우주공간에서 결합하는 일을 말한다. 세계 최초의 도킹은 1966년 미국의 제미니8호와 아제나 무인위성간에 이루어졌고, 이어 1967년 구소련의 무인위성 코스모스186호와 188호를 지상조종으로 자동 도킹시키는 데 성공했다.

Q 기미독립선언서의 기초자는?

- **무중력상태**(無重力狀態 ; weightlessness condition)

  궤도에 오른 우주선 등에서 체험할 수 있는, 무게를 느끼지 않는 상태를 말한다. 인공위성을 이용한 달·혹성으로의 비행에서 발사단계에는 감속도를 느끼지만, 그 후는 중력과 원심력이 균형을 이루어 관성비행이 되므로 물체는 전혀 무게를 느끼지 않게 된다. 무중량상태라고도 한다.

  ❍ 무중력상태를 이용하면 지상에서는 만들 수 없는 균질도 높은 합금이나 이상적인 결정을 만들 수 있다.

- **탄도비행**(彈道飛行 ; suborbital flight)

  연료가 다한 로켓·인공위성이 지구의 인력만으로 일정한 궤도를 나는 비행을 말한다. 연료가 다한 때의 속도가 초속 8km 미만일 경우에는 일정거리를 비행한 후 지구로 돌아오고 마는데, 이 경우의 항적(航跡)이 탄도이다. 그것은 지구의 중심을 초점으로 하는 타원을 이루는 것이며, 단거리의 경우는 포물선으로 간주된다.

  ❍ 이와 구별하여 인공위성이 궤도에 오른 것을 궤도비행이라 한다.

- **연착륙**(軟着陸 ; soft landing)

  우주선이 지구나 달, 그 밖의 천체에 착륙할 때 속도를 줄여 충격을 완화하면서 착륙하는 것을 말한다. 달 관측기구, 특히 인간을 태운 우주선을 달에 착륙시키는 데는 연착륙이 매우 중요한 과정이다. 달 주변처럼 대기가 없는 곳에서는 역분사 로켓에 의해 감속하고, 대기가 있으면 파라슈트노 이용한다.

  ❍ 미국은 1966년에 처음으로 서베이어1호를 달 표면에 연착륙시키는 데 성공했으며, 구소련도 루나9호를 연착륙시키는 데 성공한 바 있다.

- **우주속도**(宇宙速度 ; space velocity)

  어떤 물체를 지구인력에 대항시켜 회전하게 하거나, 지구인력에서 벗어나 다른 천체에 도달시키는 데 필요한 속도를 말한다. 인공위성과 같이 지구 주위를 회전시키기 위한 속도를 제1우주속도(위성속도), 지구인력권을 탈출시키기 위한 속도를 제2우주속도(탈출속도), 태양계를 벗어나 다른 우주공간으로 탈출시키기 위한 속도를 제3우주속도라 한다. 제1우주속도는 초속 약 7.9km, 제2우주 속도는 초속 약 11.2km, 제3우주속도는 초속 약 16.7km이다.

  ❍ 달은 지구의 위성이므로 달까지 가는 데는 제1우주속도로 충분하다.

  예문 지구인력권을 탈출시키기 위한 속도, 즉 제2우주속도를 묻는 문제가 출제됨

- **우주회랑**(宇宙回廊)

  우주궤도에 쏘아 올려진 인공위성·위성선·우주스테이션의 회수가 가능한 안전한 경로를 말한다. 대기권에 진입하는 경우, 각도가 크면 대기와의 마찰열로 우주선의 캡슐

A 최남선

이 타버리고, 각도가 작으면 다시 우주로 돌아가 버린다. 따라서 우주선의 캡슐이 대기권으로 진입하는 각도는 일정한 폭을 가지고 있는데, 이를 회랑, 또는 우주회랑이라고 한다.

❍ 우주 캡슐 : 우주공간을 비행하는 인간 등의 생물이 일정 기간 생존할 수 있도록 환경조건을 갖춘 최소한의 용기를 말한다.

• **보스토크1호**(Vostok 1號)

세계 최초의 유인우주선으로, 1961년에 발사된 구소련의 우주선이다. 중량 4.7t의 우주선에 가가린이 탑승하여 지구를 일주하였는데, 비행시간은 1시간 48분이었다.

❍ 보스토크6호 : 1963년 세계 최초의 여성 우주비행사 테레슈코바가 탑승하였다.

• **프랜드십7호**(Friendship 7號)

미국 최초의 유인우주선으로, 우주비행사 글렌 등을 태우고, 1962년에 발사되었다. 우정7호로도 부른다.

• **머큐리 계획**(Mercury Project)

1인승 유인우주선을 발사하여 지구궤도를 선회한 후 무사히 귀환시키는 계획이다.

❍ 머큐리 계획은 제미니 계획으로 인계되었다.

• **매리너 계획**(Mariner Project)

미국이 1962년부터 실시한 금성 및 화성에 대한 일련의 탐사계획을 말한다. 1962년에 발사된 탐사기 2호는 금성에 3만 4,800km까지 접근, 관측자료를 지구로 송신해 왔다. 탐사기 4호는 처음으로 화성의 근접촬영과 관측에 성공했다. 1973년의 매리너10호는 금성과 수성에 접근하여 정밀관측에 성공하였다.

❍ 매리너 관측의 분석 결과에 따르면 대기는 대부분 탄산가스로 되어 있으며 질소가 없고, 표면에는 암모니아와 메탄가스가 있다는 것이 판명되었다.

• **아폴로 계획**(Apollo Project)

미 항공우주국(NASA)의 달 착륙 유인비행 계획이다. 사령선·기계선·달착륙선의 세 부분으로 된 우주선을 새턴(Saturn) 로켓으로 발사하여, 달궤도에서 착륙선을 달에 착륙시키는 계획이다. 1961년에 계획이 결정되어 1969년 아폴로11호를 인류 최초로 달에 착륙시키는데 성공한 후, 1972년 아폴로17호를 끝으로 계획이 완료되었다.

❍ 머큐리 계획·제미니 계획도 우주유영·랑데뷰·도킹 등 달 여행 준비작업에 중점을 둔 것이었다.

• **아폴로11호**(Apollo 11號)

인류 최초로 달착륙에 성공한 우주선이다. 1969년 7월 16일, 암스트롱(선장)·올드린

Q 국가의 3요소는?

공군 대령 · 콜린즈 공군 중령 등을 태우고 새턴 5형 로켓을 발사, 달 궤도상에서 암스트롱 · 올드린이 달착륙선에 옮겨 타고 달 표면 '고요의 바다(Mare Tranquillitatis)' 남서부에 연착륙 했다. 두 사람은 달 표면에 체재하면서 지진계와 레이저 반사판, 태양풍 측정장치 등을 설치하였고, 22kg의 달 암석을 가지고 7월 24일 지구로 귀환했다.

⊙ 고요의 바다 : 달의 동경 18~43도 부근, 즉 적도보다 조금 더 북쪽에 위치한 평원으로 카우시(Cauchy)와 마스켈린(Maskelyne), 아라고(Arago) 등의 분화구가 있다.

• 파이오니어 계획(Pioneer Project)

미국의 인공행성 계획을 말한다. 1~3호는 실패하였고, 1959년 발사한 4호는 미국 최초의 달 탐측기 및 인공행성이 되어 달에서 5만 9,200km지점을 통과하였다. 1972년에 발사된 10호는 목성과 화성 사이에 있는 소행성대를 관측했으며, 1973년 발사된 11호는 6년 5개월간 비행하여 토성에 접근, 위성이 11개라는 사실 등 많은 자료를 지구로 보내고 우주공간 속으로 사라졌다.

⊙ 파이오니어10호의 안테나 기부에는 알루미늄 판에 태양계의 표시, 핵분열의 간단한 구조, 남녀의 인체가 메시지용으로 그려져 있다.

• 스카이랩 계획(Skylab Project)

미국의 유인 우주실험실 계획으로서, 1973~74년에 걸쳐 세 차례 발사하였다. 무중력 상태를 이용하여 많은 우주실험을 실시하고 금속 · 화학 · 생물실험을 하였으며, 태양의 폭발기록, 세계 각지의 자원 · 오염지도 등 풍부한 자료를 얻어 과학기술발전에 공헌하였다.

⊙ '하늘(sky)'과 '실험실(laboratory)'의 합성어이다.

• 보이저(Voyager)

목성 · 토성 관측을 위해 미국이 발사한 무인 우주선이다. 1977년에 발사되어 목성과 그 위성을 촬영하고 토성을 탐측했다.

⊙ 보이저란 '항해자'란 뜻이다.

A 국민 · 영토 · 주권

• 전시작전통제권

한반도 유사시 군의 작전을 통제할 수 있는 권리를 말하여, 한국군의 작전통제권은 평시와 전시로 나뉘어져 있는데 평시 한국군 작전통제권은 한국 합참의장이, 미군에 대한 작전통제권은 주한미군 사령관이 행사한다. 다만 평시에도 작전수립계획, 연합정보관리, 연합위기관리 등 연합권한위임사항으로 불리는 6대 권한은 연합사령관이 행사한다. 한반도 유사시가 되면 한국군과 미군 증원군의 작전을 통제할 수 있는 전시작전통제권은 한미연합사령관(주한미군사령관)에게 넘어간다. 중요한 사항은 양국 대통령, 국방장관 등으로 구성된 '국가통수 및 군사지휘기구(NCMA)'로부터 지침을 받도록 되어 있다. 2007년 2월 23일 양국 국방장관 회담에서 2012년 4월 17일부로 한미연합사의 전시작전통제권을 한국 합참의장이 환수하기로 합의했으나 2015년 12월로 연기되었다. 2014년 10월 양국 간 연례안보협의회(SCM)에서 전시작전통제권을 특정 시한을 정하지 않고 △한반도 및 역내 안보환경 △전시작전통제권 이후 한국군의 핵심 군사능력 △ 북한핵 · 미사일에 대한 한국군의 필수 대응능력 등에 기초해 한국으로 이양하는데 합의한 상태다.

• 킬 체인(Kill chain)

한국이 북한의 핵위협에 대응해 KAMD와 더불어 2023년까지 구축하기로 한 한미연합 선제타격 체제로 30분 안에 목표물을 타격한다는 개념이다. 적의 공격 징후를 감지해 선제타격하는 킬 체인은 1991년 걸프전에서 처음 등장했다. 탐지→식별→결심→타격 순서로 진행되는 킬 체인은 표적 탐지(1분), 좌표 식별(1분), 사용 무기 선정과 발사 결심(3분) 등의 과정을 5분 안에 마치고, 25분 안에 타격을 완료한다는 것이다. 국방부는 2023년을 목표로 '킬 체인' 전략을 추진하고 있지만 북한이 러시아 ICBM처럼 보관형 액체연료를 사용하거나 연료 주입 시간을 대폭 단축시켰을 가능성이 제기됐다.

• 한 · 미 미사일협정 타결

정부는 최대 사거리 300Km, 탄두 중량 500Kg까지의 군사용 미사일을 개발 보유하고, 그 기준을 넘는 미사일은 순수 연구개발(R&D)할 수 있으며, 미사일기술수출통제체제(MTCR)에 가입하는 등 새로운 미사일정책이 타결됐다고 2001년 1월 발표했다. 1979년 이래로 '사거리 180Km'로 묶여 있던 미사일 개발제한이 22년 만에 풀려 국제적으로 미사일 비확산정책을 존중하고, 국내적으로 안보수요를 충족시킬 수 있는 적정 수준의 미사일을 개발할 수 있게 됐다.

• 한 · 미주둔군지위협정(SOFA ; 한미행정협정) 타결

한국과 미국은 살인 · 강간 · 마약 · 방화 · 강도 · 폭행치사 · 상해치사 등 12개 중대범죄를 저지른 미군피의자의 신변인도 시점을 종전 확정판결 후에서 기소시로 앞당기고,

Q 노벨상의 6개 수상부문은?

환경조항을 신설한 특별양해각서 체결 등 SOFA 개정안을 2000년 12월 타결했다. 독일을 제외하고 처음으로 SOFA체계 내에 환경조항을 명문화한데다 그 내용도 포괄적이고 구체적이어서 앞으로 미군의 환경오염사고에 대해 적극 대처할 수 있을 것으로 기대된다.

• 이지스 구축함(KDX-Ⅲ)

우리나라 해군의 차세대 구축함을 말하며, 2008년 실전에 배치될 예정이다. '이지스'는 그리스 신화 중 제우스가 딸에게 선물한 방패 '아이기스(AEGIS)'의 영어표현이다. 현재 이지스함을 보유한 나라는 미국과 일본으로 1998년 북한이 발사한 대포동 미사일을 정확히 추적한 것도 이지스함 '묘코'였다.

• 광개토대왕함

우리나라에서 진수된 최초의 구축함이다. 3,200t급으로 기본설계에서부터 건조에 이르기까지 순수 국내기술로 성공했으며, 함대와 기동부대, 선단의 대공, 대잠 방호임무와 다양한 작전임무를 수행한다.

○ 우리나라의 잠수함 : 이천함(우리나라 최초의 국산 잠수함 1호이다.), 최무선함(우리 기술에 의해 건조된 2호로 1,200급 중 세계에서 가장 성능이 우수함), 장보고함(최초로 실전배치된 현대식 잠수함으로 대함 미사일 발사 기능이 있음), 이종무함(1995년 5월 건조된 국산 잠수함으로 조선초 대마도를 정벌한 장군의 이름 사용), 이순신함(1998년 건조된 우리나라 7번째 잠수함)

• MD(미사일 방어체제)

미국은 적국이 미사일공격을 했을 때 이를 미리 감지해 공중에서 미사일을 요격할 수 있도록 지상, 해상, 우주기지를 건설하는 MD체제를 발표했다. 러시아와 중국의 대륙간탄도탄(ICBM) 외에 불량국가의 중 · 단거리 탄도미사일 방어도 포함한 것으로 미사일 방어를 통칭하는 개념이다. 이지스급 구축함의 미사일 방어체제도 미사일을 요격하는데 활용할 수 있다. MD는 ABM조약을 위반하는 것이므로, 미국은 2001년 ABM을 탈퇴했다.

• 미 ABM(탄도탄요격미사일) 협정 탈퇴

2001년 12월, 미국이 72년 러시아와 체결한 ABM협정에서 탈퇴한다고 발표했다. ABM은 미국과 구소련간의 보유전략무기의 상한선을 규제하자는 협상에서 나온 것이다. 미국의 ABM조약의 일방적 폐기와 MD의 조기 배치 계획으로 냉전체제 이후 30년간 유지되어온 핵확산 억제 체제가 유명무실해지고 세계 각국의 군비경쟁을 촉발할 것으로 예상된다. 이 조약은 자국의 최고 이익이 위태롭다고 판단될 경우 6개월 전에 통보하고 탈퇴할 수 있도록 하고 있다.

○ 미국과 러시아간 방위관련 조약 : ABM(탄도탄요격미사일), START(전략무기감축협정), MD(미사일방어체제)

Ⓐ 문학 · 평화 · 경제 · 의학 · 물리 · 화학상

- **START**(The Strategic Arms Reduction Talks ; 전략무기감축협정)

  1982년 6월, 제네바에서 시작된 미·소 양국의 전략무기 삭감을 위한 적극적인 감축교섭이다. 1991년 1단계 전략무기 감축협정(START I)에 따라 미국과 구소련은 보유중인 대륙간탄도미사일 등 장거리 핵무기를 향후 7년에 걸쳐 각각 30%와 38% 감축하기로 했다. 1993년 1월, 미국의 조지 부시와 러시아의 보리스 옐친이 2단계 전략무기 감축협상(START II)에 서명, 2003년까지 대륙간탄도미사일을 3,500기 정도로 줄이고, 잠수함발사미사일도 1,750기 수준으로 제한하기로 했다. 2000년 4월 제네바에서 3단계 전략무기 감축협정(START III)을 통해 보유 핵탄두를 2,500기, 2,000기로 줄이는 것에 대해 협상했다. START는 앞서 체결된 중거리 핵전력(INF)폐기협정과 함께 세계적인 핵위협 제거에 중대한 진전으로 평가되고 있다.

- **대륙간탄도탄**(大陸間彈導彈 ; ICBM ; intercontinental ballistic missile)

  대형의 원자·수소폭탄을 탄두에 장착하고 대륙간을 비행하는 장거리 미사일을 말한다. 1957년에 구소련이 먼저 개발했고, 미국은 1959년에 실용화했다. 대표적인 것으로는 미국의 타이탄·미니트맨, 구소련의 SS 9·SS 20 등을 들 수 있다.

- **미니트맨**(Minuteman)

  미 공군의 대륙간 탄도탄의 하나로, 3단식 고체연료를 사용하며 미국의 핵전력 중에서 중추적인 위치를 차지한다.

- **MX미사일**(missile experimental)

  미국 핵전력의 중심인 미니트맨에 대체되는 ICBM이다. 미니트맨보다 크고 사정거리도 길며, 한 번에 핵탄두 10개를 운반할 수 있다. 탄두 1개의 위력은 히로시마에 투하된 원자폭탄의 10배이며 명중률도 미니트맨보다 뛰어나다.

- **퍼싱 미사일**(Pershing Missile)

  미국이 개발한 중거리 탄도미사일이다. 구형 퍼싱 I 의 관성유도장치를 개량해서 만든 신형 퍼싱 미사일 II는 속도 마하 8(음속의 8배), 사정거리 1,600km이며, 60~400t의 핵탄두를 장착할 수 있다.

  ➊ 구소련의 SS 20에 대항, 유럽에 배치되었으나 '87년 INF(중거리 핵전력) 폐기협정에 따라 철거대상이 되었다.

- **크루즈 미사일**(Cruise Missile)

  미국이 개발한 항속거리 3,200km의 순항 미사일로, 제4세대 전략 미사일이라 불린다. 항공기나 함정, 육상기지에서 발사되어 비행 속도·방향·고도 등을 국지적 기상 조건에 관계없이 조정, 목표 지점에 오차 10m 이내의 놀라운 명중률로 폭발하는 무인 폭격

Q 우리나라 최초의 화폐는?

기이다. 적의 레이다망을 피하여 60m 저공으로도 비행할 수 있는 고성능 무기이다.

• 스팅어 미사일(Stinger Missile)

어깨에 메고 발사하는 1인용 적외선 미사일로, 미국이 개발했다. 비교적 짧은 거리에서 저공으로 내습해오는 석기에 대처, 발사하도록 고안되었다. 길이 150cm, 무게 16kg, 사정거리 3~4km인 이 미사일은 특히 프로펠러기 · 제트기 · 헬리콥터 등에 매우 위협적인 최신 무기이다.

❍ 우리나라는 '85년, 133기의 스팅어 대공 미사일을 구입한 바 있다.

• SS 20(Surface to Surface Missile)

구소련의 최신형 ICBM으로, 사정거리 5천km 이상의 초음속 이동식 미사일이다. 1977년부터 유럽 정면기지, 한국 · 일본 · 중국 등을 공격할 수 있는 아시아 지역 등에 배치, NATO 여러 나라에 위협이 되자 NATO는 퍼싱 Ⅱ · 크루즈 미사일의 배치로 이에 대항하였다. SS 20은 START(전략무기감축협상)의 감축대상이다.

❍ START를 통해 군축협상을 해온 구소련 대외권을 승계한 러시아 정부는 '92년 1월 미국의 군축에 대응, 크루즈 미사일 생산 중단 등 군축안을 발표했다.

• 스커드 미사일(Scud Missile)

구소련이 1965년부터 실전배치한 지상전투지원용 지대지 미사일로, 바르샤바조약기구의 주력 전술 미사일이다. 사정거리는 모델마다 달라 130km에서 450km 사이인데 핵탄두를 장착할 수 있으며, 이라크 · 시리아 등에 공급되어 있다.

❍ 서방측에서는 SS I 미사일로도 불리며, 스커드란 영어로 '바람처럼 날아간다' 는 뜻이다.

• 스텔스 폭격기(Stealth 爆擊機)

스텔스 기술을 이용하여 적의 레이더 반격이나 추적을 피할 수 있게 제조된 혁신적인 비행기로, '보이지 않는 폭격기' 로도 불린다. 조기경계 레이더 추적을 피할 수 있어 현재의 방공 시스템에 커다란 전기를 가져올 것으로 보이는 이 스텔스기는 미국에서 제작되어 '91년 1월의 걸프전에서 기습공격으로 위력을 떨쳤다.

• 미 군용기(軍用機)의 기종기호(機種記號)

미군에서는 군용기의 명칭을 붙일 때 앞에 기종기호를 붙이는데 A는 공격기(attack plane), B는 폭격기(bomber), C는 수송기(transport plane), E는 특별전자장치기(electronics equipped plane), F는 전투기(fighter), P는 초계기(patrol plane), T는 연습기(training plane)이다. 기종기호의 뒤에는 설계번호 · 개량기호 · 제작회사의 약호가 따른다.

❍ 예로서 F16D는 미 공군이 16번째로 제작한 전투기로 4번 개조한 것이다.

A 고려 성종 때의 건원중보

• **블랙박스**(black box)

기능은 알려져 있으나 내부구조는 알려지지 않은 장치로, 항공기 사고원인 규명의 열쇠인 플라이트 데이터 리코더(flight data recorder)와 보이스 리코더(voice recorder)를 총괄해서 블랙 박스라고 한다. 제작 초기에는 레이더의 기계부분이 검은 상자에 들어 있어 이러한 이름이 붙여졌다.

➡ 또 전투기의 피아식별장치 등은 비밀유지를 위해 라이선스 생산의 경우에도 블랙 박스로 현물공여가 행해지고 있다.

• **관성유도**(慣性誘導 ; inertial guidance)

미사일 또는 무인 비행기 유도방식의 하나이다. 가속도계에 의하여 관성의 가속도를 측정, 속도 · 비행거리를 산출하며, 고도 · 자세 등을 미사일이 조정하는 방법이다. 적으로부터 전파 방해를 받는 전파유도보다 안전하다.

• **빔 유도**(beam guidance ; 전파유도)

미사일 유도방식의 하나로, 발사점에서 목표물을 향해 전파를 계속 내보내어 미사일이 그 전파에서 벗어나지 않게 하여 목표물에 정확히 도달할 수 있도록 하는 방법이다.

• **공중조기경보통제기**(AWACS ; airborne warning and control system)

적기의 침입을 조기에 탐지해 경보를 발하는 항공기로 미국이 개발했다. 버섯모양의 레이더는 직경 9.14m, 두께 1.83m로 적기를 한 번에 600대까지 포착 · 추적할 수 있으며, 레이더에 연결된 컴퓨터 전자장치는 적기의 기종 · 속도 · 고도 · 방향 등 각종 정보를 지상기지에 보고하고 아군의 전투기 · 함정들을 지휘 · 통제할 수 있는 강력한 시스템을 갖추고 있다.

➡ '나는 전투지휘 사령부' 라는 별칭을 가지고 있다.

• **중성자탄**(中性子彈 ; neutron bomb)

수소폭탄(hydrogen bomb)을 더욱 개발한 것으로 핵융합 에너지를 중성자 모양으로 방출하는 폭탄이다. 폭발 에너지는 TNT 1천t에 불과하여 투하지역의 시설물에는 거의 피해를 주지 않으나, 2~3초 동안에 방출되는 방사능이 생체의 세포를 파괴시킴으로써 인명을 살상한다. 미국에서 1977년부터 생산이 시작되었으며, 제3의 핵무기라 일컫는다.

➡ 수소폭탄 : 수소의 원자핵이 열핵반응에 의해 융합, 헬륨 원자핵을 만들 때 방출하는 에너지를 이용하여 만든 폭탄이다. 우라늄폭탄 · 리튬폭탄 등이 있으며, 그 효과가 원자폭탄의 수천 배나 되어 제2의 핵무기라 일컫는다.

예문 수소폭탄의 원리를 묻는 문제가 출제됨

Q 국문으로 전해지는 가장 오래된 가요는?

• **궤도폭탄**(FOBS ; fractional orbital bombardment system)

정식명칭은 부분궤도수정 폭격시스템으로, 인공위성같이 궤도를 돌다가 목표 지점이 가까워지면 역추진 로켓을 발사, 대기권내에 재진입하여 폭격을 하게된다. 150km 정도의 인공위성 궤도를 비행하기 때문에 미사일 경계 레이더에도 몇 분전이 아니면 잡히지 않아, 전략공군기지나 통신망 기습에 효과가 있다.

• **핵배낭**(SADM ; special atomic demolition munitions)

공식적 명칭은 특수원자파괴탄으로, 특공대원이 등에 지고 적의 후방에 침투, 요새를 폭파하도록 한 소형 핵무기이다. 무게는 약 30kg에 불과하나, 그 위력은 10t에서 1천t에 달한다.

○ 1963년 미국에서 처음 생산되었다.

• **메가톤**(megaton) · **베가톤**(begaton)

원자폭탄 · 수소폭탄의 폭발력을 나타내는 단위이다. 메가톤은 TNT 100만t의 폭발력, 베가톤은 TNT 10억t의 폭발력에 해당한다. 베가톤 폭탄 1발이면 직경 80km, 면적 50만㎢ 내의 생물을 몰살시킬 수 있다. 남한과 북한을 합친 우리나라 전체의 면적은 약 22만㎢이다.

| 예문 | 메가톤 · 베가톤의 폭발력을 묻는 문제가 출제됨

• **핵 클럽**(nuclear club)

핵무기를 보유하고 있는 나라를 가리키는 말이다. 곧 미국 · 영국 · 구소련 · 프랑스(1960년 핵실험 성공) · 중국(1964년 핵실험 성공) · 인도(1974년 핵실험 성공) 등으로, 이들은 핵 병기와 핵 비밀을 클럽 이외 다른 국가에 주지 않는다.

○ 이들 국가 외에 이라크 · 이스라엘 · 파키스탄 · 리비아 · 북한 · 일본 등이 핵무기 개발을 진행하고 있다.

• **핵우산**(核雨傘 ; nuclear umbrella)

핵병기가 없는 비핵보유국에 대한 핵보유국이 미치는 영향력을 말한다. NATO 가맹국들과 한국 · 일본은 미국의 핵우산 아래 있는데, 이는 군사적, 정치적, 심리적 위협에 대처하는 효과가 있다.

○ 핵우산협정 : 비핵보유국이 핵보유국으로부터 공격을 받았을 때, 미 · 영 · 구소의 3국이 비 핵보유국을 방어해주자는 협정으로, 1968년 미 · 영 · 구소 3국간에 체결되었다.

• **핵**(核) **겨울**

핵폭발로 인한 연기와 재가 태양 빛을 차단하게 되어 지구의 기온이 저하, 제2의 빙하기가 초래된다는 이론이다.

A 정읍사

- **국제원자력기구**(IAEA ; International Atomic Energy Agency)
  원자력의 평화적 이용을 목적으로 1957년에 창설된 UN의 전문기구이다. 가입국의 연구장려와 원조 및 평화적 이용에 관한 기술적 과학적 정보의 교환을 도모한다. 본부는 오스트리아의 빈에 있으며, 가맹국은 128개국이다. 우리나라는 1956년에, 북한은 1974년에 가입했다.

  ◑ 한반도 에너지 개발기구(KEDO) : 북한에 한국형표준원자로 2기와 대체에너지(중유)를 공급하기 위한 국제컨소시엄이며, 그동안 진행된 북한과의 핵 합의를 실질적으로 이행하는 주체다.

- **핵확산금지조약**(NPT ; Treaty on the Non-Proliferation of Nuclear Weapons)
  핵무기 확산을 방지하기 위해 '68년 UN 총회에서 통과된 조약으로 유효기간은 25년이다. 이 조약에 따라 핵을 만들 수 있는 나라는 미·구소·영·프·중국의 5개국이며, 비핵보유국이 새로 핵무기를 보유하는 일과 보유국이 비보유국에 핵무기를 인도하는 일을 동시에 금지하는 것 등이 주요골자이다. NPT회원국은 187개국이며, 우리나라는 1975년에 가입했다. 2000년 NPT 제6차 평가회의에서 핵보유국은 핵무기 완전제거를 약속하는 합의문을 채택했다. 북한은 2003년 1월 NPT 탈퇴를 선언했다.

- **핵안전협정**(核安全協定 ; Fullscope Safeguards Agreement)
  국내에 보유하고 있는 모든 핵물질에 대해 IAEA(국제원자력기구)의 사찰을 받도록 하는 협정으로 NPT(핵확산금지조약) 가입 후 18개월 이내에 체결하도록 되어 있다.

  ◑ 북한은 1974년 IAEA에, '85년 NPT에 가입했으나, 핵안전협정에는 서명하지 않다가 '92년 1월 이에 서명하였다.

- **부분적 핵실험 금지조약**(PTBT ; Partial Test Ban Treaty)
  대기권내, 우주공간 및 수중에서의 핵무기 실험을 금지하는 조약이다. 1963년 미·영·구소련이 지하 핵실험을 제외한 모든 핵실험을 금지하기로 하였다. 우리나라는 1963년에 가입했다.

- **포괄적 핵실험 금지조약**(CTBT ; Comprehensive Test Ban Treaty)
  1963년 미국·영국·구소련 3국간에 체결된 부분적 핵실험금지조약(PTBT)이 대기권과 지상·수중에서의 핵실험만을 금지하고 있어 지하 핵실험을 규제할 수 없다는 의문이 제기됨에 따라 이를 해결하기 위반 방안으로, 1996년 국제연합 총회에서 모든 핵실험을 금지한다는 내용을 골자로 채택한 국제조약이다. 5대 핵보유국 및 잠재적 핵개발 가능국을 포함해 원자로시설 보유국인 44개국 가운데 비준하지 않은 국가들이 있어 아직 정식으로 발효되지 않은 상태이다.

- **핵사찰**(核査察 ; nuclear inspection)
  국제원자력기구에서 원자력발전소를 운영하는 국가의 평화적 이용상태를 감시하는 것

Q 인터폴(Interpol)이란?

을 말한다. 핵사찰은 A, B, C급으로 분류해 통제하는데, A급은 핵무기를 보유한 국가(미국 · 영국 · 구소련 · 프랑스 · 중국 · 인도 · 이스라엘 등) 들이며, 민간용 원자력발전소에 한해 자발적인 사찰을 받는다. 일본 등 B급 사찰국가의 경우, IAEA는 일부분만 사찰을 담당한다. 한국을 비롯한 대부분의 C급 국가는 엄격한 감시통제를 받는다.

➡ 원자력발전소 9기를 운영하는 우리나라의 경우, IAEA는 사찰단을 파견, 원전 운영을 철저히 감시하고 있다.

• **SALT**(Strategic Arms Limitation Talks ; 전략무기제한협정)
핵무기 개발을 억제하기 위해 1969년 헬싱키에서 미국과 구소련간에 체결된 협정으로, ABM 제한과 공격용 전략무기제한 잠정협정인 SALT I(1972~77), 핵무기의 수량제한과 질적 규제가 가능한 SALT Ⅱ(1979~85)로 이어진다.

➡ INF협정 : 미 · 구소련간의 중거리 핵전력(SS 20 · 크루즈 미사일 등) 감축을 위한 협상을 말한다(1987년 12월).

• **화생방전**(CBR warfare)
화학전(Chemical warfare) · 생물학전(Biological warfare) · 방사능전(Radiological warfare)의 첫머리를 딴 약어로, 가스 · 세균 · 방사능 등을 사용하여 대량학살을 목적으로 하는 현대전쟁의 한 방법이다. ABC전이라고도 한다.

➡ ABC전은 원자력(atomic) · 세균(bacteria) · 화학(chemical)에서 따온 약어이다.

• **화학무기**(chemical weapon)
독가스와 같이 유독화학물질을 사용하여 인명을 살상하거나 초목을 고사시키는 무기이다.

 1. 사린 가스 : 히틀러 때 사용된 살인가스로 호흡장애와 신경마비로 사람을 수분 내에 치사시킨다.

 2. 에이전트 오린지 : 미국이 베트남전에서 천연의 정글을 엄폐물로 사용하는 베트콩을 소탕하기 위해 사용했던 고엽제이다.

 3. 황색 비 : 구소련이 개발한 화학무기로, 1975년 베트남군이 고산족인 라오족과 크메르 루주군을 소탕할 때 사용하였다.

 4. 겨자 가스 : 겨자와 같은 색과 냄새가 나는 유독화학제로, '84년 이란 · 이라크전에서 독가스로 사용되었다.

➡ 제1차 세계 대전중 독일군의 염소가스 공격이 최초의 화학무기 사용의 예이며, 베트남전쟁에서는 미군이 재채기 · 구토 · 가스 및 고엽제를 사용한 바 있다. 1925년 제네바의정서에서 사용금지가 제안, '90년 2월 미국 · 구소련간에 화학무기 대부분을 폐기하기로 합의했다.

예문 화학무기 중 황색 비(yellow rain)가 무엇인지를 묻는 문제가 출제됨

A 국제 범죄 방지를 위한 국제형사경찰기구

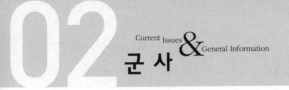

02 군사

- **냉전**(冷戰 ; cold war)

  제2차 세계대전 이후 격화된 미국과 구소련의 대립을 중심으로 한 자유세계와 공산권의 대립을 말한다. 제2차 세계대전을 열전이라 하는 데 대해 전쟁에까지는 이르지 않는 대립이라는 뜻에서 냉전이라 한다. 미국의 외교평론가 리프맨(W. Lippmann)이 처음 쓴 말이다.

  ⊙ 1970년대부터 양국의 평화공존 정책으로 긴장완화(데탕트)의 시대가 시작되었다.

- **3D정책**

  1969년 NATO(북대서양조약기구) 각료이사회에서 채택한 NATO의 기본정책으로, 3D란 방위(defence) · 침략 저지(deterrence) · 긴장완화(detente)를 뜻한다.

  예문 북대서양조약기구의 3D정책이 아닌 것은? 등으로 출제됨

- **대리전쟁**(代理戰爭 ; proxy war)

  분쟁 당사국이 직접 전쟁을 하지 않고 동맹국이나 다른 나라로 하여금 대신 치르게 하는 전쟁을 말한다. 자본주의 강대국에 예속된 식민지 · 약소민족의 민족주의 세력을 지원함으로써 구소련이 해야 할 전쟁을 그들로 하여금 대리하게 한 데서 비롯되었다.

  ⊙ 우리나라의 6 · 25, 베트남전, 이스라엘과 아랍 국가들 사이의 전쟁 등을 흔히 미 · 구소의 대리전쟁이라 한다.

- **우발전쟁**(偶發戰爭 ; accidental war)

  전쟁을 하려는 의지에서가 아니라 레이더 장치의 고장이라든가 군사명령이나 감시병의 판단 착오, 핵폭발 사고 등 우연한 일로 일어나는 전쟁을 말한다.

- **핫라인**(Hot Line)

  우발전쟁을 막기 위해 1963년 8월 워싱턴의 백악관과 모스크바의 크레믈린 사이에 가설된 직통 통신시설이다. 1967년 중동전쟁이 발발했을 때 처음 사용되었다.

  예문 핫라인이 무엇인지 묻는 문제가 출제됨

- **CIA**(Central Intelligence Agency)

  미국 중앙정보국으로 1947년에 설치되었다. 대통령 직속의 비밀기구로, 세계 각국의 정치 · 경제 · 군사 · 외교에 관한 정보를 수집하여 이를 국가안전보장회의에 보고한다.

  ⊙ CIA의 보고는 미국의 정책에 직접 반영되므로 '보이지 않는 정부'로도 불린다.

- **KGB**(Komitet Gosudarstvennoi Bezopasnosti 러)

  구소련 국가보안위원회 즉 정치경찰이다. 국가안보에 관련된 모든 분야를 취급, '국가 내의 국가'로 불렸던 KGB는 '91년 공산당 몰락과 함께 해체되었다.

Q 세계 4대 문명 발상지는?

◯ KGB는 군 · 공산당과 더불어 구소련 정권의 3대 기둥이었다.

• **펜타곤**(Pentagon ; 미 국방부)

미국의 육 · 해 · 공군의 3성을 통합한 최고 군사기관으로, 워싱턴의 포토맥 강가에 있으며, 청사가 5각형 건물인데서 펜타곤(5각형이라는 뜻)이라 한다. 국방장관의 지휘 아래 통합참모본부(joint chief of staff)가 있으며, 3군 작전의 기본전략을 조정 · 실시한다. 2001년 9 · 11테러로 비행기가 충돌해 건물 일부분이 부서지고 사상자가 났다.

• **자위대**(自衛隊)

일본 방위청에 소속되어 직 · 간접 침략을 방위할 목적으로 설치된 준 군대조직이다. 1954년 설치되었으며, 사실상 군대임에도 자위대라는 명칭인 것은 제2차 세계대전의 도발과 패전의 대가로 미 점령군에 의해 부과된 '평화헌법'의 강령 때문이다. 타국에 대한 전쟁행위를 금한다는 헌법규정에 따라 당초엔 군대조직의 창설을 금지했었으나 동서냉전의 격화와 더불어 자위대의 창설을 보게 된 것이다. 자위대의 해외 파병은 유엔평화유지활동(PKO) 협력법이 제정된 92년 이후 이루어졌다.

◯ 일본 군사예산의 증액 등은 자위대를 전위로 한 신군국주의의 부활이라는 세계 각국의 비판여론이 높다.

• **계룡대**(鷄龍臺)

대전 서북방 25km지점의 계룡산 기슭에 건설된 육 · 해 · 공군 3군 통합 신기지를 말한다. 총 900만 평의 규모에 3군 본부가 들어선 이 기지에는 미 국방성(펜타곤)과 같은 5각 건물을 비롯하여 학교 · 병원 등 각종 시설을 갖추고 있다.

◯ 3군 본부의 지방 이전은 서울 소재의 군 최고사령부가 휴전선에서 너무 가까울 뿐 아니라 수도권 발전 저해 등 문제가 크다는 지적에 따라 추진된 것이다.

• **DMZ**(demilitarized zone ; 비무장지대)

국제조약이나 협정에 의하여 군사적 행동이나 시설이 금지된 지역으로서, 군사분계선이라고도 한다. 우리나라의 경우는 휴전선으로부터 남 · 북 각 2km의 지대이다.

◯ 적대국의 군대간에 발생할 우려가 있는 무력충돌을 방지하기 위해 설치된다.

A 메소포타미아 · 이집트 · 인더스 · 황허 유역

Current Issues & General Information

CHAPTER 13

High-Tech & Science

− 자연과학 −

01 물 리
02 화 학
03 생 물
04 기 타

- **가속도**(加速度 ; acceleration)

단위시간에 일어나는 속도의 변화량을 말한다. 즉, 기차나 버스가 달릴 때 속도가 점점 빨라지는데, 그 속도의 증가비율을 가속도라 한다. 1초에 몇 cm의 비율로 속도가 빨라지는가 하는 식으로 표현되는데, 속도의 변화가 일정한 물체에서 시간 t초 동안에 처음 초속 v_0에서 나중 속도 v로 변화하였다면, 가속도 $a = (v - v_0) \div t$ 이다.

예문 가속도의 개념을 묻는 문제가 출제됨

- **운동의 법칙**(laws of motion)

영국의 물리학자 뉴턴(I. Newton)이 확립한 역학의 3대 기본법칙, 즉 제1법칙 '관성의 법칙', 제2법칙 '가속도의 법칙', 제3법칙 '작용·반작용의 법칙'을 말한다.

1. 관성의 법칙 : 물체는 외부의 힘을 받지 않는 한 그 운동상태를 변화시키지 않는다는 법칙이다.

2. 가속도의 법칙 : 가속도의 크기는 작용하는 힘의 크기에 비례하고, 질량에 반비례하며, 힘의 방향과 일치한다는 법칙이다.

3. 작용·반작용의 법칙 : 두 물체간의 작용과 반작용은 방향은 반대이나 크기는 같다는 법칙이다.

○ 1. 관성(慣性) : 물체가 운동상태를 계속 유지하려는 성질로, 달리던 버스 안의 승객이 버스가 급정거하면 앞으로 넘어지는 현상 등이다.

2. 작용·반작용의 예 : 로켓이나 제트기가 분출 가스의 반작용에 의하여 전진하는 것, 배에 타고 있는 사람이 육지에 매어둔 줄을 잡아당기면 배가 육지로 나가는 것 등이 그 예다.

- **힘의 3요소**

물체에 힘이 작용할 때, 그 모양이 변하는 정도는 힘의 크기에 따라 달라진다. 그러나 힘의 크기가 같더라도 작용하는 방향이 다르면 그 효과도 달라진다. 따라서 물체에 작용하는 힘을 나타내려면, 그 힘의 크기 이외에 작용하는 방향을 표시해야 한다. 이와 같이 힘을 나타내는 데 필요한 요소인 힘의 크기·방향·작용점을 힘의 3요소라 한다.

예문 힘의 3요소는 자주 출제되니 반드시 외워둘 것

- **원심력**(遠心力)

원운동을 하고 있는 물체에 작용하는 관성의 힘으로, 곧 원의 중심에서 멀어지려는 방향으로 작용하는 힘을 말한다. 물체가 원운동을 할 때 중심으로 향하려는 힘, 즉 구심력과 크기는 같으나 방향은 반대이다.

Q 현대사회의 4mass란?

• **탄성**(彈性)

고무줄이나 용수철 등과 같이 외부의 힘에 의해 모양이 달라진 물체가 그 힘이 없어지면 다시 본래의 모양으로 되돌아가는 성질을 말한다.

◐ 소성(塑性) : 진흙처럼 일단 외부의 힘을 받으면 원상태로 돌아가지 않는 성질이다.

• **만유인력**(萬有引力)**의 법칙**(law of gravitation)

1687년 뉴턴이 발견한, 모든 물체 사이에 보편적으로 작용하는 만유인력에 대한 것으로, 서로 다른 두 물체 사이에 작용하는 인력의 크기는 두 물체의 질량의 곱에 비례하고, 거리의 제곱에 반비례한다는 법칙이다.

◐ 사과가 떨어지는 것을 보고 만유인력의 법칙을 생각해 낸 '사과 일화'는 유명하다.

• **상대성이론**(相對性理論 ; theory of relativity)

독일 태생의 미국 물리학자 아인슈타인(Einstein)에 의하여 제창된 현대 물리학의 중요한 이론으로, 1905년에 제출된 특수상대성이론과 1915년에 발표된 일반상대성이론으로 이루어져 있다. 특수상대성이론은 운동에 관한 갈릴레이-뉴턴의 상대성원리를 근본적으로 개혁, 서로 같은 속도로 운동하는 관측자에 대하여 모든 물리법칙이 같은 형식으로 기술되도록 정식화되어 있으며, 일반상대성이론은 중력과 관성의 힘을 동등한 것으로 보는 입장에서 일정한 가속도를 가진 관측자들에게도 상대성원리가 성립하도록 체계화되어 있다.

◐ 4차원의 세계가 존재함을 밝힌 상대성 이론은 베르그송 등의 철학에 형이상학적 기초를 제공했으며, 회화와 문학의 전위적 기술에도 영향을 미쳤다.

• **모세관현상**(毛細管現象)

가는 유리관(모세관)을 액체 속에 세웠을 때 관 안의 액면이 관 밖의 액면보다 높아지거나(물인 경우) 낮아지는(수은인 경우) 현상을 말한다. 액면이 올라가거나 내려가는 길이는 관의 반지름에 반비례한다. 흡수지나 천에 물이 저절로 스며드는 것도, 뿌리에서 흡수된 수분이나 양분이 식물체 전체에 퍼지는 것도 역시 이 현상에 포함된다.

• **아르키메데스의 원리**(Archimedes' principle)

아르키메데스가 발견한 부력의 법칙으로, 액체 속에 잠긴 물체는 액체 속에 잠긴 부분과 같은 부피의 액체 무게만큼 부력을 받는다는 원리이다. 부력의 법칙은 액체·기체 또는 물체의 정지·운동에 관계없이 성립한다. 어떤 액체에 잠겨 있는 물체의 부피를 $V cm^3$, 액체의 밀도를 $\rho g/cm^3$이라고 하면, 부력 $F = V\rho(g중) = V\rho g(dyne)$이다.

• 앙페르의 법칙(Ampère's law)

1822년 프랑스의 물리학자 앙페르가 발표한, 전류와 자기장에 관한 기본 법칙의 하나이다. 도선에 전류가 흐르면 그 도선의 주위에 자장이 생기며, 이 자장은 전류에 수직한 면 안에서 동심원의 모양을 이루는데, 그 방향은 오른쪽으로 돌릴 때의 나사못의 방향과 같다는 법칙이다.

• 옴의 법칙(Ohm's law)

도체내의 두 점 사이를 흐르는 전류의 세기는 두 점 사이의 전위차에 비례하고, 그 사이의 전기 저항에 반비례한다는 법칙이다. 1827년 독일의 물리학자 옴이 발견한 물리학의 기본법칙의 하나이다. 단위는 Ω (옴)이다.

• 패러데이의 법칙(Faraday's law)

1831년 영국의 물리학자 패러데이가 발견한 전자유도에 관한 법칙이다. 유도 기전력의 크기는 코일을 교차하는 자력선 수의 변화속도에 비례하고, 그 방향은 코일을 관통하는 자력선 수의 변화를 방해하는 방향으로 생긴다는 법칙이다.

❍ 기전력의 방향을 정하는 렌츠의 법칙과 함께 전자기 유도가 일어나는 방식을 나타내는 중요한 법칙의 하나이다.

• 플레밍의 법칙(Fleming's law)

영국의 전기학자 플레밍이 발견한, 자장 위의 전류가 흐르는 도선에 작용하는 힘과 자장의 방향과의 관계를 나타내는 법칙으로, 오른손의 법칙과 왼손의 법칙이 있다.

1. 플레밍의 오른손 법칙 : 오른손의 세 손가락을 각각 직각이 되게 뻗어 집게손가락을 자기장의 방향으로 향하게 하고, 이 자기장 안에서 엄지손가락의 방향으로 도선을 움직이면 도선에는 가운뎃손가락의 방향으로 전류가 흐른다는 법칙이다.

2. 플레밍의 왼손 법칙 : 왼손의 세 손가락을 서로 직각이 되게 하여 집게손가락을 자기장의 방향으로 향하게 하고, 그 자기장 안에서 가운뎃손가락의 방향으로 전류를 흐르게 하면 그 도선은 엄지손가락의 방향으로 힘을 받게 된다는 법칙이다.

예문 플레밍의 법칙의 개념을 묻는 문제가 출제됨

• 정전유도(靜電誘導)

대전체를 도체에 접근시키면 대전체 가까운 표면에서는 반대의 전기, 반대쪽 표면에서는 같은 전기가 일어나는 현상을 말한다. 정전감응이라고도 한다.

❍ 대전체는 정전기를 띠고 있는 물체, 도체는 열이나 전기 등을 전도하는 물체를 가리킨다.

Q 세계 최다우지는?

• 열(熱)의 이동

물체 속으로 들어가서 그 온도를 높이고 따뜻한 느낌을 주는 열의 이동현상에는 대류 · 전도 · 복사 등이 있다.

1. **대류(對流)** : 액체나 기체가 열을 받으면 팽창에 의하여 열을 받은 부분이 위로 올라가고 열을 받지 않은 부분은 아래로 내려가는 현상으로, 냉장고의 얼음은 높은 데에 두고, 난방기구는 낮은 데에 두는 일 등은 이 대류효과를 이용하기 위해서이다.

2. **전도(傳導)** : 열이 물체의 고온부로부터 점차 저온부로 옮겨가는 현상으로 쇠막대를 달굴 때 생긴다.

3. **복사(輻射)** : 열을 한 점으로부터 사방으로 내쏨, 또는 그러한 현상을 말한다. 반사경이 달린 스토브는 열의 복사현상을 이용한 것이다.

❍ 열의 전도속도는 물질에 따라 다르며, 빨리 이동하는 물질을 양도체, 더디게 이동하는 물질을 불량도체라고 한다.

예문 냉장고에서 얼음을 위쪽에 두는 것은 열의 어떠한 현상을 이용한 것인지를 묻는 문제가 자주 출제됨

• 마하(Mach)

비행기 · 로켓 · 미사일 등 고속으로 움직이는 물체의 속도를 음속으로 나타내는 단위이다. 소리가 1시간에 도달할 수 있는 거리를 마하 1이라 하는데, 소리의 속도는 15˚C일 때 초속 340m이므로, 마하 1은 1,224km가 된다.

❍ 속도가 마하 1을 넘을 때 초음속이라 한다.

• 빛의 현상들

빛이 공기 속이나 어떤 매질(媒質)을 통과할 때 나타나는 여러 가지 현상으로, 반사 · 굴절 · 산란 · 분산 등이 있다.

1. **반사(反射)** : 일정한 방향으로 진행하는 파동이, 다른 물체의 표면에 부딪혀서 진행을 반대의 방향으로 바꾸는 현상이다.

2. **굴절(屈折)** : 빛이 한 매질에서 다른 매질로 들어갈 때 그 경계면에서 진행방향이 바뀌는 현상으로, 신기루 · 아지랑이 · 무지개, 물그릇 속의 수저가 굽어보이는 것 등은 모두 빛의 굴절현상 때문이다.

3. **산란(散亂)** : 빛이 공기 속을 통과할 때 공기 중 미립자에 부딪혀 흩어지는 현상으로, 아침 저녁에 하늘이 붉게 보이는 것 등이 그 예이다.

4. **분산(分散)** : 빛 또는 다른 파동에서 굴절률이 파장에 따라 다르기 때문에 일어나는 현상으로, 프리즘에 의한 빛의 분산 등이 그 예이다.

❍ 난반사(亂反射) : 겉면에 빛의 파장 정도 크기의 작은 요철이 무수히 있는 물체에 빛이 부딪혀서 사방팔방으로

A 인도의 아셈지방

물리
Current Issues & General Information

흩어지는 반사를 말한다. 여러 가지 물체가 서로 다른 위치에 있는 많은 사람에게 동시에 보이는 것은 빛이 난반사 하기 때문이다.

예문 봄철의 아지랑이, 비온 뒤의 무지개가 생기는 이유를 묻는 문제가 주로 출제됨

• 레이더(radar)
전파를 발사하여 그 반사파를 받아 목표물의 존재와 거리를 탐지하는 장치로, 전파가 그 파장 정도 크기의 물체에 부딪히면 일부분은 반사된다는 성질을 이용한 것이다. 상당한 원거리까지 또는 야간이나 안개가 낀 날에도 목표물을 탐지할 수 있다. 군사용으로 개량·발전되어 왔으나, 현재는 항해용·항만용·항공기 탑재용·기상용·중계용 등으로 널리 이용되고 있다.

• 조명도(照明度)
어떤 물체의 일정한 면이 일정한 시간에 받는 빛의 양으로, 광원의 광도에 비례하고, 광원으로부터의 거리에 반비례한다. 1촉광(cd)의 광원으로부터 1m의 거리에 있고, 빛의 방향에 수직한 면의 조명도를 1럭스(lux)라 한다.

• 가시광선(可視光線)
사람의 눈으로 볼 수 있는 광선으로 파장의 범위는 사람에 따라 다소 차이가 있으나, 대체로 380~770nm이다. 빨강·주황·노랑·초록·파랑·남색·보라의 일곱 가지가 있다.

❍ 가시광선보다 긴 파장이 적외선, 짧은 파장이 자외선이다.

Q GATT를 대신해 세계무역질서를 세우고 UR 이행을 감시하는 국제기구는?

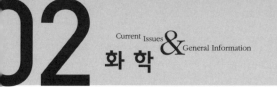

• **원자**(原子 ; atom)

물질을 구성하는 가장 기본적인 요소로, 원자핵과 그 주위를 도는 전자로 구성되며, 두 개 이상이 결합하여 분자를 만든다.

◑ 원자핵 : 원자의 중앙에 있으며, 양자와 중성자가 강한 핵력으로 결합한 것이다.

• **쿼크**(quark)

물질의 궁극인 소립자의 가장 기본적인 입자이다. 원자핵은 양자와 중성자로 되어있는데, 양자·중성자·전자에 광자를 더한 것이 소립자이다. 1964년 미국의 겔만과 츠바이크는 이 소립자들이 쿼크로 이루어져 있다는 가설을 제창했는데, 이 가설이 입증된 것은 1974년이었다.

예문 물질의 성질을 나타내는 최소의 구성입자가 무엇인지를 묻는 문제가 출제됨

• **원자력**(原子力 ; atomic energy)

원자핵에서 방출되는 다량의 에너지를 말한다. 방사성원소가 자연적으로 붕괴할 때 나오는 방사선 에너지도 넓은 뜻에서는 이에 해당하지만, 일반적으로 인위적으로 원자핵 변환을 일으킴으로써 이용 가능한 에너지를 산출해 낸 것을 말한다. 그 방법으로는 핵분열과 핵융합이 있다.

◑ 제3의 불 : 원자력을 뜻한다. 인류가 불·전기 다음으로 획득한 에너지원이라는 뜻에서 나온 말이다.

• **원자로**(原子爐 ; nuclear reactor)

우라늄이나 플루토늄 등 핵분열 물질을 이용, 제어된 핵분열 연쇄반응을 안전하게 연속적으로 일으켜 에너지 등을 얻는 장치이다. 동력용과 방사성 동위원소 생산용이 있는데, 세계 최초의 원자로는 미국의 물리학자 페르미(E. Fermi)가 1942년 시카고 대학에 세운 것이다.

예문 원자로가 핵분열 반응을 이용하는 점과, 페르미가 원자로를 처음 만든 사실 등을 알아보는 문제가 출제됨

• **우라늄**(uranium ; U, Ur)

원자번호 92의 원소로 원자로의 연료나 핵무기의 재료로 사용된다. 동위원소로는 우라늄 234·우라늄 235·우라늄 238 등이 있다. 이중 핵분열 물질은 우라늄 235이며, 우라늄 238은 핵분열을 일으키지는 않지만 중성자를 흡수해 핵분열성의 플루토늄 239로 변하기 때문에 고속증식로의 블랭킷에 사용된다.

◑ 재처리(再處理) : 원자로에서 사용이 끝난 핵연료로부터 플루토늄과 같은 유용물질과 폐기물을 분리해 내는 것을 말한다.

🅐 WTO

- **플루토늄**(plutonium ; Pu)

  우라늄 238이 원자로 속에서 중성자 세례를 받을 때 생기는 원소이다. 우라늄 238 이 중성자 1개를 흡수하면 플루토늄 239, 2개 이상을 흡수하면 플루토늄 240, 241, 242 등으로 변한다. 이중 핵분열성인 플루토늄 239는 소량으로도 원자폭탄을 만들 수 있다.

- **핵융합**(核融合 , nuclear fusion)

  수소나 중수소 등 가벼운 원소의 원자핵끼리 하나로 융합하여 다량의 에너지를 방출하는 현상을 말한다. 이 핵원료는 거의 무한하며, 방사성 낙진도 생기지 않고 또 유해한 방사능도 비교적 적다.

  ◐ 수소폭탄은 이 융합과정을 이용한 것이다.

- **핵분열**(核分裂 ; nuclear fission)

  질량수가 크고 무거운 원자핵이 많은 에너지를 방출하면서 같은 크기의 둘 이상의 핵으로 분열하는 일을 말한다.

  ◐ 원자폭탄이나 원자로는 이 방법을 이용한 것이다.

- **이온결합**(ionic bond)

  화학결합의 하나로, + −이온의 정전인력에 의한 원자의 결합양식이다. 소금·형석 등 무기염류에서 볼 수 있는데, 소금 같은 것은 염소의 −이온과 소듐의 +이온이 그 정전인력에 의하여 결합되어 있는 것이다.

  ◐ 이온결합의 경우 : 이온화 에너지가 작은 원소 및 기타 거의 모든 금속과, 전기 음성도가 큰 원소의 원자들 사이에서 일어난다.

- **공유결합**(公有結合 ; covalent bond)

  화학결합의 한 양식으로, 이온화 에너지가 비슷한 원자끼리(주로 비금속 상호간) 서로 원자가 전자를 공동으로 내어 공유하면서 결합되어 있는 상태를 말한다. 대부분의 유기화합물과 일부 무기화합물에서 볼 수 있는데, 수소·탄소·산소 등의 원자는 공유결합을 만들기 쉽다.

  ◐ 공유결합의 경우 : 이온화 에너지 또는 전기 음성도의 값이 같거나 비슷한 원자 사이에 일어난다.

- **동위원소**(同位元素 ; isotope)

  원자번호는 같으나 질량수가 다른 원소를 말한다. 일반적인 화학반응에서 화학적 성질은 같지만 물리적 성질이 다른 경우가 많다. 방사성 동위원소·안정 동위원소가 있다.

  ◐ 수소의 동위원소로는 경수소·중수소· 3중수소 등이 있다.

Q 소설의 3요소는?

- **방사성원소**(放射性元素 ; radioactive element)
  방사능을 가져서 스스로 방사선을 방출하고 붕괴하는 원소를 말한다. 방사능이란 원자 번호가 큰 원소 중에서 원자핵이 불안정하여 자연히 방사선을 내는 능력이다.

  ◐ 최초로 발견된 방사성원소는 우라늄(U)이며, 1896년 프랑스 물리학자 베크렐이 우라늄 화합물이 흑색종이를 통과, 사진 건판을 감광시키는 사실에 주목해 방사능을 발견하였다. 1898년 퀴리 부처는 광석 속에서 라듐(Ra)을 발견했다.

- **방사선**(放射線 ; radioactive rays)
  방사성 원소의 붕괴에 따라 방출되는 복사선으로, 알파선(α선) · 베타선(β선) · 감마선(γ선)의 세 종류가 있는데, 모두 전리 · 형광 · 열작용이 있는 외에 세포를 파괴하는 작용이 있다.

- **반감기**(半減期 ; half life)
  방사성원소가 붕괴하여 처음 질량의 반으로 줄어드는 데 걸리는 시간을 말한다. 온도 · 압력 등 외부 조건에 전혀 영향을 받지 않으며, 방사성원소 종류에 따라 그 기간이 일정하다.

  ◐ 라듐의 반감기는 1622년, 우라늄은 45억 년이다.

- **감속재**(減速材 ; moderator)
  중성자는 원자핵반응에 매우 중요한 역할을 하지만 그 속도가 너무 빨라 그대로는 효율적이지 못하다. 지나치게 빠른 중성자의 속도를 낮추기 위해 가벼운 원소의 원자핵과 충돌시킬 필요가 있으며, 이를 위해 쓰이는 물질이 감속재이다.

  ◐ 감속재로는 흑연 · 중수 · 경수 등을 들 수 있다.

- **산**(酸 ; acid)
  물에 녹으면 산성반응을 나타내는 수소화합물을 통틀어 이르는 말로 황산 · 염산 · 질산 등이 있다. 신맛을 가진다.

  ◐ 푸른 리트머스 시험지를 붉은색으로 변화시킨다.

- **알칼리**(alkali)
  물에 녹는 염기성 물질을 통틀어 이르는 말로, 수산화나트륨 · 수산화칼륨 · 수산화칼슘 등이 있다.

  ◐ 붉은 리트머스 시험지를 푸른색으로 변화시킨다.

A 주제 · 구성 · 문체

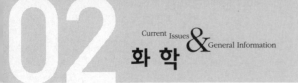
• **암모니아**(ammonia)

수소와 질소의 화합물로, 쏘는 듯한 악취가 있는 무색의 기체이며, 수용액은 약한 알칼리성이다. 압력을 가하면 쉽게 액화하고 기화열이 높아 냉방·제빙 등에 쓰이고, 유안·질산 등 비료제조에도 쓰인다.

• **산화**(oxidation)·**환원**(reduction)

어떤 물질이 산소와 결합하여 산화물을 만드는 화학변화를 산화라 하고, 산화물이 화합한 산소의 일부 또는 전부를 잃는 화학변화를 환원이라 한다.

◐ 산화제로는 산소·오존 등이 있고, 환원제로는 수소·탄소 등이 있다.

• **승화**(昇華 ; sublimation)

고체에 열을 가했을 때 액체가 되는 일 없이 바로 기체가 되는 현상으로 그 반대의 과정까지 포함할 때도 있다. 나프탈린·드라이아이스 등은 공기 속에 방치하면 상온에서 기체로 화하고 말며, 얼음도 0℃ 이하에서는 직접 기체가 된다. 흑자색 요드의 결정을 가열하면 용해하지 않고 적자색 기체가 되며, 그 증기를 냉각시키면 다시 흑자색 결정이 된다. 승화할 때 흡수 또는 방출하는 열을 승화열이라 한다.

• **보일·샤를의 법칙**(Boyle-Charle's law)

일정량의 기체의 부피는 압력에 반비례하고 절대온도에 정비례한다는 법칙이다. 일정 온도에서 기체의 부피는 압력에 반비례한다는 보일의 법칙과 압력이 일정할 때 일정량의 기체의 부피는 그 절대온도에 비례한다는 샤를의 법칙을 종합한 것이다.

◐ 실제의 기체는 압력이 낮고 온도가 높으면 대체로 성립되나, 고압·저온에서는 성립되지 않는다.

• **촉매**(觸媒 ; catalyzer)

화학반응에서, 그것 자체는 화학변화를 받지 않으면서 다른 물질의 반응을 촉진하거나 지연시키는 물질을 일컫는다.

• **냉매**(冷媒 ; refrigerants)

저온의 물체에서 열을 빼앗아 고온의 물체에 열을 운반해주는 전열 매체를 말한다. 현재 널리 사용되고 있는 냉매로는 암모니아·프레온·크롤로메틸 등이 있다.

◐ 이 중 프레온은 오존층 파괴의 주범으로 금지됐다.

• **나프타**(naphtha)

석유·콜타르 등을 증류하여 얻어지는, 비점이 낮은 탄화수소의 혼합물로 이루어진 기름을 말한다. 융점이 낮은 경질 나프타는 석유화학용과 도시 가스에 대량으로 쓰이며,

Q 소설 구성의 3요소는?

중질 나프타는 자동차 가솔린의 조합원료로 쓰인다.

예문 출제가 잘되니 '나프타=조제 가솔린'으로 외워두자

• **벤젠**(benzene)

콜타르를 분류해서 얻은 무색의 휘발성 액체로, 물과는 화합되지 않으나 기름을 잘 녹이는 성질이 있다. 용해제 또는 물감 · 향료 · 폭약의 원료로 사용된다.

➡ 벤졸(benzol)이라고도 한다.

• **비닐**(vinyl)

아세틸렌을 주된 원료로 하는 합성수지의 총칭이다. 나일론과 달라서 방수성은 대단히 강하나 열에 약한 것이 결점이다.

➡ 염화비닐 · 초산비닐 · 스티롤 등의 세 종류가 있다.

• **옥탄가**(octane number)

가솔린이 연소할 때 이상 폭발을 일으키지 않는 정도를 나타내는 수치이다. 옥탄가가 높은 가솔린일수록 이상 폭발을 일으키지 않고 잘 연소한다.

➡ 표준연료 중 이소옥탄의 용량 백분율이 그 가솔린의 옥탄가이다. 자동차용 가솔린은 보통 옥탄가 60~70, 항공기용은 70 이상이다.

A 인물 · 사건 · 배경

• 엽록체(葉綠體)

엽록소를 가지고 있는 색소체로 식물의 녹색 부분의 세포질 안에 있으며, 탄소동화(炭素同化 ; 光合成)를 영위하는 중요한 부분이다.

○ 엽록소(葉綠素) : 엽록체 속에 들어 있는 녹색의 색소로, 광합성에 필요한 에너지를 태양으로부터 얻는 구실을 한다.

• 동화작용(同化作用)

녹색식물이나 세균류가 이산화탄소와 물로 탄수화물을 만드는 작용으로, 동화의 대표적인 예는 탄소동화작용이다. 동화에 소요되는 에너지는 생체 내에서 분해적인 물질대사, 즉 이화과정에서 생기는 에너지로, 생체에서 일어나는 물질대사는 동화작용과 이화작용으로 이루어진다.

• 이화작용(異化作用)

체내의 복잡한 화합물을 간단한 물질로 분해하는 작용을 말한다.

○ 이화의 대표적인 예는 호흡이다.

• 먹이연쇄(food chain)

생물이 서로 먹고 먹히는 관계로 연결되는 일로, 태양열로부터 유기물을 합성하여 생존하는 녹색식물을 생산자, 스스로 합성할 수 없는 동물을 소비자라 하며, 소비자 중 생산자를 먹는 것을 제1차 소비자(초식동물), 제1차 소비자를 먹는 것을 제2차 소비자(육식동물), 제2차 소비자를 먹는 것을 제3차 소비자라 한다.

○ 생산자로부터 고차의 소비자로 올라감에 따라 생물의 수는 급격히 감소, 피라밋형이 된다.

• 멘델의 법칙(Mendel's laws)

오스트리아의 멘델이 완두의 교배실험에 의해 발견한 유전법칙으로, 독립의 법칙, 우열의 법칙, 분리의 법칙이 있다. 1865년 저서 「잡종식물의 연구」에 발표했으나 인정을 받지 못하다가, 1900년 드 브리스·코렌스·체르마크 등에 의해 재발견되었다.

○ 1. 독립의 법칙 : 생물의 형질은 유전인자에 의하여 결정되며, 그 사이에 우성과 열성이 있다는 법칙이다.
2. 우열의 법칙 : 교잡에 의하여 생기는 잡종의 1대에는 우성형질만이 나타나고 열성형질은 잠재한다는 법칙이다.
3. 분리의 법칙 : 잡종 제2대째는 우성형질을 나타내는 것과 열성형질을 나타내는 것이 완전히 분리한다는 법칙이다.

• 다위니즘(Darwinism)

자연도태와 적자생존을 근거로 하는 다윈(C. Darwin)의 생물진화론이다. 다윈이 그의 저서 「종의 기원」에서 발표한 자연도태설에 의하면, 생물 중에서 외계에 적응하는 것은 번영하고, 적응하지 못하는 것은 자손을 남기지 못하고 멸망하게 된다는 것이다. 이

Q 왕오천축국전은 어디를 여행한 순례기인가?

에 의하여 생물이 진화한다는 것이 다윈의 진화론으로, 가장 유력한 진화요인설로 간주된다.

• **라마르키즘**(Lamarckism ; 용불용설)
라마르크(Lamarck)의 진화설로, 생물은 외계의 영향에 의해 변화하고 그 생물의 생활에 유리한 형질을 완성한다는 이론이다. 동물은 늘 사용하는 부분의 기관이 발달하여 자손에게 전해진다고도 설명하였다.
◑ 일종의 생기론으로, 다윈의 자연도태설과 대조가 되는 학설이다.

• **돌연변이**(突然變異 ; mutation)
드 브리스(H. De Vries)가 달맞이꽃 재배 중 발견한 것으로, 유전자 또는 염색체의 변이로 인해 어버이의 계통에는 없던 형질이 갑자기 자손이 되는 생물체에 나타나 유전하는 일이다.
◑ 품종개량·원예종의 육성에 이용된다.

• **염색체**(染色體 ; chromosome)
세포가 분열할 때 나타나는 짧은 실 모양의 물질로, 생물의 성을 결정하는 유전자, 즉 DNA를 포함하고 있다. 핵 속에 있으며, 둥근 것, 가늘고 긴 것, V자 모양 등이 있다.
◑ 한 개의 핵 속에 있는 염색체의 수는 생물의 종류 또는 성에 따라 일정하다.

• **DNA**(deoxyribo nucleic acid)
디옥시리보 핵산이라고도 하며, 인간에서 식물, 미생물에 이르기까지 모든 생물의 생명현상을 지배하는 유전자의 본체로, 유전과정에서 형질전환을 일으키는 원인물질이다. DNA의 분자구조는 1953년 와트슨과 크릭에 의해 해명, 이 공로로 노벨상을 수상했다. 현재 DNA의 인공합성이 가능하며, 인간의 DNA 일부를 미생물의 DNA에 넣는 등 유전자 교체기술이 기본적으로 확립, 유전자를 조작하는 유전자공학이 미래의 산업혁명을 주도할 것으로 전망되고 있다.
◑ RNA(ribo nucleic acid) : 리보 핵산으로, DNA의 유전정보에 따른 단백질 합성에 중요한 역할을 한다.
예문 유전과정에서 형질 전환을 일으키는 원인물질은 무엇인가를 묻는 문제가 출제됨

• **유전자**(遺傳子 ; gene)
다음 대에 물려줄 형질을 지배하는 기본인자로 유전인자라고도 한다. DNA와 단백질과의 복합체로 염색체 안에 일정한 순서로 배열되어 있는데, 10만 분의 6mm 정도의 크기로 추정된다. 유전자는 생물의 종류에 따라 그 수가 다르다.
◑ 인간은 1~10만의 유전자를 가진 것으로 추정되고 있다.

A 인도

생물

Current Issues & General Information

• Rh 인자(因子)

사람의 혈액 속에 있는 유전성인 응집소의 하나로, Rh 인자가 있는 혈액을 Rh+, 없는 혈액을 Rh-라 한다. 대부분의 동양인과 유럽인의 85%가 Rh+형이다. Rh-인 사람이 Rh+인 사람으로부터 거듭 수혈을 받으면 수혈반응이 일어나 사망할 우려가 있고, 또 Rh-인 여자가 Rh+인 태아를 가지면 그 태아는 위험하다.

○ Rh란 처음에 이를 검출하는데 필요한 항혈청을 얻기 위하여 사용한 붉은털 원숭이(Rhesus monkey)의 이름에서 딴 것이다.

• 모세혈관(毛細血管 ; capillary vessel)

동맥과 정맥을 이으며 조직 속에 그물 모양으로 퍼져 있는 가는 혈관으로, 실핏줄이라고도 한다. 이 혈관을 통해 조직에 양분과 산소를 공급하고, 노폐물을 심장으로 되돌려 보낸다.

• 헤모글로빈(haemoglobin)

철분이 들어 있는 헴이라는 색소와 글로빈이라는 단백질이 결합된 색소단백질로, 적혈구 속에 들어 있다. 산소와 쉽게 결합하며, 산소를 체내의 여러 조직으로 나르는 구실을 한다. 산화된 것은 선홍색, 환원된 것은 암적색이다.

○ 헤모글로빈은 혈액의 14%를 차지하며, 이의 혈액 속의 농도는 빈혈의 한 표시가 된다.

• 호르몬(Hormon)

동물체내의 내분비선으로부터 분비되어, 체액과 같이 체내를 순환하며 생리적 · 화학변화의 촉매작용을 하는 물질의 총칭으로, 극히 적은 양으로도 중요한 작용을 한다. 인슐린(insulin) · 아드레날린(adrenalin) · 갑상선 호르몬 · 성 호르몬 등 많은 종류가 있다.

○ 인슐린 : 포도당을 글리코겐으로 변화시키고 체내의 포도당 소비를 촉진함으로써 혈당을 감소시켜 당뇨병의 치료에 쓰인다.

• 항생물질(抗生物質 ; antibiotic substance)

의료행위에 이용되고 있는 곰팡이나 세균 등의 미생물로, 다른 미생물이나 생물 세포의 발육 · 번식을 막거나 살균작용을 하는 물질이다. 1941년 페니실린의 치료효과가 확인된 이래 수없이 발견되어 약용 등에 크게 공헌하고 있다.

○ 의약품으로는 페니실린 · 스트렙토마이신 · 클로로마이세틴 · 테라마이신 등이 있다.

• 비타민(vitamin)

에너지원이나 몸을 구성하는 물질이 되지는 않지만, 영양소를 도와 성장 및 건강유지

Q 외국인의 입국을 허가하는 증명서는?

446

작용을 하는 미량의 유기물을 총칭하는 말이다. 종류가 극히 많으나 보통 지용성 비타민과 수용성 비타민의 둘로 크게 나눈다.

■ 주요비타민

분류	약호	결핍증	함유식품
지용성 비타민	VA	야맹증(夜盲症)	간유 · 버터 · 달걀 노른자
	VD	구루병(佝僂病)	간유 · 버터 · 간장
	VE	불임증(不姙症)	밀 · 콩기름 · 시금치
	VK	신생아출혈증(新生兒出血症)	시금치 · 당근 · 양배추
수용성 비타민	VB1	각기병(脚氣病)	배아 · 쌀겨 · 효모
	VB2	설염(舌炎) · 구각염(口角炎)	간장 · 달걀 · 치즈 · 우유
	니아신	펠라그라(Pellagra)	땅콩 · 표고버섯 · 정어리
	VC	괴혈병(壞血病)	녹색채소 · 감귤류 · 녹차

❍ 비타민과 호르몬 : 소량으로 신체기능을 조절하는 이 두 물질 가운데 호르몬은 체내에서 합성되지만 비타민은 외부로부터 섭취되어야 한다. 체내 합성 여부에 따라 어떤 동물에게는 비타민이, 다른 동물에게는 호르몬이 될 수도 있는데, 예를 들어 비타민 C는 사람에게는 비타민이지만 토끼를 비롯한 대부분의 동물은 몸 속에서 스스로 합성할 수 있으므로 호르몬이다.

• **조건반사**(條件反射 ; conditioned reflex)
 구소련의 생리학자 파블로프(Pavlov)에 의해 발표된 것으로, 동물이 환경에 적응하기 위하여 후천적으로 얻게 되는 반사이다. 즉, 반사와 관계없는 어떤 자극을 동시에 되풀이함으로써 그 자극만으로도 반사가 일어나는 현상으로, 개에게 밥을 줄 때마다 방울을 울리면 나중에는 방울만 울려도 침이 분비되는 것과 같은 예이다.

❍ 이에 반하여 무조건반사는 빵을 씹으면 침이 나오는 등 동물의 선천적인 반사를 말한다.
〔예문〕 파블로프의 실험과 관계 있는 것은? 등으로 출제됨

• **천적**(天敵 ; natural enemy)
 천연의 적이란 뜻으로, 어떤 생물에 대하여 해로운 적이 되는 생물을 말한다. 개구리에 대한 뱀, 쥐에 대한 고양이 등이 그 예이다.

❍ 농작물 · 산림 등의 방충을 위해 천적을 이용하기도 한다.

• **플랑크톤**(plankton)
 활동력이 미약하거나 혹은 전혀 없는 바다 · 호수 · 늪 · 연못 등의 부유생물을 말한다. 물고기의 좋은 먹이로서 수산업상 중요해 인공적으로 번식시키기도 한다.

• **법정전염병**(法定傳染病)
 환자의 격리 수용을 법률로 규정한 전염병으로, 제1군 · 제2군 · 제3군 · 제4군 등으로

 비자(visa)

분류된다.

***1.* 제 1 군** : 1. 콜레라 2. 페스트 3. 장티푸스 4. 파라티푸스 5. 세균성이질 6. 장출혈성 대장균감염증

***2.* 제 2 군** : 1. 디프테리아 2. 백일해 3. 파상풍 4. 홍역 5. 유행성 이하선염 6. 풍진 7. 폴리오 8. B형 간염 9. 일본뇌염 10. 수두

***3.* 제 3 군** : 1. 말라리아 2. 결핵 3. 한센병 4. 성병·성전파질환 5. 성홍열 6. 수막구균성 수막염 7. 레지오넬라증 8. 비브리오 패혈증 9. 발진티푸스 10. 발진열 11. 쯔쯔가무시병 12. 렙토스피라증 13. 브루셀라증 14. 탄저병 15. 공수병 16. 신증후군출혈열 17. 인플루엔자 18. 후천성 면역결핍증(AIDS)

***4.* 제 4 군** : 1. 황열 2. 뎅기열 3. 마르부르그열 4. 에볼라열 5. 라사열 6. 리슈마니아증 7. 바베시아증 8. 아프리카 수면병 9. 크립토스포리디움증 10. 주혈흡충증 11. 땅기종 12. 열대백반피부염 13. 두창 14. 보툴리누스중독증 15. 중증급성호흡기 증후군(SARS) 16. 조류인플루엔자인체감염증 17. 야토병 18. 큐열 19. 신종전염병증후군

○ 지정전염병은 1군내지 4군 전염병 외에 유행 여부의 조사를 위하여 감시활동이 필요하다고 인정하는 전염병을 말하며, 1. A형 간염 2. C형 간염 3. 반코마이신내성 황색포도상구균(VRSA)감염증 등이 속한다.

• **백신**(vaccine)
각종 전염병의 병원균으로 만든 세균성 제제이다. 병원균은 열·약품으로 처리해도 항원성을 유지하고 있으며, 강한 면역을 준다는 이론에서 발전하여 대개는 예방접종에 쓰이나 치료에 쓰일 때도 있다. 1796년 영국의 제너(E. jenner)가 종두법을 발표한 이래 결핵의 BCG, 소아마비의 생독 백신 등 많은 것이 만들어져 전염병의 예방과 치료에 널리 사용된다.

• **불쾌지수**(不快指數 ; discomfort index)
날씨에 따라 사람이 느끼는 쾌·불쾌의 정도를 기온과 습도의 관계로 나타내는 수치로, 1959년 미국의 뉴욕 기상대에서 최초로 발표했다. 지수가 70 이상이면 일부의 사람, 75 이상이면 반수가, 80 이상이면 거의 모두가 불쾌감을 느낀다. 우리나라의 장마철이나 삼복에는 불쾌지수가 거의 80 이상이 된다.

○ 온습지수라고도 말한다.

• **스트레스**(stress)
계속되는 심신의 자극으로 인해 몸 속에 생긴 불균형 상태를 말한다. 인체는 물리적(추위·소음)·화학적(약품·공기오염)·생물적(세균·피로)인 자극, 혹은 감동이나 고뇌 등의 정신적 자극을 받으면 스트레스가 생긴다.

○ 근대사회의 대표적인 질병인 노이로제(Neurosis)는 스트레스 악화가 그 원인이다.

Q 우리나라 최초의 국문소설은?

- **인공심장**(人工心臟 ; artificial heart)

심장의 기능을 대행하는 인공 펌프 장치로, 약한 심장의 기능을 일시적으로 돕는 보조 인공심장과, 펌프 장치를 체내에 집어넣어 자연심장과 완전히 바꾸는 영구인공심장이 있다. 보조심장은 많은 임상의 예가 있으며, 영구심장은 '82년에 최초로 미국인 치과 의사 클라크의 생명을 112일간 지속시켜 주었던 자비크 7이라는 플라스틱 심장이었다. 현재 인공심장은 임상응용이 급속히 진전되고 구명률도 향상되고 있으나, 혈전 예방 · 자동제어 등 미해결의 문제가 많이 남아 있다.

⊙ **인공장기**(人工臟器) : 기능을 상실한 장기 대신 기능의 일부 또는 전부를 대행하는 기기로, 이의 연구 · 개발이 가속화되어 인공장기로서는 대체할 수 없는 뇌와 위, 약물로 대행할 수 있는 내분비 기관을 제외한 거의 모든 장기의 인공화가 시도되고 있다. 실용화하고 있는 것으로는 인공심장 · 인공신장 · 인공췌장을 비롯해 인공혈관 · 인공식도 · 인공뼈 · 인공관절 등 종류는 수십 종에 이르고 있다.

- **복부이식형 인공심장**

인공심장 중에서 복부에 내장하는 새로운 형태의 인공심장(한국형 인공심장)이 개발됐다. 이는 심장으로 연결된 4개의 도관을 통해 혈액을 펌프질하는 새로운 방식으로, 그동안 개발된 것은 심장을 직접 대체하는 방식이었다. 복부이식형 인공심장은 심장을 떼어낼 필요가 없기 때문에 시술 후 인공심장기계가 망가져도 자신의 심장으로 4~5주간 생명을 연장할 수 있다.

- **거부반응**(拒否反應 ; rejection)

남의 장기가 이식되었을 때 이를 배제하려고 일어나는 생체 반응으로, 거절반응이라고도 한다. 생물은 자기의 체내에 침입해 온 이물질을 분간해 축출하려는 본능이 있는데, 이 때문에 세균이나 바이러스의 감염에서 몸을 지킬 수 있으며, 타인의 장기 이식 때에도 같은 반응이 일어난다. 인공심장 이식수술 이후 부각된 용어이다.

- **시험관 아기**

여성의 난자와 남성의 정자를 시험관 속에서 수정시킨 후 그 수정란을 여성의 자궁에 넣어 임신을 유도하는 방법, 또는 그렇게 하여 태어난 아기를 말한다. 나팔관 이상으로 임신을 못하는 여성에게 주로 이용되는 불임대책이다.

⊙ 최초의 시험관 아기는 1978년 영국에서 태어났으며, 우리나라에서는 '85년에 서울대 시험관아기 특수 클리닉 팀이 첫 성공을 거둔 바 있다.

- **뇌사**(腦死 ; brain death)

뇌 전체의 기능은 상실되어 회복될 수 없는 상태이지만 인공호흡기에 의하여 심장이 뛰고 있는 상태를 말한다. 이전에는 심장과 호흡이 정지된 상태를 사망으로 보았으나 인공호흡기의 출현으로 뇌사 후에도 심장을 움직일 수 있게 되었다. 이로 인해 신선하

🅐 허균의 홍길동전

지 않으면 이식이 불가능했던 장기이식의 길은 열렸으나 죽음의 정의(호흡과 심장 정지, 동공확대)가 변경되면서 논의를 불러일으키고 있다.

• **휴먼 독**(human dock ; 인간 독)

질병의 조기 발견이나 건강지도를 목적으로 전신의 장기 · 기관에 대하여 종합적 검진을 받는 일을 말한다. 보통 중년 이후의 사람을 대상으로 각과의 전문의가 진찰 · 검사를 실시한다.

❍ 중년 이후에 발병률이 높은 뇌출혈 · 신경통 · 고혈압 · 당뇨병 · 암 등의 중점적인 검진에 이용되기도 한다.

• **안락사**

살아날 가망이 없는 환자가 통증으로 무척 괴로워할 때 독물이나 기타의 방법으로 빨리 죽음을 맞이하도록 도와주거나, 의식을 잃고 인공 호흡 장치로 겨우 목숨을 이어가는 식물 인간과 뇌사로 판명된 사람에게 인공 호흡기를 제거함으로써 고통 없이 죽음을 맞이할 수 있도록 해 주는 것이다. 안락사의 요건은 ① 불치의 병, ② 죽음에 임박, ③ 극심한 육체적 고통, ④ 본인의 동의, ⑤ 의사에 의한 시술, ⑥ 인도적 방법으로 시행 등이다. 현재 네덜란드와 미국의 오리건 주는 안락사를 합법화하고 있다.

• **인간게놈프로젝트**(HGP)

유전자의 비밀이 담긴 DNA는 아데닌(A), 티민(T), 구아닌(G), 시토신(C)의 4가지 염기가 나열된 이중나선구조로 되어 있다. 사람의 경우 세포마다 대략 32억 쌍의 염기가 존재하는 것으로 알려져 있는데, 이 32억 쌍의 염기가 어떤 순서로 배열돼 있는가를 밝혀내는 작업이 인간게놈프로젝트이다.

• **연명의료결정법**(웰다잉법)

회생 가능성이 없는 환자가 자기의 결정이나 가족의 동의로 연명치료를 받지 않을 수 있도록 하는 법으로 정식 명칭은 「호스피스 · 완화의료 및 연명의료 결정에 관한 법률」이다. 환자의 자기결정권에 근거해 무의미한 연명의료를 중단할 수 있다는 내용을 담고 있어 웰다잉(Well Dying)법이라고도 불린다. 2016년 2월 공표됐고 호스피스 분야는 2017년 8월 4일, 연명의료 분야는 2018년 2월 4일부터 시행됐다.

Q 방송망을 뜻하는 매스컴 용어는?

• **탯줄혈액**

아이의 제대혈을 일컬으며, 이는 직계 가족이 혈액 관련 난치병이나 암 등에 걸렸을 때 치료용으로 사용할 수 있다. 제대혈 속에는 적혈구, 백혈구 등을 만들 수 있는 조혈모세포와 각종 면역기능을 하는 임파구를 만들 수 있는 줄기세포가 성인 골수에 비해 10배나 많아 치료용으로 활용되기 때문이다. 통상 출산을 한 후 24~48시간 내에 제대혈 은행으로 옮겨 조혈모세포만 분리한 뒤 영하 196도의 액화질소탱크에 담아 보관한다.

• **게놈**(Genome) · **인간게놈지도**

유전자(Gene)와 염색체(Chromosome)의 합성어로 한 생물체에 담긴 유전정보 전체를 의미한다. 1쌍의 성염색체(여 XX, 남 XY)를 포함한 23쌍의 염색체가 있는데 유전자의 비밀이 담겨있는 DNA는 A(아데닌), T(티민), G(구아닌), C(시토신)의 4가지 염기가 나열된 이중나선구조로 돼있다.

• **신소재**(新素材)

금속 · 비금속 · 세라믹스 · 고분자 등 종래의 물질에 없는 뛰어난 성능을 갖춘 소재를 말한다.

• **바이오 세라믹스**(bio-ceramics)

인공피부, 인공신장 등과 함께 대표적인 의료용 재료의 하나로 인공치아, 인공뼈 등에 이용된다. 주재료는 알루미나, 탄소, 질화규소, 인산 3칼슘, 수소아파타이트 등이고 구조도 단결정, 다결정, 다공질체로 다양하다. 이들 재료는 인공물로서 장기간 체내에 있기 때문에 이물반응을 일으키지 않아야 하고, 물리적 힘에 견디고 내구성이 있어야 한다.

• **파인 세라믹스**(fine ceramics)

세라믹스의 특징인 내열 · 내식(耐蝕) · 전기절연성 등을 최대한 고도화시켜 활용하는 과학분야 혹은 그 제품을 가리킨다. 탄소 · 질소 · 규소 등 지구상에 무진장 부존되어 있는 원소를 유용하게 쓸 수 있는 과학분야이다. 금속을 대체할 새 세대의 신소재로, 전기통신 · 항공 · 우주 · 원자력 · 해양개발 등의 재료나 제품으로 널리 사용되고 있다.

➊ 세라믹스 : 타일 등 천연의 무기물을 구워서 굳힌 것으로, 금속 · 플라스틱과 함께 3대 재료 중의 하나이다. 타지 않고, 녹슬지 않으며, 부패하지 않는 특성을 갖추고 있다.

• **아라미드 섬유**(aramid fiber)

방향족인 폴리아미드 섬유로, 나일론의 일종이다. 5mm 정도 굵기의 가느다란 실이지만 2t짜리 자동차를 들어올려도 끊어지지 않을 정도의 강력한 견고성을 가지고 있다.

A 네트워크(network)

불에 타거나 녹지 않으며, 아무리 힘을 가해도 늘어나지 않아 가장 좋은 플라스틱 보강 재로 꼽힌다. 이런 장점을 이용, 항공우주 분야 · 자동차 타이어 · 방탄 조끼 · 절연 단 열재 등의 원료로 쓰인다.

➲ 미국의 듀폰사가 '케블러'라는 이름으로 상품화하였으며, 우리나라는 미국 네덜란드에 이어 세계 세 번째로 개발, '84년부터 생산하고 있다.

• 아모퍼스 금속(amorphous metal)

무정형(amorphous) 금속으로, 보통 금속 결정은 원자의 배열이 규칙적이지만, 녹인 금속을 급속히 냉각시키면 유리와 같이 원자의 배열이 불규칙적인 아모퍼스 금속으로 된다. 성질은 보통의 금속보다 강도 · 내식성 · 자기특성 등이 뛰어나 녹음기 · VTR의 고성능 자기 헤드, 컴퓨터의 메모리와 에너지 손실을 감소시키는 변압기의 자심 등에 이용된다.

• 형상기억합금(形狀記憶合金 ; shape memory alloy)

일정한 형상을 기억하여 힘을 가해 변형시킨다 해도 일정온도에 이르면 본래의 모습을 되찾는 특이한 합금을 말한다. 형상기억효과를 갖는 합금으로는 금 · 카드뮴 · 동 · 아 연 등 십 여종이 발견되어 있는데 그 중에서도 니켈 · 티탄합금은 실용화가 진척되고 있다. 자동차관계 기계부품, 각종 제어장치, 의료용 등 응용이 기대되는 분야는 광범위 하며 열엔진 소재로서도 유망한 합금이다.

➲ 그 종류로는 니켈 · 티탄 합금, 동 · 아연 합금, 니켈 · 알루미늄 합금 등이 있다.

• 유전자공학(遺傳子工學 ; genetic engineering)

일정한 유전적 변이가 일어나도록 유전자를 인공적으로 조작하는 일, 또는 그와 관련 된 분야의 학문을 말한다. 암 치료나 유전병의 치료, 노화방지 등 의학영역뿐만 아니라 대장균 등 배양하기 쉬운 미생물에 아미노산 또는 인슐린 등의 호르몬이나 백신 등을 생산하는 유전자를 도입하면 이들을 값싸게 대량으로 생산할 수 있어 공업적인 이용범 위도 넓다.

➲ 성장 호르몬 · 인터페론 · 인슐린 등 펩티드(아미노산의 화합물)의 대량생산은 유전자조작의 응용에 의한 성과 이다.

• 인터페론(interferon)

바이러스의 감염으로 동물의 세포에서 생성되는 단백질로, 감염되지 않은 세포에 저항 성을 주고 바이러스의 감염을 막는다. 알파 · 베타 · 감마형이 발견되었는데, B형 간염 이나 암의 예방과 치료에 이용된다. 유전공학의 도입으로 대량 생산되고 있다.

➲ 알파 인터페론 연고 : 세포배양 기술을 사용한 질환 연고제로 인터페론 기술을 실용화한 것이다.

Q 8시간 노동제가 국제적으로 정식 선포된 것은?

- **아스파템**(Aspartem)

  페닐알라닌과 아스파라긴산으로 된 인공감미료, 감도는 설탕의 200배이다. 1g당 열량
  은 설탕과 같은 4㎉이지만 설탕의 200분의 1 사용으로 충분하기 때문에 저칼로리의
  감미료로 쓰인다.

- **큐록신**

  순수 국내 기술(중외제약)로 개발된 첫 항생제 신약이다. 큐록신은 SK케미칼의 선플라
  주(항암제)와 대웅제약의 EGF(성장인자), 동화약품의 밀리칸주(간암치료용)에 이은 국
  내 4번째의 신약으로 탄생했으며, 유일하게 제3상 임상시험을 거친 항생제이다.

- **바이오테크놀로지**(bio-technology ; 생명공학)

  생물학 · 미생물학 · 생화학 등 생물의 기능이나 생명현상을 이용한 공학 각 분야에 걸
  친 모든 지식을 기반으로 생물이 갖는 기능을 더욱 고도로 활용하려는 기술이다. 특히
  수년 전에 생명활동의 기본이 되고 있는 유전자 DNA(디옥시리보핵산)를 자유조작, 다
  른 생물의 유전자에 이식하는 유전자 교체기술이 완성돼 새 산업으로 주목을 받기에
  이르렀다. 바이오테크놀러지는 유전자 교체기술을 중심으로 미생물이나 생체촉매라고
  하는 효소를 고분자물질 등으로 고정한 바이오리액터(생물반응기), 동식물세포의 대량
  배양, 토마토와 감자의 잡종을 만드는 등 신품종개발을 위한 세포융합 등이 주요 요소
  기술로 되고 있다

  ❍ 바이오 : '생' '생명' 이라는 뜻을 가진 접두사이다.

- **바이오닉스**(bionics)

  생물학과 전자공학의 합성어로 생체의 기구 · 기능을 공학적으로 연구 · 응용하는 학문
  을 말한다. 산업 로봇은 바이오닉스의 한 성과라 하겠으며, 현재는 그 연구 범위가 더욱
  넓어져 인공심장 · 인공장기 · 신경회로망 · 패턴 인식 · 혈액순환 등 여러 방면에 걸쳐
  진행되고 있고, 공학적 수법에서부터 생체 그 자체를 해명할 실마리가 풀리고 있다.

  ❍ 생명의 단위를 가리키는 그리스어 바이온(bion)에서 비롯된 이 개념은 생체 시스템에 기초를 두며, 생체 시스템
  을 모방하는 것이다.

- **바이오리듬**(bio-rhythm)

  사람의 신체 · 감정 · 지성 등에 나타나는 일정한 주기를 갖는 리듬으로, 신체 리듬은
  23일, 감정은 28일, 지성은 33일의 주기를 가진다. 최근 바이오리듬은 산업재해사고
  의 예방과 능률향상을 위해 많은 사업장에서 이용되고 있으며, 운동선수들의 컨디션
  조절 등 광범위한 분야에서 활용하고 있다.

  ❍ 바이오리듬의 전반기는 고조, 후반기는 저조로 되어 있으며, 이 고조 · 저조의 전환일을 주의해야 한다.

A 국제노동헌장

Current Issues & General Information

CHAPTER 14

Geography
& Geoscience

− 지리 · 지구과학 −

01 지구

02 대기

03 기후 · 자연환경

• 선캄브리아대(Precambrian Eon)

지질학상 가장 오래된 시대로, 약 6억년 전 지각의 변동이 격렬했던 때이다. 시생대와 원생대로 구분되며, 이 시대에 이루어진 암석은 변성암과 화성암이 많다. 선캄브리아기의 화석으로는 최초의 단세포 식물(35억년 전), 다세포 식물(8억년 전), 다세포 동물(에디아카라 동물군으로 7억년 전)이 있다.

◐ 우리나라의 지층은 주로 시생대의 것이 많다.

예문 우리나라 지층이 이루어진 시기를 묻는 문제가 출제됨

• 고생대(古生代 ; Paleozoic Era)

지질시대의 한 구분으로, 6억년 전에서 2억년 전 사이에 해당된다. 캄브리아기 · 오르도비스기 · 실루리아기 · 데본기 · 석탄기 · 페름기 6기로 구분되며, 기후는 따뜻하고 조산운동이 활발했다. 척추동물의 시조인 원시어류가 출현했으며, 무척추동물 · 해서 엽상식물의 전성기였고, 삼엽충 · 두족류 · 산호류 등이 많았다.

◐ 고생대를 무척추동물시대 · 삼엽충시대라 하면 중생대는 파충류시대 · 암모나이트시대, 신생대는 포유류시대이다.

• 중생대(中生代 ; Mesozoic Era)

2억년에서 6천만년 전의 지질시대로, 트라이아스기 · 쥬라기 · 백악기의 3기로 구분되며, 기후는 따뜻했다. 유럽지역은 비교적 평온했고, 태평양 지역에선 화산활동, 심성암의 관입 및 습곡 등의 지각 변동이 심했다. 지각운동으로 후대동기 조산운동이 있었으며, 차별 침식을 통하여 하곡 · 산맥의 방향이 결정되었다. 트라이아스기에 공룡 · 암모나이트 · 원시포유류가 출현했으며, 쥬라기에 시조새가 출현했다.

◐ 암모나이트(ammonite) : 지질시대에 번영했던 연체동물의 하나로서 두족류에 속하는 화석 조개로 중생대의 표준화석이다. 조개껍질에 국화 같은 주름이 있어 '국석' 이라고도 한다.

• 신생대(新生代 ; Cenozoic Era)

현대와 가장 가까운 지질시대로, 약 6천만년 전부터 현재까지를 말한다. 포유류 · 조류와 피자식물이 번성하고 원시 식충류에서 진화한 영장류로부터 인류가 나타났다. 현재 세계의 해륙분포의 경관을 만든 것은 신생 초기에 활동한 알프스 조산운동으로, 이에 의해 형성된 대산맥은 알프스 · 카프카스 · 히말라야(Himalayas) 등의 산지대 및 환태평양 지대이며, 이들 지역에서는 습곡 단층의 격심한 지각변동이 일어났다. 이때생성된(제3기층) 배사구조 안에 석유매장 가능성이 크다.

◐ 1841년 필립스(J. Phillips)가 명명했다.

예문 석탄(고생대) · 석유(신생대)가 매장되어 있을 가능성이 있는 지층을 묻는 문제가 출제됨

• 표준화석(標準化石 ; index fossils) · 시상화석(示相化石)

표준화석은 특정 지질시대의 지층에서만 산출되어, 한 지층의 지질시대를 결정하는 데 도움이 되는 화석으로, 시준화석이라고도 한다. 지층의 퇴적 당시의 환경 상황을 나타

Q 현대인의 3V는?

내는 표준화석으로서는 첫째 생존 기간이 짧고, 둘째 분포 면적이 넓고, 셋째 개체수가 많은 생물의 화석이어야 한다. 시상화석은 지질시대의 생활환경(기후 · 지형 · 수심)을 알려주는 화석으로 따뜻한 물, 얕은 바닷가를 나타내는 산호화석, 습윤온난한 기후를 나타내는 석탄층이 있다.

➡ **1.** 고생대 표준화석 : 삼엽충(초기) · 갑주어(중기) 푸줄리나(후기)
　　2. 중생대 표준화석 : 암모나이트 · 공룡 · 시조새(중기)
　　3. 신생대 표준화석 : 화폐석(초기) · 매머드(후기) · 에오히푸스(말의 조상)

• 배사구조(背斜構造 ; anticline)

지질학상의 시대구분에서 신생대에 속하는 제3기층에 암류가 퇴적한 후, 지각의 변동으로 돌기한 부분을 말한다. 두꺼운 암석층 안에 비중이 가벼운 순으로 천연 가스 · 원유 · 물의 층을 형성하여 석유의 유출을 막는다.

➡ 지층에 많은 석유를 함유하고 있어도 배사구조의 형태가 아니면 석유채취가 불가능해진다.

• 침식윤회(浸蝕輪廻 ; erosion cycle)

유년기에서 장년기 · 노년기를 거쳐 준평원에 이르는 지형의 변화를 말한다.

➡ 지형이 지질 영력(營力)의 작용을 받아 원상태로부터 종지형에 이르기까지의 변화의 계열로, 새로운 산지는 외부의 힘에 의해 변화, 노년기를 거쳐 다시 준평원으로 변한다.

• 선상지(扇狀地 ; fan)

산지의 하천이 홍수 등으로 급하게 흘러내리다가 평지에 이르면 흐름이 느려져 상류에서 날라 온 토사 · 돌이 퇴적되어 만들어진 부채꼴의 완만한 경사지를 말한다. 선상지는 대체로 수리가 좋지 않아 메마른 땅으로 버려지는 경우가 많다.

➡ 하천퇴적지역은 선상지 · 범람원 · 삼각주 등이 있는데 우리나라에는 선상지가 많은 편이다.

• 범람원(汎濫原 ; flood plain)

홍수로 하천이 범람, 토사가 퇴적함으로써 생긴 평야로 토지가 비옥해 농경지로 이용된다. 하천을 따라 펼쳐지는 낮은 땅으로서 홍수 등으로 물이 범람할 때마다 넓어진다. 범람원은 장년기 이후의 지형에서 특히 넓어지고 그 안에 자연제방이나 후배습지가 생기며 강은 자유롭게 곡류하게 된다.

　예문 선상지 · 범람원 · 삼각주의 차이에 대한 이해를 요구하는 문제가 출제됨

• 삼각주(三角洲 ; delta)

강이 바다로 들어가는 어귀에 강물이 운반하여 온 토사 · 돌 등의 물질이 쌓여서 이루어진 평야이다. 그 이루어진 형세가 대개 삼각형 모양으로 되어 있어 삼각주라는 명칭으로 굳어지게 되었다. 일반적으로 지하 · 수면이 낮은 저습지를 이루이 논으로 이용되

A visa · visit · villa

며, 토질이 매우 비옥하다. 고대문명의 발상지인 나일 강·황허·미시시피 강·갠지스 강 등에서 특히 잘 발달되어 있다.

❍ 낙동강 하류에 비교적 작은 형태의 삼각주가, 황해와 남해안에는 조류 때문에 삼각지 대신 간석지가 발달했다.

• 바르한(Barchan)

초생달 모양의 사구(모래언덕)로, 사막지방에서 바람에 의해 침식되어 운반된 물질로 이루어진다. 바람 부는 방향을 향한 면은 경사가 완만하지만 반대쪽은 경사가 급한 것이 특징이다. 사하라 사막, 중앙 아시아의 사막에서 볼 수 있다.

❍ 이동성 사구 중 가장 간단하고 단순한 모양인 것은 등으로 출제됨

• 육계도(陸繫島)

해수의 운반작용으로 모래가 둑처럼 쌓인 사취·사주에 의해 육지와 섬 사이가 연결되어 반도처럼 된 섬을 말한다. 중국의 산둥 반도와 우리나라의 제주도 성산포, 영흥만의 호도·갈마반도 등이 이에 속한다.

• 침수해안(沈水海岸)

'침강해안' 이라고도 하며 해수면 상승이나 지반침강으로 형성된 해안으로, 이에는 삼각강·리아스식 해안·피오르드 해안 등이 있다.

• 삼각강(三角江 ; estuary)

조수의 차가 심하고 하구의 지형이 낮으며 평평한 곳에 발달한 침수해안 하구로, 대개 나팔모양이며, 항구 발달에 유리하다. 템스강·엘베강·센강·아마존강·센트로렌스 강·양쯔강 등이 그 대표적인 예이다.

• 리아스식 해안(rias coast)

습곡 산맥이 바다로 뻗어 내릴 때 흔히 보이는 지형으로, 곶과 만이 톱니모양으로 출입이 잦으며 굴곡이 많은 복잡한 해안선을 말한다. 일종의 익곡으로, 만의 내부가 점점 얕아지는 점이 협만과는 다르며, 후배지가 좁기 때문에 큰 항구로서의 발달이 어렵다. 우리나라의 남해안과 스페인 북서해안·중국 남동부 해안은 이러한 리아스식 해안의 하나이다.

예문 리아스식 해안이 무엇인지 우리나라 해안으로 그러한 특징을 나타내는 곳을 묻는 문제가 출제됨

• 피오르(fjord ; 협만)

빙식곡에 해수가 침입하여 만들어진 만입(灣入)으로 협만이라고도 한다. 빙하의 침식 작용으로 인하여 생긴 길고 좁은 골짜기가 침강한 자리에 바닷물이 들어온 협만이다. 빙식에 의하여 단면은 U자곡으로, 양측은 절벽을 이루고 있다. 노르웨이·스코틀랜드·캐나다·그린란드·칠레 남단·뉴질랜드 등의 해안이 이에 속한다.

Q 패럴림픽(Paralympic)이란?

• **해식애**(海蝕崖 ; sea cliff)

바다에 임한 육지가 해식작용에 의해 깎인 낭떠러지로 융기해안의 하나인 암석해안에 나타난다. 이 해식애는 점차로 후퇴되며 전면의 해저에는 넓은 해식붕을 남긴다. 해류가 세고 바람 위에 면한 해안에 특히 그 발달이 현저하다.

• **카르**(Kar ; 권곡)

빙하의 침식으로 산꼭대기 부근이 깎여 이루어진 반구형의 움푹 팬 빙하지형을 말한다. 권곡이라고도 한다. 계곡의 꼭대기는 날카롭지만 밑부분은 U자형의 단면을 나타낸다. 작은 카르가 중복되면 산정은 끝이 뾰족해져서 탑모양이 된다.

• **천정천**(天井川 ; ceiling river)

강바닥이 주위 평지보다 높은 강을 말한다. 급하게 산기슭을 타고 내려온 강물이, 평지에 이르러 갑자기 유속이 늦어지면서 토사를 강바닥에 쌓아놓음으로써 생긴다. 홍수를 초래하기 쉽고 비가 잘 오지 않을 때는 건천을 이룬다.

❍ 우리나라 낙동강이 천정천의 대표적인 예이다.

• **습곡**(褶曲 ; folding)

지각에 미치는 횡압력(옆으로부터 작용하는 힘)에 의하여 지층이 물결모양을 이루고 있는 것을 말한다. 중생대 말에서 신생대 제3기의 조산운동에 의해 이루어진 장년의 습곡산지는 신기조산대로, 화산이 이 지대를 따라 분포하고 있어 지진이 잦으며, 특히 석유매장량이 다른 지대에 비해 많다. 대표적인 예로는 환태평양조산대와 알프스 히말라야조산대가 있다.

❍ 고기조산대 · 신기조산대 : 지각이 아직 불안정한 '신기조산대'에 비해 고생대 조산운동에 의해 형성된 후 오랜 침식을 당한 '고기조산대'에는 석탄과 철광석이 많다.

• **순상지**(楯狀地 ; shield)

방패모양의 고원 지형으로 지표 최고 지질지역이 침식되어 이루어진 지역이다. 시생대의 화성암 · 변성암으로 된 지층에 원생대 · 고생대 지층이 순차적으로 덮여 있으면서 습곡을 별로 받지 않고, 시생대 · 원생대의 조산운동 이후 완만한 조륙운동만으로 수평층의 안정지괴를 이루었다.

❍ 발틱 · 앙카라 · 캐나다 순상지 등이 있다.

• **케스타**(cuesta)

구조평야로, 거의 수평으로 퇴적한 지층이 굳은 층(화강암)과 약한 층(편마암)이 교대로 이어져 침식을 받으면, 약한 층은 낮은 땅(분지)이 되고, 굳은 층은 구릉이 된다. 이 구릉을 말하는데 런던과 파리분지 등이 대표적이다.

🅐 장애인 올림픽대회

◐ 평야에는 고생대나 중생대 지층으로 1차적인 평야인 '구조평야' 외에 준평원 등을 이루는 '침식평야', 퇴적작용에 의한 '퇴적평야'가 있다.

• 카르스트 지형(Karst topography)
석회암 지역이 탄산을 함유한 빗물에 용해되어 여러 가지 형태로 나타난 지형을 말한다. 지표에 요철이 심한 석탑원이 생기고, 빗물이 지하로 스며드는 곳에 쇠절구 모양의 돌리네(doline), 지하에는 종유동 등이 형성된다. 이 지형에는 돌리네·종유동 외에 테라로사(적색토양으로 밭농사·과수원에 적합)·라피에(석회암이 용식되어 생긴 돌기둥) 등이 있다.

• 종유동(鐘乳洞 ; stalactite cave)
지하의 석회암을 용식하여 생긴 동굴로 석회동이라고도 한다. 천장과 바닥에 종유석·석순·석회주들로 구성된다.

◐ 영월의 고씨굴, 단양의 고수굴, 울진의 성류굴 등은 관광지로 개발되어 있다.

• 경동지괴(傾動地塊 ; tilted block)
지각의 단층운동에 의해 이루어진 단층지괴의 하나이다. 단층면에 의하여 둘러싸인, 지괴의 표면이 수평으로 되어 있지 않고 기울어 있는 것을 말한다. 단층운동으로 인해 한쪽은 급경사의 절벽을 이루고 한쪽은 완만한 경사를 이루는 산지를 말하며, 개열지괴의 반대이다.

◐ 우리나라는 낭림산맥·태백산맥의 큰 경동지괴로 동해의 급사면과 황해에 완만한 사면을 이룬다.

• 지구대(地溝帶 ; graben)
지반이 꺼져서 생기는, 거의 평행한 두 단층 사이에 끼여 있는 좁고 깊게 팬 지대로 교통로 등으로 이용된다. 라인 지구대·동아프리카 지구대, 우리나라의 길주명천지구대·추가령지구대·형산강 지구대 등이 그 좋은 예이다.

◐ 길주명천지구대(성진~어대진)에는 함경선, 형산강지구대(영일만~울산만)에는 동해남부선, 추가령지구대에는 경원선이 통과한다.

• 마그마(magma)
지하에서 고온으로 용융상태에 있는 암석물의 총칭이다. 마그마는 주로 규산염 물질로 되어 있으며, 온도는 약 600~1,250°C로 추측된다. 마그마에 함유되어 있던 광물의 성분은 광상을 형성시키고 물은 온천으로서 지표에 나오게 된다.

• 칼데라(caldera)
화산의 2차적 형태로서, 화구의 대폭발 또는 함몰 등에 의해 만들어진 화구상의 요지에

Q 우리나라 전관수역(專管水域) 범위는?

물이 괸 호수를 말한다. 전형적인 것은 완전한 원형이며, 때로는 화산도가 있고 수심이 깊다. 미국의 크레이터호, 우리나라의 백두산 천지 · 한라산 백록담 등이 그 예이다.

• **간헐천**(間歇川 ; geyser)
일정한 간격을 두고 열탕이나 수증기를 뿜어 올리는 온천이다. 지하수가 가열되어 내뿜어지는 동안이 짧은 것은 수 초, 긴 것은 2개월 정도 걸린다. 미국의 옐로스톤(Yellow stone) 국립공원의 것이 유명하다.

• **크레바스**(crevasse)
빙하 기슭에 가까운 부분보다 중앙부의 흐름이 빠르기 때문에 이 유속의 차이로 빙하에 생긴 깊은 균열을 말한다. 빙하의 유동속도가 빨라지는 빙하 곡저가 급경사를 이룬 곳에 생기기 쉽다. 특히 빙하거가 급한 곳에서는 크레바스를 경계로 하여 낙빙이 생겨 위험하다.
➋ 히말라야나 알프스 등의 등산코스에는 크레바스가 많다.

• **대륙붕**(大陸棚 ; continental shelf)
대륙의 가장자리에 이어지는 바다 밑의 완만한 경사를 이룬 부분으로 해안으로부터 수심 200m 이내를 말한다. 경사는 보통 6°정도로 해저 면적이 7.6%를 차지하고 있다. 이곳에는 유기물이 많이 침전 · 퇴적되어 있으므로 지하자원(석유)과 수산자원이 풍부하다. 미국 트루먼 대통령이 '대륙붕선언'을 한 이래 해저구역 천연자원개발을 위해 각국은 자국 연안 앞바다의 대륙붕에 대한 권리를 선언했다.
➋ 대륙사면(大陸斜面) : 대륙붕 끝에서 바다 쪽을 향해 깊은 바다 밑에 이르는 경사면으로 해면 아래 약 200~3천m를 말한다.
예문 대륙붕의 범위를 묻는 문제가 출제됨

• **오로라**(aurora ; 극광)
고위도 지방의 100km 이상의 고공에 나타나는 방전현상으로, 태양면 폭발시 튀어나온 대전입자가 지구의 대기상층에 들어와 전리층의 원자나 분자를 자극, 빛을 내게 한다. 남극과 북극 지방에서 주로 일어나며, 매우 아름다운 빛을 내는데, 담황색에 백색이 섞이거나 녹색을 띨 때가 많다.
➋ 오로라의 활동은 태양의 활동 및 태양 흑점과 밀접한 관계를 갖고 있다.

• **코로나**(corona)
태양의 가장 바깥쪽 대기층으로 태양 반지름의 몇 배나 되는 구역에 걸쳐 희게 빛나는 부분을 말한다. 100만도의 고온이며 수소와 헬륨이 주성분인데, 이는 전리되어 원자핵과 전자로 나누어진다.
➋ 태양의 활동은 흑점의 수와 코로나의 모양 등을 관측해 연구한다.

🅐 12해리

- **지오이드**(geoid)

  해양에서는 평균 해면을 기준으로 하고, 내륙 쪽에서는 작은 터널을 파 해수를 끌어들였다고 생각한 가상적인 수면으로, 학문상 이를 지구 모양이라 생각하여 지구상의 여러 측정 기준면에 사용한다. 이상적인 조건에서 완전한 타원체인 지오이드는 실제로는 지구를 구성하는 물질의 밀도가 불균등하기 때문에 불규칙한 모습이다.

  ⊙ 지오이드상에서는 모든 지점에서 중력에 의한 위치 에너지가 똑같다.

- **반 앨런대**(Van Allen belt)

  적도 상공을 중심으로 하여 도넛 모양으로 지구를 감싸고 있는 방사능대이다. 지구의 자기장에 의한 반 앨런 복사대는 내대와 외대로 나뉘는데, 내대 중심부의 높이는 지구 반지름의 0.5배로, 높은 에너지의 양자가 고속원운동을 하고 있으며, 외대 중심부의 높이는 지구 반지름의 2.5배로, 높은 에너지의 전자로 되어 있다.

  ⊙ 미국의 인공위성 익스플로러 1호와 구소련의 인공위성 스푸트니크 3호에 의해 발견되었다 (1958).

- **본초자오선**(本初子午線 ; prime meridian)

  지구상에서 양극을 지나는 대원을 자오선이라 하는데, 경도를 측정하는 기준이 되는 자오선을 본초자오선이라 하며, 현재는 영국 런던 교외 그리니치를 통과하는 자오선을 국제협정으로 채용하고 있다. 이를 $0°$로 하여 동경 $180°$ 서경 $180°$로 나눈다.

  ⊙ 우리나라 중앙 경선은 $127° 30′ E$이다.

- **날짜변경선**(international date line)

  지구상에서 날짜를 변경하기 위해 편의상 설정한 경계선으로, 지구상의 경도 $180°$의 자오선을 말한다. 지구를 동진하여 일주하면 경도 $15°$에 대하여 1시간씩 앞서는 계산이 되므로 하루 앞서게 되고, 서진하면 하루 늦는 셈이 된다. 따라서 동진할 때는 같은 날짜를 두 번 되풀이하고 서진할 때는 하루를 빼버리게 하는 기준선이다. 일부(日附)변경선이라고도 한다.

  ⊙ 날짜변경선 $= \dfrac{360°}{24시간} = \dfrac{15°}{1시간} = \dfrac{1°}{4시간}$

- **표준시**(標準時 ; standard time)

  영국의 그리니치를 통과하는 본초자오선(경도 $0°$의 선)을 기준으로 하는 세계의 표준시로 세계시라고도 한다. 세계 각지의 시간차는 지구의 둘레가 $360°$이므로 360을 하루 24시간으로 나누면 15, 경도 $15°$에 1시간의 시간차로 계산된다. 우리나라는 그리니치 표준시보다 9시간 빠른 동경 $135°$를 표준시로 삼고 있다.

  예문 우리나라 표준시를 묻는 문제와 다른 지역의 표준시로 바꾸는 문제가 출제됨

Q 단군의 건국이념은?

- **회귀선**(回歸線 ; tropics)

  지구의 남과 북의 위도 23°27′을 지나는 위선으로, 북의 위선을 북회귀선 또는 하지
  선, 남의 위선을 남회귀선 또는 동지선이라 한다. 하지나 동지에 태양은 각 회귀선의
  직상에 위치하는데, 태양이 위선상을 직사할 때까지 남북으로 전진한 후에 적도로 향
  하여 회귀하므로 이렇게 불린다. 회귀권이라고도 한다.
  ◑ 두 회귀선의 사이가 열대에 속한다.

- **항성일**(恒星日 ; sidereal day)

  1항성일은 한 항성이 자오선을 통과한 후, 다시 같은 자오선을 통과하기까지의 시간을
  말한다. 이는 춘분점에 대한 지구의 자전 주기와 같다. 그래서 지구의 자전주기와 1항
  성일은 23시간 56분 4.09초이다.
  ◑ 지구의 회전방향은 서에서 동으로이며, 항성은 상대운동을 하여 동에서 서로 움직인다.

- **대기**(大氣)**의 구조**

  기온의 수직분포에 따라서 대기를 대류권 · 성층권 · 중간권 · 열권(온도권)으로 나눌
  수 있다. 이들 각 권의 경계면을 각각 대류권계면 · 성층권계면 · 중간권계면이라 한다.
  대류권은 대류 및 기상현상이 일어나는 불안정한 층, 성층권은 안정되어 대류 및 기상
  현상이 거의 일어나지 않고, 중간권은 대류현상이 활발하며 열권은 낮과 밤 기온차가
  심하다.
  ◑ 성층권은 안정된 층으로 구름이나 악(惡)기류가 거의 나타나지 않아 제트 항공기의 좋은 항로가 된다.

- **전리층**(電離層 ; ionosphere)

  대기층의 약 50~500km 사이에 있는 층을 말한다. 전자밀도는 태양의 영향을 받아
  시간 · 계절 · 태양활동 등에 따라 복잡하게 변한다. 지상에서 발신된 전파를 반사, 또
  는 흡수하므로 원거리 무선통신을 가능케 한다. 높이와 성질에 따라 D층 · E층 · F층으
  로 구분된다.
  ◑ D층에서는 방송파가 흡수되고, E층에서는 중파를, F층에서는 단파를 반사한다.

- **난기류**(亂氣流 ; turbulent air)

  대기중의 기류가 불규칙하게 흐르는 현상, 특히 항공기 비행에 영향을 미치는 풍속이
  급변하는 기류를 말한다. 난기류가 생기는 주요 원인은 바람의 불규칙한 변화, 즉 돌풍
  때문이며, 일반류에 수반되어 존재하는 소용돌이에 의해 발생한다.
  ◑ 난기류 현상은 비교적 하층이나 구름 속에서 나타난다.

A 홍익인간

• 제트기류(jet stream)

대류권 상부 10km 또는 성층권에서 수평축을 따라 불고 있는 강한 편서풍의 바람대(帶)를 말한다. 열대에서 북상하는 더운 공기와 극지방에서 남하하는 찬 공기가 부딪치는, 온도차가 큰 전선 상공 10km 되는 곳에서 발생한다. 몽고의 상공에서부터 한국·일본·알래스카에 걸쳐 불며 때로는 중국의 황사를 극동에 운반하기도 한다. 분류라고도 하며, 우리나라 한파·집중호우와 관계가 깊다.

● 제2차 세계대전 중 B29폭격기 조종사에 의해 발견, 제트기류라 명명되었다.

• 역전층(逆轉層 ; inversion layer)

대기의 온도는 지표에서 기온체감 현상이 있어 대기의 안정·불안정에 중대한 영향을 미친다. 그러나 때로는 지표면 쪽이 차고, 고공 쪽이 반대로 따뜻할 때가 있는데, 이와 같이 기온이 역전되고 있는 층을 역전층이라 한다. 역전층에서는 대기가 정역학적으로 안정상태이고, 상·하의 난류현상이 적고, 역전층 위에 연무나 안개가 나타나는 현상이 있다.

● 도시 부근에서는 역전현상으로 연기·매연 등이 침체되어 스모그 현상이 일어나기 쉽다.

• 일교차(日較差 ; diurnal range)

기온변동을 1일 단위로 보았을 때 나타나는 최고·최저의 차이로, 위도의 고저·지세·구름의 양에 따라 다르다. 위도가 높을수록 또는 고원지대·해안지방·초원지대 등이나 흐린 날에는 일교차가 작으며, 저지·내륙지방·사막지대에서는 크다.

● 연교차 : 1년간 측정한 기온의 최대·최소치의 차로 북쪽과 내륙일수록 심하다.

예문 일교차가 심한 지역을 묻는 문제가 출제됨

• 블로킹 현상(blocking 現象)

중위도 지방에서 동쪽으로 이동하는 저기압·저기압골·고기압·고기압마루 등이 저지되거나 혹은 역행하여 며칠씩 거의 정체하여 있는 상태를 말한다. 이러한 현상은 초여름에 다소 나타나며, 한여름에는 거의 나타나지 않는다.

● 겨울에 나타나는 블로킹 현상은 지속적인 난동·한동기간을 형성시킨다.

• 기압골(trough)

기상도에서 판별할 수 있는 등압선의 한 형식으로, 저기압 쪽을 향하여 요형(凹刑)을 이룬 부분을 말한다. 상층에 기압골이 있으면 지표에 저기압이 발생하기 쉬우므로, 기압골은 일기 변동의 표시로 볼 수 있다.

● 기압골의 동쪽은 흐리거나 비가 오는 경우가 많고 서쪽은 갤 때가 많다.

Q 우리나라 최초의 설화집은?

- **정체전선**(停滯前線 ; stationary front)

거의 이동하지 않고 일정한 장소에 머물고 있는 전선으로 정상전선이라고도 한다. 전선이 한랭한 쪽에서 따뜻한 쪽으로 이동하고 있으면 한랭전선, 반대로 역동하는 경우는 온난전선이라고 하며, 이동하지 않고 정지하여 있을 때를 정체전선이라고 한다. 장마철에 특히 많으며, 때로는 집중호우의 원인이 되기도 한다.

○ 여름철 장마전선은 정체전선의 일종이다.

- **편서풍**(偏西風 ; westerlies)

중위도(30° 아열대) 고기압대에서 고위도(60° 아한대)로 불어 내리는 서풍으로, 온대지방인 대륙 서쪽에서 1년 내내 부는 바람이다. 유럽 서안 특히 북미 서안 등 대륙 서안 기후에 크게 영향을 끼치는데, 겨울에 강하고 여름에는 약하다. 편서풍은 항상풍이다.

○ 항상풍(순환풍 · 탁월풍) : 대기의 순환으로 위도에 따라 연중 일정한 방향으로 부는 바람으로 편서풍 · 무역풍 · 극동풍(한랭한 편동풍)이 있다. 이에 비해 계절에 따라 부는 바람을 '계절풍' 이라 한다.

- **무역풍**(貿易風 ; trade wind)

중위도(30° 아열대) 고기압대에서 적도권의 저기압대로 부는 바람으로, 열대지방에서 1년 내내 부는 편동풍이다. 이 바람의 작용으로 적도 해류가 발생한다. 범선시대에는 이 바람을 이용해 대륙간무역이 행해졌으며, 그래서 무역풍이라는 이름이 붙여졌다. 북반구에서는 북동무역풍, 남반구에서는 남동무역풍이 된다.

- **높새바람 · 푄**(Föhn)

산지에서 불어 내리는 돌풍적인 건조한 열풍으로, 고온건조한 지방풍(국지풍)이다. 높새바람은 태백산맥 서사면에서 영서지방으로 불어 내리며, 푄은 알프스 북사면에서 발생한다. 습한 공기가 산을 넘을 때 바람의 상층부에서 단열냉각에 의해 수증기가 비 또는 눈이 되어 내리나 산기슭을 불어 내려갈 때는 단열승온하여 건조 열풍이 된다. 이로 인해 생긴 이상건조는 산불의 원인이 되기도 한다. 풍염이라고도 한다.

예문 같은 성질의 바람(지방풍별)에 대해, 특히 높새바람에 대한 문제가 많이 출제됨

- **블리자드**(blizzard)

캐나다 · 미국 북부에서 일어나는 거세고 찬바람을 동반한 한랭한 눈보라풍의 지방풍이다. 북극에 가까운 이곳의 기온변화는 급격하여 몇 시간 사이에 영하 10°에서 20°로 급강하하는데, 동시에 초속 40~80m의 강풍이 불며 눈보라가 몰아친다. 이 현상이 일어나면, 2,~3m 앞도 안 보여 보행이 불가능해진다.

Ａ 박인량의 수이전

- **대륙성 기후**(大陸性氣候 ; continental climate)

  대륙 지표의 영향을 받아 기온의 연교차와 일교차가 크며, 강수량이 적고 건조한 대륙 내부의 특징적인 기후이다. 기온의 연교차 · 일교차가 작고 연중 온난다습한 해양성 기후와 반대되는 기후이다. 우리나라 기후는 대륙성 기후로 여름에는 '북태평양 기단'의 영향으로 몹시 더우며, 겨울에는 '시베리아 기단'의 영향으로 몹시 춥다. 겨울의 삼한 사온 현상은 시베리아 기단의 강약에 의해 나타난다.

  ➲ 우리나라 기후에 영향을 주는 기단은 북태평양 · 시베리아 기단 외에 '양쯔강 기단(봄 · 가을)', '오호츠크해 기단(초여름, 한랭 다습하며 높새바람의 원인)'이 있어 사계절이 뚜렷하다.

- **몬순 기후**(monsoon climate ; 계절풍 기후)

  겨울에는 건조한 바람이 대륙에서 해양으로, 여름에는 습한 바람이 해양에서 대륙으로, 약 반년의 주기로 변화하여 부는 계절풍에 의한 기후로, 인도 · 동남 아시아에서 찾아 볼 수 있다. 열대 해양기단과 찬 대륙기단의 영향으로 여름철에는 고온다습하고 비가 많으며, 겨울철에는 저온건조하고 춥고 맑은 날이 많다. 동부 아시아의 온대 몬순은 겨울 몬순, 남부 아시아의 열대 몬순은 여름 몬순이다.

  ➲ 우리나라는 계절풍(몬순)의 영향을 받아 겨울엔 한랭건조한 북서계절풍이, 여름엔 고온다습한 남동계절풍이 분다.

  예문 우리나라 기후의 특색을 묻는 문제가 출제됨

- **지중해성 기후**(地中海性氣候 ; Mediterranean climate)

  여름은 고온건조하고 겨울은 편서풍이 강하여 온화하고 비가 많은 기후로, 온대 겨울비 기후라고도 한다. 유럽 지중해 연안지방에서 전형적으로 발생하며, 미국 캘리포니아 해안 · 오스트레일리아 남부 · 남아연방 서남부 등이 이에 속한다. 이 기후대에서는 올리브 · 레몬 · 포도 등 지중해성 과수재배가 성하다.

  ➲ 대표적인 해양성 기후인 이 기후 지역은 관광 · 휴양지로 적합하다.

- **이상건조**(異常乾燥 ; abnormal dryness)

  맑은 날이 오랫동안 계속되어 공기가 건조, 화재의 위험이 예상되는 기후를 말한다. 보통 최저습도 30% 이하, 실효습도(목재의 건조 정도를 포함한 습도) 50% 이하일 경우를 말한다. 이상건조로 인하여 화재발생의 위험이 클 때는 기상대에서 건조주의보 · 건조경보를 발표한다.

  ➲ 이상건조가 20일 이상 계속되면 한발이 된다.

- **와디**(wadi)

  사막에서 우기에만 물이 흐르고 다른 때는 물이 없는 골짜기를 말한다. 건조지역, 특히 사막에 있는 하상(河床)으로써 늘 물이 없으므로 '마른 강'이라고도 한다. 아라비아 및

Q 적십자의 창시자는?

북아프리카 지방에 특히 많다.

○ 오아시스가 있어 물을 얻기 쉽고 보행이 편리하여 대상들의 교통로로 이용된다.

• 스텝(steppe)

연 강수량 500mm 이하인 반건조 기후에서 발달한 온대초원지대로, 삼림지대와 사막의 중간대이다. 식물은 비교적 키가 작은 화본과의 풀이 주로 자라는데 비가 많이 내리는 봄철에는 잘 자라 무성해지나, 여름철 건계에는 말라죽는다. 유목 · 기업적 방목 · 곡물농업에 적당하다.

○ 원래는 중앙아시아에 있는 지초성 초원을 가리켰으나, 이와 유사한 초원의 대명사가 되었다.

• 사바나(savanna)

열대 사바나 기후지역의 비교적 키가 큰 풀과 관목의 초원으로 야생동물의 낙원을 이룬다. 계절풍에 따른 우량에 의하여 건기와 우기로 나누어지며, 성장기에 고온다우하고 성숙기에 건조해 사탕수수 · 목화 · 커피 등의 재배에 적합하다. 아프리카의 내륙, 오스트레일리아의 북부, 브라질의 고지대, 동남아 등이 이에 속한다. 이 지역에서는 플랜테이션 재식농업이 성행한다.

○ 사바나는 사막과 열대 우림 사이의 지대로, 초식동물들에게 좋은 환경이어서 목축업에 유리하다.

• 스콜(squall)

갑자기 불기 시작하여 몇 분 후 갑자기 멈추는 바람을 말한다. 일반적으로는 열대지방에서 거의 매일 오후에 내리는 소나기, 곧 강수와 뇌우 등의 돌연한 변화에 대해 쓰인다.

○ 돌풍과 다른 점은 부는 시간이 돌풍보다 길고, 흔히 대류성 강수를 동반한다는 것이다.

• 툰드라(tundra)

주로 북극해 연안에서 수목의 생육한계에 이르는 사이의 동토지대를 말한다. 식물의 생육기간이 60일 이하로 짧은 제한된 요인에 의하여 큰 나무가 자라지 못하는 삼림한계보다 북쪽의 극지에 해당한다. 대부분이 얼음으로 덮여 있으며 여름에만 지표의 일부가 녹아서 습지가 되고, 선태류 · 지의류 · 관목 등의 식물과 순록 같은 동물이 살 뿐이다.

○ 유라시아 북부 · 시베리아 북부 · 캐나다 북부 · 알래스카 북부 등지에 퍼져 있다.

• 백야(白夜 ; midnight sun)

고위도 지방에서, 해뜨기 전 또는 해진 뒤에 반영하는 태양광선 때문에 나타나는 박명(薄明)현상을 말한다. 위도가 48° 이상인 고위도 지방에서는 하지를 중심으로 한 기간에 지평선 아래 18° 이하로 태양이 지지 않기 때문에 밤에 하늘이 희미하게 밝아 있는

A 앙리 뒤낭

467

박명이 계속되는 것이다.

○ 북극지방에서는 하지, 남극지방에서는 동지 무렵에 일어나는데, 가장 긴 데는 6개월이나 계속된다.

• 해일(海溢 ; overflowing of sea)

바다에서 큰 물결이 일어나 육지로 넘치는 현상으로서, 지진, 화산의 폭발, 폭풍 등으로 인해 생긴다. 해저지진 · 해저화산 폭발 · 해저 산사태 등과 같은 원인에 의해 일어나는 파장이 긴 파도가 일으키는 지진해일과 태풍이 접근하면서 일어나는 폭풍해일이 있다.

○ 직선으로 된 해안에서는 별로 영향을 닫지 않으나 삼각형으로 된 만의 구석 같은 데서는 피해가 매우 크다.

• 태풍의 눈(eye of typhoon)

두꺼운 구름으로 둘러싸인 태풍의 중심부에 나타나는, 맑게 갠 무풍지대를 말한다. 태풍의 눈의 지름은 30~50km 정도지만, 때로는 100~200km에 이르는 경우도 있으며, 여기에 하강기류가 있다. 주위에는 적란운이, 태풍의 눈이 통과한 지역에는 반대 방향으로부터 맹렬한 폭풍우가 불어닥치는 것이 특징이며, 태풍의 눈 주변에서 최대풍속을 나타낸다.

○ 이 중심부근의 풍속이 초당 33m 이상의 강풍을 태풍이라 한다.

• 세계의 3대 강풍

1. 태풍(typhoon) : 남지나해에서 발생해 동남 아시아 일대로 부는 바람으로 우리나라에 미치는 영향이 크다.

2. 사이클론(cyclone) : 인도양에서 발생하여 벵골만으로 부는 바람이다.

3. 허리케인(hurricane) : 카리브해에서 발생하여 북미대륙으로 부는 바람이다.

예문 바람의 발생지와 그 진로, 세계 3대 강풍을 묻는 문제가 출제됨

• 설선(雪線 ; snow line)

일년 내내 눈이 녹지 않는 만년설의 하한선을 말한다. 강설량과 융해량 및 증발량이 같은 점을 연결하여 생기는 선으로, 기후적 설선과 지형적 설선의 두 가지가 있다. 만년설이 계곡을 따라 이동하는 것을 빙하라 한다. 설선 높이는 장소에 따라 다르며, 일반적으로 열대에서는 높고 극지에서는 낮다.

○ 적도 부근이 5천m 정도, 위도 50°에서는 1천m 정도, 극지에서는 해면 아래쪽에 설선이 형성된다.

• 외쿠메네(Ökumene 독)

인간이 생활하고 있는 육지 부분으로, 지구상에서 인류가 장기적으로 거주할 수 있는

Q 세계 최초로 달에 착륙한 사람은?

지역을 말한다. 지구 표면의 육지에서 사막·고산지대·동토·극지 부근의 빙설지대를 제외한 약 87% 가량이 외쿠메네에 해당되며, 외쿠메네의 한계는 주로 기후에 의해 결정되고 식량의 생산한계와 거의 일치한다. '거주지역' 이라고도 한다. 이와 대립되는 개념의 지역을 아뇌쿠메네(Anokumene)라 한다.

○ 아뇌쿠메네 : 빙설기후 지역, 설선 이상의 고산지대, 사막기후 지역 등과 같이 인간이 장기적으로 거주할 수 없는 지역이다.

• 부동항(不凍港 ; ice-free harbor)

일년 내내 바다가 얼지 않는 항구를 말한다. 우리나라의 항구는 모두 겨울에도 얼지 않는 부동항이며, 북부 유럽 스칸디나비아의 나르빅 항구·함메르페스트 항구 등은 고위도 지방에 위치하나, 멕시코 난류의 영향으로 부동항이다. 구소련이나 캐나다처럼 국토가 북쪽으로 치우쳐 있는 나라에서는 부동항이 갖는 의의가 크다.

• 하굿둑=하구언(河口堰)

하굿둑 또는 하구언은 바다로부터 짠물이 침입하는 것을 막기 위해 강과 바다의 접경에 쌓은 댐으로, 하천의 정상적인 기능유지와 강물 이용에도 기여한다. 종래 염해 방지를 위해, 또는 하구유지·하천 정화를 위해 필요로 했던 방류수량을 줄이고 헛되이 방류되던 물을 활용할 수 있다.

○ 낙동강 하굿둑 공사처럼 이것이 끼칠 생태계의 변화와 피해에 대해 엄밀한 조사 및 대책이 요구된다.

• 엘 니뇨(El Niño)

크리스마스 무렵부터 봄철에 이르기까지 남미 에콰도르와 페루 북부 연안의 한류가 해류의 변화로 북쪽에서 난류가 유입되어 수온이 높아지는 현상이다. 이 현상이 나타날 때 한국·일본 등지의 지역에서는 여름 저온, 겨울 고온의 현상을, 페루·에콰도르 연안 등지에서는 홍수 등의 기상이변을 보이게 된다.

예문 엘 니뇨 현상이 무엇인지, 그리고 이의 발생지를 묻는 문제가 출제됨

• 라니냐(La Niña)

스페인어로 '여자 아이'를 뜻하는 말로, 적도 무역풍이 평소보다 강해지면서 차가운 바닷물이 용승(솟아오름)하는 현상을 가리킨다. 태평양 적도 부근의 해수면 온도가 평년보다 1~10도 가량 달아오르면서 시작되는 엘니뇨와는 정반대이다.

Current Issues & General Information

CHAPTER 15
Ethics, Philosophy & Religion
– 국민윤리 · 철학 · 종교 –

01 국민윤리

02 사상 · 철학

03 공산사회의 특징

04 종교

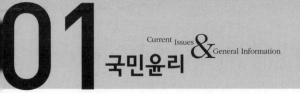

• 홍익인간(弘益人間)

고려 때 일연이 지은 「삼국유사」의 단군신화에 나오는 말로 널리 인간세상을 이롭게 한다는 단군조선의 건국이념이다. 이것은 정치적으로는 민본사상, 윤리적으로는 인류애를 나타내는 것으로, 환인의 아들 환웅이 세상 다스리기를 원하므로, 천부인(天符印) 세 개를 주어 내려보내며 '홍익인간' 으로써 다스리게 했다는데서 비롯된다. 오늘날 우리 겨레의 건국이념·교육이념이다.

❍ 인간존중의 전통 : ① 홍익인간·재세이화 : 널리 인간을 이롭게 하고, 세상에 있으면서 도리로써 교화시킴–단군신화에 나타난 고조선 건국이념 ② 이도여치 : 도(道) 로써 세상을 다스림–광개토왕 비문에 전하는 고구려 통치이념. ③ 광명이세 : 밝은 빛으로 세상을 다스림 – 박혁거세 신화에 전하는 신라 건국이념.

예문 홍익인간과 건국이념에 나타난 공통된 정신에 대한 문제가 출제됨

• 성(誠)과 경(敬)

성은 하늘의 이법(理法)이며 마음의 모습이요, 경은 공경·엄숙·삼감의 실천윤리로써 이를 실천해야 성에 이를 수 있다. 유학의 중심사상인 인사상이 우리나라에 와서는 성실(誠)과 경애(敬)로 나타났다. 이이(李珥)는 '성이란 하늘의 실리이며 마음의 본체'라고 하여 인간본연의 성실을 확인, 성사상을 이루었고, 이황(李滉)은 '마음을 놓지 말고 항상 정신을 집중, 통일된 상태로 지내며 학문을 하는 데도 경으로써 마음을 다스릴 수 있도록 해야 한다' 고 하여 경사상을 이루었다.

• 호연지기(浩然之氣)

중국의 맹자가 그의 '수양론' 에서 최초로 쓴 말로, 지극히 크고 굳세며 곧은 마음으로 진취적 기상의 바탕이 된다. 이이가 선조에게 올린 글에서는 "호연지기란 의를 모아서 되는 것이요, 한 가지 일이 우연히 의에 맞았다고 생겨나는 것이 아니다. 모름지기 오늘 하나의 옳은 일을 행해 의가 몸에 쌓여 위로 하늘에 부끄럽지 않고, 아래로 땅에 부끄럽지 않아야 호연지기가 충만하게 된다."고 해 호연지기가 진취적 기상의 바탕임을 강조했다.

❍ 맹자는 "마음이 공명정대해 하늘을 우러러 조금도 부끄러움이 없고, 부귀가 감히 그 마음을 더럽힐 수 없으며, 빈천이 능히 그 지조를 꺾을 수 없고, 위무(威武)가 능히 그 신념을 무너뜨릴 수 없는 기개"를 호연지기로 규정했다.

• 화랑도(花郎道)와 풍류사상(風流思想)

화랑은 심신을 단련하고 무예를 연마했으며, 단체생활을 통해 협동정신을 키웠고, 원만한 인격의 도야를 위해 풍류(음악·유희)를 즐기기도 했다. 그래서 풍류도라고도 한다. 화랑도의 근본정신은 원광법사가 지어준 '세속오계' 와 겸허·검소·순후의 3덕에 나타나 있다.

❍ 세속오계는 사군이충(忠)·사친이효(孝)·교우이신(信義)·임전무퇴(용맹)·살생유택(자비)이다.

Q 가부동수인 경우 의장이 던지는 결재투표를 무엇이라 하는가?

472

- **실학**(實學)

  조선 영 · 정조 때 일어난 유학의 새로운 사상으로, 당시 지배계급의 이념이던 성리학(性理學=주자학)의 형이상학적 공리공론에 대한 반동으로 일어나 실사구시와 이용후생에 힘쓰던 사상이다. 그 영향은 실생활의 유익을 목표로 정치 · 경제 · 언어 · 지리 · 천문 등에 널리 미쳤다. 실학파로는 유형원을 비롯하여 이익 · 박지원 · 정약용 · 김정희 · 안정복 등이 있다.

  ◐ 실학사상은 서양의 그리스도교 사상과 합리주의 사상을 주체적으로 수용한 유학자들에 의해 이루어졌다.

- **무실역행**(務實力行)

  근대 한국의 민족 지도자 도산 안창호는 민족의 정신적 지표로써 무실 · 역행 · 충의 · 용감의 4대 정신을 강조하였다. '힘의 사상'으로 집약 · 대표되고 있는 이 4대 정신 가운데 충의(봉사주의) · 용감(적극주의) 외에 무실(진실주의) · 역행(실천주의)은 성실 사상을 그 바탕으로 하고 있다. 흥사단의 4대 정신은 이를 바탕으로 한다.

  ◐ 안창호의 '민족 3대 자본동맹 저축론'은 신용(도덕적 자본) · 지식(정신적 자본) · 금전(경제적 자본)이다.

- **청소년기**(靑少年期)

  신체적 · 생리적으로 성숙해 가는 동시에 정신적으로도 자신의 역량과 소임을 생각하게 되고, 나아가 독립된 생활을 할 수 있는 준비를 갖추는 시기이며, 사회적 문화적으로 새로운 상황에서 오는 회의와 갈등을 겪는 시기이기도 하다. 일반적으로 12~13세에서 19~20세까지의 시기를 말한다.

- **청소년기에 대한 표현들**

표현의 종류	특징	주창자
제2의 탄생 (정신적 탄생)	자기 존재에 대한 발견이 비롯되는 시기(정신적인 여명기)	루소 (Rousseau)
주변인 (경계인)	사회적 적응이 잘 안되는 과도기적 상태(성인도 어린이도 아닌 또 생활양식 · 사고방식이 다른)로, 그 주변성에 따르는 좌절을 겪는 시기	레빈 (Lewin)
심리적 이유기 (心理的離乳期)	성인의 보호 · 감독 · 간섭으로부터 벗어나 독립하려는 심리적 경향을 강하게 나타내는 시기	홀링워스 (Hollingworth)
제2의 반항기	기성 권위에 반항하고 전통적 가치를 부정하려는 부정적인 경향을 띠는 시기	뷔러 (Buhler)

◐ 1. 청소년기의 과제 : 풍부한 지식과 명석한 판단력, 정서적 적응과 안정, 신체 변화에 대한 적응과 단련, 사회에 대한 적응력, 도덕적 의지와 가치관 등에 힘쓴다.
2. 제1반항기 : 2~6세 때로 몸을 자유롭게 움직이기 시작한 터라 무엇이든 마음대로 하려고 한다. 옆에서 간섭하면 나름대로 뜻을 관철키 위해 반항한다.

A 캐스팅 보트(Casting vote)

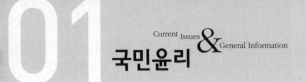

01 국민윤리

Current Issues & General Information

예문 청소년기 특징과 그 주창자에 대한 문제, 특히 주변인과 제2의 탄생을 묻는 문제가 출제됨

• 바람직한 직업

직업을 가지는 이유, 곧 그 목적은 생계를 위한 재화 획득, 사회생활에의 참여·봉사, 각자 소질을 계발하고 인격을 연마해 자아실현을 이루는 것이다. 수입의 많고 적음으로 직업을 평가해선 안되며, 자신의 소질과 능력을 생각하고 사회에 대한 공헌도를 고려, 긴 안목으로 선택해야 한다.

◐ 이러한 세 가지 목적이 효과적으로 달성되는 직업이 바람직한 직업이다.

• 자연철학(自然哲學)

신화의 세계를 비판하고 자연에 대한 이해를 합리적으로 재구성하려 한, 고대 그리스에서 일어난 서양철학을 말한다. 자연과 우주의 본질을 중심과제로 삼은 이들 철학자에는 만물의 근원을 '물'로 본 탈레스, '공기'로 보는 아나시메네스, '불'로 보는 헤라클레토스, '무한한 것'으로 보는 아낙시만드로스와 물·불 공기·흙의 4원소설을 주장한 엠페도클레스가 있다.

◐ 아테네 시대에 접어들어 소피스트와 소크라테스에 의해 인간의 관심은 자연보다는 인간 자신에게로 전환되었다.

• 소피스트(sophist)

서양철학의 출발인 자연철학에서 아테네철학으로 바뀌는 과도기에 인간의 관심을 자연으로부터 인간 자신에게로 전환시킨 철학으로 경험주의와 실용주의 철학의 선구가 되었다.

1. 프로타고라스(BC 481~411) : '인간은 만물의 척도'란 그의 말로 보편타당한 진리는 없고 나 자신이 만물의 기준임을 주장한다.

2. 고르기아스(BC 483~376) : 회의론과 불가지론을 주장했다.

3. 프로디고스(BC 5세기) : 사물의 개념의 정확성에 대한 것으로 언어문제를 내세웠다.

◐ 소피스트는 상대주의적 회의적 윤리설을 주장, 절대적 진리를 부정함으로써 후세에 궤변론자라는 악평을 듣기도 했다

• 이데아(idea)

플라톤은 존재하는 세계를 두 가지로 나누고 참다운 세계는 감각적으로 경험되는 현상의 세계가 아니고, 오직 이성에 의해서만 파악될 수 있는 이데아의 세계라 하고 이것은 객관적으로 실재한다고 보았다. 소크라테스는 윤리적·미적 가치 자체를 표현하는 말로 사용했다. 근대에 와서는 특히 이성의 영원불변하는 최선의 의식내용을 뜻한다.

◐ 플라톤에서 최고의 이데아는 선의 이데아이며, 그것은 곧 전지 전능한 신이다.

Q 중농주의의 창시자는?

• **이데아**(idea) **사상과 목적론적 세계관**
플라톤 철학의 핵심을 이루는 이데아 사상과 그 제자인 아리스토텔레스의 목적론적 세계관을 말한다. 플라톤은 이성에 의해 파악될 수 있는 초월적인 이데아의 세계만이 참다운 세계라고 하는 이상주의(二元論)이며, 아리스토텔레스는 감각적으로 경험되는 현실 속에서 참다운 존재를 발견하려 한 현실주의(一元論)이다.

➲ 소크라테스 · 플라톤 · 아리스토텔레스의 공통점은 이성적 인간을 인간다운 인간으로 보는 인간관에 있다.

• **사회적 동물**(social animal)
아리스토텔레스가 한 말로 인간은 끊임없는 타인과의 관계 속에 존재한다는 생각이다. 스승인 플라톤의 이상주의와는 달리 현실주의인 그는 목적론적 세계관을 펴 인간이 다른 동물에게서 볼 수 없는 이성을 가지고 있기 때문에 이성에 의해 중용의 덕에 이를 수 있고, 중용에 의해 인간의 윤리적 목표인 행복에 이를 수 있다고 했다.

➲ 이성적 인간을 인간다운 인간으로 보는 인간관에서는 '인간은 이성적 동물'이다.

• **유심론**(唯心論 ; spiritualism)
사물의 현상을 이성(의식 · 심리 등)을 기초로 하여 생각하려는, 존재보다 사유(思惟)가 근원적이라는 형이상학적인 견해로서 유물론과 대립된다. 플라톤에서 피히테(Fichte)의 윤리적 유심론, 셸링(Schelling)의 미적 유심론을 거쳐 헤겔(Hegel)의 논리적 유심론에 이르러 합리적인 관념론으로서의 그 체계가 세워졌다. 유심론이 관념론과 동일시되는 경우도 있지만, 관념론은 인식론의 용어로서 오히려 실재론과 대립된다.

• **유물론**(唯物論 ; materialism)
우주만유의 궁극적 실재의 근원을 물질로 보고, 정신적 관념적 일체의 현상을 이에다 환원시켜 고찰하려는 철학적 세계관을 말한다. 일체의 정신현상은 물질로부터 일어난 현상에 지나지 않으며 그 독자성 · 궁극성이 인정되지 않는다. 이는 초대 그리스의 물활론 · 원자론(原子論 ; 데모크리토스)에서 비롯하여 헤겔의 관념론에 반대하고 나선 근대의 변증법적 유물론에 이르기까지 자연주의 · 감각론 등과도 결합하고, 무신론의 이론적 근거가 되었다. 이 특징은 과학주의 · 결정론 · 감각론 · 무신론 등이다.

➲ 관념론(觀念論) : 유물론에 대립되는 철학상의 이론이다. 형이상학적 의미로는 유심론, 세계관 및 인생관의 의미로는 이상주의를 말한다.

• **변증법**(辨證法 ; dialetic)
제논(Zenon)은 모순을 찾아내어 논쟁하는 방법으로 이 개념을 사용하였으나, 플라톤에게는 개념분석으로 결론에 도달하는 방법(이데아 인식의 방법)이었고, 헤겔에 이르러 이것은 철학의 근본적인 방법으로 굳었다. 헤겔은 만물의 생성을 정(正) · 반(反) · 합(合)[정립 · 반정립 · 종합, 또는 즉자 · 대자 · 즉자겸 대자라고도 한다]의 3단계 변화과정으로

A 케네(Quesnay)

설명하고 있다. 곧 세계 역사는 변증법에 의해 변화·발전하는데, 그 원동력이 되는 것은 이성(절대정신)이며, 세계의 발전과정은 이 절대정신의 발전과정이라고 했다.

● 마르크스(K. Marx)의 유물변증법의 모태가 되었다.

• 헬레니즘(Hellenism)과 헤브라이즘(Hebraism)

서유럽의 사상에는 두 가지의 큰 흐름이 있다. 하나는 그리스·로마 사상인 헬레니즘, 다른 하나는 그리스도교 사상인 헤브라이즘이다. 헬레니즘은 철학과 과학을, 헤브라이즘은 신앙과 예술을 창조하였다.

비교	헬레니즘	헤브라이즘
발생지	그리스	유대
성격	합리주의	신비주의
발달	철학	종교
경향	인본주의적	신본주의적

● 헬레니즘이란 '그리스 사람'을 의미하는 말에서 유래, 알렉산더 대제국 건설 이후의 오리엔트 문화와 그리스 문화의 융합으로 비롯되었다.

예문 서양사상의 2대 원류를 묻는 문제가 출제됨

• 교부철학(敎父哲學 ; patristic philosophy)

플라톤의 철학을 원용, 그리스도교 신앙을 교의화(敎義化)하기 위한 목적에서 일어난 철학이다. 초기 그리스도 교회의 건설, 교의의 발전에 공헌하고 그 사상을 체계화한 신학적 철학으로 클레멘스(Clemens)에 의하여 창시되었으며, 아우구스티누스(Augustinus)에 이르러 최성기를 이루었다.

● 아우구스티누스 : 로마 말기의 사상가로, 교부철학을 완성시킨 신학자이다. 저서에 「고백록」「삼위 일체론」「신국론」 등이 있다.

• 스콜라 철학(scholastic philosophy)

중세 교회나 수도원의 부속학교 교사 스콜라(schola)를 중심으로 하여 연구된 종교적 철학이다. 종교와 철학의 총합이며 그리스 철학을 전승하고 근대 철학에 커다란 사상적 유산을 남겼다. 교부철학·신(新)플라톤주의·아리스토텔레스의 철학을 원천으로 했다.

● 토마스 아퀴나스(Thomas Aquinas)가 대성시켰다.

• 경험론(經驗論 ; empiricism)

근대 자연과학적 인식의 근거를 인간의 경험에서 구하는 철학적 학설이다. 현실 긍정적 성향이 강한 영국인들로부터 비롯된 철학적 태도로 로크·베이컨이 그 대표적인 사상가이다.

Q 트랙이 경사진 사이클 경기장 이름은?

비교	발달한 나라	인식기반	학문방법	대표 사상가
경험론	영국	경험	귀납법	베이컨
합리론	프랑스	이성	연역법	데카르트

❍ 베이컨은 영국 경험론의 창시자로서 학문 연구방법으로 귀납법을 주장했으며, "아는 것이 힘이다"라고 하여 과학적 지식의 필요성을 강조했다.

• **합리론**(合理論 ; rationalism)
합리적 지성이 절대적 진리를 밝혀준다고 믿었던 프랑스인들을 중심으로 유럽에서 일어난 철학적 사조로, 진리파악 능력을 이성의 사유로 보고 이성을 중시하는 세계관을 말한다.

❍ 데카르트는 합리론의 시조로서 방법적 회의로 진리에 임하는 연역적 방법을 주장, "나는 생각한다, 고로 나는 존재한다"는 유명한 명제를 남겼다.

• **귀납법**(歸納法 ; inductive method)
관찰과 실험을 통해 구체적 사실을 수집 · 정리해 여기에서 보편적 법칙을 유도해내는 학문 연구방법이다. 소크라테스의 개념 구성방법에서 비롯되었으며 아리스토텔레스에 의해 완성되었다. 베이컨이 근대적 발전의 길을, 밀(J. S. Mill)이 이를 발전시켰다.

• **연역법**(演繹法 ; deductive method)
보편원리를 바탕으로 순수한 사유에 의해 특수 명제를 끌어내어 진실한 인식에 도달하는 학문 연구방법이다. 데카르트는 연역의 바탕인 최고원리는 지성의 직각(直覺)으로 파악된다 하였고, 칸트는 경험적 · 형이상학적 · 선험적 연역으로 구별하였다.

❍ 모든 인식의 근원은 사람마다 선천적으로 지니고 있는 '이성'에 있다고 믿는 학문적인 태도이다.

• **범주**(範疇 ; category)
사물의 개념 분류에서 그 이상 일반화할 수 없는 가장 보편적이고 기본적인 근본개념을 가리키는 철학용어이다. 범주론으로는 아리스토텔레스의 10범주론과 칸트의 12범주론이 있다.

• **비판주의**(批判主義 ; Criticism)
칸트에 의해 시도된 경험론과 합리론의 비판과 종합으로, 경험론의 산만성과 합리론의 공허성을 비판하고, 인식의 내용면에서는 경험론을 수용하고, 형식면에서는 합리론을 취해 종합적인 인식론을 전개한다.

❍ 칸트는 「순수이성 비판」「실천이성비판」「판단력 비판」의 3대 이성비판을 남겼다.

🅰 벨로드롬(velodrome)

- **음양오행설**(陰陽五行說)

  음양은 중국 고대의 우주나 인간사회의 관계를 음과 양의 두 원리의 소장(消長)으로 설명한 이원론이며, 오행설은 만물의 생성·소멸을 5행인 목·화·토·금·수의 변전으로부터 설명하는 다원론이다. 본래는 서로 관계없었으나 춘추시대 말엽 5성과 결합해 철학적 요소로 변하고 한나라 초에 하나의 학설로 체계화되어 참위설의 근본이 되었다.

  ◐ 참위설은 중국 진나라 때 비롯된 일종의 예언학으로 한나라, 특히 후한시대에 유행했으며, 그 폐해가 심해 금하였다.

- **제자백가**(諸子百家)

  중국 춘추전국시대에 활약한 학자와 학파로, 제자란 많은 선생들이란 뜻이고 백가란 수많은 파벌을 의미한다. 「한서」 예문지에서 옛 서적을 분류하면서 쓴 명칭이다. 유가·도가·음양가·법가·묵가·종횡가·잡가·농가·병가의 9종을 들 수 있는데, 이외에도 많은 파들이 나타나 전국시대의 사상계는 제자백가의 시대라 할 만큼 극히 활발했다.

  ◐ 춘추전국시대(700~300 BC)란 춘추시대와 전국시대를 아우르는 말로 제후들이 서로 병탄을 일삼아 전쟁이 끊이지 않던 시대로 진시황이 천하를 통일할 때까지 계속된다.

- **유가사상**(儒家思想)

  춘추시대 노나라의 공자에 의하여 창시되어 맹자(孟子 ; 성선설 주장)와 순자(荀子 ; 성악설 주장) 등에 의해 발전했으며, 근본적인 사상은 인(仁)으로, 이로써 사람됨의 도리로 삼고 다른 사람을 다스리는 원리로 삼은 실천윤리이다. 유가의 주된 사상은 사서오경에 전한다.

  ◐ 인(仁)사상은 우리나라에 와서는 성실과 경애, 충효사상으로 나타났으며 '삼강오륜'과 같은 행동원리로 구체화되었다.

- **인**(仁)

  공자의 핵심사상으로, '어진 마음씨'를 뜻하는데, 동양에서는 사람이 갖추어야 할 최고의 덕목으로 생각하여 왔다. 인(仁)이란 인(人) 그 자체며, 사람의 참다운 존재방식이고, 덕치사상을 이루는 수기치인(修己治人)의 원리이며 선·악과 옳고 그름을 분별하는 사랑이다.

  ◐ "오직 인자만이 능히 사람을 좋아할 수 있고, 능히 사람을 미워할 수 있다.(惟仁者 能好人 能惡人)"

- **삼강오륜**(三綱五倫)

  군위신강(君爲臣綱 → 忠)·부위자강(父爲子綱 → 孝)·부위부강(夫爲婦綱 → 貞)의 3

Q 우리나라 애국가의 작곡가는?

강과, 군신유의(君臣有義 → 사회도덕) · 부자유친(父子有親 →가 정도덕)에 부부유별
(夫婦有別 → 가정도덕) · 장유유서(長幼有序 → 가정 · 사회도덕) · 붕우유신(朋友有信
→ 사회도덕)의 5륜으로써 유교 실천도덕의 기본이 된다.

○ 「삼강오륜행실도」는 조선조 세종 13년에 설순 등이 어명을 받아 모범이 될 충신 · 효자 · 열녀를 뽑아 그 덕행을
기록, 찬양한 책이다.

• 사서오경(四書五經)

유학의 필수서인 「대학」「논어」「맹자」「중용」의 4서와, 「시경」「서경」「주역」「예기」
「춘추」의 5경으로, 고대 중국의 사회생활의 기록이며, 제왕의 정치, 고대의 가요, 공자
가 태어난 노나라 역사 등의 기록이다.

○ 사서삼경 : 주자의 4서에 「시경」「서경」「주역」의 3경을 말한다.

예문 삼강오륜 · 사서오경 · 사서삼경을 묻는 문제가 출제됨

• 도가사상(道家思想)

중국사상의 여명기인 선진(先秦)시대 이래 유가와 더불어 중국철학의 두 주류를 이루
어왔던 사상으로, 노자를 교조로 하여 장자, 열자 등이 중심인물이다. 도가라는 일컬음
은 이 사상의 개조(開祖)라 할 수 있는 노자가 우주본체를 설명하면서 사용한 도와 덕
의 개념에서 시작되어, 도덕을 논하는 일련의 학자들을 도덕가라고 호칭한 데서 비롯
된다. 우주의 절대적 존재를 무(無)라 하는 무위자연설(無爲自然說)을 주장하는 사상으
로, 전국시대 말에 일어난 진 · 한 초기에 성행했다.

○ 노장사상(老莊思想) : 도가의 중심인물인 노자와 장자의 사상을 가리키는 것으로 좁은 의미의 도가철학을 뜻한다.

• 성선설(性善說)

사람의 본성은 착하다고 하는 맹자의 학설로, 4단설(四端雪)을 기본으로 한다. 4단이
란 사람의 본성에서 비롯되는 네 가지 마음씨로, 인(仁, 사랑)에서 비롯되는 측은지심
(惻隱之心), 의(義, 의)에서 비롯되는 수오지심(羞惡之心), 예(禮, 질서)에서 비롯되는
사양지심(辭讓之心), 지(智, 지혜)에서 비롯되는 시비지심(是非之心)을 말한다. 착한 마
음으로 태어나도 물욕에 가리어 악한 일을 저지르게 된다는 것으로 이는 훗날 유가의
정설이 되었다.

○ 인을 바탕으로 한 왕도정치를 주장한 맹자는 공자 사상의 정통으로 평가되며, 사상사에 끼친 공적으로 하여 아
성이라 불린다.

예문 성선설을 주장한 사람은? 성악설을 주장한 사람은? 등으로 출제됨

• 성악설(性惡說)

인간의 이기적인 심정을 근원적인 것으로 보고 인간의 본성은 악하다고 하는 순자의

학설로, 선은 자연의 욕망을 억제한 결과 생기는 것이며, 이러한 욕망을 방치하면 사회가 혼란에 빠지기 때문에 예로써 바로잡아야 한다는 것이다.

○ 순자는 동양철학에서 서양철학의 아리스토텔레스로 평가된다.

• **성리학**(性理學 ; 주자학)

송 · 명조에 발달한 새로운 경향의 유학으로, 성명(性命)과 이기(理氣)의 관계를 논한 유교철학이다. 공자의 학설에 불교와 도교의 사상을 도입해 인성의 원리, 인심 · 천리와의 관계를 논한 학문으로, 정호 · 정이 및 주자에 이르러 집대성되었다. 한 · 당의 훈고학이 다루지 못하였던 형이상학적 · 내성적 · 실천 철학적인 여러 분야에서 새로운 유학사상을 수립하였다. 이를 정주학(程朱學)이라고도 한다.

○ 우리나라에서 주자의 사상은 조선조 퇴계 이황과 율곡 이이에 의해 더욱 발전, 체계의 완성을 보았다.

• **양명학**(陽明學)

중국 명(明)의 왕수인(王守仁 ; 陽明)이 이룬 신유가철학의 하나이다. 마음 밖에 사리가 따로 없으며, 사람마다 선천적인 앎의 능력을 타고났다고 하며, 인식과 실천이 둘이 아니라 하나라는 지행합일설(知行合一說)을 주장했다. 송대에 이루어진 정주학과는 대립적이며, 육상산(陸象山)의 철학과 함께 심학(心學)이라고도 한다.

○ 육상산은 중국 남송의 유학자로, 당시 석학이었던 주자와는 학문적으로 대립된 위치에 있었으나, 도의적 교유는 두터웠다.

• **자아**(自我 ; ego)

사고 · 감정 · 의지 등 여러 작용의 주관자로서 자기를 둘러싼 타자를 의식하고 반성하며, 자기와 타자에 상호 작용하여 자기를 표현해 나가는 주체이다. 철학상 자아의 자각은 소크라테스("너 자신을 알라")에게서 비롯되며, 자아의 문제가 철학의 주제로 된 것은 인간의 주체성이 확립된 근세 이후의 일이다.

○ 정신분석학 인격 이론에서는 인격을 충동 · 본능 영역의 이드(id), 의식적인 주체인 자아(ego), 가치 · 양심의 영역인 초자아(super ego)로 본다.

• **리비도**(Libido 독)

오스트리아의 정신분석학자 프로이트(S. Freud)에 의해 주장된 성 본능 · 성 충동으로 인간 정신 현상의 맨 아래 있는 본능적 에너지의 원천을 뜻한다. 프로이트는 리비도와 자기보존 본능이 결합(에로스 상태)하여 죽음의 본능과 대립한다고 하였다.

○ 초자아는 본능적인 리비도를 억제하는 능력을 지닌다.

• **아가페**(agape)**의 생활**

신의 사랑을 뜻하는 말로, 타인이나 영원한 존재를 위해 사는 타자본위(他者本位)의 생

Q 에스페란토(Esperanto)를 창안한 사람은?

활을 말한다. 에로스가 대상의 가치를 추구하는 데 대하여, 아가페는 대상 그 자체를
사랑하는 것으로 영원한 가치를 추구한다.

◯ 에로스(eros)의 생활 : 자기와 타인이 함께 잘되기를 기원하는 자타본위의 생활이다.

• 이데올로기(Ideologie 독)

인간 · 자연 · 사회에 대해 갖는 현실적이며 이념적인 의식의 형태를 말한다. 넓은 의미
로는 사회의 토대인 생산관계 위에 세워진 국가 · 사회제도 · 법체계 등의 상부구조를
가리키며, 좁은 의미로는 사회의 계급 · 당파의 이해를 반영하는 견해 또는 이론의 체
계를 말한다. 기본적인 사상경향이나 사고방식의 뜻으로도 사용된다.

◯ 이데올로그(ideologues) ; 일반적으로 어떤 사회적 정치적 이데올로기를 대변하고 고취하는 것을 가리킨다. 원
래의 '공상적인 언사를 즐겨 쓰는 사람'에서 현재는 특정의 계급적 입장이나 당파의 대표적인 이론지도자를 가
리킨다.

• 역설(逆說 ; paradox)

상식에 반대되거나 논리적으로 자기모순에 빠져있는 듯하면서도 상징적으로 진리를
지향하거나 암시하는 것을 말한다. 예를 들면, 운동 부정에 관한 제논의 역설이 있고,
동양에서는 노장이나 선의 역설이 알려져 있다.

• 3차원(三次元 ; three dimension)

일반적으로 인류에게 주어진 공간의 개념, 좌우 · 전후 · 상하의 3요소(차원)의 공간을
3차원의 세계라 한다. 우리가 현재 살고 있는 공간적 의미의 세계가 3차원의 세계이다.

◯ 4차원 세계 : 3차원에 4차원으로서의 시간을 합친 4개의 차원을 통일적으로 생각하는 연속체이다. 아인슈타인
의 '상대성 이론'에서 시작된 새로운 개념어로 시공의 세계라고도 한다.

• 형이상학(形而上學 ; metaphysics)

세계의 궁극적 근거를 연구하는 학문이다. 경험세계인 현실세계를 초월하여 그 뒤에
숨은 본질, 존재의 근본원리를 체계적으로 탐구하려는 학문으로서, 경험적 자연적 인
식태도, 일반의 초월이라는 성격을 지닌다. 신학 · 논리학 · 심리학 등이 이에 속한다.

• 형이하학(形而下學 ; physics science)

유형물에 관한 학문으로 현상을 대상으로 하는 과학, 곧 생물학 · 물리학 등 모든 자연
과학이 이에 속한다.

• 카리스마(charisma)

원래는 그리스도교적 용어로 '무상의 선물', '은혜'라는 뜻이었으나 후에 이것이 예언

A 자멘 호프

이나 기적을 행할 수 있는 초자연적 신비적인 기능을 뜻하게 되었다. 독일의 사회학자 베버 (Max Weber)는 카리스마의 원의를 확대, 사회과학적 개념으로 확립시켰다. 곧, 보통의 인간과는 다른 초자연적 초인간적 힘을 카리스마라 하고, 그 카리스마에 대한 절대적 신앙을 근거로 맺어지는 지배와 복종의 관계를 말한다.

◐ 베버는 지배의 세 가지 유형을 합리적 또는 합법적 지배・전통적 지배・카리스마적 지배로 보았다.

• 왕권신수설(王權神授說 ; Theory of Divine Right of Kings)
절대주의 국가에서 왕권은 신으로부터 주어진 것이므로 왕은 신에 대해서만 책임을 지며, 백성은 왕의 명령에 복종해야 한다는 정치사상이다. 주권자로서의 군주의 세속적 권위를 신격화한 것으로, 절대군주제의 이론적 무기가 되었다. 유럽 근세 초두에 군주권을 정당화하고, 이에 대한 비판을 누르기 위해 제창되었다.

◐ 영국의 제임스 1세, 프랑스의 루이 14세, 보쉬에 등이 주창하였다.

• 4대 우상론(偶像論)
영국의 경험론자 베이컨(F. Bacon)은 그의 「우상론」에서 선입견・편견을 우상(Idola)이라 하고, 종족의 우상・동굴의 우상・시장의 우상・극장의 우상 등 4개로 나누었다. 그리고 참된 경험과 지식을 얻기 위해서는 그런 우상을 버려야 한다고 주장했다.

1. 종족의 우상 : 종족에 대한 보편적인 선입관
2. 동굴의 우상 : 개인의 특유한 습관에서 오는 편견
3. 시장의 우상 : 언어의 부적당한 사용에서 오는 편견
4. 극장의 우상 : 철학의 그릇된 학설이나 체계에서 오는 편견

◐ 이에 비해 플라톤은 그의 「국가」편에서 이데아를 태양의 세계에 비유하고, 이데아의 그림자에 불과한 현상계를 지하의 동굴에 비유, 편견의 탈피를 강조했다.

예문 편견에 대한 플라톤과 베이컨의 주장을 묻는 문제가 자주 출제됨

• 인간과 과학
갈릴레이 이후 뉴턴・라플라스에 이르기까지 인간들은 과학이 절대적 지식을 제공할 수 있다고 낙천적인 기대를 하였다. 그러나 아인슈타인의 상대성 이론에 의하여 좌절, 20세기의 과학자들은 과학적 지식의 절대성을 포기, '과학적 지식은 확률적 지식'에 불과하다고 느끼게 되었다.

• 생명의 외경(畏敬)
인간은 물론, 모든 생물의 생명을 아끼고 존중하는 사상으로, 아프리카의 밀림에서 원주민을 위해 살면서 그리스도교 정신을 구현한 슈바이처(A. Schweitzer) 박사에 의해 실천적으로 주장되었다.

Q 빛의 3원색은?

◑ 우리나라 화랑도의 세속오계 중 '살생유택' 과 통하는 생명존중의 사상이다.

• **부조리**(不條理 ; absurde)

실존주의 철학용어로 인생의 무의미 · 무목적 · 충동성 등을 총칭한 표현이다. 반합리주의적인 철학이나 문학, 특히 실존주의 철학에서 중요한 의미를 지닌다. 현대인은 두 번의 세계대전으로 세계의 불합리성을 체험했으며, 부조리 사상은 기성의 지성과 도덕을 부정한 상태에서 모순된 사실을 그대로 인정하는 데서 시작되었다.

◑ 카뮈(A. Camus)가 처음 사용한 말로, 그의 작품 「이방인」은 부조리의 한 전형을 그린 것이다.

• **앙가주망**(engagement)

프랑스의 철학자이며 문학가인 사르트르가 「존재와 무」에서 쓰기 시작한 용어로서, 사회참여, 자기구속이라는 뜻이다. 실존주의에서는 인간은 사회적 현실에 구속되어 있으면서 동시에 그 현실을 변화시켜 나가는 존재라고 보며, 이러한 인간과 현실과의 관계를 나타내는 말로서 이 용어를 사용했다.

◑ 사르트르의 앙가주망 사상은 알제리 전쟁에 즈음한 반전운동, 베트남전에서의 평화재판 개최 등의 그의 실천적 활동에서 잘 드러난다.

• **윤리학**(倫理學 ; 목적론적 윤리설 · 의무론적 윤리설)

철학의 비판정신과 창조적 노력이 인간행위의 가치문제에 투입되어 이루어진 실천철학을 말한다. 아리스토텔레스에 의해 최초로 학설로 제기된 이래 다양하게 전개되어온 윤리학설은 크게 목적론적 윤리설과 의무론적 윤리설로 나누어볼 수 있다. 목적론적 윤리설은 잘사는 것이 좋고 선하다고 보는 이론으로, 쾌락주의인 퀴레네학파 · 에피쿠로스학파와 공리주의가 있다. 의무론적 윤리설은 바르게 사는 것이 관심의 초점이며 칸트에 의해 체계화되었다. 칸트는 "인격을 한갓 수단으로 취급하지 말고 목적으로 취급하도록 하라."고 했다.

◑ 퀴레네학파는 육체적 순간적 쾌락을 선으로 보고 추구했으나 오히려 고통만 따르고(쾌락주의의 逆理), 에피쿠로스학파는 쾌락을 선으로 보되 정신적인 것을 추구, '마음에 동요가 없는 생활(ataraxia)' 을 목표로 삼았다.

• **공리주의**(功利主義 ; utilitarianism)

18,9세기 영국에서 발달했으며 인생의 목적은 행복(쾌락)이고, 도덕은 이를 실현하기 위한 수단이라고 보는 견해이다. 벤담은 경험주의적인 바탕에서 출발, '최대 다수의 최대 행복' 을 추구하는 공리주의를 내세웠다. 양적 공리주의라고 평가되는 이 이론은 밀(J. S. Mill)의 질적 공리주의로 극복 계승되었다.

예문 의무론적 윤리설에 입각한 칸트의 말과, 윤리학과 연결된 공리주의 · 목적론적 윤리설 · 의무론적 윤리설에 대한 문제가 출제됨

Ⓐ 빨강 · 초록 · 파랑

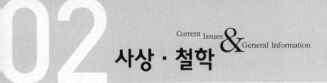

- **실증주의**(實證主義)

  영국에서 공리주의가 성했을 때 프랑스에서 초경험적 실재를 부정하고 경험·관찰·실험에 의해 얻어진 실증적 지식만을 참된 지식으로 간주한 사상을 말한다. 대혁명 후 프랑스사회의 도덕적인 퇴폐와 무정부 상태를 극복하고, 인간정신에 새로운 질서와 통일을 부여함으로써 사회적 안정과 평화를 꾀하려 했다.

  ❍ 대표적인 철학자는 콩트(A. Comte)이다.

- **생의 철학**(生哲學)

  헤겔의 이성주의와 계몽철학의 주지주의에 대하여 나타난 반이성주의 철학으로, 생에 관한 철학, 생의 의의와 가치와 본질과 목적이 무엇인가를 파악하려는 철학이다. 생의 철학을 20세기 상황에서 새롭게 다룬 것이 실존철학이다.

  ❍ 대표적인 철학자는 쇼펜하우어·니체·베르그송·딜타이·슈바이처·짐멜 등이다.

- **실존철학**(實存哲學)

  합리주의에 대한 비판·반항에서 싹텄으며, 현대의 극단적인 한계상황에서 생의 주체인 '나'는 무엇을 해야 하고 어떻게 살아야 하며 어떻게 행동해야 하느냐 하는 주체성의 철학, 비본래적인 자기에서 본래적인 자기를 되찾으려는 자기회복의 철학이다. 대표적 철학자는 유신론적 실존주의자로 키에르케고르·야스퍼스·마르셀, 무신론적 실존주의자로 니체·하이데거·사르트르가 있다.

  예문 실존철학의 내용에 대한 문제가 다각도로 출제됨

- **분석철학**(分析哲學) ; analytic philosophy)

  사상의 명석화를 위해 언어를 분석하는 철학으로, 인간의 사고·인식은 물론 감정이나 의사표시가 언어로 전개되는 데 착안한 철학사상이다. 분석철학 안에는 다양한 경향이 포함되어 있는데, 러셀에서 시작되어 빈학파에 영향을 준 비트겐슈타인, 슐리크를 중심으로 한 빈학파의 논리실증주의 등이 있다.

  ❍ 현대 영·미 철학의 주류의 하나이다.

- **프래그머티즘**(pragmatism ; 실용주의)

  미국에서 발달한 진리의 상대성·유용성을 강조하며, 실질과 실용을 중시하는 현실주의 철학이다. 소피스트·경험론·공리주의에서 영향을 받았으며, 진리탐구는 과학적 방법에 의거해야 한다고 보면서 진리와 행동을 결부시키고, 세계를 미완성의 소재로 보면서 결정론적 세계관을 배격한다. 대표적인 철학자는 퍼스·W. 제임스·듀이·미드 등이다.

  ❍ 지식과 기술을 세계 개선의 방편(도구주의)이라고 본다.

  예문 프래그머티즘이 무엇인지를 묻는 문제가 출제됨

Q 우리나라 고유의 종교는?

• 파스칼(Pascal)의 사상

프랑스의 수학자 · 물리학자이며 철학자인 파스칼은 대표 저서 「팡세」에서 "인간은 생각하는 갈대" 곧 '인간은 갈대와 같이 약한 존재지만, 생각한다는 점에서는 무엇보다도 뛰어난 존재'라고 하였다. 그는 또한 "인간은 현실적으로는 무에 가까운 하찮은 존재지만, 신음하면서 구하는 존재로서 그 사명은 숭고하다"고 인간을 규정하였다.

🡒 파스칼은 '파스칼의 원리' '파스칼의 정리' 등을 이룬 탁월한 물리학자 · 수학자일 뿐만 아니라, 예수회 신학의 기만성을 파헤친 종교사상가이기도 하다.

• 니체(Nietzsche)의 사상

니체는 그리스도교가 삶을 파괴하는 타락의 원인이라고 해 생긍정 (生肯定)의 새로운 가치를 창설해야 한다고 주장하였다. 그는 '신은 죽었다'고 외치며 철저하게 그리스도교에 대항하였다. 그의 경우, 최대의 윤리는 '주어진 삶'을 보다 확대시키는 생활방식, 즉 '힘에의 의지'였다. 여기에서 니체의 '초인사상'이 탄생하였다. 니체는 실존주의의 선구자로 「짜라투스트라는 이렇게 말했다」 「권력에의 의지」 등에서 '초인' '영겁회귀' '군주도덕' 등의 사상을 피력하고 있다.

🡒 니체의 사상기조는 문명에 대한 비판이며 그 극복이다. 그는 유럽 문명의 몰락을 예고하며 니힐리즘(nihilism)의 도래를 예견했다.

• 허무주의(虛無主義 ; 니힐리즘)

라틴어의 무(無)를 의미하는 니힐에서 온 말로 절대적인 진리나 도덕 · 가치 같은 것이 존재하지 않는다고 보는 입장이다. 투르게네프(I. S. Turgenev)가 그의 작품 「아버지와 아들」에서 처음 이 말을 사용했고, 니체는 니힐리즘의 대두를 예언하고 그것을 극복해야 한다고 주장했다.

🡒 허무주의는 19세기 후반 니체 · 도스토예프스키 등의 사상에 반영되었고, 20세기에 들어 급속히 퍼진 사상이다.

• 무정부주의(無政府主義 ; 아나키즘)

권력 또는 정부나 통치의 부재를 뜻하는 그리스어 아나키(anarchy)에서 온 말로, 모든 정치조직 · 권력 · 사회적 권위를 부정하는 사상 및 그 운동을 말한다. 고대 그리스와 중국에서 일어나서 19세기에 활기를 띤 사회이론으로 개인적 무정부주의와 사회적 무정부주의의 두 종류를 들 수 있다. 대표적인 사상가로는 영국의 고드윈(Godwin), 독일의 마르크스(Marx), 프랑스의 프루동(Proudhon), 러시아의 바쿠닌(Bakunin) 등이 있다.

🡒 우리나라에서는 일제시기에 독립 쟁취의 한 수단으로 무정부주의운동이 전개되었다. 박열의 풍뢰회(黑友會로 개칭)는 한국 무정부주의운동의 기원이다.

A 천도교

- **칼뱅이즘 · 베버의 자본주의 정신**

  서구 근대사회를 구조적으로 성숙시킨 산업혁명 이후 칼뱅이즘은 자본주의 정신을 종교적 입장에서 합리화했으며, 베버는 서구 자본주의 발달의 원인을 프로테스탄트의 금욕정신과 소명의식에서 찾아 역사적으로 종교와 관련지어 파악했다. 베버는 프로테스탄트 윤리인 근면 · 검소를 자본주의적 직업윤리의 핵심으로 보고, 이윤획득을 인정하고, 이를 직업윤리로 발전시켜야 한다고 했다.

  ➲ 베버는 서구사회의 근대화 과정을 합리화의 과정이라고 하였다.

  예문 근대화와 함께 세계 체제가 되었던 자본주의에 대한 베버의 해석을 묻는 문제가 출제됨

- **사회주의**(社會主義 ; socialism)

  자본주의의 경제적 원리인 '개인주의(자유)'를 그 반대 원리인 '사회주의(평등)'로 대치함으로써 사회를 개조하려는 사상으로, 생산수단을 공유로 하는 사회제도 또는 그런 사회제도를 실현하려는 사상 및 운동을 말한다.

- **공산주의**(共産主義 ; communism)

  유물사관적 입장에서 사유재를 부정하고 생산수단의 사회화를 토대로 계급 없는 사회를 지향하는 주의 · 사상이다. 계급투쟁으로써 프롤레타리아 혁명을 주장한 이론적 기초는 마르크스에 의해 체계화되었으며, 레닌 · 스탈린 등에 의하여 계승되었다.

  ➲ 동구사태, 구소련 붕괴로 일부를 제외하고 공산주의체제는 자본주의 체제로 바뀌고 있다.

- **유물사관**(唯物史觀 ; historical materialism)

  물질적 생활관계를 역사 발전의 원동력으로 보는 마르크스주의 역사관이다. 인류가 거쳐온 기본적 생산양식 형태는 원시공산제→노예제→봉건제→자본주의→사회주의이다.

  ➲ 유물론의 시조는 그리스의 철학자 데모크리토스이다.

- **변증법적 유물론**(dialectical materialism)

  마르크스와 엥겔스에 의하여 주장된 사유의 발전법칙에 관한 과학적 철학적 태도를 말한다. 헤겔이 변증법의 토대를 정신적인 것에 둔 데 반해 마르크스와 엥겔스는 유물론적 입장에서, 세계는 물질의 운동법칙에 따라 발전한다는 주장이다.

  ➲ 좀더 엄격하게 말하면 변증법적 유물론은 공산당의 정치적 신조로써, 엥겔스 · 레닌 · 스탈린 등에 의해 교조화되었다.

- **부르주아 혁명**(bourgeois revolution)

  봉건적 사회경제체제를 넘어뜨리고 자본주의적 사회경제체제를 확립한 혁명으로, 주체는 부르주아지 곧 시민계급이었다. 인간의 자유 · 평등을 부르짖으면서 권력을 잡고

Q 조선 고종 때 구식군대의 봉기로 일어난 난은?

의회정치를 실현함으로써 봉건제도를 타파하고, 자본주의의 자유로운 발전의 길을 열었다. 영국의 시민혁명, 프랑스의 대혁명이 그 대표적인 예이다.

○ 부르주아지 : 도시에 거주하는 프랑스 시민을 가리키던 말로, 생산수단을 소유하고 노동자를 고용하여 이윤을 얻는 자본가(유산)계급을 말한다.

• **프롤레타리아 혁명**(proletarian revolution)
프롤레타리아트가 권력을 획득, 프롤레타리아트의 정치적 지배에 의해 사회주의사회를 건설하기 위한 혁명을 말한다. 마르크스 · 엥겔스의 「공산당선언」, 레닌의 「국가와 혁명」들에서 이론화되어 1917년의 러시아의 10월 혁명에 의해 실현되었다고 본다.

○ 프롤레타리아트 : 자본주의 사회에서 노동력을 팔아 생활하는 노동자, 곧 프롤레타리아를 계급으로 지칭하는 말이다.

• **코민포름**(Cominform)
공산당 정보국의 약칭으로 1947년 구소련 등 9개국 공산당 대표자가 폴란드의 수도 바르샤바에 모여 결성한 국제공산당의 정보기관이다. 1956년 후루시초프(N. S. Khrushchev)에 의해 해산되었다.

○ 코민테른 : 국제공산주의운동의 지도기관으로 세계 각국 공산당의 국제조직이었다.

• **볼셰비키**(Bolsheviki)
구소련 공산당의 전신인 러시아사회민주노동당 정통파의 별칭으로 러시아말로 '다수파'를 뜻한다. 멘셰비키에 대립되는 개념이며, 과격파로도 쓰인다. 1903년 레닌의 혁명적 의견과 온건적 의견이 대립되었을 때 레닌파가 다수를 점한 데서 유래되었다.

○ 멘셰비키(Mensheviki) : 소수온건파로, 이들은 경제주의와 합법적 마르크스주의의 사상을 주장했다.

• **소프호즈**(Sovkhoz)
구소련의 사회주의적 농업기업으로서의 대규모 국영농장을 말한다. 공업에서 국영공장과 같이 국가의 생산수단을 가지고 근대화된 대규모의 기계화 농업경영을 한 바 있다.

○ 콜호즈(Kolkhoz) : 구소련의 집단농장을 말한다.

• **수정주의**(修正主義 ; revisionism)
정통적 마르크스주의의 입장에 수정을 가하려는 사상적 입장이나 운동을 말한다. 사회체제의 혁명적 변혁을 꾀하는 마르크스주의는, 19세기말 영국 등 자본주의 선진국들의 경제 발달로 자본주의체제 몰락 대신 노동조합운동 활성화 · 사회복지 정책 등의 확대를 가져오자 자체 수정운동을 일으키지 않을 수 없었다.

○ 교조주의(敎條主義) : 과학적인 해명 없이 도그마(命題)를 고집하는 입장을 말한다. 수정주의에 대립되는 개념이다.

A 임오군란(壬午軍亂)

• 불교(佛敎 ; Buddhism)

기원전 5세기경 인도 석가모니를 교조로 삼고 그가 설(說)한 교법을 종지로 하는 종교이다. 그의 가르침에는 3법인(三法印 ; 諸行無常 · 諸法無我 · 涅槃寂靜) · 4제(四諦 ; 苦集滅道) · 5온(五蘊 ; 色受想行識) · 12인연(十二因緣) · 3사생염설(三事生染說) · 8정도(八正道) 등이 있다. 신을 내세우지 않고 스스로의 깨달음을 강조하는(自力宗敎) 불교는 동부아시아를 중심으로 하여 세계 각지에 포교되어 세계, 특히 동양의 문화에 절대적인 영향을 끼쳤다.

❍ 원시불교(原始佛敎) : 창시기의 불교를 말한다. 석가모니의 가르침을 석가모니의 열반 후 제자들이 수집 · 정리해 교단을 이루었다.

• 불의 3보(三寶)

불교를 구성하는 기본요소로 불(佛) · 법(法) · 승(僧)을 아울러 일컫는 말이다. 깨달음을 얻은 사람과 그 가르침과, 그 가르침을 따르는 교단, 이 셋을 보물에 비유한 것이다.

❍ 삼보에 귀의하는 것은 불교도로서의 기본 조건이다.

• 그리스도교(Christ 敎)

1세기에 예수 그리스도에 의해 창시된 종교로 불교 · 이슬람교와 더불어 세계 3대 종교를 이룬다. 천지만물을 창조한 유일신을 하나님으로 섬기고, 그 독생자 예수 그리스도를 구세주로 믿으며, 그리스도의 속죄와 신앙과 사랑의 모범을 따르며 영혼의 구원을 믿는다. 팔레스타인에서 일어나 로마제국의 국교가 되었고, 8세기에 동방고대 헬레니즘의 전통 위에서는 그리스 교회가 갈려 나간 후 16세기 종교개혁에 의해 구교(카톨릭)와 신교로 갈라져 현재 이 세 교회가 대립되어 있다. 우리나라에서는 특히 신교를 그리스도교라 하고 있다.

❍ 그리스 교회 : 로마 카톨릭 교회에서 떨어져 동유럽 · 소아시아 · 이집트의 일부에 분포되어 독자적인 제식과 전승을 갖는 기독교파의 총칭이다. 동방교회 또는 그리스정교라고도 한다.

• 프로테스탄트(Protestant ; 신교)

16세기 종교개혁의 결과로 카톨릭에서 분리, 성립된 종교단체 및 그 분파의 총칭이다. 중세의 부패한 카톨릭에 대항하여 루터(M. Luther) · 츠빙글리(U. Zwingli) · 칼뱅(J. Calvin)등이 일으킨 종교개혁으로, 그 특징은 교의(敎義) 중심인 카톨릭에 비해서 개인의 신앙에 더 많은 중점을 두며 의례를 간소화한 것이다. 우리나라에서는 신교, 개신교라 하며, 독일 · 스칸디나비아제국에서 세력이 큰 루터주의, 프랑스 · 스위스 · 네덜란드 · 미국 등의 칼뱅주의, 영국의 성공회 등이 있다.

❍ 근래에는 카톨릭과 프로테스탄트 사이에서 '일치'를 위한 에큐메니즘 운동이 활발하다.

Q 고체가 액체를 거치지 않고 직접 기화하는 현상은?

- **청교도**(淸敎徒 ; Puritan)

16세기 후반 영국에서 칼뱅파의 흐름을 이어받은 프로테스탄트를 말한다. 영국의 국교
회에 반대하여 순결한 신앙과 칼뱅주의에 투철한 개혁을 주장했다. 교회제도를 인정하
는 장로파와 개별교회를 주장하는 독립파가 청교도 혁명에서는 함께 의회파를 구성해
절대왕정에 대항하였다. 특히 신대륙으로 건너간 청교도 필그림 파더즈(Pilgrim
Fathers)는 온갖 고난을 겪으며 미국 건국의 기초를 닦았다.

○ 청교도혁명은 청교도가 중심이 되어 일으킨 최초의 시민혁명(1640~60)이며, 청교도 문학으로는 밀턴의 「실낙
원」이 대표적이다.

- **유대교**(Judea敎)

천지만물의 창조자인 유일신(여호와)을 신봉하며, 유대인을 신의 선민으로 자처하고
메시아의 지상천국 건설을 믿는 유대민족의 종교이다. 그리스도교는 전 인류가 구원되
는 것을 원하는 데 반하여, 이들은 유대민족만이 구원되기를 원하는 선민사상을 지녔
으며, 구약성서가 교리의 중심을 이룬다.

○ 탈무드(Talmud) : 유대교의 교전으로, 유대교의 법률 · 전통적 습관 · 축제 · 민간전승 · 해설 등을 모은 것이다.
성서와 더불어 유대인의 정신적 지주가 되어 왔다.

- **퀘이커**(Quakers)

1647년 영국인 폭스(G. Fox)가 일으킨 프로테스탄트의 한 종파로, 정식 명칭은 프렌드
파(Society of Friends)이다. '안으로부터의 빛'을 믿고, 인디언과의 우호, 흑인노예무
역 · 노예제도 반대, 전쟁 반대, 양심적 징병 거부 등을 내세웠다.

- **이슬람교**(Islam敎 ; 회교)

7세기 무렵 아라비아의 예언자인 마호메트(Mahomet)에 의해 창시된 정 · 교일치의 종
교이다. 유일신 알라의 가르침이 대천사 가브리엘을 통해 마호메트에게 계시되었다고
하며, 계시록 코란에 의한 신앙 · 기도를 중요시한다. 중세 그리스 문화를 계승하여 아
라비아 문화로서 발달, 근대 유럽 문화의 탄생에 크게 이바지하였다. 성지 메카를 중심
으로, 아시아 · 아프리카 · 유럽 등지에 널리 분포되어 있으며, 신도 수는 4억 이상을
헤아린다.

○ 코란(Koran) : 이슬람교 경전으로, 마호메트가 유일신 알라의 계시를 받은 후 이를 집대성한 것이다. 전 30편
114장으로 이루어져 있다.

- **메카**(Mecca)

이슬람의 교조 마호메트의 출생지로 이슬람세계의 최고 성지이다. 사우디아라비아의
서쪽 홍해에 가까운 헤자즈(Hejaz) 지방의 도시로 종교 · 행정 · 상업의 중심지이다.

○ '동경의 땅'이라는 뜻으로도 쓰인다.

A 승화(昇華)

• **힌두교**(Hinduism)

인도의 바라문교가 후에 민간신앙을 섭취하며 발전한 다신교로 인도교라고도 한다. 힌두교의 사상은 윤회와 업, 해탈의 길, 도덕적 행위의 중시, 경건한 신앙으로 요약된다. 브라마 · 비슈누 · 시바의 3신을 비롯한 여러 신, 생물 · 무생물 등이 그 숭배대상이며, 비슈누 · 시바의 2파는 힌두교를 2분할 정도로 유력한 교파로, 인도국민의 대다수가 신봉하고 있다.

➡ 힌두교사회에서 도덕관념의 기초는 바라문교의 법전에 규정되어 있는 다르마(법 · 의무)이다.

• **라마교**(Lamaism)

티벳(Tibet)을 중심으로 중국 서북방 · 몽고 · 만주 등에 퍼진 불교이다. 라마(Lama)란 '스승'의 뜻으로 라마교란 이름은 이 지방의 불교가 스승으로부터 제자에게로의 전승을 존중하는 밀교인 데서 유래하였다. 주술을 중시하는 이 지방의 고유 신앙 본교(bon 敎)와 합쳐져서 다른 지방의 불교에서 볼 수 없는 특색을 가진다.

➡ 라마교는 티벳뿐만 아니라, 북인도 · 몽고 · 만주 및 중국 · 구소련의 일부에 퍼져 있다.

• **조로아스터교**(Zoroastrianism)

기원전 6세기경에 조로아스터가 창시한 이원론적 일신교인 페르시아의 고대종교이다. 「아베스타」를 경전으로 하며, 최고신 아후라 마즈다를 두고 선 · 악의 두 신을 세워 대립투쟁을 가르친다. 근검역행의 노력주의에 의해 악신을 극복하고 선신의 승리를 기함을 교지로 삼는다.

➡ 불을 신성시하여 배화교(拜火敎)라고도 한다.

• **샤머니즘**(shamanism)

북아시아 · 동아시아 · 중앙아시아 · 아메리카의 여러 민족에서 흔히 볼 수 있는 원시종교의 한 형태로, 종교적 직능자인 샤먼(呪術師)이 주술과 제사를 맡는데, 그의 주술은 모든 기원 · 욕망을 성취시키며, 악령 · 병마 등 재앙을 물리친다고 믿는 신앙이다. 샤머니즘은 세계 각지의 유사종교현상을 지칭하지만, 원래는 북아시아 종족들의 원시신앙형태를 이르는 말이었다.

➡ 우리나라에 있어 샤머니즘은 불교와 유교 등, 고등종교가 전래한 뒤에도 계속 끈질기게 백성들의 정신생활에 영향을 끼쳐왔다.

• **토테미즘**(totemism)

특정 동식물을 신성시하며 자기 집단과 특수한 관계가 있다고 믿는 원시종교로, 토템이란 혈연을 뜻하는 북아메리카 인디언의 토착어이다.

Q 공해의 측정단위는?

● **동학**(東學 ; 천도교)

조선 철종 때(1860), 수운 최제우가 민간신앙과 유 · 불 · 선(도교)의 교리를 토대로 만든 민족종교로 근본사상은 '인내천(人乃天)'이다. 사람은 곧 하늘과 같고, 사람을 섬기는 것은 하늘을 섬기는 것과 같다는 뜻으로, 신분과 계급을 초월한 모든 인간의 평등과 인도주의를 표방하였다. 동학이란 서학(천주교)에 대응할 동토(東土) 한국의 종교라는 뜻이며, 최제우는 동학 전파를 위해 교리를 한글로 쓴 「동경대전」을 펴냈다.

◐ 인내천사상 : 인간 존엄성을 강조하는 지상천국의 이념과 만민평등의 이상을 표현한다. 유교적 윤리와 퇴폐적 양반질서를 부정하는 반봉건적 혁명적 성격이 있다.

예문 우리나라 고유의 종교이자 민족종교인 동학 및 그 사상에 대한 문제가 자주 출제됨

A ppm

CHAPTER 16

Arts & Entertainment

– 음악 · 미술 · 기타 예능 –

01 음악

02 미술

03 기타 예능

• 국악의 5음계

중국의 음악은 궁 · 상 · 각 · 변치 · 치 · 우 · 변궁의 7음계로 이루어지나, 우리나라의 음악은 변치 · 변궁이 빠진 궁 · 상 · 각 · 치 · 우의 5음 음계가 많다. 이를 오성음계라고도 한다. 이외에 우리나라에는 3음 4음 6음 7음 음계로 이루어진 것이 있다. 국악에서 가장 많이 쓰이는 선법(旋法)은 평조와 계면조이다.

○ 오음악보 : 조선 세조가 창제, 지금까지 사용하고 있는 국악의 기보법(記譜法)이다.

○ 2003년 유네스코 세계무형유산걸작으로 선정되었으며 출제빈도가 높음.

• 국악기(國樂器)

국악연주에 사용되는 모든 악기를 말하며, 이에는 거문고나 가야금처럼 상고시대부터 전해오는 것이 있고 편종이나 생황처럼 중국에서 전래된 것도 있다. 현재 국립국악원에 보존되어 있는 국악기는 64종에 달하며, 일부 악기들은 주법을 상실해 쓰이지 않고 있다. 연주법에 의한 분류로 본 대표적인 국악기는 관악기로 대금 · 퉁소 · 단소 · 태평소 · 나발 · 생황이 있고, 현악기로는 아쟁 · 해금 · 거문고 · 가야금이 있으며, 타악기로는 편종 · 편경 · 장구 · 꽹과리 · 북 · 징이 있다.

• 판소리

중요 무형문화재 제5호로, 광대의 소리(唱調)와 대사를 통틀어 일컫는 말이다. 창악(唱樂) 혹은 창극조(唱劇調)라고도 한다. 조선 중기 이후 남도지방 특유의 곡조를 토대로 하여 광대 한 명이 고수 한 명의 장단에 맞추어 일정한 내용을 육성과 몸짓의 창극조로 두서너 시간에 걸쳐 부르는 민속예술형태의 하나다. 즉, 극적인 긴 이야기를, 아니리(白 ; 말)와 발림(科 ; 몸짓)과 소리(唱)로써 엮어 부르는 극가(劇歌)이다.

○ 판소리 열두 마당 중 지금까지 전해지는 것으로 춘향가 · 심청가 · 흥부가 · 토끼타령(토별가) · 적벽가 등 다섯 마당이 있다.

예문 국악기와 판소리에 대한 문제가 자주 출제됨

• 광대(廣大)

가면극이나 인형극 같은 연극이나 줄타기 · 판소리 등을 하던 직업적 예능인을 말한다. 창우(倡優)라고도 한다. 이들은 재백정(才白丁)과 더불어 민속연예를 전달하던 최하층 천인들이었다. 특히 영정조 연간에는 8명창이 나와 판소리가 크게 번성하였다.

○ 배우를 광대라 부르게 된 것은 고려 말부터이다.

• 고수(鼓手)

노래를 부를 때 북으로 장단을 맞추는 사람으로, 주로 판소리에서 북장단을 짚어주는 사람을 가리킨다. 판소리는 창자(唱者)와 고수의 2인 무대로 고수의 역할이 중요하다.

Q 척화비(斥和碑)를 세운 사람은?

고수는 창자의 노래에 맞는 장단을 짚어줄 뿐만 아니라 적당한 대목에서 추임새를 넣어 흥을 돋우어야 한다.

◑ 1고수 2명창(一鼓手二名唱) : 판소리 연행에서 고수 역할의 중함을 나타내는 말로, 좋은 고수를 만나야 명창이 될 수 있다는 것이다.

• 소리(唱)

판소리나 잡가(雜歌)를 아울러 이르는 말로, 좁은 의미의 소리는 판소리 구성요소의 하나인 창 만을 가리키기도 한다. 이는 일정한 음조직을 가진 소릿가락(旋律) 만을 지칭한다.

• 아니리(日 ; 말)

판소리 4대 구성요소 중의 하나로, 소리를 하다가 설명 또는 대화식으로 어떤 상황이나 장면 등을 그리는 말을 가리킨다. 즉, 판소리 한 대목의 소리와 다음 대목의 소리 사이에 가락을 붙이지 않고 말하듯이 사설을 엮어 가는 것이다. 판소리 창자(唱者)는 아니리를 통해 극적인 전개를 보충할 수 있고, 다음 소리를 위해 잠시 휴식을 취할 수 있다.

◑ 아니리에는 말(口語)로 하는 '말조 아니리'와 소리(唱)로 하는 '소리조 아니리'의 두 가지가 있는데 '말조 아니리'가 주로 쓰인다.

• 발림(科 ; 몸짓)

판소리 구성요소 중의 하나로, 소리의 가락이나 또는 사설의 극적인 전개를 돕기 위해 하는 광대의 몸짓과 손짓으로 나타내는 형용동작(形容動作, mime)을 말한다. 비슷한 뜻으로 '너름새' 또는 '사체'라는 말이 쓰이기도 한다.

◑ 인물 · 사설 · 득음 · 발림은 광대의 네 가지 필수요건이다.

• 추임새

판소리에서 창자가 노래부를 때 흥을 돋우어 주기 위해 고수 또는 청중이 가락의 알맞은 곳에 붙이는 탄성으로, '좋지' · '얼씨구' · '으이' · '잘한다' · '어디' · '아먼' 등의 탄성이다. 이 탄성은 소리에서 다음 구절을 유발하는 데에도 큰 구실을 하며 양악의 오페라에서 관현악 반주 이상의 효과를 가져올 수 있다.

예문 민속음악에 대한 주관식 출제가 많음. 추임새 : 서울신문, 아니리 : 한국일보, 바디 : 한국일보, 상쇠 : 한국일보 · 서울신문, 남사당 : 매일신문, 산조 : 한국일보 · 일간스포츠, 시나위 : 한국일보

• 바디

판소리 한 판의 전체적인 짜임새를 가리키는 말로 베를 짤 때에 베의 날을 고르게 하는 도구의 이름 '바디'가 차용된 듯하다. 판소리의 질적 우열을 말할 때 바디가 좋다, 바

디가 나쁘다 등으로 표현하고, 어느 유파의 스타일을 가리킬 때 동편바디, 서편바디 등으로 표현한다.

• 더늠

판소리의 명창들이 작곡하여 자신의 장기로 부르는 대목으로 판소리의 유파에 따라 계승되어 오는 특징적인 대목이나 음악적 스타일을 말한다. 어떤 명창이 부른 판소리의 특정한 대목이 격찬을 받게 되면, 그 대목은 누구의 더늠이라고 말하게 되고, 그 더늠은 후배 명창들에 의해 계속된다. 오늘날 판소리의 구조와 법통에서 가장 중요한 특징이 되고 있으며, 거의 고정되어 마음대로 변화시키거나 개작할 수 없다.

◐ 현재 전승되고 있는 더늠은 춘향가에 70여 곡, 심청가에 40여 곡, 적벽가에 50여 곡, 수궁가에 50여 곡, 흥부가에 50여 곡 등이다.

• 독공(獨功)

판소리 가객(歌客)들이 득음(得音)하기 위해 토굴 또는 폭포 앞에서 하는 발성수련이다. 독공창은 폭포소리를 이겨내게 하거나 외부소리와 섞이지 않는 토굴 속에서 반사음으로써 창법을 교정하는 판소리 특유의, 세계에 유례 없는 피나는 발성수련이다.

◐ KBS가 학술조사를 통해 독공에서 나오는 성량(聲量)·음역 등의 우수성을 과학적으로 입증한 바 있다.

• 사물놀이

농촌에서 집단노동이나 명절 때 흥을 돋우기 위한 민속음악인 농악에 쓰이는 악기 중에서 네 가지 타악기(四物), 즉 꽹과리·징·북·장구 만을 가지고 흥을 돋우고 신명을 내는 우리 민족 고유의 놀이이다. 어디서든지 쉽게 판을 벌여 즐길 수 있는 민중음악으로 농악의 축소된 형태로 볼 수 있다.

◐ 농악은 풍물·두레·풍장·굿이라고도 한다.

예문 사물놀이의 네 가지 타악기를 묻는 문제가 출제됨

• 상쇠

농악대의 우두머리인 꽹과리 주자(奏者)로서, 농악대를 총지휘하는 한편, 부포 상모를 휘둘러 부포놀이를 한다. 두레패·걸립패·남사당패 등의 모든 의식과 연희는 상쇠의 쇳가락에 따라 진행된다.

• 남사당(男寺黨)

조선시대 춤·노래 등을 흥행하며 떠돌아다니던 유랑연예인 집단으로 남사당패라고도 한다. 이들은 모갑이(또는 꼭두쇠)라 부르는 대장 아래 40~50명으로 조직을 이루어 떠돌아다니며 흥행을 통해 민중의식을 일깨우기도 했다. 이들의 연기종목은 풍물(농

Q 쇼비니즘(chauvinism)이란?

악) · 버나(대접돌리기) · 살판(땅재주) · 어름(줄타기) · 덧뵈기(탈놀음) · 덜미(꼭두각시놀음)의 여섯 가지이다.

○ 뜬쇠 : 남사당패 중에서 연희를 맡은 사람들로서 각 종목의 선임자들, 즉 연희담당 조장을 말한다.

• **민요**(民謠)

예로부터 민중 속에 전승되어온 가요로, 민속음악의 커다란 부분을 차지하며, 일반적으로 예술음악과 대립되는 말로 쓰이지만, 반면 예술음악의 모체가 되기도 한다. 민족성과 국민성이 드러나 있는 가요이다.

1. **경기민요(경기 · 충청)** : 베틀가 · 풍년가 · 양산도 · 방아타령 · 아리랑 · 도라지타령 · 흥타령 · 천안삼거리 등

2. **남도민요(전라)** : 새타령 · 육자배기 · 농부가 · 강강수월래 · 진도아리랑 · 흥타령 등

3. **동부민요(경상 · 강원 · 함경)** : 쾌지나칭칭 · 밀양아리랑 · 정선아리랑 · 한오백년 · 강원도아리랑 · 신고산타령 · 궁초댕기 등

4. **서도민요(평안 · 황해)** : 수심가 · 영변가 · 배따라기 · 몽금포타령 · 난봉가 등

○ 민요는 토속민요와 창민요로 구분되는데, 토속민요는 각 지방에 따라 조금씩 다르게 불리는 것으로 사설이나 가락이 소박하고 향토적이다. 김매기 · 모내기 · 상여소리 등이 그 예이다. 창민요는 직업적인 소리꾼에 의해 불리는 세련되고 널리 전파된 민요이다. 육자배기 · 수심가 · 창부타령 · 강원도 아리랑 등이며, 민요라 하면 창민요를 가리킨다.

• **산조**(散調)

우리나라 민속음악의 하나로, 삼남지방, 특히 전라도에서 성행하였는데, 오늘날에는 전 국민의 민속예술이 되었으며, 특히 가야금산조가 유명하다. 병창과 대를 이루며 장구를 반주 삼아 가야금 · 거문고 · 해금 · 피리 · 저 · 단소 · 퉁소 등의 악기로 처음에는 진양조로 느리게 시작했다가 점차 빨라져 중모리 · 자진모리 · 휘모리로 바꾸어 연주한다. 우조와 계면조가 있고 감미로운 가락과 처절한 애원조의 소리도 있다.

○ 산조와 대를 이루는 병창은 창이 주가 되고 악기가 부가되는 연주형태이다.

예문 국악의 빠르기에 대한 문제가 자주 출제됨

• **시나위**

남도무악(南道巫樂)의 하나로 신방곡(神房曲)이라고도 한다. 전라도 · 충청도 · 경기도 남부지방의 무속음악에서 유래한 기악곡으로서, 합주악기는 대금 · 향피리 · 해금 · 장구로 편성되며, 또 독주악기로 연주되기도 한다.

○ 시나위를 당악(唐樂)에 대하여 향악(鄕樂)이라는 뜻으로도 쓴다. 신라 때의 향가 사뇌(詞腦)에서 왔다고 보는 것이다.

A 광신적 · 호전적 · 배타적 애국주의, 국수적 민족주의

- **범패**(梵唄)

　불교 음악의 총칭으로 범음(梵音)·어산(魚山)이라고도 한다. 범패는 '인도(梵)의 소리(唄)'라는 뜻으로 부처님의 공덕을 찬양하는 노래이다. 가곡 판소리와 더불어 우리나라 3대 성악곡 중의 하나로까지 발전하였다.

　● 범패는 1973년 중요무형문화재 제50호로 지정되었다.

- **관현악**(管絃樂 ; orchestra)

　서양음악의 각종 악기를 모아 연주하는 대합주로 관악기와 현악기로써 연주된다고 하여 이렇게 부른다. 가장 대표적인 것이 근대의 교향관현악(交響管絃樂 ; symphony orchestra)이다. 오늘날 관현악단의 인원수는 80~100명 정도로서, 한 사람의 지휘자의 통제 속에 연주된다. 특수한 것으로는 15~30명 정도의 실내관현악(chamber orchestra)이 있다.

- **필하모니**(phil-harmony)

　phil은 그리스 말로 '사랑', harmony는 '좋은 소리'란 뜻으로, 음악 애호가라고 풀이된다. 일반적으로 음악단체의 이름으로 쓰이고 있는데 필하모닉 오케스트라(philharmonic orchestra)라 하면 교향악단을 뜻한다.

- **교향곡**(交響曲 ; symphony)

　관현악으로 연주되는 대규모의 기악곡으로, 기본적으로 4악장으로 이루어져 있다. 18세기 후반 무렵에 고전파의 대표적 장르로서 완성을 보았다. 교향곡을 완벽한 형식으로 끌어올린 사람은 '교향곡의 아버지'라고 불리는 하이든이며, 모차르트·베토벤에 이르러 그 절정에 이르렀다. 그 후 슈만·브람스 등의 낭만파 음악가들은 물론 프로코피예프·시벨리우스·바르토크 등 현대 음악가들도 모두 교향곡을 작곡하고 있다.

　● 세계 3대 교향곡 : 베토벤의 「운명」, 슈베르트의 「미완성 교향곡」, 차이코프스키의 「비창」

　예문 세계 3대 교향곡에 대한 문제는 출제빈도가 높음

- **협주곡**(協奏曲 ; 콘체르토)

　어원인 콘체르토는 '경합하다'는 뜻을 지닌 라틴어에서 온 말로, 2개의 음향체간의 경합을 특징으로 한 악곡을 일컫는다. 피아노·바이올린·첼로 등 화려한 연주기교를 구사하는 독주악기와 관현악에 의해 연주되는 기악곡의 형식이다. 17세기 말엽 이후, 후기 바로크·고전·낭만파시대 특유의 것으로 형식은 소나타·교향곡과 같으나 3악장으로 되는 경우가 많다. 독주자의 연주를 위한 카덴차(장식 악절)가 있어, 독주자가 자신의 연주기교를 충분히 발휘할 수 있다.

　● 카덴차(cadenza) : 협주곡의 제1악장·마지막 악장이 끝나기 직전이나 아리아 등이 끝나기 직전에 삽입되는

Q 중세 유럽에 있어서의 상인·수공업자의 동업조합은?

장식악절을 말한다.

• 소나타(sonata)
'악기로 연주하다'는 이탈리아어 동사 sonare에서 온 말로, 처음에는 칸타타(cantata)에 상대되는 말로 쓰였다. 원칙적으로 표제 없는 절대 음악적인 구성에 진지한 내용으로 된 기악을 위한 독주곡 또는 실내악곡으로, 2악장 이상의 복악장으로 이루어져 있다. 대체적으로 제1악장은 소나타 형식, 제2악장은 선율적이고 완만한 가요풍, 제3악장은 미뉴에트(minuet) 무곡이나 스케르초(scherzo), 제4악장은 론도(rondo)나 종곡으로 구성된다.

❖ 바로크시대 이후 고전파에서 낭만파에 걸쳐 가장 중요한 음악 형식으로, 그 구성은 제시부 · 전개부 · 재현부로 되어 있다.

• 실내악(室內樂 ; chamber music)
적은 인원으로 연주되는 기악합주곡을 말하는데, 악곡은 소나타 형식을 응용한다. 17세기 바로크기(期)에는 절대왕제 아래 고전파시대의 전성기를 맞이해 왕후 · 귀족의 궁정이나 넓은 방에서 연주했으나, 19세기 이후는 주로 연주회장에서 연주하였다. 피아노 3중주 · 현악 4중주 등이 이에 속한다.

❖ 인원수는 2명에서 10명 정도이며, 인원수에 따라 이중주 · 삼중주 · 사중주 · 오중주와 같은 이름이 붙는다.

• 3중주(trio ; 트리오)
3개의 독주악기에 의한 실내악 중주로, 그 악곡을 3중주곡이라 한다. 현악기 삼중주는 바이올린 · 비올라 · 첼로로 되어 있으며, 바이올린 · 피아노 · 첼로로 구성된 것을 피아노 삼중주라 하는데, 이것이 가장 대표적이고 보편적인 구성이다.

예문 현악 3중주의 악기를 묻는 문제가 출제됨

• 가곡(歌曲 ; lied)
시(詩)에 곡을 붙인 음악형식의 하나로 예술가요를 말한다. 반주는 시의 음악적 표현을 뒷받침하는 것으로, 시와 멜로디와 반주의 완전 결합에서 이루어진 예술적으로 향기 높은 독창곡이다. 오스트리아 작곡가 슈베르트의 「겨울 나그네」가 유명하다.

❖ 슈베르트는 '가곡의 왕'으로 불리며, 작품집에 「겨울나그네」「백조의 노래」「아름다운 물레방앗간의 아가씨」(이상 3대 가곡집)가 있다.

• 오페라(opera ; 가극)
음악을 중심으로 한 종합무대예술로서 가극이라고 번역된다. 음악적인 요소는 물론, 대사를 통한 문학적 요소, 연극적 요소, 무용적 요소, 미술적 요소(무대장치 · 의상)들

A 길드(guild)

이 종합된 종합예술로, 레시타티브·아리아·중창 등으로 구성되어 있다. 관현악은 반주뿐만 아니라, 서곡·간주곡·종곡 등을 연주한다. 유명한 작품으로는, 모차르트의 「피가로의 결혼」, 베르디의 「아이다」, 푸치니의 「토스카」, 바그너의 「탄호이저」「로엔그린」, 비제의 「카르멘」 등을 들 수 있다.

예문 슈베르트의 3대 가곡집을 묻는 문제가 출제됨

• 아리아(aria)

일반적으로 오페라·칸타타·오라토리오 등에서 나오는 선율적인 독창부분(드물게는 2중창)을 말하는데, 연주회용으로 작곡된 소가곡이나 그 기악곡을 가리키기도 한다. 영창이라고도 하며, 바흐의 「G선상의 아리아」가 유명하다.

• 프리마 돈나(prima donna)

18세기 오페라의 기본이 되는 배역의 명칭으로 '제1의 여인' 이라는 뜻이며, 오페라의 여주인공역을 맡은 소프라노 가수를 말한다. 남자 가수는 '프리모 우오모(primo uomo)' 라 한다.

◑ 프리마돈나는 소프라노이며, 프리모 우오모는 테너인 경우가 많다.

• 뮤지컬(musical)

뮤지컬 코미디(comedy)·뮤지컬 쇼(show) 등을 일컫는 말로 노래·무용·연극이 완전히 융합된 극 형식으로 연극적 요소가 중요시된다. 출연자는 노래·춤·연기에 모두 능해야 한다. 특히 뮤지컬 영화는 오락영화의 가장 중요한 위치를 차지하는 동시에 시대의 흐름에 적응하는 예술적인 새로운 표현력을 얻고 있다.

◑ 뮤지컬 영화로는 「마이 페어레이디」「사운드 오브 뮤직」「올리버 트위스트」 등이 유명하며, 우리나라 것으로는 「살짜기 옵서예」등이 있다.

• 고전파 음악(classic music)

음악사상 중세의 바로크음악(바흐·헨델)에 대한 반동으로, 그때까지 교회에 예속되어 있던 음악을 해방시켜 '음악을 위한 음악' 을 이루어냈다. 18세기 중엽부터 19세기 초엽에, 모차르트·하이든을 거쳐 베토벤에 이르는 동안 독일의 빈을 중심으로 하여 일어났던 음악의 고전주의 운동이다.

◑ 모차르트는 오스트리아 작곡가로 작품에 「피가로의 결혼」「돈 조반니」 등이 있다.

• 낭만파 음악(romantic music)

반 고전파와 현대 음악과의 사이에 있었던 19세기의 음악으로 낭만주의 음악이라고도 한다. 감상적 서정적 표현에 뛰어난 음악양식으로, 독일을 중심으로 일어났다. 초기는

Q 힘의 3요소는?

고전파 말기와 겹치며, 말기는 근대 음악의 발단과 겹친다. 낭만파 음악의 기초가 된 사조의 하나는 개인주의이며, 형식의 완벽성보다는 개성이나 천재적 환상을 창작과정에서 중요하게 여긴다. 교향시 · 피아노곡 · 가곡 등에 걸작이 많다. 선구자는 베를리오즈이며, 대표적인 작곡가로는 쇼팽 · 슈베르트 · 브람스 · 슈만 · 바그너 등을 들 수 있다.

⊙ 쇼팽은 폴란드의 작곡가이며 피아노 연주자로서 작품에 가곡과 첼로 소나타, 피아노 삼중주곡 외에 약 200곡에 달하는 피아노 곡이 있다.

예문 음악 예술사조와 그를 대표하는 음악가에 대해 출제됨

• **오라토리오**(oratorio)

17, 8세기에 성행했던 대규모의 종교적 극음악을 말하며, 성담곡(聖譚曲) 또는 성가극(聖歌劇)이라고도 한다. 세속적인 음악인 오페라와 함께 성악곡의 최대 형식이며, 관현악이나 오르간을 반주로 하는 독창 · 합창 · 중창으로 이루어진다. 16세기 로마에서 시작된 이 음악은 17세기에 오페라와 함께 발달했으며, 18세기에 완성되었다. 제재를 대부분 성서(聖書)에서 취했으며, 극적 요소도 지니는 장엄한 곡이다. 헨델의 「메시아」, 하이든의 「천지창조」 등이 유명하다.

⊙ 오라토리오의 개념은 시대와 함께 확대되어 반드시 종교적인 제재가 아니더라도 관현악이 따른 규모가 큰 성악곡까지를 포함한다.

• **칸타타**(cantata)

17세기 초엽에서 18세기 중엽까지의 바로크시대에 가장 성했던 합창 · 중창 · 독창 등으로 구성된 대규모의 성악곡을 말한다. 교성곡(交聲曲)이라고도 한다. 가사의 내용에 따라 교회 칸타타와 실내(세속) 칸타타 두 가지로 구별할 수 있는데, 전자에는 바흐의 작품, 후자에는 브람스의 「운명의 노래」 「애도가」 등이 대표적이다.

⊙ 브람스는 독일의 작곡가로 낭만주의의 시대에 고전파 음악의 전통을 지켰다. 대표작에 「독일 레퀴엠」 「바이올린 협주곡」 「바이올린 소나타」 등이 있다.

• **환상곡**(幻想曲 ; fantasy)

형식에 구애받지 않고, 악상이 떠오르는 대로 자유로운 형식으로 쓴 악곡을 말한다. 또 다른 의미로는 어떤 명곡의 주요 부분만을 발췌 · 편곡한 악곡을 가리키기도 한다. 베토벤의 피아노 소나타 「월광」, 쇼팽의 「즉흥 환상곡」 등이 유명하다.

⊙ 판타지라고도 한다.

• **광시곡**(狂詩曲 ; 랩소디)

형식이나 내용면에서 비교적 자유로운 환상곡풍(風)의 기악곡이다. 성격적으로 서사

A 힘의 크기 · 방향 · 작용점

적 · 영웅적 · 민족적 색채를 띠고 있다. 19세기에 유럽에서 많이 작곡된 악곡 형식으로, 리스트의 「헝가리 광시곡」이 유명하다.

○ 랩소디란 원래 서사시의 한 부분, 또는 계속적으로 불리는 서사시적 부분을 뜻하는 그리스어에서 유래되었다.

• 세레나데(serenade)

'저녁음악'이란 뜻으로 소야곡(消夜曲) · 야곡(夜曲)으로 번역된다. 18세기에 시작된 기악형식을 말하기도 하는데, 대부분 관악 · 현악 · 소관현악을 위하여 작곡된 소규모의 조곡으로서 구성이 간단한 몇 악장을 이은 것이 많으며, 슈베르트의 「세레나데」, 모차르트의 「하프너 세레나데」가 유명하다.

○ 세레나데는 ① 밤에 연인의 창가에서 부르는 노래, ② 고전파시대의 다악장 기악 앙상블, ③ 생일축하연 등에 쓰인 18세기 오페라 풍의 작품 등이다.

• 발라드(ballade)

자유로운 형식의 담시(譚詩)를 말하나, 음악에서는 그것을 바탕으로 하여 작곡된 기악곡을 일컫는다. 담시곡, 이야기곡이라고도 한다. 원래는 무도가였는데, 나중에 역사적 전설적 종교적 소재가 담긴 가벼운 독창곡이 되었다. 브람스와 쇼팽의 작품이 유명하다.

○ 오늘날에는 포퓰러송 가운데 센티멘털한 러브송을 발라드라고 한다.

• 미뉴에트(minuet)

17세기 프랑스 귀족들에게 인기를 얻게 되어 18세기 중엽에는 고전 교향곡의 제3악장 속에 삽입, 순수한 기악곡의 형식이 되었다. 복합 3부 형식으로 된 3박자의 별로 빠르지도 느리지도 않은 곡으로서, 중간의 간주부는 트리오(trio)라 불린다.

○ 원래는 서민적 무곡(舞曲)이었다.

• 칸초네(canzone 이)

'노래' 또는 '가요'를 의미하며, 일반적으로 대중이 애창하고 있는 이탈리아의 포퓰러송을 말한다. 전통적인 칸초네의 특징은 밝고 단순하며, 솔직하게 표현한 사랑노래가 많다는 것이다.

○ 칸초네타 : 칸초네의 축소형으로, 16세기에서 17세기에 걸쳐 이탈리아에서 유행했던 가벼운 기분의 작은 가곡을 말한다.

• 샹송(chanson)

서민적인 가벼운 내용을 지닌 프랑스의 민요 · 가요로, 가사가 중시되며 이야기 풍의 노래가 많다. 가곡을 부르는 것처럼 무겁게 노래하는 것이 아니라 자유롭게 중얼거리듯이 노래하는 것이 특색이다. 평범하고 단순한 속에서도 짙은 정서를 표현하는 것이 많다.

Q 국경을 초월한 범세계적인 기업을 일컫는 말은?

- **팝송**(pop song)

  일반 대중이 친근감을 가지는 음악으로, 주로 미국의 재즈 등을 가리킨다. 민속음악과 예술음악을 제외한 포퓰러 뮤직의 가창분야를 총칭한다.

  ○ 포퓰러 뮤직은 로마시대에 유행했던 그리스 음유가인의 노래까지 거슬러 올라간다.

- **편곡**(編曲 ; arrangement)

  어떤 악곡을 그 곡 본래의 편성에서 다른 연주형태로 바꾸어 연주효과를 달리 하는 일을 말한다. 편곡은 크게 나누어서 두 가지 목적으로 행해진다. 하나는 학습이나 가정에서의 연주를 목적으로 한 것이고, 다른 하나는 연주상의 목적으로 행하는 것이다.

  ○ 편곡의 수법은 특히 경음악에서 많이 이용되고 있다.

- **허밍**(humming)

  입을 다문 채 콧소리로 발성하는 창법(唱法)의 하나이다. 커다란 음량을 얻을 수 없으며 가사를 읊을 수도 없으나, 특수한 음색효과를 얻을 수 있어 흔히 합창 때의 반주적 역할로 쓰인다.

  ○ 푸치니의 오페라 「나비부인」의 제2막에 나오는 '허밍 코러스'가 특히 유명하다.

- **아다지오**(adagio)

  알레그로에 상대되는 말로, '천천히' '매우 느리게' 연주하라는 악상용어이다. 안단테와 라르고 사이의 느린 빠르기로, 그런 속도로 연주되는 악곡, 무용에서는 완만한 음악에 맞추어서 추는 조용한 춤을 말하기도 한다.

  예문 음악의 빠르기를 나타내는 용어에 대한 문제가 출제됨

- **안단테**(andante)

  '보통 속도로 느리게' 라는 악상용어로, 아다지오보다 약간 빠른 속도를 지시하는 말이다. 실제로는 모데라토보다 조금 느린 속도를 가리키며, 또 이 빠르기로 연주되는 곡을 뜻한다. 또 고전적 소나타나 교향곡의 느린 악장(제2악장)을 가리키는 수도 있다.

- **모데라토**(moderato)

  '적당한' '온건한' 뜻으로 보통 빠르기를 지시하는 악상용어이다. 안단테와 알레그로의 중간 빠르기를 가리키며, 알레그로 모데라토(적당히 빠르게)처럼 딴말과 함께 쓰이기도 한다.

- **알레그로**(allegro)

  '빠르게' '활기차게' 연주하라는 악상용어로, 고전파 소나타나 교향곡의 제1 · 제4악

A 다국적 기업

장에 많이 쓰이며, 또 이 빠르기로 연주되는 곡을 말하기도 한다.

• 비바체(vivace)

'아주 빠르게' '생기 있게' 연주하라는 악상용어로 일반적으로 곡 첫머리에 적어 전체의 빠르기를 나타낸다.

• 프레스토(presto)

'매우 빠르게'로, 비바체보다 더 빠른 속도를 말하며, 프레스토의 최상급인 프레스티시모(prestissimo)는 '가능한 한 빠르게'를 뜻한다.

➡ 음악의 빠르기 : ① 라르고(largo) - 아주 느리게, ② 아다지오(adagio) - 느리게, ③ 안단테(andante) - 느리게, ④ 모데라토(moderato) - 보통속도로, ⑤ 알레그레토(allegretto) - 조금 빠르게, ⑥ 알레그로(allegro) - 빠르게, ⑦ 비바체(vivace) - 아주 빠르게, ⑧ 프레스토(presto) - 매우 빠르게

• 플라멩코(flamenco)

스페인 남부 안달루시아 지방에서 발달한 집시 기원의 음악과 무용예능을 말한다. 원래는 집시들이 즐겨 추었으나, 오늘날에는 캐스터네츠의 독특한 음향과 함께 스페인의 민속무용으로서 세계적으로 알려져 있다.

➡ 일반적으로 음악에 대해서는 칸테 플라멩코, 무용에 대해서는 바일레 플라멩코라 한다.

• 캉캉(cancan)

19세기 말경 파리의 댄스홀에서 유행한 활발한 사교댄스를 말한다. 나중에는 프렌치캉캉이란 이름으로 더욱 유명해졌다. 음악에서는 오펜바흐의 곡, 회화에서는 로트레크의 그림, 그리고 영화 「물랭루즈」 「프렌치캉캉」 등으로 잘 알려졌다.

➡ 삼바(samba) : 브라질의 리드미컬하면서도 열정적인 무용음악이다. 4분의 2박자 리듬을 지닌 극히 빠른 곡이다.

• 람바다(lambada)

브라질의 관능적인 춤과 노래를 말한다. 람바다는 브라질어로 채찍을 뜻하는데, 외설적인 요소가 강해 부르주아는 이를 외면했으며 주로 흑인이나 인디언 어부 등이 즐겨 추었다. 최근에 이 춤과 노래가 세계적으로 선풍적 인기를 얻고 있다.

• 리사이틀(recital)

일반적으로 연주자(또는 가수)가 한 사람뿐인 독창회 또는 독주회를 말한다. 연주자가 두 사람인 독주자끼리의 합동연주회의 경우는 조인트 리사이틀(joint recital)이라고 한다.

➡ 콘서트는 몇 사람의 연주자가 교대로 출연하는 연주회이다.

Q 광해군 3년에 허준이 완성한 의서(醫書)는?

• **카네기 홀**(Carnegie Hall)

1891년 5월에 세워져 차이코프스키가 지휘하는 뉴욕 교향악단의 연주로 개장되었던 뉴욕에 있는 세계적 연주회장으로, 강철왕(鋼鐵王) 카네기가 1898년 개축한 뒤로 그 이름도 카네기홀로 바뀌었다. 음악가들이 동경하는 무대로, 이곳에서 연주회를 가질 수 있는 음악가는 세계적인 수준으로 인정받을 정도로 권위가 있다.

❍ 카네기가 개축하기 전에는 그냥 뮤직홀이라고 불렸으며, 좌석수는 약 3천 석이다.

• **그래미상**(Grammy Award)

1957년 제정. 미국의 레코드업계에서 매년 선출하는 우수 레코드상으로, 전 미국 레코드 예술과학아카데미(NARAS)에서 주최하며 영화의 아카데미상에 해당한다. 우수한 레코드 · 앨범 · 가곡 · 가수 · 편곡 · 녹음 · 재킷 디자인 등, 포퓰러 · 클래식 별로 42항목에 걸쳐 위원의 선출로 수상자가 결정된다.

• **세계 주요 음악작품**

작품	작곡가(국적)	작품	작곡가(국적)
사계 · 천지창조 · 장난감교향곡	하이든(오)	유랑의 무리 · 트로이메라이 · 로망스	슈만(독)
나비부인 · 토스카 · 라보엠	푸치니(이)	신세계교향곡 · 루살카	드보르자크(체코)
헝가리무곡 · 대학축전서곡	브람스(독)	아이다 · 리골레토 · 춘희	베르디(이)
동물의 사육제 · 삼손과 델릴라	생상스(프)	아베마리아 · 파우스트	구노(프)
무도회의 권유 · 마탄의 사수	베버(독)	올드 블랙 조 · 스와니 강	포스터(미)
경기병 · 시인과 농부 · 보카치오	주페(오)	환상교향곡 · 로미오와 줄리엣	베를리오즈(프)
돈 조반니 · 피가로의 결혼 · 마적	모차르트(오)	이별곡 · 즉흥환상곡 · 장송행진곡	쇼팽(프)
메시아 · 유쾌한 대장간 · 미뉴에트	헨델(독)	전람회의 그림 · 민둥산의 하룻밤	무소르그스키(러)
목신의 오후 · 불꽃 · 달빛 · 꿈	드뷔시(프)	전원교향곡 · 운명교향곡 · 월광	베토벤(독)
볼레로 · 스페인 랩소디 · 물의 희롱	라벨(프)	핀란디아 · 슬픈 왈츠 · 밤의 기행	시벨리우스(핀)
무언가집(無言歌集) · 한여름밤의 꿈	멘델스존(독)	치고이너바이젠 · 스페인 무곡	사라사테(스페=에스)
미완성교향곡 · 겨울나그네	슈베르트(오)	G선상의 아리아 · 마태수난곡	바흐(독)
봄의 제전 · 불새 · 페트루슈카	스트라빈스키(러)	카르멘 · 아를르의 여인	비제(프)
빈 숲 속의 이야기 · 아름답고 푸른 도나우	요한 슈트라우스(오)	사랑의 기쁨 · 사랑의 슬픔 · 아름다운 로즈마린	크라이슬러(미)
비창 · 백조의 호수 · 비창교향곡	차이코프스키(러)	페르귄트	그리그(노)
사랑의 묘약 · 연대의 아가씨	도니제티(이)	헝가리 광시곡 · 순례의 해	리스트(헝)
세빌리아의 이발사 · 빌헬름 텔	로시니(이)	탄호이저 · 로엔그린	바그너(독)
죽음의 섬 · 사랑의 기쁨	라흐마니노프(러)	라 캄파넬라 · 모세환상곡	파가니니(이)

🅰 동의보감

- **소묘**(=데생)

  일반적으로 채색을 쓰지 않고 주로 선으로 그리는 회화표현을 말한다. 소묘라고도 한다. 선을 사용하여 형체를 연구하고 명암에 의하여 양(量)을 표현하는 방법으로, 묘화의 기초가 된다. 석고 소묘는 조형 학습의 기본이 될 뿐만 아니라, 독립된 작품으로서의 가치를 지닌다.

  ➡ 동양화의 묘법(描法) 중 선으로 윤곽을 나타내는 구륵법(鉤勒法), 먹의 농담으로 명암을 나타내는 몰골법(沒骨法)도 넓은 뜻의 데생에 속한다.

- **크로키**(croquis)

  초안(草案)·스케치·밑그림 등의 뜻으로 움직이는 동물·사람의 균형과 운동성, 형태의 특징을 재빨리 포착해서 그리는 것을 말한다. 대상의 특징이나 움직임을 빠르고 정확하게 포착, 실감이 나도록 표현해야 하는 약화(略畵)이다.

- **스케치**(sketch)

  회화·판화·조각 작품의 밑그림으로 윤곽선만 그려 넣는 경우도 있으나, 대개 음영까지 그려 넣는다.

- **모자이크**(mosaic)

  여러 색상의 돌·유리·자기조각들을 건축물의 벽면 등에 붙여 무늬나 그림모양을 표현하는 기법을 말한다. 비잔틴 시대에 건축된 사원의 내부에 장식된 것이 유명하다.

- **콜라주**(Collage 프)

  풀로 붙인다는 뜻, 근대미술의 특수 기법의 하나로 브라크와 피카소 등 퀴비스트(입체파)들이 유화의 한 부분에 신문지나 벽지·악보 등을 풀로 붙였는데 이것을 파피에 콜레라 불렀다. 이 수법은 화면의 구도나 채색효과, 구체감을 강조하기 위한 한 수단이었다.

  ➡ 여기서 부조리와 냉소적 충동을 겨냥하는 사회풍자적 포토 몽타주가 생겨난다.

- **일러스트레이션**(illustration)

  시각 전달을 위한 해설도·삽화·사진을 말하며 독자적인 예술의 한 장르를 개척하고 있다. 광고의 본질인 시각전달을 위해서는 여러 가지 보조적 수단이 쓰이는데 퀴비즘에서 전개된 기법, 기하추상도형, 다다이즘이나 쉬르레알리즘의 자유연상기법 등도 그 기법으로 쓰인다.

  ➡ 디자인에서는 '일러스트' 라고 줄여 말한다.

- **조형**(造形 ; plastique)

  건축·조각·회화·공예 등의 공간적 예술에서 물적 공간적 시각적 구성요소를 강조

Q 동양인 최초의 노벨 문학상 수상자는?

하여 형상화할 때 그 핵심을 이루는 것을 말한다. 물체의 형태나 크기 등의 자율적인 역학관계를 파악하는 것이 그 기초가 된다.

○ 조형을 중시하는 공간적 예술에 대하여 음악 · 문예 · 연극 · 무용 등의 시간적 예술을 뮤즈적 예술이라 한다.

• 3B주의

상업미술에서 삽화(illustration)는 상세한 내용설명이 아닌, 주제를 시각적으로 살려 보는 사람의 주의를 끌 수 있어야 한다. 그러한 수단으로 유아(baby) · 미인(beauty) · 동물(beast) 등이 효과적인 제재로써 이용되고 있는데, 이를 상업미술의 표현에서 3B주의라 한다.

• 색의 3요소

색의 기본적인 성질로, 색상 · 명도 · 채도를 말한다. '색의 3속성'이라고도 한다. 색에는 유채색과 무채색이 있는데, 무채색에는 색의 밝기인 명도의 성질이 있고, 유채색에는 색상과 채도의 성질이 있다.

○ 색의 3원색은 빨강 · 노랑 · 파랑이며, 빛의 3원색은 빨강 · 초록 · 파랑이다.

• 도리스 양식(Doric Order)

고대 그리스 고전 건축양식의 하나로 가장 오래된 것이다. 기둥은 짧고 굵으며, 사발 모양의 기둥머리 장식이 특징이다. 대표적인 것으로는 코린트의 아폴론 신전, 파르테논 신전을 들 수 있다.

• 이오니아 양식(Ionic Order)

고대 그리스 고전 건축양식의 하나로, 이오니아(Ionia)로부터 비롯되어 아테네 전성시대 동안 유행하였다. 기둥의 주춧돌과 기둥머리의 소용돌이 모양이 그 특색이며, 우미(優美)하고, 경쾌한 느낌을 준다.

• 코린트 양식(Corinthian Order)

그리스 고전 건축양식의 하나로 아칸서스의 잎을 묶은 듯한 모양의 주두(柱頭)가 특징적이다. 도리스 · 이오니아 양식보다는 그 발생이 늦으며, 주신은 기둥 밑지름의 약 10배 가량이고 매우 화려하다.

• 로마네스크(Romanesque)

10세기말 이후 유럽 각지로 급속하게 퍼져 1100년을 전후해 전성기를 이룬 건축양식이다. 고대 고전양식의 요소를 부활시키고 동양적 풍취를 가미한 것이 특징으로, 외관은 일반적으로 단순 · 소박하고, 내부는 아케이드 등의 건축적 효과가 신비적인 분위기

A 인도의 타고르

를 자아내는데, 사원 건축에 그 예가 많다. 로마네스크란 로마네스크 건축이 로마 건축에서 파생한 것이라는 뜻에서 비롯되었다.

• **고딕 양식**(Gothic Order)
중세 후기 북프랑스를 중심으로 서구에서 유행하던 건축양식이다. 창문과 출입구의 위에 뾰족한 첨두형 아치를 쓴 것이 특색이며, 이를 이용해 공간구성을 시각적으로 강조하며, 소박하고 신비스러운 느낌을 준다. 파리의 노트르담 사원, 아미앵 사원, 사르트르 사원이 대표적 건축이다.
- ◐ 고딕식 성당건축의 특징은 지골 궁륭, 버팀도리, 첨두아치에서 찾아볼 수 있다.

• **아라베스크**(arabesque)
아라비아풍(風)이라는 뜻으로, 이슬람교 사원의 벽면장식이나 공예품의 장식에서 볼 수 있는 아라비아 장식무늬의 일종이다. 이슬람교에서는 우상 비슷한 것은 잘 쓰지 않았으므로 기하학적 모양이나 당초(唐草) 모양이 연구되었는데, 그 중에도 아라비아 문자의 끝부분을 잎모양으로 도안한 것을 아라베스크라 하였다.
- ◐ 문자·식물·기하학적인 모티브가 어울려서 교차된 곡선적이며 극히 환상적인 무늬이다.

• **간다라 미술**(Gandhara art)
기원전 2세기 무렵부터 5세기경까지의 간다라(지금의 파키스탄) 지방을 중심으로, 헬레니즘 문화의 영향을 받아 만들어진 그리스·로마풍의 불교미술을 말한다. 주로 불상에서 그 특징을 찾아볼 수 있는데, 불상의 얼굴이나 머리카락 등이 사실적으로 표현되어 있다. 중국·한국·일본의 미술에 큰 영향을 미쳤다.
- ◐ 불교에서 불상을 처음 만들기 시작한 곳은 간다라 지방이라는 설이 있다.

• **비잔틴 미술**(Byzantine art)
동로마제국의 수도 콘스탄티노플을 중심으로 하여 동방 그리스사회에 5세기에서 15세기에 걸쳐 발전한 그리스도교 미술을 말한다. 대표적인 것은 모자이크(mosaic) 벽화로 장식된 이스탄불의 성소피아 사원이다.
- ◐ 비잔틴 미술은 고대 헬레니즘 미술의 전통에 고대 아시아의 전통을 융합시켰다.

• **바로크 미술**(Baroque art)
17세기 초부터 18세기 전반에 걸쳐 이탈리아를 비롯한 유럽 여러 카톨릭 국가에서 발전한 미술양식이다. 외면적 형태를 강조하는 색채, 감정의 극적 표현, 풍만한 느낌이 특색이었으나, 과장된 표현에 치우쳐 허세만 남게 되었다. 건축으로는 베르사유 궁전, 대표적인 화가로는 루벤스·렘브란트 등이 있다.
- 예문 미술사조와 그 대표화가를 묻는 문제가 출제됨

Q 무신정권 때 최우가 조직한 사병 집단은?

• **로코코 미술**(Rococo art)

17세기의 바로크 미술과 18세기 후반의 신고전주의 미술 사이에 유행한 유럽의 미술양식을 말한다. 로코코는 인조석이라는 뜻으로, 프랑스에서 일어난 이 미술의 특징은 경쾌 · 우미 · 전아(典雅)한 표현에 있다.

➡ 대표적인 화가는 스페인의 고야이다.

• **고전파 미술**(classic art)

18세기 중엽에서 19세기 중엽에 걸쳐 바로크 · 로코코 미술의 반동으로 유럽에 등장한 미술의 한 형식이다. 그리스 · 로마의 미술에서 표현규범을 받아들이고, 제재도 고전적인 것을 취하여 간소 · 조화 · 균정(均整) 등의 형식미를 중하게 여기고 강조하였다. 차갑고 안정된 색채 등이 특색이며, 앵그르 · 다비드 등이 대표적인 화가이다.

➡ 르네상스시대의 광의의 고전주의와 구별하기 위하여 일반적으로 신고전주의라고 한다.

• **낭만파 미술**(romantic art)

19세기 전반, 유럽 여러 나라에서 회화 · 조각 등에 발휘된 예술이념이다. 지성적이고 질서가 잡힌 구도 속에 전려(典麗)한 미를 찾는 고전주의에 대항하여 개성을 존중하며, 격정적 정서적으로 자유를 구하여 상상의 자유로운 움직임을 화면에 나타내고자 한 회화(繪畵)의 새로운 운동이다. 최초의 화가는 제리코(T. Gericault)이며, 가장 강렬하게 감정을 그려낸 화가는 들라크루아(F. V. E. Delacroix)이다.

➡ 들라크루아는 프랑스의 화가로 낭만파 미술의 거장이다. 처녀작 「단테(Dante)의 배」에 이어 「시오(Scio)의 학살」을 발표했다.

• **인상파 미술**(art de l'impressionnism)

19세기 후반에 프랑스 모네(C. Monet)를 중심으로 일어난 회화운동으로, 자연을 하나의 색채현상으로 보고, 빛과 함께 시시각각으로 움직이는 색채의 미묘한 변화 속에서 자연을 묘사하려 한 미술의 한 수법을 말한다. 인상주의라는 말은 모네의 작품 「인상」「해돋이」로부터 시작되었으며, 이러한 경향을 따른 화가들을 '인상파'라고 지칭하였다.

➡ 실증주의와 사실주의의 흐름을 따른 인상파화가로는 모네 · 로트레크 · 르누아르 · 피사로 · 시슬레 · 드가 등이 있다.

• **후기 인상파 미술**(post-impressionistic art)

인상파에 속하거나 또는 그 영향을 받은 화가들이 그 영향에서 벗어나 객관적 추상에 만족하지 않고, 오히려 인상주의에 반(反)해 작가의 주관적 표현을 시도, 이를 형상화한 미술 사조이다. 대표적인 화가로는 물체의 실재감을 추구한 세잔, 강렬한 색채로 내적 생명을 표출한 고흐, 원시성과 신비감을 상징적 색채로 나타내려 한 고갱 등이 있다.

➡ 인상파가 해체될 무렵 쇠라 등을 중심으로 하여 대두된 신인상주의가 있다. 이들을 점묘파(분할묘사)라고 한다.

A 삼별초

미 술

Current Issues & General Information

• **데포르마시옹**(deformation)

'변형'이라는 뜻으로, 인상파 화가와 그 이후의 화가들에게 채용된 기법이다. 자연대상의 묘사에서 이를 객관현실의 모습으로부터 변화시키거나 변형시키는 기법을 말한다. 주로 회화의 표현에 많이 사용되었다.

❍ 회화에서 데포르마시옹을 문제삼게 된 것은 특히 프랑스의 화가 세잔 이후이다.

• **아르 누보**(art nouveau)

19세기 말에서 20세기 초에 걸쳐 유럽 및 미국에서 유행했던 서정성이 강한 조형 표현 운동으로, 신미술이란 뜻이다. 전통적 예술에 반발. 새 양식의 창조를 지향하여 자연주의·자발성·단순, 기술적인 완전을 이상으로 하였다. 전통적인 건축·공예가 그 전형을 그리스·로마, 혹은 고딕시대에서 구한 데 비해 덩굴풀이나 담쟁이 등 자연 가운데서 모티브를 얻어 새로운 표현을 시도했다.

❍ 종래의 역사주의·전통주의에 반항하여 현대미술 확립에 선구적 구실을 했다.

• **야수파**(野獸派 ; 포비즘)

20세기 초에 프랑스에서 일어난 미술운동으로 색채와 형의 자율적 세계의 창조와 개성의 해방을 부르짖은 혁신적인 경향의 화법이다. 순수한 색채의 고양에 기초를 둔 야수파 운동은 외계의 질서(자연)를 재현하는 게 아니라, 화폭을 자기해방의 장소로 삼는 점에서 20세기 최초의 예술적 혁명이었다. 대표적인 화가로는 마티스(H. Matisse)·루오(G. Rouault) 등이 있다.

❍ 마티스는 프랑스의 화가로 포비즘(fauvisme)을 추진, 대상을 대담하게 단순·장식화한 화풍을 확립하였다. 대표적인 작품으로「붉은 식탁」「오달리스크」등이 있다.

• **입체파**(立體派 ; 퀴비즘)

종래의 회화를 부정하는 순수한 이념화만을 꾀한 운동으로 물체의 모양을 분석하고 그 구조를 점과 선으로 구성·연결하여 기하학적으로 재구성하려는 미술상의 한 경향이다. 1910년경 야수파의 뒤를 이어 일어나 후에 전위(前衛) 미술의 모체가 되었다. 피카소(P. R. Picasso)·브라크(G. Braque) 등이 대표적 화가이다.

❍ 초기 퀴비즘(cubisme)을 '세잔풍의 입체주의'라고 한다.

• **초현실주의**(超現實主義 ; 쉬르레알리즘)

꿈이나 무의식의 세계에 대한 표현을 추구하는 20세기의 예술운동으로, 프로이트 등의 영향을 받았다. 억압된 무의식의 세계를 가능한 참되게 표현하려는 초현실주의 경향은 20세기 특유의 환상예술을 발흥시켰다. 대표적 화가로 달리·자코메티 등이 있다.

❍ 초현실주의라 번역되는 쉬르레알리즘이라는 말은 프랑스의 시인 아폴리네르에 의해 만들어졌다.

Q 세계 최초의 남극 탐험자는?

- **추상미술**(抽象美術 ; abstract)

제1차 세계대전 후 발생해 전 세계에 퍼진 20세기 미술의 가장 두드러진 특징을 종합적으로 나타내는 말이다. 현실을 재현시키는 객관적 묘사보다 화가 자신의 주관적 인상을 형상화하는 것을 중요시하는 예술사조이다. 대표적 화가로는 피카소 · 몬드리안 · 니콜슨 · 칸딘스키 등이 있다.

❍ 칸딘스키와 더불어 추상화의 선구자인 몬드리안은 칸딘스키가 우발적인 비대상의 추상화를 그린 데 비해 수평과 수직의 순수추상을 지향했다.

- **표현주의**(表現主義)

20세기 초 주로 독일 · 오스트리아에서 전개된 작가 내부생명의 주관적 표현을 추구하는 감정표출의 예술을 위한 사조로 회화에서 시작되어 다른 예술에까지 영향을 미쳤다. 미술에서 표현주의는 1910년에서 20년에 걸쳐 벌어진 모든 반인상주의를 표방하는 운동의 총칭이기도 하다. 대표적인 화가로는 클레가 있다.

- **아방가르드**(avant-garde ; 전위예술)

제1차 세계대전 때부터 일어난, 전통적인 기법이나 제재를 타파하고 새로운 것을 찾자는 초현실주의 예술운동으로 미술에서는 쉬르레알리즘(초현실주의) · 추상주의(입체파 · 미래파) · 다다이즘을 총괄하는 뜻이고, 음악에서는 과거의 모든 음의 소재를 부인하여 피아노줄에다 나무토막이나 고무줄을 매고 소리를 내거나, 악기가 아닌 빈병 · 톱 · 쇠판 등의 물체를 소재로 하는 음악사조를 뜻한다.

❍ 칸딘스키가 사용한 비유 '정신의 삼각형'이란 전위예술에 대한 선구적인 정의이다.

- **앙데팡당**(independant)

1844년부터 프랑스에서 아카데믹한 작풍(作風)에 반대하는 몇몇 개성적인 화가들에 의하여 개최되어온 자유로이 자격 제한 없이 출품하는 미술전람회로서, 심사도 시상도 하지 않았다.

❍ 이러한 방식의 전람회는 인상파 화가들에 의하여 처음 시도되었다.

- **비구상**(比具象 ; non-figuratif)

19세기의 극단적인 사실주의에 대한 반동으로 일어난 미술상의 한 경향이다. 현실을 사실적으로 묘사하는 구상적(具象的)인 기법을 부정하고 대상의 본질을 형상화하려는 것으로, 기하학적 형태로 구성하는 양식주의적인 경향과 자유로운 형태로서 정신적 표현을 추구하는 표현주의적 경향으로 나눌 수 있다.

❍ 구상미술 : 있는 그대로 현실을 묘사하는 미술의 한 경향으로, 제2차 세계대전 후 추상미술이 풍미했을 때 그에 대응한 사조이다.

A 노르웨이의 아문센(Amundsen)

• **옵아트**(optical art ; 시각예술)

감정적인 면을 배제하고 시각적 사실을 강조, 기하학적인 구성의 화면을 특색으로 하는 예술경향이다. 1965년 뉴욕 근대 미술관에서 열린 옵 아트전을 계기로 하여 전위적인 미술인 팝 아트와 더불어 크게 주목을 끌었다. 대표적인 작가로는 비사를리 · 앨버스 · 라일리 등이 있다.

◐ 팝아트(pop art) : 미국을 중심으로 유행한 전위적 미술운동으로 뉴리얼리즘이라고도 한다. 만화 · 광고 · 포스터 등의 모든 재료와 테마를 이용한다.

• **비디오아트**(video art)

비디오, 즉 텔레비전을 표현 매체로 하는 예술로 1970년대 전반부터 성행한 현대 예술의 한 경향이다. 비디오아트는 크게 나누어 테크놀로지(technology)의 예술적 가능성의 추구에서 생겨난 것과 형식주의적인 예술에 대한 반발에서 생겨난 것이 있다. '움직이는 전자회화(電子繪畵)'라는 애칭으로 조용한 붐을 일으키고 있으며, 한국의 백남준(복수의 수상기로 작품구성)을 비롯하여 케이드 소니어, 레스 레바인, 비토 아콘시 등이 유명하다.

• **알타미라**(Altamira)**의 동굴벽화**

스페인 북부에 있는 구석기시대 후기(약 1~2만년 전)의 알타미라 동굴에서 발견된 인류 사상 최고의 벽화이다. 들소와 멧돼지 · 매머드 등의 동물상이 빨강 · 검정 · 갈색으로 그려져 있는데 생생한 묘사, 아름다운 색채와 입체감이 뛰어나며, 동물의 특징이나 생태 등을 정확하게 묘사하고 있다. 1879년에 발견된 이 동굴 벽화는 점묘법과 농담(濃淡)에 의한 음영법으로 그려졌다.

◑ 프랑스의 라스코 동굴벽화와 더불어 세계적인 구석기시대 회화이다.

• **최후의 만찬**(晚餐)

이탈리아 르네상스 시대의 화가 레오나르도 다 빈치(Leonardo da Vinci)가 그린 벽화로 예수 그리스도가 수난 전날 밤에 사도들과 함께 가진 만찬의 광경을 그린 것이다. 객관사실과 정신내용을 훌륭하게 융합시킴으로써 다음 세기의 고전양식을 앞서 달성한 걸작이다.

◑ 레오나르도 다 빈치(1452~1519)는 르네상스 시대의 이탈리아를 대표하는 천재적 화가 · 조각가 · 건축가 · 과학자 · 사상가이다. 그를 기리기 위해 밀라노에 레오나르도 다 빈치 국립과학기술관이 세워져 있다.

• **모나리자**(Mona Liza)

이탈리아 르네상스 시대의 화가 레오나르도 다 빈치가 피렌체의 거상 지오콘다의 부인 엘리자베타를 모델로 하여 그린 미완성 그림이다. 명암법을 구사하여 그린 이 그림은

Q 현존하는 세계 최고(最高)의 금속활자 인쇄본은?

얼굴 표정의 묘사가 신기(神技)에 가까워 그 신비스러운 미소로 유명하다. 모나리자의 '모나'는 이탈리아어로 유부녀에 대한 경칭이고, '리자'는 엘리자베타의 약칭이다.

예문 화가와 그 작품을 묻는 문제가 출제됨

• 비너스의 탄생

이탈리아 르네상스시대의 대표적인 화가 보티첼리(S. Botticelli)가 그린 그림으로 사실주의를 무시하고, 양식화된 표현과 곡선의 묘미를 구사하여, 장식적 구도 속에 시적 세계를 표현한 걸작이다. 1486년 작품으로 피렌체의 우피치 미술관에 소장되어 있다.

❂ 이외에도 보티첼리의 작품으로는 「성모자와 두 성요한」 「수태고지」 「성모자와 어린 성요한」 등이 있다.

• 최후의 심판(Last Judgment)

이탈리아 르네상스 시대의 천재적인 화가 · 조각가 · 건축가 · 시인인 미켈란젤로가 그린 프레스코화로, 그리스도가 이른바 '성난 그리스도'로서 거인처럼 군림하여 인류의 최후를 심판하고 있다. 그 동적인 구도와 표현은 르네상스 고전양식을 해체, 바로크 양식을 예고하고 있다.

❂ 이외에도 「피에타」 「아담의 창조」 「대홍수」 「달과 해의 창조」, 조각 「다윗」 등이 있다.

• 만종(晩鐘)

프랑스의 화가 밀레(J. F. Millet)가 농민생활을 소재로 하여 그린 그림이다. 밀레는 가난과 싸우면서 진지한 태도로 농민생활에서 취재한 일련의 작품을 제작하여 독특한 시적 정감과 우수에 찬 분위기가 감도는 작풍을 확립, 바르비종파의 대표적 화가가 되었다.

❂ 이외에도 「씨뿌리는 사람」 「이삭줍는 사람들」 「저녁기도」 「실잣는 여인」 등이 있다.

• 잔디 위의 식사(Le Déjeuner sur l'herbe 프)

프랑스의 화가 마네(E. Manet)의 그림으로, 낙선화전에 전시된 후, 그 표현기법의 참신성과 밝음, 그리고 솔직성으로 하여 당시 화단의 찬사와 비난을 동시에 받은 작품이다.

❂ 인상주의의 아버지로 불리는 마네의 작품에는 「피리 부는 소년」 「투우」 등이 있다.

• 해바라기

네덜란드의 화가 고흐(Vincent van Gogh)의 그림이다. 작열하는 태양의 밝은 빛을 갈구하는 고흐에게, 한낮의 태양아래 빛을 향해 피는 해바라기는 그 자신의 마음의 상징이자 자화상이기도 했다. 단순 명쾌하면서도 힘차고 정기가 넘치는 그림이다.

❂ 이외에도 「파이프를 문 사나이」-자화상, 「감자를 먹는 사람들」 「까마귀가 있는 보리밭」 등이 있다.

• 타이티의 여자들

프랑스 후기인상파 화가 고갱(Paul Gauguin)의 만년의 작품이다. 문명세계에 대한 혐

A 직지심체요절(직지)

오감으로 남태평양 타이티섬으로 떠난 고갱이 타이티섬 사람들의 건강한 인간성과 열대의 밝고 강렬한 색채로 완성시킨 예술성 뛰어난 작품이다.

⚡ 그의 작품으로는 「황색의 그리스도」 「우리는 어디서 와서 어디로 가는가」 「모자를 쓴 자화상」 등이 있다.

• 목매다는 집

프랑스의 화가 세잔(Paul Cezanne)의 전기작품 중 대표적인 그림이다. 물체의 실재감과 공간구성을 추구한 세잔이 비교적 인상파의 영향을 많이 받던 초기에 그린 작품이다.

⚡ 그의 작품에는 「전원풍경」 「목욕하는 여인들」 「성앙트완의 유혹」 등이 있다.

• 목욕하는 여인

프랑스의 화가 르누아르(A. Renoir)가 그린 그림이다. 냇가에서 목욕하고 난 젊은 여성의 풍만한 육체를 자연미 그대로 보여주는 작품으로, 담백한 색조로써 선과 포름을 명확하게 하여 화면구성에 의미를 쏟은 고전적 경향을 띠고 있다.

⚡ 색채의 천재인 르누아르의 작품에는 「나부」 「책 읽는 소녀」 「이렌 칸 단베르양의 초상」 등이 있다.

• 생각하는 사람

프랑스 조각가 로댕(A. Rodin)이 만든 청동 조상(彫像) 작품이다. 최초에는 단테의 「신곡」을 주제로 한 작품 「지옥의 문」에서 '시인'이란 이름이 붙여졌다. 그 후 크게 만들어 독립된 작품이 된 이 조각은 전신 근육의 긴장에 의해 격렬한 마음의 움직임을 응결시킨 채 영원히 생각을 계속하는 인간의 모습을 표현하고 있다. 로댕은 웅대한 예술성과 기량으로 그때까지 건축의 장식물에 지나지 않던 조각에 예술의 자율성을 부여, 근대 조각의 길을 열었다.

• 물랑 루즈에서

프랑스 화가 로트레크(Henri de Toulouse-Lautrec)가 그린 그림이다. 조명이 비치는 실내의 풍경을 황색과 녹색으로 그려낸, 어두우면서도 신선하고 아름다운 색조가 돋보이는 작품이다. 물랑 루즈는 1889년 파리의 몽마르트에 개장한 유명한 댄스 홀이다.

⚡ 그의 작품에서는 인생에 대한 작자의 통찰과 깊은 우수를 느낄 수 있다.

• 게르니카

스페인 태생의 프랑스 화가인 피카소(Pablo Ruizy Picasso)가 그린 그림이다. 전쟁의 비극과 잔학상을 초인적인 예리한 시각과 독자적 스타일로 그려낸 세기의 대벽화이다. 이때부터 피카소 특유의 표현주의라 불리는 괴기한 표현법이 나타나기 시작했다. 스페인 내란 중 프랑코를 지원하는 독일의 무차별폭격에 분노하여 그린 이 그림은 20세기 회화의 기념비적 작품이다.

Q 세계 최초의 금속활자 인쇄본은?

�»
 브라크와 함께 퀴비즘을 창시한 피카소는 후반에는 표현주의라는 새로운 기법으로 추상화의 극치를 이루었다.

예문 게르니카를 그린 화가는? 등으로 출제됨

• **비엔날레**(biennale)

각국 현대미술의 새로운 동향을 알기 위해 2년마다 열리는 국제적 미술전람회로, 베네치아 비엔날레 · 상파울로 비엔날레 · 파리 청년 비엔날레 등이 있다. 베네치아 비엔날레는 1895년 창립, 세계 최고 · 최대의 국제미술전으로 이탈리아의 베네치아에서 열리며, 상파울로 비엔날레는 1951년에 설립, 미국의 휘트니 비엔날레와 함께 세계 3대 비엔날레를 형성하고 있다. 그밖에도 파리 청년비엔날레, 도쿄 비엔날레 등이 이 제도를 채택하고 있다. 1959년에 창립한 파리 청년비엔날레는 전 세계의 청년미술가들에게 국제적인 회합장소를 제공하고 있다.

�»
 한국에서는 1995년 광주 비엔날레가 개최되었다. 같은 해 슬로베니아의 류블랴나의 국제판화비엔날레에서 한국 작가로 처음 김승연이 초대작가로 선정되어 전시회를 가진 바 있다. 1995년 6월 베네치아 비엔날레의 한국관이 개관되었으며, 설치미술가 전수천(全壽千)이 《방황하는 혹성들 속의 토우 – 그 한국인의 정신》이라는 작품으로 특별상을 수상했다.

예문 비엔날레 개최주기(2년)를 묻는 문제가 출제됨

• **트리엔날레**(triennale)

2년마다 열리는 비엔날레에 대하여 3년마다 열리는 국제적 미술전람회로, 밀라노 트리엔날레가 유명하다. 1922년에 창립, 디자인 미술 중심의 국제전으로 최근에는 가구 · 실험가옥에서 극장 · 기계 · 열차에 이르기까지 온갖 새로운 디자인이 출품되고 있다. 밀라노 트리엔날레에서는 특히 공예전이 두드러진다.

�»
 1896년에 발족한 카네기 국제현대미술전, 1956년에 발족한 그렌펜 국제색채판화전 등이 트리엔날레로 열리고 있다.

• **고구려**(高句麗) **미술**

고구려 예술은 고분벽화와 와당 등의 유물에서 찾아볼 수 있듯이, 웅건하고 활달한 남성적인 특색이 있다. 특히 미술은 고분의 벽화에서 그 대표적인 예를 찾아볼 수 있다. 무용총 · 수렵총 등 초기벽화는 고졸(古拙)하고, 감신총 등 중기의 그림은 섬세하며 사실적이다. 사신총 등 후기의 그림은 웅대하며 건실하다.

�»
 강서대묘의 사신도(청룡 · 백호 · 현무 · 주작), 쌍영총의 기마상 · 인물행렬도 · 풍속도 등은 당시의 풍속을 보여주는 중요한 자료이기도 하다.

• **백제**(百濟) **미술**

백제의 예술은 우아하고 섬세한 미의식이 세련된 것이 특징인데, 일찍이 중국과 해상 교통이 열려 대륙의 영향을 받으면서도 독자적인 발전을 이루었다. 부여의 정림사지 5

🅰 상정고금예문

층 석탑은 그 단아한 선과 구도로 백제관음과 더불어 백제 미술의 귀중한 유물이며, 백제 말기의 마애삼존불상은 소박한 형태, 온화한 아름다움으로 백제 예술의 진수를 지닌다. 이 불상의 미소는 '백제의 미소'로 널리 알려져 있다. 공예품으로는 무녕왕릉에서 출토된 금속 공예품이 손꼽힌다.

◐ 특히 백제문화는 일본에 전파되어 일본 아스카(飛鳥)문화를 개발시켰다.

• 신라(新羅) 미술

초기 신라예술은 토우(土偶) 등에서 볼 수 있듯 꾸밈없는 원시적 소박성을 지니며, 고구려 · 백제 · 당의 영향과 국력의 신장으로 섬세한 귀족예술이 등장, 말기에는 엄격하고도 조화미 넘치는 신라 고유의 예술을 이루었다. 불국사의 석굴암 · 다보탑 · 석가탑, 특히 석굴암의 불상 · 미륵반가상 등은 전아(典雅)한 미감을 자랑하고, 섬세 · 우아한 신라 미술의 특징을 잘 나타내주고 있다.

◐ 삼국에서 공예품을 가장 많이 남긴 것은 신라이다.

• 고려(高麗) 미술

조형 중심인 신라 미술에 비하여 고려 미술은 불교의 융성과 귀족사회의 세련된 취미와 교양에 의한 공예품의 발달을 보였다. 특히 고려청자는 고려 미술의 극치를 이루며, 범종 등의 금속공예에서도 뛰어난 작품이 남아 있다. 고려의 건축물로는 법천사 지광국사 현묘탑, 봉정사 극락전, 부석사 무량수전, 경천사 10층 석탑 등이 있다.

◐ 혜허(慧虛)의 「양류관음상」은 비단에 채색으로 그린, 색채와 부드러운 선묘가 뛰어난 회화이다. 일본 동경 아사쿠사사(淺草寺)에 소장되어 있다.

• 조선(朝鮮) 미술

고려시대까지 한국사회를 지배해온 불교 대신 유교를 지배이념으로 한 조선의 예술은 내세를 위한 아름다움의 추구 대신 현실을 위한 실용성을 취해 실용성과 예술성을 매우 잘 조화시켜 갔다. 조선의 건축 · 공예 · 서화는 백자에서 볼 수 있듯 완벽한 자연미에 소박하면서도 고상한 기품을 지니고 있다.

◐ 조선시대의 회화는 도화서 출신의 안견 · 김홍도 등의 그림과 강희안 · 이암 등의 문인화가 있다. 그 외에 민화가 발달하였다.

• 천마도장니(天馬圖障泥, 천마도)

1973년, 신라 고분 천마총(제155호)에서 출토된 5세기 말의 마구장비(馬具裝備) 채색장식화이다. 천공을 달리는 듯한 천마와 그 주위를 둘러싼 인동당초문을 백화수피에 주(朱) · 갈 · 흑 · 백 등의 색을 사용, 채색하고 있다. 이는 국보 제207호의 귀중한 문화재이다.

Q 우리나라 최초의 한문소설은?

◎ 스키타이 문화와의 관련성을 보여주며 삼국시대 미술사 규명에 좋은 자료이다.

• 천산대렵도(天山大獵圖)

고려 제31대 공민왕이 그린 것으로 추정되는 작품이다. 사냥하는 모습을 비단에다 북종화(北宗畵)적인 화법으로 그린 채색화이다. 필치가 정묘하고 치밀하다. 현존하는 고려 회화의 대표적인 작품이다.

◎ 현재 3장의 단편으로 나누어져 전해지며 국립박물관에 소장되어 있다.

• 몽유도원도(夢遊桃源圖)

조선시대 세종 때의 화가 안견(安堅 ; 玄洞子)이 그린 그림으로 신선이 산다는 이상세계를 소재로 하여 표현했다. 구도가 웅장하고 필치가 씩씩하며 풍경이 신비해 보는 이를 압도한다.

◎ 「몽유도원도」는 일본 덴리대(天理大) 박물관에 소장되어있다.

• 무동(舞童)

조선시대 화가 김홍도(金弘道 ; 檀園)의 「풍속화첩」(보물 제527호)에 들어 있는 풍속화의 하나이다. 당시 천민대우를 받던 풍악장이들이 즐거운 한때를 보내는 광경을 해학적으로 표현한 작품이다. 김홍도의 「풍속화첩」은 건전한 서민사회의 생활정서를 주제로 그들의 생태를 구수한 필치로 그려낸 일종의 사회풍자를 곁들인 뛰어난 작품들로 되어 있다.

◎ 풍속화 외에 김홍도는 「총석정도」「구룡폭」 등 산수화에도 탁월한 경지를 보였다.

• 무무(巫舞)

조선시대 화가 신윤복(申潤福 ; 蕙園)의 「풍속화첩」(국보 제135호)에 들어 있는 풍속화이다. 주로 기녀를 주제로 한 풍속화를 많이 그린 화가가 주제를 바꾸어 조선시대의 무속을 다룬 작품이다. 서민층의 서정을 격조 높게 표현하고 있다.

◎ 김홍도와 더불어 조선조의 탁월한 풍속화가인 신윤복은 시정 풍속 중 기녀 · 한량 · 주점 장면을 많이 다루고 있는데 이는 유교가 지배하는 사회에 대한 예술적 저항이라 평가된다.

• 입암도(立巖圖)

조선조 후기 산수화의 대가인 정선(鄭敾 ; 謙齋)이 그린 진경산수화이다. 강한 농담의 대조 위에 청색을 주조로 하여 암벽의 면과 질감을 나타낸 새로운 정선 특유의 화법이 잘 나타나 있는 그림이다. 그가 창출한 새로운 화풍의 그림을 진경산수화(眞景山水畵)라고 한다.

A 김시습의 금오신화

- **호취도**(豪聚圖)

  조선조 말의 화가 장승업(張承業 ; 吾園)이 그린 그림이다. 암벽처럼 힘찬 나무에 금방
  이라도 깃을 치며 날아오를 듯한 날짐승 두 마리를 단숨에 붓을 움직여 힘차게 그려낸
  작품이다. 이 그림으로 장승업은 누구도 따를 수 없는 수지법(樹枝法)을 창출했다.

  ● 그림재주가 뛰어났던 장승업은 안견 · 김홍도와 더불어 조선시대 3대 거장으로 불린다.

- **세한도**(歲寒圖)

  조선시대의 서화가 김정희(金正喜 ; 秋史)가 그린 뛰어난 문인화로 한 편의 시와 같은
  그림이다.

  ● 김정희는 서화가로서뿐 아니라 금속학자로서도 뛰어나다.

- **4군자**(四君子)

  동양화의 화제로, 매화 · 난초 · 국화 · 대나무(梅 · 蘭 · 菊 · 竹)의 네 가지를 말한다. 사
  군자화는 삼우도(三友圖)와 같이 세상의 더러움에 물들지 않은 문인화가들이 애호하였
  다. 동양화 중 특히 문인화에 많이 등장했으며, 조선 후기에 성했다.

  ● 삼우도는 중국에서 즐겨 그렸던 화제로 소나무 · 대나무 · 매화(松 · 竹 · 梅)를 이른다.

- **문방사우**(文房四友)

  서화를 그리고 책을 읽기 위해 서재의 책상 위에 비치하는 여러 기물 중에서 선비들이
  특히 애완 했던 종이 · 붓 · 먹 · 벼루를 말한다. 문방사보(四寶), 문방사완(四玩)이라고
  도 한다.

  ● 네 가지 문방구를 들어 문방사우라 일컫기 시작한 것은 중국 송나라 때부터이다.

- **신품 4현**(神品四賢)

  국조(國朝) 이래 글씨로 유명한 네 사람으로 신라의 김생, 고려의 탄연 · 최우 · 유신을
  말한다.

- **탱화**(幀畵)

  불교의 신앙내용을 그린 그림으로, 이는 기능에 따라 본존의 후불탱화와 신중탱화로
  나누어진다. 후불탱화가 본존불의 신앙적 성격을 보다 구체적으로 묘사한 것이라고 한
  다면 신중탱화는 수호신적인 기능을 띠고 있다. 이러한 기능을 지닌 탱화는 한국 사원
  에 고유한 것으로 중국이나 일본에는 불화는 있으나 탱화는 없다.

  ● 괘불(卦佛)은 불상을 그려 큰 괘도처럼 만들어 걸어놓게 되어있는 것을 말한다.

  예문 탱화 및 괘불에 대해 묻는 문제가 출제됨

Q 신라 중엽부터 고려 초까지 성행하던 우리나라 고유의 시가는?

• 추사체(秋史體)

조선시대의 문신 · 서화가인 추사 김정희의 독특한 글씨체를 말한다. 추사는 학문이 높고 서학에 깊었으며, 그의 예서는 종래의 필법을 탈피한 일대 변혁을 이룬 것이다.

○ 김정희 호는 추사 외에 완당(阮堂), 예당(禮堂) 등이다.

• 궁체(宮體)

조선시대 후반에 비롯된 한글 서체의 하나로, 한글제정 이후 인쇄와 필사의 경우 한자의 서체를 본뜬 한글서체를 써오다, 17세기 말부터 뛰어난 시각미를 갖춘 한글의 흘림 글씨체가 발달하였다. 글씨의 선이 곧고 맑으며 단정 · 아담한 것이 특징이다. 주로 궁중나인들에 의해 궁중에서 발전해 왔기 때문에 '궁체' 라 한다.

• 세계 주요 미술작품

작품	화가(국적)	작품	화가(국적)
게르니카 · 기타리스트 · 세 악사	피카소(프)	오달리스크 · 금붕어 · 붉은 식탁	마티스(프)
기억의 고집 · 장미머리의 부인	달리(스페)	잔 다르크 · 그리스도 · 늙은 왕	루오(프)
나와 마을 · 전쟁 · 곡예사	샤갈(프)	잠자는 집시 · 열대림에서	루소(프)
만종(晚鐘) · 이삭 줍는 사람들	밀레(프)	절규 · 사춘기 · 마돈나 · 봄	뭉크(노)
모나리자 · 최후의 만찬	레오나르도 다 빈치(이)	천지창조 · 최후의 심판 · 피에타 · 다비드	미켈란젤로(이)
목욕하는 여인(들) · 책읽는 소녀	르누아르(프)	춤추는 소녀 · 경마 · 국화 곁의 여인	드가(프)
부활 · 아담과 하와 · 파르나소스	라파엘로(이)	나체의 마하 · 술마시는 사내	고야(스페)
비너스의 탄생 · 성모자와 어린 성요한	보티첼리(이)	잔디 위의 식사 · 피리 부는 소년	마네(프)
목욕하는 여인들 · 목맨 사람의 집 카드 놀이하는 사람들	세잔(프)	햇빛 속의 풍차 · 빨간 나무 · 빨강파랑노랑의 컴포지션	몬드리안(네)
생각하는 사람 · 청동시대	로댕(프)	풍경 · 기수 · 갈색의 전개	칸딘스키(러)
빨간(붉은)지붕 · 사과를 줍는 여인들	피사로(프)	해바라기 · 감자먹는 사람들 · 자화상	고흐(네)
수확하는 사람들 · 정복자	미로(스페)	황색의 그리스도 · 타히티의 여인들	고갱(프)
민중을 이끄는 자유의 여신	들라크루아(프)	인상 · 해돋이 · 수련(垂蓮)	모네(프)
두 사람의 소녀	로랑생(프)	사비나의 여인 · 마라의 죽음	다비드(프)
검은 넥타이를 맨 여자 · 나부(裸婦)	모딜리아니(이)	돌다리가 있는 풍경 · 어머니의 초상	렘브란트(네)
숲속의 나부(裸婦) · 화살표 방향	레제(프)	물랑 루즈에서 · 특석에서	로트레크(프)
나방의 춤 · 세네시오 · 항구와 범선	클레(독)	호메로스 예찬 · 오달리스크	앵그르(프)
마리 드 메디시스의 생애 · 최후의 심판	루벤스(벨)	과일과 기타 · 포르투갈 사람	브라크(프)

A 향가

• 크랭크 인(crank in)

촬영개시라는 말이다. 구형의 영사기나 촬영기의 손잡이를 크랭크라 하며, 크랭크를 돌리면 촬영이 시작되는 것이다. 이에서 유래되어 크랭크 인은 촬영이라는 뜻으로 통용된다.

  ◐ 촬영종료를 크랭크 업(crank up)이라 한다.

• 시나리오(scenario)

영화의 각본을 이르는 말로, 스크린에 영사할 것을 전제로 영화형식에 따라 문장으로 작성한 것이다. 시나리오는 글자에 의하여 영화의 시청각적 묘사를 구체적으로 표현하는 것을 목적으로 한다.

  ◐ 소설 등의 원작에 의존하지 않은 창작대본을 특히 오리지날 시나리오라고 한다.

• 시나리오 용어

S#(scene number) ; 장면번호	콘티뉴이티(콘티) ; 촬영 대본
NAR(narration) ; 해설	스탠드 인 (stand in) ; 대역
F · I(fade in) ; 화면이 차차 밝아짐	모브 신(mob scene) ; 군중장면
F · O(fade out) ; 화면이 차차 어두워짐	PAN(panning) ; 카메라를 상하 · 좌우로 이동하는 것
E(effect) ; 효과음	
C · U(close up) ; 클로즈업	W(wipe) ; 닦아내듯이 화면이 없어지는 것
D · E(double exposure) ; 이중노출	

예문 시나리오 용어를 묻는 문제가 출제됨

• 콘티뉴이티(continuity)

영화나 방송 TV 등에서 각본을 기초로 하여 각 장면의 구분, 내용 · 대사 등을 그림 등으로 상세히 나타낸 것을 말한다. 촬영대본 · 연출대본이라고도 하며, 줄여서 콘티라고 한다.

• 리허설(rehearsal)

연극이나 음악 · 무용 · 방송 등에서 공개를 앞두고 하는 연습을 말한다. 무대 총연습이라고도 한다. 실제로 무대의상을 입고 행하는 것을 드레스 리허설, TV에서 카메라를 사용해 연습하는 것을 카메라 리허설이라 하며, 단순히 동작과 위치를 정하는 예행연습을 드라이(dry) 리허설이라고 한다.

  ◐ 극 이외에 운동회, 각종 행사 등의 예행연습도 리허설이라고 한다.

Q 경제 성장의 3대 요인은?

• **로케이션**(location)

영화촬영방식의 하나로 실제 장면을 배경으로 하는 촬영을 말한다. 즉, 촬영소 이외의 장소에서 찍는 야외촬영을 말하며, 야외촬영에 적당한 장소를 찾으러 다니는 것을 로케이션 헌팅이라고 한다.

❍ 영화의 촬영방식은 로케이션 촬영과 스튜디오에서 하는 세트 촬영이 있다.

• **사운드 트랙**(sound track)

녹음을 해 넣은 발성영화를 위한 필름의 한 부분이다. 광학녹음에서는 영사할 때 여기에 광선을 비추어 광전관에 의해 전기 신호로 바꾸고, 자기녹음에서는 필름에 자성체를 발라 테이프 레코더처럼 녹음 · 재생하는 방식을 취한다.

❍ 발성영화를 만들기 위해 사운드 트랙을 제작할 때 외부 음향을 차단하는 방음장치를 사운드 프루프 (soundproof)라 한다.

• **스턴트 맨**(stunt man)

'스턴트'란 곡예라는 뜻으로서 위험한 장면에만 전문으로 출연하는 특수 훈련을 받은 단역배우를 말한다. 자동차 사고 장면의 운전사나 승객 역할, 빌딩 위에서 추락하는 역할 등이며, 때로 주연배우를 대신하여 위험한 역할을 맡기도 한다.

• **애니메이션**(animation)

정지해 있는 그림이나 물체를 그 자세나 위치를 조금씩 바꾸어 그린 것을 한 장면씩 촬영 · 영사하여 동작하는 것처럼 보이도록 만드는 기법을 말한다. 주로 만화영화에 이용되고 CF나 텔레비전 영상의 특수 효과에 쓰인다.

❍ 애니메이션 영화는 움직임의 환상을 만들어내는 특수촬영 영화의 한 가지이다.

• **스크립터**(scripter)

촬영현장에서 각 장면의 상세한 데이터를 기록해 전체 촬영에서 통일을 기하게 하는 역할을 담당한 사람을 말한다. 이 일은 작업의 치밀성으로 여성들이 많이 기용되는데 이를 스크립트 걸이라 하며, 기획자의 기획에 따라 상연 대본을 제작하는 사람을 스크립트 라이터라 한다.

❍ 스크립터가 적은 기록을 스크립트(script)라 하는데 이는 상연용 대본이라는 뜻이다.

• **멜로드라마**(melodrama)

줄거리에 변화가 많고 통속적인 정의감이 들어 있는 흥미위주의 상업성을 띤 연극이나 영화로 내용이나 사건의 현실적 가능성이라든가 등장인물의 성격 묘사 등은 2차적이다. 특히 감상적인 애정극을 가리킨다.

A 자본축적 · 노동력 · 기술혁신

○ 그리스어로 노래를 뜻하는 멜로스와 극을 뜻하는 드라마가 결합된 말로 원래는 주요인물의 등장·퇴장을 알리기 위해 음악을 연주한 연극형식을 가리켰다.

• 시네마스코프(cinema-scope)

대형영화의 하나로, 1950년대에 텔레비전 프로에 관객을 빼앗긴 미국 영화계가 영화산업의 활로를 찾기 위해 채택한 와이드 스크린 방식에 따른 영화이다. 시네마스코프 시스템을 발명한 프랑스의 앙리 클레티앙은 애너머픽이라는 특수렌즈를 일반렌즈 전면에 장착하여 촬영하는 방식을 취하였다.

○ 시네마스코프 촬영기법을 이용한 첫 작품은 1953년에 제작된 미국 영화 「성의(聖衣)」였다.

• 70밀리 영화

70mm 필름을 사용하는 대형영화를 말한다. 필름의 한 커트가 보통 영화필름의 3배 반이며, 따라서 스크린도 굉장히 크다. 대표적인 영화로는 「사운드오브 뮤직」「벤허」「클레오파트라」「웨스트사이드스토리」 등이 있다.

○ 대형 영화(와이드스크린 영화)에는 70mm 영화 외에 '시네라마' '시네마스코프' '서클비전 360도' '시네비전'이 있다.

• 옴니버스 영화(omnibus film)

직접 관계없는 몇 개의 독립된 이야기를 한 편의 작품 속에 모아놓은 형식의 영화를 말한다. 원래 옴니버스는 합승마차를 가리키는 말로 '여러 가지 항목을 포함하고 있다'는 뜻을 지닌다.

• 아이맥스(IMAX) 영화

사람의 육안으로 직접 볼 수 있는 최대크기 화면의 영화를 말한다.

○ 우리나라에서는 최초로 여의도 63빌딩에 아이맥스 영화관이 설치되었다.

• 그랑프리(grand prix)

프랑스어로 대상(大賞)이란 뜻인데 일반적으로는 이탈리아의 베니스 국제 영화제에서 수여되는 최고상을 말한다. 각국에서 우수작품이 출품되는데, 대상을 획득한 영화에는 '산 마르코의 사자' 라는 트로피가 주어진다.

• 대종상(大鐘賞, Grand Bell Awards)

한국의 대표적인 영화제로 50여 년이라는 역사를 지니고 있다. 초기에는 반공적이며 국가 정책을 홍보하는 성향이 강한 영화들이 주로 수상했으나, 이후 다양한 영화 장르의 등장과 더불어 많은 변화를 가져왔다. 특히 1992년에 정부 주도에서 민간 주도로 바뀌

Q 세계 최초의 해양문명은?

어 진정한 영화인의 축제로 자리잡게 되었다. 과거에는 작품성에 심사 기준이 치중되었으나, 매스컴과 일반 관객들의 다양한 관점들이 많이 반영되었다.

• **청룡영화상**(靑龍映畫賞, The Blue Dragon Award)
한국 영화의 진흥을 위하여 1963년 조선일보 주최로 시작되었다. 1973년 영화법 개정으로 인하여 스크린쿼터제가 도입되고, 한국영화의 질이 상당 수준 떨어졌다고 판단하여 폐지되었다가 17년 뒤인 1990년에 스포츠조선과 조선일보의 후원으로 부활하여 지금까지 17개 부문의 시상 부문이 결정되어 이어져오고 있다.

• **아카데미상**(Academy Award ; 오스카상)
미국에서 가장 권위 있는 영화상으로, 정식 명칭은 '영화예술과학아카데미상' 이다. 영화예술의 진흥을 목적으로 1927년에 창립된 미국영화예술과학아카데미가 1929년부터 매년 우수영화와 영화인에게 수여해왔다. 오늘날 미국 영화계의 가장 큰 연중행사의 하나일 뿐만 아니라 세계적인 관심과 흥미의 대상이 되고 있다. 오스카라는 인간 입상의 금패가 수여돼 오스카상(Oscar Award)이라고도 한다. 제1회 때는 11개 부문을 시상하였으나, 현재는 작품 · 감독 · 배우 · 촬영을 비롯하여 녹음 · 미술 · 음악 · 외국영화 · 기록영화 · 단편영화 등 25개 부문에 걸쳐 시상한다.

• **에미상**(Emmy Award)
전 미국 텔레비전 예술과학 아카데미가 1949년에 제정한 것으로, 그 해에 가장 우수한 프로그램 출연자 등에게 주는 텔레비전계의 오스카상이다.

• **골든 글러브상**(Golden Glove Prize)
세계 각국의 신문 및 잡지 기자들로 구성된 헐리우드 외국인 기자협회가 그해 최우수 영화의 각 부문과 남녀 배우에게 수여하는 상이다. 아카데미상 시상 이전에 시상한다.

• **칸영화제**(Canne Film Festival)
1946년 프랑스 중앙영화 센터에 의해 창설된 국제영화제로, 매년 4월 지중해 연안의 휴양도시 칸에서 개최된다. 저명한 작가 · 영화감독 · 배우 · 각본가 · 영화평론가 등으로 구성되는 심사위원회가 심사하며, 대상 · 감독상 · 남녀주연상등 8개 부문의 상이 시상된다.

• **베니스 국제영화제**
세계에서 가장 오래된 영화제로 1932년에 처음 시작되었다. 최고의 국제 영화제로 손꼽히며, 최초의 최우수상은 관객의 투표로 결정되었다. 1934년부터 1942년까지는 최

A 에게 문명

고상이 "무솔리니상"이었다. 이 영화제가 세계적으로 유명해진 것은 제2차 세계대전 이후이며, 그랑프리는 '황금사자상' 이라고 불린다. 오랫동안 시장 부문 없이 상업보다 예술 축제로 이어 왔지만, 2002년 시장이 설립되는 등 상업 영화의 비중이 점차 높아 지고 있다.

• **드라마**(drama ; 희곡)

서술체가 아닌 등장인물의 대화를 본체로 한 문예양식으로 희곡을 가리킨다. 드라마가 문학에 편중하면 레제드라마, 연극성에 편중하면 익살극이나 즉흥극이 된다. 즉흥극에 서 볼 수 있듯이 문자로 정착되지 않은 극적 내용을 '무형희곡' 이라 한다. 이는 배우 · 관객과 함께 연극을 구성하는 3대 요소의 하나고 발단 · 갈등 · 파국의 경로를 밟으며 사건을 전개시킨다.

🔿 드라마투르기(Dramaturgie 독) : 극작법 · 희곡론 등 드라마의 구성을 가리키는 말이다.

• **팬터마임**(pantomime ; 무언극)

대사 없이 몸짓이나 표정만으로 사상 · 감정을 표현하는 연극 형식 또는 그 연기자를 말한다. 무언극 · 묵극이라고도 한다. 기원은 그리스이며, 채플린 · 드뷔로 · 마르소 · 바로 등이 그 대표적인 연기자이다.

🔿 특히 바로는 재래의 것을 '벙어리 연기', 새로운 것을 '침묵의 연기' 라고 하여 팬터마임의 존재방향을 풀이하고 있다.

• **모노드라마**(monodrama)

한 사람의 배우에 의해 상연되는 극을 말한다. 18세기 배우 브란데스에 의해 독일에서 유행했다. 1인칭 희곡형식을 말하기도 하는데 체홉의 「담배의 해독에 대하여」, 콕토의 「목소리」가 유명하다.

• **사이코드라마**(psychodrama ; 심리극)

루마니아 정신과의사 모레노가 창시한, 심리적 장애를 가진 환자를 치유시키기 위한 심리요법 또는 심리극을 말한다. 일정한 대본이 없고 등장인물인 환자에게 어떤 역과 상황을 주어 그가 하고 싶은 대로 연기하게 하여 그의 억압된 감정과 갈등을 표출, 심 적 장애를 고친다.

🔿 극의 주제가 사적인 문제를 취급할 때만 사이코드라마라 하고, 공적인 문제일 때는 소시오드라마라 한다.

• **전위극**(前衛劇 ; avant-garde drama)

19세기 말 나타나기 시작한 반자연주의적 경향이 계기가 된 근대극 운동에 자극을 받 아 일어난 연극 운동이다. 20세기에 들어와 그 세력은 더욱 확대되었으며, 연출가 중

Q 우리나라 3대 악성(樂聖)은?

심설, 사실주의에 대한 새로운 양식, 연극 고유의 예술언어의 재발견 등을 주장하였다. 실험연극, 부조리연극도 일종의 전위극에 속한다.
- ❍ 해프닝 · 비트 · 팝 아트 등 시대의 최첨단 유행 현상을 가미한 연극, 극장을 부정하는 정치적인 가두극(街頭劇) 등 현대의 전위 연극은 다양하다.

• 부조리연극(theatre de l' absurde 프)
1950년대에 프랑스를 중심으로 하여 일어난 전위극(前衛劇) 및 그 영향을 강하게 받은 연극을 말한다. 쉬르레알리즘의 수법을 빌려 부조리를 재현, 그 구체적 이미지를 제시한다. 그러기 위해 언어를 음절로 해체도 하고, 등장인물의 동일성을 상실시키기도 하여 행위의 뜻과 목적을 박탈한다.
- ❍ 베케트의 「고도를 기다리며」, 이오네스코의 「들소」와 같이 소극장 상연의 형식으로 상연된다.

• 한국의 가면극(假面劇)
우리나라의 가면극의 기원은 신라시대(처용무)까지 거슬러 올라가며, 이를 크게 분류하면 ① 서울을 중심으로 한 경기지방의 '산대가면극(양주별산대 · 송파산대)', ② 경북 일대와 강원도지방의 '서낭신제 가면극(하회 · 강릉)', ③ 황해도지방의 '해서 가면극(봉산 · 강령)', ④ 경남해안지대의 '들놀이 · 오광대(통영 · 고성 · 동래)' 가 있다.
- ❍ 공통된 내용은 양반과 파계승에 대한 풍자, 부부간의 갈등, 서민생활의 실상 등이다.
- 예문 가면극의 내용과 종류, 극이 행해지던 지역을 묻는 문제가 출제됨

• 경극(京劇)
청나라 때 시작된 중국의 대표적인 전통연극의 하나로 북경에서 발전했다고 하여 경극이라 한다. 희문(戱文)을 개편 · 각색한 것을 각본으로 삼는 연극으로 가창(歌唱)을 주로 하는 문희(文戲), 몸짓을 주로 하는 무희(武戲), 이 둘을 합친 문무희가 있으며, 본래는 장치 없는 무대에서 공연되었다.
- ❍ 문화혁명 때 강청(江靑)이 현대화하여 혁명경극을 만들기도 했다.

• 가부키(歌舞伎)
에도(江戶)시대 일본의 전통적인 민중연극이다. 노오(能)가 일본 귀족계층의 예능이었다면, 가부키는 대중 속에서 대중의 지지 아래 뿌리를 내린 대중의 연극이라 할 수 있다.
- ❍ 노오가쿠(能樂)라고도 하는 노오는 주역이 탈을 쓰고 하는 일본 무대예능의 하나이다.

• 서울연극제
한국연극협회가 주관하는 연극제로, 우수한 창작극 공연을 통한 연극의 진흥과 발전도모가 그 목적이다. 매년 가을 극단별로 공연되지 않은 창작극으로 공연하는데, 참가자

Ⓐ 왕산악 · 우륵 · 박연

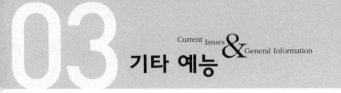

격은 한국연극협회 정회원 · 준회원 · 지방극단이다. 시상은 희곡상 · 연출상 · 미술상 · 연기상 · 특수부문상 등에 대해 행한다. 1977년이래 대한민국연극제라는 명칭으로 한국문화예술진흥원에서 주관해 오다 '87년부터 현재의 명칭으로 한국연극협회가 주관하고 있다. 2001년 서울공연예술제로 개편되었다.

• 서울공연예술제

서울연극제와 서울무용제가 통합되어 2001년 새롭게 시작한 서울의 대표적인 축제. 세계 10대 도시 중 하나이며 한국의 역사와 문화의 중심지인 서울을 알리고, 양 행사의 역사와 전통을 계승하여 향후 21세기 한국을 상징하는, 더 나아가 세계적인 공연예술제로 발돋움하고 문예회관, 국립극장, 세종문화회관 등 대학로를 비롯한 서울 시내 주요 공연장에서 열리 예술제에는 참가작에 제한을 두지 않기 때문에 연극, 무용을 비롯한 뮤지컬, 전통춤, 댄스 스포츠, 재즈 댄스 등 공연예술의 모든 장르를 감상할 수 있다.

• 부산국제영화제

국내 최초 유일한 국제영화제로, 1996년 9월 13일 부산에서 처음 개최되었다. 이 영화제는 세계적으로 인정받은 작품들을 엄선해 적극적으로 참여하는 영화관람 형태의 영상문화를 만들고, 세계영화계에 한국영화의 위상을 드높이는 계기를 마련하며, 세계영화계에서 중요한 위치를 점하게 된 아시아 최대 영화제이다. 수상 목적이 아니라 보는 이와 만드는 이들이 함께 하는 축제의 장이기도 하다. 비경쟁영화제로서, 칸이나 베를린 등 경쟁영화제가 놓치기 쉬운 알찬 영화들을 수용해 세계영화의 흐름을 조망하는 영화박람회로 발돋움하고 있다.

Current Issues & General Information

CHAPTER 17

Sports
- 스포츠 -

01 올림픽

02 주요 대회

03 구기종목

04 투기종목

05 육상

06 기타 종목

07 일반 용어

올림픽

• **국제 올림픽 경기대회**(Olympic Games)

프랑스의 쿠베르탱(Coubertin) 남작에 의해, 1896년 제1회 대회를 그리스의 아테네에서 개최한 이래 4년마다 한 번씩 열리는 국제경기대회이다. 올림픽 정신은 ① 강건한 육체와 정신을 기르고 대회를 통해 인류평화와 친선도모, ② 어느 국가나 개인에 대하여 인종·종교 또는 정치상의 이유로 차별하지 않으며, ③ 민족이나 국가 경기가 아니라 아마추어들의 개인경기이며, ④ 승리하는 데 목적이 있는 것이 아니라 참가하는 데 목적이 있다는 것 등이다.

❍ 우리나라는 1948년 제14회 런던대회부터 참가하였으며, '88년에는 서울에서 제24회 대회를 개최했다. 제32회 2020 올림픽은 코로나19로 2021년 도쿄에서 개최되었고, 2024올림픽은 파리, 2028올림픽은 로스앤젤레스에서 개최.

　예문　한국이 올림픽에 처음 출전한 대회와 연도를 묻는 문제가 출제됨

• **IOC**(국제 올림픽 위원회 ; International Olympic Committee)

고대 올림픽 대회를 부흥시키기 위해 1894년 프랑스의 쿠베르탱을 중심으로 결성된 기관이다. 본부는 스위스의 로잔에 있으며, 올림픽 개최지·경기종목·프로그램 결정 등, 올림픽 운영에 관한 일체의 일을 맡고 있다. 총회는 매년 1회 열리는 것이 원칙이며, 올림픽이 있는 해에는 동계와 하계의 2회에 걸쳐 열린다. 우리나라는 1947년에 가입했다.

❍ 2013년 IOC 총회에서 제9대 IOC 위원장에 토마스 바흐(독일)가 선출됐다.

　예문　국제 올림픽 위원회 약칭·기능 및 본부의 위치에 대해 출제됨

• **KOC**(대한 올림픽 위원회 ; Korean Olympic Committee)

올림픽 대회 참가와 IOC관련 업무의 창구 역할을 위해, 국내 아마추어 스포츠 전반에 걸친 종합단체의 대표자와 위원으로 조직되는 단체이다.

❍ 국가 올림픽 위원회(NOC) : IOC의 공인 아래 각 국가 올림픽 운동을 관장하는 기관으로, 올림픽 대회에 자국의 선수를 파견하는 권한을 갖는다. 우리나라 NOC는 KOC이다.

• **올림픽 조직위원회**(OCOG ; Organizing Committee of Olympic Games)

올림픽 대회 개최국의 NOC(National Olympic Committee ; 국가 올림픽 위원회)와 개최 도시가 협력하여 설립하는 대회 진행기관이다. IOC가 개최국의 NOC를 통해 대회 개최의 권한을 위임한다.

• **올림픽 표어**(Olympic Motto)

'더 빠르게, 더 높게, 더 힘차게(Citius, Altius, Fortius)'로 프랑스의 디동 신부가 제창한 것을 IOC가 1926년에 공식 채택했다.

　예문　표어와 제창자를 묻는 문제가 출제됨

Q 중세 유럽 봉건귀족이 왕으로부터 받은 토지는?

- **오륜기**(五輪旗 ; Olympic Flag)

1914년 프랑스의 쿠베르탱 남작에 의해 고안됐다. 국경 초월을 의미하는 흰색 바탕에, 가운데에 다섯 개의 원은 위에 3개, 아래에 2개가 있다. 위쪽 왼쪽부터 푸른색, 검정 그리고 붉은색이며, 아래 원은 노랑과 초록색이다. 특정한 색이 특정의 대륙을 뜻하는 것은 아니며, 5색은 당시 세계 국기의 기본 색에서 따온 것이다. 5개의 원형 고리는 세계 5대륙의 화합 속에서 전 세계의 경기자들이 정정당당한 경쟁과 우정의 정신으로 올림픽대회에 참가함을 나타내고 있다.

◑ 오륜기는 1920년 제7회 앤트워프대회를 시작으로 사용되어 왔다.

예문 오륜기의 다섯 원이 상징하는 것과 그 색깔을 묻는 문제가 출제됨

- **동계**(冬季) **올림픽대회**

올림피아드의 동계 종목인 스키·스케이트·아이스하키·봅슬레이 등과 기타 선택종목의 경기를 겨루는 스포츠 제전이다. 1924년 제1회 대회를 시작으로 하계 올림픽이 개최되는 해의 겨울에 거행되어 왔는데, '92년 제16회 대회를 끝으로 동·하계 올림픽 개최 연도가 분리되어 그 다음 대회는 '94년에 개최됐다.

◑ '92년 프랑스의 알베르빌에서 개최된 제16회 대회에서 우리나라는 출전 44년 만에 최초로 금메달을 획득했고, 2018년 제23회 평창대회에서는 여자아이스하키 종목에서 올림픽 사상 처음으로 남북단일팀을 구성했다. 2022년 제24회 동계올림픽은 베이징에서 개최해 올림픽 역사상 최초로 하계 올림픽과 동계 올림픽을 모두 개최한 도시가 된다. 이는 노르웨이 오슬로에서 열렸던 1952년 동계 올림픽 이후 70년만에 두 번째로 수도에서 열리는 동계 올림픽으로 기록된다.

- **패럴림픽**(Paralympics ; 장애인 올림픽 대회)

장애인들의 국제경기대회로, 스포츠를 통한 신체장애의 극복과 사회 적응능력 배양을 기본 이념으로 한다. 영국 런던의 국립척수장애센터 소장인 구트만에 의해 제창, 1952년부터 시작된 이 대회는 매년 개최되다가 1960년 로마대회 때부터 4년에 한 번씩 올림픽에 이어 같은 장소에서 개최되었다. 패럴림픽은 'parallel'에서 유래되어, 1964년 도쿄대회에서부터 이 용어가 사용되었다. 현재 몇몇 경기는 올림픽경기와 대등한 기록을 작성하는 선수들이 있다.

◑ 2020 도쿄 패럴림픽(장애인올림픽)에서 한국 보치아(Boccia)는 9회 연속 정상에 올랐다.

- **고대 올림픽 경기**

그리스의 올림피아 경기장에서 도시국가의 시민들이 4년마다 한번씩 펼친 경기대회이다. 경기가 있는 해에는 전쟁 중일지라도 한달 간은 휴전포고를 하고 평화로운 가운데 경기를 진행했다.

◑ BC 776년의 제1회 대회로부터 AD 393년 제293회 대회까지 1천여년 동안 계속되었다.

A 봉토(封土)

• 아시아 경기대회(Asian Games)

1948년 인도의 IOC위원 손디의 제안으로, 아시아 각국 상호간의 친선과 경기기술 향상을 도모하고 국제 올림픽 경기에 대비할 목적으로 창설된 스포츠 대회이다. 4년에 한 번씩 올림픽이 열리는 중간 해에 회원국 중 희망국에서 개최되는 이 대회는 '영원한 전진(Ever Onward)'이라는 표어 아래 불타는 태양을 대회 마크로 사용하고 있다. 제1회 대회는 1951년 인도의 수도 뉴델리에서 개최되었으며, 대회 주체는 아시아 올림픽 평의회(OCA ; Olympic Council of Asia)가 맡고 있다.

○ OCA(아시아 올림픽 평의회) : NOC(국가 올림픽 위원회)로 구성되는 아시아 경기연맹(AGF)의 후신으로, '81년 인도 뉴델리 총회에서 OCA로 개칭되었다.

• 유니버시아드(Universiad)

유니버시티(University)와 올림피아드(Olympiad)의 합성어로, 대학생 및 졸업 2년 이내인 17~28세까지의 선수들이 힘과 기를 겨루는 국제대학생체육대회이다. 국제대학스포츠연맹(FISU)이 주관하는 이 대회는 1957년 프랑스 파리에서 제1회 대회를 개최한 이후 2년마다 열리고 있다.

○ '유니버시아드'라는 명칭이 처음 쓰이게 된 것은 1959년 이탈리아의 토리노 대회이다.

예문 유니버시아드의 내용 · 개최 기간에 대해 출제됨

• FIFA 월드컵(World Cup)

프로 · 아마추어의 구별 없이 4년마다 열리는 단일종목으로는 세계에서 가장 큰 스포츠행사인 세계축구선수권대회이다. FIFA(국제축구연맹) 주최로, 제1회 대회(1930년)는 우루과이의 몬테비데오에서 개최되었다. 경기방식은 전 세계를 12개 지역으로 나누어 2년 동안 지역예선을 거친 후, 32개 팀이 본선에 진출해 패권을 가린다. 제1회 대회 때 줄리메(Jules Rimet)가 기증한 줄리메컵은 제9회 멕시코 대회에서 최초의 3승팀이 된 브라질이 영구보존, 제10회 대회부터는 새로 마련된 FIFA컵(Silvio Gazazniga,이)을 놓고 자웅을 겨루고 있다.

○ 2018년 우승국 : 프랑스, 2022년 개최국 : 카타르

예문 월드컵의 내용 · 주관단체 · 경기방식 · 우승컵에 대해 출제됨. 특히 우승컵과 대회명칭을 혼동하지 말 것

• FIFA(Federation Internationale de Football Association)

월드컵 대회의 주최, 세계적인 축구의 보급 · 발전에 공헌하기 위해 1904년에 설립된 국제축구연맹이다. 본부는 스위스의 취리히에 있으며, 하부조직으로는 6개의 지역(대륙) 축구연맹이 있고 그 밑에 각국 협회가 있다.

○ FIFA의 초대 회장은 프랑스의 로벨 게랭이며, 지아니 인판티노가 2016년 회장에 선출됐다.

Q IOC 본부가 있는 곳은?

• **윔블던**(Wimbledon)

테니스 대회 가장 오랜 역사를 지닌 테니스 대회로, 매년 영국 런던 교외에 있는 윔블던에서 열린다. 1877년 제1회 대회가 열렸는데, 전영국 선수권대회로 시작되었으나, 횟수가 거듭됨에 따라서 국제적인 대회로 발전하였다. 전영 오픈 테니스 선수권대회라고도 한다.

• **데이비스 컵**(Davis Cup)**대회**

1900년, 국제 테니스 선수권대회에서 우승한 미국의 데이비스가 기증한 순은제 컵을 놓고 겨루는 국가대항 테니스 대회로, 정식 명칭은 '국제론(lawn) 테니스 선수권'이다. 대회 진행방법은 미국 · 유럽 A조 · 유럽 B조 · 아시아의 네 그룹으로 나누어 예선전을 하고, 각 지역의 우승국 간에 결승전을 가진다.

⊃ 처음에는 그 해의 최우수 팀과 전년도 우승 팀이 그 해의 우승을 겨루도록 했으나, 1972년부터 지금 방식으로 바뀌었다.

• **세계탁구선수권대회**

1927년 영국 런던에서의 제1회를 시작으로, 1957년 제24회 스톡홀름 대회까지 매년 개최되다가 그 후로는 2년마다 열리고 있다. 남자 우승국에는 영국의 스웨이들링(Swaythling) 남작 부인이 기증한 스웨이들링컵이 수여되며, 여자 우승국에는 프랑스 탁구 연맹회장인 마르셀 코르비용(Marcel Corbillon)이 기증한 코르비용컵이 수여된다. 우리나라는 1956년에 처음으로 참가했다.

⊃ '91 제41회 일본 지바대회 때 우리나라는 '코리아'라는 남북 단일팀을 구성하여 출전, 여자단체전 우승, 종합 3위의 성적을 거두었다.

• **보스턴**(Boston) **마라톤대회**

일명 '아메리칸 마라톤'이라고도 한다. 미국 독립전쟁 당시 보스턴 교외의 콩코드에서 미국 민병이 영국군에 승리한 것을 기념하기 위해 1897년이래 매년 4월 19일 보스턴 시에서 거행하는 대회이다. 현존하는 마라톤 대회로서는 올림픽 다음으로 오래되었다.

⊃ 제51회 서윤복 우승, 제54회 함기용 1, 송길윤 2, 최윤칠이 3위를 해 한국 마라톤을 세계에 과시했으며, 2001년 105회에 이봉주가 1위를 차지했다. 2013년 117회 대회에서는 결승지점 부근에서 폭탄 테러가 일어나 3명이 사망하고 180여명이 부상을 입는 사건이 발생했다.

• **오픈**(Open) **선수권대회**

골프 · 테니스 등에서 아마추어와 프로가 함께 출전하는 선수권대회이다. 골프는 1860년 제1회 전영국 선수권대회부터, 테니스는 1968년 전영국 선수권대회부터 오픈화 되었다.

⊃ 이후 국제 테니스 연맹(ITF)은 국제시합에 프로 선수의 참가를 허용하게 되었다.

A 스위스의 로잔

- **메이저리그**(Major League)

  미국 프로 야구의 최상위 리그로, 16개 구단으로 구성되는 내셔널리그와 14개 구단으로 구성되는 아메리칸리그가 있다. 양대 리그 모두 동·중·서부의 각 지구 승률 1위팀과 각 지구 승률 2위팀 중 가장 승률이 좋은 팀이 디비전 시리즈를 통해 챔피언십 시리즈에 진출할 2팀을 결정하고 2팀이 7회전의 리그챔피언결정전을 치러 여기서 우승한 팀이 리그우승 구단이 되며, 그 해의 최고 정상을 가리는 월드 시리즈에 진출한다.

  ◑ 월드 시리즈(World Series) : 메이저리그의 내셔널리그와 아메리칸리그에서 우승한 팀끼리 그 해의 정상을 가리는 경기로, 7전 4선승제이다.

- **마이너리그**(Minor League)

  미국 프로 야구의 소리그, 즉 2군으로 메이저리그에 진출할 선수들을 양성하는 2군 팀끼리의 리그이다.

- **스토브리그**(stove league)

  프로 야구에서 시즌 오프(season-off)인 겨울철에 각 구단이 팀의 강화를 위해 선수의 획득이나 이동을 둘러싸고 활발한 움직임을 갖는 스카우트 열전 및 팀과 선수들의 연봉협상을 말한다.

- **매직 넘버**(magic number)

  프로 야구의 종반전에서 제 2위 팀이 남은 시합을 모두 이기더라도 제 1위 팀의 우승이 확정적이라고 볼 수 있는 제 1위팀의 남은 승수의 숫자를 말한다.

- **몰수 게임**(forfeited game)

  야구경기에서 중대한 위반사태가 발생했을 때, 주심이 위반 팀에 대하여 패배를 선언하는 것이다. 경기시작 시간이 지났는데도 부당하게 출전하지 않거나, 집단적으로 경기에 중대한 지장을 초래하거나, 심판의 승낙 없이 경기장을 무단 이탈하는 선수 또는 팀에게 심판은 경기를 중단시키고 패배를 선언할 수 있다.

  ◑ 몰수 게임을 당한 팀은 그때까지의 득점이 무효되고, 보통 영패(零敗)로 기록된다.

  예문 몰수 게임 요건 및 득점처리에 대해 출제됨

- **콜드 게임**(called game)

  프로 야구에서 양팀이 모두 5회 이상의 공격이 끝난 후 날씨 상태 때문에 도저히 경기를 계속할 수 없거나, 분쟁으로 경기를 더 이상 계속할 수 없을 때 주심이 중단을 선언하고 그 때까지의 득점에 따라 승부를 결정하는 경기를 말한다.

  ◑ 아마추어 야구에서는 경기 중반에 득점차가 이미 승부를 결정지을 만큼 차이가 났을 때에도 선언된다.

Q 앙가주망 문학이란?

- **노 히트 노 런**(no hit no run)

  야구에서 투수가 무안타 · 무득점으로 상대 팀에 승리하는 것을 말한다. 상대 팀의 타선에 단 하나의 안타도 주지 않고 한 득점도 없이 눌러 이기는 경기로, 퍼펙트 게임(perfect game)과 함께 투수에게 부여되는 영광스러운 기록의 하나이다.

  ➡ 퍼펙트 게임 : 상대방 팀에게 득점을 허용하지 않거나 한 사람의 타자도 출루시키지 않고 승리한 게임을 말한다.

- **올스타 게임**(all star game)

  프로 야구에서 몇 개의 팀으로 나누어 리그 사이에서 행해지는 게임을 말한다. 미국 메이저리그의 양대 리그인 아메리칸과 내셔널에서 팬의 인기투표로 선출된 선수와 감독의 추천에 의한 선수들이 출장하여 매년 7월에 하는 프로 야구 시합이다.

  ➡ 미국은 1933년 시카고에서 박람회의 특별행사로 시작한 이래 매년 거행하고 있으며, 우리나라에서도 매년 열리고 있다.

- **서스펜디드 게임**(suspended game)

  야구에서 9회를 끝내기 전에 시간이 없거나 기후 등의 이유로 후일에 경기를 계속할 것을 조건으로 중지한 시합을 말한다. 경기를 중지한 때의 상태대로 후일에 계속한다.

  ➡ 더블 헤더 : 한 팀이 하루 두 경기를 치르는 것으로, 서스펜디드 게임으로 정지된 경기를 속개하기 위해서도 행해진다.

- **불 펜**(bull pen)

  야구경기장 한쪽에서 구원투수가 시합 중에 투구 연습을 하는 장소를 말한다. bull은 '황소', pen은 '우리'라는 뜻으로, 투우가 투우장에 드나드는 통로로부터 전화(轉化)된 말이다.

- **데드 볼**(dead ball ; 사구)

  야구에서 투수가 던진 공이 상대방 타자의 몸에 닿는 것을 말한다. 타자가 피하려는 동작을 했어도 공이 몸에 닿았을 때에는 타자에게 1루로 나가는 것이 허용된다. 정식 용어는 히트 바이 피치드 볼(hit by pitched ball)이며, 사구(死球)라고도 한다.

  ➡ 빈 볼(bean ball) : 투수가 위협하기 위해 타자 머리 근처를 겨냥하여 던지는 공으로 이런 행위는 금지된다.

- **핫 코너**(hot corner)

  야구에서 3루를 말하는데, 강하고 불규칙한 타구가 자주 날아가는 장소여서 붙여진 이름이다.

  예문 핫 코너가 몇 루인지를 묻는 문제가 출제됨

A 정치 · 사회참여 문학

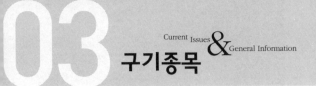

- **인필드 플라이**(infield fly)

  야구에서 노아웃, 또는 원아웃에서 주자가 1·2루, 또는 만루일 경우 타자가 친 내야 플라이를 말한다. 심판이 고의낙구의 위험을 막기 위해 인필드 플라이라고 선언하면 야수가 공을 받지 못하더라도 타자는 아웃된다.

  ○ 고의낙구 : 공중에 뜬 공을 야수가 고의로 떨어뜨리는 행위로, 더블 플레이를 목적으로 행할 수 있어 야구 규칙상 금지되어 있다.

- **더블 플레이**(double play)

  야구에서 공격하는 상대 팀 2명의 주자, 또는 주자와 타자를 연속된 수비동작으로 아웃 시키는 것으로, '겟 투(get two)' 또는 '병살(倂殺)'이라고도 한다.

- **슬러거**(slugger)

  야구에서 기교보다는 힘을 바탕으로 한 강타자를 말한다. 헤비 히터(heavy hitter), 파워 히터(power hitter), 앵커맨(anchorman)이라고도 한다.

  ○ 클린업 트리오 : 타순이 3·4·5번인 강타자들을 말한다.

- **핀치 히터**(pinch hitter ; 대타자)

  야구에서 어느 타자의 배팅(batting)이 약하거나 어떤 특수한 전법이 필요할 때 정식 타자 대신 임시로 기용하는 강력한 타자를 말한다. 핀치 히터로 등용되면 다음 수비 차례가 왔을 때에도 출전해야 한다.

  ○ 핀치 러너(pinch runner) : 자기편 주자를 대신하여 베이스에 나오는 달리기에 자신 있는 선수를 말한다.

- **사이클 히트**(cycle hit)

  야구 경기에서 타자가 한 게임에서 순서에 관계없이 1루타·2루타·3루타·홈런을 모두 친 경우를 말한다. 올마이티 히트(almighty hit)라고도 한다.

  예문 사이클 히트에 대한 주관식 출제가 많음

- **히트 앤 런**(hit and run)

  야구에서 주자와 타자가 사전에 합의하여 투수가 투구 동작을 하자마자 주자는 다음 베이스로 달리고 타자는 공을 치는 적극적인 공격방식이다.

  ○ 번트 앤 런(bent and run) : 미리 약속하여 주자는 다음 베이스로 달리고 타자는 번트를 대서 주자의 진루를 돕는 전술을 말한다.

- **스코어링 포지션**(scoring position)

  야구에서 주자가 2루나 3루에 있을 때에는 1개의 안타로도 득점할 수 있다. 이와 같이

Q smog란 무슨 말의 합성어인가?

주자가 득점할 수 있는 위치를 가리킨다.

- **드래그 번트**(drag bunt)

야구에서 번트는 대부분 이미 나가 있는 주자의 진로를 위해 치는 희생타이다. 그러나 드래그 번트는 타자가 살기 위해 왼손 타자는 1루쪽으로, 오른손 타자는 3루쪽으로 재치 있게 하는 번트이다.

❍ 번트(bunt) : 타자가 배트를 공에 가볍게 대는 타격법이다.

- **스퀴즈 플레이**(squeeze play)

야구경기에서 3루의 주자를 홈으로 불러들이기 위해 타자가 기습적으로 번트하는 전법을 말한다. 즉, 노아웃이나 원아웃에서 주자가 3루에 있을 때 타자가 번트하는 동안에 3루 주자가 홈으로 달려들어가 득점하는 경우이다. 이때 타자가 아웃되면 희생타로 기록된다.

❍ 희생타 : 외야 플라이나 번트 등과 같이, 타자는 죽지만 주자는 다음 베이스로 진루하거나 득점할 수 있게 되는 타격법이다.

- **페널티 킥**(penalty kick)

축구경기 중 수비 팀 선수가 홀딩 · 차징 · 트리핑 · 핸드링 등 직접 프리킥에 해당하는 반칙을 페널티 에어리어 안에서 범했을 때 상대 팀에게 허용하는 벌칙이다. 골라인에서 11m되는 지점에서 슛을 하게 하는데, 이때 골키퍼는 상대편 선수가 공을 차기 전에 골 라인으로 발을 움직여서는 안되며, 공을 찰 선수 이외는 모두 페널티 에어리어 밖으로 나가 있어야 한다.

❍ 프리킥(free kick) : 축구경기 중 반칙을 했을 때 상대편에게 주어지는 것으로, 직접 프리킥과 간접 프리킥이 있다.

예문 페널티 킥을 허용하는 반칙이 무엇인지 묻는 문제가 출제됨

- **스크린 플레이**(screen play)

축구에서 여러 선수가 교대로 상대편의 진로를 방해하는 전술을 말한다. 농구에서는 상대방의 방해를 막기 위해 자기편 선수를 앞세우고 그 뒤에서 하는 공격법이다.

- **로스타임**(loss time)

축구경기에서 경기와 상관없이 불필요하게 허비된 시간을 말한다. 이런 경우에는 주심은 그 시간만큼 경기시간을 연장할 수 있다.

Ⓐ smoke(연기)와 fog(안개)

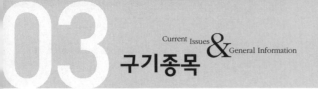

03 구기종목

Current Issues & General Information

- **드리블**(dribble)

  구기 종목에서 공을 다루어 몰고 나가는 것을 말한다. 축구·럭비에서는 발로 공을 차며 전진하는 것이고, 농구·핸드볼에서는 공을 땅에 튀기며 전진하는 것이다. 그리고 배구의 경우에는 한 사람이 두 번 연속하여 공에 닿는 반칙을 말한다.

  ❍ 더블 드리블 : 농구에서 한 선수가 한 번 드리블한 다음 계속 드리블하거나 양손으로 동시에 드리블하는 반칙이다.

- **스위퍼**(sweeper)

  축구에서 최종 수비수를 말한다. 일정하게 전담 마크하는 선수도 없이 백 진영의 틈을 메우고 수비 지시도 내리는 선수이다.

- **리베로**(libero)

  축구에서 최종 수비수이면서 포지션에 구애받지 않고 자유로이 뛰는 선수이다.

- **해트 트릭**(hat trick)

  축구나 아이스하키에서 한 선수가 한 게임에서 세 골 이상 넣는 것을 말한다. 원래는 영국의 크리켓 경기에서 3명의 타자를 연속 아웃 시킨 투수에게 소속 클럽이 새 모자를 선사한 데서 유래된 말이다.

  예문 해트 트릭에 대한 주관식 문제 출제빈도가 높음

- **오프사이드**(offside)

  축구·럭비·하키 등에서, 공격팀 선수가 상대편 진영에서 공보다 앞쪽에 있을 때, 자기와 골라인과의 중간에 상대팀 선수가 2명 이상 없으면 오프사이드의 위치에 있으며, 이때 후방의 자기편으로부터 패스를 받으면 반칙이 된다. 오프사이드가 되면 반칙이 선언되어 수비측에 간접 프리킥이 주어진다.

- **쿼터 백**(quarter back)

  미식축구에서 공격의 핵심을 이루는 선수로, 센터 후방의 중앙에 위치한다. 네 명의 백필드(back field) 중의 한 명으로, 센터로부터 공을 받아 후방의 백에 패스하는 것을 임무로 한다.

- **럭비 풋볼**(rugby football)

  1개 팀 15명 이내의 선수로 구성된 2개 팀이 타원형의 공을 손이나 발로 자유롭게 다루면서 상대편 진지에 공을 가지고 들어가 득점을 겨루는 경기이다. 1823년 영국의 럭비 학교에서 창안된 것으로 사커와 더불어 영국의 국기이다. 경기시간은 전·후반 각각 40분씩이다.

Q 우리나라 최초의 교육기관은?

○ 우리나라에는 1923년 처음으로 소개되었고, 1945년 조선 럭비축구협회가 결성되었다.

• **3점 슛**(three point shoot)

농구에서의 3점 야투지역, 곧 바스켓 중심부와 수직을 이루는 지점에서 반지름 6.25m 반원의 바깥쪽에서 슛을 성공시켜 3점을 얻는 것을 말한다. 이 슛은 우리나라와 같이 단신 선수들이 많은 아시아 지역 나라에 가장 좋은 경기방법의 하나인데, 국제적으로는 '84년 LA올림픽 대회 이후부터, 국내에서는 '85년 춘계 대학농구연맹전부터 시행되었다.

• **자유투**(free throw)

농구경기에서 상대방 반칙으로 인해 반칙당한 선수가 얻는 자유투(自由投)를 말한다. 슛 동작 중 반칙이 생기면 자유투 2구가 주어지고 3득점 라인 밖에서일 경우 3구가 주어진다. 만일 슛이 성공했을 경우 2점(또는 3점) 득점에 보너스로 1구의 자유투가 주어진다. 한 팀이 전·후반전에서 각각 범한 반칙이 8개를 넘으면(팀 파울) 그 이후의 모든 반칙에 대해서는 2구의 자유투가 주어진다. 단 이 경우에는 처음 1구의 자유투가 성공하면 1구 더 주어지고, 실패하면 경기는 속행된다.

○ 단 팀 파울이 넘었을 때도 슛 동작 중의 반칙에는, 주어진 자유투 1구가 실패하면 경기가 속행된다는 규정이 적용되지 않는다.

• **5반칙 퇴장**

농구경기에서 한 선수가 다섯 번의 반칙을 범했을 때 경기 도중에 퇴장 당하는 것을 말한다. 고의적인 반칙의 남발을 막기 위한 규정으로 퍼스널 파울과 테크니컬 파울을 5번 범한 선수는 경기 규정에 의하여 즉시 퇴장 당한다.

○ 이 경우 그 게임에 교체 멤버로 들어올 수 없다.

• **퍼스널 파울**(personal foul)

농구경기에서 홀딩(holding)·푸싱(pushing)·차징(charging)·트리핑(tripping)·해킹(hacking) 등 경기 중에 부당하게 몸을 부딪힘으로써 범하는 반칙이다.

○ ① 홀딩 : 상대선수를 붙잡아 행동의 자유를 방해하는 것, ② 푸싱 : 미는 것, ③ 차징 : 부딪히는 것 ④ 트리핑 : 넘어뜨리는 것, ⑤ 해킹 : 때리는 것.

• **테크니컬 파울**(technical foul)

농구에서 스포츠맨십에 현저히 위배되는 언동으로 몸의 접촉 이외의 반칙을 가리킨다. 즉, 선수가 경기의 진행을 지연시키는 행위를 하거나 심판에게 실례되는 언동을 했을 때, 코치나 교체요원이 자리를 떠나 코트내의 선수를 쫓아다니거나 상대 또는 심판에

A 고구려의 태학

대해 고의로 실례되는 언동을 했을 때 등이다. 테크니컬 파울은 선수 이외 코치나 교체 요원 등에도 반칙이 선언된다.

• 30초 룰(rule)
농구에서 공을 가지고 있는 팀은 30초 이내에 필드스로(field throw ; 야투)하지 않으면 안된다는 규칙이다. 이 규정을 위반하면 바이얼레이션(violation)이 되어 상대방 팀의 공이 된다. 경기지연을 막기 위해 마련된 규정이다.

⭕ 바이얼레이션 : 반칙 외의 규칙위반이다.

예문 공격권이 몇 초인지 묻는 문제가 출제됨

• 5초 룰(rule)
농구경기에서 공을 가지고 있는 선수가 상대방의 방어를 당했을 때, 패스 · 슛 · 드리블 또는 공을 굴리거나 하는 일 없이 5초가 지나도록 공을 가지고 있으면 안된다는 규칙이다.

• 10초 룰(rule)
농구경기에서 공격 팀은 백 코트 안에서 10초 이내에 공을 프런트 코트로 보내야 한다는 규칙이다. 공을 프런트 코트로 보낸다는 것은 공이 프런트 코트에 있는 자기편 선수에게 닿거나 프런트 코트의 바닥에 닿는 것을 말한다.

⭕ 프런트 코트(front court) : 상대편 팀 바스켓 밑의 엔드라인으로부터 중앙선 안쪽까지로 백코트는 중앙선을 포함한 나머지 부분이다.

• 3초 룰(rule)
농구경기에서 공을 가지고 있는 팀의 선수는 상대방 바스켓에 가까운 프리스로 라인 안에서 3초가 지나도록 머물러 있지 못한다는 규칙이다. 이 규정을 위반하면 상대방의 공이 된다.

• 시간차(時間差) 공격
공격 배구에서 한 선수가 스파이크할 것처럼 빠른 점프로 상대방 블로커를 유인하여 점프한 그 블로커가 내려선 순간 다음 스파이커가 실제로 때려 넣는 전법을 말한다.

⭕ 페인트 전법(feint 전법) : 강한 스파이크를 하는 체하다가 상대의 허점을 이용하여 빈자리에다 공격하는 방법이다.

• 매치포인트(match point)
배구 · 테니스 · 탁구 등의 경기에서, 승패를 결정짓는 최후의 한 점을 말한다. 배구에서는 6인제의 경우 게임을 결정짓는 15점째(9인제는 21점째)를, 14 : 14(9인제 20 :

Ｑ 뱅크론(bank loan)이란?

20)일 때는 듀스(deuce)가 되어 상대를 2점 앞서게 되는 두 번째의 득점을 말한다.

• 테니스(tennis)

테니스경기의 세트 수는 남자가 5세트, 여자와 주니어가 3세트이고, 각 세트는 6게임을 치른다. 또한 각 게임은 4점을 먼저 얻은 쪽이 이기게 되는데 득점의 호칭방법이 독특하다. 즉, 0점을 러브(love), 1점을 fifteen(15), 2점을 thirty(30), 3점을 forty(40)라 부르며 그 다음 득점시 한 게임을 얻게 된다. 그러나 양팀이 똑같이 forty : forty로 동점일 경우에는 듀스라 하여 어느 한쪽이 연속적으로 2점을 선취해야 승리한다. 게임 다음은 세트로, 남자는 5세트 중 3세트, 여자와 혼합복식은 3세트 중 2세트를 먼저 얻는 쪽이 이기는데, 게임 스코어 5 : 5일 경우는 2세트를 선취한 쪽이 승리한다.

◐ 러브게임(love game) : 테니스 경기에서 한쪽 편이 무득점, 즉 4포인트가 연속으로 0점인 경우를 말한다.

예문 러브게임과 관계 있는 경기는? 등으로 출제됨

• 세트 포인트(Set point)

테니스에서 그 세트의 승부를 결정하는 마지막 한 점을 말한다.

◐ '게임 포인트' 라고도 한다.

• 백핸드 발리(backhand volley)

테니스경기에서 오른손잡이 선수가 몸의 왼쪽으로 온 공을 땅에 닿기 전에 직접 받아치는 것으로, '백발리' 라고도 한다.

◐ 발리(volley) : 공이 땅에 닿기 전에 치는 것을 말한다.

• 에이스(ace)

테니스에서 상대의 실수에 의해 득점한 것이 아니라 자기가 친 공으로 점수를 얻는 일을 말한다. 특히 상대가 라켓도 대지 못할 정도로 강하게, 또는 각을 주어 친 공으로 인한 득점을 말한다.

◐ 야구에서는 팀 주전투수를, 골프에서는 홀인원(hole in one)을 말한다.

• 타이브레이크(tie break)

두 선수의 게임 스코어가 5 : 5가 되면 게임 듀스가 되어 게임의 차이가 날 때까지 계속해야 되지만, 두 선수의 실력이 백중하면 한없이 길어질 경우가 있어 시간을 절약하고 선수의 체력소모를 방지하기 위해 게임 스코어가 6 : 6이 되거나 8 : 8이 되었을 경우에 먼저 1게임을 이기면 승자가 되도록 하는 규정이다.

A 은행간의 차관

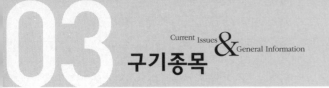
• 그랜드 슬램(Grand slam)

테니스계에서 한 선수가 한 해에 세계 4대 선수권대회에서 모두 우승하는 것을 말한다. 야구에서는 만루(滿壘) 홈런을 친 경우, 골프에서는 전미국·전영국의 오픈 아마추어 선수권 4대 타이틀과 전미국 프로마스터스 4대 타이틀을 획득한 경우를 말한다.

예문 그랜드 슬램과 관계 있는 경기종목(테니스·야구·골프), 특히 테니스계의 그랜드 슬램에 대한 문제가 자주 출제됨

• 테니스 세계 4대 선수권대회

윔블던 대회·전미 오픈 대회·프랑스 오픈 대회·호주 오픈 대회를 가리킨다.

• 촉진 룰(expedite system)

탁구에서 커트형 선수끼리 오랫동안 단조로운 시합을 벌이는 것을 방지하기 위해 제정된 특별한 룰로, 1게임이 15분 경과해도 끝나지 않을 때 적용된다. 촉진 룰에 들어가면 그 시점에서 서버였던 선수가 최초의 서비스를 하고 서비스는 1점마다 교대한다.

○ 촉진 룰이 적용되면 그 시합의 나머지 게임은 그 룰에 따라 행해진다. 또 양 선수의 합의에 따라 게임 초부터 이 룰을 적용하는 일도 있다.

• 크리켓(cricket)

11명으로 구성된 두 팀이 야구처럼 공격과 수비로 나뉘어 공을 치고 득점을 겨루는 경기이다. 크리켓은 영국의 국기라 불리는데, 옥스포드와 케임브리지 대학간의 대항경기가 유명하다.

Q 도전과 응전의 원리로 문명 발생요인을 규명한 사람은?

- **권투**(拳鬪 ; boxing)

  같은 체급에 속하는 두 선수가 8온스의 글러브(단, 15세 이상 18세 미만의 주니어는 12 온스)를 양손에 끼고 링 안에서 주먹만으로 서로 치고 받는 스포츠이다. 아마추어와 프로가 있는데 아마추어는 올림픽 정식종목이다. 경기는 3분 3회전(프로는 4회 이상 15회) 실시하며, 매회마다 1분씩 휴식시간을 갖고, 주심 1명과 링사이드에서 채점하는 부심 5명(프로는 2명)에 의해 실시된다.

  ⊙ 권투 체급별 체중 : 라이트플라이급(48kg 미만) · 플라이급(48kg 이상~51kg 미만) · 밴텀급(51kg 이상~54kg 미만) · 페더급(54kg 이상~57kg 미만) · 라이트급(57kg 이상~60kg 미만) · 라이트웰터급(60kg 이상~63.5kg 미만) · 웰터급(63.5kg 이상~67kg 미만) · 라이트미들급(67kg 이상~71kg 미만) · 미들급(71kg 이상~75kg 미만) · 라이트헤비급(75kg 이상~81kg 미만) · 헤비급(81kg 이상~91kg 미만) · 슈퍼헤비급(91kg 이상)

- **WBA**(World Boxing Association ; 세계복싱협회)

  1962년 전미 복싱협회(NBA)가 발전적으로 해체 · 설립된 프로권투 통할기관이다. 본부는 파나마에 있으며, 세계타이틀매치는 15회전, 스리녹다운제(로프다운도 포함, 1라운드에 세 번 다운되면 KO로 함)를 채택하고 있다.

- **WBC**(World Boxing Council ; 세계복싱평의회)

  1963년 WBA의 자문기관으로 발족했으나, 그 후 독자적인 발전을 이룩했다. 본부는 멕시코에 있으며, 세계타이틀매치는 12회전, 프리녹다운제(몇 번 다운돼도 시합속행)를 채택하고 있다.

- **IBF**(International Boxing Federation ; 국제복싱연맹)

  '83년 11월에 출범한 미국 주도의 국제복싱연맹으로, 중남미 주도의 WBA · WBC에 대항하기 위해 설립되었다. 가입국은 미국 · 한국 · 영국 · 캐나다 · 콜롬비아 · 일본 · 필리핀 · 태국 · 호주 등이며, 종전의 12체급을 15체급으로 늘렸다.

  ⊙ '83년 4월에 창설된 USBAI(미국국제복싱협회)를 개칭한 것이다.

- **RSC**(referee stop contest)

  아마추어 권투경기에서 쓰이는 용어로, 선수의 건강에 영향을 미칠 정도이거나 선수의 부상으로 경기를 계속할 수 없을 경우에 심판이 경기를 중지시키고 승리를 선언하는 것을 말한다.

  ⊙ 프로권투에서는 이와 유사한 것으로 TKO가 있다.

- **TKO**(technical knockout)

  프로권투경기에서 주심이 10초의 카운트를 하지 않고 승패를 판단 · 선언하는 것을 말한다. 두 선수의 실력차가 너무 크거나, 한 선수가 부상을 입어 경기의 속행이 불가능할 경우 심판이 경기를 중지시키고 TKO 승을 선언한다.

○ 선수의 세컨드가 기권을 신청해 왔을 때에도 TKO 승을 선언한다.

• 사우스 포(south paw)
권투용어로 왼손을 잘 쓰는 복서를 말하며, 야구용어로는 좌투수를 가리킨다.

○ 미국 남부 주 출전자에 왼손잡이가 많았던 데서 나온 말로 사우스는 '남(南)' 포는 '손'을 뜻한다.

• 논타이틀전(non-title match)
프로 권투나 프로 레슬링 등에서 선수권쟁탈과 관계없이 하는 경기를 말한다. 타이틀 매치(title match)에서는 같은 체급끼리 경기를 해야 하나, 논타이틀전에서는 체급이 다른 선수와 경기를 하는 예도 있다. 그러나 논타이틀전이라도 선수권자가 KO나 TKO로 패하면 선수권을 박탈당한다.

• 그레코로만형(Greco-Roman style)
아마추어 레슬링에서 상체, 즉 허리 부분 위만을 공격할 수 있는 경기방법을 말한다. 올림픽 대회 종목의 하나로, 프리스타일에 대응되는 방법이다.

○ 그레코로만이란 고대 그리스 · 로마를 가리키는 것이며, 우리말로는 고전형이라 할 수 있다.

• 프리스타일(free style ; 자유형)
레슬링에서 상대방의 상 · 하체 어느 부분이든(단, 급소는 제외) 공격이 허용되는 경기방법을 말한다. 그레코로만형보다 공격과 방어를 자유롭게 펼칠 수 있기 때문에 체력 · 기술 · 두뇌가 더 요구된다.

○ **1.** 플라잉 폴 : 메어쳐 동시에 양 어깨가 매트에 닿게 하는 일.
   2. 롤링 폴 : 몸을 옆으로 구르며, 양 어깨가 동시에 매트에 닿게 하는 일.
   3. 핀 폴 : 홀드(상대를 눌러대는 일)로 누르며 양 어깨가 매트에 닿게 하는 일.

• 폴(fall)
레슬링에서 양 어깨가 1초간 동시에 매트에 닿게 하는 일을 말하며, 이것으로 승패가 가려지는데 플라잉 폴(flying fall), 롤링 폴(rolling fall), 핀 폴(pin fall) 등 3가지가 있다.

• 큰 기술
레슬링에서 상대를 완전히 들어올려 매트 위에 던지는 것, 상대를 강하게 제압하는 것, 상대를 공간에서 크고 넓게 곡선으로 던지는 것, 상대를 위협적인 자세로 직접적이고 즉각적으로 던지는 것 등을 말한다.

Q 고려 시대 개경에 설치했던 유교 교육기관은?

• **그라운드 포지션**(ground position)

레슬링에서 한 선수는 매트에 양 손 · 양 무릎을 짚고, 다른 한 선수는 경기자의 뒤에서 공격자세를 갖추는 상태를 말한다.

• **브리지**(bridge)

레슬링에서 뒤로 누워 머리와 다리를 써서 몸을 다리(橋) 모양으로 만들듯이 뒤로 젖혀 굽히는 것을 말한다. 이 단련을 많이 하면 레슬링 체질로서 몸이 강해지며, 쉽게 폴을 당하지 않는다.

• **태그 매치**(tag match)

프로 레슬링에서 두 명이 한 팀을 이루어 치르는 경기를 말한다. 태그 팀 레슬링(tag team wrestling)이라고도 하는데, 처음에는 1대 1로 싸우다가 도중에 지치거나 불리하면 자기 편 코너에서 교대해 가며 싸운다.

• **태권도**(跆拳道)

우리 조상의 슬기와 얼을 계승한 고유의 전통 무술로, 오늘날 세계 스포츠가 된 격투경기다. 1973년 세계태권도선수권대회가 우리나라에서 개최됨으로써 세계적인 스포츠로 발전하기 시작, '80년 IOC승인을 받음으로써 국제스포츠로 자리를 굳혔다. '86년 아시안 게임에는 정식 종목, '88년 서울 올림픽의 시범종목 후 2000년 시드니올림픽에서 정식종목으로 채택되었다.

❑ 경기는 개인전 토너먼트 방식으로 진행되며, 경기시간은 3분 3회전에 중간 휴식 1분으로 심판원 7명이 승부를 결정한다.

• **수박**(手搏)

두 사람이 맞붙어 손으로 쳐서 상대방을 넘어뜨리는 경기로 손을 쓰되 상대를 잡거나 안아 쓰러뜨려서는 안되고 반드시 떨어진 상태에서 기술을 펴야 한다. 따라서 수박을 잘 하려면 손동작과 몸놀림이 재빨라야 한다. 고려시대와 조선시대에 수박을 무술 훈련의 기본기로 삼았고 특히 조선시대에는 활쏘기 · 창쓰기 · 격구와 함께 무사의 자격을 따지는 종목으로 꼽혔다.

• **택견**

우리나라 전통무예의 하나로 유연한 동작을 취하여 손질, 발질을 순간적으로 우쭉거려 튀기는 탄력으로 상대방을 제압하는 무술이다. 1983년 중요무형문화재 제76호로 지정되었으며, 2011년 유네스코 세계 무형 유산으로 등재되었다.

Ⓐ 국자감

• 유도(柔道)

고구려 초기부터 행해진 우리 고유의 전통무술로서, 근대 스포츠로서는 근대체육으로 체계화된 일본 유도가 역수입된 경기종목이다. 기본기술로는 상대방의 자세를 무너뜨린 다음 던지거나 쓰러뜨리는 '메치기', 누르기 · 조르기 · 꺾기로 나누어지는 '굳히기'가 있다.

◐ 유도에서 득점 판정은(점수가 큰 순서로) 한판 · 절반 · 유효 · 효과 4가지가 있다.

예문 득점 판정 4가지에 대한 주관식 문제가 출제됨

• 유효(有效)

유도에서 메치기나 누르기가 '절반' 득점에 미치지 못한 경우에 심판이 선언하는 판정 용어이다.

• 씨름

삼국시대 이전부터 행해진 우리나라 고유의 민속운동으로, 오늘날에는 힘과 기술을 겸비한 현대 스포츠로 널리 행해지고 있다. 샅바는 광목 전단너비로 하되 길이는 3.2m이내로, 경기장 넓이는 지름 7m의 원형으로 한다.

1. 배지기 : 씨름기술의 기본 동작으로, 상대방을 드는 기술이다. 즉, 상대방을 자기 앞으로 당겨 배 위로 들어올리고 다시 위로 끌어올리면서 자기의 몸을 오른쪽으로 돌리며 상대방을 옆으로 채고 허리 샅바를 자기 앞으로 당기면서 넘어뜨리는 기술이다.

2. 맞배지기 : 서로 샅바를 단단히 휘어잡고, 일어나자마자 무릎을 굽혀 맞대고 전력을 다해 상대방을 당겨 던지는 기술이다.

3. 들배지기 : 샅바를 단단히 잡아 무릎을 굽히고, 상대를 자기 앞가슴 쪽으로 당겨 배 위로 올린 다음 한 번 더 추켜올리는 순간 자기의 몸을 오른쪽으로 돌리면서 상대방을 채며 넘어뜨리는 기술이다.

4. 덧걸이 : 상대방의 다리 샅바와 허리 샅바를 당기면서 상대방의 왼쪽 다리의 무릎을 자기의 오른쪽 다리로 밖에서 안으로 걸어 당기며 자기의 가슴과 상체로 상대방의 상체를 뒤로 젖혀 넘어뜨리는 기술이다.

5. 호미걸이 : 상대방을 들어서 놓는 순간, 상대방의 발이 땅에 닿기 전에 자기의 발뒤꿈치로 상대방의 오른 발목을 안으로 걸어 당겨 제치면서 상대방의 상체를 왼쪽으로 밀어 넘어뜨리는 기술이다.

6. 잡채기 : 상대방이 들리지 않으려고 몸의 중심을 밑으로 둘 때, 반대방향으로 몸을 틀면서 상대방의 허리를 자기의 오른쪽 허리에 붙이는 동시에 상대방의 상체를 자기 왼쪽으로 젖혀 넘어뜨리는 기술이다.

Q 신라의 신분 계급제도는?

05 육 상 Current Issues & General Information

- **마라톤**(marathon)

  육상경기의 한 종목으로, 42.195km를 달리는 장거리 경주이다. 인내·지구력·극기심과 애국·애족·정의를 상징하는 경기로, 그 명칭은 그리스의 한 용사가 전장인 마라톤에서 아테네까지 단숨에 달려 승리의 희보(喜報)를 전하고 쓰러져 죽었다는 고사에서 연유되었다.

  ● 제1회 올림픽 때부터 실시되어 왔다.

  예문 마라톤 명칭의 유래와 규정, 거리를 묻는 문제가 출제됨

- **데카슬론**(decathlon ; 10종 경기)

  남자 육상경기 중 10종목을 연속 2일간에 실시하여 종합점수로 순위를 결정한다. 첫째 날에는 100m 달리기·넓이뛰기·투포환·높이뛰기·400m 달리기의 순으로 5종목을 시행하고, 둘째 날은 110m 허들·투원반·장대높이뛰기·투창·1,500m 달리기의 순으로 5종목을 마저 시행한다. 1912년 제5회 스톡홀름올림픽 때부터 정식 종목으로 채택되었다.

  ● 데카슬론은 그리스어의 deka(10)와 athlon(경쟁)에서 나온 말이다.

- **5종 경기**(pentathlon)

  육상경기 중 한 사람이 다섯 종목을 겨루어 총득점으로 등수를 가리는 경기이다. 남자는 멀리뛰기·창던지기·200m 달리기·원반던지기·1,500m 달리기를 하루에 끝내고, 여자는 첫째 날 포환던지기·높이뛰기·200m 달리기를, 둘째 날 100m 허들·멀리뛰기를 각각 끝내는 개인 육상경기이다.

  ● 남녀 혼성경기이다.

- **랩 타임**(lap time)

  트랙 한 바퀴를 랩이라고 하며, 한 바퀴를 도는 데 소요된 시간을 랩 타임이라고 한다. 즉, 육상의 중장거리 경주나 스피드 스케이트·수영경기 등의 계시 경기에서, 전코스의 일정 구간마다 소요된 시간을 말한다. 수영에서는 풀장의 편도 또는 왕복마다 측정한 소요시간을 말한다.

- **트랙 경기**(track events)

  육상경기의 하나로, 육상경기장의 경주로에서 하는 달리기 경기 종목을 통틀어 이르는 말이다. 단거리 경기·중장거리 경기·허들 경기·장애물 경기·이어달리기 등이 있다.

  ● 트랙 : 육상경기장 또는 경마장의 경주로를 뜻한다.

A 골품제

• 필드 경기(field events)

육상경기의 하나로, 필드에서 행해지는 도약경기와 투척경기를 말한다. 즉 높이뛰기 · 멀리뛰기 · 세단뛰기 · 장대높이뛰기의 4개 종목의 도약경기와 포환던지기 · 원반던지기 · 창던지기 · 해머던지기 등 4대 종목의 투척경기가 있다.

❍ 필드 : 트랙 안쪽에 만들어진 경기장을 뜻한다.

예문 트랙 경기와 필드 경기의 차이를 묻는 문제가 출제됨

• 경보(競步 ; walking race)

트랙 또는 도로에서 벌이는 도보(徒步)경기이다. 한쪽 발이 땅에서 떨어지기 전에 다른 쪽 발을 땅에 닿게 하여 무릎을 편 자세로 빨리 걷는 경기로, 규칙을 위반하면 경기 도중이나 경기가 종료되는 즉시 실격된다.

❍ 공인된 종목은 20 · 30 · 50km와 20 · 30마일, 2시간의 6종목인데, 올림픽에서는 20km와 50km를 실시한다.

Q 18 - 19세기 초 산업혁명이 일어난 나라는?

- **버터플라이**(butterfly ; 접영)

  수영 방법의 한 가지로, 두 팔을 뒤에서 앞으로 크게 휘둘러 물을 끌어당기고, 두 다리로 동시에 물을 차며 나아가는 수영법이다. 어깨선이 수면과 수평이 되도록 하고 엎드린 자세로 헤엄쳐야 한다. 이렇게 수영하는 모습이 나비와 같다 하여 붙여진 이름이다.

- **백 스트로크**(back stroke ; 배영)

  물 위에 누운 자세로 헤엄치는 수영법으로, 두 손을 엇바꾸면서 물긁기를 하고 두 발로는 물장구를 쳐서 나아간다. 송장헤엄을 개량하여 근대화한 것으로, 얼굴이 물 위로 나오기 때문에 호흡을 자유로이 할 수 있다.

- **평영**(breast stroke)

  개구리헤엄이라고도 하는데, 엎드린 자세로 두 팔을 수평으로 원을 그리듯이 움직이고, 다리는 개구리처럼 오므렸다 폈다 하며 헤엄치는 수영법이다.

- **인상**(引上 ; snatch) · **용상**(聳上 ; jerk)

  역도경기의 종목으로, 인상은 바벨을 지면으로부터 두 팔을 곧장 뻗은 상태까지 들어올리며 그 상태에서 무릎을 곧게 뻗어 일어나는 경기이고, 용상은 바벨을 일단 가슴 위로 올렸다가 머리 위로 들어올리는 경기를 말한다.

- **알파인**(alpine) **종목**

  유럽 알프스지방의 산간에서 발달한 스키로, 활강(downhill) · 회전(slalom) · 대회전(grand slalom)이 있다.

  1. 활강 : 표고차 800~1,000m 코스를 단숨에 활강, 시간을 겨루는 경기이다.

  2. 회전 : 표고차 180~220m 사면에 55~75개의 기문(gate)을 세우고, 그 기문에 의해 규정된 코스를 2회 활강, 그 합계 시간을 겨루는 경기이다.

  3. 대회전 : 활강과 회전의 중간적인 경기로, 표고차 400m의 사면에 30개 전후의 관문을 코스로 설정해 놓고 통과하는 경기이다. 회전경기보다 큰 커브를 고속으로 활강하게 된다.

  ➲ 최근 월드컵대회 등에선 활강과 대회전 중간에 위치하는 슈퍼 대회전(super giant slalom)이 첨가되고 있다. 또 듀얼(dual)방식이라 해서 똑같은 회전코스를 병렬로 2개 만들어 2명의 경기자가 동시 출발, 겨루는 레이스도 행하고 있다.

- **노르딕**(nordic) **종목**

  구릉지가 많은 북유럽에서 생긴 스키로, 거리경기 · 점프경기 · 복합경기가 있다. 노르

A 영국

06 기타 종목

Current Issues & General Information

웨이를 중심으로 북유럽 여러 나라에서 발달한 데서 노르드(nord ; 북쪽)란 뜻의 명칭이 붙었다.
○ 복합경기는 거리(15km), 점프(70m급)의 종합 성적을 겨루는 것이다.

• 바이애슬론(biathlon)
동계 근대 2종 경기이다. 스키를 신고, 등에는 라이플 총을 메고, 일정한 거리를 주행, 그 사이에 설치되어 있는 사격장에서 사격을 하는, 스키와 사격의 복합경기이다. 체력과 사격의 우열을 겨루는 스포츠로, 개인경기와 릴레이 경기가 있다.
○ 1958년도에 제1회 세계선수권대회가 개최되었으며, 동계올림픽에는 1960년 제8회 스쿼밸리 대회 때부터 정식종목이 되었다.

• 봅슬레이(bobsleigh)
겨울 스포츠의 하나로, 산의 경사면 얼음 코스를 브레이크와 핸들이 달린 강철제 썰매를 타고 활주, 그 소요시간을 겨루는 경기이다. 2인승, 4인승이 있으며, 어느 것이나 팀워크가 중요하다.

• 벨로드롬(velodrome)
트랙을 경사지게 한 사이클 전용 경기장으로, 아스팔트나 특수 목재로 포장되어 있다. 옥외 경기장과 옥내 경기장이 있는데, 1·2코너와 3·4코너 곡주로 경사는 45°이며, 직선 부분은 7~15°이다.
○ 우리나라는 '83년 인천에 최초로 만들어졌다.

• 그랜드 피타 라운드(Grand FITA Round)
양궁경기에서 하위선수들을 차례로 탈락시키는 토너먼트 경기방식을 말한다. 오픈 라운드와 결승 라운드로 구분되는데, 첫날 경기에서 24명의 선수 중 12명을 탈락시키고 12명을 뽑은 다음 이튿날 오전 경기에서 4명을 탈락시켜 마지막 남은 8명이 오후 경기에서 최종 순위를 다투는 방식이다.
○ 이 방식은 '87년 호주세계선수권대회부터 적용되었다.

• 근대 5종 경기(近代五種競技)
한 선수가 승마·펜싱·수영·사격·크로스컨트리 등 5개 종목을 5일간에 걸쳐 출전하는 경기로, 각 종목에서 획득한 점수를 합산하여 고득점 순으로 순위를 결정한다. 1912년 제5회 스톡홀름 올림픽대회 때부터 정식종목으로 채택되었다.
○ 크로스컨트리(cross-country) : 넓은 벌판이나 황무지를 낀 4천m의 코스를 달리는 경기이다.

Q 스페인 내란의 참상을 담은 피카소의 그림은?

- **트라이어슬론**(triathlon ; 철인경기)

  3종 경기를 합친 내구(耐久) 경기로 원영(遠泳) 3.8km, 사이클링 179.2km, 마라톤 42.195km의 225.195km를 하루에 달려 합계 시간을 겨루는 개인경기이다.

  ● 원래 3일 동안 실시했으나 하와이 대회 때부터 하루에 치르는 고된 경기가 되어 '철인경기'라고도 불린다.

- **마루운동**

  체조경기의 한 종목으로, 12m 사방의 평탄한 매트 위에서 맨손체조 · 뜀뛰기 · 공중제비 등으로 구성된 내용을, 일정 시간 내에 율동적인 운동으로 연기해 보이는 운동이다. 마루운동의 연기시간은 남자 50~70초, 여자 60~90초이다.

- **조깅**(jogging)

  몸을 풀거나 건강을 위해 천천히 달리는 일을 말한다. 예로부터 모든 스포츠의 준비운동으로 실시되어 왔는데, 최근에는 건강법으로 성행함에 따라 그 주법 용어로 널리 쓰이게 되었다.

  ● 속도는 뛰면서 말을 나눌 수 있을 정도인 100m에 55초 정도가 표준이다.

- **싱크로나이즈드 스위밍**(synchronized swimming ; 수중발레)

  수영경기 종목의 하나로, 음악의 리듬에 맞추어 수영하면서 동작과 표현방법의 아름다움 등을 겨루는 수중 경기이다. 경기는 솔로(1명) · 듀엣(2명) · 단체(4~8명) 등 3종목이 있고, 스턴트(stunt)경기의 득점과 루틴(routine)경기의 득점을 합계하여 점수가 많은 쪽부터 순위를 결정해 나간다. 동점일 경우에는 스턴트 득점이 많은 쪽을 상위로 한다. 유럽에서 수중 쇼(show)로서 발달을 보았다가 1945년 미국에서 경기화 되었고, '84년 LA올림픽 정식경기종목으로 채택되었다.

  ● 1. 스턴트 경기 : 기본 동작이 채점 대상이 되며, 음악은 사용치 않는다.
  　 2. 루틴 경기 : 영법(泳法)과 스턴트를 내용으로 하여 음악과 함께 연기한다.

- **게이트 볼**(gate ball)

  골프와 당구의 기법을 합쳐 일본에서 개발된 경기이다. 경기방식은 T자 모양의 골프채 비슷한 스틱으로 당구공 크기의 합성수지 공을 쳐서 3개의 게이트(폭 22cm, 높이 20cm)를 통과한 뒤 골대(높이 20cm)를 맞히는 게임이다. 잔디밭에서 하는 경기지만, 가로 25m, 세로 20m의 평지만 있으면 경기를 즐길 수 있다.

  ● 원래는 15, 16세기 프랑스 등 유럽 왕실이나 귀족들이 즐겼던 놀이로, 우리나라에는 1978년에 도입되었다.

- **에어로빅 댄스**(aerobic dance)

  1972년 미국의 체육 전문가 재키 소렌슨 여사가 안무한 미용 체조로, 규칙적이고 딱딱

 게르니카

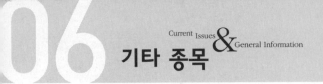

한 체조와 특별한 경우나 장소에서만 즐길 수 있는 춤을 일반인이 생활하는 가운데 즐길 수 있도록 고안한 것이다. 달리기 · 뛰기 · 자전거타기 · 수영 등 여러 가지 운동에 필요한 동작을 춤동작으로 구성하였다.

◑ 에어로빅 : 운동에 의해 일정시간 인체가 섭취할 수 있는 최대 산소량을 높이는 일이다.

• **핸디**(handy)

골프 경기에서 우열을 고르게 하기 위하여 골퍼마다 기준타수를 넘는 타수를 정해 주는 핸디캡의 약칭이다. 코스에 따라 파(par ; 기준타수)가 정해져 있고, 대개 18홀, 파 72, 핸디 22라 하면 72에 22를 더한 94의 타수로 코스를 돌아올 수 있다는 것이 된다.

◑ 경기에 있어 실제의 타수가 같은 때는 핸디가 많은 사람이 이긴다.

• **셰르파**(Sherpa)

히말라야 등반대의 길 안내나 짐 운반을 위해 고용되는 티벳계 네팔인들을 이르는 말이다. 산에 대해 잘 알고 있어 눈사태가 일어날 듯한 장소 · 시간을 직감적으로 알 정도이다.

Q 주로 후진국의 수출증진을 위해 창설된 국제기구는?

• 스테이트 아마추어(State amateur)

국비(國費)로 양성하는 국가대표급의 아마추어 운동선수로, 올림픽 등 각종 국제경기에 임하기 위한 것이다. 엄밀히 따지면 아마추어 정신에 위배된다.

➡ 대체로 이전의 공산주의 국가에서 많이 채택했던 방식이다.

• 토너먼트(tournament)

운동경기 방식의 한 가지로, 경기의 승자끼리 승자전을 벌여 우승자를 결정하는 방법이다. 대전 전에 선수나 팀의 실적 · 데이터 등에 의해 대진표를 만들 때 시드(seed)법을 채용하는 경우가 많다. 리그전(league match)과 대응되는 말이다.

➡ 시드(seed) : 토너먼트 경기에서 우수한 선수나 팀끼리 처음부터 맞붙지 않도록 대진표를 짜는 일이다.

• 리그전(league match)

참가팀 전부가 각 팀과 골고루 한 번씩 대전하는 방식으로, 승리한 횟수가 가장 많은 팀 또는 승률(勝率)이 가장 높은 팀이 우승자가 된다. 출전한 팀 모두 평등하게 경기를 가질 수 있는 장점이 있으나, 토너먼트에 비해 순위 결정에 시간이 많이 걸리는 단점도 있다.

예문 토너먼트와 리그전의 차이를 묻는 문제가 출제됨

• 레퍼리(referee)

축구 · 농구 · 배구 · 권투 따위의 주심(主審) 또는 심판장을 말한다. 경기의 시작과 끝을 알리며, 승패와 득점의 판정을 선언하고 규칙으로 정해진 반칙에 대한 판정을 내리는 책임을 맡는다.

➡ 야구경기의 주심은 엄파이어(umpire)라 한다.

• 커미셔너(commissioner)

프로야구 · 프로권투 · 프로레슬링 등에서, 품위와 질서 유지를 위해 전권을 위탁받은 최고 책임자를 말한다.

➡ 선수이동에 관한 분쟁, 경기계약 등의 결정권을 가진다.

• 드래프트 시스템(draft system)

신인선수를 선발하는 제도로, 프로팀에 입단한 신인선수들을 한데 묶어놓고 각 팀의 대표가 선발회를 구성, 일괄적으로 교섭하는 방식이다.

➡ 우리나라에서는 현재 배구 · 야구 · 농구 등의 실업팀들이 이 방식을 채택하고 있다.

• 다크 호스(dark horse)

운동경기나 선거전에서 역량 불명의 경쟁자 또는 우승후보자를 뜻한다. 영국 경마 더비(derby)에서 무명의 검은 말이 뜻밖에 우승한 데서 나온 말이다.

➡ 더비 : 영국 런던 교외에서 매년 실시되는 대경마를 말한다.

• 세미 파이널(semi final)

프로 권투나 프로 레슬링에서 메인 이벤트에 앞서 행해지는 경기를 말한다. 보통 3 · 4위 결정전을 가리키기도 한다.

➡ 메인 이벤트 : 중심이 되는 경기를 말한다.

• 도핑(doping) 검사

운동선수가 경기능력을 일시적으로 높이기 위해 호르몬제 · 정신안정제 · 흥분제 등의 약물을 사용했는지의 여부를 가리는 것을 말한다. 약물복용은 건강에 해로울 뿐 아니라 스포츠 정신에도 위배되므로 국제경기에서는 이를 금하고 있다. 복용여부를 가리는 검사는 상위입상자 또는 임의로 뽑은 선수의 소변을 채취해서 실시한다.

➡ 올림픽경기 중 흥분제 사용 선수의 사망을 계기로 1972년 삿포로대회부터 실시되었다.

예문 선택형뿐 아니라 주관식 출제도 많음

A UNCTAD

Current Issues & General Information

CHAPTER 18
Chinese Characters
- 한자 -

01 한자숙어

02 시험에 잘 나오는 한자어

03 반대·상대의 뜻을 가진 한자

04 둘 이상의 음을 내는 한자

05 모양이 비슷한 한자

06 잘못 읽기 쉬운 한자

■ _____ 는 출제빈도가 높음을 나타냄

街談巷說(가담항설) : 항간에 떠도는 소문.

苛斂誅求(가렴주구) : ① 가혹하게 착취함. ② 조세를 가혹하게 징수함.

刻骨難忘(각골난망) : 은덕을 입은 고마움을 뼛속 깊이 새겨 잊지 않음. 白骨難忘(백골난망)

刻舟求劍(각주구검) : 어리석은 사람이 융통성이 없고 세상일에 어둡다는 말.

甘呑苦吐(감탄고토) : 달면 삼키고 쓰면 뱉는다는 것으로 사리의 옳고 그름을 돌보지 않고 자기 이로울 대로 한다는 말.

甲男乙女(갑남을녀) : 평범한 사람들. 匹夫匹婦(필부필부), 張三李四(장삼이사)

康衢煙月(강구연월) : 큰 길에서 보는 평안한 풍경. 太平聖代(태평성대), 堯舜時代(요순시대)

改過遷善(개과천선) : 지난 허물을 고쳐 착하게 됨.

去頭截尾(거두절미) : 일의 앞과 뒤를 잘라버리고 요점만 말함.

車載斗量(거재두량) : 물건을 수레에 싣고 말로 된다는 뜻으로, 아주 흔함의 비유.

乾坤一擲(건곤일척) : 흥망·승패를 걸고 단판 승부를 겨루는 것. 垓下之戰(해하지전)

格物致知(격물치지) : ① 「대학」에 나오는 말로 6례(六禮)를 습득하여 지식을 명확히 한다는 말. ② 주자학의 용어로 사물의 이치를 연구하여 후천(後天)의 지식을 명확히 함.

隔世之感(격세지감) : 다른 세상으로 바뀐 듯 많은 변화가 있었음의 비유.

隔靴搔痒(격화소양) : 신을 신은 채 가려운 발바닥을 긁음과 같이 일의 효과를 나타내지 못함을 이름.

牽强附會(견강부회) : 이치에 맞지 않는 말을 억지로 끌어 붙여 자기 주장의 조건에 맞도록 함. 曲學阿世(곡학아세), 指鹿爲馬(지록위마)

犬馬之勞(견마지로) : ① 자기의 노력을 낮추어 하는 말. ② 임금이나 나라에 충성을 다하는 일. 犬馬之誠(견마지성), 盡忠報國(진충보국), 粉骨碎身(분골쇄신)

見物生心(견물생심) : 실물을 보고 욕심이 생김.

堅忍不拔(견인불발) : 굳게 참고 버티어 마음을 빼앗기지 아니 함.

結草報恩(결초보은) : 죽어 혼령이 되어도 은혜를 잊지 않고 갚겠다는 뜻.

經國濟世(경국제세) : 국가사를 경륜하고 세상을 구함. '經濟(경제)'는 이의 준말.

敬而遠之(경이원지) : 겉으로는 공경하는 체하면서 속으로는 멀리한다는 뜻, '敬遠(경원)'은 준말.

鷄卵有骨(계란유골) : 달걀 속에도 뼈가 있다는 뜻으로, 뜻밖에 장애물이 생김을 이르는 말.

Q 세계 3대 종교는?

股肱之臣(고굉지신) : 자신의 팔다리같이 믿음직스러워 중하게 여기는 신하.

膏粱珍味(고량진미) : 살찐 고기와 좋은 곡식으로 만든 맛있는 음식.

孤掌難鳴(고장난명) : ① 손바닥 하나로는 소리가 나지 않는다는 뜻으로 혼자 힘으로 일하기 어렵다는 말. ② 서로 같으니까 싸움이 난다는 말.

苦盡甘來(고진감래) : 고생 끝에 낙이 온다는 말.

曲學阿世(곡학아세) : 그른 학문으로 세속에 아부함.

管鮑之交(관포지교) : 옛날 중국의 관중과 포숙처럼 친구 사이가 다정함을 이름. 莫逆之友(막역지우), 水魚之交(수어지교), 刎頸之交(문경지교), 金蘭之交(금란지교), 竹馬故友(죽마고우)

刮目相對(괄목상대) : 눈을 비비고 본다는 말로, 다른 사람의 학문이나 덕행이 크게 진보한 것을 말함.

矯角殺牛(교각살우) : 뿔을 고치려다 소를 죽인다는 말로, 작은 일에 힘쓰다가 오히려 큰 일을 망친다는 뜻. 小貪大失(소탐대실)

巧言令色(교언영색) : 남에게 아첨하느라고 듣기 좋게 꾸미는 말과 얼굴빛.

口尚乳臭(구상유취) : 입에서 젖내가 날 만큼 언행이 유치함.

九十春光(구십춘광) : ① 노인의 마음이 청년같이 젊음을 이름. ② 봄의 석달 구십일 동안.

九牛一毛(구우일모) : 아홉 마리 소 가운데 터럭 하나로, 많은 것 가운데 극히 적은 것을 말함.

九折羊腸(구절양장) : 양의 창자처럼 험하고 꼬불꼬불한 산길. 길이 매우 험함을 이름.

群鷄一鶴(군계일학) : 닭 무리에 끼여 있는 한 마리의 학이란 뜻으로, 평범한 사람 가운데서 뛰어난 사람. 白眉(백미), 囊中之錐(낭중지추)

群雄割據(군웅할거) : 여러 영웅이 세력을 다투어 땅을 갈라 버티고 있음.

勸善懲惡(권선징악) : 선행을 권하고 악행을 벌함.

捲土重來(권토중래) : ① 한 번 실패에 굴하지 않고 몇 번이고 다시 일어남. ② 세력을 회복하여 다시 쳐들어옴. 臥薪嘗膽(와신상담), 七顚八起(칠전팔기)

近墨者黑(근묵자흑) : 먹을 가까이 하는 사람은 검어진다는 뜻으로, 나쁜 사람과 사귀면 좋지 않은 버릇에 물들기 쉽다는 말.

金科玉條(금과옥조) : 금이나 옥같이 귀중한 법칙이나 규정을 말함.

錦上添花(금상첨화) : 좋고 아름다운 것 위에 더 좋은 것을 더한다는 뜻.

金石盟約(금석맹약) : 금석과 같이 굳게 맺은 약속.

錦衣夜行(금의야행) : 비단 옷을 입고 밤에 다닌다는 뜻으로, 성공을 했지만 아무런 효과를 내지 못하는 것을 이름.

錦衣還鄉(금의환향) : 비단 옷을 입고 고향으로 돌아온다는 뜻으로, 타향에서 크게 성공하여 자기 집으로 돌아감을 이름.

金枝玉葉(금지옥엽) : 임금의 자손이나 귀한 집안의 귀여운 자손을 일컫는 말.

A 불교 · 그리스도교 · 이슬람교

難兄難弟(난형난제) : 누구를 형이라 하고 누구를 동생이라 할지 분간하기가 어려움. 옳고 그름이나 우열을 가리기가 어렵다는 말. 莫上莫下(막상막하), 伯仲之勢(백중지세)

南柯一夢(남가일몽) : 꿈과 같이 헛된 한 때의 부귀영화를 일컬음. 一場春夢(일장춘몽), 醉生夢死(취생몽사)

男負女戴(남부여대) : 남자는 지고 여자는 이고 간다는 뜻으로, 가난한 사람이 정처 없이 떠돌아다니며 사는 것을 말함.

囊中之錐(낭중지추) : 주머니 속에 든 송곳과 같이 재주가 뛰어난 사람은 숨어 있어도 저절로 사람들이 알게 됨을 말함.

囊中取物(낭중취물) : 주머니 속의 물건을 꺼내는 것같이 매우 용이한 일을 말함.

綠衣紅裳(녹의홍상) : 연두 저고리에 다홍치마, 즉 곱게 차려 입은 젊은 아가씨의 복색.

弄瓦之慶(농와지경) : 딸을 낳은 기쁨.

弄璋之慶(농장지경) : 아들을 낳은 기쁨.

簞食瓢飮(단사표음) : 도시락 밥과 표주박 물, 즉 변변치 못한 음식이라는 말.

丹脣皓齒(단순호치) : 붉은 입술과 흰 이, 곧 아름다운 여자의 얼굴. 傾國之色(경국지색), 絕世佳人(절세가인), 花容月態(화용월태), 月下佳人(월하가인)

達八十(달팔십) : 강태공(姜太公)이 80세에 주무왕(周武王)을 만나 정승이 된 후 80년을 호화롭게 살았다는 옛말에서 유래되어 호화롭게 사는 것을 말함. 窮八十(궁팔십)

堂狗風月(당구풍월) : 무식한 자도 유식한 자와 같이 있으면 다소 감화를 받게 된다는 뜻.

大器晚成(대기만성) : 큰 그릇은 이루어짐이 더디다는 말로, 크게 될 사람은 성공이 늦다는 뜻.

大書特筆(대서특필) : 특히 드러나게 큰 글자로 적어 표시함.

塗炭之苦(도탄지고) : 진구렁이나 숯불에 빠졌다는 뜻으로 몹시 고생스러움을 일컫는 말.

東家食西家宿(동가식서가숙) : 먹을 곳, 잘 곳이 없이 떠도는 사람, 또는 그런 짓. 風餐露宿(풍찬노숙)

棟梁之材(동량지재) : 기둥이나 들보가 될 만한 훌륭한 인재.

東問西答(동문서답) : 묻는 말에 대하여 아주 엉뚱한 방향으로 대답함.

同病相憐(동병상련) : 어려운 처지에 놓인 사람끼리 서로 동정하고 도움.

東奔西走(동분서주) : 사방으로 바삐 쏘다님.

同床異夢(동상이몽) : 같은 처지·입장에서 저마다 딴 생각을 함.

得隴望蜀(득롱망촉) : 중국 한나라 때 광

Q 세계 3대 성인(聖人)은?

556

무제가 농(隴)을 정복한 뒤 다시 촉(蜀)을 쳤다는 데서 나온 말로, 끝없는 욕심을 말함.

登高自卑(등고자비) : ① 높은 곳에 이르기 위해서는 낮은 곳부터 밟아야 한다는 뜻으로, 일을 하는 데는 반드시 차례를 밟아야 한다는 말. ② 지위가 높아질수록 스스로를 낮춘다는 말.

登龍門(등용문) : 용문(龍門)은 황허 상류의 급류인데, 잉어가 여기에 오르면 용이 된다는 고사에서 비롯된 말로, 출세할 수 있는 지위에 오름을 뜻함.

燈下不明(등하불명) : 등잔 밑이 어둡다는 뜻으로, 가까이 있는 것에 더 어두움을 이르는 말.

燈火可親(등화가친) : 가을이 되어 서늘하면 밤에 등불을 가까이 하여 글 읽기에 좋다는 말.

馬耳東風(마이동풍) : 남의 말을 귀담아듣지 않고 흘려버리는 것을 말함. 우이독경(牛耳讀經)

莫上莫下(막상막하) : 실력에 있어 낫고 못함이 없이 비슷함.

莫逆之友(막역지우) : 매우 친한 벗.

萬頃蒼波(만경창파) : 한없이 넓고 푸른 바다.

萬古風霜(만고풍상) : 사는 동안에 겪은 많은 고생.

麥秀之嘆(맥수지탄) : 기자(箕子)가 은

(殷)이 망한 후 그 폐허에 보리만 자람을 보고 한탄했다는 고사에서 유래되어, 고국(故國)의 멸망을 한탄함을 이르는 말.

明鏡止水(명경지수) : ① 거울과 같이 맑고 잔잔한 물. ② 잡념과 허욕이 없이 맑고 깨끗함.

名實相符(명실상부) : 이름과 실제가 서로 부합함.

明若觀火(명약관화) : 불을 보듯 환하게 알 수 있음.

命在頃刻(명재경각) : 곧 숨이 끊어질 지경에 이름.

矛盾撞着(모순당착) : 같은 사람의 문장이나 언행이 앞뒤가 서로 어그러져서 모순되는 일.

目不識丁(목불식정) : 낫 놓고 기역자도 모를 만큼 무식함을 이름.

目不忍見(목불인견) : 차마 눈뜨고 볼 수 없는 참상이나 꼴불견.

武陵桃源(무릉도원) : 신선이 살았다는 전설적인 중국의 명승지. 곧 속세를 떠난 별천지를 뜻함.

無依無托(무의무탁) : 의지할 곳이 없음.

文房四友(문방사우) : 서재에 꼭 있어야 할 네 벗. 즉 종이 · 붓 · 벼루 · 먹.

門前成市(문전성시) : 권세가 높거나 부자가 되어, 찾아오는 손님들로 마치 시장을 이룬 것 같음.

門前沃畓(문전옥답) : 집 앞 가까이에 있는 좋은 논.

拍掌大笑(박장대소) : 손바닥을 치면서 크게 웃음.

拔本塞源(발본색원) : 폐단의 근원을 뿌리뽑아 없애 버림을 뜻함.

傍若無人(방약무인) : 언행이 방자한 사람.

背恩忘德(배은망덕) : 은혜를 잊고 도리어 배반함.

白骨難忘(백골난망) : 죽어도 잊지 못할 만큼 큰 은혜를 입음.

百年河淸(백년하청) : 아무리 세월이 가도 일을 해결할 희망이 없음.

白面書生(백면서생) : 한갓 글만 읽고 세상 일에 어두운 사람.

百折不屈(백절불굴) : 갖가지 수단을 다해 꺾으려고 해도 굽히지 않음.

伯仲之勢(백중지세) : 우열(優劣)의 차이가 없이 엇비슷함을 이르는 말.

夫唱婦隨(부창부수) : 남편이 창(唱)을 하면 아내도 따라 하는 것이 부부화합의 도(道)라는 것. 女必從夫(여필종부)

附和雷同(부화뇌동) : 제 주견이 없이 남이 하는 대로 그저 무턱대고 따라함.

粉骨碎身(분골쇄신) : 뼈가 가루가 되고 몸이 부서지도록 힘을 다하여 일하는 것.

不共戴天之讐(불공대천지수) : 같은 하늘 아래 살 수 없는 원수. 어버이의 원수를 말함.

不問曲直(불문곡직) : 옳고 그름을 묻지 아니하고 함부로 함.

不恥下問(불치하문) : 자기보다 아랫사람에게 묻는 것을 부끄러워하지 않음.

非夢似夢間(비몽사몽간) : 꿈인지 생시인지 알 수 없는 어렴풋한 동안.

四顧無親(사고무친) : 의지할 곳 없이 외로움. 孤立無依(고립무의)

四面楚歌(사면초가) : 한 사람도 도우려는 자가 없이 고립되어 곤경에 처해 있음.

砂上樓閣(사상누각) : 모래 위에 지은 집. 곧 헛된 것의 비유.

事必歸正(사필귀정) : 모든 일은 반드시 바른 데로 돌아감.

山上垂訓(산상수훈) : 예수가 산꼭대기에서 한 설교.

山戰水戰(산전수전) : 세상 일에 경험이 많다는 뜻.

山海珍味(산해진미) : 산과 바다의 산물(産物)을 다 갖추어 썩 잘 차린 귀한 음식.

殺身成仁(살신성인) : 목숨을 버려 사랑(仁)을 이룸.

三顧草廬(삼고초려) : 중국 삼국시대에 촉한의 유비가 제갈 공명을 세 번이나 찾아가 군사(軍師)로 초빙한 데서 나온 말.

Q 한국의 독립이 보장된 선언은?

三旬九食(삼순구식) : 빈궁하여 먹을 것이 부족함.

三遷之敎(삼천지교) : 맹자의 어머니가 아들의 교육을 위하여 세 번 거처를 옮겼다는 고사로, 생활환경이 교육에 큰 구실을 함을 말함.

桑田碧海(상전벽해) : 뽕나무밭이 변하여 바다가 된다는 말로, 세상 일의 변천이 심함을 비유하는 말.

塞翁之馬(새옹지마) : 인간 세상의 길흉화복(吉凶禍福)이 서로 순환되어 뚜렷이 정해진 바가 없는 것을 말함. 轉禍爲福(전화위복)

先見之明(선견지명) : 앞 일을 미리 판단하는 총명.

雪上加霜(설상가상) : 눈 위에 또 서리가 덮인다는 뜻으로, 불행이 거듭 생김을 말함.

說往說來(설왕설래) : 서로 변론(辯論)을 주고받으며 옥신각신하는 것.

纖纖玉手(섬섬옥수) : 가냘프고 고운 여자의 손.

送舊迎新(송구영신) : 세밑에 묵은 해를 보내고 새해를 맞이하는 일을 이름.

首邱初心(수구초심) : 여우가 죽을 때 머리를 자기가 살던 굴로 향한다는 말로 고향을 그리워하는 마음.

壽福康寧(수복강녕) : 오래 살고 복되며 건강하고 평안함을 이르는 말.

袖手傍觀(수수방관) : 팔짱을 끼고 보고만 있다는 뜻으로, 어떤 일을 당하여 옆에서 보고만 있는 것.

誰怨誰咎(수원수구) : 남을 원망하거나 탓할 게 없음.

脣亡齒寒(순망치한) : 입술이 없으면 이가 시린 것처럼, 서로 돕던 이가 망하면 다른 한쪽 사람도 함께 위험하다는 뜻.

是是非非(시시비비) : 옳고 그름을 가림.

尸位素餐(시위소찬) : 재덕·공로가 없이 한갓 관위(官位)만 차지하고 녹을 받는 일.

識字憂患(식자우환) : 아는 것이 탈이라는 말로 학식이 있는 것이 도리어 근심을 사게 됨을 말함.

身言書判(신언서판) : 사람됨을 판단하는 네 가지 기준으로, 곧 신수(身手)와 말씨와 문필과 판단력.

神出鬼沒(신출귀몰) : 자유자재로 출몰하여 그 변화를 헤아릴 수 없는 일.

十匙一飯(십시일반) : 열 사람이 한 술씩 보태면 한 그릇이 되듯 여럿이 한 사람 돕기는 쉽다는 말.

十日之菊(십일지국) : 국화는 9월 9일이 절정으로, 이미 때가 늦었다는 말.

阿鼻叫喚(아비규환) : 많은 사람이 지옥 같은 고통을 못 이겨 부르짖는 소리. 심한 참상을 형용하는 말.

我田引水(아전인수) : 제 논에 물대기. 자기에게만 이롭게 하려는 것.

羊頭狗肉(양두구육) : 양의 머리를 내걸고 개고기를 판다는 뜻. 즉 겉모양은 훌륭하나 속은 변변치 않은 것을 말함.

梁上君子(양상군자) : 들보 위에 있는 군자라는 뜻으로 도둑을 말함.

漁父之利(어부지리) : 양자(兩者)가 이익을 위하여 서로 다투고 있을 때, 제삼자가 그 이익을 가로채 가는 것을 말함. 犬兎之爭(견토지쟁)

言中有骨(언중유골) : 예사로운 말속에 깊은 뜻이 있는 것을 말함.

如反掌(여반장) : 손바닥을 뒤집는 것 같다는 뜻으로 일하기가 대단히 쉬운 것을 말함.

緣木求魚(연목구어) : 나무에 올라가 고기를 구하듯 불가능한 일을 하고자 하는 것을 비유하는 말.

拈華微笑(염화미소) : 마음에서 마음으로 전하는 일. 以心傳心(이심전심), 拈華示衆(염화시중)

五里霧中(오리무중) : 짙게 긴 안개 속에서 길을 찾기가 어려운 것같이 일의 갈피를 잡기 어려움을 말함.

烏飛梨落(오비이락) : 우연의 일치로 남의 의심을 받았을 때 하는 말. '까마귀 날자 배 떨어진다'

傲霜孤節(오상고절) : 서릿발 날리는 추운 때에도 굴하지 않고 외로이 지키는 절개라는 뜻으로, 국화를 두고 하는 말.

五十步百步(오십보백보) : 양자간에 차이는 있으나 본질적으로 같다는 뜻. 大同小異(대동소이)

吳越同舟(오월동주) : 서로 반목하면서도 공통의 곤란이나 이해(利害)에 대하여 협력하는 것을 비유하는 말.

烏合之衆(오합지중) : 까마귀 떼와 같이 조직도 훈련도 없이 모인 무리.

溫故知新(온고지신) : 옛 것을 익히고 나아가 새 것을 배우는 학문태도를 말함.

臥薪嘗膽(와신상담) : 섶에 누워 쓸개를 씹는다는 뜻으로, 원수를 갚고자 고생을 참고 견딤을 비유하는 말.

樂山樂水(요산요수) : 지자요수 인자요산(知者樂水 仁者樂山)의 준말로 지혜있는 자는 사리에 통달하여 물과 같이 막힘이 없으므로 물을 좋아하고, 어진 자는 의리에 밝고 산과 같이 중후하여 변하지 않으므로 산을 좋아한다는 뜻.

龍頭蛇尾(용두사미) : 처음에는 그럴 듯하다가 끝이 흐지부지되는 것.

類萬不同(유만부동) : 분수에 맞지 않음.

唯我獨尊(유아독존) : 세상에서 오직 나만이 훌륭하다는 생각.

流言蜚語(유언비어) : 아무 근거 없이 널리 떠돌아다니는 소문.

類類相從(유유상종) : 동류(同類)끼리 서로 왕래하며 사귐. 草綠同色(초록동색)

吟風弄月(음풍농월) : 맑은 바람과 밝은 달을 벗삼아 시를 짓고 즐김.

以心傳心(이심전심) : 말이나 글을 쓰지 않고 마음에서 마음으로 전한다는 말로, 곧 마음으로 이치를 깨닫게 한다는 뜻. 拈華示衆(염화시중)

二律背反(이율배반) : 서로 모순되는 명제(命題)가 동등하게 주장되는 일.

李下不整冠(이하부정관) : 오얏나무 아래서는 갓을 고쳐 쓰지 말라는 뜻. 즉 남에게 의심받을 일을 하지 않도록 주의하라는 말.

耳懸鈴鼻懸鈴(이현령비현령) : 귀에 걸면 귀걸이, 코에 걸면 코걸이라는 말로

Q 카스트제(Caste 制)란?

이렇게도 저렇게도 될 수 있음을 비유
하는 말.

益者三友(익자삼우) : 사귀어 이로운 세
벗. 즉 정직한 사람, 신의(信義) 있는 사
람, 학식 있는 사람.

因果應報(인과응보) : 좋은 일에는 좋은
결과가, 나쁜 일에는 나쁜 결과가 따른
다는 말.

一魚濁水(일어탁수) : 물고기 한 마리가
물을 흐리게 하듯 한 사람의 악행(惡行)
으로 인하여 여러 사람이 그 해를 받게
되는 것.

一日三秋(일일삼추) : 하루가 3년처럼
길게 느껴짐. 즉 몹시 애태우며 기다림.

一場春夢(일장춘몽) : 인생의 영화(榮華)
는 한바탕의 봄 꿈과 같이 헛됨.

日就月將(일취월장) : 나날이 다달이 진
보함. 날로 진보하여 감.

一筆揮之(일필휘지) : 단숨에 글씨나 그
림을 힘차게 쓰거나 그리는 것.

自家撞着(자가당착) : 같은 사람의 문장
이나 언행이 앞뒤가 서로 어그러져서
모순되는 일. 矛盾撞着(모순당착)

自繩自縛(자승자박) : 제 새끼줄로 제 목
매기. 곧 자기 행동으로 말미암아 자기
가 괴로움을 받게 된다는 뜻. 自業自得
(자업자득)

自畵自讚(자화자찬) : 자기가 한 일을 스
스로 자랑하는 것을 이름.

張三李四(장삼이사) : 장씨(張氏)의 삼남
(三男)과 이씨(李氏)의 사남(四男)이란
뜻으로 평범한 사람들을 가리킴.

賊反荷杖(적반하장) : 도둑이 도리어 매
를 든다는 뜻으로, 잘못한 사람이 도리
어 잘한 사람을 나무라는 경우에 쓰는
말.

赤手空拳(적수공권) : 맨손과 맨주먹. 곧
아무것도 가진 것이 없음.

戰戰兢兢(전전긍긍) : 어떤 일 또는 사람
에 맞닥뜨려 매우 두려워하여 겁냄을
나타냄.

轉禍爲福(전화위복) : 화(禍)를 바꾸어
복으로 한다는 뜻이니, 궂은 일을 당했
을 때, 그것을 잘 처리해서 좋은 일이
되게 하는 것.

漸入佳境(점입가경) : 어떤 일이나 상태
가 점점 더 재미있는 경지로 들어감을
나타냄.

頂門一鍼(정문일침) : 정수리에 침을 준
다는 말로, 잘못의 급소를 찔러 충고하
는 것.

井底之蛙(정저지와) : 견문이 좁고 세상
형편을 모름. '우물 안 개구리'

糟糠之妻(조강지처) : 가난을 참고 고생
을 같이 하며 남편을 섬긴 아내.

朝令暮改(조령모개) : 법령을 자꾸 바꿔
서 종잡을 수 없음을 비유하는 말. 朝變
夕改(조변석개)

朝三暮四(조삼모사) : ① 간사한 꾀로 사
람을 속여 희롱함. ② 눈앞에 당장 나타
나는 차별만을 알고 그 결과가 같음을
모름. 姑息之計(고식지계)

左顧右眄(좌고우면) : 좌우를 자주 둘러

본다는 뜻으로, 무슨 일을 얼른 결정짓지 못함을 비유.

坐不安席(좌불안석) : 마음에 불안이나 근심 등이 있어 한자리에 오래 앉아 있지 못함.

左之右之(좌지우지) : ① 제 마음대로 자유롭게 처리함. ② 남을 마음대로 부림.

主客顚倒(주객전도) : 주인은 손님처럼 손님은 주인처럼 각각 행동을 바꾸어 한다는 것으로 입장이 뒤바뀐 것을 나타냄. 本末顚倒(본말전도)

走馬加鞭(주마가편) : 달리는 말에 채찍을 더한다는 말로, 잘하는 사람에게 더 잘하도록 하는 것.

走馬看山(주마간산) : 말을 달리면서 산을 본다는 말로 자세히 보지 못하고 지나침을 뜻함.

酒池肉林(주지육림) : 호화를 극한 술잔치로, 방탕하고 사치스러운 생활을 뜻함.

竹馬故友(죽마고우) : 죽마를 타고 놀던 벗, 곧 어릴 때 같이 놀던 친한 친구.

竹杖芒鞋(죽장망혜) : ① 대지팡이와 짚신. ② 가장 간단한 보행이나 여행의 차림.

衆寡不敵(중과부적) : 적은 수효로는 많은 수효를 대적하지 못한다는 뜻.

衆口難防(중구난방) : 뭇사람의 말을 이루 다 막기는 어렵다는 뜻.

重言復言(중언부언) : 한 말을 자꾸 되풀이함.

中原逐鹿(중원축록) : 중원(中原)은 중국 또는 천하(天下)를 말하며, 축록(逐鹿)은 서로 경쟁한다는 말. 영웅들이 다투

어 천하를 얻고자 함을 뜻함.

指鹿爲馬(지록위마) : 중국 진나라의 조고(趙高)가 이세황제(二世皇帝)에게 사슴을 말이라고 속여 바친 일에서 유래하는 고사로, 윗사람을 농락하여 권세를 마음대로 함을 가리킴. 牽强附會(견강부회)

支離滅裂(지리멸렬) : 갈가리 찢어지고 흩어져 갈피를 잡을 수 없게 됨.

進退維谷(진퇴유곡) : 앞으로 나아갈 수도 뒤로 물러설 수도 없이, 꼼짝할 수 없는 궁지에 빠짐. 進退兩難(진퇴양난), 四面楚歌(사면초가)

嫉逐排斥(질축배척) : 시기하고 미워하여 물리침.

此日彼日(차일피일) : 오늘내일 하면서 자꾸 미룸.

滄海一粟(창해일속) : 한없이 넓은 바다에 떠있는 한 알의 좁쌀이라는 뜻으로, 크고 넓은 것 가운데에 있는 아주 작은 것을 비유하는 말. 九牛一毛(구우일모)

天高馬肥(천고마비) : 하늘은 높고 말이 살찐다는 뜻으로, 가을이 썩 좋은 계절임을 일컫는 말.

天方地軸(천방지축) : ① 매우 급해서 허둥거리는 모습. ② 어리석은 사람이 갈 바를 몰라 두리번거리는 모습.

泉石膏肓(천석고황) : 고질병이 되다시피 산수 풍경을 좋아하는 것.

Q 싱크 탱크(think tank)란?

天衣無縫(천의무봉) : 선녀의 옷은 기운 데가 없다는 말로, 문장이 훌륭하여 손 댈 곳이 없을 만큼 잘 되었음을 가리키는 말.

千仞斷崖(천인단애) : 천 길이나 되는 깎아지른 듯한 벼랑.

千紫萬紅(천자만홍) : 가지가지 빛깔로 만발한 꽃.

千載一遇(천재일우) : 천 년에나 한 번 만날 수 있는 기회, 곧 좀처럼 얻기 어려운 기회.

徹頭徹尾(철두철미) : ① 처음부터 끝까지 투철함을 뜻함. ① 전혀 빼놓지 않고 샅샅이.

徹天之寃(철천지원) : 하늘에 사무치도록 큰 원한.

靑出於藍(청출어람) : 쪽에서 우러난 푸른빛이 쪽보다 더 푸르다는 말로, 제자가 스승보다 낫다는 뜻. 後生可畏(후생가외)

寸鐵殺人(촌철살인) : 조그만 쇠붙이로 사람을 죽인다는 것으로, 간단한 말로 사물의 가장 요긴한 데를 찔러 듣는 사람을 감동하게 하는 것. 頂門一鍼(정문일침)

春雉自鳴(춘치자명) : 봄 꿩이 스스로 운다는 말로 시키거나 요구하지 아니하여도 제풀에 하는 것을 말함.

醉生夢死(취생몽사) : 아무 뜻과 이룬 일도 없이 한평생을 흐리멍텅하게 살아감.

七顚八起(칠전팔기) : 여러 번 실패해도 굽히지 않고 분투함을 일컫는 말.

七縱七擒(칠종칠금) : 제갈 공명의 전술로 일곱 번 놓아주고 일곱 번 잡는다는 말로, 자유자재로운 전술을 가리킴.

針小棒大(침소봉대) : 바늘을 몽둥이라고 말하듯 과장해서 말하는 것.

他山之石(타산지석) : 다른 산에서 난 나쁜 돌도 자기의 구슬을 가는 데 소용이 된다는 뜻으로, 다른 사람의 하찮은 언행일지라도 자기의 지덕을 연마하는데 도움이 된다는 말.

卓上空論(탁상공론) : 실현성이 없는 허황된 이론.

貪官汚吏(탐관오리) : 탐욕이 많고 마음이 깨끗하지 못한 관리.

泰山北斗(태산북두) : 태산과 북두칠성을 우러러보는 것처럼, 남으로부터 그런 존경을 받는 존재.

波瀾重疊(파란중첩) : 어려운 일이 복잡하게 겹침. 雪上加霜(설상가상)

破竹之勢(파죽지세) : 대가 쪼개지듯 세력이 강하여 걷잡을 수 없이 나아가는 모양.

弊袍破笠(폐포파립) : 헤진 옷과 부서진 갓, 곧 너절하고 구차한 차림새.

A 두뇌 집단

抱腹絶倒(포복절도) : 배를 안고 몸을 가누지 못할 정도로 몹시 웃음.

風前燈火(풍전등화) : 바람 앞에 켠 등불처럼 매우 위급한 경우에 놓여 있음을 가리키는 말. 百尺竿頭(백척간두)

風餐露宿(풍찬노숙) : 바람과 이슬을 맞으며 한 데서 지냄. 큰 일을 이루려는 사람의 고초를 겪는 모양.

匹夫匹婦(필부필부) : 평범한 남자와 평범한 여자.

必有曲折(필유곡절) : 반드시 어떠한 까닭이 있음.

下石上臺(하석상대) : 아랫돌을 뽑아 윗돌을 괴고 윗돌을 뽑아 아랫돌 괴기. 곧 임시 변통으로 이리저리 둘러맞춤.

鶴首苦待(학수고대) : 학의 목처럼 목을 길게 늘여 몹시 기다린다는 뜻.

漢江投石(한강투석) : 한강에 돌 던지기. 지나치게 미미하여 전혀 효과가 없음을 비유하는 말.

汗牛充棟(한우충동) : 실으면 소가 땀을 흘리고, 쌓으면 들보에까지 가득 찰 만큼 많다는 뜻으로, 썩 많은 장서를 가리키는 말.

緘口無言(함구무언) : 입을 다물고 말이 없음.

含哺鼓腹(함포고복) : 배불리 먹고 즐겁게 지냄.

咸興差使(함흥차사) : 심부름을 시킨 뒤 아무 소식이 없거나 회답이 더디 올 때 쓰는 말.

偕老同穴(해로동혈) : 부부가 함께 늙고, 죽어서는 한곳에 묻힌다는 것으로 부부의 사랑을 뜻함.

孑孑單身(혈혈단신) : 의지할 곳 없는 외로운 홀몸.

螢雪之功(형설지공) : 중국 진나라의 차윤(車胤)이 반딧불로 글을 읽고 손강(孫康)이 눈빛으로 글을 읽었다는 고사에서 온 말로, 고생해서 공부한 공이 드러남을 비유.

好事多魔(호사다마) : 좋은 일에는 방해가 많음.

浩然之氣(호연지기) : 하늘과 땅 사이에 넘치게 가득 찬 넓고도 큰 원기.

魂飛魄散(혼비백산) : 몹시 놀라 정신이 없음.

忽顯忽沒(홀현홀몰) : 문득 나타났다 홀연 없어 짐.

畵龍點睛(화룡점정) : 용을 그려놓고 마지막으로 눈을 그려 넣음. 즉 가장 긴한 부분을 완성시킴.

花容月態(화용월태) : 아름다운 여자의 고운 용태(容態)를 이르는 말.

畵中之餠(화중지병) : 그림 속의 떡이란 뜻으로, 바라만 보았지 소용에 닿지 않음을 비유.

後生可畏(후생가외) : 「논어」에 나오는 말로, 후진들이 선배들보다 나아 오히려 두렵게 여겨진다는 뜻.

Q 두보의 시를 한글로 번역한 책은?

家親(가친) : 남에게 자기 아버지를 일컫는 말.

干戈(간과) : ① 창과 방패. ② 무기. ③ 전쟁.

江湖(강호) : ① 강과 호수. ② 자연. ③ 세상.

乾坤(건곤) : 하늘과 땅을 상징적으로 이르는 말.

更張(경장) : 고치어 새롭게 함.

鷄肋(계륵) : ① 닭의 갈비. ② 소용은 없으나 버리기 아까운 물건의 비유.

季嫂(계수) : 아우의 아내.

季氏(계씨) : 성년한 남의 사내아우를 존대하여 부르는 말. 제씨(弟氏).

高堂(고당) : ① 남의 어버이를 높여 부르는 말. ② 남의 집을 높여서 이르는 말.

顧眄(고면) : 잊혀지지 않아 돌이켜 봄.

袴衣(고의) : 남자의 여름 홑바지.

痼疾(고질) : 오래 되어 고치기 어려운 병.

膏肓(고황) : '고(膏)'는 심장의 아래 부분, '황(肓)'은 횡격막의 윗부분을 뜻하는 말로, '사람의 몸에서 가장 깊은 곳'을 이르는 말.

古稀(고희) : 두보의 곡강시(曲江詩) '生七十古來稀'에서 나온 말로 70세를 가리키는 말.

灌漑(관개) : 논밭 경작에 필요한 물을 끌어댐.

觀戰(관전) : ① 전쟁의 실황을 시찰함. ② 바둑·축구 등의 승부 여부를 구경함.

乖離(괴리) : 서로 어긋나 떨어짐.

乖愎(괴팍) : 성미가 괴상하고 별남.

敎唆(교사) : 남을 선동하여 못된 일을 하게 함.

膠着(교착) : ① 단단히 달라붙음. ② 변동이 없음.

國舅(국구) : 왕비의 친정 아버지, 즉 임금의 장인.

國粹(국수) : 나라와 겨레의 고유한 정신이나 물질상의 장점.

眷率(권솔) : 한집에서 거느리고 사는 식구.

貴中(귀중) : 편지 받을 상대가 단체일 때 쓰는 경어.

槿域(근역) : 무궁화나무가 많은 땅이라는 뜻으로, 즉 우리나라를 일컫는 말.

杞憂(기우) : 앞일에 대한 쓸데없는 군걱정. 옛날 중국의 기(杞)나라에 살던 사람들이 하늘이 무너질까봐 침식을 잊고 걱정하였다는 고사에서 온 말.

旗幟(기치) : ① 군중(軍中)에서 쓰는 기. ② 어떤 목적을 위하여 표명하는 태도나 주장.

喫煙(끽연) : 담배를 피움. 흡연(吸煙)

奈落(나락) : ① 지옥. ② 구원할 수 없는 마음의 구렁텅이

南無(나무) : 부처에게 돌아가 의지한다는 뜻.

拿捕(나포) : 죄인을 붙잡는 일.

爛漫(난만) : 꽃이 만발하여 화려함.

難澁(난삽) : (말이나 글 따위가) 어렵고 딱딱하여 부드럽지 못함.

A 두시언해(杜詩諺解)

捏造(날조) : 어떤 일을 허위로 조작함.

濫觴(남상) : 사물의 시초. 양쯔강과 같은 큰 강도 술잔을 띄울만한 조그만 샘물에서 시작되었다는 말에서 유래.

納涼(납량) : 여름철에 더위를 피하여 서늘한 바람을 쐬는 것.

賂物(뇌물) : 매수할 목적으로 건네는 부정한 돈이나 물건.

惱殺(뇌쇄) : 애가 타도록 몹시 괴롭힘. 특히 여자가 아름다운 용모로써 남자를 매혹시켜 괴롭힘.

訥辯(눌변) : 더듬거리며 하는 서투른 말솜씨.

堂叔(당숙) : 아버지의 사촌형제.

徒勞(도로) : 보람 없이 애씀. 헛된 수고.

島嶼(도서) : 바다에 있는 크고 작은 섬들.

塗炭(도탄) : 진구렁이나 숯불과 같은 데 빠졌다는 뜻으로, 몹시 고통스러운 지경을 이르는 말.

淘汰(도태) : 좋은 것을 취하고 나쁜 것은 버림.

棟梁(동량) : ① 기둥과 들보. ② 한 집안이나 한나라의 기둥이 될 만한 인물.

桐梓(동재) : 오동나무와 가래나무. 즉 좋은 재목을 가리키는 말.

綿延(면연) : 끊임없이 이어짐.

酩酊(명정) : 술에 몹시 취함.

矛盾(모순) : ① 창과 방패. ② 말이나 행동의 앞뒤가 서로 맞지 않음.

木鐸(목탁) : ① 염불할 때 치는 기구. ② 세상사람을 바르게 이끌만한 사람.

蒙塵(몽진) : 임금이 난을 피해 다른 곳으로 옮아감.

巫覡(무격) : 무당과 박수.

問候(문후) : 편지로 문안드림.

物故(물고) : ① 명사(名士)가 죽음. ② 죄지은 사람을 죽임.

彌縫策(미봉책) : 잘못된 일을 근본적으로 고치지 않고 임시방편으로 처리하는 방도.

米壽(미수) : 나이 88세를 일컬음.

跋文(발문) : 책 끝에 본문 내용의 대강이나 그에 관계된 사항을 간략하게 적은 글.

方物(방물) : 지방 수령이 임금에게 바치던 그 고장의 산물.

白眉(백미) : ① 흰 눈썹. ② 여럿 가운데서 가장 뛰어난 사람.

白壽(백수) : 나이 99세를 일컬음.

伯仲(백중) : ① 맏형과 둘째형. ② 실력이 서로 비슷하여 우열을 가리기 어려움.

白痴(백치) : 연령에 비해 지능이 낮은 사람.

反畓(번답) : 밭을 논으로 만듦. 번전(反田).

範疇(범주) : 같은 성질의 것이 속해야 할 부류(部類) 또는 유개념(類槪念).

兵站(병참) : 군수품의 보충·운반 등을 담당하는 기관. 또는 일체의 기능을 총칭.

菩提樹(보리수) : 석가가 그 아래에서 도를 깨달았다는 나무.

Q 우리 글을 한글이라고 명명한 사람은?

布施(보시) : 깨끗한 마음으로 남을 위해 베풂.

本第入納(본제입납) : (본집으로 들어가는 편지라는 뜻으로) 자기 집으로 편지할 때 편지 겉봉 자기 이름 아래에 쓰는 말.

芙蓉(부용) : 연꽃.

不惑(불혹) : 나이 40세를 일컬음.

不朽(불후) : 썩어 없어지지 않음.

崩御(붕어) : 임금이 세상을 떠남.

頻數(빈삭) : (횟수가) 매우 잦음.

私淑(사숙) : 직접 가르침을 받지는 않았으나, 마음속으로 그 사람을 본받아 학문을 배우거나 따름.

獅子吼(사자후) : 크게 부르짖어 열변을 토함.

蛇足(사족) : 쓸데없는 군더더기.

社稷(사직) : '국가'나 '조정'을 이르는 말. 옛날 나라에서 백성의 복을 위해 제사 지내던 토지의 신(神)인 사(社)와 곡식의 신인 직(稷)에서 온 말.

數數(삭삭) : 자주자주.

煞(살) : 사람이나 물건을 해치는 독하고 모진 기운.

三不去(삼불거) : 칠거(七去)의 이유가 있는 아내라도 버리지 못하는 세 가지 경우. 즉 보내도 아내가 의지할 곳이 없는 경우, 부모의 삼년상을 같이 치른 경우, 장가들 때에 가난하다가 뒤에 부귀하게 된 경우를 말함.

三從之道(삼종지도) : 봉건시대에 여자가 지켜야 할 세 가지 도리. 즉 어려서는 아버지를, 시집가서는 남편을, 남편이 죽은 뒤에는 아들을 좇아야 한다는 것.

相殺(상쇄) : 양편의 셈을 서로 비김.

棲息(서식) : 동물이 어떠한 곳에 삶.

先塋(선영) : 조상의 무덤. 선산(先山).

先親(선친) : 돌아간 자기의 아버지.

涉獵(섭렵) : 온갖 책을 널리 읽음.

歲時記(세시기) : 일년 중 철을 따라 행해지는 여러 가지 민속행사를 적은 글.

收斂(수렴) : 돈이나 물건 따위를 추렴하여 모아 거두거나 조세를 징수함.

膝下(슬하) : 무릎 아래. 곧 어버이의 따뜻한 보살핌 아래.

昇遐(승하) : 임금이 세상을 떠남.

諡號(시호) : 임금·정승 등의 생전의 공덕을 칭송하여 추증(追贈)하던 이름.

食言(식언) : 약속한 것을 지키지 아니함.

辛酸(신산) : ① 맛이 쓰고 심. ② 세상살이의 쓰리고 고생됨.

十長生(십장생) : 장생불사(長生不死)한다는 열 가지의 물상. 즉, 해·산·물·돌·구름·소나무·불로초·거북·학·사슴을 가리킴.

壓卷(압권) : ① 여러 책 가운데서 가장 잘된 책. ② 한 책 가운데서 가장 잘된 글.

弱冠(약관) : 20세 전후의 남자.

御用(어용) : ① 임금이 씀. ② 정부의 정치적 앞잡이 노릇을 하는 것.

諺文(언문) : '한글'을 속되게 이르던 말.

黎明(여명) : ① 희미하게 밝아 오는 새벽. ② 희망의 빛. 상서로운 빛.

閻閻(여염) : 백성들의 살림집이 많이 모여 있는 곳.

轢死(역사) : 차에 치여 죽음.

連袂(연메) : 행동을 같이함.

燕雀(연작) : 제비와 참새. 도량 좁은 사람을 비유.

涅槃(열반) : ① 중의 죽음. ② 도(道)를 이루어 모든 번뇌와 고통이 끊어진 경지.

獵官(엽관) : 온갖 방법으로 서로 관직을 얻으려고 야심적으로 경쟁함.

令夫人(영부인) : 남의 부인에 대한 경칭.

領袖(영수) : 여러 사람 중의 우두머리.

令息(영식) : 남의 아들에 대한 경칭.

令愛(영애) : 남의 딸에 대한 경칭.

囹圄(영어) : 죄수를 가두는 곳.

玉璽(옥새) : 임금의 도장.

瓦解(와해) : (기와가 깨어지듯이) 계획이나 조직 등이 무너짐.

夭折(요절) : 나이가 젊어서 죽음.

元旦(원단) : 설날 아침.

耳順(이순) : 나이 60세를 일컬음.

溺死(익사) : 물에 빠져 죽음.

慈堂(자당) : 남의 어머니의 존칭.

雌雄(자웅) : ① 암컷과 수컷. ② 승부(勝負)·우열의 비유.

慈親(자친) : 남에게 대해 자기 어머니를 이르는 말.

殘渣(잔사) : 남은 찌꺼기.

箴言(잠언) : 경계가 되는 짧은 말.

正鵠(정곡) : 과녁의 한가운데 점으로, 목표·핵심을 뜻하는 말.

鳥瞰(조감) : 높은 곳에서 아래를 내려다봄.

尊銜(존함) : 상대방의 이름을 높여 이르는 말.

珠簾(주렴) : 구슬을 꿰어 만든 발.

咫尺(지척) : 아주 가까운 거리.

塵埃(진애) : ① 티끌, 먼지. ② 세상의 속된 것.

桎梏(질곡) : 자유를 몹시 속박함.

什物(집물) : 살림에 쓰는 기구. 집기(什器).

差使(차사) : 중요한 임무를 위해 파견하는 임시직.

蒼氓(창맹) : 세상의 모든 사람. 창생(蒼生).

剔抉(척결) : 살을 긁어내고 뼈를 발라냄.

穿鑿(천착) : ① 구멍을 뚫음. ② 학문을 깊이 연구함. ③ 이치에 닿지 않는 말을 함.

僉知(첨지) : 나이 많은 사람을 낮추어 이르는 말.

靑史(청사) : 역사. 종이가 없던 옛날에 대나무 껍질을 불에 구워서 사실(史實)을 기록한 데서 나온 말.

靑孀(청상) : 젊었을 때 남편을 여읜 여자.

靑雲(청운) : ① 푸른빛의 구름. ② 높은 벼슬을 가리키는 말.

忖度(촌탁) : 남의 마음을 미루어 헤아림.

叢書(총서) : 계속해서 출판하는 같은 종류의 서적.

Q 올림픽의 표어는?

出斂(출렴) :여러 사람이 돈이나 물품을 각각 분담하여 냄.

秋霜(추상) : ① 가을의 찬 서리. ② 위엄이나 엄한 형벌의 비유.

追敍(추서) : 사람이 죽은 뒤에, 그의 생전의 공훈에 따라 서훈(敍勳)·서임(敍任)함.

追伸(추신) : 편지 등에서 글을 추가할 때 그 글 머리에 쓰는 말.

推尋(추심) : ① 찾아내서 가져옴. ② 은행이 소지인의 의뢰를 받아 수표 또는 어음을 지불인에게 지시하여 지불하게 하는 일.

推薦(추천) : 인재(人才)를 천거함.

秋毫(추호) : 가을철에 가늘어진 짐승의 털. 몹시 적음의 비유.

春府丈(춘부장) : 남의 아버지에 대한 존칭.

春秋(춘추) : ① 봄과 가을. ② 어른의 나이에 대한 존칭. ③ 역사.

沖積(충적) : 흐르는 물에 의해 쌓임.

贅辭(췌사) : 필요 없는 군더더기 말.

嗤笑(치소) : 빈정거려 웃음.

癡情(치정) : 옳지 못한 관계로 맺어진 남녀간의 불순한 애정.

蟄居(칩거) : 나가서 활동하지 않고 집안에만 들어박혀 있음.

惰性(타성) : 오래 되어 굳어진 버릇.

坼榜(탁방) : ① 과거에 급제한 사람의 이름을 게시하는 일. ② 일의 결말이 나는 것.

炭塵(탄진) : 탄광의 갱내 공기에 부동(浮動)하는 먼지 모양의 석탄가루.

坦懷(탄회) : 조금도 거리낌이 없는 마음.

宅號(택호) : 벼슬 이름이나, 장가 든 곳, 주부의 친정의 지명을 붙여서 그 사람의 집을 부르는 이름.

撑天(탱천) : 하늘을 찌를 듯이 높이 솟음.

幀畵(탱화) : 그림으로 그려 벽에 거는 불상(佛像).

吐露(토로) : 속마음을 죄다 드러내어 말함.

洞燭(통촉) : 깊이 헤아려 살핌.

通稱(통칭) : ① 공통으로 쓰이는 이름. ② 일반에 통용하는 이름.

推敲(퇴고) : 글을 지을 때 자구(字句)를 다듬고 고치는 일.

偸安(투안) : 눈앞의 안락만을 꾀함.

罷漏(파루) : 오경 삼점(三點)에 큰 쇠북을 서른 세 번 치던 일.

覇道(패도) : 인의(仁義)를 무시하고 무력이나 권모술수로 세상을 다스리는 일.

悖謬(패류) : 사리에 어긋나 일을 그르침.

悖倫(패륜) : 사람으로서 마땅히 지켜야 할 도리에 어긋남.

佩物(패물) : ① 몸에 차는 장식물. ② 노리개.

澎湃(팽배) : 기세나 사조 따위가 세차게 일어 넘침.

編曲(편곡) : 어떤 악곡을 다른 형식으로 바꾸어 꾸며서 연주 효과를 달리하는 일. 또는 그 곡.

遍歷(편력) : 이곳저곳 두루 돌아다님.

片鱗(편린) : 한 조각의 비늘이란 뜻으로,

사물의 아주 작은 부분을 비유.

貶辭(폄사) : 남을 헐뜯는 말.

貶斥(폄척) : 벼슬을 떨어뜨리고 물리침.

弊社(폐사) : 자기 회사를 겸손히 이르는 말.

布衣(포의) : ① 베로 지은 옷. ② 벼슬이 없는 선비나 평민을 이르는 말.

剽竊(표절) : 글을 짓는 데 남의 작품 내용의 일부를 몰래 따다 씀.

風霜(풍상) : ① 바람과 서리. ② 살면서 겪은 세상의 고난.

風塵(풍진) : ① 바람에 날리는 티끌. ② 더럽혀진 속세(俗世).

筆誅(필주) : 허물이나 죄를 글로 써서 비난함.

筆禍(필화) : 발표한 글이 말썽이 되어 받는 화.

瑕疵(하자) : 흠. 결점.

下廻(하회) : 어떤 표준보다 밑돎.

偕老(해로) : 부부가 일생을 함께 하며 늙음.

楷書(해서) : 한자 서체의 하나. 예서(隷書)에서 변한 것으로 자형이 가장 방정(方正)한 것.

現身(현신) : ① 아랫사람이 윗사람을 처음으로 뵘. ② 부처가 여러 가지 모습으로 변하여, 그 몸을 나타냄.

糊口(호구) : 입에 풀칠이나 한다는 뜻으로, 겨우 끼니를 이어가는 것의 비유.

糊塗(호도) : 건성으로 애매하게 덮어버림. 속임수의 조처를 함.

胡蝶(호접) : 나비.

忽待(홀대) : 소홀하게 대접함.

鴻鵠(홍곡) : 큰기러기와 고니. 포부가 원대한 인물을 비유하는 말.

花瓣(화판) : 꽃잎.

宦族(환족) : 대대로 벼슬을 하는 집안.

荒蕪地(황무지) : 거두지 않아 거칠어진 땅.

膾炙(회자) : ① 날고기와 구운 고기. ② 널리 사람들의 입에 오르내림. 화제에 자주 오름.

喜壽(희수) : 나이 77세를 일컬음.

Q 불문법(不文法)의 종류는?

建(세울	건)	↔	壞(무너뜨릴	괴)		忙(바쁠	망)	↔	閑(한가할	한)
傑(뛰어날	걸)	↔	拙(못날	졸)		賣(팔	매)	↔	買(살	매)
儉(검소할	검)	↔	奢(사치할	사)		孟(맏	맹)	↔	季(끝	계)
結(맺을	결)	↔	離(떨어질	리)		明(밝을	명)	↔	暗(어두울	암)
謙(겸손할	겸)	↔	慢(거만할	만)		文(글월	문)	↔	武(무사	무)
京(서울	경)	↔	鄕(시골	향)		問(물을	문)	↔	答(답할	답)
慶(경사	경)	↔	弔(조상할	조)		美(아름다울	미)	↔	醜(추할	추)
高(높을	고)	↔	低(낮을	저)		放(놓을	방)	↔	防(막을	방)
曲(굽을	곡)	↔	直(곧을	직)		逢(만날	봉)	↔	別(헤어질	별)
貴(귀할	귀)	↔	賤(천할	천)		浮(뜰	부)	↔	沈(잠길	침)
勤(부지런할	근)	↔	怠(게으를	태)		悲(슬플	비)	↔	喜(기쁠	희)
禽(날짐승	금)	↔	獸(길짐승	수)		貧(가난할	빈)	↔	富(넉넉할	부)
起(일어날	기)	↔	臥(누울	와)		常(일상	상)	↔	特(특별할	특)
緊(기요할	긴)	↔	疎(성길	소)		生(살	생)	↔	滅(멸망할	멸)
諾(승낙할	낙)	↔	拒(물리칠	거)		善(착할	선)	↔	惡(악할	악)
難(어려울	난)	↔	易(쉬울	이)		盛(성할	성)	↔	衰(쇠할	쇠)
濃(짙을	농)	↔	淡(묽을	담)		消(쓸	소)	↔	積(쌓을	적)
斷(끊을	단)	↔	續(이을	속)		損(잃을	손)	↔	益(더할	익)
貸(빌릴	대)	↔	借(빌릴	차)		送(보낼	송)	↔	迎(맞을	영)
鈍(둔할	둔)	↔	敏(민첩할	민)		首(머리	수)	↔	尾(꼬리	미)
得(얻을	득)	↔	失(잃을	실)		授(줄	수)	↔	受(받을	수)
冷(찰	랭)	↔	炎(뜨거울	염)		瞬(눈깜짝할	순)	↔	永(길	영)
露(이슬	로)	↔	霜(서리	상)		崇(높일	숭)	↔	凌(업신여길	릉)
瞭(밝을	료)	↔	曖(희미할	애)		昇(오를	승)	↔	降(내릴	강)
漠(아득할	막)	↔	確(확실할	확)		勝(이길	승)	↔	敗(패할	패)
晚(늦을	만)	↔	早(일찍	조)		視(볼	시)	↔	聽(들을	청)

A 관습법 · 판례법 · 조리법

新(새	신)	↔	舊(옛	구)	衆(많을	중)	↔	寡(적을	과)
深(깊을	심)	↔	淺(얕을	천)	遲(더딜	지)	↔	速(빠를	속)
我(나	아)	↔	汝(너	여)	眞(참	진)	↔	僞(거짓	위)
仰(우러를	앙)	↔	俯(구부릴	부)	集(모을	집)	↔	散(흩을	산)
愛(사랑	애)	↔	憎(미워할	증)	着(입을	착)	↔	脫(벗을	탈)
哀(슬플	애)	↔	歡(기쁠	환)	創(창조할	창)	↔	模(본뜰	모)
嚴(엄할	엄)	↔	慈(인자할	자)	添(더할	첨)	↔	削(깎을	삭)
逆(거스를	역)	↔	順(좇을	순)	尖(뾰족할	첨)	↔	丸(둥근	환)
厭(싫을	염)	↔	樂(좋아할	요)	淸(맑을	청)	↔	濁(흐릴	탁)
凹(오목할	요)	↔	凸(볼록할	철)	忠(충성	충)	↔	奸(간사할	간)
優(뛰어날	우)	↔	劣(못날	렬)	取(취할	취)	↔	捨(버릴	사)
隱(숨길	은)	↔	顯(나타날	현)	統(합칠	통)	↔	分(나눌	분)
陰(그늘	음)	↔	陽(볕	양)	豊(풍성할	풍)	↔	凶(흉년들	흉)
因(까닭	인)	↔	果(결과	과)	彼(저	피)	↔	此(이	차)
雌(암컷	자)	↔	雄(수컷	웅)	寒(찰	한)	↔	暖(따뜻할	난)
姉(누이	자)	↔	妹(아랫누이	매)	虛(빌	허)	↔	實(찰	실)
田(밭	전)	↔	畓(논	답)	賢(어질	현)	↔	愚(어리석을	우)
絶(끊을	절)	↔	繼(이을	계)	狹(좁을	협)	↔	廣(넓을	광)
淨(깨끗할	정)	↔	汚(더러울	오)	好(좋을	호)	↔	惡(미워할	오)
靜(고요할	정)	↔	騷(시끄러울	소)	禍(재앙	화)	↔	福(복	복)
朝(아침	조)	↔	暮(저물	모)	擴(늘릴	확)	↔	縮(줄	축)
燥(마를	조)	↔	濕(젖을	습)	厚(두터울	후)	↔	薄(엷을	박)
尊(높을	존)	↔	卑(낮을	비)	黑(검을	흑)	↔	白(흰	백)
縱(세로	종)	↔	橫(가로	횡)	興(일어날	흥)	↔	亡(망할	망)
左(왼	좌)	↔	右(오른	우)					
呪(저주할	주)	↔	祝(축하할	축)					

Q 현행 저작권법에서 저작권은 저작자 사후(死後) 몇 년까지 존속하는가?

更	다시	갱	更新(갱신)
	고칠	경	變更(변경)
車	수레	거	車馬(거마)
	수레	차	車票(차표)
見	볼	견	見聞(견문)
	드러날	현	謁見(알현)
龜	땅이름	구	龜浦(구포)
	거북	귀	龜甲(귀갑)
	터질	균	龜裂(균열)
度	법도	도	制度(제도)
	헤아릴	탁	度支(탁지)
讀	읽을	독	讀書(독서)
	구절	두	句讀(구두)
洞	마을	동	洞里(동리)
	꿰뚫을	통	洞達(통달)
樂	즐길	락	娛樂(오락)
	풍류	악	音樂(음악)
	좋아할	요	樂山(요산)
率	비율	률	能率(능률)
	거느릴	솔	統率(통솔)
反	돌이킬	반	反亂(반란)
	뒤집을	번	反沓(번답)
復	회복할	복	回復(회복)
	다시	부	復活(부활)
否	아닐	부	否認(부인)
	막힐	비	否塞(비색)
北	북녘	북	北方(북방)
	패배할	배	敗北(패배)
分	나눌	분	分配(분배)
	단위	푼	分錢(푼전)
不	아니	불	不吉(불길)
	아닐	부	不當(부당)
寺	절	사	寺院(사원)
	내시	시	寺人(시인)

殺	죽일	살	殺生(살생)
	감할	쇄	相殺(상쇄)
狀	모양	상	形狀(형상)
	문서	장	賞狀(상장)
塞	변방	새	要塞(요새)
	막을	색	塞源(색원)
索	찾을	색	搜索(수색)
	쓸쓸할	삭	索莫(삭막)
說	말씀	설	說明(설명)
	달랠	세	遊說(유세)
	기뻐할	열	說樂(열락)
省	살필	성	反省(반성)
	덜	생	省略(생략)
屬	무리	속	所屬(소속)
	붙을	촉	屬望(촉망)
數	셈	수	數學(수학)
	자주	삭	頻數(빈삭)
	촉촉할	촉	數罟(촉고)
拾	주울	습	拾得(습득)
	열	십	拾萬(십만)
食	먹을	식	食事(식사)
	밥	사	簞食(단사)
識	알	식	知識(지식)
	기록할	지	標識(표지)
什	열사람	십	什長(십장)
	세간	집	什器(집기)
惡	악할	악	惡漢(악한)
	미워할	오	嫌惡(혐오)
易	바꿀	역	貿易(무역)
	쉬울	이	容易(용이)
葉	잎	엽	落葉(낙엽)
	성	섭	葉氏(섭씨)
咽	목구멍	인	咽喉(인후)
	목멜	열	嗚咽(오열)

炙	구울	자	膾炙(회자)
	고기구이	적	散炙(산적)
刺	찌를	자	刺客(자객)
	찌를	척	刺殺(척살)
切	끊을	절	切斷(절단)
	모두	체	一切(일체)
提	끌	제	提携(제휴)
	보리수	리	菩提(보리)
辰	지지	진	辰時(진시)
	날(하루)	신	生辰(생신)
參	참여할	참	參加(참가)
	석	삼	參拾(삼십)
推	밀	추	推薦(추천)
	밀	퇴	推敲(퇴고)
則	법	칙	規則(규칙)
	곧	즉	則效(즉효)
沈	가라앉을	침	沈沒(침몰)
	성	심	沈氏(심씨)
拓	박을	탁	拓本(탁본)
	넓힐	척	開拓(개척)
罷	파할	파	罷業(파업)
	고달플	피	罷勞(피로)
便	편할	편	便利(편리)
	오줌	변	便器(변기)
暴	사나울	폭	暴風(폭풍)
	사나울	포	暴惡(포악)
皮	가죽	피	皮革(피혁)
	가죽	비	鹿皮(녹비)
降	항복할	항	降伏(항복)
	내릴	강	下降(하강)
行	다닐	행	行人(행인)
	항렬	항	行列(항렬)
畫	그림	화	畵幅(화폭)
	꾀할	획	計畵(계획)

Chapter 18-04 한자

A 답 70년

Current Issues & General Information

모양이 비슷한 한자

Column 1

殻(껍질 **각**)　貝殻(패각)
穀(곡식 **곡**)　穀食(곡식)

干(방패 **간**)　干戈(간과)
于(어조사 **우**)　于今(우금)

綱(벼리 **강**)　綱領(강령)
網(그물 **망**)　漁網(어망)

決(정할 **결**)　決議(결의)
訣(이별할 **결**)　訣別(결별)

徑(지름길 **경**)　經路(경로)
經(지날 **경**)　經由(경유)
輕(가벼울 **경**)　輕妄(경망)

階(섬돌 **계**)　階層(계층)
偕(함께 **해**)　偕老(해로)
楷(해서 **해**)　楷書(해서)

困(곤란할 **곤**)　困窮(곤궁)
囚(가둘 **수**)　罪囚(죄수)
因(인할 **인**)　原因(원인)

郊(성밖 **교**)　郊外(교외)
效(효험 **효**)　效能(효능)

几(안석 **궤**)　几席(궤석)
凡(무릇 **범**)　凡例(범례)

斤(근 **근**)　斤量(근량)
斥(물리칠 **척**)　排斥(배척)

今(이제 **금**)　昨今(작금)
令(명령 **령**)　命令(명령)

兢(조심할 **긍**)　兢兢(긍긍)
競(다툴 **경**)　競走(경주)

己(몸 **기**)　克己(극기)
已(이미 **이**)　已往(이왕)
巳(뱀 **사**)　巳時(사시)

納(드릴 **납**)　納稅(납세)
訥(말더듬을 **눌**)　訥辯(눌변)

怒(성낼 **노**)　憤怒(분노)
恕(용서할 **서**)　容恕(용서)

Column 2

能(능할 **능**)　能力(능력)
態(모양 **태**)　態度(태도)

旦(아침 **단**)　元旦(원단)
且(또 **차**)　且置(차치)

端(바를 **단**)　端正(단정)
瑞(상서 **서**)　瑞雪(서설)

大(클 **대**)　大小(대소)
太(클 **태**)　太白(태백)

島(섬 **도**)　島嶼(도서)
鳥(새 **조**)　鳥類(조류)
烏(까마귀 **오**)　烏鵲(오작)

徒(무리 **도**)　徒輩(도배)
徙(옮길 **사**)　移徙(이사)

絡(이을 **락**)　連絡(연락)
給(줄 **급**)　給付(급부)

列(벌릴 **렬**)　羅列(나열)
裂(찢어질 **렬**)　分裂(분열)
烈(세찰 **렬**)　猛烈(맹렬)

盧(목로 **로**)　木盧(목로)
慮(생각할 **려**)　思慮(사려)

綠(초록빛 **녹**)　綠色(녹색)
緣(인연 **연**)　因緣(인연)

壘(진 **루**)　孤壘(고루)
疊(겹쳐질 **첩**)　疊疊(첩첩)

栗(밤나무 **률**)　栗木(율목)
粟(조 **속**)　米粟(미속)

漫(질펀할 **만**)　浪漫(낭만)
慢(게으를 **만**)　慢性(만성)

末(끝 **말**)　末期(말기)
未(아닐 **미**)　未明(미명)

眠(잠잘 **면**)　安眠(안면)
眼(눈 **안**)　眼鏡(안경)

皿(그릇 **명**)　器皿(기명)
血(피 **혈**)　血液(혈액)

Column 3

母(어미 **모**)　母子(모자)
毋(말 **무**)　無論(무론)

睦(화목할 **목**)　和睦(화목)
陸(뭍 **륙**)　陸地(육지)

夢(꿈 **몽**)　夢想(몽상)
蒙(어두울 **몽**)　夢寐(몽매)

戊(천간 **무**)　戊己(무기)
戍(지킬 **수**)　衛戍(위수)
戌(지지 **술**)　戊戌(무술)

間(물을 **문**)　問題(문제)
間(사이 **간**)　間隔(간격)

味(맛 **미**)　味覺(미각)
昧(어두울 **매**)　三昧(삼매)

密(빽빽할 **밀**)　密集(밀집)
蜜(꿀 **밀**)　蜜蜂(밀봉)

薄(엷을 **박**)　薄福(박복)
簿(장부 **부**)　簿記(부기)

班(나눌 **반**)　班常(반상)
斑(얼룩질 **반**)　斑點(반점)

頒(나눌 **반**)　班常(반상)
頌(기릴 **송**)　頌歌(송가)

彷(배회할 **방**)　彷徨(방황)
防(막을 **방**)　防衛(방위)

俳(광대 **배**)　俳優(배우)
徘(머뭇거릴 **배**)　徘徊(배회)

憤(분할 **분**)　憤怒(분노)
噴(뿜을 **분**)　噴水(분수)
墳(무덤 **분**)　墳墓(분묘)

貧(가난할 **빈**)　貧富(빈부)
貪(탐할 **탐**)　貪慾(탐욕)

沙(물가 **사**)　沙工(사공)
砂(모래 **사**)　沙漠(사막)

唆(부추길 **사**)　示唆(시사)
俊(준걸 **준**)　俊傑(준걸)

A 세계 최초의 유인 우주선은?

■ (   ) 안은 틀린 음

可憐 가련 (가린)	間歇 간헐 (간흘)	改悛 개전 (개준)	更迭 경질 (갱질)
賂物 뇌물 (각물)	陶冶 도야 (도치)	邁進 매진 (만진)	木瓜 모과 (목과)
沸騰 비등 (불등)	奢侈 사치 (사다)	先塋 선영 (선형)	遡及 소급 (삭급)
領袖 영수 (영유)	歪曲 왜곡 (부곡)	雲刻 운각 (운핵)	罹患 이환 (나환)
彫琢 조탁 (조돈)	櫛比 즐비 (절비)	斬新 참신 (점신)	刺殺 척살 (자살)
推敲 퇴고 (추고)	平坦 평탄 (평단)	風靡 풍미 (풍마)	肛門 항문 (홍문)
恪別 각별 (격별)	減殺 감쇄 (감살)	坑道 갱도 (항도)	驚蟄 경칩 (경첩)
茶菓 다과 (차과)	瀆職 독직 (속직)	驀進 맥진 (막진)	木鐸 목탁 (목택)
譬喩 비유 (벽유)	撒布 살포 (산포)	閃光 섬광 (염광)	甦生 소생 (갱생)
嗚咽 오열 (명인)	要塞 요새 (요색)	遊說 유세 (유설)	溺死 익사 (약사)
躊躇 주저 (수저)	叱責 질책 (힐책)	懺悔 참회 (섬회)	闡明 천명 (선명)
稗官 패관 (비관)	褒賞 포상 (보상)	破笠 피립 (파립)	降將 항장 (강장)
看做 간주 (간고)	甘蔗 감자 (감서)	釀出 약출 (거출)	膏肓 고황 (고맹)
團欒 단란 (단락)	滿腔 만강 (만공)	萌芽 맹아 (명아)	蒙昧 몽매 (몽미)
憑藉 빙자 (빙적)	逝去 서거 (절거)	星宿 성수 (성숙)	騷擾 소요 (소우)
訛傳 와전 (화전)	窯業 요업 (질업)	隱匿 은닉 (은익)	湮滅 인멸 (연멸)
奏請 주청 (진정)	斟酌 짐작 (심작)	暢達 창달 (장달)	喘息 천식 (서식)
覇權 패권 (파권)	捕捉 포착 (포촉)	割引 할인 (활인)	偕老 해로 (개로)
姦慝 간특 (간약)	概括 개괄 (개활)	揭示 게시 (계시)	汨沒 골몰 (일몰)
撞着 당착 (동착)	蔓延 만연 (만정)	明澄 명징 (명중)	杳然 묘연 (향연)
使嗾 사주 (사족)	棲息 서식 (처식)	洗滌 세척 (세조)	贖罪 속죄 (독죄)
渦中 와중 (과중)	容喙 용훼 (용탁)	吟味 음미 (금미)	一括 일괄 (일활)
屯困 준곤 (둔곤)	執拗 집요 (집유)	漲溢 창일 (장익)	尖端 첨단 (열단)
膨脹 팽창 (팽장)	輻輳 폭주 (복주)	陝川 합천 (협천)	楷書 해서 (개서)

A 구소련의 보스토크 1호

Chapter 18-06 한자

刮目 괄목 (활목)	綽綽 작작 (탁탁)	嗜好 기호 (노호)	點睛 점정 (점청)
拇印 무인 (모인)	撮影 촬영 (최영)	拔擢 발탁 (발요)	綻露 탄로 (정로)
殺到 쇄도 (살도)	荊棘 형극 (형자)	齷齪 악착 (악족)	麾下 휘하 (마하)
一擲 일척 (일정)	拘碍 구애 (구득)	咀呪 저주 (조주)	捺印 날인 (나인)
諦念 체념 (제념)	頒布 반포 (분포)	鍼術 침술 (함술)	補塡 보전 (포진)
解弛 해이 (해야)	示唆 시사 (시준)	賄賂 회뢰 (유락)	愛玩 애완 (애원)
壞滅 괴멸 (회멸)	箴言 잠언 (함언)	懦弱 나약 (유약)	接吻 접문 (접물)
未洽 미흡 (미합)	追悼 추도 (추탁)	拜謁 배알 (배갈)	彈劾 탄핵 (탄해)
睡眠 수면 (수민)	忽然 홀연 (총연)	軋轢 알력 (알락)	恤兵 휼병 (혈병)
剩餘 잉여 (승여)	救恤 구휼 (구혈)	沮止 저지 (조지)	狼藉 낭자 (낭적)
涕泣 체읍 (제읍)	潑剌 발랄 (발자)	蟄居 칩거 (집거)	敷衍 부연 (부행)
諧謔 해학 (개학)	謚號 시호 (익호)	劃數 획수 (화수)	惹起 야기 (약기)
攪亂 교란 (각란)	暫定 잠정 (참정)	內人 나인 (내인)	正鵠 정곡 (정고)
撲滅 박멸 (업멸)	秋毫 추호 (추모)	兵站 병참 (병첨)	耽溺 탐닉 (탐약)
水洗 수세 (수선)	花瓣 화판 (화변)	斡旋 알선 (간선)	欣快 흔쾌 (근쾌)
自矜 자긍 (자금)	詭辯 궤변 (위변)	傳播 전파 (전번)	來往 내왕 (내주)
忖度 촌탁 (촌도)	跋涉 발섭 (발보)	拓本 탁본 (척본)	分泌 분비 (분필)
享樂 향락 (형락)	辛辣 신랄 (신극)	嚆矢 효시 (고시)	掠奪 약탈 (경탈)
口腔 구강 (구공)	將帥 장수 (장사)	拿捕 나포 (장포)	造詣 조예 (조지)
剝奪 박탈 (녹탈)	衷心 충심 (애심)	報酬 보수 (보주)	慟哭 통곡 (동곡)
收穫 수확 (수획)	廓然 확연 (곽연)	謁見 알현 (갈견)	恰似 흡사 (합사)
佐飯 자반 (좌반)	龜鑑 귀감 (구감)	截斷 절단 (재단)	鹿茸 녹용 (녹이)
寵愛 총애 (용애)	拔萃 발췌 (발졸)	度支 탁지 (도지)	不朽 불후 (불구)
絢爛 현란 (순란)	迅速 신속 (빈속)	嗅覺 후각 (취각)	濾過 여과 (노과)
丘陵 구릉 (구능)	裝塡 장전 (참정)	烙印 낙인 (각인)	措置 조치 (차치)
反駁 반박 (반효)	熾熱 치열 (직열)	布施 보시 (포시)	洞察 통찰 (동찰)
猜忌 시기 (청기)	恍惚 황홀 (광홀)	隘路 애로 (익로)	詰難 힐난 (길난)

INDEX

본 색인 부분은 한글색인과 숫자색인 · 영문색인
으로 이루어져 있다.
학습자의 필요성에 따라 수시로 찾아볼 수 있도록
한글 자음순, 숫자순, 알파벳순으로 배열하였으므
로 복습의 효과가 크다.

ㄱ

ⓒ마크	285
가격의 자동조절 기능	111
가격제한폭	138
가계수표	133
가곡	499
가곡원류	373
가극	499
가변자본	118
가부키	525
가사	370
가상화폐	247
가상화폐 거래소	250
가상화폐공개	250
가석방	89
가속도	434
가속도원리	117
가속도의 법칙	434
가수요	113
가시광선	438
가시리	368
가장실업	292
가전체문학	367
가정법원	93
가처분소득	145
각 국의 회계 연도	158
각 시대의 국립대학	313
간경도감	314
간다라 미술	508
간벌	222
간접금융	136
간접민주정치	38
간접선거	52
간접세	161
간접용역	103
간접정범	90
간헐천	461
갈리아 전기	405
감가상각	171
감상주의	399
감성지수	282
감속재	441
감자	378
갑자사화	315
갑골문자	338
갑근세	162
갑신개혁의 골자	322
갑신정변	322
갑오개혁	324
갑종 근로소득세	162

값싼 정부	41
강행법	78
강호사시가	372
강화도조약	321
강화도조약의 특징	322
개경파와 서경파의 대립	308
개발공해	203
개벽	388
개인소득	145
개혁의 침략성	324
객주	319, 383
갤럽여론조사소	255
갯마을	381
거래비용이론	241
거부반응	449
거창양민학살사건	331
건폐율	215
검색엔진	239
검은모루	296
검찰관	407
게노센샤프트	278
게놈	451
게르니카	514
게르만족의 이동	344
게리맨더링	54
게마인샤프트	277
게이트 볼	549
게이트 키퍼	253
게임 포인트	539
게젤샤프트	277
게티즈버그 연설	352
겨자 가스	429
결합재	104
경국대전	314
경극	525
경기동향지수	148
경기민요	497
경기변동	147
경기변동의 특징	147
경기변동의 4국면	147
경기순환	147
경기예고지표	147
경기적 실업	292
경기체가	367
경당	299
경동지괴	460
경마 저널리즘	267
경보	546
경상비	160
경상수지	177
경상이익	170

경성헌법	82
경세치용학파(중농파)	318
경수필	395
경영다각화	164
경영자혁명	164
경영합리화	164
경쟁가격	110
경제	102
경제 4단체	154
경제객체	103
경제백서	158
경제사회이사회	185
경제사회이사회의 5개 지역경제위원회	185
경제성장	143
경제성장률	143
경제성장률 공식	143
경제원칙	102
경제육전	314
경제의 어원	102
경제인	102
경제재	103
경제주체	102
경제특구	189
경제표	106
경제협력개발기구	186
경제활동의 주체	103
경제활동의 4주체	103
경찰국가	41
경합범	91
경험론	476
경화	122
계관시인	396
계룡대	431
계림유사	366
계면활성제	196
계몽문학	389
계속비	160
계엄	44
계원필경	365
계유정난	315
계절적 실업	293
계절풍	465
계절풍 기후	466
계정	169
계축일기	373
계통출	220
계해약조	314
고구려 미술	515
고급언어	229
고기조산대	459

고대 올림픽 경기	529	공무도하가	362	관훈클럽	266
고대 중국문명	338	공민왕의 반원정책	310	광개토대왕릉비	300
고대소설 · 신소설 · 현대소설의		공범	91	광개토대왕함	423
비교	376	공법	77	광대	494
고도를 기다리며	411	공사(公社)	154	광문회	389
고딕양식	508	공사(公使)	45	광복군	329
고려대장경	307	공산주의	486	광시곡	501
고려시대의 구빈제도	306	공소보류	89	광역경제	188
고려양	310	공소시효	90	광장	383
고려연방제	57	공소증후군	276	광주학생운동	329
고려 미술	516	공업단지	213	광혜원	323
고령화 사회	275	공유결합	440	광화학 스모그	199
고르기아스	474	공유결합의 경우	440	괘불	518
고립주의	58	공유경제	244	교부철학	476
고발	90	공익광고	270	교사범	91
고산구곡가	372	공인노무사	216	교섭단체	48
고생대	456	공장제 수공업	104	교육지수	282
고생대 표준화석	457	공적부조	278	교정도감	309
고센의 제2법칙	121	공주 석장리	296	교조주의	487
고소	90	공중조기경보통제기	426	교향곡	498
고수	494	공중인	98	구결	364
고요의 바다	421	공채	160	구륵법	506
고요한 돈 강	410	공탁	97	구매력 평가설	126
고의낙구	534	공한지세	163	구상무역	174
고인돌	297	공해	194	구상미술	511
고전주의	398	공해방지산업	210	구상서	47
고전파 미술	509	공해부과금제도	202	구석기 유적의 발굴	296
고전파 음악	500	공해수출	204	구석기시대	337
고정자본	118	공황	150	구속적부심사	79
고정자산	171	공후인	362	구속차관	135
고정환율제	125	과거제도	305	구운몽	374
고회	284	과도내각	331	구인영장	93
곡물 메이저	221	과료	90	구제도	351
골든 글러브상	523	과전법	312	구제도감	306
골든 이글	422	과점	112	구조적 실업	292
골품제도	301	과학위성	418	구지가	362
공개법인	138	과학적 관리법	165	국가	40
공개시장정책	128	관광 산업	212	국가 구성의 3요소	40
공개시장정책의 효과	128	관념론	475	국가 올림픽 위원회	528
공급곡선	113	관동별곡	367, 371	국가계약설	42
공급의 법칙	113	관례법	77	국가통합인증마크	215
공급의 법칙에 대한 예외	114	관리무역	172	국가형태 및 사명의 변천	41
공급의 탄력성	114	관리의 6하 원칙	165	국내총생산	144
공기업	152	관리통화제도	127	국무회의	45
공쿠르상	397	관성	434	국민발안	38
공동규제수역	58	관성유도	426	국민소득	145
공동변동환율제	126	관성의 법칙	434	국민소환	38
공동사회	277	관세	179	국민순생산	144
공동정범	91	관세율	179	국민연금제도	278
공동화 현상	273	관습법	77	국민총생산	143
공리주의	483	관현악	498	국민투표	38

국보 286
국부론 105
국산 액체추진로켓 발사
　첫 성공 414
국순전 367
국악기 494
국악의 5음계 494
국자감 305, 313
국적의 취득·상실 요인 80
국적의 취득 80
국정감사권 51
국정조사권 51
국제 올림픽 경기대회 528
국제 올림픽 위원회 528
국제 테니스 연맹 531
국제개발협회 185
국제결제은행 183
국제금융공사 184
국제노동기구 291
국제민간항공기구 71
국제민주연합 72
국제복싱연맹 541
국제부흥개발은행 184
국제사면위원회 280
국제사법재판소 70
국제석유자본 191
국제수지 177
국제수지의 구분 177
국제식량농업기구 221
국제신문발행인협회 266
국제신문편집인협회 266
국제에너지기구 214
국제연합 69, 360
국제원자력기구 428
국제의원연맹 73
국제저널리스트기구 266
국제차관단 190
국제통화기금 184
국제형사경찰기구 74
국채보상운동 327
국체와 정체 40
국학 313
국회에 통고 43
국회의 동의 43
국회의 승인 43
군국주의 60
군현제도 340
굴포리 296
굴절 437
궁체 519
권곡 459

권리장전 350
권리청원 350
권문세족의 횡포 310
권투 541
권투 체급별 체중 541
궤도폭탄 427
귀납법 477
규범의 3형태 76
규장각 319
규칙 77
균 수 법 346
균역법 319
그라운드 포지션 543
그랑프리 522
그래미상 505
그랜드 슬램 539
그랜드 피타 라운드 548
그레샴의 법칙 124
그레이 칼라 275
그레코로만형 542
그리말디인 337
그리스 교회 488
그리스도교 488
그리스문화 341
그린벨트 197
그린피스 208
극광 461
극대 만족의 법칙 121
극시 395
극장의 우상 482
근거리 무선 통신 240
근교농업 218
근대 민주주의 3대 혁명 351
근대 5종 경기 548
근대화운동과 그 주장 354
근로기준법 288
근우회 329
근저당 97
금고 89
금난전권 313
금리정책 128
금속활자 310
금수회의록 377
금약관 124
금오신화 370
금융 실링제 180
금융 콘체른 156
금융통화위원회 127
금인칙서 346
금전증권 134
금치산자 94

금통위 127
기묘사화 315
기간산업 211
기관투자가 140
기록문학 396
기본권 83
기상위성 418
기소 88
기소독점주의 88
기소유예 89
기소편의주의 88
기술수출 177
기술적 실업 293
기술혁신 166
기압골 464
기업 152
기업공개촉진법 157
기업공개촉진법의
　궁극적 목적 157
기업연합 155
기업의 종류 152
기업합동 155
기인제도 304
기준원유 192
기초수지 178
기축통화 123
기탄잘리 409
기펜재 104
기피인물 46
기한부 어음 131
기회비용 115
긴급명령권 44
긴급재정·경제 처분 및
　명령권 44
긴급조정 289
길드 345
꽁트 394

ㄴ

나노 238
나의 침실로 378
나이별 호칭 284
나제 동맹 300
나치즘 359
나틈 공법 216
나프타 442
낙농업 222
난기류 463
난반사 437

난장이가 쏘아 올린 작은 공	382	
난징조약	353	
날개	380	
날짜변경선	462	
남남협력	189	
남당	301	
남도민요	497	
남북 교차승인	56	
남북무역	174	
남북문제	189	
남북의 대립관계	352	
남북적십자회담	56	
남북전쟁	352	
남북한 가족법 비교	99	
남사당	496	
납	197, 199	
납중독	206	
낭만주의	399	
낭만주의 문학	390	
낭만파 미술	509	
낭만파 음악	500	
낭트 칙령	349	
내구재	104	
내국신용장	181	
내부경제	119	
내부자 거래	140	
내셔널 프레스 클럽	254	
내훈	370	
냉매	442	
냉전	430	
네거티브 시스템	175	
네안데르탈인	337	
네임 애드	269	
네트워크	258	
노 히트 노 런	533	
노동	115	
노동 3권	288	
노동 3법	288	
노동가능인구	292	
노동위원회	289	
노동쟁의	288	
노동쟁의조정법	288	
노동조합	288	
노동조합법	288	
노드	235	
노르딕 종목	547	
노벨상	286	
노벨(Nobel) 문학상	396	
노비안검법	305	
노비환천법	305	
노이만형 컴퓨터	227	
노인과 바다	411	
노인들의 4고	274	
노장사상	479	
노하우	166	
녹다운 방식	176	
녹색당	208	
녹색혁명	220	
녹지대	197	
논 칼라	275	
논타이틀전	542	
논픽션	395	
농공지구	220	
농부증(農夫症)	207	
농부증(農婦症)	207	
농상집요	311	
농업기술의 발달	311	
농촌형	274	
높새바람	465	
뇌사	449	
누범	91	
누벨바그	404	
누보로망	404	
누진세	162	
누항사	371	
뉘른베르크 재판	360	
뉴 프런티어	59	
뉴딜 정책	151	
뉴로모픽 칩	238	
뉴스 캐스터	257	
뉴스위크	266	
뉴욕타임스	265	
능률급제	168	
니체의 사상	485	
니힐리즘	485	
님의 침묵	379	

ㄷ

다각농업	218	
다국적기업	156	
다다이즘	401	
다목적 댐	217	
다미노자이드	202	
다변화외교	63	
다수대표제	53	
다원방송	258	
다위니즘	444	
다점	112	
다큐멘터리	254	
다크 호스	551	
단군신화	298	
단용재	104	
단원제	48	
단원제와 양원제의 장단점	48	
단자회사	137	
단체교섭권	288	
달러 유전스	132	
담보물권	96	
담합	98	
당백전	320	
당좌대월	130	
당좌예금	130	
대 비 원	306	
대공산권 수출통제위원회	187	
대공황	151	
대기오염	198	
대기오염예보제	198	
대기오염지수	198	
대기환경기준	199	
대기의 구조	463	
대동법	317	
대류	437	
대륙간탄도탄	424	
대륙봉쇄령	352	
대륙붕	461	
대륙사면	461	
대륙성 기후	466	
대리전쟁	430	
대사(大使)	45	
대사(大赦)	44	
대서양헌장	360	
대선거구제	52	
대원군의 정책	321	
대의정치	39	
대인고권	80	
대자보	64	
대전통편	314	
대전회통	314	
대종상	522	
대중문화	253	
대차대조표	169	
대체소득	146	
대체에너지	214	
대체재	103	
대출(여신)업무	126	
대타자	534	
대통령제	39	
대표적 물적회사	153	
대표적 인적회사	153	
대하소설	394	
대한 올림픽 위원회	528	

대한매일신보	387	독립재	104	디스인플레이션	150
대한민국 문화예술상	286	독립전쟁	43	디스커버리호	415
대한민국 임시정부	328	독립채산제	165	디스플레이	234
대한민국 정부수립	330	독립투자	117	디지털 서명	250
대한제국	326	독립협회	325	디지털 컴퓨터	227
대헌장	345	독서삼품과	302	디플레이션	149
대혁명	43	독서출신과	302	딥러닝	246
대회전	547	독일의 사회보장제도	279	딩크족	276
더늠	496	독재정치	39	뜬쇠	497
더블 드리블	536	독점가격	110		
더블 플레이	534	독점금지법	156		
더블 헤더	533	독점자본주의	106	ㄹ	
더비	551	돈 키호테	406		
더빙	256	돌연변이	445	라니냐	469
덤버튼 오크스 회의	69	동경의 땅	490	라르고	504
덤핑관세	180	동계(冬季) 올림픽대회	529	라마교	490
덧걸이	544	동국정운	369	라마르키즘	445
덧띠무늬토기	297	동굴의 우상	482	라이브	256
데드 볼	533	동남아국가연합	72	라틴아메리카경제위원회	185
데드라인	252	동동	368	라파예트	42
데릴사위 제도	299	동맹파업	289	람바다	504
데생	506	동명왕편	366	랑데뷰	418
데스크	252	동방견문록	347	랜섬웨어	235
데시벨	206	동방문화권	296	램	231
데이비스 컵 대회	531	동부민요	497	랩 타임	545
데이터 분석	245	동북의 경제구	189	랩소디	501
데카당스	400	동서무역	174	러ㆍ일전쟁	358
데카메론	406	동양척식회사	327	러다이트 운동	291
데카슬론	545	동양화의 묘법	506	러브게임	539
데탕트	63	동위원소	440	럭비 풋볼	536
데포르마시옹	510	동의와 승인의 다른 점	43	레 미제라블	408
도방	309	동의와 승인	43	레이더	438
도솔가	363	동인도회사	350	레임 덕 현상	67
도가사상	479	동인지 시대	389	레저 산업	212
도넛화 현상	272	동학	491	레지스탕스 문학	403
도당	301	동학운동	323	레트로 광고	270
도덕재무장운동	280	동화작용	444	레퍼리	551
도리스양식	507	두바이 유	192	로렌츠 곡선	146
도미노 이론	62	두시언해	370	로마 대법전	344
도산십이곡	372	드골이즘	59	로마 클럽	74
도솔가	362	드라마	524	로마네스크	507
도시문제	273	드라마투르기	524	로마제국	342
도시병	273	드래그 번트	535	로비스트	49
도시형	274	드래프트 시스템	551	로스타임	535
도첩제	312	드리블	535	로스토	143
도킹	418	들배지기	544	로스토의 경제성장 단계론	143
도편추	342	디노미네이션	124	로스트 제너레이션	401
도핑(doping) 검사	551	디렉터	257	로열티	215
독공	496	디맨드풀 인플레이션	150	로이터	263
독립신문	386	디버깅	239	로컬 에디션	264
독립의 법칙	444	디비닥 공법	217	로케이션	521

로코코 미술	509	만유인력의 법칙	435	모세관현상	435
롤링 폴	542	만적의 난	309	모세혈관	446
롬	231	만종	513	모스크바 3상회의	329
루꼬우챠오 사건	357	말	495	모스크바3상회의	330
루스벨트	59	망백	284	모의실험	165
루틴 경기	549	맞배지기	544	모자이크	506
르 몽드	265	매너리즘	396	모죽지랑가	363
르네상스	348	매뉴팩처	104	모천국주의	223
르네상스의 3대 발명품	348	매리너 계획	420	모험사업	137
르네상스 문화	398	매스미디어	253	모험자본	137
르포르타주	254	매스컴	253	목매다는 집	514
르포문학	396	매일신문	386	목욕하는 여인	514
리그전	551	매직 넘버	532	목적론적 윤리설	483
리바이어던	42	매치포인트	538	목적세	162
리베로	536	매판자본	119	몬순 기후	466
리보 금리	135	맬서스의 인구론	274	몬테소리 운동	282
리비도	480	머신 러닝	246	몬트리올 의정서	201
리사이틀	504	머천다이징	166	몰골법	506
리스 산업	212	머큐리 계획	420	몰수 게임	532
리아스식 해안	458	먹이연쇄	444	몸짓	495
리우회의	73	먼로주의	58	몽고제국	347
리즈 앤드 래그스	181	먼지지붕	200	몽고침입	325
리크루트 스캔들	66	메가톤	427	몽고풍	310
리플	248	메르센조약	344	몽유도원도	517
리플레이션	150	메리트 시스템	168	묘청의 난	308
리허설	520	메밀꽃 필 무렵	380	무오사화	315
링크 시스템	174	메이저리그	532	무결점운동	167
		메이지유신	355	무궁화위성	259
		메인 이벤트	551	무궁화1호	414
■		메카	489	무궁화5호 위성	414
		메카트로닉스	241	무녀도	381
마그마	460	메트칼프의 법칙	241	무능력자	94
마누 법전	339	멘델의 법칙	444	무늬없는 토기	297
마라톤	545	멘셰비키	487	무동	517
마루운동	549	멜로드라마	521	무령왕릉	301
마셜	186	면앙정가	371	무무	517
마셜 플랜	186	면죄부	348	무문토기	297
마야 문명	349	면책특권	50	무상증자	139
마이너리그	532	명목소득	145	무술정변	354
마카오	66	명예혁명	43, 350	무스테리안 문화	337
마카오 반환문제	65	모 역 법	346	무신정권교체	308
마케팅 믹스	166	모나리자	512	무신의 난	308
마켓 클레임	181	모노드라마	524	무실역행	473
마키아벨리	58	모노컬처 경제	109	무어의 법칙	241
마키아벨리즘	58	모니터	257	무언극	524
마피아	281	모더니즘	401	무역 수지	178
마하	437	모데라토	503, 504	무역수지	178
만리장	340	모라토리엄	135	무역외수지	178
만물인터넷	244	모랄 서베이	168	무역의존도	178
만민공동회	325	모바일 AP	232	무역풍	465
만세보	386	모성보호법	272	무인세제	196

무장평화 시대 356
무정 377
무정부주의 485
무중력상태 419
무차별의 법칙 111
무크 285
무한책임 153
무형문화재 285
무환수출 175
묵비권 92
문방사우 518
문예부흥 348
문장 388
문학작품에 나타난 인간 유형 406
문혁 64
문화 286
문화대혁명 64, 360
문화의 상대성 287
물가지수 148
물권 95
물권법정주의 95
물권의 종류 95
물랑 루즈에서 514
물산장려운동 328
뮌헨 회담 359
뮤지컬 500
미 국방부 431
미 군용기의 기종기호 425
미 제너레이션 277
미 항공우주국 416
미 ABM(탄도탄요격미사일)
　협정 탈퇴 423
미·구소련공동위원회 330
미곡연도 220
미국 중앙정보국 430
미국과 러시아간
　방위관련 조약 424
미국의 대통령 선거 67
미국의 독립전쟁 351
미국의 사회보장제도 279
미국의 3대 방송 회사 261
미나마타병 205
미뉴에트 502
미니트맨 424
미사일 방어체제 423
미성년자 94
미수 284
미수범 91
미얀마 연방 68
미주기구 72
미필적 고의 87

민며느리 제도 299
민사소송 95
민약설 42
민요 497
민정헌법 82
민족자결주의 59
민주국가 41
민주적 사법제도의 2대 원칙 87
민주정치 38
민주정치의 3대 원리 38
밀라노 칙령 343

ㅂ

바디 495
바람과 함께 사라지다 410
바람직한 직업 474
바로크 미술 508
바르한 458
바이마르 헌법 82
바이애슬론 548
바이얼레이션 538
바이오 453
바이오 세라믹스 451
바이오닉스 453
바이오리듬 453
바이오 컴퓨터 228
바이오테크놀로지 453
바이트 231
바터 무역 174
반 앨런대 462
반감기 441
반도체 236
반도체 8대 공정 236
반둥회의 73
반사 437
반입가격 182
발광 다이오드 234
발라드 502
발리 539
발림 495
발해 303
발해의 전성도 303
발행부수공사기구 267
방사선 441
방사성 폐기물 202
방사성원소 441
방송망 258
방조범 91
방지책 167

방추형 274
배사구조 457
배심제도 92
배영 547
배임죄 91
배지기 544
배출부과금제도 202
백 스트로크 547
백가쟁명 360
백년전쟁 345
백두산 정계비 318
백수 284
백신 448
백야 467
백운동 서원 316
백운소설 367
백제 미술 515
백조 388
백핸드 발리 539
백호주의 청산 281
백화운동 400
백화제방 360
뱅크 론 134
버스 234
버터플라이 547
번트 535
번트 앤 런 534
범람원 457
범주 477
범패 498
법 해석의 방법 79
법과 도덕의 차이 76
법과 법률 76
법률안거부권 44
법률행위 94
법의 형식과 종류 76
법정전염병 447
법치국가 41
법치주의 41
법화 122
법과 도덕 76
벙어리 삼룡이 379
베가톤 427
베네룩스 62
베네룩스 3국 187
베니스국제영화제 523
베드 타운 272
베르사유 조약 357
베른 조약 285
베버의 자본주의 정신 486
베이징 조약 353

베이징인	336	본초자오선	462	브로드캐스터	257
벤젠	443	볼셰비키	487	브리지	543
벤졸	443	봅슬레이	548	블랙 저널리즘	254
벤처 비즈니스	137	봉건제도	344	블랙박스	426
벤처 캐피털	137	봉수제	308	블랭킷 에어리어	258
벤처 펀드	137	봉오동전투	328	블로킹 현상	464
벨로드롬	548	부가가치세	162	블록경제	188
벽란도	304	부가가치세액 산출 방식	163	블록광고	270
변동환율제	125	부동항	469	블록체인	246
변증법	475	부르주아 혁명	486	블루리본	241
변증법적 유물론	486	부르주아지	487	블루벨트	198
별단예금	123,130	부메랑 현상	190	블리자드	465
별무반	305	부병제	341	비교생산비설	116
병인양요	321	부분적 핵실험 금지조약	428	비구상	511
병자호란	317	부산국제영화제	526	비너스의 탄생	513
보	305	부서	45	비닐	443
보갑법	346	부영양화	196	비단길	341
보마법	346	부재자 투표	54	비동맹제국 수뇌회의	73
보궐선거	54	부조리	483	비동맹주의	73
보물	286	부조리연극	525	비디오아트	512
보부상	312	부활	408	비례대표제	53
보석	89	북간도	380	비료의 3요소	220
보세가공무역	173	북대서양조약기구	71	비무장지대	431
보세창고	173	북방문화권	296	비밀선거	52
보스토크1호	420	분개장	170	비바체	504
보스토크6호	420	분리의 법칙	444	비버리지 보고서	279
보스턴 마라톤대회	531	분배국민소득	146	비변사	317
보완재	104	분산	437	비상상고	88
보이저	421	분산원장기술	248	비약상고	88
보이지 않는 손	111	분서갱유	340	비엔날레	515
보이지 않는 정부	431	분석철학	484	비자	47
보이코트	289	불 펜	533	비잔틴 미술	508
보일·샤를의 법칙	442	불고불리의 원칙	85	비준	43
보조화폐	122	불고지죄	86	비타민	446
보증사채	141	불교	488	비타민과 호르몬	447
보증채무	98	불꽃	381	비트 제너레이션	402
보통선거	52	불놀이	378	비트코인	247
보통예금	123	불매동맹	289	비판주의	477
보통은행	126	불문법	76	비은행 금융기관	126
보호무역주의	172	불문헌법	82	빅데이터	245
복낙원	407	불변자본	119	빈 볼	533
복부이식형 인공심장	449	불완전재정	158	빈곤의 악순환	108
복사	437	불의 3보	488	빈처	379
복식부기	169	불체포특권	51	빌딩공해	203
복점	112	불쾌지수	448	빌레못 동굴	296
복지국가	41	불혹	284	빔 유도	426
복합영농	218	불환지폐	123	빗살무늬토기	297
본권	96	브레인 바이러스	235	빗썸	250
본선인도조건	181	브레턴우즈 체제	183	빛의 현상들	437
본원소득	145	브레턴우즈 협정	183		
본위화폐	122	브렌트 유	192		

ㅅ

사구	533	산업 콘체른	155
사기업	152	산업구조	211
사라센 문화	347	산업대학	283
사라예보 사건	357	산업예비군	293
사랑방 손님과 어머니	379	산업용 사물인터넷	244
사린 가스	429	산업의 분	211
사림파	315	산업재산권	215
사모곡	368	산업폐기물	201
사물놀이	496	산업혁명	352
사물인터넷	244	산조	497
사미인곡	371	산화	442
사바나	467	산화공정	236
사법	77	산화질소류	199
사보타주	289	살수대첩	300
사서삼경	479	삼별초	309
사서오경	479	삼각강	458
사소설	394	삼각무역	173
사실주의	399	삼각주	457
사실주의 문학	389	삼강오륜	478
사실주의와 자연주의의 차이	399	삼국사기	366
사씨남정기	374	삼국유사	368
사영지	301	삼국의 주도권 쟁탈전	302
사용자비용	116	삼국지연의	405
사우스 포	542	삼대	378
사운드 트랙	521	삼대목	363
사육신	315	삼면등가의 원칙	146
사이코드라마	524	삼민주의	355
사이클	260	삼바	504
사이클 히트	534	삼별초	309
사이클론	468	삼별초의 난	309
사일로	222	삼정	319
사일리지	222	삼정 문란	319
사채	141	삼포농업	219
사회간접자본	119	상고	88
사회계약설	42	상대성이론	435
사회규범	76	상동인	337
사회보장 방법	278	상록수	380
사회보장제도	278	상소	87
사회의 전근대성과 근대성	272	상쇄	496
사회자	257	상수리제도	304
사회적 동물	475	상업혁명	104
사회주의	486	상장	138
사회집단	277	상장주식	138
사회집단의 분류	277	상장회사	138
산	441	상정고금예문	310
산란	437	상징주의	399
산문시	395	상춘곡	371
산성비	200	상평창	306
산성안개	200	상표권	215
		새도 캐비닛	50
		색의 3요소	507

색의 3원색	507
생각하는 사람	514
생디칼리슴	290
생명공학	453
생명의 외경	482
생명파	391
생물농축	197
생물농축의 단계	197
생물지표	195
생산국민소득	146
생산비 체감의 법칙	116
생산비 체증의 법칙	116
생산의 여러 요소설	115
생산의 3요소	115
생육신	315
생의 철학	484
생존권적 기본권	84
생태학	203
생화학적 산소요구량	194
샤머니즘	490
샹송	502
서방	309
서도민요	497
서동요	363
서동요	363
서머콘 공법	217
서사시	394
서스펜디드 게임	533
서시	379
서울공연예술제	526
서울연극제	525
서정시	395
서큘레이션	269
서포만필	374
석장리	296
석보상절	369
석유수출국기구	191
석유화학공업	214
선거공영제	55
선거소송	55
선거의 4원칙	52
선고유예	89
선사시대 문화권	296
선상지	457
선적서류	182
선진국형 산업구조	211
선측인도가격	182
선캄브리아대	456
선하증권	182
선혜청	317
설국	410

설선	468	소리	495	수정주의	487
설형문자	340	소묘	506	수중발레	549
섬학전	310	소물인터넷	245	수지균형의 원칙	158
성균관	313	소비성향	119	수질오염	194
성리학	480	소비자금융	136	수질오염 생물지표	196
성문법	76	소선거구제	53	수질환경기준	195
성문헌법	82	소성	435	수출입 링크제	175
성선설	479	소셜 덤핑	177	수출자유지역	174
성악설	479	소속집단	277	수표	133
성과 경	472	소수대표제	53	수필	395
세계 주요 미술작품	519	소액사건심판법	95	수확체감의 법칙	116
세계 주요 음악작품	505	소유권	96	순상지	459
세계 최초의 우주관광객	415	소음성 난청	206	순장	298
세계 탁구 선수권대회	531	소프트 론	135	순환풍	465
세계 환경의 날	207	소프트웨어	230	쉬르레알리즘	510
세계 3대 교향곡	498	소프호즈	487	슈바베의 법칙	108
세계 3대 법전	340	소피스트	474	슈투름 운트 드랑	398
세계 4대 문명 발상지	338	속대전	314	슈퍼우먼 신드롬	276
세계 4대 어장	223	속육전	314	슈퍼 컴퓨터	228
세계 4대 통신사	263	속인주의	80	스네이크	126
세계 7대 불가사의	286	속장경	306, 307	스마트 컨트랙트	249
세계기업	156	속지주의	81	스마트카드	240
세계보건기구	279	손익계산서	169	스메이지	199
세계복싱평의회	541	손익분기점	170	스모그	199
세계복싱협회	541	손해배상청구권	85	스몰데이터	245
세계은행	184	쇄국정책	320	스와데시 운동	355
세계의 3대 강풍	468	쇼비니즘	60	스와라지 운동	355
세계인권선언	42	쇼핑 호스트	257	스위퍼	536
세계자연보호기금	208	수경법	219	스카이랩 계획	421
세계저작권조약	284	수공업의 발달	105	스커드 미사일	425
세계주의	61	수권자본제도	140	스케치	506
세계지적재산권기구	284	수렴이론	63	스코어링 포지션	534
세라믹스	451	수박	543	스콜	467
세레나데	502	수소지수	195	스콜라 철학	476
세미 파이널	551	수소폭탄	427	스쿠프	264
세속오계	302,472	수요곡선	112	스퀴즈 플레이	535
세이의 법칙	108	수요곡선과 공급곡선	114	스크린 플레이	535
세입	158	수요공급의 법칙	114	스크립터	521
세입·세출의 종류	158	수요의 법칙	112	스탕달 신드롬	276
세제의 변화	346	수요의 탄력성	112	스태그플레이션	149
세출	158	수요의 탄력성과 총판매 수익	113	스태프	257
세트 포인트	539	수요초과 인플레	150	스태프와 라인	164
세한도	518	수용성 비타민	447	스탠드 바이	256
센서	227	수은	197	스탠드바이 크레디트	135
센서스	275	수이전	366	스턴트 경기	549
센서 저널리즘	267	수익권	84	스턴트 맨	521
셰르파	550	수익자 부담금	163	스테레오스코피	234
셰익스피어의 4대 비극	406	수입 인플레이션	150	스테이트 아마추어	551
소나타	499	수입 할당제	174	스텔스 폭격기	425
소년	387	수자원보호구역	198	스텝	467
소도	299	수정자본주의	106	스토브리그	532

스트라이크	289	신법 우선의 원칙	78	쌍백운동	65
스트레스	448	신생대	456	쐐기문자	340
스팅어 미사일	425	신생대 표준화석	457	씨름	544
스파이웨어	235	신석기 혁명	337		
스페셜	256	신석기시대	337		
스폰서	269	신성동맹	352	○	
스폿 뉴스	256	신세계 정보질서	254		
스프롤 현상	272	신소설	376	아가페의 생활	480
슬러거	534	신소재	451	아관파천	325
슬럼	273	신식민지주의	61	아그레망	46
슬럼프플레이션	149	신용장	181	아나운서	257
습곡	459	신용창조	130	아나키즘	485
습관법	77	신용창조 가능액 산출법	130	아날로그 컴퓨터	227
승수이론	117	신용화폐	123	아노미 현상	274
승화	442	신유박해	320	아뇌쿠메네	469
시 역 법	346	신인문주의	398	아니리	495
시가발행	139	신종기업어음	132	아다지오	503, 504
시각예술	512	신체시	376	아동문학파	390
시간차 공격	538	신탁통치반대운동	330	아라미드 섬유	451
시나리오	520	신품 4현	518	아라베스크	508
시나리오 용어	520	신해박해	320	아라비안 라이트	192
시나위	497	신해혁명	354	아랍 연맹	73
시네마스코프	522	신화사	263	아랍석유수출국기구	191
시드	551	실권주	139	아르 누보	510
시모노세키 조약	354	실낙원	407	아르키메데스의 원리	435
시문학	388	실내악	499	아리랑1호	415
시뮬레이션	165	실리콘밸리	242	아리아	500
시민혁명	351	실링 방식	180	아마추어 무선사	255
시산표	170	실업률	292	아메리카의 비극	411
시상화석	456	실용신안권	215	아모퍼스 금속	452
시장의 우상	482	실용위성	417	아방가르드	401,511
시조	372	실용주의	484	아방게르	401
시중은행	127	실존주의	403	아세안	72
시청률	256	실존철학	484	아스파텐	453
시험관 아기	449	실증주의	484	아시아극동경제위원회	185
식량우산	221	실질소득	145	아시아 개발은행	186
신간회	329	실질임금	145	아시아 경기대회	530
신곡	405	실질적 의미의 헌법	82	아시아 생산성기구	185
신교	488	실체법	78	아시아 올림픽 평의회	530
신기조산대	459	실크로드	341	아시아 · 유럽정상회의	72
신데렐라 콤플렉스	275	실학	318, 473	아시아 · 태평양경제사회	
신드롬	275	실학사상	473	이사회	185
신디케이트	155	실학의 발달	318	아우구스티누스	476
신라방	303	심급제도	87	아우타르키	179
신라원	303	심리극	524	아웃사이더	277
신라의 전성기	302	심리적 이유기	473	아이맥스 영화	522
신라 미술	516	심청전	375	아카데미	282
신문고	312	심포지엄	282	아카데미상	523
신문의 날	266	십자군	345	아쿠타가와상	397
신미양요	321	십자군의 영향	345	아트디렉터	268
신민회	327	싱크로나이즈드 스위밍	549	아틀란티스호	416

아파르트헤이트 폐지	281	액정 디스플레이	234	역전층	464
아편전쟁	353	액화 천연 가스	214	역전층현상	198
아포리즘	396	액화 프로판 가스	214	연계무역제	175
아폴로 계획	420	앵그리 영 맨	403	연교차	464
아폴로11호	420	앵커	256	연대보증	97
아프레게르	401	앵커맨	256	연대채무	97
아프리카 연합	72	야경국가	41	연등회	304
아프리카경제위원회	185	야수파	510	연립내각	50
아황산가스 환경기준	198	약관	284	연명의료결정법	450
악마주의	400	약국의료보험	278	연불수출	176
악의 꽃	408	약속어음	131	연산장치	232
악장가사	366	약속어음과 환어음의 차이점	131	연성헌법	82
악학궤범	371	얄타회담	330	연안어업	222
안민가	363	양극체제	64	연암소설의 특징	375
안단테	503, 504	양도성 예금증서	132	연역법	477
안락사	450	양명학	480	연착륙	419
안시성 싸움	300	양무운동	354	연출자	257
안전공황	151	양원제	48	연합국가	61
안전보장이사회	70	양자 컴퓨터	228	연화	122
안정공황	151	양자점 디스플레이	234	열섬현상	200
알 권리	253	양특적자	159	열하일기	375
알고리즘	229	어부사	372	열의 이동	437
알레그레토	504	어부사시사	373	염색체	445
알레그로	503, 504	어업권	222	엽록소	444
알리바이	92	어음	131	엽록체	444
알바니아 안	65	어음 대부	131	영고	298
알선	289	어음 할인	132	영국의 사회보장제도	279
알칼리	441	어음관리구좌	132	영미법	92
알타미라의 동굴벽화	512	어패럴 산업	212	영사	46
알트코인	249	억제재배	219	영세율	163
알파고	246	언해	370	영세율과 면세의 차이	163
알파고 제로	246	에게문명	341	영세중립국	62
알파 인터페론 연고	452	에너지 산업	212	영웅전	405
알파인 종목	547	에로스의 생활	481	영장제도	92
암모나이트	456	에미상	262, 523	영토고권	79
암모니아	442	에스페란토	283	영해	58
암호화폐	248	에어로빅	550	예금의 종류	129
암호화폐 채굴	250	에어로빅 댄스	549	예금통화	123
압력 단체	48	에이스	539	예금화폐	123
앙가주망	403,483	에이전시	269	예금(수신)업무	126
앙데팡당	511	에이전트 오린지	429	예부제	299
앙시앵 레짐	351	에콜로지	203	예비비	161
앙티로망	404	엔데버호	416	예산안 심의절차	161
앙팡 테리블	403	엔클로저 운동	349	예산의 종류	159
앙페르의 법칙	436	엘 니뇨	469	예서제	299
애니메이션	521	엥겔 계수	107	예술지상주의	400
애드 라이터	268	엥겔 계수와 생활정도	108	옐로 저널리즘	267
애드버토리얼	269	엥겔의 법칙	107	옐로 페이퍼	264
애드웨어 235		여수 · 순천사건	331	오륜가	372
애로호 사건	353	역도미노 이론	63	오데르 나이세선	62
액면가	139	역설	481	오디세이아	405

오라토리오 501
오로라 461
오류기 529
오리엔트 문명 339
오발탄 381
오버 론 134
오스카상 523
오스트라시즘 342
오스트랄로피테쿠스 336
오염도 1 198
오염도 2 198
오염도 3 198
오염도 4 198
오염도 5 198
오염물질의 종류와 피해 199
오염자 비용 부담원칙 202
오음악보 494
오일 달러 192
오일 머니 192
오일 메이저 191
오일 쇼크 191
오적 382
오존 199
오존층 파괴 201
오페라 499
오프 더 레코드 252
오프사이드 536
오픈 소스 239
오픈 숍 290
오픈 스쿨 283
오픈 선수권대회 531
옥시던트 200
옥탄가 443
온산병 205
온습지수 448
온실효과 200
올림픽 조직위원회 528
올림픽 표어 528
올스타 게임 533
옴니버스 영화 522
옴의 법칙 436
옵아트 512
와그너 법 291
와디 466
완매채 142
완전경쟁 111
왓슨 246
왕권신수설 350, 482
왕안석(王安石)의 신법 346
왕오천축국전 302
외교사절의 파견 절차 46

외교특권 46
외부경제 119
외쿠메네 468
외화가득률 179
외환 베이스 179
요구불예금 123,129
요람에서 무덤까지 279
요소비용 116
용불용설 445
용비어천가 369
용상 547
용역수출 176
용익물권 96
우라늄 439
우리 기쁜 젊은 날 383
우리 사주조합 157
우리나라 법률 제정 절차 45
우리별1호 414
우리별3호 415
우발전쟁 430
우열의 법칙 444
우주 캡슐 420
우주산업 417
우주속도 419
우주왕복선 415
우주왕복선1호 415
우주왕복선2호 415
우주왕복선3호 416
우주왕복선4호 416
우주왕복선5호 416
우주유영 417
우주정거장 416
우주회랑 419
우중문에게 주는 시 365
우편투표 54
우회생산 115
운동의 법칙 434
운요호사건 321
운임·보험료 부담조건 182
워너크라이 235
워싱턴 포스트 265
워터게이트 사건 66
원가 363
원교농업 218
원시무늬없는 토기 296
원시무문토기 296
원시불교 488
원심력 434
원양어업 222
원왕생가 363
원자 439

원자력 439
원자력공해 204
원자로 439
원자핵 439
원제국 347
원천과세 162
월 혁명 358
월가 140
월드 시리즈 532
월인석보 370
월인천강지곡 369
웜바이러스 235
웰다잉법 450
위성도시 272
위성방송 259
위성방송국 258
위성통신지구국 260
위장실업 292
위정척사운동 323
위증 91
위헌법률심사권 83
위화도회군 311
윔블던 531
유가사상 478
유가증권 133
유권해석 79
유기농업 219
유기 발광 다이오드 234
유기수은중독 205
유네스코 10,70
유네스코 지정 세계기록유산 307
유네스코 지정 세계무형유산 307
유네스코 지정 세계문화유산 307
유니버시아드 530
유니세프 71
유니언 숍 290
유대교 489
유도 544
유동성선호 124
유동자본 118
유동자산 171
유러달러 188
유러달러의 기원 188
유러비전 262
유럽경제공동체 187
유럽경제위원회 185
유럽공동체 187
유럽민주연합 72
유럽방송연맹 262
유럽우주기구 416
유로화 122

유물론	475	이노베이션	166	인공장기	449
유물사관	486	이더리움	249	인공지능	245
유미주의	400	이데아	474	인구 피라미드	274
유발투자	117	이데아(idea)사상과 목적론적		인권선언	42
유수정책	160	세계관	475	인내천사상	491
유스티니아누스 대법전	344	이데올로그	481	인더스 문명	339
유심론	475	이데올로기	481	인류의 발생	336
유엔난민고등판무관실	71	이두	364	인류의 출현	336
유엔무역개발회의	189	이립	284	인문주의	398
유엔환경개발회의	73	이방인	410	인문평론	388
유엔환경계획	73	이산화탄소	199	인상	547
유인조종장치	417	이산화황	199	인상파 미술	509
유전스 빌	131	이상건조	466	인슐린	446
유전자	445	이상향	406	인조반정	317
유전자공학	452	이순	284	인지	80
유전자변형식품	210	이순신의 3대첩	317	인터넷전문은행	137
유추해석	79	이순신함	423	인터페론	452
유치권	96	이슬람교	489	인터폴	74
유토피아	406	이연자산	171	인텔새트	259
유피족	276	이오니아양식	507	인트 전법	538
유한책임	153	이오스	248	인플레이션	148
유한회사	153	이온결합	440	인플레이션의 영향	149
유해물질의 생물농축	197	이온결합의 경우	440	인필드 플라이	534
유효	544	이용후생학파(중상파)	318	인현왕후전	373
유효수요	113	이원권	80	인형의 집	409
육계도	458	이익 단체	48	일교차	464
육법	77	이익사회	277	일러스트레이션	506
육의전	313	이인성	18	일리아드	405
윤리학	483	이전소득	146	일물일가의 법칙	111
융기문토기	297	이전수지	178	일반법	77
은행의 종류	127	이종무함	423	일반사면	43
은허	339	이중곡가제	220	일반은행	126
을사사화	315	이지스 구축함	423	일반은행의 3대 업무	126
을미사변	324	이천함	423	일사부재리의 원칙	85
을사 5적	326	이타이이타이병	205	일사부재의의 원칙	50
을사조약	326	이탈리아의 르네상스	348	일산화탄소	199
음악의 빠르기	504	이피족	276	일제의 침략	326
음양오행설	478	이화작용	444	일조권	203
의창	306	이황화탄소 중독	205	일조편법	346
의결정족수	49	이히 로만	394	일진회	326
의료보험	278	인	478	임나일본부설	300
의무론적 윤리설	483	인간 독	450	임시비	160
의병운동	324	인간게놈지도	451	임시특별관세	179
의사능력	94	인간게놈프로젝트	450	임오군란	322
의사정족수	49	인간과 과학	482	임진록	375
의식의 흐름	402	인간문화재	286	임진왜란	325
의원내각제	40	인간존중의 전통	472	임진왜란의 3대첩	316
의장권	215	인간환경선언	207	임팩트 론	134
의존효과	120	인간희극	407	입력	233
이동위성통신용 피터링크	259	인공심장	449	입법예고제	52
이너 캐비닛	50	인공위성	417	입암도	517

입체파	510	잡예금	130	전체주의	61
입헌국가	41	잡종예금	130	전파유도	426
잉여가치	119	잡채기	544	전환사채	141
잉카 문명	349	장길산	382	절대국가	41
		장미전쟁	345	절대주의	60
		장보고함	423	절차법	78
ㅈ		장생고	306	젊은 베르테르의 슬픔	407
		장애인 올림픽 대회	529	점말동굴	296
자구행위	86	장외거래	140	점유권	96
자기 디스크	232	장진주사	372	점제현 신사비	299
자기앞수표	133	재무제표	169	접영	547
자바인	336	재벌	155	정방	309
자본시장통합법	157	재산명시제도	98	정과정	366
자본주의	106	재생산	115	정관의 치	341
자본주의 경제의 변천 과정	106	재선거	54	정기예금	130
자본주의의 개선책	106	재식농업	221	정당방위	87
자본주의의 장단점	106	재정 인플레이션	150	정당정치	39
자본주의의 3대 원칙	106	재정신청	86	정보 산업	212
자산	171	재정투융자	160	정산표	170
자산구성	171	재처리	439	정오의 문학	403
자산평가	171	재할인	132	정읍사	362
자생적 투자	117	재할인율	128	정전유도	436
자아	480	재할인율정책	128	정지위성	417
자연가격	110	재할인율정책 효과	128	정체전선	465
자연자원	115	재화의 종류	103	제위보	306
자연주의	399	저당권	96	제 1 차 산업	211
자연주의 문학	390	저축성예금	129	제 2 차 산업	211
자연철학	474	저축성향	119	제 3 차 산업	211
자연휴식년제	209	저항권	85	제국신문	386
자원 내셔널리즘	190	적선하증권	182	제국주의	61, 356
자원 카르텔	190	적조	196	제너럴 스트라이크	288
자원민족주의	190	전곡리	296	제로 베이스 예산	159
자위대	431	전관수역	57	제망매가	363, 364
자유권	84	전국인민대표대회	64	제물포조약	322
자유무역주의	175	전도	437	제미니 계획	418
자유무역협정	172	전략무기감축협정	424	제어장치	232
자유방임의 원칙	112	전략무기제한협정	429	제왕운기	368
자유부인	380	전리층	463	제자백가	478
자유재	103	전방위외교	66	제주도 4 · 3사건	331
자유종	377	전세권	96	제중원	323
자유투	537	전시작전통제권	422	제침문	374
자유형	542	전시효과	120	제트기류	464
자정작용	197	전위극	524	제한물권	96
작용 · 반작용의 법칙	434	전위예술	511	제1공화국	330
작용 · 반작용의 예	434	전인교육	283	제1반항기	473
잔디 위의 식사	513	전인대	64	제1차 세계대전	356
잔류농약기준	203	전자계산기와 인간의		제2공화국	331
잔류성 유기오염물질	195	기능 비교	233	제2금융권	137
잠수병	206	전자공업	214	제2세계은행	185
잠재수요	113	전쟁과 평화	408	제2의 반항기	473
잠재적 실업	292	전천후농업	218	제2의 산업혁명	213

제2의 탄생	473	주 변 인	473	지급준비율정책 효과	128
제2차 세계대전	359	주변장치	232	지능지수	282
제3공화국	332	주가수익률	139	지로	136
제3공화국의 경제성장	332	주가지수	138	지로제	136
제3세력	64	주권	79	지리도참설	303
제3의 불	439	주먹도끼문화	296	지리상의 발견	348
제3자 개입 금지	289	주식	138	지방은행	127
제4계급	252	주식과 사채의 차이점	141	지방판	264
제4공화국	332	주식회사	153	지배세력의 교체	310
제4부	252	주식회사의 이점	153	지상권	96
제4세계	190	주요 공업 단지	213	지석묘	297
제4차 산업	211	주요 나라의 화폐단위	122	지식 산업	212
제5공화국	332	주요비타민	447	지역대표제	53
제5차 산업	211	주요향가작품	363	지역의료보험	278
제6공화국	333	주자감	313	지역패권주의	63
조개무지	297	주자학	480	지오이드	462
조건반사	447	주전론	306	지용성 비타민	447
조계종	308	주주의 권리	138	지적재산권	284
조깅	549	죽계별곡	367	지주회사	154
조례	77	죽음의 재	204	지중해성 기후	466
조로아스터교	490	죽의 장막	62	지천명	284
조리	77	준거집단	277	지출국민소득	146
조림수종도	222	준예산	159	지학	284
조명도	438	준조세	163	직능대표제	53
조방적 농업	218	줄띠 편성	256	직업병	204
조사시찰단	322	중·일전쟁	357	직장폐쇄	290
조선 3대 시조집	373	중간선거	67	직접금융	136
조선시대의 법전	314	중개무역	172, 173	직접민주정치	38
조선어학회	329	중계무역	173	직접민주정치의 형태	38
조선어학회 사건	329	중국 공산당	357	직접선거	52
조선 미술	516	중국 4대 기서	405	직접세	161
조세법률주의	161	중농주의	105	직접용역	103
조세의 구분	161	중동 평화조약	68	직지심체요절	307
조정	289	중상주의	105	진단학회	390
조침문	374	중생대	456	진달래꽃	379
조형	506	중생대 표준화석	457	진대법	299
좀비	276	중선거구제	53	진시황	340
좀비족	276	중성자탄	426	진주성 전투	317
종가	139	중앙은행	127	진폐증	204
종교개혁	348	중앙은행의 금융정책	129	진행자	257
종속이론	68	중앙처리장치	230	진흥왕 순수비	302
종업원지주제	157	중재	289	질권	96
종유동	460	중종반정	315	집단지성	243
종족의 우상	482	중화학공업	213	집시법	93
종합수지	178	즐문토기	297	집약적 농업	218
종형	274	증강현실	245	집행유예	89
종획운동	349	증후군	275	집현전	313
죄와 벌	408	지구대	460	찍개문화	296
죄형법정주의	78	지구의 날	207		
죄형법정주의의 원칙	78	지급유예	135		
주기억장치	231	지급준비율정책	128		

ㅊ

차징	537
찬기파랑가	363,364
참교육	283
참위설	478
참정권	84
참주정치	342
창조	387
채권	97,142
채권입찰제	142
채널	260
책임조각사유	94
첼린저호	415
처용가	363,364
척사론	320
척화비	321
천도교	491
천마도	516
천마도장니	516
천부인권사상	42
천산대렵도	517
천수답	218
천안문사태	360
천적	447
천정천	459
천태종	308
철기시대	338
철의 장막	62
철인경기	549
청 묘 법	346
청교도	489
청교도 혁명	350
청구권적 기본권	84
청구영언	373
청동기시대	337
청록파	391
청문회	51
청산리전투	328
청산별곡	368
청소년기	473
청소년기에 대한 표현들	473
청소년기의 과제	473
청원권	84
청원할 수 없는 사항	84
청원할 수 있는 사항	84
청일전쟁	354
청정에너지지역	209
청춘	387
청해진	303
초상권	92

초조장경	307
초현실주의	401,510
촉매	442
촉진 룰	540
총 플로트 시대	183
총통화	129
총효용	121
최고	97
최고의 항변권	97
최무선함	423
최씨 무신정권	309
최씨정권 때의 특수기구	309
최장 노동시간	291
최저임금제	291
최혜국대우	175
최후의 만찬	512
최후의 심판	513
추가경정예산	159
추리소설	404
추사체	519
추상미술	511
추월색	377
추임새	495
춘추전국시대	478
춘향전	374
춘화처리	219
출력	233
치외법권	46
친고죄	91
친족	98
친족 상속편개정	98
침묵의 봄	203
침수해안	458
침식윤회	457

ㅋ

카네기 홀	505
카노사의 굴욕	344
카덴차	498
카드뮴	197
카드뮴 중독	205
카르	459
카르멘	408
카르스트 지형	460
카르텔	155
카리브 민주연합	72
카리스마	481
카셀	126
카스트 제도	339

카운셀링	168
카이로선언	330
카인의 후예	381
카피라이터	268
칸영화제	523
칸초네	502
칸초네타	502
칸타타	501
칼데라	460
칼럼	264
칼럼니스트	264
칼뱅이즘	486
캉캉	504
캐리커처	254
캐스터	257
캐스팅 보트	49
캐치프레이즈	264,268
캐티즌	30
캠페인	255
커리어 플랜	168
커리큘럼	282
커미셔너	551
컨글로머리트	156
컨설턴트	164
컨소시엄	190
컬럼비아호	415
컴페어	257
컴퓨터	226
컴퓨터 바이러스	235
컴퓨터 세대 구분	226
컴퓨터의 기본구성	230
케네디 우주 센터	416
케스타	459
케인스	107
케인스 혁명	107
코딩	229
코란	489
코로나	461
코리아의 유래	304
코린트양식	507
코민테른	487
코민포름	487
코스닥시장	140
코스트푸시 인플레이션	150
코커스	67
코콤	187
콘체르토	498
콘체른	155
콘체른의 종류	155
콘티뉴이티	520
콜로서스	226

콜 머니	134	타임스	265	트라이어슬론	549
콜 사인	260	타제석기의 종류와 발달	337	트랙	545
콜드 게임	532	탁월풍	465	트랙 경기	545
콜라주	506	탄도비행	419	트러스트	155
콜론	134	탄력관세	180	트로이목마	235
콜호즈	487	탄성	435	트롤 어업	223
콤비나트	156	탄핵소추권	51	트루먼 독트린	59
쿠키	240	탄화수소	199	트리엔날레	515
쿼크	439	탈무드	489	트리오	499
쿼터 백	536	탑 매니지먼트	165	트리핑	537
쿼터 시스템	174	탕평책	319	트리할로메탄	196
퀀텀	248	태업	289	특관세	179
퀘이커	489	태권도	543	특별법	78
퀴비즘	510	태그 매치	543	특별사면	44
큐록신	453	태백산맥	383	특별소비세	162
크라우드소싱	243	태양거석문화	297	특별의결 정족수	49
크랭크 업	520	태평양민주연합	72	특별인출권	184
크랭크 인	520	태평천국운동	353	특별회계	159
크레바스	461	태풍	468	특사	44
크로마뇽인	337	태풍의 눈	468	특수은행	126, 127
크로스컨트리	548	태프트하틀리 법	291	특종기사	264
크로키	506	태학	299	특허권	215
크롬	197	태환지폐	123	티저 광고	270
크롬중독	206	택견	543	티토이즘	60
크루즈 미사일	424	탯줄혈액	451		
크리켓	540	탱화	518		
크림 전쟁	353	턴 키 방식	176	**ㅍ**	
큰 기술	542	테니스	539		
클라크의 산업구조	211	테니스 세계 4대 선수권대회	540	파랄림픽	529
클레임	180	테스	409	파랑새 신드롬	275
클로렐라	223	테일러 시스템	165	파쇼다 사건	356
클로즈드 숍	290	테크니컬 파울	537	파스칼의 사상	485
클리오	268	테헤란회담	330	파시	223
클린	136	토너먼트	551	파시즘	358
클린업 트리오	534	토양오염	202	파이오니어 계획	421
키 스테이션	258	토지	382	파인 세라믹스	451
킬 체인	422	토지거래허가제	216	관례법	77
킹스턴	126	토지공개념	216	판매 콘체른	156
킹스턴 체제	183	토테미즘	490	판소리	494
		토황소격문	365	판타지	501
		통관베이스	179	팔관회	304
ㅌ		통신위성	258, 418	팔레스타인 문제	74
		통지 예금	123	팔레스타인 해방기구	74
타블로이드	264	통치권	79	팔레스타인 해방운동	74
타블로이드 신문	264	통화량	129	팔만대장경	307
타이드 론	135	통화안정증권	127	팝송	503
타이브레이크	539	퇴폐주의 문학	390	팝아트	512
타이틀	258	투자승수	118	패관문학	367
타이티의 여자들	513	투자유인	117	패권주의	63
타임	265	툰드라	467	패러데이의 법칙	436
타임 캡슐	285	튜닝 기계	226	패리티 가격	110

패리티 지수	110	
패총	297	
팩터링 제도	136	
팬터마임	524	
퍼스널 파울	537	
퍼싱 미사일	424	
퍼지이론	226	
퍼펙트 게임	533	
페널티 킥	535	
페놀	195	
페르소나 논 그라타	46	
페이비언 사회주의	59	
페트야	235	
펜클럽	397	
펜클럽의 약칭	397	
펜타곤	431	
편곡	503	
편서풍	465	
평가절상	125	
평가절하	125	
평등권	84	
평등선거	52	
평생교육	283	
평생교육원	283	
평영	547	
폐허	388	
포괄적 핵실험 금지조약	428	
포드 시스템	166	
포비즘	510	
포에니 전쟁	343	
포지티브 시스템	175	
포츠담선언	330	
포츠머드 조약	358	
폴	542	
퓐	465	
표준시	462	
표준화석	456	
표현주의	511	
푸싱	537	
품질관리	167	
풍수지리설	303	
퓰리처 상	266	
프라우다	265	
프라이머리	67	
프라임 레이트	136	
프라임 타임	256	
프랑스 혁명	351	
프랑스 혁명의 3대 정신	351	
프래그머티즘	484	
프랜드십7호	420	
프런트코트	538	
프레스 캠페인	255	
프레스토	504	
프레온 가스	201	
프로그래밍	228	
프로그래밍 언어	229	
프로그래밍 언어의 종류	229	
프로듀서	257	
프로디고스	474	
프로타고라스	474	
프로테스탄트	488	
프롤레타리아 혁명	487	
프롤레타리아트	487	
프리랜서	255	
프리마 돈나	500	
프리스타일	542	
프리킥	535	
프리탈룩스	187	
프린터	234	
플라멩코	504	
플라잉 폴	542	
플랑크톤	447	
플래시 메모리	238	
플랜테이션	221	
플랜트 수출	176	
플랫폼	244	
플러시	253	
플레밍의 법칙	436	
플레밍의 오른손 법칙	436	
플레밍의 왼손 법칙	436	
플루토늄	440	
피라미드형	274	
피바디상	262	
피선거권	54	
피싱	235	
피오르	458	
피의 일요일 사건	358	
피케팅	289	
피터팬 신드롬	276	
핀 폴	542	
핀치 러너	534	
핀치 히터	534	
필드	546	
필드 경기	546	
필리버스터	50	
필하모니	498	
핑퐁 외교	66	

ㅎ

하구언	469	
하굿둑	469	
하드웨어	230	
하드 보일드 문학	402	
하멜 표류기	318	
하우스병	206	
하이델베르크인	336	
하이브리드 컴퓨터	228	
하이퍼텍스트	234	
하 왕조	338	
한 · 미 미사일협정 타결	422	
한 · 미주둔군지위협정 타결	422	
한 · 미행정협정	422	
한계생산력설	108	
한계소비성향	120	
한계효용	121	
한계효용가치설	121	
한계효용곡선	121	
한계효용균등의 법칙	121	
한계효용체감의 법칙	121	
한국노동조합총연맹	292	
한국의 가면극	525	
한국의 해방과 국제회합	330	
한글학회	389	
한림별곡	367	
한림원	282	
한말의 3대 사상	323	
한말의병	325	
한민족의 기원	296	
한반도 에너지 개발기구	428	
한사군	298	
한사군의 영향	298	
한산도대첩	316	
한성순보	386	
한성조약	322	
한일의정서	326	
한정치산자	94	
한족문화권	296	
한중록	373	
할렘	273	
할슈타인 원칙	60	
함무라비 법전	340	
합리론	477	
합명회사	152,153	
합영법	57	
합자회사	153	
핫 머니	188	
핫 코너	533	
핫뉴스	252	
핫라인	430	
항고	88	
항상풍	465	

항생물질	446	헌화가	363	홍길동전	375
항성일	463	헝거 스트라이크	288	홍범14조	324
항소	88	헤드라인	264	홍익인간	472
항소기간	88	헤모글로빈	446	홍콩	65
항해위성	418	헤브라이즘	342, 476	홍콩 반환문제	65
항행위성	418	헤이그 특사사건	327	화남문화권	296
해동가요	373	헤일로 효과	167	화랑도와 풍류사상	472
해리스 여론조사소	255	헬레니즘	476	화랑제도	301
해바라기	513	헬레니즘 문화	342	화물인도가격	182
해방신학	69	현대 산업사회의 특징	272	화백제도	301
해빙기 문학	404	현명한 소비법칙	121	화생방전	429
해상화물 운송절차	182	현수교	217	화왕계	365
해시 함수	250	현장인도가격	182	화이트칼라	275
해식애	459	혈의 누	377	화차인도가격	182
해일	468	협연권	92	화폐수량설	124
해킹	537	협동사회	278	화폐주조	306
해트 트릭	536	협동조합	154	화폐의 기능	122
해에게서 소년에게	376	협만	458	화학무기	429
핵 클럽	427	협상가격차	110	화학적 산소요구량	194
핵가족	273	협약헌법	82	확신범	90
핵배낭	427	협주곡	498	환경관리계획	208
핵분열	440	형벌불소급의 원칙	78	환경권	207
핵사찰	429	형벌의 종류	90	환경마크제도	209
핵안전협정	428	형사보상청구권	85	환경보전형 산업	210
핵우산	427	형사소송	86	환경부	209
핵우산협정	427	형사소송의 절차	86	환경산업	210
핵융합	440	형상기억합금	452	환경 영향평가제	208
핵확산금지조약	428	형식적 의미의 헌법	82	환경오염방지대책형 산업	210
핵 겨울	427	형이상학	481	환경용량	197
핸디	550	형이하학	481	환경원년	210
햄	255	혜민 국	306	환경정보형 산업	210
햄릿	406	혜 성 가	363	환경창조·유지관리형 산업	210
햇볕정책	57	호르몬	446	환경품질표시제	201
행동주의	402	호르무즈 해협	68	환매채	142
행정소송	86	호모 사피엔스	336	환매채와 다른 점	142
행정심판전치주의	86	호모 사피엔스 사피엔스	336	환상곡	501
행정예고제	52	호모 에렉투스	336	환어음	131
행주대첩	316	호미걸이	544	환업무	126
향가	363	호손 실험	168	환원	442
향약	316	호스피스	280	환율	125
향약구급방	310	호연지기	472	환율인상	125
향찰	364	호외	253	환율인하	125
허리케인	468	호취도	518	활강	547
허무주의	485	호패	312	황견계약	290
허밍	503	호프만의 산업구조	211	황국협회	325
허생전	375	혼불	383	황사현상	201
헌화가	363	혼합경제	107	황색 비	429
헌법소원	83	혼합민주정치	38	황색신문	264
헌법의 개정	83	홀딩	537	황성신문	386
헌법의 개정절차	83	홀로그램	234	황조가	362
헌법재판소	83	홍경래의 난	320	황화수소	199

회계 연도 158
회교 489
회귀선 463
회기불계속의 원칙 50
회사와 조합의 차이점 154
회사의 형태와 특징 153
회전 547
횡선수표 133
효용 121
후광효과 167
후기 인상파 미술 509
후진국형 산업구조 211
후천성 면역 결핍증 280
훈민가 372
훈구파 315
훈몽자회 372
훈민정음 369
훈민정음해례 372
훈요십조 304
휴머니즘 398
휴먼 독 450
흑묘백묘론 65
흑자도산 171
흠정헌법 82
회곡 524
회생타 535
회소성의 원칙 102
회수 284
히트 앤 런 534
히틀러의 독재 359
힌두교 490
힘의 3요소 434

數略語

1고수 2명창 495
1급수 196
1책 12법 299
10월 혁명 358
10종 경기 545
10초 룰 538
11월 혁명 358
12표법 342
1920년대 작가와 작품 384
1930년대 작가와 작품 384
1950년대 작가와 작품 385
1960년대 작가와 작품 385
1970년대 작가와 작품 385
1980~현대 작가와 작품 385
2·8독립선언 328
2급수 196
2모작 218
2요소소설 115
2차 공해 203
2002년 FIFA월드컵 우승국 530
25시 410
3·1운동 327
3국간무역 173
3권분립 39
3급수 196
3대 시민혁명 43
3불 정책 66
3사 313
3심제도 87
3심제도의 예외 87
3요소소설 115
3자회담 56
3점 숏 537
3중주 499
3차원 481
3초 룰 538
3통정책 66
3포 314
3포 왜란 316
3학사 318
30년 전쟁 349
30초 룰 538
3B정책 356
3B주의 507
3C정책과 종단정책 356
3D정책 430
3D 프린터 233
3D 프린팅 243
3S운동 167
4가지 자유 58
4국동맹 352
4군자 518
4급수 196
4대 불가론 311
4대 사화 315
4대 우상론 482
4매스 253
4요소소설 115
4·19 혁명 331
4자회담 56
4차 산업혁명 243
4차원 세계 481
4H 클럽 280
4P 166
5·4운동 357
5국동맹 352
5대 사회악 279
5반칙 퇴장 537
5아이 룰 268
5·16 군사정변 332
5종 경기 545
5초 룰 538
5I 268
5S 서비스 213
6·10만세운동 328
6·15 남북공동선언 57
6·15 남북공동선언문 333
6·29선언 333
6월 항쟁 333
6진 314
6하 원칙 252
7·4 남북공동성명 56
7·7 선언 56
70밀리 영화 522
8·3조치 137
8조금법 298

英文略語

3D Printing 243
a/c 169
AA 회의 73
ABC 261
ABC전 429
ABC제도 267
ABS 197
ABS 세제 196
AD 257
ADB 186
AE 제도 268
AFP 263
AI(국제사면위원회) 280
AIDS 280
AlphaGo 246
AlphaGo Zero 246
Altcoin 249
AM 260
AP 263
API 198
APO 185
AR 245
ASEAN 72
ASEM 72
AWACS 426
B/L 182
B/S 169

598

BBC	262	ECE	185	ICAO	71
big data	245	ECLA	185	ICBM	424
Bitcoin	247	ECOSOC	185	ICJ	70
bithumb	250	ECWA	185	ICO	250
Blockchain	246	EDU	72	ICPO	74
BOD	194	EEC	187	ICT	237
bus	234	EEC 회원국	163	IDA	185
byte	231	eMMC	239	IEA	214
CAD · CAM	242	EOS	248	IFC	184
CBR	429	EQ	282	IIoT	244
CBS	261	ESA	416	ILO	291
CD	132, 197	ESCAP	185	IMF	184
CDMA	241	Ethereum	249	Industry 4.0	243
CDU	72	eUFS	239	INF협정	429
CF	268	FA	241	INTELSAT	259
CFC	201	FAO	221	IOC	528
CH	199	FAS	182	IoE	244
CIA	430	FIEJ	266	IOJ	266
CIF	182	FIFA	530	IoST	245
CIF의 변형	182	FIFA 월드컵	530	IoT	244
CM	268	FM	260	IPI	266
CMA	132	FMS	242	IPU	73
CNN	262	F램	238	IQ	282
CO	199	FOB	181	ITAR-TASS	263
CO2	199	FOBS	427	ITF	531
COCOM	187	FOR	182	J턴 현상	273
COD	194	FY	158	KEDO	428
coding	229	G7	188	KGB	430
Collective Intelligence	243	G7 정상회담	188	Kill chain	422
computer virus	235	GD 마크	215	KKK	281
CP	132	GDP	144	KOC	528
CPU	230	GIRO	136	KOSDAQ	140
Cr	197	GMO	210	KC마크	215
Crowdsourcing	243	GMO표시제	210	L/C	181
Cryptocurrency	248	GNP	143	LCD	234
CTBT	428	GNP 계산의 주의 사항	144	LED	234
D램	237	GNP 디플레이터	144	LIBOR	135
Data Analytics	245	H2S	199	LID 증후군	273
dB	206	HA	242	LNG	214
Deep Learning	246	hardware	230	LPG	214
DDT	197	hash function	250	M2M	244
DI	145,148	Hg	197	MBS	261
digital signature	250	HGP	450	MC	257
DLT	248	high level language	229	MD	423
DM 광고	270	HMI	244	Mining	250
DMZ	431	hologram	234	MMU	417
DNA	445	Hypertext	234	ML	246
DO	194	IAEA	428	Mobile Application Processor	
EBU	262	IBF	541		232
EC	187	IBRD	184	MRA	280
ECA	185	IC	226	MX미사일	424

N Screen	239	Rh 인자	446	yellow journalism	267
nano	238	Ripple	248	ZBB	159
NASA	416	RNA	445	ZD운동	167
NATM	216	ROM	231		
NATO	71	RSC	541		
NBC	261	SADM	427		
NFC	240	SALT	429		
NHK	262	SCADA	245		
NI	145	SDR	184		
NNP	144	Sensor Journalism	267		
NO	199	Small Data	245		
NO2	199	Smart Card	240		
NOC	528	Smart Contract	249		
Node	235	So2	199		
NPT	428	software	230		
NYT	265	SS 20	425		
O3	199	SSD	238		
OAPEC	191	START	424		
OAS	72	THM	196		
OAU	73	TKO	541		
OCA(	530	TVA	151		
OCOG	528	U턴 현상	273		
OECD	186	UCC	284		
OEM	213	UHF	261		
OLED	234	ULSI	240		
OPEC	191	UN	69, 360		
P/L	169	UN 인간환경회의	207		
Pb	197, 199, 206	UN 헌장	69		
PCM	260	UN 환경계획	207		
PD	257	UN가입	69		
PDU	72	UN사무국	70		
PER	139	UN총회	70		
pH	195	UNCTAD	189		
PI	145	UNEP	207		
platform	244	UNESCO	70		
PLO	74	UNHCR	71		
POP 광고	270	UNICEF	71		
POPs	195	UPI	263		
PPL	270	Ur	439		
ppm	194	VAT	162		
PPP	202	VHF	261		
programming language	229	Virtual Currency	247		
PR	255	VLSI	240		
PTBT	428	W/S	170		
Pu	440	Watson	246		
QC	167	WBA	541		
QLED	234	WBC	541		
QTUM	248	WIPO	284		
RAM	231	WTI 유	192		
Red B/L	182	WTO	72		
Rh	446	XML	235		